# 輯校萬曆起居注

南炳文 吳彥玲 輯校

陸

天津古籍出版社

# 萬曆

## 四十三年

萬曆四十三年

六①月②二日丁丑，大學士方從哲、吳道南謹題："該文書官王體乾捧出聖諭到閣：'諭內閣：昨日覽卿等申救御史劉光復奏揭。卿等可思，人誰無父母？豈石出檿③生？朕怒此畜輒在聖母几筵前，高聲狂吠，震驚神位。爲子者五內何等驚慌忿怒？又且於朕前甚無人臣禮。其狂悖於平昔可勝其罪處④？但朕自三十四年以來，因聖母偶爾聖目有恙，朕日夜憂焦，寢食不安，且足疾不時舉發未愈，去歲聖母昇天，朕思慈恩昊天罔極，哀慕不勝，固⑤於一切章奏未暇細閱。這廝每不知安何心術，每每逞臆沽名，狂妄希位，恣肆無忌。書不云乎：'君令臣共。'邇來臣下，專以抗旨訕上、搏擊忠良、邀虛名圖美職爲事，好生可惡。所奏，朕知道了。特諭卿知。欽此。'臣等恭誦再三，不勝皇悚。竊惟前日恭承聖諭之時，天顏咫尺，慈靈密邇，爲臣子者宜何如靜肅？何如敬畏？一以盡尊君之禮，一以體皇上恭奉几筵之誠，此分之當然，亦禮之不得不然者。聖諭謂：人誰無父母？豈石出檿生哉？皇言一本之愛，罔極之恩，豈獨臣等知之，即在廷之臣，誰不知之？即光復亦豈不自知之？乃於聖母神位奉安之地，皇上大駕臨御之時，肆意妄言，高聲無忌，於時慈靈何等震驚？聖心何等驚慌、忿怒？其狂悖無禮之罪，真有不待言者。諸臣聞之，莫不戰慄失色，措躬無所。至於皇上數年以來，始因聖母目疾懼⑥焦勞，繼因聖母升遐，哀慕無已，以是未暇細閱章奏，諸臣不能仰體此意，乃以沽名希位之念，逞狂妄恣肆之談，雖心術未必有他，而於聖諭'君令臣共'之誼，誠有悖矣。皇上惡其抗旨訕上、搏擊忠良、邀虛名、圖美職，此皆人臣之大罪，聖世所不容。臣等即未敢盡以爲然，然少涉於此，便非恭敬之忱，與請⑦獻之忠，豈惟皇上惡六⑧？臣等亦且深惡之矣。茲者恭承聖諭，容臣等傳示諸臣，令其各秉公心，務存大體，凡有論奏，須明白正大，據事直書，期於感格宸聰，維持國是。不許仍前逞臆妄恣，自取沽名抗訕之罪。至於臣等德薄望輕，不能懾服人心，致使小臣狂逞妄言，上煩聖慮，此則臣等溺職之甚，其罪有不容自恕者耳。若劉光復輕率狂言，自取罪戾，臣等豈敢再爲申救？儻蒙皇上亮其無知，

①六 "六"上當有"萬曆四十三年"六字。
②月 "月"下當有"丙子朔"三字。
③檿 《明神宗實錄》卷五三三"檿"作"桑"。
④處 《明神宗實錄》卷五三三"處"作"責"。
⑤固 《明神宗實錄》卷五三三"固"作"因"。

⑥懼 《明神宗實錄》卷五三三"懼"前有"憂"字。

⑦請 "請"當作"靖"。
⑧六 "六"當作"之"。

# 萬曆起居注

薄示罰治，此自雷霆之威、雨露之仁並行不悖，非臣等所敢必也。臣等不勝恐懼仰望之至。所奉聖諭，尊藏閣中。謹具回奏以聞。"

是日，大學士方從哲、吳道南謹題："恭照瑞王婚禮有期，出府在邇。所有合行事宜，查得萬曆三十一年福王出府，特敕後府、吏部、戶部、禮部、兵部等衙門，臣等謹遵前例，擬撰敕稿，進呈御覽，並將前敕一同封進。伏乞聖明裁示施行。謹具題知。"

四月①己卯，大學士方從哲、吳道南謹題："昨晚該文書官金忠捧出聖諭到閣：'諭內閣：朕因奸徒張差闖入青宮，震驚皇太子，朕所以率皇太子，恭詣聖母神位前，行慰奏告知禮訖。召卿等來，於宮門前詳加議論。朕祇道各犯已得真情，傳將本內有名張差並龐保、劉成，速行決了。隨據刑部侍郎張問達奏稱，二犯不曾到官。朕回宮，傳着司禮監將二犯上緊拏來，以正其法。朕見二犯名字不對。次日，皇太子親來乾清宮行問慰禮，面奏：本官②審張差，原是風癲，此二犯的係差風口誣扳，祈勿株連，方今旱元③，宜體好生。朕意④思事體重大，故着司禮監與同九卿、三法司於文華門會問，鞫審真情。二犯供不識張差，可見情詞平⑤異。朕復着司禮監掌印李恩等用諸大刑，訊問拷究，前後五次，俱與朝審相同。又復嚴究。今該監具奏，天氣炎熱，二犯因刑已故。且皇太子諄諄懇請，恐傷天和，其株連馬三道等，分別擬罪來奏⑥。卿等宜當仰體，以舒朕懷，以安皇太子仁孝之心。卿等可傳示。持⑦諭。欽此。'臣等竊惟張差一事，皇上既下法司提問，又召臣等於宮門詳議。始謂三犯得情而速決，既以二犯未到而令嚴拏，可謂極慎極公，極明極斷矣。皇太子以二犯名字不對，意其誣扳，悁悁以天時亢旱勿致株連爲請，此無非仰體皇上好生德意。廷⑧審，二犯果以不識張差爲詞，即司禮監再四嚴刑，所俱無異。今二犯已故，罪無可加。此於皇太子諄諄懇請之意，可以無負，而皇上日月之明、雷霆之斷，天下後世其誰不頌且服也？再⑨等切⑩見聖懷

①月 "月"當作"日"。
②官 《明神宗實錄》卷五三三"官"作"宮"，是。
③旱元 《明神宗實錄》卷五三三"旱元"作"亢旱"，是。
④意 《明神宗實錄》卷五三三無"意"字。
⑤平 《明神宗實錄》卷五三三"平"作"乖"，是。
⑥奏 《明神宗實錄》卷五三三"奏"作"説"。
⑦持 "持"當作"特"。
⑧廷 《明神宗實錄》卷五三三"廷"上有"及"字。
⑨再 《明神宗實錄》卷五三三"再"作"臣"，是。
⑩切 "切"當作"竊"。

諄切如此，忍不仰體？敢不仰體？除即欽遵傳示外，其馬三道等，在法司自①斟酌擬罪，以稱聖意，臣等區區之忠，惟望皇上平情釋怒，盡舒懷抱，以慰皇太子仁孝之念，且以慰聖母在天之靈。臣等不勝祝願之至。適見九卿公疏，爲御史劉光復請命，臣等亦有同心。儻蒙聖慈矜全，則止孝、止慈、止仁，真爲②古昔帝王同其盛美矣。臣等又不勝欣仰之至。所奉聖諭，尊藏閣中。謹具回奏以聞。"

六日辛巳③，大學士方從哲、吳道南謹題："爲公務事。照得誥敕房專管謄寫文官誥敕，自大理寺右寺右寺付④周廷臣、鮑佑，中書舍人馬應坤，各題補制敕房辦事去訖，其誥敕房一向缺員。查得起居注館辦事詹事府主簿成九皋，資深堪補，誥敕房辦事。遺下起居注館事務亦屬缺員，查得四夷館序班劭前勳、田佳璧，堪取補起居注館謄錄。合候命不⑤，行令各欽遵供事。臣等未敢擅便，謹題請旨。"十九日，奉旨："是。"

九月⑥甲申，大學士方從哲、吳道南謹題："頃該禮部具題各省直鄉試量增額數，此本隨蒙發票，業經臣等擬上矣。恭候至今，尚未批發。臣等竊惟，此一事也，在皇上爲德意，在朝廷爲盛舉，在今日爲籲俊儲材之懿典，在後日爲進賢圖治之苦⑦規，此聖明所當亟允者。先是壬子科，已經部覆，而俞旨未頒，迄今三年，人心顒望更切，近日各處撫按諸臣，相繼懇請，章滿公車。皇上亦何惜此八十余人之增，而不以副諸臣之望，慰多士之心，且以昭壽考作人之化，視前代爲有光，於今日而益烈也？況三秦、遼左前此已各加五名，乃兩都首善之區，四海同文之域，而顧不得與秦、遼之士共霑化育，蒙一視之仁，亦非所以平政體而服人心矣。伏望皇上留神，將前疏即賜批發，各如數量增，真作具⑧士類、收拾人心之一大機括也。臣等又惟，各省開科之期，去今僅僅兩月，而札⑨部題差主試之官，俱未蒙欽點。其福建、四川、兩廣，皆亦六、七千里之遙，及今啟行，或可兼程而到，若遲數日，勢必後期，賓具⑩大典，

萬曆四十三年

三一四五

① 自 《明神宗實錄》卷五三三 "自"下有"能"字。

② 爲 《明神宗實錄》卷五三三 "爲"作"與"。

③ "巳"當作"巳"。

④ "付"當作"副"。

⑤ 不 "不"當作"下"。

⑥ 月 "月"當作"日"。

⑦ 苦 "苦"當作"善"。

⑧ 具 "具"似當作"育"或"輿"。

⑨ 札 "札"當作"禮"。

⑩ 具 "具"當作"輿"。

屑越益甚，其於士風文運關係匪輕。更望皇上將先題福建等四省、及續題浙江等四省，各考官並賜檢發，俾令刻期前往，毋致誤事，多士幸甚，臣等幸甚。"

十月①乙酉，大學士方從哲、吳道南謹奏："爲時勢多艱臣職滋曠懇乞聖明亟補閣員以圖共濟事。切②惟自古帝王不能獨治天下，必置輔弼之臣，付以股肱口③膂之寄，俾之分猷共念，協贊萬幾。五臣夾輔於虞廷，十亂勷勷於周室，邈哉邈乎，不可及已。我祖宗朝閣臣之設，或五、六員，或三、四員，維時主臣一德，僚寀協恭，治化之隆，超軼前代，從未有綸扉單匱，輔佐晨星，徒以一、二人充位如今日者。自首輔向高去國，臣從哲獨力支持者八月於茲，職業多隳，罪愆叢積。特緣臣道南旦夕將到，未敢遽求增補。今道南至矣，兩臣共事，視一人有間矣，然而天下國家之重，終非臣兩人所能勝也。且今之時勢何如哉？堂簾久隔，上下之情不通。朝寧幾空，官僚之缺不補，賢才老於巖穴，環召無期，新進滯於都門，銓除未卜。太倉若洗，九邊虞庚癸之呼，榷稅滋繁，百姓鮮蓋藏之積，醜虜跳梁於西北，寇盜切④發於中原，加以水旱災傷，不時見告，民窮財盡，所在皆然。人心玩而法守無存，奸究⑤滋而紀綱日壞⑥。泛而觀之，若見以爲治平無事，而不知深憂隱禍已醞釀於其中。使賈生居今，不知其何如痛哭流涕者。當此之時，自非密勿之地有數人焉，謀斷兼資，規隨並效，同心戮力，弘濟艱難，則天變何以挽回？民瘼⑦何以周恤？君心何以感格？時事何以疏通？舉凡用人、行政之務，安內攘外之圖，保以起廢墜爲修明、易因循爲振作？而天下事有不知所終者矣。臣等遭時遇主，受恩深重，豈不欲竭犬馬之力，少圖補報，以期下不負所舉，上不負吾君？然而伎倆易窮，精神有限，以朽株支大廈，則傾覆可虞，驅蹇足於羊腸，則顚仆立見，身名徒敗，國事何裨？將使祖宗金甌無缺之天下，壞於臣等當事之時，誤國之罪尚可贖哉？則夫亟簡忠賢，廣置欵丞之任，乃皇上自爲社稷計，有不容一日少緩者。方今之世，英賢布例⑧於周行，耆舊優游於

①月 "月"當作"日"。
②切 "切"當作"竊"。
③口 "口"當作"心"。
④切 "切"當作"竊"。
⑤究 "究"當作"宄"。
⑥壞 "壞"當作"壞"。
⑦瘝 "瘝"當作"瘼"。
⑧例 "例"當作"列"。

軸①，在朝在野，頗不乏人，其品格才力豈無十倍於臣等者？皇上誠謀之於衆，斷之於獨，特簡二、三員，與臣等一同辦事，則秉衡當軸，既足以爲臣等之前茅，即左右贊襄，亦可以匡臣等之不逮，羣策舉而帝載可熙，衆正登而輿情胥服，不獨朝廷收得人之效，而臣等亦可免溺職之辜矣。臣等籌度再三，始敢合詞上請，仰惟聖斷，速賜施行。臣等可②勝激切懸望之至。爲此，謹具奏聞，伏候敕旨。"

十四日己丑，大學士方從哲、吳道南謹題："前十二日，該吏部、都察院接出聖諭，蒙皇上切責近來科道官，命吏部將前後年例外轉的，查照原擬地方，各令前去任事，不許推病給假。又該刑部接出聖諭，以馬三道等事未經擬罪具奏，責令回話。臣等莊誦再三，不勝悚然懼，且欣然服也。昨日蒙將科道年例、及近日摧③陞京堂兩司五十餘本，一時發票，至今日而批紅發下者幾半。臣等益不勝嘆服，以爲聖明勵精若此，朝政頓覺疎通，人心無不歡忭，堯舜之治、太平之業，旦夕可期，豈非熙朝之盛事，臣等之至幸哉？惟是連日以來，皇上既因言④之恣肆而艴然於中，又以檢閱批答之繁多而拮据於外，焦勞太過，恐非頤養調攝之宜。兼以亢旱異常，祈禱未應，宸衷憂懼，倍切恆情，雖皇上憫時之慮，勤政之思，出於至誠而不可遏，而自臣等視之，則有惕然其不寧者。君父之憂勤若此，臣子之跼蹐何如？伏望皇上恢張聖度，葆養天和，除每日細閱章奏，陸續批發外，其從前一切可駭可怒之事，盡皆掃除，毋使留滯。庶幾聖心暇豫，而臣等區區犬馬之念亦得少安。至於馬三道等事，臣等已傳諭法司，令其從輕擬罪，速圖歸結，以仰紓皇上體天好生之意，不欲波及無辜之心，萬萬無煩聖慮者。臣等不勝惓切祝願之至。"

十六日辛卯，大學士方從哲、吳道南謹題："該禮部開送儀注，萬曆四十三年七月初十日瑞王親迎。皇上醮戒制詞，臣等恭擬，進呈御覽，伏乞聖明裁訓，發下遵行。查得舊例，制

① 軸　此處應有脫文。

② 可　"可"當作"不"。

③ 摧　"摧"當作"推"。

④ 言　"言"下似應有"官"字。

詞合用金龍箋書寫，並乞敕下司禮監關用。臣等未敢擅便，謹題請旨。"

十七日壬辰，大學士方從哲、吳道南謹題："昨該刑部奉旨，將御史劉光復擬罪上請，恭候宸斷。臣等分宜静聽，豈敢復有瀆陳？竊謂光復當皇上面諭臣等之時，越次妄言，高聲無忌，欲申一己之説，不顧君臣之禮，致使聖母神位震驚不寧，皇上之身恐懼無措。此其狂悖恣肆之狀，豈惟皇上惡之？一時諸臣誰不惡之？既在外之人得於聽聞者，亦莫不人人惡之。罪由自取，彼亦何辭？臣等獨念皇上如天之度，無所不包，年來於大小臣工曲垂覆育，縱有罪過，一概優容。儻念光復言雖過激，心術無他，一時之鹵莽，罪固難逃，而一念之狂愚，情猶可亮，俯允該部所議罪名，即賜批發，使天下曉然知前日之怒光復者，因其震驚神位，乃皇上敬事之純誠，今日之怒①光復者，所以矜宥前②官，尤皇上包涵之大度。庶乎皇仁一布，聖孝彌光，寧獨光復悔罪自新、感恩圖報？即臣等與在廷之臣，靡不仰戴洪慈，與天無極，而皇上體天好生之德，與古帝王下車解網之風，同一轍③矣。聖明舉動，豈非天下萬世之欣仰而祝頌者哉？臣等不勝皇恐顒④之至。"

十九日甲午，大學士方從哲、吳道南謹題："昨錦衣衛接出聖旨，以本日東安門拏獲不知姓名風狂異男一名，隨命該衛着實打一百棍，仍用頭號大枷枷號一個月。臣等聞之，不勝驚異。既接巡視科道官揭帖，見其所供姓名、籍貫、進京來歷。明係風狂愚民，信從道教，故爲是異形異服，以惑衆騙人者也。當此禁戢左道、申嚴門禁之時，而本犯身作喬粧，口出妄語，稱天稱帝，怪誕不經，且擅闖禁門，蹤迹可駭，若不重加懲治，何以信明旨而警愚頑？適聞今早已斃於枷下，從此風聲一布，黨類潛逃，邪教不至横行，人心不至搖動，真間閻之福，亦世道之幸也。自非我皇上宸衷獨斷，明如日月，迅似雷霆，安能不動聲色而坐消釁隙若此？臣等無任欽仰，忻忭之至。謹具揭

① 怒 "怒"當作"恕"。
② 前 "前"似當作"言"。
③ 輒 "輒"當作"轍"。
④ 顒 "顒"下當有脱文。

恭謝以聞。”

二十一日丙申，大學士方從哲、吴道南謹題：“昨奉明旨，以御史劉光復擬罪未當，切責刑部，將堂上官罰俸、司官調外，天威震肅，一時臣工莫不凛凛，臣等方恐懼不遑，敢有他説？獨念光復之罪，一日未定，則此事一日未結，此事一日未結，則皇上之心一日未安。是始以光復狂肆之故，致慈靈不妥，光復之罪固無所逃，今以光復擬罪之故，致宸衷不安，臣等之心尤有不勝其踧踖者。該部既奉嚴綸，自宜改擬上請，以候宸斷。如或所引未合聖意，伏望皇上少霽天威，親賜裁定。仍乞稍從寬假，俾此事早爲歸結，庶聖怀既釋，聖孝彌光。臣等犬馬微誠，不勝惓惓仰望之至。”

二十二日丁酉，大學士方從哲、吴道南謹題：“適蒙發下禮部一本，以雨澤愆過，再行祈禱。該臣等仰體皇上敬天勤政之心，謹擬票進呈御覽。竊見兩月以來，天道亢旱，雨澤全無，赤日熏人，水泉盡涸，寧獨三農無收成之望，亦且百姓有倓[1]焚之災。如此景象，乃十數年來所未見者，此寔臣等奉職無狀，上干天和所致。除與羣臣痛加修省，竭誠祈禱外，己復思之，天人一理，有感必通，修人事固可以回天意，而大君爲天之宗子，則其精誠之孚格，事機之挽回，視恆人尤爲易易。邇者皇上勵精他[2]理，疎通時政，如墳地之撥給，寢園之興工，章奏之批發以時，庶僚之推補甚速，種種善政，未可救[3]舉。如此舉動，豈不是以俯從人願，上合天心？行且轉災沴爲吉祥，易暵乾爲霖雨，時和年豐之端旦夕可期。而臣等區區祝頌之私，則尤有進於是者。則以部院大僚尚未補也，候補科臣尚未允也，各處巡按之差尚未點也，廢棄諸臣尚未起用一、二，而考選及兩請之疏尚未奉俞旨也。在皇上，善瑞既發，擴充何難？計旬日之間，必且次第舉行，何俟臣等之喋喋？而犬馬微誠不能自已，輒敢因修省之時，自效其愚忠如此。至於去年刑部矜疑之疏，今年熱審之旨，更望皇上留神，即賜檢發，尤救災導和之

[1]倓 “倓”似當作“倐”。

[2]他 “他”當作“化”。

[3]救 “救”當作“枚”。

第一義。臣等不勝迫切懇祈皇悚待命之至。謹附奏以聞。"

二十四日己亥，大學士方從哲、吳道南謹題："近該禮部題差各省考官，俱蒙聖慈陸續點用，諸臣陛辭就道，刻期舉事，真足爲多士之幸已。惟是鄉試監臨，例用巡按御史，所以周防內外，稽察奸弊，責任甚重。臣等查得浙江、江西、河南、陝西、四川五省巡按，舊者已滿，新者未差。雖諸司咸備，衆務具舉，而主持彈壓將屬之誰？賓具大典，豈容屑越？且各省御史雖已報竣，尚在地方，儻不得已而暫爲代攝，猶可完事。惟江西一省，則陳一元請告離任，久無人可代，而新題陳于廷見在候命，若及今得旨，俾令星馳前去，前場之期猶可不誤，是此一差，視他省尤爲喫緊。伏惟聖明留神，將前都察院所題各差御史，立腸①點用，微獨地方之福，抑亦盛典之光。茲因都察院署印無人，故臣等不揣僭爲題請，不勝激切顒望之至。"

二十六日辛丑，大學士方從哲、吳道南謹題："前發下禮部祈禱雨澤本，臣等已擬子②恭進。今去二十八日祭告之期只隔一日，伏望皇上留神，速賜機③發。儻中間詞語過多，未合聖意，即求聖明裁定，並將撰擬祝文一併傳寫，以憑遵奉施行。至於臣等所請熱審之旨，尤爲目前喫緊一事，更祈即日發行。臣等不勝顒望之至。"

是日大學士方從哲、吳道南謹題："爲九年實歷已滿懇乞照例授職事。據誥敕房辦事譯字官馬尚禮等呈稱，尚禮等於萬曆三十二年六月內，蒙禮部題奉欽依，考中譯字生，送四夷館作養。尚禮於三十二年九月三十日丁母憂。三十六年正月起復到館。三十七年四月蒙內閣會同禮部廷試，考中食糧，仍在館習學。四十年四月初六日六年已滿，照前廷試，考中冠帶。蒙內閣票取誥敕房貼寫。於四十二年八月內，題准玉牒館謄錄。扣至四十三年三月初六日，連閏通前實歷過④九年已滿，例應授職。爲⑤鍵於三十九⑥年七月廷試，考中食糧，實歷十九個月，至三十六年九月初三日承重丁祖父憂，三十九年正月起復到館，

①腸 "腸"當作"賜"。

②子 "子"疑當作"票"。

③機 "機"當作"檢"。

④過 此"過"字似爲衍文。

⑤爲 "爲"似爲"馬"之誤。

⑥九 據下文，"九"當作"五"。

四十年五月二十日連閏又歷十七個月，六年已滿，考中冠帶。隨蒙內閣票取誥敕房貽①寫，四十二年八月內題准玉牒館謄錄，扣至四十三年四月二十日，連閏實歷九年已滿，例應授職。呈乞，准題授職等因，到閣。臣等看得，馬尚禮等各習學九年已滿，查無違礙，相應准理。合無敕下吏部，將馬尚禮、鍵，照依本等資格除授官職，照舊於誥敕房辦事。緣係授職事理，臣等未敢擅便，謹題請旨。"

二十七日壬寅，大學士方從哲、吳道南謹題："適蒙發下刑部一本《爲喪禮事》。蓋當聖母皇太后梓宫發引之時，內外經管各官太監孟坤等、把總李真等，不行敬慎，至有折檻怠玩等情，該部屢奉明旨，將各犯分別擬罪奏請，亦既各當其辜，而所爲仰體皇上之孝思者，無不至矣。似當依擬，無容他説。惟是疏末②又有'或復別有加等'一語，是其輕重之間，尚侯聖明裁斷，臣等豈敢擅定？除已擬票進呈外，更望皇上再加詳酌，或照臣等所擬，或出宸衷獨斷，批發施行。臣等不勝皇悚待命之至。"

二十八日癸卯，大學士方從哲、吳道南謹題："昨日刑部接到聖旨：'朕連日檢閱舊歲文書，覽③見內有爾部問擬孟坤等罪，律無開載，刑科姜性條議時，聞慈靈因之震驚，聖衷益悼，引例以大小不敬論罪④，定擬擬⑤成獄。今劉光復越踰直前，高聲狂叫，震嚇聖母靈位，致朕心措躬⑥恐懼不安。劉光復所犯，正與此例相同，合依比照面欺大小不敬罪論，當斬。但其久賜⑦亢旱，姑着牢固監候處決。爾等畏勢利口，背旨市恩，姑且不究。欽此。'臣等一見，不勝驚駭失措。夫光復以狂肆無禮，致于⑧聖怒，罪由自取，夫復何辭？浹月以來，臣等戒諭科道諸臣，各宜屏息静聽，無得循例救援，以俟天威漸霽，聖意潛回，或者曲蒙恩宥。乃不意嚴旨忽發，臣等相與惶悚錯愕。以爲皇上如天之德，同符堯舜，自臨御以來，寬仁待下，凡批鱗送⑨耳之論，概賜涵容，間有譴責示懲，旋即寬釋。兹獨以

**萬曆四十三年**

三一五一

① 貽 "貽"當作"貼"。

② 末 "末"當作"末"。

③ 覽 《明神宗實錄》卷五三三無此"覽"字，是。

④ 罪 《明神宗實錄》卷五三三無此"罪"字，是。

⑤ 擬 《明神宗實錄》卷五三三無此"擬"字，是。

⑥ 措躬 《明神宗實錄》卷五三三無"措躬"二字，是。

⑦ 其久賜 《明神宗實錄》卷五三三"其久賜"作"以久賜"，是。

⑧ 于 "于"當作"干"。

⑨ 送 "送"當作"逆"。

光復大膽高聲，震驚聖母靈位，且越踰直前，無人臣禮，遂欲擬之不敬，加之以極典，似於皇上平日優容臣下之意微有未合，此臣所以不避斧鉞，呼天而有請也。且皇上之怒光復，非以前日之疏詞少有觸忤，又非以當日之面奏未當聖心，止因一時狂悖恣肆之狀，拂皇上如在之誠，失之臣敬恭之禮，致使聖衷恐懼，迄今未寧。然臣等竊見，古上諫臣，有引裾而衣裂，扳檻而檻折者，揆之臣子恭謹之誼，豈不有違？而當時人主，不難霽色以受之，虛懷以容之，且令勿修折檻，以旌直臣，書之史册，遂爲千古盛事。寧有聖明在御，當不諱之朝，乃怒一狂戇之臣，加以不赦之罪者哉？計亦聖心所不忍矣。臣等又恭憶，我聖母太皇①后天性慈仁，生平以濟物爲心，以殺生爲戒，溥天之下，即昆蟲草木，莫不霑濡德澤，涵宥恩私。今皇上以震驚神位之故，光②復於大辟，竊恐聖母在天之靈，反有愀然其不樂者，皇上不可以不念也。臣等兩日以來，心慴雷霆，戰慄未已，豈敢復有陳瀆？獨念位叨輔弼，職在調和，遇此一事上關國體，下係輿情，若畏罪不言，使天下後世謂聖主有非常之舉，言官蒙法外之辜，司律令者不得持其平，補袞職者無所効其力，無論臣等自疚於心，儻皇上後未執以罪臣，臣等亦何以自解也？躊躇再三，終難緘默，輒敢冒罪上請。伏望皇上擴天地之量，開父母之心，察臣等所言出於至誠，將劉光復之罪俯從末減，仍重加譴罰，以爲狂肆無禮之戒，庶刑法允當，而於皇上寬仁之德、聖母濟度之慈，均有光矣。臣等仰瀆宸嚴，不勝惶恐隕越之至。"

①太皇 《明神宗實錄》卷五三三"太皇"作"皇太"，是。

② 《明神宗實錄》卷五三三"光"上有"置"字，是。

萬曆四十三年七月一日丙午，朔，大學士方從哲、吳道南謹題："爲科舉事。准禮部手本，該本部題，應天府例該於萬曆四十三年八月初九日開科鄉試，合用考試官二員，照例行翰林院定擬，上請差用，奉聖旨：'是。欽此。欽遵。'備行到院。臣等推得堪任正考官二員、副考官二員，列名上請，伏乞於内閣①欽點一員，令其照例馳驛星夜前②去，及期考試。臣等未敢擅便，謹題請旨。

計　開

堪任正考官二員：右春坊右諭德兼翰林院侍講周如磐　右春坊右諭德兼翰林院侍講溫體仁

堪任副考官二員：右春坊右中允兼翰林院編修孫承宗　翰林院修撰楊守勤。"

初五日奉旨："是。着點了的去。"

二日丁未，大學士方從哲、吳道南謹題："照得畿輔之地，自春徂夏，亢旱異常，千里如焚，三農絶望。旬日以來，頗聞近京州縣搶奪公行，或强截於道途，或挾借於富室，鄉村市集所在一空，遠邇洶洶，大亂將作。臣等恐聞見未的，未敢遽以奏聞，昨接薊鎮督③薛三才等揭帖，據通州三河等處申報，劫掠之變處處蜂起，始於議民之嘯聚，繼以奸民之乘機，必須蠲賑及時，多方禁戢，方可救目前之急，免意外之憂。臣等閲之，益不勝凜凜。竊謂災變之作係於天，而救災弭變之術存乎人。今日之旱極矣，閭閻小民既無積聚以贍生，又無工作以餬口，窘迫無聊，搶食以苟旦夕之活，勢所必然。督臣請發帑開倉、停徵改折等事，誠救荒之急務。臣等則謂，發帑出自特恩，皇上既行於累年，不容獨靳於今日，其分數多寡，應候聖裁。聖於應徵各項錢糧，當蠲者蠲，當緩者緩，當折者折，及發臨、德倉糧若干，分給被災州縣，聽其便宜糶買，俱行户部酌議外，惟是急發通倉米數萬石，以分賑鄰近處所，則朝奉旨而飢民可夕受其惠，雖升斗之需不能終歲，而死亡之患可緩須臾，此救焚拯④溺之第一着，皇上所當立斷者也。臣等目擊耳聞，時勢

①閣　"閣"當作"各"。
②夜前　明抄本作"前庭"，誤。通行本改作"夜前"，是。
③督　明抄本"督"下有"撫"字。通行本脱此字。
④拯　明抄本作"掬"，誤。通行本改"拯"，是。

甚迫，輒敢激切上請。伏望皇上軫念畿民窮困已極，將來禍亂可虞，將三才等本，即發臣等擬上，恭候宸斷批行。至於速點巡按御史之差，以資彈壓，亟下四十等年刑部矜疑之疏，以重民命，亟允禮部嚴禁左道之疏，以正人之心，是亦當今要務，統惟聖明留神檢發。臣等不勝皇悚懸望之至。"

是日，大學士方從哲、吳道南謹題："恭照瑞王親迎醮戒制詞，已經進呈，發下金箋一張，臣等謹督中書官寫完。合行恭請用寶，並填吉期，於親迎日御前面行醮戒。謹具題知。"

九日甲寅，大學士方從哲、吳道南謹題："昨都察經歷等官來見臣等，言本院印務封貯已久，署掌無人，衙門諸務盡皆停閣，吾臣等代為催請。竊惟都察院之設，與六部相為表裏，其政務之煩，事權之重，皇上自能洞悉，無俟臣言。向來會推堂官，既不蒙點用，而諸臣署印之請，並未賜俞。以故各省巡按之差，無人題催，在京巡視之差，無人更換。目前順天鄉試則用監試官，明春大計則用河南道，而皆無人具題。時政之壅，紀綱之廢，未有甚於此者。皇上奈何置之若遺也？此外若各科署印之本，色①已發票，已題按差之本，俱在御前，伏望皇上留神，將未票者即發臣等票擬，已票者即賜批發，萬幾幸甚。至於點用都御史與允用候補科臣，是又臣等日夜跂望、以俟聖明之獨斷者。謹具題以聞。"

十三日戊午，大學士方從哲、吳道南謹題："照得祖宗舊制，親王行冠禮之後，即出閣講學。今瑞王殿下業已出府成婚，則設官開講似不容已。蓋自古天子之子，藩王之貴，必須親賢務學，使之通今達古，以涵養其德性，啟發其聰明，況瑞王嘉禮已成，睿齡正茂，從此講習經史，勉強學問，豈可後時？伏望皇上俯俞臣等所請，敕令禮部開具儀注②、講讀等官，令吏部照例選補，一應書籍、器物等項，行各該衙門備辦應用，併敕欽天監揀擇吉日，刻期開講，庶親藩之令德可成，而帝室之維屏有賴矣。謹具奏聞，伏候敕旨。"

① 色 "色"當為衍字。

② 注 明抄本誤作"住"。通行本改正作"注"。

十六日辛酉，大學士方從哲、吳道南謹題："先是詹事府掌印缺官，該臣等將原任吏部左侍郎劉元震題補，節經催請，俞旨未須。後因新陞吏部左侍郎劉楚先到京，又該臣等具題，已奉欽依，令其就便暫管訖，其先推劉元震似當補牘再請。惟是本官近經吏部會推禮部尚書，見在候旨。臣等看得，劉元震講幄舊臣，家食日久，資望深重，詞林首推，及今召還，俾司典禮，必能寅清夙夜，光輔太平，此臣等所爲竊願有請也。再照會推，係吏部職掌，臣等何敢潛預？但以職叨輔弼，凡大臣進用例得與聞，況元震乃衙門先進之臣，尤臣等所當推轂者，故因題補詹事之後，而謬爲陳請若此。伏望皇上即檢吏部近疏，慨賜點用。臣不勝顒望之至。"

十九日甲子，大學士方從哲、吳道南謹題："昨該吏部題催候補給事中張孔教等四員。臣等竊見，諸臣先後以起復到京，歷時已久，節經該部題補，臣等揭催亡慮數千①，而俞旨未下，授職無期，坐守都門，虛縻歲月，殊非事體。先是，六科雖稱缺人，每科尚有一、二員，足以供事。近因冊封、典試相繼差出，所餘纔五六員，將令誰署印？誰守科？誰領巡視各差？掖垣之地，閴②其無人，封駁之司半爲廢弛，不意聖明之世，濟濟多才，而乃使交戟之下，景象蕭條一至於此，此臣等之所深惜也。又查得候補禮科楊道寅，係丁未科庶吉士，其同年散館者，服官歷任已六七年，而道寅猶然未授一職，是又臣等閣中未了之事，所當亟爲催請者。伏望皇上俯念科臣員缺甚多，諸臣候補最久，先將張孔教等四員允用，其考選科道諸臣更祈一併檢發，豈獨言路之幸，亦臣等與該部之幸也。臣等不勝迫切顒望之至。"

是日，大學士方從哲、吳道南謹題："照得都察院署印無人，諸務廢馳，該諸臣先後言之已詳，臣等無容復贅。至於今日，時益久而事益急矣。無論各處按差無人題催，在京小差無人另委，目下順天鄉試不過半月有餘，本院科舉監生誰爲考送？場中監試御史誰與具題？祇此一事，而署印不可無人亦甚明矣。

① 千　明抄本作"十"，是。通行本誤作"千"。

② 閴　明抄本誤作"聞"。通行本改正作"閴"。

伏望皇上念紀綱之所係匪輕，時事之需人更急，將經歷毛尚忠等本檢出，或由聖斷，或發臣等票擬，速命大臣一員署掌都察院印務，庶臺綱有屬，而賓興大典亦不致有誤矣。臣等不勝顒望之至。"

二十二日丁卯，大學士方從哲謹題："臣於二十日在閣辦事，偶患泄瀉，比晚趨出，困不可支。至昨二十一日，又添感冒之証，頭目眩①暈，如在夢中，徧身如焚，不可着手。急喚醫人診視，服一發散之劑，汗隨藥出，熱亦稍解，至晚再服一劑。今頭目雖清，而瀉尚未止，且四肢酸軟，跬步難前，吾勉強入直，而勢不能矣。伏乞皇上賜臣暫假二、三日，略加調理，待步履少健，便當竭蹶趨事，不敢偷安。臣不勝感戴天恩之至。"

是日，大學士方從哲、吳道南謹題："臣等昨日接得山東巡撫錢士完揭帖，因道臣姜志禮以藩田之事議其苟安，遂具疏請告。先是巡按趙日亨，亦爲此事屢疏乞休，且謂鄉試屆期，請另差按臣監臨試事。臣等竊惟，藩田一節，自分封之始以及之國之後，中外大小臣工慮之最深，爭之最力，而禁丈量，禁管業，在東省二臣持之尤堅，臣等不敢代爲之說。惟是該省亢旱爲災，徧及六府，饑民搶掠，人情繹騷，非藉撫按二臣拊循而彈壓之，何以杜亂萌、而安黎庶？至於賓興大典，乃賢才登進之階，監臨之任，所關匪細，若捨見在按臣，而另爲題差，無論遲不及期，其於體統亦甚褻矣。臣等既爲地方憂，兼爲紀綱惜，不得不爲皇上一言。且志禮之疏，亦嘗譏切臣等，有'醇酒優遊，迄無規正'等語。臣等猥以虛庸，濫叨輔弼，誠不能格主，才不足濟時，尸素之愆，固所不免。獨念贍田之議初起，嘗隨諸臣後苦口而爭，悉心而畫，事之始末，計皇上知之，天下人知之，而獨志禮不知，無足怪也。臣等方愧報不睱②，何睱③置辯？惟望皇上將二臣疏，亟發臣等票擬，於錢士完令其速出任事，料理荒政，於趙日亨令其照舊巡歷，即赴科場供事，災民幸甚，多士幸甚。臣等不勝激切候命之至。"

①眩 "眩"當作"眩"。
②睱 "睱"當作"暇"。
③睱 "睱"當作"暇"。

二十六①辛未，大學士方從哲謹題："臣以不能謹疾，致二病交作，困備不支，乞恩請假，已愈數日矣。雖疾勢平②，而精神猶然不足。乃曠直日久，心實不安，謹於今早勉強入閣辦事訖。臣仰戴天恩，不勝感激之至。謹具奏以聞。"

是日，大學士方從哲、吳道南謹題："臣等竊見順天鄉試之期只有十日，而都察院署印無人，監試御史二員尚未題請，將使賓興之典廢而不行，此臣等所大懼也。蓋順天場屋與各省不同，各省布政司主提調，按察司主監試，故巡按御史偶缺，不得已按察官猶可攝行，若順天則自府丞提調外，簾內外諸務悉屬監試御史，若監試無人，誰爲設立科條？誰爲稽察奸弊？進場士子誰爲約束？供事員役誰爲整齊？人心玩而法令隳，弊竇叢而典制壞，此國家二百餘年未有之事也。頃者江西巡按陳于廷，皇上於撫臣催請之疏即允點差，臣等仰見聖明留心取士之典。乃京師地稱首善，事在燃眉，而獨以署院無人，稽誤若此，諒非聖心所安。伏望皇上將經歷毛尚忠等本，即賜檢發，速委大臣一員，暫署印務，俾將監試御史立刻題差，大典幸甚，多士幸甚。臣等謹佇立以俟。"

二十七日壬申，大學士方從哲、吳道南謹題："竊惟東宮講學一事，大小臣工竭誠懇請者十年於茲矣，累牘連章，千言萬語，所爲條陳開講之益、究極不講之害者，亦既諄切詳明，無遺意、無剩詞矣。頃當皇上召對之時，親承面諭，臣等仰窺聖意，原非視此事爲緩圖，亦非以諸臣之請爲過瀆。特以聖母升遐未久，聖躬縗服未除，禮有所獨隆，故不能無少待，稍需時日，自應舉行。聖孝聖慈並行不悖，此臣等所當仰體而靜俟者。已復思之，講學之與守制，事不同也，皇太子朞年之服，與皇上三年之喪，時不同也。聖躬當小祥之後，服制雖變，哀慕無窮，几筵之供奉必親，歲時之享祀不替，於此而欲執經講學，誠非其時。若皇太子則異是矣。即吉已久，思慕漸平，志氣清明，功夫暇豫。且邇來數承宣召，時奉溫顏，視膳承歡，宸衷悅懌，宮庭之內和氣藹然，從此暑退涼生，秋高氣爽，天時人

① 六 "六"下當有"日"字。
② 平 明抄本"平"上有"少"字，是。通行本脫此字，誤。

事，適與相宜。乘此渙德音，修曠典，使皇皇太子，周旋講幄，親近儒臣，溫經史以習舊聞，廣諮詢以求新得，將問學益懋，涵養益深，培國本而慰慈靈，道不出此。況今聖壽伊邇，呼嵩之使鱗集闕下，皇太子若於此時一臨講席，使四方萬國瞻圭璋之偉度，睹旒厦之上儀，盛典光昭，歡心畢萃，豈不休哉？茲八月初吉，正當開講之期，臣等方擬具題，不意禮部之疏已奉明旨，臣等籌度再三，終不敢避煩瀆之嫌，不爲補牘之請。故仍效其款款之愚若此。伏惟聖斷，慨賜允行。其開講吉日及侍班、講讀等官，容臣等另疏題請，恭候上裁。不勝激切顒望之至。"

是日，大學士方從哲、吳道南謹題："爲印信事。照得翰林院掌院事禮部右侍郎兼翰林院侍讀學士孫如游，近奉欽依，回部管事去訖。所有翰林院印信，缺官掌管。臣等謹推得右春坊右庶子兼翰林院侍讀趙用光，堪以掌管。查得本官資俸甚深，合無量陞詹事府少詹事，兼翰林院侍讀學士，掌管前項印信？伏乞敕下吏部，遵照施行。臣等未敢擅便，謹題請旨。"

## 萬曆四十三年

八①月一日乙亥，朔，大學士方從哲、吳道南謹題："頃者臣等以順天鄉試屆期，而都察院署印無人，以致監場御史尚未題差，場中諸事無人料理，今去初八日晚進場之期，時益迫，事益急矣。昨經歷毛尚忠等復有催疏，見在御前，伏望皇上即刻檢發，亟命大臣一員署掌院印，令其作速題差，入場供事，庶首善之地不廢賓興之典，多士幸甚②。謹跂足以俟。"

二日丙子，大學士方從哲、吳道南謹題："照今月初九日為鄉試頭場之期，其簾內外各官俱於初六日早入場供事，今只有四日矣，而監試御史尚未提③差，總由都察院署印無人，故遲誤至此。伏望皇上將經歷毛尚忠等本即刻檢發，速命大臣一員署④院印，令刻期具題，方為有濟。臣等又查得，各部堂上官或掌印或署印，俱有專責，獨吏部左侍郎李鑌⑤可以暫攝院務，儻蒙皇上逕自批發，尤覺省便。臣等不勝迫切仰望之至。"

是日，大學士方從哲、吳道南謹題："為科舉事。准禮部手本，該順天府題，萬曆四十三年八月初九，例該本府開科鄉試，合用考試官二員，伏乞簡命等因，備行到院。臣等謹推得堪任正考官二員、副考官二員，列名上請，伏乞於內各欽點一員，令其前去考試。內龔三益資俸已深，如蒙點用，乞量陞右春坊右諭德，兼翰林院侍講，以便供事。再照，考官必用陪點，例也。茲張邦紀係京師人，周廷⑥儒係新科進士，籍貫資序俱不相應，只因坊局無人，不得已借用，以存舊制。伏望皇上將正推二員點用，方為安便。臣等未敢擅便，謹題請旨。
　　　計　開
　　堪任正考官二員：右春坊右中允兼翰林院編修龔三益　右春坊右諭德兼翰林院侍講張邦紀
　　堪任副考官二員：左春坊左中允兼翰林院編修楊守勤　翰林院修撰周廷⑦儒。"初四日，奉旨："着點了的去。"

三日丁丑，大學士方從哲、吳道南謹題："昨該臣等以進場期迫，監試御史無人，請皇上速命大臣署掌都察院印，令其題

①八　"八"上當有"萬曆四十三年"六字。

②甚　明抄本"甚"下有"臣等幸甚"四字。通行本脫此四字。

③提　明抄本作"題"，是。通行本誤作"提"。

④署　明抄本"署"下有"掌"字。通行本脫此字。

⑤鑌　"鈇"為"鋕"之誤。

⑥廷　"廷"當作"延"。

⑦廷　明抄本作"延"，是。通行本誤作"廷"。

差，連上二揭，未蒙批發，臣等不勝皇恐。竊意賓興何事？順天何地？兩日之後便當赴宴入簾，而整齊料理尚無其人，則今年鄉試將遂廢而不舉乎？頃江西巡按未差，皇上既允撫臣之請，山東巡按請告，皇上又委以監臨之任，臣等仰見聖明於科場之事，留神若此，乃輦轂之下，眉睫①之間，而顧漠然不加之意，詳於遠而遺於近，實臣等所未解矣。臣等昨擬侍郎李鋕堪署院印，誠以自鋕而外更無別員，伏望聖慈即於毛尚忠等原本徑賜批發，庶諸臣猶可竭蹶趨事，而於大典爲有光矣。臣等屢塵②天聽，罪無所逃，惟皇上憐而宥之。不勝至幸。"

四日戊寅，大學士方從哲、吳道南謹題："適蒙發下中府掌府事吳汝胤等一本，以本年八月十六日，例該會官比試，而兵科缺官，不便行事，欲欽命別科給事中一員前去。臣等竊惟，比試必用兵科官，例也。今雖本科缺員，而吏部所題候補張孔教等四員，見在候旨，内熊明遇擬補兵科，正堪委用。伏望皇上將吏部題請之本，即賜檢發，令各到任供職，誠爲兩便。除臣等另行擬票外，謹附奏以聞。"

六日庚辰，大學士方從哲、吳道南謹題："恭惟我皇上御萬年之曆，四十三載於茲矣。八月十七日，復值萬壽聖節之期，天下文武官員及四夷朝貢之使，莫不同軌而至，重譯而來，咸欲稽首闕廷，一瞻天表，少申頌祝之忱，禮至隆、情至切也。如③邇年以來，率蒙傳免，雖於午門前列班行禮，而翠華未蒞，紫極猶高，虎拜雖恭，龍顏尚隔，徒使獻琛異域者，勤萬里之奔趨，齋表藩方者，望九閽而悵結，羣情鬱而未暢，大禮曠而不修，當此昌辰，殊爲缺典。況今宸衷豫悦，正箕疇斂福之時，聖體康知④，適鬴⑤迎祥之會，人心喜躍，更倍尋常。伏望皇上躬御文華殿，視朝受賀，俾四方萬國，共瞻晬穆之容，百拜三呼，親效岡陵之祝，庶窮荒裔類，咸知中國有聖人，薄海臣民，胥慶吾皇多福壽，豈不休哉？頃者皇上御慈寧宮門，延見臣等，一時大小諸臣覲天顏於咫尺，聞玉音之傳宣，莫不踴躍歡欣，

①睫 "睫"當作"睫"。

②塵 明抄本作"麁"。通行本改作"塵"，是。

③如 明抄本作"乃"。通行本誤作"如"。

④知 明抄本作"和"。通行本誤作"知"。

⑤鬴 "鬴"似爲"鬴敖"之誤。

詑爲盛事。況當此呼嵩祝華之日，得遂瞻天就日之懷，尤足以隆晋接之儀，聊泰交之盛，所爲萃歡心而綿永祚者，端在於此。臣等犬馬微誠，不勝欣忭顒望之至。謹題請旨。"

九日癸未，大學士方從哲、吳道南謹題："爲九年實歷已滿懇乞照例授職事。據誥敕房辦事譯字官馬尚禮等呈稱，尚禮等於萬曆三十二年六月內，蒙禮部題奉欽依，考中譯字生，送四夷館作養。尚禮於三十七年四月內，馬鍵於三十五年七月內，各考中食糧，四十年考中冠帶，四十二年蒙內閣票取誥敕房貼寫，八月內題准玉牒館謄錄。扣至四十三年四月，連閏實歷俱九年已滿，例應授職。呈乞，准題授職等因，到閣。臣等看得，馬尚禮、馬鍵各習學九年已滿，查無違礙，相應准理。合無照依本等資格除授官職，照舊於誥敕房辦事？又查得誥敕房辦事監生王穎、秦之垣、唐允恭，各原在史館供事，又取誥敕房貼寫，効勞日久，多者已將十年。茲以謄錄玉牒，比照萬曆十七年史館監生茅聞詩、范可愣事例，纂修書籍未告成者，俱得先授冠帶，今穎等實與相同，亦合准理。再照玉牒館收管冊籍，亦屬缺人。查有書辦官賈良璧、吳任良，合無俱照王道平、王三錫事例，各照本等資格，除授在京相應職銜，與同所正何承順等，一體在館供事，庶公務不致躭延？伏乞敕下吏部，查照施行。臣等未敢擅便，謹題請旨。"十三日，奉旨："是。吏部知道。"

十三日①申，大學士方從哲、吳道南謹奏："爲聖壽屆期普天稱慶敬陳用人切要數事仰祈聖斷允行以慰人心以承天眷事。竊謂自古帝王祈天永命者，必人事懋修於下，而後帝祉寵綏於上，機若有待，理實相因，非倖致也。我皇上承乾御宇四十三載於茲矣，道格重玄，百靈效順，化翔四表，萬類傾心，聖壽之永，行且②無極。然所爲盡人事以迓天庥者，尤有道焉。臣等僭輸一得之愚，竊比於千秋金鏡之獻，然亦不敢泛引以溷③宸聰，祇以目前用人數事，爲諸臣所常言，亦臣等所已言者，

①三日 明抄本作"日甲"，是。通行本誤作"三日"。
②且 明抄本"且"下有"無"字。通行本删此字，是。
③溷 明抄本作"涸"。通行本改"溷"，是。

再爲皇上陳之。一曰補大僚。今大僚之缺極矣，向來吏部會推尚書四人，侍郎三人，都御史三人，總督卿寺等官又數人，皇上若以近日乞補司道者慨然允用，九列之位豈不濟濟充盈？而屢催屢格，俞旨杳然。如都察院一署盡空，三年不補，紀綱重地，聞其無人。股肱①之託謂何？而坐令空虛若此。則亟檢會推諸疏，將尚書、侍郎、都御史及卿寺等官，盡賜點用，乃今日之要務也。一曰下考選。今科道之缺極矣，科臣復除者不报②，轉左右者不报③，題署印者亦不报④，以致各差無人接管，抄發全無憑據，誤事業好⑤，所關不小。至於各處巡按御史，舊者报⑥滿已久，交代無期，新者株守都門，奉差無日。糾劾不舉，吏治何以肅清？巡歷不行，地方誰爲彈壓？封駁何司？激揚何任？而坐令隳廢若此。則亟檢考選之疏，將擬授給事中、御史及兩請五人，盡賜允用，亦今日之要務也。一曰起廢官。林下諸臣，困衡久矣，懲艾深矣。皇上恭奉慈綸，業令分別起用，而補牘之請屢上，賜環之旨未聞，德音將復屯膏，明綸幾成反汗。然則諸臣將終老巖穴，而皇上作養之隆恩，懲創之美意，將終置之於無用乎？謂宜明詔銓部，將先後降謫各官陸續題請，或照原擬，或改新推，皇上擇其尤者先爲超擢，其餘亦漸次錄用。紓林泉久鬱之氣，答海宇仰望之心，信恩詔而慰慈靈，又今日之要務也。夫當萬國呼嵩之日，正人心望治之秋，值九重受賀之時，乃聖治更新之會。邇年以來，皇上每遇此時，必行一番善政，施一番恩澤，疏通章奏，點用各官，臣等所謂盡人事以迓天庥者，正在於此。故敢不避煩瀆，輒效款款之愚，言雖近而裨益治體實深，事若緩而關係羣情更切。儻得皇上憬然動念，幡然允行，則官聯備而國體全，人心悅而天意得，無疆曆祚衍之億萬年如一日矣。豈非臣等之至願⑦哉？其他朝廷大政，若儲講、王婚、停稅、弭災等事，如近日科臣所言，無一非臣等之責，亦無一非臣等所當言。然區區之衷，惟願聖明獨斷，茲且未敢輕瀆也。臣等不勝激切顒望之至。"

十二日丙戌，大學士方從哲、吳道南謹題："恭遇我皇上萬

①肱　"肫"當作"肱"。
②报　明抄本作"報"。通行本誤作"报"。
③报　明抄本作"報"，是。通行本誤作"报"。
④报　明抄本作"報"。通行本誤作"报"。
⑤業好　"業好"當爲誤文。
⑥报　明抄本作"報"，通行本誤作"报"。
⑦願　明抄本"願"下衍"至願"二字。通行本刪此二字，是。

萬曆四十三年

壽聖節，慶協天人，歡同夷夏。在迩之臣莫不獻九如之頌，稱萬年之觴，喜日月之方陞，祝岡陵於有永，歌呼舞蹈，自朝廷達於閭巷翕然矣。臣等地叨禁近，誼切腹心，幸與中外臣民並游仁壽之域，方歡欣頌禱之不暇，何敢妄有陳説，以瀆宸聰？第近日以來，外間議論多以御史劉光復爲言。蓋謂聖壽屆期，普天同慶，仁恩所被，即昆蟲草木咸得沾濡，獨光復一人以柱戀無禮，自羅①罪罟，論法雖所當治，原情不無可矜，儻蒙皇上當燕喜之時，念及縲絏之苦，宊②開一面之網，少寬三尺之條，此在皇上爲不測之恩，而在光復真再生之幸矣。臣等聞此，不能不惻然於衷。誠以我皇上好生之心，同符堯舜，下車解網之念，不殊禹湯。頃者停刑之旨早頌③，矜疑之奏立允，深仁厚澤，覃布埏垓，寧有贊戴之下，昔日耳目之臣，而及不蒙聖慈之動念者哉？第以威福之柄，皇上操之，前日之怒光復而罪之也，惟皇上之獨斷，今日之憐光復而宥之也，亦惟皇上之特恩。總之，體聖母濟物之仁，成皇上奉先之孝，開恩肆赦，惟此時爲然，此臣等所深願，而亦天下之人所共祝者也。臣等不勝激切顒望之至。"

十七日辛卯，以④萬壽聖節，頒賜二輔臣上尊珍饌。

二十一日乙未，大學士方從哲、吳道南謹題："頃自六月以來，恭遇我皇上瑩精化理，疏通章奏，在外司道各官盡行推補，吉凶諸禮漸次舉行，一時人情歡忭，朝政改觀，中外喁喁頌大聖人之作爲，超出尋常萬萬，以爲萬曆初年之政將復見於今矣。既因聖壽屆期，該臣等以點用大僚數事具疏懇⑤，蓋謂目前喫緊無過用人一節，故專言用人，而未敢概及其他。又念皇上當幡然勤勵之時，且奉有諸政盡數修舉之旨，臣等分宜靜聽，以俟聖明獨斷，竊意皇上必且如往年故事，旬日之間，渙發德音，行一番新政，庶乎羣情可慰，太平可幾，誠不勝歡忭仰望之甚。乃今聖節已逾⑥數日，而朝廷之上寂無所聞，亡論大僚未點，考選未下，廢官未起，且並科道之起復，案⑦臣之題差，五人

① 羅　明抄本作"罹"。通行本作"羅"，誤。
② "宊"當爲"宏"之誤。
③ 頌　"頌"當作"頒"。

④ 以　明抄本"以"上有"大學士方從哲、吳道南謹題"十一字。通行本刪之，是。
⑤ 懇　明抄本"懇"下有"請"字。通行本脱此字，誤。
⑥ 逾　明抄本誤作"諭"。通行本改正作"逾"。
⑦ 案　"案"當作"按"。

## 萬曆起居注

之兩請，概爲停閣，即用①人一事，皇上未嘗少見施行，尚安望其他乎？今國家大政，出於用人之外者何可指數？其最要者，如東宮開講，皇長孫就傅，關宗社萬年之計，惠王、桂王選婚，係子孫千億之源，他如撤關罷稅以收既渙之民心，賜賑蠲稅以救孑遺之民命，此皆大典禮，大政事，人心瞻仰惟此一時，而今皆不可得也。然則聖政之更新何日？時事之轉移何期？四海望治之念何以不孤？而臣等溺職之罪何以自逭哉？夫皇上勵精，而臣等不能將順，罪也。主上倦勤，而臣等不能匡救，亦罪也。九重德意行於累年，而獨靳於今日，五位憂勤奮於一旦，而遽怠於崇朝，無一非臣等之罪也。臣若懼罪不言，苟容虛度，日復一日，年復一年，玩愒成風，挽回無日，將萬幾日益叢脞，庶事日益隳頹，誰司政本而令世道至此？臣等所爲疾首腐心、食不下咽者。伏望我皇上擴充前日之心，由一念而推之念念，由一事而推之凡事。毋振作一時，而復因循於後日，毋慨然於外吏，而徒慎重於大僚，毋以厭棄視耳目之臣，毋以困頓錮山林之士，將臣等所請用人三事，與今日切要諸務，概賜允行，庶詔旨不虛，人情胥悅，而臣等亦得有辭於天下矣。屢瀆宸聰，不勝惶悚待命之至。"

二十五日己亥，大學士方從哲、吳道南謹題："今早臣等入朝，有六月兵部大選過指揮等官數十人投稟具訴，謂兩月以來，兵科無人署印，未得畫憑，守候日久，盤費都盡，欲臣等催請署印科官，以救困苦等情。臣等看得，六科事體與六部相爲表裏，而抄發章奏，給授文憑，惟印信是據。今兵科自吳亮嗣差後，封印數月矣。頃中府以比式②無人，權借別科代攝，然此不過一日之事耳，若武官畫憑，必須印信，用印必須署掌，非若比式③之可以假借也。今六科寥寥，見在數人各有專司，難以他委，計惟有下考選、補起復二者，可以濟目前之急。且如熊明遇，原擬兵科，一經點用，便可受事，況與張孔教等守候累年，未授一職，揆之人情時勢，均有不容不補者。伏望皇上將張孔教等四人先賜允用，並將考選科臣李若珪等、臺臣孫之

① 用　明抄本"用"上有"此"字。通行本脱此字。

② 式　《明神宗實録》卷五三五"式"作"試"，是。

③ 式　"式"當作"試"。

益等，悉照部擬，准令各到任管事，庶臺省有人，職業修舉，不獨兵科一署與弁一事而已。臣等不勝激切顒望之至。"

二十七日辛丑，大學士方從哲、吳道南謹題："適蒙發下太常寺一本，以閏八月初五日祭京都太倉之神，請①遣户部官行禮。臣等看得，太倉係屬户部，遣祭必用本部堂官，例也。今本部及倉場祇有侍郎李汝華一人，而本官近日以病在告，一時未能即出，故不得已擬遣兵部侍郎崔景榮代之。臣等又惟，户部職司國計，凡錢穀出納，關繫最重，幾務最煩。汝華以一身署部、署倉場凡五年矣，夙夜在公，精勤匪懈，因勞致疾，勢所不免。向來吏部會推，擬汝華陞本部尚書，光祿寺卿丘度陞本部右侍郎，俱未欽②點。昨汝華具疏請告，見其勢甚迫，而詞甚苦，誠以邊餉急需，時刻難緩，漕糧新到，俱未入倉，軍國大事無人料理，不惟汝華因之增病，即臣等亦甚為寒心，皇上幸毋視為細務而姑置之也。伏望檢出汝華原疏，容臣等擬票，勉其病痊即出，仍乞檢發吏部催請之疏，將汝華及丘度並賜點用，敕令速任管事，則一部之中，有長有二③，庶分理人④，職業易舉，其於體恤臣勞，培植國脈，亦兩得之矣。臣等不勝迫切顒望之至。"

又⑤題："該臣等於聖節前後，專望皇上或點用二、三大臣，或允補起復科道，或欽點各處按差。但得皇上發一德音，朝廷行一善⑥，便是臣等莫大之幸，不獨使天下臣庶仰頌聖明，即臣等亦得少逭曠瘝之罪於萬一。乃今月已盡矣，而九重之上杳無消息，其尋常章奏非不每日發票，每日批行，然皆無甚關繫之事，而時政切要、為人情所屬望者，則百無一二，即臣等朝入暮出，僕僕奔走，而於贊襄職業毫髮罔裨，居其位而曠其官，受高厚之恩而無涓埃之報，縱眾人不以責臣、罪臣，臣等能不自愧於心乎？伏望皇上將大僚至緊至要，如都御史、户部尚書侍郎、南北太常寺卿、河道總督等官，先賜俞允，其考選、起廢諸事，並祈次第舉行，國事幸甚，臣等幸甚。再照，翰林

①請 明抄本作"諸"。通行本改"請"，是。

②欽 明抄本"欽"上有"蒙"字。通行本脱此字。

③二 "二"當作"貳"。
④人 "人"上當有"有"字。

⑤又 明抄本無"又"字。通行本補此字。

⑥善 明抄本"善"下有"政"字，是。通行本脱此字。

掌印雖屬清閒之官，然與臣等閣中事體相關，一切文移往來，殆無虛日，勢難久缺。更望皇上將臣等所推庶子趙用光，俯賜允用，敕下吏部施行。臣等又不勝至幸。"

閏①八月一日乙巳②，朔，大學士方從哲、吳道南謹題："臣等連日接得浙江撫按揭帖，謂織造一事，近蒙皇上因舊監劉成病故，將歲改段疋還歸有司，其春秋二運，業已依限起解，較之内臣督織，爲期更早，從此上供無誤，而東南民力亦得漸舒，真地方至幸。乃近日突有奸民紀光先等，假稱機戶，保舉内監吕貴仍舊督織，於是人情洶洶，咸欲甘心於貴，儻皇上不及詳察，誤中其欺，貽害釀亂爲禍不小。臣等竊意，皇上明見萬里，無奸不燭，且有司織造，奉旨幾時，寧有中變之理？方欲遺書撫案③，令其安心靜聽。不意今早入朝，聞昨夜傳有'吕貴暫留，提督織造'之旨，臣等不勝驚駭。夫撫按二臣，皇上所畀以地方之責者，儻織造必須内臣，或内臣織造無累於百姓，彼豈不欲相安無事、以明敬共之誼？乃劉成在事，而袍段反拖欠挨遲，劉成物故，而袍段遂及期早進，皇④以爲遣官督織，有用乎？無用乎？羣浙直百姓，惟恐内臣之復遣，而獨紀光先等求吕貴之暫留，皇上以爲遣官督織，於地方有害乎？無害乎？且二臣目擊時艱，抗章力請，無非奉宣德意，以惠此子遺，皇上概置罔聞，而顧於光先等本，從中批發。臣等私相詑⑤異，不知此本何從封進？何時呈覽？且未經發票，徑自批行，於朝廷政體何如？以如此之事，而臣等毫不與聞，職掌謂何？而又安用密勿代言之臣爲也？信宵小之説，使撫案⑥不得行其言，廢票擬之規，使閣臣不得守其職，縱剝削之害，使黎庶不得安其生。此一舉也，臣等竊爲皇上惜之。今明旨已布，臣等無自封還，惟是吕貴業已在途，敕書尚未頒給，及今收回成命，猶或可止。伏望皇上，檢發撫案⑦原疏，亟頒停遣之旨，其龍袍等項，一並責成有司照例織完，依限解進，内官吕貴檢查錢糧已畢，令其作速回京，仍將紀光先⑧等嚴拏究處，庶上供有賴，民困稍蘇，奸民之邪謀莫售，而朝廷之大體以存矣。至於臣等叨居政本，原以代言爲職，祖宗朝凡中外章奏，必由閣臣擬票，而後進呈御覽，取自上裁⑨，其聖意所在，必須明白傳示，有未當者不妨發下另擬。如此，既足以防壅蔽之習，亦可以效匡救之忠。此實累朝家法，向來輔弼之臣所得由免曠

① 閏 "閏"上當有"萬曆四十三年"六字。
② 巳 "巳"當作"巳"。
③ 案 "案"當作"按"。
④ 皇 明抄本"皇"下有"上"字。通行本脱此字。
⑤ 詑 明抄本作"詫"，是。通行本作"詑"，誤。
⑥ 案 "案"當作"按"。
⑦ 案 "案"當作"按"。
⑧ 先 明抄本作"光"。通行本改"先"，是。
⑨ 裁 明抄本作"裁"。通行本誤作"栽"。

① 於 明抄本作"因"。通行本誤作"於"。

② 究 明抄本作"宄"。通行本改"究"。

③ 書 明抄本作"事"。通行本改"書"，是。

瘵之罪者，全在於此。更望皇上留心法古，循發票之規，停內降之旨，毋使當聖明之世，而有尸素失職之臣，臣等不勝至幸。謹於①織造之事，附陳其愚，仰惟聖慈鑒察。謹題。"

六日庚戌，大學士方從哲、吳道南謹題："昨見工部一本《爲傳奉事》，奉聖旨：'朕思三殿工程久未鼎建，向因物力未備，前戶部條議有裨國計，已有旨了。昨因覽《大統曆》，見明歲方向不利，着於本月初六日，與同乾清宮披房一並開工，以應吉期。其興作等項，俟明歲聖母靈位陞祔陵廟禮成，上緊建造。合用物料，爾部預行措辦，不致臨期有誤。披房着作速修理。該衙門知道。欽此。'竊惟三殿鼎新，乃當今第一急務，上恢累朝之堂構，下崇萬國之觀瞻。皇上遲之累年，斷於一旦，以是明綸一布，中外歡騰，臣等曷勝欣幸？獨念此番興作，與尋常工役不同。蓋規制既究②，則締造不易，經費既廣，則措辦爲艱，一切鳩工庀材、率作興事，必非一人之心思所能計劃，一人之手足所能經營。故事，有尚書③以總其成，有左、右侍郎以分其任，督工催料各有專司，協力拮据，共襄鉅典，誠重之也。今工部祇有林如楚一人，既署部事，又董大工，既督工程，又催物料，幾務紛沓，萃於一身，即精力有餘，而日亦不給，縱臣勞無足恤，如國事何？先該吏部會推尚書陳薦、侍郎王佐，原本俱在御前，一經欽點，便可得人，一行督催，便可任事。皇上何難用此二人，而不爲大工計、爲國體計也？至於工部之事，無一不與工料相關，凡抄發章奏，稽核錢糧，料察奸弊，皆其職掌。乃都科懸缺已久，署印亦復無人，諸務悉停，妨廢不少，其在於今尤有不容一日缺者。伏望皇上，將尚書、侍郎二臣速賜點用，仍嚴限催來赴任，其工科印信，即令徐紹吉署掌，毋再遲留，庶協贊有人，勷勸並效，大典可成於不日，而皇居永奠於萬年矣。臣等不勝踴躍企望之至。"

七日辛亥，大學士方從哲、吳道南謹題："該錦衣衛接出聖旨：'將駙馬王昺，革去衣帶養贍，押回原籍爲民。'臣等不勝驚駭。竊思王昺以肺腑之戚，受我聖母與皇上天高地厚之恩，自宜以謹恪提躬，以謙恭守位，篤忠君愛國之念，懷感恩圖報之忱，此昺之分也。乃煩言剿說，屢瀆宸聰，徒慕直諫之名，頓忘越俎之戒。況前日張差一事，業蒙聖明獨斷，罪人既得，天討已彰。獨劉光復以狂戇取罪，一時未蒙曲宥，諸臣方在靜聽，以俟皇上解網之仁。昺復恣意瀆陳，語言不擇，皇上罪其驕矜狂肆，昺亦何辭？即臣等亦有不能爲昺解者。獨念昺，戚臣也，分屬懿親，情同休戚，議①貴國法具存。皇上若以狂肆之故，遽爲褫斥，在昺固所自甘，第恐聖母在天之靈微有不懌，而質之皇上平日親親之念，或亦有所不忍耳。臣等叨居禁近，值天威之孔赫，方震懾不暇，何敢有言？然以事關國體，不容緘默。伏望皇上體聖母之慈，擴包荒之量，將王昺重加罰治，免其褫革，俾令反躬思過，以圖自新，自後不得逞臆妄言，致干嚴譴，庶聖斷既彰，國體不失，而天下萬世莫不仰皇上如天之度矣。臣等不勝激切懇祈之至。"

　　八日壬子，大學士方從哲、吳道南謹題："昨該臣等以駙馬王昺事，謹具一揭，抑②瀆宸嚴，不知已達御覽否？臣等兩日之間，又聞外間議論洶洶。蓋緣錦衣衛再奉嚴旨，拏王昺代作本章之人。而真犯尚未得獲，其本家所供一、二人，俱在疑似。差出官校，徧處訪拏。以是人情惶惑不安。臣等竊謂，此輩游乎作奸，自當嚴拏正法，然必須查審明確，真是代筆之人，然後拷打枷號，以盡其辜，方足以服人心而彰國法。如皇上切責該衛，令其刻期枷打，萬一錦衣官迫於明旨，拏獲不真，不惟波及無辜，反致真犯漏網，其於皇上日月之明，寧無少傷？伏望皇上少霽天威，令錦衣衛密切體訪。捉獲之後，或送刑部審明，再發該衛③枷打正罪，庶刑罰允當，而閭閻亦無驚擾之虞矣。此等情景，臣等得於目擊，不敢不以上聞。"

　　九日癸丑，大學士方從哲、吳道南謹題："適蒙發下禮部一本《爲原任④大學士沈一貫卹典事》，其賜祭九壇，造墳安葬，

萬曆四十三年

①議 《明神宗實錄》卷五三六"議"上有"議親"二字，是。

②抑 "抑"當作"仰"。

③衛 明抄本作"衛"。通行本誤作"衙"。

④任 明抄本無"任"字。通行本衍此字。

係一品文臣定例，此外特恩加祭，亦向來輔臣所①沾者。惟是謚號一節，乃易名重典，部中未曾定擬，非臣等所敢輕議。但查一貫原係日講官，經幃啟沃十載有餘，且秉政多年，勤勞茂著，雖謝政之際，微有人言，而本官人品勳業，似不因是而累者。儻蒙聖恩予之以謚，足見皇上優卹元臣至意。臣等謹擬票，進呈御覽，恭候聖明裁定批發。不勝皇恐俟命之至。"

十二日丙辰，大學士方從哲、吳道南謹題："該文書官金忠恭捧聖諭到閣：'諭內閣：朕覽卿等所奏，朕已悉知。且前者召見百官，劉光復高叫，震驚聖母神御，又在朕前直越無上，卿等與百官目睹耳聞。且此爵未來朝見，何乃妄作詞語？狂肆逞臆，忘背聖母天恩，不思君上爵祿，沽名要譽，黨救狂畜。近來誣謗朕躬。朕思先年兵部推彼管理將軍，朕奏知聖母，方可點用。聖母傳：駙馬名有先後，如何推他？朕以聖母傳問，故此點用陪推。王昺以此心懷疑怨，譏訕於朕，甚無人臣禮。本當重治，念係戚臣，姑從輕處分了。卿等又奏，彼作寫之人乃棍徒搜捏。上本，出昺意，連日朕又恐波及無辜，卿等可傳示該衙②，將寫本人犯王言，着實打一百棍，牢固監候，不必株連蔓引，恐傷天和。故此特諭。欽此。'臣等捧讀再三，仰見皇上既體聖母之慈，薄王昺之罰，又恐波及③無辜，止將寫本人犯責打，其餘盡行寬釋。大哉，皇仁。真足以葆天和而全國體，臣等不勝欽服。又思王昺身為戚臣，受恩深重，感激圖報豈宜自後於常人？若以不蒙點用之故，懷疑肆訕，凡為臣子誰敢一萌此心？恐亦昺之所不敢出也。乃其申救劉光復，無非望皇上保全言官，以光昭令德。效忠一念，臣等非不諒之。惟是語言過直，有失人臣諷諫之體，此則昺之無以自解者耳。今譴罰之後，懲艾必深，賜環之恩，臣等謹翹跂以俟。至於訪挐，徒滋株蔓。上本出自昺意，誠如聖諭所云，代作既無其人，更望聖慈明示該衙④，將無辜諸人概從寬宥，其寫本人役並與什⑤放，免其監候。此真皇上體天好生之德，率土臣民所為傾心而戴、交口而頌者也。所奉聖諭，尊藏閣中。謹回奏以聞。"

①所 明抄本"所"下有"同"字。通行本脫此字。

②衙 明抄本作"衙"。通行本誤作"衙"。

③及 明抄本"及"上有"波"字。通行本脫此字。

④衙 明抄本作"衙"。通行本誤作"衙"。

⑤什 "什"當作"釋"。

十八日壬戌，大學士方從哲、吳道南謹題："臣等近日接得山東巡撫錢士完揭帖。其一謂蒙陰、費縣、沂州、昌樂等處，饑民羣聚爲盜，少者數十，多者數百，豎旗稱王，白晝行劫，人情洶洶，將成大亂，請發內帑，或留本省解部稅銀十萬兩，急行賑贍，以安人心。其一謂閏八月初一日夜，羣賊千餘，擁入安丘縣內，將庫獄燒①劫，請將知縣、典史住俸拏賊。臣等不勝驚駭。照得東省疊罹災傷，百姓流離失所，相聚爲盜，勢所必至。然聚至千餘，則其徒黨實繁。始而搶掠鄉村，既而闌入縣城，劫庫劫獄，則其猖獗已甚。若不嚴加擒捕，亟令解散，將時益久則嘯聚益多，勢益張則撲滅益不易。況直隸、河南鄰近地方，併當荒旱之後，人心思亂，在在有之，儻此風一倡，四方嚮應，恐劉六、劉七、師尚詔之變，可立而待也。臣等以爲，欲弭賊亂，當收人心，欲收人心，當施德意。頃②士完疏內亦言，曉諭之餘，民情稍定，然小民可感以實惠，而不可徒示以空言。則酌留解部稅銀，大施賑救，乃今日靖亂安民之第一義，不容頃刻少緩者也。伏望皇上留神，將錢士完先次一疏，併發臣等票擬，准將稅銀留賑，以昭朝廷軫念災民至意。仍敕撫案③，督令兵道有司等官，嚴捕首惡正法，一切脅從諭令安心復業，庶羣盜聚而復散，地方危而復安，不至貽將來無窮之患矣。臣等不勝激切仰望之至。"

二十日甲子，大學士方從哲、吳道南謹題："臣等連日接得吏部揭帖，請皇上點大僚、允起復考選科道、錄用林下廢臣。其言大僚懸缺之多，科道諸臣候命之久，及廢臣困頓之極、懲艾之深，至爲詳悉，臣等無庸復贅。獨念此數事者，在朝廷爲大政，在今日爲急務，下關吏部之職掌，上係祖宗列聖之成規。邇年以來，大小臣工連章而請、補牘而陳者，惟此用人一節，而皇上經年累月有煩瀆之擾、而無清晠④之時者，亦祇因此不肯用人之一端。昨六、七月間，幸蒙我皇上注意司道各官，於吏部推陞之疏朝上者夕下，夕上者朝下，俞旨速於流水，德意捷若轉圜，一時人心誰不踴躍稱快？寧獨地方之福？抑亦朝廷

①燒　明抄本作"曉"。通行本改"燒"。

②頃　"頃"似當作"頃"。

③案　"案"當作"按"。

④晠　"晠"當作"暇"。

之光。循兹以往，國事何難更新？太平何難坐致？奈何於大僚諸臣而獨不然也？説者謂我皇上天授英明，太阿在乎，凡事皆當静聽以俟獨斷。臣等以爲，事有可緩、時有可待者，臣下何敢急遽煩聒？惟是用人一事，則懸缺不補者少亦數月，候旨不下者多且數年。風憲何地？而間無一人。給諫何官？而空者幾署？巡方何任？而新者不得受事，舊者不得息肩。此外關係重大繁要者，不能一一枚舉。皇上試思，此等之事，可緩乎？不可緩乎？可待乎？不可待乎？且不①以爲急，上既厭其急而故緩之，下以爲緩，上又因其緩而並置之。如是則急不可、緩亦不可，言不可、不言亦不可。然則百司將一任其空虛，庶績將一任其墮廢，祖宗數百年培養②人才，將一任其催③殘凋謝、而莫之恤乎？此豈獨吏部之責？實臣等之責也。縱天下不以責臣，皇上不以罪臣，臣等亦有心胸，寧能晏然而已乎？臣等每日入朝，必過六科門首，因思兵科無人，各科有人而無印，披垣畫窗，篆匭④塵封，未嘗不歔欷太息。以爲此朝廷何等景象？而適當臣等待罪之時。况内外大小衙門，更有什百於此者，以人事君，大臣之誼謂何，而令時事一至此耶？觸目省心，慚怖欲死。伏望我皇上擴光前日允用司道之心，亟下吏部諸疏，將所推各官盡賜點用，庶朝無曠職，野無遺賢，而臣等亦得少逭竊位之譏，世道人才幸甚，臣等幸甚。不勝迫切仰望之至。"

二十一日乙丑，大學士方從哲、吳道南謹題："臣等在閣辦事，有山東通省鄉官投一公揭，因言近日饑民之亂，比前撫按所奏益甚，風聞各州縣庫獄被劫者，不止安丘一處，搶掠焚殺之慘至不忍言。臣等聞之，不勝錯愕。雖未可遽以爲真，然而賊勢披猖，地方擾攘，勢所必至。臣等一時無可措手，但祈皇上將臣等所擬撫按錢士完等留稅蠲税之本，即賜批發，俾地方諸臣得以奉宣德意，收拾人心。儻飢民之心既定，則亂民之勢自孤，從此招來解散亦易爲力，而不至釀大亂之禍矣。其鄉官亓⑤詩教等條陳之疏，亦祈即賜發下，令該部並爲議覆。弭盜安民，在此一舉。臣等不勝跂望之至。"

二十三日丁卯，大學士方從哲、吳道南謹題："臣等連日訪問山東盜情消息，傳聞近日賊勢愈大，流劫愈遠，沂州、滕縣等處多遭殘破，所至招集軍兵，打造器械，燒燬文卷，縱放獄囚，其志似不在小，及撫臣發兵捕逐，多被殺傷，似此亂形已成，卒難撲滅。臣等益不勝駭愕，以爲事勢至此，不獨東省之憂，亦中原腹心之憂，畿輔肘腋之憂也。爲今之計，只望皇上蚤發德音，將見在解部稅銀十萬兩，准其存留，令撫按諸臣亟行賑濟。其罷免六府包稅，如撫按所請，停徵改折當年錢糧，如本省諸臣所奏，亦乞敕下户部，速爲議覆。庶明旨一宣，人心胥悦，羣情定而賊黨自攜，誠今日弭盜安民之第一義矣。但免稅、停徵二事，恐皇上未肯慨然允行。臣等則以此稅銀、此銀糧非從他出，皆出於百姓之身。今荒旱之餘，百姓流離逃竄，彼且不能自保其室家，自全其性命，而欲使之包稅若干、納租若干，有是事乎？其不相率而爲盜者誰乎？是小民方欲思亂，而我故迫之羣①方以相招，而我復驅之。既已無民，焉得有稅？焉得有錢糧？是上雖不免，而勢不能不免，上雖不停，而勢不能不停。則孰若免之、停之於上，使天下曉然知朝廷德意，猶足以收既渙之民心，殺方張之賊勢耶？且臣等非獨爲山東慮也。直隸、河南地皆接壤，今歲災傷幾徧各省，饑民之轉徙，奸人之嘯聚，在在有之。儻東省之盜一時未②平，勢必東合西連，羣起響應，不獨中原受其蹂躪，畿輔因而動搖，究且貽皇上宵旰之憂，貽九廟震驚之患。念及於此，臣等不覺股慄汗流，恨不能叩九閽爲皇上面陳之也。臣等再熟計之，皇上肯留稅銀，纔十萬耳，肯罷包稅，纔二萬三千耳，肯停見徵，不過一年之暫耳。其所失幾何？若顧惜疑難，不爲慨允，恐人心一失，聯屬爲難，羣盜縱橫，剿捕不易，郡縣皆爲賊藪，府庫悉作寇資，將來即費數百萬金錢猶未足以收蕩平之積，而生靈之塗炭，元氣之損傷，不已多乎？伏望皇上俯聽臣等所言，將撫按留稅、免稅之疏，東省諸臣條議，及昨兵部議覆諸疏，已票者速賜批行，未票者即發臣等票擬。務使皇仁早播，衆志少安，或猶可救禍亂於萬一。若復遲留，必至決裂，不可收拾，後③悔之已

① 羣　明抄本"羣"下有"盜"字。通行本脱此字。

② 未　明抄本作"來"，誤。通行本改正作"未"。

③ 後　明抄本作"雖"。通行本誤作"後"。

無及矣。此時即罪臣、斥臣，亦復何益？臣等勢迫情急，冒昧盡言，萬惟聖明矜察。"

是日，大學士方從哲、吳道南謹題："爲作養人才事。萬曆四十一年，該原任大學士葉向高題奉欽依，考選得進士曾楚卿等二十三名，改翰林院庶吉士，併一甲進士周延儒等，俱在館教習讀書，每月二次考試。今經三年，驗其所學，頗有成效。舊例該內閣題請，分別授官。合無俯容臣等查照前例，於九月初二日，將見在庶吉士十七名，從公考試①，評品文字高下，擬開等第名次，封進②，恭候聖明裁定施行？臣等未敢擅便，謹題請旨。"

二十七日辛未，大學士方從哲、吳道南謹題："爲作養人才事。萬曆四十一年，該原任大學士葉向高題奉欽依，考選得進士曾楚卿等二十三名，改翰林院庶吉士，併一甲進士周延儒等，俱在館教習讀書，每月二次考試③。今經三年，驗其所學，頗有成效。舊例該內閣題請，分別授官。合無俯④俯容臣等查照前例，於九月初二日，將見在庶吉士十七名，從公考試⑤，許品文字高下，擬開等第名次，封進御覽，恭候聖明裁定施行？臣等未敢擅便，謹題請旨。"

二十九日癸酉，大學士方從哲、吳道南謹題："爲作養人才事。萬曆四十一年，該原任大學士葉向高題奉欽依，考選得進士曾楚卿等二十三名，改翰林院庶吉士，併一甲進士周延儒等，俱在館教習讀書，每月二次考試⑥。今經三年，驗其所學，頗有成效。舊例該內閣題請，分別授官。合無俯容臣等查照前例，於九月初二日，將見在庶吉士十七名從公考試⑦，評品文字高下，擬開等第名次，封進御覽，恭候聖明裁定施行？臣等未敢擅便，謹題請旨。"

是日，大學士方從哲、吳道南謹題："照得庶吉士曾楚卿等，在館讀書已及三年，例應散館授職。該臣等擬於九月初二日從公考試⑧，分別奏請。業於二十三日具題，二十七日揭摧⑨。伏望皇上留神，即賜批發，俾臣等得循例考散，完此一事，不勝至幸。謹題。"

---

① 試　明抄本作"式"。通行本改"試"。是。

② 進　明抄本"進"下有"御覽"二字。通行本脫此二字。

③ 試　明抄本作"式"。通行本改作"試"。是。

④ 俯　明抄本無此"俯"字，是。通行本衍此字。

⑤ 試　明抄本作"式"。通行本改作"試"，是。

⑥ 試　明抄本作"式"。通行本改作"試"，是。

⑦ 試　明抄本作"式"。通行本改作"試"，是。

⑧ 試　明抄本作"式"。通行本改作"試"，是。

⑨ 摧　明抄本作"催"。通行本誤作"摧"。

九①月一日甲戌，朔。

二日乙亥，大學士方從哲、吳道南謹題："爲作養人才事。萬曆四十一年，該原任大學士葉向高題奉欽依，考選得進士曾楚卿等二十三名，改翰林院庶吉士，等②一甲進士周延儒等，俱在館教習讀書，每月二次考試。今經三年，驗其所學，頗有成效，例應內閣題請，分別授官。先該臣等擬於九月初二日考試，再次催請，未蒙批發。今已過期，謹再擬九月初九日考試，照例評品高下，開列等第，封進御覽，恭候聖明裁定施行。謹題請旨。"

四日丁丑，大學士方從哲、吳道南謹題："昨閏八月間，該臣等有推翰林院掌印之疏，有推坊③局掌印之疏，有題庶吉士散館之疏，催請再三，未蒙批發。竊思詞臣遷轉與常授官，皆係臣等職掌，印缺則補，期滿則散，亦係從來舊規，今乃一概留中，杳無俞旨，前項疏揭不知曾拆封、曾經御覽與否？伏睹皇上瑩精吏治，加意人才，向來於兵部推官之本，吏部陞補部屬司道之本，莫不朝上夕下，裁答如流，以故政體流通，人情愉快，乃獨於臣等所題而遲疑壅滯若此。是各部皆能守其官，而臣等待罪臺司，號爲近臣者，顧不得舉其職，豈不辱綸扉、而貽笑於外廷乎？總之，臣等閣中凡有題請，非遵祖宗成規，則關時政要務④，既非越俎，亦非市恩。皇上猥以臣等不肖，若以爲不足信，不必從，乃併諸臣而厭棄之，併衙門諸務而屑越之，是臣等不惟溺職，亦且妨賢，不惟妨賢，又且壞累朝相循之法守，臣等之罪，尚可言哉？伏望皇上留神，將前三本即賜批發，庶諸司之印務有屬，而諸臣之效用有期。臣等不勝激切仰望之至。"

七日庚辰，大學士吳道南謹奏："爲會場號簿查繳自明後因處分以起不平之鳴謹據事直陳以表初心以偕之大道事。臣憒憒無能，罔稱任使，蒙皇上不棄管蒯，承乏署部，萬曆三十八年

萬曆四十三年

三一七五

① 九　"九"上當有"萬曆四十三年"六字。

② 等　明抄本作"併"。通行本誤作"等"。

③ 坊　明抄本作"妨"。通行本改正作"坊"。

④ 要務　明抄本作"務要"。通行本改作"要務"，是。

# 萬曆起居注

① 簾　明抄本"簾"上有"內"字。通行本脫此字，誤。

② 照　"照"當作"昭"。

③ 臣　明抄本"臣"下有"子"字，是。通行本脫此字。

叨知會場貢舉。二月二十七日揭曉後，下第舉子噴有煩言，謂簾①考官因卷不編房號，互相搜卷，臣乃取號簿於掌卷房處。時號簿有房有號而無名，硃卷有名有號而無房，及後齒錄出，乃據房以查名，據名以查號，止一十八卷。臣即欲具疏以查明其事，乃在簾之臣謂，先年禮部有袞多益寡之疏，原為主考，不為房考，諸臣誤認，遂以此房之不足，取足於他房，且主考亦曾言，各房有遺卷，不妨搜拔。是時臣尚未深信。已而廷試，韓敬之卷前輔葉向高擬取第三，皇上拔之第一，更所搜卷多寒儒，與考官並無識面者，主考蕭雲舉、王圖曾向臣言，諸拔卷皆先呈覽，因其可取則取之，又值新進之臣日祈考選，臣具疏得請，冀舉行盛事，故及覆思維，以為事有偶誤，而情則可原，似不必過為苛求，以遂臣保全之一念，而非敢為欺蔽。九月初七日，聞臣父訃音，回籍守制，有託人問臣號簿放在何處者，有言當繳禮部者。臣以為居苦塊而修職掌，不考孰甚？況當日前輔臣葉向高力止臣疏，惓惓於韓敬為皇上之首拔，且謂二主考原係同列，恐疑礙首臣，因索簿恐去後有言，非惟孤臣之心，亦且增臣之罪。故辭朝之日，造其私宅，一見諄復再三，無非憐才之心，免致交累。去之二年，不為不久，突然一疏。時言事者其本心炯炯自在，既吊號簿，俟號簿至日，而議自可以息紛囂，乃先行會議。時當事者其本心炯炯自在，向使言者非太遲，處者非太速，臣繳進號簿，令同朝士大夫照②然見臣之心，原不為人作輕重，何至六載之事至今猶煩齒頰哉？故言官三疏及臣不致辯，臣之心可知也。若乃繳進號簿，有一誤號，蓋因司役誤謄，臣初入京時，已曾為胥役受過，特出一揭，與天下共知之。此查簿、繳簿之本末，無一字敢欺。至於憂歸數年，絕目邸報，朝中諸事，臣毫不得而知，亦不得而言也。臣今不敢任德，亦不敢任怨。獨自念光明之衷而受闇汋之累，忠厚之意，而蒙陰刻之猜，幾回循省，惟以臣濫倖太多，自宜消受。臣自聞命以來，實無面目入長安，第臣③分義，無逃於天地之間，故不敢以巖棲堅臥也。臣在部言部，在閣言閣，何敢復爾曉曉？因韓敬疏及，不敢不一吐其情實，尚冀疑臣者不久懷竊鈇①之疑，愛臣者尤宜諒吾鼎之愛，容臣得以去就大義顓請乎皇上，此臣出山之本懷，而亦嘉與天下大道爲公之心也。干冒天威，臣不勝惶悚顛越之至。"

十日癸未，大學士方從哲、吳道南謹題："爲作養人才事。萬曆四十一年，該原任大學士葉向高題奉欽依，考選得進士曾楚卿等二十三名，改翰林院庶吉士，併一甲進士周延儒等，俱在館教習讀書，每月二次考試。今經三年，驗其所學，頗有成效，例應題請，分別授官。先該臣等擬於九月初二、初九日考試，屢次催請，未蒙批發。今已過期，謹再擬本月十五日考試，照例評品高下，開列等第，封進御覽，恭候聖明裁定施行。臣等未敢擅便，謹題請旨。"

十一日甲申，大學士方從哲、吳道南謹題："爲印信事。照得翰林院掌②事禮部右侍郎兼翰林院侍讀學士孫如游，近奉欽依回部管事去訖，所有翰林院印信，缺官掌管。臣等謹推得右春坊右庶子兼翰林院侍讀趙用光，堪以掌管。查得本官資俸甚深，合無量陞詹事府少詹事，兼翰林院侍讀學士，掌管前項印信？伏乞敕下吏部遵照施行。臣等未敢擅便，謹題請旨。"

是日，大學士方從哲、吳道南謹題："爲翰林院缺官掌印，臣等以右春坊右庶子兼翰林③侍讀趙用光，量陞少詹事，兼侍讀學士，屢請於皇上，豈其苟可緩旦夕，而故爲此煩聒哉？今且無論考滿諸事待印而行，即如日用最急俸糧之給，非印信不得關支。夫翰林本清冷之曹，其官吏在事，一惟俸薪是藉，即使給之以時，而家口衆多，尚有揭債以度者，今且以無印，稽候旬時，每見各館諸役，赴閣哀祈，甚爲惻然。且有一官，則有一官之職掌，其當關數日，必掌印之官徧閱咨票，無有情弊可疑，方爲用印。臣等看④章奏，日不暇給，猶恐票擬有差，況一官一役各有一票，又有總咨，計不下百餘，豈能徧閱代爲之用印？兼以部科缺掌印之官，臣等日爲代請，今叨任閣臣，而又不免爲人代⑤，非惟事機有妨，而且於國體亦甚傷矣。伏

萬曆四十三年

①鈇 "鈇"當作"鈇"。

②掌 明抄本"掌"下有"院"字。通行本脫此字。

③林 明抄本"林"下有"院"字。通行本脫此字。

④看 明抄本"看"下有"詳"字。通行本脫此字。

⑤代 "代"下似應有"請"字。

祈皇上留神，即賜批發。臣等不勝激切仰望之至。"

十三日丙戌，大學士方從哲、吳道南謹題："臣等一月之間，接得各處揭帖、塘報，在山東，以饑民爲盜、劫掠州縣告矣，在遼東，以達虜累次入犯、失陷城堡告矣，在延綏，以套虜吉囊、吉能、火落赤等糾合十餘萬衆，分搶各地方告矣。兹何時也？諸邊騷動，處處用兵，海内饑荒，人人思亂，豈非君臣儆戒交修之日乎？臣等行能淺劣，偶值時事艱危，憂心如焚，束手無策。所望皇上，當此中外多事之際，留心民瘼，加意邊防，日與當事諸臣，圖所爲安民禦虜之策，如議蠲、議賑、議餉、議兵，於以收既散之人心，遏方張之賊勢，弭醜虜跳樑①之患，杜諸邊窺覦之謀，宜何如汲汲者？而連日以來，方且大內深居，聲色不動，即日行本章全無票發②，世事方在搶攘，而皇上置之罔聞，人情日益憂危，而宸衷視若無事，朝廷之上息玩若此，何以定四方已形之變？何以鼓臣下任事之心？此臣等所爲心悸神搖，食不下咽，而不得不爲皇上一言也。伏望皇上留神，將山東撫按條議蠲折之本，兵部覆奏遼東虜情之本，亟爲檢發。其餘關係時③要緊者，臣等不能一一指數，並祈盡數發票，概④賜施行，國事幸甚，臣等幸甚。再照臣等所題翰林掌院、坊局掌印、及庶吉士散館各本，少者再上，多者五、六上，時已久，請已煩矣，而概未批發。此又閣中之事，臣等所爲朝夕盱目以俟俞音者。不勝迫切仰望之至。"

十九日壬辰，大學士吳道南謹奏："爲目擊風波之慘耳聞號哭之聲謹剖衷直陳懇乞皇上大賜省覽徑罷湖口商稅事。臣，江西人也。舟行往返，必於鄱湖。此湖跨饒州、南康、九江三府之境，水勢連天，一出湖口，而溯濟震憾之狀駭目驚心。更湖口縣前，東西兩山突⑤出，石皆嶙峋險怪，僅餘一口，止⑥不過數十丈。且廬山綿亘百餘里，障於西北，長江滔滔，又復自北而衝。平時舟過於此，舟人動色，相戒非柴米甚缺，不敢少泊。自設稅以來，舟過其處，凡報稅、驗稅、交稅，輒經數日，雖

①樑　明抄本作"梁"，是。通行本改"樑"，誤。

②票發　"票發"當作"發票"。

③時　明抄本"時"下有"政"字，是。通行本脫此字。

④概　明抄本作"慨"。通行本作"概"。

⑤突　《吳文恪公文集》卷一二"突"作"突"，是。

⑥止　《吳文恪公文集》卷一二無"止"字。

傍湖開一小渠，而數日之間又皆塞滿。況冬間所開之渠亦盡涸也，舟之後來無可泊處，只得下錨於江中。廬山夜夜西風，一遇大發，拔錨斷索，數舟相撞①，頃刻敗壞。幸而倒者，則一舟之中所載不下百餘人，其強健者猶得負木版抵岸。然亦和煖之時，至隆冬盛寒，即有負亦且僵死。若不幸而沉，則舟透江底，是以一舟爲百餘人棺也。臣扼腕傷心久矣，幾欲言而未敢遽陳，則以地方之官、科道之臣，屢屢言之，以俟獨斷於皇上。故自有撒②回稅使之旨，臣心私嘆，以爲今而後皆皇上之再造③。時雖歸併有司，猶恐泊舟如故，臣敢冒死瀝血，乞皇上豁此數萬金，以爲蹈不測者延旦夕之活④。夫臣蒙皇上不棄譾劣，獲佐下風，凡四方利病皆臣之所當言，況乃耳目所及，而不以上聞，是欺君害民之一端也。草疏未完，潸然淚下，皇上俯納臣之言，則聖主如天之福，而臣亦得徼其餘。皇上以臣言未必可聽，則臣盡臣之心，異日臣過湖濱，而化者有知，或不恨臣之不言也。臣言及此，臣心滋戚。況今各處饑荒，皇上且普賜蠲賑，以活之於死中，則此之無勞於救，而可振民於風波之厄，又何憚而不蠲也？萬懇皇上鑒臣之愚，並歸併並免，則非獨爲民財惜⑤，而亦大爲民命造矣。干冒天威，臣不勝戰慄悚仄待命之至。"

　　二十日癸已⑥，大學士方從哲、吳道南謹題："臣等連日接得延綏巡撫及總兵搪⑦報，謂套虜糾衆大擧分路入犯，自閏八月二十日以後，日日搶掠，處處攻圍。初犯磚井，既犯高家堡，再犯大柏油柏林等堡，邊內邊外無地非虜。該總兵官秉忠與副將參游等官，東救西援，竭力拒堵，雖時有斬馘，而虜勢益衆，應接不遑。最後犯神木，犯波羅，而副將孫弘謨以兵力不支遂陷虜中矣。大抵數日之間，虜時出時入，輪番侵犯，彼無所不攻，不無所不守，虜衆而我兵甚寡，虜逸而我兵反勞，以此相持，欲以驅逐腥羶，奠安邊境，胡可易得也？據二十七日之報，虜衆雖已出邊，而屯聚近地，未見回巢。自此以後，不知又作何等景象，臣等私衷寔不勝凛凛，所恃⑧我皇上神武布昭，一

①撞 《吳文恪公文集》卷一二作"磕"。
②撒 《吳文恪公文集》卷一二"撒"作"撤"，是。
③造 明抄本作"道"。通行本改"造"，是。
④活 《吳文恪公文集》卷一二"活"作"命"，是。
⑤惜 《吳文恪公文集》卷一二"惜"作"恤"。
⑥已 "已"當作"巳"。
⑦搪 明抄本作"塘"，是。通行本誤作"搪"。
⑧持 明抄本作"恃"。通行本誤作"持"。

時文武諸臣必能殫忠協謀，滅此朝食，似亦無足深慮。獨念四郊多壘，邊鄙不寧，此中外臣子臥薪嘗胆之時，亦我皇上宵衣旰食之日也，輒敢以虜警情形，仰塵清聽。乃臣等所深望者，則以目前兵事方殷，羽檄旁午，軍機所係，時刻難遲，今後凡遇邊方奏報，及兵部題覆之本，兼①祈留神，速賜檢發。而兵科掌印之官，賴以抄發章疏，參酌機宜，尤一日不可缺者，更祈即賜充用，以濟時艱。臣等不勝激切皇悚俟命之至。"

二十一日甲午，大學士方從哲、吳道南謹題："本月十五日，該臣等遵奉明旨，將庶吉士十七人糊名考試，開列等第，封進御覽。今踰六日矣，原卷見在御前，望皇上留神，即賜批發。庶諸臣之授職有期，而於作養人才之意爲無負矣。"

二十三日丙申，大學士方從哲、吳道南謹題："照得六科給事中，見在只有七員，若兵科則竟無一員矣。六科之印，止吏科有人署掌，其餘五科則皆懸而無屬矣。有署無人，則署爲虛設。有人無印，則人亦具員。此在居常，且猶不可，而今何時耶？遼東、延綏大虜壓境，軍情緊急，羽檄交馳，此時兵科無印無人，各處章奏誰爲發抄？一切軍機誰與商確？此邊鎮安危所係，較之各科尤爲萬分喫緊。此外若軍政考選係五年大典，領憑比試係每月常規，一印空懸，諸務俱廢，皇上奈何視爲尋常而略不動念也？且考選不下，皇上或以人衆而慎之，左右不補，皇上或以迁②轉而遲之，若以本科之官令署本科之印，於人毫無所加，而於事均有所濟，有何疑難、有何顧惜、而亦遲留不允？此真臣等所未解也。伏望皇上，先將後③補給事中熊明遇、張孔教、顧士琦、楊道寅四臣，檢發吏部原題之疏，唯其到任管事，並將五科印信各委一人署掌，庶是以少救目前之急，萬勿以臣等之言不足聽而復高閣置之也。不勝激切懇祈待命之至。"

二十四日丁酉，大學士方從哲、吳道南謹題："臣等昨接署

① 兼 "兼"似當作"並"。

② 迁 明抄本作"迁"。通行本誤作"迁"。

③ 後 明抄本作"俟"。通行本作"後"，誤。

都察院事吏部左侍郎李鋕揭帖，以大計在邇，請點左都御史等官。該臣等看得，都察院之設與六部並重，有左都御史以總其綱，有左副①都、左僉都御史以分其任，長二②並列，謀斷相資，於以整肅百僚，振揚風紀，權至專、責至鉅也。累朝以來，擇人而任，有缺則補，用是紀綱正而朝廷尊。即我皇上二十年前，遵而行之，未之或改，從未有三堂盡空、經歲懸缺如今日者。自孫瑋、許弘綱相繼引去，今且三年矣，該吏部會推呂坤、孟一脈、郭實三臣，亦已三年矣。本部催之不報，署院催之不報，臣等與科道諸臣催之俱不報，業已舌敝唇焦，心殫力竭，而九重之上寂若罔聞，若謂此院徑可以無設，而此官終可以不補者，實臣等所大惑也。雖署印有人，諸務亦自不廢，然在平時猶可代為經理，今朝覲伊邇，考察之事，本院與吏部當均任之，李鋕雖攝院務，畢竟是吏部之官，若即使之佐察，是吏部堂上實用兩官，而都察院並無一官，其何以存國體而服人心也？臣等每見皇上，凡遇政幾重大、勢不容已者，臨期未嘗不委曲措處，不使終廢，則曷若於尋常從容之日，豫為料理，免致倉皇急遽之為愈耶？伏望皇上俯念風憲重地，不可久虛，計吏大典，不容屑越，於會推三臣之中速點一、二員，令其刻期赴任，共完計事，使中外臣工，仰見皇上慎重於累年者，不難渙發於一旦，大聖人之作為，豈不超出恒情萬萬哉？臣等不勝迫切懇祈俟命之至。"

二十五日戊戌，大學士方從哲、吳道南謹題："本月十五日，該臣等遵奏明旨，將庶吉士十七人，糊名考試③，開列等第，封進御覽。今踰十日矣，原卷見在御前，望皇上留神，即賜批發，庶諸臣之授職有期，而於作養人才之意為無負矣。臣等竚④立以俟。"

二十七日庚子，大學士方從哲、吳道南謹題："頃該臣等以東西大虜犯邊，軍情緊急，請皇上點用兵科及各科署印官，又以朝覲屆期，考察事重，請皇上點用左都御史等官。經今數日，

萬曆四十三年

三一八一

① 副 明抄本作"付"。通行本改"副"，是。
② "二"當作"貳"。

③ 試 明抄本作"式"。通行本改正作"試"。
④ 竚 明抄本作"佇"。通行本誤作"竚"。

未審前揭曾徹御覽否？然此特就目前十分切要、不容少緩者言之。其實大僚當點，不止一都察院，言官當用，不止候補與署印科臣而已。今九列在事者不過十人，科臣纔七人，臺臣纔十餘人，蕭條零落之狀，皇上明①而明見之，無庸臣等復贅。獨念當此天變人窮、國家多事之日，匪藉大小臣工濟濟在列、同心協贊、僇力勵勸，則政事何以修明？紀綱何由振肅？國計誰爲經理？邊備孰與綢繆？故股肱②耳目不備，則無以成人，若大僚臺諫不光③，其何能爲國？此實極緊要之事，而皇上置之若罔聞，亦至易至簡之事，而皇上視之若甚難者。臣等蒿目腐心，計無所出，竭誠苦心，力不能施。無乃氣運之厄，天實爲之，而皇上亦未如之何也耶？目前山東羣盜雖漸解散，而劫掠時聞，遼東、延綏虜衆闖邊警報日至，內憂外侮，應接不遑。且太倉之懸罄可虞，士卒之脫巾足慮。此國家何等時也？而庶位空虛若此，廟堂玩揭若此，自非皇上銳然勵精，赫然奮發，將部院科道官盡數推補允用，內外章奏關係民瘼軍機者，立賜裁決批發，以新一時之視聽，振久玩之人心，天下事將不知所終，而臣等輔弼之臣，雖死不足以塞責矣。臣等目睹時事顛危，衷懷迫切，故敢不避忌諱，再進逆耳之言。伏惟聖慈矜宥，即賜省覽施行。臣等不勝惶悚俟命之至。"

是日，大學士方從哲、吳道南謹題："臣等昨晚出閣時，聞東安門捉獲男子一名馬朝陵，踪跡詭異，心竊驚疑。今早恭誦明旨敕錦衣衛：'着實打一百棍，用用頭號大枷枷號一個月。滿日奏請定奪。欽此。'臣仰見皇上神明英斷，超出尋常，不勝欣服。蓋緣外省愚民，罔知國法，或因一時忿激，而思欲聲冤，或因平昔風狂，而暫時舉發，皆不可知，無足深究。但懷兇器而入禁門，法所不宥。今蒙聖明處分，既足以正本犯之罪，又可以定閭巷小民煽惑之心，中外幸甚。臣等謹具揭恭謝以聞。"

三十日癸卯，大學士方從哲、吳道南謹題："臣等今日入朝，接得青陽縣生員劉永祚一揭，乃御史劉光復之子請爲其父代罪者，中間詞甚迫切，意極酸楚，臣等閱畢爲悽然者久之。

---

① 明　明抄本"明"下有"知"字。通行本脫此字。
② 肱　"肱"當作"肱"。
③ 光　"光"似當作"充"。

夫光復以率①大言，震驚聖母，獲罪皇上，屢經明旨宣示，臣等何敢曲爲之解？惟念人臣靖獻，每以盡言爲忠，而人主優容，必不以臣下之敢言爲罪。以我皇上平日虛受之懷，包荒之度，如天覆地載，無所不容，即使光復入對之時，言果觸忌，亦必曲爲茹納。獨以越次向前，高聲直奏，以爲人臣敬慎之誼不當如是，故罪之耳。夫因震驚之故而罪光復，以慰慈靈，固皇上之孝。當懲創之後而宥光復，以矜戇直，尤聖母之慈。若體聖母之慈以成皇上之孝，此正孔子所謂善繼其志、孟子所謂順親之心，帝王之孝如是而後爲大，實臣等所深望於皇上者也。近聞光復之母垂白在堂，當衰暮之年，知其子忽罹桎梏之慘，憂愁仰②鬱，不欲有生。且天各一方，心懸兩地，母倚閭而盼望，淚眼將穿，子在獄而懷思，愁腸欲斷。此時此情，聞之酸鼻，見者傷心，皇上能不憐而念之乎？仰惟我皇上詳審獄情，慎重民命，常恐株連波及，致傷天和。至哉皇仁，率土臣民，誰不仰如天好生之德？光復之罪雖云自取，然而西臺耳目之臣，與閭閻小民，孰爲貴賤？一時卤莽之失，與情罪顯著者，孰爲重輕？皇上寬於彼而獨嚴於此，此臣等之未解也。兹十月朔日，恭遇皇上頒曆之期，歲序將新，普天同慶。儻乘此時，慨發德音，將光復徑從寬什③，即不然，或重加譴謫，俾有再生之機，則解澤霈於一時，聖德高於千古，寧獨光復母子世世仰戴皇恩？即大小臣工，以及萬邦黎庶，有不歡欣鼓舞祝萬萬壽於無疆者，臣不信也。頃者皇上於諸臣申理之疏，每疑爲黨救，動加嚴譴，以是人心惕息，不敢復言。即臣等每一念及，亦輒趑趄中止。又念此事上關主德，下係人心，若緘默不言，恐終無敢爲皇上言者。任叨輔弼，匡救之誼謂何？爲此，再四躊躇，不得不爲補牘之請，以希皇上解網之仁。伏惟聖慈矜察。臣等不勝戰慄隕越俟命之至。"

① 率 "率"上當有"輕"之類脫文。

② 仰 明抄本作"抑"。通行本誤作"仰"。

③ 什 "什"當作"釋"。

# 萬曆起居注

①十 "十"上當有"萬曆四十三年"六字。明抄本"十"上有"四十三年"四字，缺"萬曆"二字。

②御 "御"當作"銜"。

③吏 "吏"下當有"部"字。

④主 明抄本作"主"。通行本改"生"，是。

⑤牧 《明神宗實錄》卷五三八"牧"作"收"，是。

⑥山 明抄本"山"上有"河南撫按梁祖齡等有漕糧全折之請"十五字。通行本脫。

十①月一日甲辰，朔，頒賜二輔臣每中曆十本、民曆一百本。

三日丙午，大學士方從哲、吳道南謹題："適蒙發下漕運總督陳薦本，以大計軍政在邇，薦因考滿未曾復職，不便管事，故又以病辭。該臣等看得，本官於三月間三年任滿，吏部具題兩次，俱發臣等擬票，上呈御覽矣，至今未蒙批發。若以未經奉旨復職之人，使之評品各官，定其優劣，委於事體有礙。況薦以右都御史歷俸三年，兼攝河道又過二年，一身兩任，勞苦有功，加陞尚書職御②，原不爲過，且會推工部尚書亦已久矣。除今次告病之本，臣等謹擬票進呈外，伏望皇上留神，將前吏部題本，即賜檢發，或徑點工部尚書，或加戶部尚書，令其照舊總督，庶本官得以安心任事，完大計軍政之典，地方幸甚。再照總河一官，干係陵寢、漕運，責任匪輕，非有專官，終難盡心料理。該吏③會推汪應蛟，催請且十餘疏矣，迄今未奉俞旨。重地缺人，妨誤不小，儻蒙聖明並賜點用，尤因計民生④之至幸也，敢因薦疏附請。臣等不勝激切顒望之至。"

四日丁未，中宮千秋令節，頒賜二輔臣上尊珍饌。

五日戊申，大學士方從哲、吳道南謹題："前日發下戶部一本，乃覆山東巡撫救荒等事，隨奉上傳：'邊餉要緊，民也要緊。'令臣等出旨。臣等仰窺聖意，蓋謂東省災傷重大，民不聊生，一切緩徵、賑濟事宜，俱當從其所請，不宜獨以邊餉爲急，而謂民瘼爲可緩也。大哉皇上軫恤災黎，諄懇篤至，即周文如傷之懷，漢帝蠲租之惠，不切於此矣。臣等不勝欣服，隨擬票進程御覽訖。因念近日各處章疏，關繫救災恤民者不一而足，如順天府臣李長虎等有煮粥平糶之請，薊遼督撫薛三才等有留二府稅銀及蠲豁牧⑤稅之請，保定巡撫王紀有留稅銀議停徵之請，山⑥東撫按錢士完等又有免雜稅、留香稅之請。中間事雖不同，總之以地方災沴頻仍，百姓流離失所，壯者聚爲盜賊，老弱轉於溝壑，劫掠橫行，餓殍載道，此時此民真有富弼所不及賑、鄭俠所不能圖者。諸臣目擊其狀，據實上聞，無非仰體皇上欽恤之德，以徼曠蕩之恩，翹企俞音，有同望歲。儻蒙皇上將前疏盡數檢出，發臣等票擬，或下部覆，或徑批行，庶子遺更生有機，九重德意立溥，其於諸臣為民請命之意，亦無負矣。至於府臣所請設粥廠以活饑民，發倉糧以平米價，乃節年舊例，皇上所屢行者，無容再議。且近在輦轂，望澤尤殷，而饑寒困苦之狀又臣等所親見者，惠京師以綏四國，皇上不可不急允也。再照户部職在理財，凡錢穀出納以及蠲折賑濟之事，皆其專責。今見在堂官只有李汝華一人，署部署倉場已五年矣，諸務叢集，獨力難支，近以積勞致疾，數月始痊。虽①本官誼切奉公，自當力疾料理，而恤臣下之私以重軍國之計，似亦聖明所當留意者。更望皇上將汝華辭疏早賜批發，俾令即出任事，仍檢吏部會推尚書、右侍郎之本，並賜點用，則分理有人，部務畢舉，此又足國安民之本、公私兩利之術也。臣等不勝迫切懇祈待命之至。"

是日，大學士方從哲、吳道南謹題："九月十五日，該臣等遵奉明旨，將庶吉士十七人糊名考試，開列等第，封進御覽。今踰二十日矣，原卷見在御前，望皇上留神，即賜批發，庶諸臣之授職有期，而於作養人才之意為無負矣。謹題。"

六日己酉，大學士方從哲、吳道南謹題："本月初二日，蒙發下户部覆山東巡撫錢士完救荒本，當奉上傳：'邊餉要緊，民也要緊。'臣等仰見皇上軫念災民之心，隨擬將緩徵、賑濟等事俱准部議，以紓東省之急，什②聖明東顧之憂，業已進呈御覽訖。今日復奉上傳：'近地也要緊，邊餉也要緊，如何屢次改折？當以酌議，不致京倉缺乏。欽此。'臣等又見皇上慎重國儲與勤恤民隱之念並為周至，不勝欣仰、欽服。但臣等詳閱本中，非尋常改折之謂。據本省鄉官疏揭，以今歲災傷重大，饑民為盜，禍亂可虞，欲將見年錢糧盡數緩徵，先議平糶米十萬石盡數改為賑濟，免其徵價，此誠一時救荒之良策。該户部酌議，

① 虽　明抄本作"虽"，通行本作"虽"。似應為"雖"字。

② 什　"什"當作"釋"。

① 邊　此"邊"字當爲衍文。

則以山東一年全賦解京解邊邊①一百餘萬，若一概緩徵，倉庾之空乏不無可慮，故擬歲前先徵六分，其餘四分俟明歲麥熟時追補，此與撫臣所請先徵五分、緩徵五分之數不甚相遠。至於先奉明旨將臨、德二倉米十萬石與東省平糶者，今擬改六萬石爲賑濟，其餘四萬石仍徵價濟邊，部臣建議及此，蓋酌量於民生國計輕重緩急之間，極爲詳悉，其於皇上所謂近地、邊餉不當軒輊之意，可謂先得而能仰體之者，以臣等愚見，似當依議准行，使公私兩受其利。謹將前票再錄呈上，仰祈聖明裁酌可否，亟賜批發施行，饑民幸甚，該部幸甚。謹附奏以聞。"

八日辛亥，大學士方從哲、吳道南謹題："爲印信事。照得翰林院掌院事禮部右侍郎孫如游，近奉欽依回部管事去訖，所有翰林院印信缺官掌管。臣等謹推得右春坊右庶子兼翰林院侍讀趙用光，堪以掌管。查得本官資俸甚深，合無量陞詹事府少詹事，兼翰林院侍讀學士，掌管前項印信？伏乞敕下吏部，遵照施行。"初九日，奉旨："吏部知道。"

是日，大學士方從哲、吳道南謹題："適文書官王之心到閣，口傳聖上稍爾動火，聖足疼，文書未暇詳覽。臣等始知近日章奏票發少遲，乃因皇上暫時靜攝，又知臣等所題翰林院、坊局掌印二本，俱已批允，不勝懸念，不勝欣慰。竊思此時天氣乍寒，調攝不易，聖躬至重，必須萬分保護，以養天和，臣等又不勝至願。至於臣等昨日所請，尚有庶吉士專卷一本，亦屬緊要，難以獨遲，更望皇上留神，並賜批發，免致臣等再瀆，以煩聖聰，是又省事清心之一端也。謹因回奏，復有所懇，統惟聖明鑒察。"

十一日甲寅，大學士方從哲、吳道南謹題："適蒙發下宣大總督涂宗濬辭本。該臣看得，宗濬自巡撫以至總督，居邊塞者十年，才望素聞，勞績茂著，近蒙皇上特簡，正席本兵，臣等方以筦樞得人爲幸，乃宗濬先因人言，繼因病困，連章請告，已十二疏，情益迫而詞益苦，則其求去之情可謂極真極切，無一毫之矯飾矣。彼豈不知聖恩當報，君命當遵？但以大臣進退，關係名節，既經指摘，又①准苟留，如徒顧戀主恩，不求決去，人言疊至，體統盡傷，豈不上辜朝廷優禮之隆，下失大臣止足之誼？況今東西虜警，邊報交馳，宗濬既不能到②任以理部事，又不能辭任以妨另推，國事身圖幾於兩誤，其心誠有不自安者。伏望皇上斷之於心，渙發綸音，允其回籍調理，庶羣臣始終之義既全，而於軍國大計亦不至有妨矣。再照臣等叨居密勿，原以進賢為職，今既③為宗濬去④，豈其本心，實以國體所關，不容坐視，故不得已而言，蓋為朝廷，非為宗濬也。謹擬票上呈御覽，伏惟聖斷，裁酌施行。儻聖意未肯遽允，仍欲勉留，亦祈發下另擬。總之，非臣等所敢專也。"

十四日丁巳⑤，大學士方從哲、吳道南謹題："照得起居注館例用史官六員，編纂六曹章奏。今各官奉差、陞轉去訖，見缺三員，章奏堆積，料理不前，經今數月，甚為不便。臣等謹推得翰林院編修唐大章、成基命，檢討魏廣徵，堪補前缺。合候命下，令各欽遵供事。臣等未敢擅便，謹題請旨。"

十六日己未，大學士方從哲、吳道南謹題："頃該臣等懇請皇上，檢發順天府臣及各⑥處撫按救荒賑恤之本，靜聽旬餘，未奉明旨。竊思諸臣目擊民艱，竭誠祈請，無非仰體九重德意，以救百姓流離。章疏一上，不特孑遺之衆望若雲霓，即諸臣之心亦且甚於飢渴。而俞旨久稽，羣情未愜，似非皇上視民如傷之初意也。至於都城內外，為五方雜處之區，每遇冬月，遠近貧民就食而來者以千萬計。蓋因五城、兩縣，立廠煮粥，歲以為常，以故鶉面裸形、扶老攜幼之輩，接踵於途，咸欲希箪豆以延旦夕之命。彼其啼饑號寒之聲，皇上特未之聞耳，儻一聞之，未有不惻⑦然動念者也。且彼原以求食而來，今將以不得食而死，竊盜攘奪勢所必至，意外之變尤為可虞。昨戶部據府臣李長庚等揭，將煮粥平糶等事覆議上請，其本見在御前，伏望皇上垂念輦轂近民望恩尤急，且京師重地防患宜周，將此本

萬曆四十三年

①又　明抄本作"义"。通行本作"又"，誤。
②到　明抄本無"到"字，通行本增"到"字。
③既　明抄本作"及"，通行本作"既"。應作"反"。
④去　明抄本"去"上有"求"字。通行本脫此字。
⑤巳　"巳"當作"巳"。

⑥各　明抄本作"合"，誤。通行本改"各"，是。

⑦惻　明抄本作"測"。通行本改"惻"，是。

立賜檢發，並將前各處撫按題本、及部覆山東賑荒之本，並賜發票批行。是不過皇上一舉筆間，而數百萬生靈之命盡獲保全，其誰不踴躍歡呼，祝聖天子萬萬年無疆之壽？臣等不勝激切仰望之至。"

十八日辛卯①，大學士方從哲、吳道南謹題："竊謂當今要務，無如點大僚、補科道，而最要之中又有至急而不容少緩者，無如都察院堂官、河南道掌道御史、與兵科給事中。今朝覲伊邇，考察之事都察院與吏部實均任之，至於廣詢博訪，覈人品以定官評，則河南②與吏科、考功皆有專責，及今委用已屬後時，而點者未點，差者未差，此臣等之所深慮也。軍政考選，五年一舉，係國家大事，故事三之者兵部，贊之者兵科。今兵科不惟無印，且無一官矣。頃京營員缺，該部亦以商確無人，不便推舉。矧東西虜警，邊報時聞，參酌軍機，稽竅功罪，抄發本章，非科臣其誰任之也？此數官者，屢經諸臣③催請，亦既穎禿舌敝，力竭詞窮，而天聽轉高，百無一允。時事急迫，真若燃眉，皇上乃視爲泛常，慢不省覽，坐令庶位空虛，諸務叢脞，祖制廢壞，國體陵夷。臣等念及於此，輒不勝疾首腐心，寢食俱廢，不知聖明獨何所見，而因循玩愒一至此也？伏望我皇上悚然深思，毅然獨斷，亟將會推左都等官點用一、二員，並將起復及選授兵科給事中、題④掌河南道御史，先賜允用，其餘大僚、科道，次第推補，庶猶可以濟目前之急，而政體少全，人心少慰，所裨於吏治爲不淺矣。"

十九日壬辰⑤，大學士方從哲、吳道南謹題："九月十五日，該臣等遵奉明旨，將庶吉士十七人糊名考試⑥，開列等第，封進御覽。今踰一月矣，原卷見存御前，望皇上留神，即賜批發，庶諸臣之授職有期，而於作養人才之意爲無負矣。謹題。"

二十四日丁卯，大學士方從哲、吳道南謹題："頃十八日將五鼓時，京師地動二次。臣等以變出非常，不勝驚駭。及接薊

①卯 "卯"當作"酉"。
②南 明抄本"南"下有"道"字，通行本脫此字。
③臣 明抄本"臣"下有"題催，不止百數，即臣等代爲"十一字。通行本脫此十一字。
④題 明抄本"題"下有"差"字。通行本脫此字。
⑤辰 "辰"當作"戌"。
⑥試 明抄本作"式"。通行本改"試"，是。

遼總督薛三才揭帖，謂密云縣潮河川等處，同時地震有聲，尤爲異常大變。臣等方擬具揭奏聞，而禮部修省之疏上矣。其言天心至仁愛，所當欽承，時政之闕失，所當修舉，至爲詳悉，至爲切當，臣等無庸復贅。乃一念犬馬之誠，但望我皇上乘此上天示儆之時，亟挽近日因循之習。將諸司本章留神省覽，應發票者，盡發臣等票擬，應允行者，速賜批答施行。如選王婚、點大僚、補科道、起廢棄、停徵穉①、施賑濟諸事，慨然俞允。反急荒爲明作，易壅滯爲疎通。將見人事修於下，則天道應於上，有不轉災爲祥、召和氣而迓休徵者，臣不信也。臣等謹據事直書，不敢煩詞以瀆天聽，仰惟聖慈省覽，並將禮臣題本速賜檢發。臣等不勝激切顒望之至。"

二十五日戊戌②，大學士方從哲、吳道南謹題："臣等在閣辦事，見近來每日發下票本，遲早不一，間有近晚始到者。論臣等夙夜在公之誼，自當窮日之力以供票擬，何敢辭勞？但以資性③愚昧，且閱歷未深，遇有重大事情難於處分者，非再三翻閱，不能悉其指歸，非往復商確不能中其肯綮，儻於燈下、倉卒之間，致有疎漏、錯誤之失，罪將誰歸？王言一布，播之四方，傳之後世，關係何如？而可輕忽若是？臣④等之所大懼也。不特此也。冬月沍寒，必須火燭，閣中房屋偪窄，人役頗多，每遇大風、暮放之際，臣等心常凜凜，必再四戒諭各役，令其仔細巡視而後敢出。且當臣等未出之踪⑤，萬一有不建⑥之徒，如近日風狂輩，乘夜突入，彼一、二無韵⑦門軍，安能譏察而防禦之？念及於此，臣等心膽俱寒，此尤不可不慮也。伏望皇上查照萬曆初年之例，將諸司本章應祭⑧票者，每日於午刻盡數發下，容臣等從容詳閱。或有御覽少遲者，不妨暫留於次早續發。俾臣等票擬之後，即於申刻趨出，勿致重門夜開，以防意外之變。如是，則絲綸益重，而禁衛益嚴，所裨於國體不小矣。臣等不勝顒望之至。"

是日，大學士方從哲、吳道南謹題："適蒙發下戶部一本《爲福藩支鹽事》，隨奉上傳：'照⑨潞王例，兩淮食鹽三年，以

①穉　據《明神宗實錄》卷五三八"穉"當作"權"。
②戌　"戌"當作"辰"。
③性　明抄本無"性"字。通行本增此字。
④臣　明抄本"臣"上有"此"字。通行本脫此字。
⑤踪　"踪"當爲誤字。
⑥建　"建"疑爲"逞"之誤。
⑦無韵　"無韵"疑爲"老弱"之誤。
⑧祭　"祭"當作"發"。
⑨照　明抄本作"且"。通行本不清晰，似作"照"。

遠近改食長蘆。今福①以兩淮不便，昨改長蘆，你每又以遠近而非食鹽之處。既這等，着福王食長蘆二年，與先食兩淮一年，亦是三年，以後着支河東上鹽食用。出旨票。'該臣等看得，藩王出封，即照行鹽之地支取食鹽，此舊例也。潞王先支兩淮，後改長蘆，固以道路遠近不同，實以衛輝原行蘆鹽，故爾改正。今河南府爲河東行鹽之地，則福藩之當支河東，亦猶潞藩之當支長蘆也。祇因福邸初開，誤引潞王之例，支取淮鹽。兩年以來，鹽臣、部臣、及河南撫案②諸臣，紛紛言其不便③矣，皇上何不俯從其請，徑改河東，免致二年之後，又復更改，於政體、於地方皆爲省便？何必食兩④一年，又食長蘆二年，以強合於潞府三年始改之例也？臣等愚見以爲，事體必當如此。且未敢擬票呈進。恭候聖明裁酌，再發臣等遵行。不勝惶恐待命之至。"

二十六日己亥⑤，大學士方從哲、吳道南謹題："昨日接得刑部等衙門揭帖，皆爲御史劉光復懇恩寬什⑥，此正臣等所欲言者。看得光復繫獄以來，自夏徂冬，業踰半載，縲絏之苦已備嘗之，其創艾不爲不深，而其悔罪省愆之念不爲不切矣。始而罪之，以示不測之威，既而宥之，以施不測之惠，在聖明自有獨斷，臣等敢不靜聽？惟是長至將臨，一陽來復，此天地長養發生之日，正朝廷施恩赦罪之時。當斯時也，昆蟲草木咸有生機，遐陬僻壤之民共涵濡於聖澤。光復非向日惠文豸繡、稱皇上侍從⑦之臣者乎？獨令幽囚犴狴，桎梏圜扉，白日黯其無光，長夜漫而未旦，抑何慘也。且皇上之罪光復，豈真以逆耳之規，觸犯忌諱，批鱗之諫，指斥乘輿乎？不過曰高聲狂吠耳，越踰直前耳。責以人臣敬慎之誼，二者固不能無罪。然不有失儀之罰乎？不有奏對之失⑧律乎？舍當坐之條，而必欲附於不赦之辟，臣等實深惜之。非惜光復也，誠不忍見聖明之世，有因言獲譴之臣，慈⑨仁之主，有僇辱言官之事。使如天之度漸不克終，好生之仁有及有不及，恐於聖德不無微損耳。古稱帝王大孝，必曰'錫類'云者，謂推己及人。孟子所謂'老吾老以及人之老，幼吾幼以及人之幼'，舉斯心加諸彼而已。

①福　明抄本"福"下有"王"字，是。通行本脫此字。

②案　"案"當作"按"。

③便　明抄本"便"下有"且今福王亦自以爲不便"十字。通行本脫此十字。

④兩　明抄本"兩"下有"淮"字，是。通行本脫此字。

⑤亥　"亥"當作"巳"。

⑥什　"什"當作"釋"。

⑦從　明抄本作"縱"。通行本改"從"。

⑧之失　明抄本作"失序之"，是。通行本作"之失"，誤。

⑨慈　明抄本作"兹"，誤。通行本改正作"慈"。

皇上至誠絕①孝，夐絕古今，史册所書，千載罕儷，豈其於'錫類'之義，未之深思乎？近聞光復之母八十，老矣，衰年暮景能無愛子之心？獨子遠離能無生還之望？望之而不得見，愛之而不得伸，將何以為情也？彼其哀痛迫切之衷，呼天搶地之狀，寧獨途人見之而傷心，臣等聞之而隕涕？竊恐我聖母在天之靈鑒此情景，亦有愀然而②不樂者。今郎屆履長，皇上必且恭謁几筵，行奠獻之禮，臣等由聖母慈祥之德，以度其濟度之心，安知冥莫之中不於此時切望皇上？特不能諄諄忝③命之耳。皇上對越之際，靈爽如存，乃獨震驚為憂，而不以曲體其心為樂，此臣等所未解也。誠一體之，孰若乘此冬至之前，宥罪開恩，將光復立賜寬什④，使其母子得一相見？則恩威互用，仁義並行，泣車解網之風與古先聖王同其休美，普天臣庶且誰不歡欣踴躍、祝聖天子萬萬壽於無疆也？臣等曷勝戰慄待命之至？"奉聖旨……

二十九日壬申，大學士方從哲、吳道南謹奏："為長至將臨一陽來復懇乞聖明乘時圖治以順人心以凝帝祉事。照得十一月初三日，節屆仲冬，日逢長至。茲歲序更新之會，羣生發育之初，於時薄海內外獻琛之使，重譯而來朝，輯瑞之臣，稱觴而上壽。於都休哉，正我皇上迎祥歛福之期，亦遠近臣民望治之日也。皇上邇年以來，每於此時批發章奏，陞補官員，以慰輿情而答天眷，豈非化理維新之一大機括哉？臣等叨居密勿，幸際昌辰，願輸犬馬之忱，仰裨聖治於萬一。然亦不敢泛言⑤瀆天聽，謹即前二事為我皇上一申懇之。自皇上靜攝以來，堂簾睽隔，九重萬里，所恃以通上下之情者，惟此章疏之一綫。而近日自尋常本章外，如諸⑥條議、部院題復關切緊要者，大半留中。即臣等閣中疏揭，無非用人行政之事，而上者未必皆下，下者未必及時，企望俞音，如九天之不可問，以是幾務壅淤日甚，人情觖望彌深。譬如一人之身，精神不貫，血脉不流，而其人有不立斃者乎？則夫省覽章奏，隨時批發，乃皇上所當急圖者⑦。大僚、科道之缺，至今日而極矣。部院卿等寥寥數人，省印虛懸，臺差匱乏，在諸臣言之已煩，皇上聽之已厭矣。惟是大計何事？而都察院河南道之協贊可以無人？軍

① 絕　明抄本作"紀"，誤。通行本改正作"絕"。
② 而　明抄本作"非"。通行本改"而"，是。
③ 忝　"忝"當作"然"。
④ 什　"什"當作"釋"。
⑤ 言　明抄本"言"下有"以"字，是。通行本脫此字。
⑥ 諸　明抄本"諸"下有"司"字。通行本脫此字。
⑦ 者　明抄本"者"下有"也"字。通行本脫此字。

政考選何事？而兵科之糾拾可以獨廢？以至巡方諸差，已題者候命不下，續報者無人可題。廢閣因循，日甚一日，銓部徒勤補牘，仕途共苦積薪，大臣無同什①之期，小臣阻效用之志。譬之人身，股肱②不備，耳目不全，何以成其爲人？則夫速點憲臣，允用候補考選諸臣，署各科之印，點巡按之差，又皇上所當急面者也。二者事若尋常，而關繫甚重，言者若迂緩，而神益實宎③，皇上誠乘此陽生之時，大奮乾斷，易怠荒爲明作，反壅滯爲疏通，一日即可裁萬幾之繫④，一時便可興百年之治，果何所憚而不爲也？其他國家大事，如豫定儲講之期，速下選婚之旨，錄廢棄以拔凼⑤滯，什⑥疊繫以宥愚忠，停稅以惠黎元，飭邊防以禦外侮，不過聖心一轉移振作間，而太平之理，煌煌乎與祖宗列聖同其休美矣。此固皇上向來已行之事，臣等敢竭以請。不勝踴躍祈懇之至。爲此，親詣文華門叩首奏聞。伏候敕音。"

是日，大學士方從哲、吳道南謹題："照得福王食鹽一事，其當徑改河東，臣等前日已略言之。昨日復奉上傳，仍欲暫支長蘆二年，以後方改。臣等仰見聖意惓二⑦如此，何敢固執？隨即擬票，進呈御覽訖。但恐此旨一出，諸臣又多一番執奏，皇上又多一番裁處。是兩年蘆鹽於福王未必有益，而從使詔令日更，議論不息，非所以崇政體也。今歲北直、山東、河南災傷幾徧，民窮盜起，所在洶洶。若鹽運由長蘆抵河南府，必從諸處經過，儻支鹽員役約束不嚴，致有騷擾，彼無聊之民正欲乘機猖亂，揭竿之變勢所不免，既無利於藩府，而徒貽害於地方，皇上亦何樂有此也？皇上篤愛賢王，每事加厚，臣等非不仰體。但念此事，上關祖制，下係邊儲，諸臣之輿論當從，明旨之屢更非體，故敢不避煩瀆，再一申明，以俟聖明裁斷。臣等不勝惶恐待命之至。"

① 什　明抄本"什"作"陞"，是。通行本誤作"什"。
② 肱　"肵"當作"肱"。
③ 宎　"宎"當作"宏"。
④ 繫　《明神宗實錄》卷五三八"繫"作"繁"。
⑤ 凼　"凼"當作"幽"。
⑥ 什　"什"當作"釋"。
⑦ 二　"二"當作"惓"。

萬曆四十三年

十①一月一日癸酉，朔。

二日甲戌，以祭三皇收回祭設領賜二輔臣三卓。

三日乙亥，大學士方從哲、吳道南謹題："頃該臣等以冬至屆期，懇祈皇上循近年故事，批發緊要章奏，允補大小官員。齋戒竭誠而後敢請，竊意聖慈必亮臣等苦心，俯俞一二，以新聖政而慰輿情。乃數日以來，天聽益高，寂無影響，一番機會又且空過。臣等誠不勝疾首腐心，自怨自痛，以爲微臣終無回天之日，而此生終無報主之時矣。臣等雖甚不才，業蒙我皇上拔置臺司，付股肱②之膂之寄，乃坐視朝政壅淤，時事闕失，而隱忍不言，是尚有人心者乎？亡論誤國之罪必有人非，負主之身難逃鬼責，即當平旦清明之際，默自循省，有不惶愧欲死者乎？皇上誠以此亮臣，則知臣等所言，乃爲朝廷、爲君父，直望我皇上爲大有爲之主，而臣等亦得少逭溺職之誅也。皇上若但視爲尋常，甚且嫌其激聒，漫不省覽，一任因循，將百司日益空虛，庶政日益隳廢，人才日益凋落，紀綱日益陵夷。然則所誤者臣等之事乎？抑皇上之事乎？狃數年之積習，而不能收明作之功，臣等固爲皇上惜之。任主上之晏安，而不能效箴規之益，皇上亦安用此無用之臣爲哉？臣等詞已竭矣，力已窮矣，一念樸忠，直欲流賈誼之涕，剖比干之心，以希聖明之一察，然終不敢望皇上以難行之事也。今吏部推陞各本俱在御前，但祈皇上以半日之暇，少加詳覽，將都御史欽點一、二員，起復給事中四人，准其除補，各令一人署管科印，河南道及各處巡按御史允其題差，不過一啟口、一舉筆間，而目前急務或可少濟，將令節不爲虛度，而人心之仰望爲不辜矣。"

四日丙子，大學士方從哲、吳道南謹題："茲遇冬至令節，臣等詣仁德門叩頭慶賀，伏蒙皇上遣司禮監太監李恩等，頒賜臣燒割一分、甜食一大盒、伏薑一盒，臣等頓首祗領。不勝感戴天恩之至。謹具題謝恩。"

① 十 "十"上當有"萬曆四十三年"六字。

② 肱 "肱"當作"肱"。

# 萬曆起居注

八日庚辰，大學士方從哲、吳道南謹奏："爲納約無能聞言增愧懇乞聖明亟行議以面治安並罷庸劣之臣以重政本事。臣等接得御史翟鳳翀揭帖，謂五月二十八日，皇上於慈寧宮召諭君臣，爲邇年曠典，臣從哲、臣道南不能於此時效嘉謨之告，陳時政之缺，虛盛美而失事機，所爲責臣等甚備，望臣甚殷，義正詞嚴。臣等閱之，不覺汗流浹背，慚愧欲死。其言天下責望輔臣，輔臣一切卸過於皇上。此非人臣之義，臣等所不敢出也。但思我祖宗朝，每每召見大臣，商確幾務，即我皇上初年，亦嘗臨御煖閣，舉召對之典。惟時諸臣造膝而陳，主上虛懷尚聽，泰交之盛，光耀古今，臣等心竊羨之。自皇上靜攝以①二十餘載，大小臣工欲一望清光而不可得，乃一旦中使傳宣，集廷臣於頃刻，不煩法駕，親御宮門，一時諸臣得瞻穆穆之儀容，聆煌煌之詔諭，豈非千載一時哉？臣等班近堂簾，職叨輔弼，委宜乘時進諫，極言國家大事，以期皇上之曲從，此真臣等之責，亦臣等之願也。惟是皇上方以篤愛皇太子之意，反覆申明，天②諄諄，久而不輟，臣等正在傾聽，未敢置對。而御史劉光復遽爾進言，致干聖怒。臣等一聞嚴旨，隨奏：'小臣無知輕率，望霽天威。'叩頭者再。時尚書鄭繼之與臣等同班，亦同叩頭，其餘諸臣從不盡聞，然未有不見者。比臣等以東宮講學、皇長孫就傳③、及豫定開講之期，再三懇請，皇上因諭以聖母大事，不便舉行，且指所服素袍以示臣等。又謂皇孫讀書，當俟冊立之後。此亦諸臣所共見共聞也。於時臣等再擬披對，而皇上遽傳速決之④犯之旨，且再促臣等速擬諭帖來行，臣等倉卒承旨，遂不及將莊田、食鹽、補官、起廢、考選候補及中旨、災荒等事，一一條陳，以畢愚忱而達天聽，此實臣等倉皇疏略之罪，無以自解者。至謂光復之辜，爲臣等陷之，事理自明，無庸置辯。又謂光復一日未什⑤，輔臣之心一日未安，此則諒臣等之深，規臣等之切，臣等所爲惓惓祈懇於皇上者正爲此耳。總之，臣等積誠未至，感格末由，匡救有心，挽回無力，平居既不能慷⑥慨論列，輸補袞之忠，臨期又不能從容敷奏，以冀轉圜之聽，曠官溺職，百口奚辭？惟望我皇上銳然勵精，留心

① 以 明抄本"以"下有"來"字，是。通行本脫此字。

② 天 明抄本"天"下有"語"字。通行本脫此字。

③ 傳 明抄本作"傅"是。通行本誤作"傳"。

④ 之 明抄本作"三"。通行本誤作"之"。

⑤ 什 "什"當作"釋"。

⑥ 慷 明抄本作"慵"。通行本改"慷"，是。

化理，俯納御史之言，批發章奏，推補缺官，舉朝廷大禮大政次第修舉，以新聖治而慰羣情，仍將臣等併賜罷斥，亟簡格心任事之臣，代司贊理，勿使臣等叨竊益久，罪釁益深，以上負國恩，下負諍友，臣等退有餘榮，死無遺憾矣。不勝皇悚待命之至，謹具奏聞，伏候敕旨。"

十日壬午，大學士方從哲、吳道南謹題："照得軍政考選，係國家大事，五年一舉，往例兵部主之，兵科贊之，彼此參酌而後點①陟行焉，此從來舊規也。今舉事即在本月之內，而兵科無人，尚爾耽閣。昨侍郎魏養蒙、崔景榮二臣來見臣等，謂祖宗成憲，固不容廢置不舉，亦豈可潦草苟完？爲今之計，但得一人署印，便可以存祖制而服人心，因求臣等代爲催請。伏望皇上先將起復給事中張孔教等四員，允其推補，並檢各科請人署印之本，各委一員管事，不惟目前大典有濟，而諸臣數年守候之苦亦可以頓什②矣。臣等竊見時事否塞、人情憤懣莫甚於此，故因二臣之言，敬以爲請。惟聖明留神檢發，勿復以爲尋常而置之。臣等不③勝迫切懇祈待命之至。"

十一日癸未，大學士方從哲、吳道南謹題："前該臣等恭請皇上檢發章奏，點用各官，計已久塵御覽。此外有諸臣請告之本，未蒙發票，又臣等閣中題奏數本，未賜批行。臣等謹開列上請，伏祈聖斷，檢發施行。不勝顒望之至。
一、戶部左侍郎李汝華辭本
一、山西巡撫吳仁度辭本
一、四川巡撫吳用先辭本
一、臣等題補六曹編纂官本
一、臣等題祭酒劉一燝陞少詹事暫管玉牒本
一、臣等題序班等官田佳璧④等謄錄玉牒本
一、臣等題庶吉士姜逢元等分別授職本。"

十五日丁亥，大學士方從哲、吳道南謹題："頃該臣等懇請

① 點 "點"當作"黜"。

② 什 "什"當作"釋"。

③ 不 明抄本作"可"。通行本改"不"，是。

④ 璧 明抄本作"壁"。通行本作"璧"。

皇上點都察院堂官、兵科署印官、典候補給事中四人、各差御史十二人，言之舌敝，望之眼穿，而數日以來，茫無消息。今時愈迫、事愈急矣。朝覲考察尚在一月之外，軍政考選即在本月之中，此時無人，誰與舉事？以一人之故而廢祖宗二百年之大典，皇上果何所見而爲此也？至於張孔教、熊明遇等，到京久者三年，近者亦一年餘矣，而優游困守，授職無期，以可用之人置之不用不舍之地，此亦從來未有之事，不知皇上又何見而爲此也？臣等叨居此地，中外責臣、望臣者不止一端，而目前萬分緊要者，祇此數事。伏望皇上大發慈悲，慨賜矜允，臣等不勝慶幸外，有臣等近日所題編纂章奏、暫管玉牒、及玉牒謄錄、庶吉士散館四本，謹再呈御覽，祈併賜批發施行，臣等又不勝仰望之至謹①。"

是日，大學士方哲從②、吳道南謹題："照得起居注館例用史官六員，編纂六曹章奏，今各官奉差、陞轉去訖，見缺三員，章奏堆積，料理不前，經今數月，甚爲不便。臣等謹推得翰林院編修唐大章、成基命，檢討魏廣微，堪補前缺。合候命下，令各欽遵供事。臣等未敢擅便，謹題請旨。"

是日，方從哲、吳道南謹題："爲纂修玉牒事。照得纂修官向有侍郎史繼偕、少詹事沈潅二員，因其久未到任，該前輔臣葉向高將見任庶子孫如游，題陞少詹事，令其暫爲代管。未幾沈潅陞任去③訖，該臣從哲將原任庶子韓爌，題陞少詹事，與史繼偕同管。今二臣仍未到任，而代管孫如游又蒙欽命回部管事，則玉牒事務竟無一人綜理，殊爲未便。臣等看得見任國子監祭酒劉燝，堪以委用。及查本官資俸最深，合無量陞詹事府少詹事，兼翰林院侍讀學士，令其暫管纂修玉牒事務，俟二臣到日，仍交與專管？伏祈敕下吏部，查照施行。臣等未敢擅便，謹題請旨。"

是日，大學士方從哲、吳道南謹題："照得今次玉牒，宗支綿衍，冊籍浩繁，茲正當謄錄之時，見在官員不敷供事。查有起居注館序班田佳璧、邵前勳，史館序班等官張邦經、鄭世選、周大成、楊餘洪，俱寫字端楷，堪補謄錄玉牒。恭候命下，各

① 謹　明抄本"謹"下有"題"字。通行本脱此字。

② 哲從　明抄本作"從哲"，是。通行本作"哲從"，誤。

③ 任去　明抄本作"去任"，誤。通行本改正作"任去"。

令欽遵供事。臣等未敢擅便，謹題請旨。"

是日，大學士方從①、吳道南謹題："爲作養人才②。萬曆四十七年九月十五日，該臣等將庶吉士十七人，糊名考試③，許品得上卷十二卷、中卷五卷，封進御覽，請乞裁定、發下，拆卷填名，查例上請銓除官職等因。奉聖旨：'是。欽此。'臣等查得，舊例庶吉士授官，上卷照依原中進士甲第，銓注翰林院編修、檢討，中卷量除科道。臣等謹拆卷填名上請，伏乞敕下吏部，查照施行。緣係作養人才事理，臣等未敢擅便，謹題請旨。

    計  開

銓注翰林院編修、檢討十二員：姜逢元 葉燦 陳玄暉 曾楚卿 繆昌期 李國楷 王應熊 馮銓 王祚遠 劉鴻訓 羅喻義 孟紹虞

量除科道五員：暴謙貞 周希令 韓繼思 史永安 申廷譔。"

十八日庚寅，大學士方從哲、吳道南謹題："昨晚戶部司務及十三司郎中等官，見臣等於朝房，言本部侍郎李汝華，向以抱病林④門，業逾三月，一應部務俱於榻前批行料理。雖鞠躬盡瘁，本官誼不敢辭，但久病之餘，元氣未復，若勞頓不已，恐一旦狼狽不支，國計所關，妨誤豈小？臣等因諭以汝華積勞成疾，向爲皇上已屢言之，第本官告病辭俸之本未蒙發票。頃奉⑤吏部推有倉場總督及右侍郎，俱見在京師，儻得欽點，便可朝受命而夕視事，在國家既可以收用人之效，而在汝華亦可以免獨任之苦矣。諸臣深以爲然。伏望皇上將會推二臣，即賜點用，俾令刻期到任，仍將汝華累次辭本檢出，發下臣等擬旨慰留，重國計、體羣臣，將一舉而兩得矣。臣等不勝顒望之至。"

二十日壬辰，大學士方從哲、吳道南謹題："照得考察伊邇，吏部過堂即在正月初旬。故事，有本部堂官三員，都察院

① 從 明抄本"從"下有"哲"字，是。通行本脫此字。

② 才 明抄本"才"下有"事"字。通行本脫此字。

③ 試 明抄本作"式"。通行本改正作"試"。

④ 林 "林"當作"杜"。

⑤ 奉 明抄本作"幸"，是。通行本誤作"奉"。

堂官三員。其考功司、吏科、河南道各官，則當於數月之前，預先諮訪，互相參酌，然後賢否定①而點②陟行，此從來舊制，亦我皇上所常行者也。今左都御史等官缺已三年，未蒙欽點，尋常有人署印，猶可以了每日常行之務，乃計吏何典，而可無專官以董其事乎？況李鋕爲吏部侍郎，臨期同在吏部考察，是吏部有兩人，而都察院無一人也，何以全國體而服人心？將來或致議論煩囂，事體決裂，不惟壞祖宗式序之大典，皇上不知又增多少激聒，費多少裁處，然後可以結局，此臣等所深慮而不敢不爲皇上明言者也。爲今之計，皇上若肯慨然點都御史一二員，允掌河南道御史，此固一了百了、盡善盡美之事，不勝至幸③。萬不得已，臣等更有一策。今侍郎李鋕見推刑部尚部③，皇上但將本官點用，仍令管都察院事，則署印雖固④，而以刑部署都察院，便可當都察院之官，非若以吏部署都察院、畢竟是吏部之官也。在皇上不過一轉移間，而事體便覺妥當，人心便可相安。臣等積慮焦思，爲皇上省心省事計，不過如此。皇上若厭其煩瀆，堅執己意，以與臣下相持，必待羣情鼎沸，國是係奓之際，而後罪臣等，罪部院各官，亦何及矣？臣等誼切腹心，一念犬馬之忱，不敢不剖衷苦口，盡言於皇上。然不敢聞之外廷，以彰聖明之獨斷。從此亦不敢再聒，以俟聖斷之自行。惟皇上深思而察計之，臣等不勝迫切祈望之至。"

二十一日癸己⑤，大學士方從哲⑥、吳道南謹奏："爲不能慎疾懇乞聖恩給假調理事。臣舊有小腸疝氣之疾，平時小發，服溫劑即愈。項因久積風寒，於十九日半夜，陡然大發，冷汗如注，旋吐痰涎，昏暈難支。今延醫調治，謂當此感烈之候，必須寒邪盡去，元氣始復，乃可望痊。臣念臣子守職，即夙夜在公，尚虞瘝曠，若遷延時日，未可遽望平復，臣之懼兹甚矣。是用乞恩於皇上，准臣給假調理，容臣稍稍痊可，即出供事。臣無任冒十隕越之至。"

二十二日甲午，大學士方從哲、吳道南謹題："照得皇太子

①定 明抄本作"足"。通行本改"定"，是。
②點 "點"當作"黜"。
③部 《明神宗實錄》卷五三九"部"作"書"，是。
④固 明抄本作"同"。通行本誤作"固"。
⑤己 "己"當作"巳"。
⑥方從哲 明抄本無"方從哲"三字。通行本衍此三字。

妃發引之期，該欽天監擇於十月二十八日。今時已迫近，未蒙批發。昨禮部侍郎何宗彥等來見臣等，謂此係朝廷大禮，臨期尚有許多儀節，許多事體，必須明旨一下，各衙門方能料理完備。儻過此一日，及十二月初四日下葬之期，則年內既無吉期可改，而明年方向不利，難以舉行，內廷之間豈有久停之理？欲臣等代爲催請。該臣等看得，郭妃薨逝已及三年，窀穸之事，誠宜及今早竣。望皇上留神，將欽天監擇吉之本即賜批行，其所裨於典禮不小矣。臣等不勝迫切企望之至。"

二十七日己亥，大學士吳道南謹奏："爲病體痊可入閣供職事。臣於本月十九日，觸發積寒，宿疾陡作，二十一日具疏請①假調理，蒙皇上大賜矜原，不以瘝曠爲罪。第臣子一日居位，則一日業官。臣既昧保身之方，致冒陰陽之患，安可憚苦口之藥，而思瞑眩之瘳？是用日夜皇皇，游服溫劑，稍覺寒邪之漸除，而元氣之未復也。病雖未至大痊，身難久於自便，乃於今日入閣辦事。臣無任惶悚感激之至。謹具奏聞。"

二十九日辛丑，大學士方從哲、吳道南謹題："爲作養人才事。萬曆四十三年九月十五日，該臣等將庶吉士十七人糊名考試②，許品得上卷十二卷、中卷五卷，封進御覽，請乞裁定發下，拆卷填名，查例止請銓除官職等因，奉聖旨：'是。欽此。'臣③查得，舊例庶吉士授官，上卷照依原中進士甲第，銓注翰林院編修、檢討，中卷量除科道。伏乞敕下吏部，查照施行。
銓注翰林院編修檢討十二員：王祚遠　姜逢元　葉燦　陳玄暉　曾楚卿　繆④昌期　李國楨　馮銓　王應熊　劉鴻訓　羅喻養　孟紹虞
量除科道五員：暴謙貞　周希令　韓繼思　史永安　申廷譔。"

① 請　明抄本"請"下有"給"字。通行本脫此字。

② 試　明抄本作"式"。通行本改正作"試"。

③ 臣　"臣"下當有"等"字。

④ 繆　明抄本誤作"謬"。通行本改正作"繆"。

# 萬曆起居注

三二〇〇

十①二月一日癸卯②，大學士方從哲、吳道南謹題："該文書官金忠恭捧聖諭到閣：'諭輔臣：朕覽文書，見卿等所奏，具見忠君爲國之意，所請諸事，朕面諭已明白，知道了。前者朕恭詣聖母幾筵前行禮畢，召百官於宮門外，朕與卿等正諭③議國事，卿等奏請皇太子講學，皇孫就傳④，朕傳待禫服後次第舉行。卿等方承諭奏對，乃忽有劉光復突出，攙越直前狂叫，震驚神御，又在朕前無人臣禮。此時百官目睹且⑤聞。被⑥奉旨拿下，卿等叩請，事⑦官所見。且卿等每有國政，無不輸忠效誠，具揭陳奏。雖有中旨。皆朕親裁獨斷。翟鳳翀這廝，輒敢狂肆逞臆，黨救朋類，賣直沽名，好生可惡。本當重治，姑且不究。卿等不必以浮言介懷，宜安心輔理，以付⑧眷倚至意。不得再有所陳。特諭卿等知之。欽此。'臣等捧讀再⑨，不勝感激，不勝皇恐。頃因卿⑩史翟鳳翀言及皇上召諭之事，臣等略陳梗概，以明素心，併乞退休，以安遇分。連日以來，靜聽顯斥，蒙聖諭宣示，天語溫和，許臣等以忠誠，勉臣等以安心輔理，且備述當日召諭情景，較臣等所言倍加親切。臣等一念犬馬之忱，不獨見諒於宸衷，且欲昭示於天下。至哉？皇恩。即慈父之愛子，亦不過是。臣等何人，被茲殊眷？惟有感極而繼之以泣耳。聖諭固云，凡有國政，無不具揭陳奏。顧陳奏在臣等，而聽從在皇上，必陳之而即聽，奏之而即從，而從臣等之輔理爲不虛，於皇上之眷倚爲無負，此臣等所爲惓惓切望於我皇上者也。"

四日丙午，大學士方從哲、吳道南謹題："竊見數日以來，朝廷之上，政事日壅，章奏日積，外廷之仰望益切，而批答益遲，臣等之陳奏徒煩，而允行無日，臣等內循職業，外惕人言，憂心如焚，莫知所以爲計。念⑪我皇上英明天縱，太阿獨持，事無大小，無一不出親裁，無一不由宸斷，臣等誠不勝欽服。惟是體重大者，皇上既以爲重而慎之，其無甚緊要⑫，又以爲輕而忽之。臣等之懇祈迫切者，皇上既因其急而故緩之，其稍可從容者，又因其緩而姑置之。卒之，重者不行，輕者亦不行，

① 十 "十"上當有"萬曆四十三年"六字。
② 卯 "卯"下當有"朔"字。
③ 諭 《明神宗實錄》卷五四〇無"諭"字。
④ 傳 "傳"當作"傅"。
⑤ 且 《明神宗實錄》卷五四〇"且"作"耳"。
⑥ 被 明抄本作"披"，通行本作"被"。《明神宗實錄》卷五四〇"且"作"耳"。
⑦ 事 《明神宗實錄》卷五四〇"事"作"多"，是。
⑧ 付 《明神宗實錄》卷五四〇"付"作"副"，是。
⑨ 再 明抄本"再"下有"三"字。通行本脫此字。
⑩ 卿 明抄本作"御"，是。通行本誤作"卿"。
⑪ 念 明抄本"念"上有"因"字。通行本脫此字。
⑫ 要 明抄本"要"下有"者"字。通行本脫此字。

急之無用，緩之亦無所用，徒見臣等日日祈請，日日煩瀆，而於天下國家事，曾有分毫之濟否乎？夫總攬，美名也。獨斷，盛節也。臣等豈不爲皇上願之？但使吏部推一官，而皇上即賜點用，其誰不感皇上之恩。諸司奏一事，而皇上即賜允行，其誰不服皇上之斷？如是則威福惟辟，權不下移，主勢自尊，人心自服，臣下方且自幸其職之得舉，言之得行，方將順奉承之不暇，何樂有言？惟皇上不肯即用，不肯即行，而後諸司不得不循職以催，匡①等亦不得不補牘以請，至於催之多而請之頻也，皇上又且以爲②煩聒也，以此激擾也③。甚且以爲市恩沽名也，於是持之愈堅，拒之愈力，諸④事悉從寢閣，諸本一概留中。夫其所催請者，諸臣之事乎？抑朝廷之事乎？催之而不報，請之而不從，其誤者諸臣之事乎？抑皇上之事乎？始以因循之意，隳明作之功，繼以疑二之心，滋從臾之弊，相持不已，舉行無期。畢竟朝政何時疏通？人心何時愉快？而臣等尸位之罪何時可以少解也？臣等經年纍月，請點大僚，請補科道，請起廢官，近日又請用都御史，請⑤兵科、河南道，請點巡按各差，連篇累牘，臣等亦厭其煩矣，而一讠⑥不效，一事未行，溺職曠官，慚愧欲死。今亦不敢一一條陳，以瀆天聽，特舉用人行政本原受病之處，請皇上深思而熟計之。"

五日丁未，大學士方從哲、吳道南謹題："適文書官金忠到閣，口傳聖諭：'問奉差織造内官吕貴敕書，何以未發？'臣等暫時以工部手本未到，無憑撰敕。在工部或以工科署印無人，前本未曾發抄，是以未行手本。該臣等復思，吕貴奉差一事，自浙直撫按以及該部、科道諸臣，無一人不言其當停，皇上似不宜聽紀光先一人之言，而拂舉朝之公論，儻衆人皆以爲不可，而該部遽爲請敕，臣等遽爲撰敕，於將順之義得矣，將來貽害地方，釀東南無窮之禍，當誰任其咎也？謹因回奏，略陳區區之愚。伏望聖明深思而熟計之。臣等不勝惶悚祈望之至。"

是日，大學士方從哲、吳道南謹題："昨該臣等具揭，請皇上批發章奏，疏通朝政，計今已徹御覽矣。隨揭⑦吏部、兵部

萬曆四十三年

三二〇一

①匡　明抄本作"臣"。通行本誤作"匡"。

②爲　明抄本"爲"下有"此"字。通行本脱此字。

③以此激擾也　明抄本作"此激擾也"。通行本增二字，作"以此爲激擾也"。

④諸　明抄本作"請"。通行本作"諸"。

⑤請　明抄本"請"下有"用"字。通行本脱此字。

⑥讠　《明神宗實録》卷五四〇"讠"作"言"，是。

⑦揭　明抄本作"接"。通行本誤作"揭"。

① 點 "點"當作"黜"。

② 揭 明抄本作"竭"。通行本誤作"揭"。

③ 本 明抄本"本"下有"院"字。通行本脫此字。

④ 之 "之"當作"三"。

各揭帖，一以點都察院堂官爲請，一以委兵科署印爲請。其言時日甚迫，事體難遲，至爲明白，至爲詳盡，此豈諸臣可已而不已、故爲是煩瀆哉？軍政五年一舉，朝覲考察三年一舉，天下文武官員去留點①陟，胥此係焉。以祖宗二百餘年相循之大典，而廢之自皇上，皇上其何辭於祖宗？以皇上四十餘年常行之故事，而廢之自臣等，臣等亦何辭於皇上？臣等誠不足以格王，力不足以回天，其得罪皇上，得罪祖宗無論矣，皇上以不用一二人之故，堅與臣下相持，至於墮祖制而不顧，拂衆論而不恤，則臣等之所深惜耳。臣等詞揭②力窮，寸心欲碎，惟皇上憐其苦誠，特加省覽，將臣等前日擬上點用呂坤等本，即賜批行，其擬授兵科熊明遇等，併賜允用，仍委一員署掌印務，計典幸甚，臣等幸甚。不勝迫切跂望之至。"

六日戊申，大學士方從哲、吳道南謹題："適蒙發下署都察院吏部左侍郎李鋕本，以考察期迫，本③三堂無官，請點別部大臣署印，以完計典。該臣等看得，部院同管考察，係從來祖制，未有有部而無院者。先年本院見有副僉都御史，臨期尚命別部尚書一員以董其事，誠重之也。今李鋕以吏部堂官代院堂協管大計，斷斷乎其不可矣。若欲別委，則見在各部鄉貳寥寥數人，各有專司，各有兼攝，此等大事將屬之誰乎？臣等再四躊躅，計無所出。但望皇上將見推呂坤、郭實，立賜點用，促令刻期前來供職，猶可不誤。萬不得已，乞將李鋕允陞刑部尚書，仍令署掌院事，亦可以濟一時之急，而服四海之心，庶祖宗典制不至於屑越幾盡矣。其李鋕原本，臣等未敢擬票，隨即封進，伏望皇上立賜裁斷施行。臣等不勝懇望之至。"

七日己酉，大學士方從哲、吳道南謹題："昨蒙發下兵部一本，內請皇上點用兵科署印官。臣等謹遵上傳，將熊明遇擬上，計俞旨旦夕可得。其候補張孔教、顧士琦、楊道寅之④人，與明遇事同一體，諒皇上亦必次第允用，臣等無庸復贅。惟是吏部考選諸臣，自四十一年朝覲之後，留部已經三年，今考過又

萬曆四十三年

幾二年矣，而明旨未下，授職無期，旅邸淹留，歲復一歲，即臣等閣中催請不下十數，而九閽之內寂若罔聞。數月以來，竊恐皇上厭其煩瀆，益致稽遲，於是相戒靜聽，以為至明獨斷，庶幾可望也，而杳然如故。臣等益不勝憤懣，不勝惶惑，以為此四十餘人者，皇上將①置之於不用乎？是必盡廢臺省之官，盡去耳目之任而後可。如其官必不可廢，而任其②必不可去也，則何不俾之各守一官，各任一職，以終考選之局，收用人之功，豈不甚便？而徒令窮年株守，進退無門，何為者也？身在都門，而名不列於官籍，名為仕進，而跡則類於投閒，皇上試③思祖宗二百餘年，曾有此異事否？況諸臣通籍以後，服官內外，並著聲稱，數年之間，合部院臺省，不知經④幾番諮訪，幾番斟酌，而後定此一官。而皇上必欲困屈之，挫抑之，以至此極也，此臣等之所深惜也。虛上天生才之心，失祖宗養士之意，火諸臣壯行之志，廢國家官守之常，無一可者，皇上奈何不一深思而亟圖之耶？臣等原期無言，至於今則勢窮理極，不得不讠⑤矣。惟皇上毅然裁斷，概⑥賜允行。"

八日庚戌，大學士方從哲、吳道南謹題："為纂修玉牒事。照得纂修官，向有侍郎史繼偕、少詹事沈㴶二員。因其久未到任，該前輔臣葉向高，將見任庶子孫如游，題陞少詹事，令其暫為代管。未幾，沈㴶陞去訖，該臣從哲，將原任庶子韓爌題陞少詹事，與史繼偕同管。今二臣仍未到任，而代⑦管孫汝游又蒙欽命回部管事，則玉牒事務無一人綜理，殊為未便。臣等看得，見任國子監祭酒劉一燝，堪以委用。及查本官資俸最深，合無量陞詹事府少詹事，兼翰林院侍讀學士，令其暫管纂修玉牒事務，俟二臣到日，仍交與專管？伏祈敕下吏部，查照施行。臣等未敢擅便，謹題請旨。"

是日，大學士方從哲、吳道南謹題："照得今次玉牒，宗支綿衍，冊籍浩繁，茲正⑧謄錄之時，見在官員不敷供事。查有起起⑨居注館序班田佳壁、邵前勳，史館序班等官張邦經、鄭世選、周大成、楊餘洪，俱寫字端楷，堪補謄錄玉牒。恭候命

① 將 明抄本"將"下有"終"字，通行本脫此字。
② 任其 明抄本作"其任"，是。通行本誤作"任其"。
③ 試 明抄本作"式"。通行本改正作"試"。
④ 經 明抄本作"輕"。通行本改作"經"，是。
⑤ 讠 "讠"當作"言"。
⑥ 概 明抄本作"慨"。通行本誤作"概"。
⑦ 代 明抄本無"代"字。通行本增此字，是。
⑧ 正 明抄本"正"下有"當"字。通行本脫此字。
⑨ 起 明抄本無此"起"字。通行本衍此字。

# 萬曆起居注

下，各令欽遵供事。臣等未敢擅便，謹題請旨。"

九日辛亥①，大學士方從哲、吳道南謹題："適接吏部侍郎李鋕揭帖，以計期益迫，懇請皇上改委署院大臣。該臣等看得，朝覲官入城祇有五六日，考察過堂祇有二十餘日，時甚迫、勢甚急矣，而都察院尚無堂官，以是中外憂疑，無不責望臣等。臣等亦知我皇上臨期自有裁酌，自有處分，決不至於闕人廢事。然何不當此從容之時，早賜裁斷，以安人心而究大典也？頃吏部會推李鋕刑部尚書之本，見在御前，望皇上即刻檢發，容臣等擬上，仍令署都察院印，以濟目前之急。其呂坤、郭實得併賜批發，尤爲至幸。昨蒙發下兵科署印本，一時羣情踊躍，真如大旱之得雨。此等情景，皇上計亦聞之。奈何於署院之官又復遲疑若是也？臣等日日催請，自知煩瀆之罪，惟皇上察其不得已之衷，不加譴責，慨賜允行。可②勝迫切跂望之至。"

十三日乙卯，大學士方從哲、吳道南謹題："爲山東饑荒異常亂形已著懇乞皇上詳覽撫臣所奏亟允所請以消弭動搖之禍事。臣等接山東巡撫錢士完揭帖，所報饑民九十餘萬，盜賊蜂起，劫搶公行，請發內帑③二十萬，猶恐緩④不及事，乞差部臣二員，一駐遼東，措米十萬，急救登、萊⑤二郡，一駐淮陽，措米二十萬，急救濟兗青東四郡。總之，欲收飢民，方可以散亂民，不則大呼一起，將直隸、河南所在響應，恐其時縱捐百萬之金，有難頓弭，九重之上亦未可以安枕而卧也。臣等讀揭未完，神魂驚悸，計將安出？匍匐上陳，伏乞皇上將撫臣奏疏細細一覽，亟爲早圖。此至至危至急之秋，非他奏可徐徐視也。謹具題聞。"

是日，大學士方從哲、吳道南謹題："頃蒙皇上允用兵科給事中熊明遇，一時人心鼓舞歡忭，以爲此聖意轉移之一機也。乃假滿候補楊道寅、起復候補張孔教、顧士琦三臣，與明遇先後到部，事同一體。今明遇已蒙簡任，而三臣猶然株守，似於政體不爲平，於人情爲未愜者。況道寅由丁未科庶吉士，通籍

①九日辛亥　此條記事通行本脫，茲據明抄本補。

②可　"可"當似當作"不"。

③帑　明抄本"帑"下有"銀"字，通行本脫此字。

④緩　《吳文恪公文集》卷一二"緩"作"銀"，是。

⑤萊　《吳文恪公文集》卷一二"菜"作"萊"，是。

九載，未授一官，尤從來未有之事，皇上所宜深念也。且皇上既以軍政之故，爲兵部用一明遇，則亦當以散館之故，爲臣等用一①道寅三臣，而數年之局可結，一時之耳目可新，是亦聖政疏通之一端矣。仰祈聖斷，即賜施行。臣②不勝激切瞻③跂之至。爲此，謹具奏聞。"

十七日己未，大學士方從哲、吳道南謹題："爲情極辭窮乞皇上留神省覽。夫王道本乎人情，聖恩在於曲赦。今戇臣見罪，並救戇臣者亦見罪，是以人情愈益責備於閣臣，臣等不得不屢瀆於皇上。夫當日慈寧宮前之召見，天語諄諄，令文武百官知所以愛皇太子者。御史劉光復越班喊奏，致觸聖怒，究竟其言亦祗望皇上之加愛。今皇上於皇太子篤愛有加，以至於皇太子之母妃、皇太子之妃、且及於選侍，無所不用其恩。而獨於戇臣久久不仕④，至於救劉光復者，言雖過激，心實無他。如駙馬王昺，內戚也，安置原籍，有同編管。中尉充鉌，宗藩也，發守高牆，下死罪一等。皇上於此處，尤當念聖母在日之心、二祖在天之靈。夫皇上之心，豈不曰愛者無失其爲愛，惡者無失其爲惡，何煩廷臣之聒聒？第此一事，愛與惡相連，故必息雷霆之震，沛霖雨之解，然後見天地之心，若以其所惡掩其所甚愛，天下不見皇上之愛，而惟見皇上之惡。故臣等屢懇，非獨爲劉光復，亦以將順皇上之美，欲其全始全終者也。夫宮閫之地，天性之愛人所難言，臣等當諸事難請之時，日夜循省，無能積誠以動天聽，乃於此事欲無言又不得不讠⑤。蓋心之所懷，口不能以盡宣，意之所慮，筆不能以盡達，惟乞皇上默默沈思，細細密覽，見臣等此揭真有萬不得已、無可奈何之處，豈徒盡其在我以塞天下之口已哉？冒犯宸嚴，死罪死罪。"

十九日辛酉，大學士方從哲、吳道南謹題："照得每年十二月二十六日，例有湔除，敕禮部、三法司。臣等於本月初十日、十三日、十七日，已將敕稿進呈，俱未蒙發。合⑥照日期已迫，合再具題，併敕稿呈進，伏望即賜批發，以便寫敕、請寶、封

萬曆四十三年

三二〇五

① 一 "一"當爲衍文。

② 臣 明抄本"臣"下有"等"字。通行本脫此字。

③ 瞻 明抄本作"膽"，誤。通行本改正作"瞻"。

④ 仕 "仕"當作"釋"。

⑤ 讠 "讠"當作"言"。

⑥ 合 "合"似爲"今"之誤。

奏、頒給。臣等未敢擅便，謹題請旨。"

是日，大學士方從哲、吳道南謹題："先是臣等接山東巡撫錢士完揭帖，讠①本省饑荒之後，盜賊縱橫、流離搶攘之形，耳不忍聞，目不忍見。隨該臣等具揭，祈皇上亟允其請，發帑遣官，移粟賑濟，以救此一方之民。經今數日，未蒙批發。昨本省鄉官公鼐等，又具公疏懇請，且同詣閣門，求臣等代為題催。此固諸臣為桑梓計，而自臣等視之，則不但為地方慮，兼為朝廷慮也。蓋東省之窮，至今日而極，東省之亂，亦至今日而極矣。方數千里之內，處處災傷，舉數千萬之民，人人凍餒，如是而欲其不相聚為盜，能乎哉？死亡載道，劫掠公行，貧者既不能全其生，富者亦不能保其有，法令禁之而不得，刑戮加之而不勝，羹沸之勢已成，王崩之禍立見。當此之時，自非皇上超然遠覽，破格施恩，欲以救垂亡之民命，收既渙之人心，恐必②得之數也。且諸臣所引二十二年河南賑濟之事，鑿鑿可據，臣等竊意，我皇上量包天地，仁覆羣生，豈其行於昔日之中州者，而獨靳於今日之東土哉？第今時勢甚急，仰望甚殷，伏望皇上慨允諸臣之奏，亟發帑金二十萬兩，遣部臣二員，分投糴粟，徧行賑濟，如撫臣所議，其發倉米、留漕糧二事，並敕戶部速為議處，則皇仁一布，萬姓歡呼，死者可生，亂者可戢，將東省安而四方皆安，即宗祀亦賴以永安矣。儻聖意視為尋常，遲疑未決，轉瞬③明春，漕艘北上，臨河羣④縣，處處經過，萬一不逞之徒揭竿倡亂，羣起阻截，則咽喉一塞，轉運為艱，京師數百萬軍儲何由而達？是可不為之寒心哉？此猶國家利害所關，臣等不敢不極讠⑤之，以貽將來無窮之患也。懇乞聖意早為裁斷，立賜施行。臣等不勝迫切懇⑥仰之至。"

二十三日乙丑，大學士方從哲、吳道南謹題："照得本年十二月二十四日起，該放除夕假，連年節、上元假。臣等查得，連年日講，皆於二月間照常舉行。今講官並無一人，容臣等於春初，將前題過講官何宗彥等，恭請聖明允用，仍於二月上旬恭進講章，以後接續上進。謹具題知。"

萬曆四十三年

二十四日丙寅，大學士方從哲、吳道南謹奏："爲歲序將終時事多關懇乞聖明及特裁斷盡數舉行以慰人心以光聖治理。竊惟朝廷之上，一日萬幾，章奏紛紜，政事叢委，故必隨手批答，而後無停閣之虞，必隨時允行，而後無壅淤之患。皇上二十年前所爲，勵精圖治，銳意郅隆，庶績熙而羣情暢，用此道也。乃今日何如哉？諸司章奏非不每日發票、每日批行，然皆日用尋常之事，其少有關於軍國大計者，則十不得一也，其係推補大僚、及考選起廢之疏，則百不得一也，以是補牘雖勤，轉圜難冀，望雲徒切，沛澤無期。即如目前之事，都御史點矣，而批發尚爾稽遲，計期迫矣，而署院猶然未定。巡按各差，關地方利病，而二十餘差未點，將澄清之任寄之何人？六科印務，與各部相爲表裏，而四科無人署掌，將封駁之司委之何地？假滿起復之官，隨到隨補，乃從來舊例。而科臣楊道寅等、道臣王象恒等，守候動至歲餘。庶吉士教習三年，分別授職，亦閣中故事，而自秋至冬節經上①請，未蒙賜允。又如山東一省，饑荒特甚，盜賊四起，餓殍載途，寧獨地方之憂？抑亦宗社之慮。此其安危所係何如？而撫臣發帑之疏。本省諸臣發倉、留漕之疏，俱未檢發。至於順天府臣題請暫免遇②路、落地二稅，以恤畿圃孑遺，是猶惠此京師之意，皇上俱不可以泛常視之者。以上數事，讠③之不過平常，而其所關於政體者甚大，行之極爲簡易，而其所裨益於民生吏治者甚㝔④，伏望我皇上銳然奮發，一破因循之習，乘此歲暮，將諸本盡發，臣等票擬仍祈即刻批允，慨賜施行，是不過一舉筆間，而臺綱可振，計典有光，巡方得人，垣務不廢，諸臣無積薪之嘆，而自三輔以達於二東，永永有覆盂之安。此真聖治惟新之會，而亦臣等免過之一端也。其他補大僚、下考選、錄廢棄、什⑤纍臣，容臣等另疏祈請，茲且未敢概瀆。翹望德音，不勝皇悚激切懇祈之至。臣從哲謹具本親詣文華門，叩首奏聞，伏候敕旨。"

二十六日戊辰，大學士方從哲、吳道南題："竊見御史劉光復凼⑥係多時，懲創日久，該臣等於本月十七日齋沐具揭，懇乞

①上　明抄本無"上"字。通行本增此字。
②遇　"遇"當作"過"。
③讠　"讠"當作"言"。
④㝔　"㝔"當作"宏"。
⑤什　"什"當作"釋"。
⑥凼　"凼"當作"幽"。

# 萬曆起居注

① 什 "什"當作"釋"。
② 劉 明抄本作"列",是。通行本誤作"劉"。
③ 困 "困"似當作"圖"。
④ 案 "案"當作"按"。
⑤ 空 明抄本作"恐"。通行本改"空",是。
⑥ 工 "工"當作"土"。

皇上寬什①,蓋欲乘諸臣之未言,少希聖明之獨斷,或者天意可回,特恩可望也。靜俟數日,未得俞旨。昨九卿臺省之疏又上矣,言雖不同,所爲述光復悔罪之誠、劉②光復病苦之狀、以冀皇上之矜憐者,委曲詳盡,臣等即欲有言,豈能有加於諸臣哉?獨念三陽開泰,萬物咸亨,當斯時也,即昆蟲草木皆欣欣向榮,即窮荒僻壤匹夫匹婦之微,莫不熙熙然游於光天化日之下。光復何人?豈非昔日冠豸乘驄、稱皇上侍從之臣者哉?以簪笏之流,罹縲紲之苦,以一時卤莽之失,抒三天不赦之條,與死爲憐,求生無路,望家鄉而腸斷,思耄母而魂銷,此時此情,皇上之心忍乎哉?即我聖母在天之靈忍乎哉?臣等此請,非敢謂光復之無罪也,但祈皇上於有罪之中,施破格之惠,當萬國來朝之日,霈九重不測之恩,上以體聖母濟物之慈,下以慰朝野宥過之望,近以昭皇上如天好生之度,遠以彰聖朝緩刑尚德之風。一舉而數善備焉,固知皇上必且俯察犬馬之忱,而翻然轉困③,欣然解網,有不待其詞之畢者矣。今履端之期,祇在數日,赦罪之舉,惟此一時。臣等不勝迫切仰望之至。"

二十八日庚午,大學士方從哲、吳道南謹題:"適蒙發下山東撫案④請發帑銀之本,臣從哲謹遵上傳擬上。該臣又看得,東省饑荒如此,危亂可虞,本省既無堪動之銀,皇上又以内帑空⑤虛,未肯慨發,然則此數百萬生靈,將立視其死亡而莫之恤乎?臣再四躊躇,無可爲計,故擬暫借太僕寺馬價銀若干兩,以救燃眉。至其數之多少,或聖裁獨斷,或令兩部會議,臣未敢定也。昨户部又有再發臨清倉米六萬之本,未蒙發票,故臣於此票中因併及之。伏望皇上軫念東工⑥危急之勢,旦夕難緩,將此本今日即賜批發。臣不勝迫切仰望之至。"

# 萬曆
## 四十四年

萬曆四十四年正月壬申，朔，大學士方從哲、吳道南謹題：
"臣等昨日擬上點用刑部尚書李鋕之票，諒聖明必察臣等苦心，俯賜慨允。但時益迫矣，過堂之期祇在明日，置①院之旨萬難再遲，望皇上即刻批發。臣等謹延頸以俟。"

二日癸酉，大學士吳道南謹奏："爲感激天恩容臣特申恭謝事。臣以皇上純禧重增，普天共慶，敬祈給假俞旨，又擬隨首輔之後，入內行五拜三叩頭禮，奉聖旨：'覽奏，知卿於元旦行慶賀禮，朕心甚慰。卿宜遵前旨，即日入閣辦事，勿得再遲。該部知道。欽此。'臣逢泰運之方新，荷綸音之申命，亟宜夙夜在公，不遑寧處。但臣幸免之身，昨獲勉強趨內，隨首輔行禮於仁德門，雖於犬馬之忱爲少慰，猶念臣蒙皇上錫福於康寧，御賜之優渥，真如大造之中，獲沾再造，高深戴沐，豈宜乘便以趨事？必須報名鴻臚寺，於午門之外顒申恭謝，用以彰聖慈之覆露，不以謭劣而遺臣之啣結，又非但捐靡之所能罄也。唯是朝班之上，係衆目之所觀瞻，更乞寬臣數目②，得以強健之身，肅拜稽之敬，則臣安於禮亦安於心矣。臣無任感激虔懇之至。"

三日甲戌，大學士方從哲、吳道南謹題："昨初一日夜，蒙皇上發下點用刑部尚書李鋕之本，臣等隨即擬上，今又二日矣，未見批發。該臣等爲此一事屢瀆天聽，至於數次，乃已蒙欽點，仍復遲留，其何以慰中外仰望之心、完朝覲考察之典？臣等前日入賀，原擬於宮門候旨，而司禮二臣令臣等暫出，當代爲催請。乃靜俟已久，畢竟杳然，日復一日，終無結局。蓋臣等之許③已窮，而其心亦甚苦矣。伏望聖慈矜憐，將此本即刻發下，以了目前一大事。臣等不勝感載天恩之至。謹佇立以俟。"

六日丁丑，大學士方從哲、吳道南謹題："昨蒙皇上點用刑部尚書李鋕，中外諸臣莫不歡欣鼓舞，一以幸大僚之漸補，一以慶佐計之得人，臣等誠不勝欽仰，不勝感激。惟是目前尚有

①"置"當作"署"。

②目 "目"當作"日"。

③許 "許"當作"計"。

重大緊要之事，臣等且不敢概舉以瀆聖聽，衹以按差一節言之。御史奉天子命巡歷一方，凡吏治汙隆、民生休戚、以及地方大利害、大奸弊，皆得而糾察之，固一處不可缺，亦一時不可缺者。見今各處報滿與缺人者二十餘差，先總催者十二差，後續題者又數差，可謂極多且極久矣，而概未點用，舊者杜門候代，新者唧①命無期。彈壓無人，澄清奚賴？紀綱不振，危亂可虞，皇上慎不可以泛常視之也。至於巡漕一差，乃數百萬京儲所係，國家命脉攸關。往歲俱以十月題差，冬底赴淮督運，今過三月矣。若再請②遲，必至誤事，此尤根本至計，萬萬不可緩圖者。伏望皇上乘此改歲之初，又萬方來賀之日，一更積習，大奮乾剛，將前都察院總催及續題各處按差之本盡發，臣等擬票即賜批行，將聖政維新，人心悦服，是亦我皇上凝祥欽福之端也。臣等不勝踴躍俟命之至。"

　　九日庚辰，大學士方從哲、吳道南謹奏："爲大禮將竣曠典宜修懇乞聖明早定儲講之期以慰人心以信詔旨事。竊惟自昔帝王，莫不以諭教太子爲首務。顧所謂教者，非徒效士庶人之家，僅僅尋章摘句而已，固將博綜載籍，考鏡古今，察興衰理亂之原，以爲齊治均平之助，則儲講之關於國家匪細故也。恭照皇太子殿下，輟講今十二載矣，年齡日茂，問學日疎，溫故知新之益罔聞，一暴十寒之弊滋甚。數十年以來，該臣等及部科諸臣竭誠懇請，業已力殫詞窮，而天聽尚高，大典闕焉未舉。間蒙傳諭，率以氣體清弱與寒暑不時爲辭。昨歲七月間，恭奉明旨：'這奏請皇太子、皇長孫講學出閣，俱已有旨明白，不必煩瀆。欽此。'臣等仰見聖意已定，静聽至今。頃十二月初，臣等復承聖諭，有云：'卿等奏請皇太子講學、皇孫就傳③，待禫服後次第舉行。欽此。'是皇上明示以講學就傳④之期，並在今歲無疑矣。惟是出閣大禮，初舉之際尚須禮部擇吉具儀，容臣等另行題請外，若皇太子開講，不過循已行之故事，修十餘年前之舊儀，金華之席未移，侍從之臣具在，況兹二月初吉即是聖母大祥之期，過此以往聖衷之哀慕漸平，聖躬之服制將易，且

① 唧 "唧"當作"俟"。

② 請 "請"當爲誤字。

③ 傳 "傳"當作"傅"。

④ 傳 "傳"當作"傅"。

春光已半，風景融和，當天人欣豫之辰，正儲闈進修之會，皇上誠於此時令皇太子日御講筵，溫習經史，俾聰明蓋擴，涵養益深，近以昭皇上燕翼之謀，遠以貽宗社靈長之慶，豈非今日一盛舉哉？伏望聖明早渙綸音，容臣等恭擇吉期，並將侍班、講讀等官推舉上請，以信兩次之詔旨，以慰億兆之人心，將止慈止孝一時之聖德彌光，而聖子神孫百世之宏休可卜矣。臣等曷勝踴躍顒望之至？"

十一日壬午，大學士吳道南謹奏："為恭謝天恩入閣供職事。臣於元旦從首輔入仁德門，行慶賀禮，荷賜駢蕃，即宜遵奉明旨入閣辦理。第臣於歲內請給假調理，叨蒙欽允，且因調理之內，伏承御賜遣頒，故臣未敢乘便入閣，再徼寬恩，稍覺強健，乃報名鴻臚寺，於今日特申恭謝，旋入閣辦事。臣竊念，天地均覆載，而向陽花木得氣之先，父母甚劬勞，而傍晚桑榆難念之及，則臣之假寵乞靈，何殊大造之獨培？有踰親恩之罔極。而臣之匪躬恩報，不但安身之是幸，更且安職之是圖。顧臣之供其職也，不過隨首輔之偕陳，藉首輔之票擬，少抒其分猷共念之忱，皇上之令臣安於職也，亦唯聽首輔之偕陳，依首輔之票擬，少分其輔理承化之光，則於鴻慈之優渥，真有間於推食，而於微臣之唧結，又豈徒免於素食之哉？臣無任感戴天恩之至。為此，謹具本奏謝以聞。"

十二日癸未，大學士方從哲、吳道南謹題："頃該臣等以各省直巡按等差懸缺幾二十處，請皇上將都察院總催之本盡數點用，是不過一舉筆之勞，而彈壓有人，地方攸賴，真目前第一緊要事也。至於儧運一差，則京師數百萬漕糧所係，自開兌、起幫、過淮、過洪，漸次至京，中間事體甚繁，皆籍其綜理，官軍甚眾，皆資其約束。今視往年十月赴淮之期，已過三月有餘，若再稽遲，必致誤事。且運舡北上，必經山東地方，茲當饑民嘯聚、嗔目攘背之時，非籍御史之威預為震懾，揭竿之變、阻截之虞，尤可寒心。伏望皇上深維軍國大計，將此差亟則①

① 則 "則"當作"賜"。

點用，仍將總催之本並賜允行，庶巡歷得人，則紀綱可振，轉輸不後，而根本可培矣。臣等不勝迫切懇祈之至。昨晚又接得戶部揭帖《爲東省賑濟之事》，此係救荒急務，不容少緩，望速檢發，尤爲至幸。謹具題以聞。"

十六日丁亥，大學士方從哲、吳道南謹題："照得朝覲存留官員，例於本月內辭朝、領敕、復任。臣等擬撰敕稿，已經進呈，未蒙批發。恐致臨期誤事，再謄原稿敬進，恭候聖明政定，早發繕寫，轉送司禮監刻板，請寶、頒給。謹題請旨。"

十七日戊子，大學士方從哲、吳道南謹題："照得庶吉士散館，該臣等於九月間考度，經今將半年矣，而授官之本未蒙批發，臣等補牘而請，叩閽而求，不啻再四，而停閣如故，俞允無期，力竭詞窮，計無所出。説者謂諸臣之中有擬授科道數人，皇上因此遲留，不肯即發。臣等竊謂不然。蓋庶常之選，係國家從來舊制，或間科一考，或連歲舉行，至散館之時，多留翰林以儲臺閣之用，量授科道以居耳目之司，職雖不同，勢無偏重。此祖宗二百餘年相沿之故事，亦我皇上四十餘年循行之常規，何至今日，以四五人之故，乃舉儲材大典而屑越之？聖衷淵微，諒不若是之淺也。目今臺省員缺甚多，其候補及考選諸臣，尚冀俞旨旦夕且下，乃獨介介於此數人，不爲臣等完考館之局？臣等知其必不然矣。皇上勵精圖治，加意人才，近來於吏部陞選之本，裁劄①如流，豈非一時盛事？乃臣等半載以來，日日懇請者祇此一事，祇此一十七人，而竟不能得於皇上。是在吏部能守其官，在臣等獨不能舉其職，豈惟溺職？且並諸臣匯征之路因臣等而塞之，臣等亦有心胸？其何顏以對銓臣？又何詞以諸②吉士也？臣等以不才叨居此地，望輕德薄，誠不足取信於皇上。顧用人非臣等私事，授官乃國家公典，若徒以臣等之故而纍及諸臣，誤及國政，臣等寧早退以免曠官，決不敢尸位而久妨賢路也。謹將原本再呈御覽，伏望皇上留神，即刻批發，俟吏部題覆疏上，慨賜允行，諸臣幸甚，臣等幸甚。"

①劄 "劄"當作"答"。

②諸 "諸"字疑"誤"，或其上當有脫字。

是日，大學士方從哲、吳道南謹題："爲作養人才①。萬曆四十三年九月十五日，該臣等將庶吉士十七人糊名考試，評品得上卷十二卷、中卷五卷，封進御覽，請乞裁定、發下，拆卷填名，查例上請，銓除官職等因。奉聖旨：'是。欽此。'臣等查得舊例，庶吉士授官，上卷照依原中進士甲第，銓註翰林院編修、檢討，中卷量除科道。臣等謹折②卷填名上請，伏乞敕下吏部，查照施行。緣係作養人才事理，臣等未敢擅便，謹題請旨。"

計　開：

銓註翰林院編修、檢討十二員：姜逢元、葉燦、陳玄暉、曾楚卿　繆昌期、李國榰、王應熊、馮銓　王祚遠、劉鴻訓、羅喻義、孟紹虞

量除科道五員：暴謙貞、周希令、韓繼思、史永安、申廷譔。

十八日己丑，大學士方從哲、吳道南謹奏："爲科疏微言波及謹據實奏聞仰祈聖鑒事。昨晚接得兵科等科給事中熊明遇等揭帖，以軍政拾遺，糾論成國公朱純臣，內有'垂涎戎政，乞哀政府'之語，又以純臣僉書不應預留，謂其乞靈於宮府，從更於中書，臣等閱之，不勝惶愧。先是五府自陳本發票時，臣等徧查往例，見萬曆三十三年朱應槐以左僉書奉有留旨，初亦疑之，既念應槐，公爵也，或者視諸臣宜爲稍優，因念純臣亦係公爵，兼有宮保之銜，遂照舊旨擬上，自以爲例當如是已。今見科疏，再加檢閱，始知應槐當日以僉書管大漢將軍，如今保定候之例，臣等一時不及細查，遂至誤擬。疎略之罪，百口奚辭？至於戎政之缺，純臣垂涎與否，乞哀與否，臣等不能知。惟是當會推之時，並無一言一字及於臣等，且今正推、陪推，俱無純臣之名，則事之有無，當不辯自明矣。臣等職司票擬，偶有錯誤，既經指及，誼難緘默，輒敢據實直陳，伏望聖慈諒臣等無他，宥其一時疎漏之罪。臣等不勝皇恐感激天恩之至。"

① 才　"才"下當脫一"事"字。

② 折　"折"當作"拆"。

十九日庚寅，大學士方從哲、吳道南謹題："適蒙皇上發下山東賑濟本，臣等不勝欣忭。其吏部考選二本，業經臣等擬票，見在御前，望皇上留神，即賜檢發，尤爲至幸。此外，若兵部議覆軍政及科道拾遺諸本，其未票者幸發臣等票擬，已票者望即批發施行。又臣等近日所請庶吉士授官本、各處巡按及巡漕御史本，俱屬緊要，並祈聖慈慨賜允行。臣等不勝激切仰望之至。"

是日，大學士方從哲、吳道南謹題："照得起居注館例用史官六員，編纂六曹章奏。今各官奉差陞轉去訖，見缺三員，章奏堆積，料理不前，經今數月，甚爲不便。臣等謹推得翰林院編修唐大章、成基命，檢討魏廣微，堪補前缺。合候命下，令各欽遵供事。臣等未敢擅便，謹題請旨。二月二十四日，奉旨："是。"

二十二日癸巳①，大學士方從哲、吳道南謹題："先是御史凌漢翀糾劾凌應登不法事情，隨該應登具本奏辯，業奉明旨，今九卿會勘。在諸臣，自當秉公詳審，據實奏聞，臣等無容置喙。惟是應登於元旦慶賀之日，手持兇器，擊漢翀於端門，喋血朝堂，爲古今之變，此其心尚知有朝廷？尚知有皇上乎？皇上於此，誠宜赫然震怒，敕下法司，嚴提究問，明正其罪，以照法紀而快人心。俟尚書鄭繼之出部之後，會同九卿，將漢翀與應登奏內事情，從公嚴勘，其有無虛實，一看自明，然後奏聞，仰候宸斷，於法始無廢耳。頃者，科道諸臣請皇上先究應登之罪，此其心亦惟知爲朝廷振紀綱，爲祖宗守法度，非有他也，皇上乃以瀆擾之故，奪余懋孳、李養志之俸，外廷不知，將謂行兇藐法之廢弁未見處分，而鋤奸執法之言官先蒙譴責，恐於國體不無少傷，此臣等之所深惜也。臣等任叨輔弼，誼切腹心，遇此等大事，或不分別是非，明言於皇上，使聖心洞然無疑，是豈大臣休國憂君之誼？若有一毫編獲之心，犯朋比之戒，則天日在上，鬼神在旁，九廟神靈實式臨之，臣等有死不敢也。臣等犬馬之誠，積蓄已久，連日以來，見聖衷焦勞，天

① 已　"已"當作"巳"。

威嚴重，以是逡巡中止。又念此事關擊匪輕，處置欲當，必先行提問以正其辜，再行會勘以覈其實，然後人心服而國法伸，此臣等所爲深致望於皇上者。伏惟聖明留神省察。不勝皇恐懇祈之至。"二十六日，奉旨："覽卿等所奏，朕已洞悉。但凌漢翀與凌應登互相訐奏，皆自言認入一族，通國皆知，朋比騙詐，贓私甚多，豈可卸脱於人？應登兇殿漢翀，驚擾朝儀，彼惡奚辭？豈容辯解釋罪？都已有旨了，着九卿從公會勘，是非自明。何乃科道各官專意附和，黨救同類，恣肆妄言？本當重治，姑從輕處了。還着遵屢旨，先行會勘，一併議擬，具奏定奪，不得紛紛偏執瀆擾。"

二十三日甲午，大學士方從哲、吳道南謹題："臣等今早入朝，聞發下御史翟鳳翀本，奉旨調外任用，臣等不勝驚駭。恭惟我皇上盛德虛懷，如天地之無不覆載，近來於建言諸臣，無論當否，概賜優容。項因凌應登事，將余懋孳等奪俸示懲，臣等已不無摧折言官之慮，故昨具揭懇請，望皇上以存國體、服人心。乃不意今日復有鳳翀之處也。夫中旨出自親裁，誠如聖諭，外廷無不知之，但票擬原屬臣等專職，發票亦係從來舊規，近日諸臣每每以此請之皇上。今鳳翀言及於此，臣等方不勝溺職之愧，而皇上復加調處，臣等其何以自容乎？伏望皇上益恢聖度，俯念鳳翀，言官也，即言之不當，亦宜曲賜涵容，況其以感事觸衷之詞，寓防微杜漸之意，效忠一念，實出至誠。合無令鳳翀仍守原官，免其調任？不惟鳳翀感激隆恩，益圖報效，將聖衷有轉圜之美，而臣等亦可免竊位之譏，此我皇上一甚盛德事也。臣等不勝懇切、祈望之至。"

二十四日乙未，大學士方從哲、吳道南謹題："竊惟典舉，乃帝王盛節，日講，係纍朝舊規。我皇①踐祚之初，日御講筵，寒暑不輟，即邇年以來深宮靜攝，然未嘗不推補講職、撰進講章，聖學賴以緝熙，典制因而不廢。今自翁正春給假去後，日講員缺逾二年矣，先該臣等將何宗彥、孫如遊二臣題補，即經

①皇 "皇"下當有一"上"字。

催請，未蒙俞旨。昨歲以來，以聖母升祔尚遙，聖衷孝思方切，以是臣等未敢頻瀆。茲大祥已屆，禫徐及期，補缺員以修曠典，真有不容再緩者。伏望皇上將禮部左侍郎何宗彥、右侍郎孫如遊，允充日講官，俾令遵照故事，輪撰講章，日呈御覽，庶聖學無間，聖德彌光，存祖制而慰羣情，真清朝一盛事也。再照經筵、日講講章，例該正字官二員辦寫，今缺一員。查有制敕房辦事工部虞衡清吏司員外郎史鑑堪補，合無將本官兼司經局正字，與同汪民敬一體供事？伏乞敕下臣等，遵奉施行。臣等未敢擅便，謹題請旨。"

二十六日丁酉，大學士方從哲、吳道南謹題："竊惟呂貴敕書一事，昨該工部以屢奉嚴旨，不敢久稽，遂移會工科，不俟科抄，先行手本到閣。蓋諸臣不得已爲此權宜之大計也。在諸臣既不難權宜以附從命之恭，在臣等又何敢固執以冒抗旨之罪？其敕稿容撰擬進呈外，臣等猶不能無說而處此。蓋上用龍袍，近來俱係內臣督織，皇上謂爲舊規，此誠然矣。向使當劉成物故之初，皇上即遣一相應內臣，前去代管，一時撫按各官雖爲地方慮空虛，爲小民惜困苦，然明命所在，何敢不遵？即閻閭之貽纍可虞，而朝廷之大體不失，此猶可言也。乃呂貴何人哉？以檢查錢糧、收取骸骨往，而突然以提督織造留。且其留也，不出聖意，而出於奸棍紀光先之保舉。其保舉也，上本不由通政司，票擬不由臣內閣，中旨乍出，通國皆驚，明詔一宣，挽回無及，以么麼輩而操朝廷欽遣之權，奸計得行，國體何在？此豈可令衆庶見也？及奉旨之後，撫按言之不聽，該部科道諸臣言之不聽，臣等言之不聽，合舉朝之公論，不能杜宵小之邪謀，以流棍之片言，而使撫按臺省不得關其忠，密勿封駁之司不能守其職，光先之罪可勝誅哉？今貴已留矣，敕將給矣，臣等不能回天聽於先，而徒持空言於後，自知無益，但望皇上敕下省直撫按諸臣，將紀光先等嚴挐重究，明正其欺誑朝廷、撓亂政體之罪，仍嚴諭呂貴，小心任事，守法奉公，毋任羣小，以恣搏噬之威，毋黷貨財以飽谿壑之慾，庶猶可存國體於萬一，而東南民力或可少蘇乎？臣等冒昧陳言，罔識忌諱，不勝激切皇恐之至。"

二十八日己亥，大學士方從哲、吳道南謹題："適蒙發下呂貴敕稿，中有御筆增改字句，皆委曲詳悉，較臣等所擬倍加妥當，臣等不勝欽服。惟是於浙直鹽法、稅務，令其照舊徵收，解進應用，此一事乃地方安危所繫，臣等不得不再爲皇上明言之。蓋織造之當歸有司也，與呂貴之不當遣也，即遣呂貴不當因紀光先之保舉也，先經內外大小臣工亦既苦口以請、竭力以爭矣，祇因聖意已定，卒難挽回，嚴旨屢頃①，不容再緩，以是該部不敢復爭，臣等不能終執，不得已擬敕進呈。而其間借天語以戒諭呂貴者，不啻再三，是臣等於將順之中寓匡救之意，心亦苦矣。然而此一舉也，終是上虧國體，下拂輿情，臣等自知無所逃罪。今皇上又於織造之外，加鹽稅二項。竊計自劉成物故已幾一年，此等徵解之事盡歸有司，彼中百姓帖然相安久矣。今一旦又屬之呂貴，恐其兼攝愈多，則其播惡愈廣，其責任愈重，則其流毒愈深。參隨司房之輩揆置於中，投充附和之奸縱橫於外，磨牙張吻，吸髓吮膏，無所不至，譬之傳②虎以翼，令其飛而食人。東南數千里之地，財力已罄，杼軸已空，尚堪此剝削之苦、誅求之慘哉？究且怨痛無聊，挺而走險，楊榮、高寀之禍勢所必至。貴一人不足惜，其損傷國體、貽害地方，又有不止於今日者。皇上彼時雖欲悔之，其可及哉？臣等謹冒罪將發下敕稿，再爲封進，伏望皇上將鹽法、稅務等語，俯賜剛削，令呂貴專管織務，事完早回，民生幸甚，國事幸甚。臣等屢瀆宸聰，皇悚無他③，惟聖慈亮其誠懇，亟則④允行。不勝戰慄隕越待命之至。"

三十日辛丑，大學士方從哲、吳道南謹題："該文書官王體乾恭捧聖諭到閣：'諭內閣：覽卿等所奏，朕已悉知。其浙直鹽法、稅務，朕前已有旨，着有司徵收解監，類總進用。今可復更此稿。卿等即寫敕來行。特諭卿等知之。欽此。'隨閱敕稿

①頃 "頃"當作"頒"。

②傳 "傳"當作"傅"。

③他 "他"當作"地"。
④則 "則"當作"賜"。

內，又經御筆增添'有司徵收，解赴爾監，類總解進'等語。臣等捧讀再三，仰見我皇上洪慈汪度，愛民如保赤，從諫如轉圜，屬織造於內監，以存供上之舊規，歸鹽、稅於有司，以寓恤下深意，且於臣等所擬戒諭呂貴諸事，俱賜允從。此敕一下，在貴自當欽遵奉行，無敢踰越，從此東西①民力雖因②而猶得少甦，貴左右用事之人雖縱而猶不至太橫，皆由聖心一轉移間為之造福也。臣等可勝歡忭？可勝感激？至於臣等前日所奏棍徒紀光先，冒局官之名，行保舉之計，莫③欺詆。接浙江撫按揭帖，見其侵盜帑銀至於數萬，大奸臣④蠹，罪惡滔天，尚可一日緩其死哉？更望皇上將此本發臣等票擬，命撫按官嚴拏重究，明正其辜，禍本既除，人心自服，此又皇上安地方、弭禍亂之急務也。不然，神奸漏網，死灰再燃，異日夤緣投託，復入織監用事，將虐焰益張，流益毒甚，三吳之禍臣等切⑤不知所終矣。敢因回奏而並及之。臣等不勝激切仰望之至。"

①西 "西"當作"南"。
②因 "因"似當作"困"。
③莫 "莫"下當有脫字。
④臣 "臣"當作"巨"。
⑤切 "切"當作"竊"。

二①月一日，朔，壬寅②，大學士方從哲、吳道南謹題："爲推陞年深翰林官員事。照得翰林各官，循序陞遷，皆係內閣職掌。向來皇上慎簡大僚，如兩京吏、禮二部尚書、侍郎等官，又③未推補，以是詞林諸臣壅積益甚，有通藉④二十年尚官五品者，有十五六年猶然六品者，拔茅無期，積薪可念。雖諸臣素位營⑤職，絕無競進之心，而疏滯獎恬，臣等不得辭其責。除積資雖久，曆俸未深者，不敢概敍外，謹擇其最深最久者數人，酌量應陞職銜，開具於後。但恩典出自聖裁，臣等未敢擅便，謹題請旨。

計　開

擬陞詹事府少詹事兼翰林院侍讀學士二員：南京國子監祭酒顧起元、左春坊左庶子兼翰林院侍讀周道登

擬陞右春坊右庶子兼翰林院侍讀一員：右春坊右諭德兼翰林院侍講趙師聖

擬陞左春坊左諭德兼翰林院侍講一員：國子監司業公鼎

擬陞右春坊右諭德兼翰林院侍講二員：左春坊左中允兼翰林院編修楊守勤、左春坊左贊善兼翰林院檢討薛三省。"

二日癸卯，大學士方從哲謹題："爲科學⑥事。准禮部手本，部⑦題，萬曆四十四年會試天下舉人，合用考試官二員，欲要照例行翰林院擬請簡命，奉聖旨：'是。欽此。欽遵。'備行到院。臣推得禮部尚書兼東閣大學士吳道南、禮部尚書兼翰林院學士管詹事府事劉楚先，堪充考試官。合候命下，令其入場供事。臣未敢擅便，謹題請旨。"初六日，奉旨："是。"

是日，大學士方從哲、吳道南謹題："照得南京翰林院掌院事右諭德孟時芳，已經陞任，前項印信缺官掌管。臣等推得左春坊左庶子兼翰林院侍讀溫體仁，資序相應，堪補前缺。伏乞敕下吏部，將本官量陞詹事府少詹事，掌管南京翰林院印信。臣等未敢擅便，謹題請旨。"

四日乙巳，大學士方從哲謹題："照得本月初九日，爲會試

①二　"二"上當有"萬曆四十四年"六字。
②朔，壬寅　"朔，壬寅"當作"壬寅，朔"。
③又　"又"當作"久"。
④藉　"藉"當作"籍"。
⑤營　"營"作"管"。
⑥學　"學"當作"舉"。
⑦部　"部"上似當有"該"字。

頭場之期，其內外執事官，近該禮部具題於初六日赴宴入簾，今祇隔一日矣，前都察院所題監試御史及臣從哲所題主考官，俱未奉旨。時日已迫，恐至誤事。伏望皇上留神，將二本即賜批發，以便各官供事，大典幸甚。謹題。"

五日丙午，大學士方從哲謹題："照得會試主考等官，近該禮部題唯於本月初六日陛辭入簾，必須今日奉旨方可不誤。其都察院題差監試本，早間已經擬上，伏望皇上俯念此係羅才重典，關係匪輕，將監試本並臣從哲題差考試官本，即刻批發。臣不勝激切仰望之至。"

是日，大學士方從哲、吳道南謹題："適奉上傳：'祝文揭帖怎麼侯不在頭裏，尚書在頭裏？'該臣等看得，南京修理奉先殿，其興工之初、工完之後，俱用大臣恭捧神主並祭告。昨四十三年閏八月間，禮部以修理興工，請遺①官行禮，內據南京工部咨稱，合用文武大臣守備太監等官。及發票時，臣等不及細查舊例，因擬遺②尚書衛承芳、候常胤緒、太監劉朝用各行禮。此實臣等一時之誤也。後南京禮部因衛承芳病故，具疏再請，臣等始查出萬曆三十一年九月內旨意，云是捧神主並祭告遺③南京工部堂上官、守備勳臣、內臣各行禮，故於發票之時，遂照此擬上，隨蒙批發。是文臣在前，自三十一年已然矣。頃正月間，禮部又以工完具題，臣等票擬仍照此例，已奉明旨，故祝文揭帖內亦先部堂而後勳臣，以為此近例可循，非創為也。今蒙皇上傳問，謹具實奏聞。至於世廟以前舊稿，間有不同，或者當時事體有異，臣等實不能深知，不敢妄對。統惟聖明裁察。臣等不勝皇恐待罪之至。"

六日丁未，大學士方從哲、吳道南謹題："昨蒙發下山東巡撫錢士完告病本。臣等竊思，撫臣專制一方，責任甚重，其留其去自當恭候聖裁，原非臣等所敢輕議。但據近日所聞，東省去年荒旱異常，士完身任地方，目擊百姓流離、盜賊縱橫之狀，不勝憂傷、警懼，一面開倉煮粥，全活饑民，一面禁暴緝奸，

① 遺 "遺"當作"遣"。
② 遺 "遺"當作"遣"。
③ 遺 "遺"當作"遣"。

驅除寇虐，多方區處，竭力經宮，以是寢食不遑，形神俱敝，至十二日間，一病幾於不起，雖入春以來少有生意，而尫羸特甚，委頓不支，衙門大小事務俱難料理，昨疏中所陳病苦之狀，似乎一一皆真。夫東省何地？巡撫何官？此時何時？而士完病勢若此，望其會同遣官，共舉荒政，其將能乎？似宜允其所請，暫令回籍調理，敕下該部，速推堪任一人，俾星馳交代，早圖賑濟之事，庶朝廷德意，有所託以不虛，而二東數千里遺黎，皆有更生之望矣。臣等昨日所擬，實爲饑民計，爲地方安危計，非有他也。惟聖明不以爲擅，而慨賜批行，東土幸甚，臣等幸甚。"

七日戊申，大學士吳道南謹奏："爲祇承欽命典試會場聖母大祥未申躬奠敬抒微忱仰慰宸衷事。欽惟孝定貞純欽仁端肅弼天祚聖皇太后，亶①靈坤順，作配先皇，誕育聖躬，撫臨率土，於今月初九日當靈筵大祥之期，臣叨備閣員，宜秩序班行，詣慈寧宮門而致奠。值會推首場之日，臣濫與②試事，方悉簾內外、聯聚奎堂內以掄材，未效趨蹌，能遑寧處？雖國家有不可易之典，難請改期，在臣子有不可解之心，終抱歉慮。茲當鎖院之人，敬上函③悃之封，擬是日同在簾之臣，遙瞻望而叩拜，少申如在之誠，願皇上慰在天之靈，已備極夫哀榮，稍節過傷之慟，即聖心舜文之至孝，不忘慕於終身，而聖母任姒之芳規，已多受夫介福，則皇上之迎祥億萬年，聖母之毓祥亦億萬年矣。臣無任激切恭慰之至。爲此，具本謹奏以聞。"十二日，奉聖旨："覽卿奏慰，具見忠敬。朕知道了。禮部知道。"

是日，大學士方從哲謹題："照得本月初九日，恭遇聖母孝定皇太後大祥之期，該禮部具題，在京文武衙門堂屬等官，各赴昭陵行禮，此在朝廷爲大典，在臣子爲至情，業蒙聖明俞允。伏念臣從哲，職叨輔弼，誼屬股肱，哀慕之衷，視羣臣尤切，顧不得隨諸臣赴陵展謁，於心實有不安。謹擬初九日，恭詣慈寧宮門外，遙望几筵，行四拜禮，以少伸微臣哀痛思慕之誠。臣未敢擅便，謹具題知。"初八日，奉聖旨："覽卿奏，具見忠

①亶 《吳文恪公文集》卷一二"亶"當作"稟"。
②與 《吳文恪公文集》卷一二"與"作"典"。
③函 《吳文恪公文集》卷一二"函"當作"函"。

敬。朕知道了。禮部知道。"

八日己酉，大學士方從哲謹題："昨接吏科右給事中韓光祜揭帖，內稱光祜與給事中商周祚等輪該入場分考，以致吏、戶二科無人守發抄，恐誤事體，請皇上將候補張孔教等、考選李若珪等委用料理諸務。該臣看得，孔教等三臣起復假滿各二三年，若珪等諸臣候考候命已三四年，歲月極久，理勢甚窮，即使各科有人，政幾不廢，此數十人者亦無終於不用之理，況掖垣空虛若此，科務妨誤若此，皇上奈何任其匱缺、而漫焉不加之意也？頃者皇上以兵科署印無人，用一熊明遇，數月之間，完軍政，完比試，完會推，為朝廷贊成許多大政，用人之效亦既彰彰矣。況二垣關係尤重，凡官人、理財之事，皆得與聞，乃聽其寂無一人，扃門封印，無論發抄停閣，庶事壅淤，荒涼寥落之象，豈國家全盛、人才彙徵之世所宜有哉？改歲以來，恭遇我皇上留神萬幾，章奏隨票隨發，中外欣欣，以為此聖治維新之一會也。而目前用人急務，實不越允候補、下考選二事，故臣因光祜之請，特為申懇如此。伏望皇上將科臣張孔教等，臺臣王象恒等，及考選李若珪、孫之益等，亟賜補用，以濟一時之急。併將各差巡按御史及議留入觀俸深有司官，概賜允行。國事幸甚，臣遇①幸甚。不勝激切顒望之至。"

①遇　"遇"當作"愚"。

九日庚戌，大學士方從哲、吳道南謹題："照得南京奉先殿工完祭告祝文，頃該臣等查得萬曆三十一年近例奏聞，隨奉聖旨：'覽卿等奏，着照舊例行。欽此。'臣等竊意皇上所謂舊例者，必是三十一年之例，非遠年之例也。若嘉靖二十年舊稿，則祇有魏國公徐鵬舉一人，並無文臣、內臣姓名，可見當時事體與今日不同，其不可為據明矣。臣今謹照三十一年舊式具揭進呈，不敢坐定某官某人，聽南京該衙門照例舉行。伏惟聖明裁酌。謹題。"

十日辛亥，大學士方從哲、吳道南謹題："照得庶吉士散館一事，該臣等於去年閏八月間具題，今過七月矣，中間塵瀆聖聽不知凡幾，臣等私心殊不自安，然而非臣等之得已也。舊例散館之時，先請一次，進呈試卷一次，分別授官一次，連部覆祇須四本，數日之間便可竣事。今以時計之，已踰半年，以疏計之，不下二十，而明旨尚未俞允，吏部尚未題覆，諸臣授職不知尚在何日也。邇年閣部諸臣建議間科一選，總計六年之間不過翰林十余人，科道數人，掄材之典也極慎重，而皇上又遲疑若此，挫抑若此，欲以鼓一時效用之思、儲將來大受之器，胡可得也？今無論諸臣離館既久，授官無期，旅邸蹉跎，進退無據，在臣等不得完考選之局，在教習二臣亦不得終作養之功，一事雖微而關係政體不小，此臣等日夜躊躇、不得不為再三之瀆也。謹將原本錄出，再呈御覽，伏望皇上留神，立刻批發，一以免諸臣守候之苦，一以免臣等激聒之煩，省事省心在此一舉。臣等不勝迫切懇祈之至。"

　　十一日壬子，大學士方從哲、吳道南謹題："為推陞年深翰林官員事。照得翰林各官循序陞遷，皆係內閣職掌。向來皇上慎簡大僚，如兩京吏、禮二部尚書、侍郎等官，久未推補，以是詞林諸臣壅積益甚，有過藉①二十年尚官五品者，有十五六年猶然六品者，拔茅無期，積薪可念。雖諸臣素位管②職，絕無競進之心，而疏滯獎恬，臣等不得辭其責。除積資雖久、曆俸未深者，不敢概敘外，謹擇基最深最久者數人，酌量應陞職御③，開具於後。但恩典出自聖裁，臣等未敢擅便，謹題請旨。
　　　　計　開
　　擬陞詹事府少詹事兼翰林院侍讀學士二員：南京國子監祭酒顧起元　左春坊左庶子兼翰林院侍讀周道登
　　擬陞右春坊右庶子兼翰林院侍讀一員：右春坊右諭德兼翰林院侍講趙師聖
　　擬陞左春坊左諭德兼翰林院侍講一員：國子監司業公鼐
　　擬陞右春坊右諭德兼翰林院侍講二員：左春坊左中允兼翰林院編修楊守勤　左春坊左贊善兼翰林院檢討薛三省。"

①藉　"藉"當作"籍"。
②管　上文"管"作"營"。
③御　"御"當作"銜"。

是日，大學士方從哲、吳道南謹題："昨該臣等具揭懇請皇上允發庶吉士散館本，計經睿覽矣。又臣等於本月初一日，有推陞年深翰林官員一本，初二日有題補南京翰林院掌印一本，今已十日，未蒙批發。照得詞林陞迁，原係內閣職掌。頃擬陞諸臣，皆臣等查照年資淺深，斟酌量敍，乃向來通行之例，非臣等所創爲也。伏望皇上留神，將此三本並賜批行，諸臣幸甚，臣等幸甚。謹命中書官於寶寧門恭候敕旨。臣等不勝竚望之至。謹題。"

是日，大學士方從哲、吳道南謹題："照得南京翰林院掌院事右諭德孟時芳，已經陞任，前項印信缺官掌管。臣等推得左春坊左庶子兼翰林院侍讀溫體仁，資序相應，堪補前缺。伏乞敕下吏部，將本官量陞詹事府少詹事，掌管南京翰林院印信。臣等未敢擅便，謹題請旨。"

十四日乙卯，大學士方從哲謹題："昨接順天府府尹李長庚等揭帖，以府屬州縣去歲疊罹災傷，祈將過路、落地二稅暫免一年，以蘇民困。該臣看得，近京地方，昨歲夏秋之間，始而亢旱異常，既而隕霜殺稼，一年之內顆粒無收，室鮮蓋藏，途多餓殍，閭閻之困苦極矣。所幸皇上軫念民窮，多發倉糧，分廠鬻粥，以救其垂危之命，以是百姓雖有饑寒之患，而猶免於流移死亡之憂，皇上之造福於畿民者甚厚。然粥能餬口一時，而不能資之終歲，米能敷延旦夕，而不能積至今春。今麥秋尚遠，賑濟已停，小民方嗷嗷求死之不暇，而望其出租稅以完上供，其將能乎？且過路之稅，尚出於往來販賣、肩擔背負之流，而落地則市塵之所包賠，典見鬻女之所補湊，就二者較之，落地一稅其貽害地方爲尤甚矣。皇上頃念東土饑荒，不難捐金發粟各十余萬以賑之，況此輦轂之近，望澤最先，饑餒之余，見德尤易，奈何靳此一萬餘金之稅，不以救畿內之民，紓目前之急耶？臣又惟近京州縣，即我聖母發祥之區，損涓滴之微貲，作無量之功德，皇上又何愛焉？伏望將府臣之本，即發臣票擬，准將府屬二稅暫免一年，即不然，祇將落地稅銀數千暫爲停免，所謂寬一分則民受一分之賜，是亦皇上破格之仁恩也。臣從哲不勝皇恐候命之至。"

十五日丙辰，大學士方從哲謹題："適蒙發下四川巡撫吳用先本，內稱用先撫蜀三年，例應考滿，祇因患病，纍次乞休，茲不敢循例給由，但祈聖恩允放等事。該臣看得，用先奉命撫蜀，正值猓夷猖獗之秋，建南一方備遭荼毒。用先徵兵轉餉，決策勦除，二載之中，連破數寨，擒斬千余，道路廓清，閭閻不擾，至於經畫善後，悉中機宜，以是心殫力疲，病漸危篤。且妻喪子幼，家雖頻仍，近又再被人言，尤難展布。見今移住重慶，離省二千里，印信文卷已封貯按察司，恐無可復留之理矣。皇上似宜允其所請，暫令回藉①調理，敕下吏部，作速會推一員前去交代，不惟用先得遂其生還之願，而西南重地庶其有賴乎？臣謹擬票進呈御覽。伏思重臣去留，應候聖明裁斷，然臣愚既有所聞，不敢不明言於皇上，以爲宸斷之一助也。儻或別有定奪，亦乞發臣另擬。臣不勝皇悚之至。"

十六日丁巳，大學士方從哲謹題："適蒙發下給事中郭尚賓本，奉旨：'降三級調外任用，不許朦朧推陞。欽此。'臣不勝驚駭。竊念尚賓，言②也，遇事進言，自其職守。故言而當，主上當嘉納之，言而未當，主上亦當優容之，所以作敢諫之忠，收聽言之益，此古帝王之芳躅，亦我皇上近年所常行者。奈何兩月之間，嚴旨屢出？余懋孳、李養志罰矣，翟鳳翀調矣，茲復有尚賓之降處，天威嚴重，視昔有加，言路摧殘，日甚一日，無乃於包荒之大度、聽納之虛懷，微有所損歟？且中旨一事，近日諸臣屢以爲言，謂非聖朝所宜有，非獨賓③言之也。臣愚叨密勿之司，自失其票擬之職，年來雖嘗懇請皇上，而未蒙省覽，尸位之罪，已無所逃。皇上乃復因此謫及尚賓，是臣既不能自守其官，乃又以曠官之故，貽纍於言者。臣亦有心胸，其何詞以謝尚賓？又何顏以對天下士大夫耶？且尚賓對邊內降之說，皇上亦未可深責也。吉人有引裾④而爭、折檻⑤而諫、補牘

萬曆四十四年

三二二七

①藉 "藉"當作"籍"。

②言 "言"下當有"官"字。

③賓 "賓"上當有"尚"字。
④裾 "裾"當作"裾"。
⑤檻 "檻"當作"檻"。

而請者，彼皆小臣，非今日之閣臣也，當時人主不惟不以爲罪，反霽威而受之，屈已以從之，下有忠諫之名，上有納諫之美，君仁臣直，至今侈爲美談，此於主德何嘗有所損耶？是尚賓所爲責備臣等者固甚當，而所爲尊崇主上，直望其爲古昔聖明之君，其心尤可諒也。臣愚伏望皇上益擴如天之量，俯念尚賓言雖切直，心實效忠，合令仍守原官，免其降調。不然，或量加罰治，俾之感恩思奮，以圖報於將來。此真熙朝盛事，臣愚所深致願於皇上者。不然，當臣在事之時，而使臺省之臣多獲譴而去，疏通言路、保全善類之謂何？是臣不但得罪於祖宗，亦且得罪於天下後世矣。萬惟聖慈矜察允行。臣不勝戰慄惶悚待命之至。"

十七日戊午，大學士方從哲謹題："昨十五日，九卿奉旨將凌漢翀、凌應登奏訐事情公同會勘。該諸臣於山西廠公所焚香叩闕，以秉公自誓。遂拘集兩人本內有名之人，遂一研審。其漢翀所參應登騙詐一節，大抵皆真，不但衆人承認，即應登家人亦自承認矣。至於應登所訐諸事，則衆口一詞，執稱與漢翀無預。比尚書鄭繼之、李誌，侍郎張問達等，再四曉諭，令其從實聲說，而衆人堅持前說，並無異辭，至有以身家相保者。則其贓私之有無，奏詞之虛實，亦略可見矣。臣以事關重大，昨日曾令人密切體訪，令①見九卿揭帖與昨所聞一一相符，是在諸臣可謂矢公矢慎，絕無偏護之私，而在皇上亦可以釋前日之疑矣。大抵此一事也，臣以虛心評之，漢翀與應登誤認一族，往來交好，致令應登指官騙財，無所不至，既已失之於初。及發覺之後，不勝痛恨，乃欲盡法處治，使應登無以自容，則其訐奏兇毆之事，實自取之，漢翀誠不能無罪。應登以憑藉漢翀之故，挾詐多人，此或市井常態，罪尤②未甚。惟是於元旦朝會之日，乎擊御史，喋血禁門，此其無君無法之罪，有不容輕恕者耳。今既經會勘，當大廷廣衆之地，衆耳衆目共見共聞，已無不得之情，無不可正之法矣。據九卿公議，欲將漢翀責令解任回藉③，以示懲創，將應登行法司究問如律，似於情法極

①令 "令"當作"今"。

②尤 "尤"似當作"猶"。

③藉 "藉"當作"籍"。

爲平允。臣謹述所聞，據實奏聞，仰候聖①裁斷。臣不勝皇恐隕越之至。"

二十日辛酉，大學士方從哲、吳道南謹題："照得庶吉士散館一事，該臣等具揭題催，今又十日矣。逾時已久，難以再遲，伏望皇上留神，乘一刻之暇，將此本批下吏部，以完三年考選之事，實爲至幸。其量陞年深翰林官六員，及南京翰林院掌印一員，皆係臣等閣中職掌，伏祈並賜批行。臣等不勝迫切皇悚候命之至。"

二十一日壬戌，大學士方從哲謹題："適文書官王體乾到閣，口傳聖旨：'昨覽戶部漕糧本，見鎮守淮安候伯總兵官如何不推？'該臣看得，漕運係軍國重務，自提督償漕儲②之外，又設總兵官，以勳臣任之，此舊制也。近該諸臣建議，以用非其人，徒滋多事，欲將勳鎮裁革，或改用武職官。屢經題請，而議論卒未歸一，亦未奉有明旨，以是兵部向來未敢會推。今蒙聖問，容臣即傳諭該部，令其議覆，以候聖裁。至於昨日戶部防護漕糧與不許裁留之本，係要務，儻用臣所擬，乞皇上即賜批行。臣敬因回奏，附有所請。謹題。"

二十四日乙丑，大學士方從哲謹題："昨蒙皇上將吏部會推山東等處巡撫本，發臣票擬，計批行當在旦夕矣。臣又惟兵部尚書、吏部左侍郎、及左副都御史，俱係緊要衙門，點用俱不可緩。頃皇上因覽戶部漕糧本，念及鎮守淮安總兵官，令兵部會推，可見軍國大計無日不廑聖慮。惟是河道總督，與漕運實相表裏，向來屬漕撫陳薦帶管，久無專宜③。今值東省荒亂之時，饑民嘯聚，運艘北上大有可虞。更望皇上將會推河臣汪應蛟即賜點用，令其刻期到任，不獨河工之久廢者藉以經營，亦且朴運之遠行者資其彈壓，國計民生胥於此一官有攸賴矣。伏惟留神檢發。臣謹引領領④以俟。謹題。"

是日，大學士方從哲謹題："昨蒙發下禮部題覆監試二臣

萬曆四十四年

① "聖"下似當有一"明"字。

② 漕儲 《明神宗實錄》卷五四二"漕儲"作"運"。

③ 宜 "宜"當作"官"。

④ 領 此"領"字當爲衍文。

# 萬曆起居注

本，欲比照癸丑科近例，將會試舉人仍取三百五十名。該臣從哲隨擬票進呈御覽，蓋一以仰體皇上旁招俊乂之盛心，一以光昭皇上壽考作人之雅化，計亦聖心所樂從也。今去二十七日揭曉之期祇隔日①，而明旨未下，場中各官無所適從，深爲不便。伏望皇上留神省覽，速賜批發，以光大典而慰輿情，多士幸甚，臣愚幸甚。謹題。"

二十五日丙寅，大學士方從哲謹題："頃該禮部具題，本月二十七日會試揭曉。論場中舊例，明晚填正榜，今日即填草榜。今明旨未下，取中多寡尚無定數，主考等官將何所據以爲準也？時勢已迫，伏望皇上將部本即刻批發，或照近題三百二十名，或照臣臣②昨日所擬三百五十名，速賜裁斷施行。臣謹竚立以竢。謹題。"

二十九日庚午，大學士方從哲謹題："竊念臣家世居京師，幾二百年矣，以是祖先墳墓俱在近郊。臣入仕之後，爲臣父母另卜一塋，在都城東南二十里而近。臣自四十一年，蒙我皇上拔起田間，叨入政府，聖恩高厚，寧獨微臣頂戴不勝？即臣父母有知，未嘗不唧③感於九原也。惟是臣職司贊理，朝夕在公，荏苒三年，未能以一日之暇，往視先人丘隴。松楸在望，霜露驚心，每一念及，中懷踧踖。邇者清明節屆，都城小民無不扶老攜幼，伸洒掃之誠，而臣獨爲職守所羈，缺焉省觀，'明發不寐，有懷二人'，此臣心所爲欿然不寧也。茲同官道南場事已畢，直閣有人，伏望皇上憐臣追遠私情，惟臣三月初三、初四兩日之假，容臣馳至墓前，躬致一奠，上以彰聖主之明貺，下以慰臣父母之幽魂，光被重泉，恩覃再世，臣當與臣兄弟子姪永戴洪慈於罔極矣。臣未敢擅便，謹具題以聞。"初二日，奉旨："朕覽卿所奏，具見孝思追遠之誠。准暫假二日，馳驛出郭。祭掃畢，即入閣供事。該部知道。"

① 日 "日"上當有"二"字。

② 臣 "臣"字似爲衍文。

③ 唧 "唧"當作"啁"。

萬曆四十四年三月辛未，朔。

二日壬申，大學士方從哲、吳道南謹題："照得本月十五日殿試禮部中式舉人，所有策題，先年或出御製，或命閣臣擬撰。今殿試期近，伏望皇上親賜策問，或命臣等擬撰進呈，恭請聖明裁定。臣等未敢擅便，謹題請旨。"初九日，奉旨："卿等撰擬來。"

是日，大學士方從哲、吳道南謹題："頃蒙皇上發下庶吉士散館本，臣等與諸臣不勝欣幸。此外尚有推陞年深翰林官一本，題補南京翰林院掌印一本，俱未批發。照得詞林壅滯，至今日而極矣，頃擬該陞五六人，皆臣等查其資俸最深，年勞最久者，量為轉移，一以紓積薪之苦，一以闢彙徵之途，是不過循近例以修職守，固非臣等之市恩，亦非諸臣之躐等也。邇來皇上加意人才，於吏部推官之本旋上旋下，以是人心鼓舞，仕路疏通。獨臣等所題數人，久未得旨，在諸臣雖死①不均之嘆，而在臣等實懷溺職之羞。茲敢更瀝悃誠，特為申請，謹將前二本再塵睿覽，伏望我皇上俯賜矜察，即允批行。臣等不勝惶悚延佇之至。"

是日，大學士方從哲、吳道南謹題："為推陞年深翰林官員事。照得翰林各官，循序陞遷，皆係內閣職掌。向來皇上慎簡大僚，如兩京吏部、禮部尚書、侍郎等官，久未推補，以是詞林諸臣壅積益甚，有通藉②二十年尚官五品者，有十五六年猶然六品者，拔茅無期，積薪可念。雖諸臣素位營③職，絕無競進之心，而疏滯獎恬，臣等不得辭其責。除積資雖久，歷俸未深者不敢多敘外，謹擇其最深其④最久者數人，酌量應陞職銜，開具於⑤。但恩典出自聖裁，臣等未敢擅便，謹題請旨。

　　計　開

擬陞詹事府少詹事兼翰林院侍讀學士二員：南京國子監祭酒顧起元　左春坊左庶子兼翰林院侍讀周道登

擬陞右春坊右庶子兼翰林院侍讀一員：左春坊左諭德兼翰林院侍講趙師聖

①死　"死"字當為誤文。

②藉　"藉"當作"籍"。

③營　上文"營"作"管"。

④其　此"其"字為衍文。

⑤於　"於"下當有"後"字。

擬陞左春坊左諭德兼翰林院侍講一員：國子監司業公鼐

擬陞右春坊右諭德兼翰林院侍講二員：左春坊左中允兼翰林院編修楊守勤、左春坊左贊善兼翰林院檢討薛三省。"十一日，奉旨："是。吏部知道。"

是日，大學士方從哲、吳道南謹題："爲印信事。照得南京翰林院掌院事右諭德孟時芳，已經陞任，前項印信缺官掌管。臣等推得左春坊左兼子兼翰林院侍讀溫體仁，資序相應，堪補前缺。伏乞敕下吏部，將本官量陞詹事府少詹事，掌管南京翰林院印信。臣等未敢擅便，謹題請旨。"十一日，奉旨："是。吏部知道。"

三日癸酉，大學士吳道南、禮部尚書兼翰林院學士掌詹事府事劉楚先謹奏："爲主試會闈擬正文體不意反乖初願直行檢舉事。臣等奉命入場，見近來士子顓務奇怪，以投時好，非惟背傳駐①，而且侮聖言，非惟壞文體，而且遵佛教，顛翻之語，恍惚之譚，更不知皇上之功令，而何有於考官？故臣等痛裁，冀得平正典雅之文，以爲士式。不意有雜用舊文，如第一名沈同和之元卷也。即風簷寸晷，士子記憶坊刻固有之，然不能化舊爲新，倖中元②卷，無怪乎人言之嘖嘖。房考科臣韓光祜之疏，其所陳始末甚詳，臣等何敢復贅？惟是二臣同校，置之於首，雖不知其爲舊文，而偶值若此，臣③等不職之所召。今共行檢舉，乞皇上敕下禮部，查學子卷用舊文作何議處。容臣等勉完試錄，進呈御覽，另疏自陳，以待罷斥，庶始終大典，不致重負欽命，干冒天威。臣等不勝惶悚戰慄之至。"初九日，奉旨："卿等衡文公慎，朕所鑒知。且士子蹈襲舊文，主司豈能盡識？既檢舉，朕知道了。沈同和試卷，着該部酌議具奏。"

四日甲戌，頒賜二輔臣，每銀彩扇六把、銀釘鉸扇十把、砷磲扇二十把。

五日乙亥，大學士方從哲謹題："頃該臣以先人墳墓近在城

①駐 《吳文恪公文集》卷一二 "駐" 當作 "註"，是。

②元 《吳文恪公文集》卷一二 "元" 作 "原"。

③臣 《吳文恪公文集》卷一二 "臣" 上有 "亦" 字。

東，而臣爲職守所羈，三年以來未得省視，故祈我皇上暫賜予假，少伸展謁之私。隨奉聖旨：'朕覽卿所奏，具見孝思追遠之誠。准暫假二日，馳驛出廓。祭掃畢，即入閣供事。該部知道。欽此。'臣恭誦恩綸，不勝感激。伏思臣以犬馬下情，仰干天聽，此衷方切惶悚，乃蒙皇上亮其思孝①，許以馳驛，既遂展墓之願，復徼乘傳之榮。赫赫絲綸，溥恩光於泉壤，翩翩車馬，賁寵命於松楸，寧獨臣從哲荷異數於一時？亦且臣父母戴殊榮於沒世矣。臣謹遵依欽限，於今日早入閣供事訖。臣無任頂戴仰②之至。謹具本奏謝以聞。"

是日，大學士吳道南謹奏："爲欲正文體漫取首卷謹因人言再詳始末事。臣叨命入場，矢公矢慎，其題目則同考試官之所擬、臣與劉楚先抽籤以出者也，其各房首卷，皆其所各呈，臣與劉楚先爲之甲乙以定者也。即使眼迷五色，然曆鄉會，皆數承欽命，豈其今日而顛倒至此？唯是近來士子奇怪日甚，臣初見驚駭錯愕，是以釐正文體之心無忘夢寐。唯是首卷之文，稍覺潔淨，故取之以式多士。至於中用坊刻之舊文，非獨臣等目所未經，恐今官都下者，亦不暇及矣。今科臣姚永濟疏論沈同和，責及臣等，無非爲科目重，且慮有庚戌之事，不知臣先行檢舉，心可知也。昨因首輔方從哲祭掃而回，臣因往拜，言及殿試事，臣之心正與科臣之慮同，且言臣原會試界在三百五十人正中之處，猶得濫倖，以至今日，安敢不以此心而待天下士？此臣與首輔相對語也。但謂臣等不與分考共訂，則從來未有。戊戌科臣與首輔同充房考，翰林官曾司分考在都下者不下十余人，試問從前何官主考與分考共定？惟庚戌紛更，迄今尚未結局。至云理勝③等語，臣與劉楚先亦欲得如是之卷，第今科題面字多主考官日夜搜尋瑕疵，各各標記，發回本房再訂，風簷寸晷之中，有難苛求，去其太甚而已，今見在禮部可復閱也。沈同和之卷，聞房考傳看，亦皆言好，間有言於臣者，云中間有一二重字，臣以爲出自科臣所呈，遽爾更易恐有專重衙門官之意，故請四科臣於聚奎堂中，臣同劉楚先出數卷與看，皆言無如此卷，然後批定，此皆諸臣之本心，即使強爲稱許，臣生

① 思孝 "思孝"當作"孝思"。

② 仰 "仰"下當有脫文。

③ 勝 《吳文恪公文集》卷一二"勝"下有"氣勝"二字。

平自信未嘗以一語謾人，故以信心者信人，未便更也。若舊文，則非臣之所能逆料也。臣聞有此，即隨房考上檢舉之疏。自知罪戾積躬召此異譴，即無人言，亦擬呈錄後頫請罷斥，今人言既及，循省滋深，第試錄難以他委，容臣冒罪在寓修完，進呈御覽，以始終大典。乞皇上先行罷斥，以爲重負欽命之戒。干冒天威，臣不勝惶悚戰慄之至。"初九日，奉旨："卿擬取元卷，原出正文體之意，其錄用舊文，豈能預知？已有旨，著禮部酌議。殿試在邇，卿宜安心即出，入閣佐理，以副眷懷。該部知道。"

六日丙子，大學士方從哲、吳道南謹題："頃該吏部具題，將來朝州縣官，查其俸過四年四月者，留部候考，免令赴任，蓋一以恤諸臣之私，酬其數載民社之勞，一以出地方之缺，以爲後日選除之地，誠適政體、愜人心，至便計也。揆之祖制，雖非國家行取之舊規，酌以時宜，實亦邇來變通之良法。我皇上行之且數年矣，近見該部再次催請，未蒙檢發。竊謂諸臣歷俸已深，決無再任之理，候旨未下，又無給假暫歸之期，羣處都門，進退無據，久羈旅邸，珠桂堪嗟。且往例會①之後，有棟選一途，轉盼六月間，即是今科進士大選之日，若應留各官尚未離任，將以何缺待此多人？不惟選法難以疏通，亦且羣情因而觖望，究使公私兩受其弊，而於我皇上作養人才、振興吏治之盛心，深有負矣。伏望皇上將部疏速發票擬，立賜批行，諸臣幸甚，國事幸甚。再照前次留部諸臣，考選既定，守候日久，而俞旨未得，授職無期，以是困頓無聊，請假乞歸者紛②踵至。竊念諸臣服官中外，剔歷滋深，自題留至今，不知經幾處諮詢，經幾番選擇，而三年株守，一命未沾，用舍不分，留③難決，人情鬱而不暢，士氣挫而不揚，言路日壅，官聯日闕，臣等不意當全盛之世，值聖明之主，致令朝廷之上，臺省之間，景象蕭條，人才凋謝，一至此極也。更望皇上速賜宸斷，將考定科道李若珪、孫之益等，與候補張孔教、王象恒等，一併允用，是尤大聖人之作爲，超出尋常萬萬者。臣等不勝激切

① 會 "會"下似應有"試"字。

② 紛 "紛"下當有脫字。

③ 留 "留"上當有"去"字。

懇祈跼蹐待命之至。"

是日，大學士方從哲謹題："該臣同官臣道南，以會場首卷錄用舊文，致有人言，於初三日上一檢舉之疏，昨日又上一辯明之疏，俱未蒙發票。竊思殿試在邇，道南以候命杜門，深爲不便。伏望皇上將二疏發臣票擬，促令入閣辦事，不勝至幸。臣從哲謹題。"

七日丁丑，大學士方從哲、吳道南謹題："今日發下文書內，有四川巡撫吳用先考滿並告病一本。該臣等查得，此本係二月中旬經臣從哲票擬進呈者，彼時曾具一揭，言用先撫蜀三年，初因病苦，既因人言，業已封貯關防，移駐境上，勢難再留，請皇上裁酌，准其養病以去。恭候至今，尚未批發。今再蒙送票，或者聖意以西①重地，難於得人，而用先任事以來，征夷撫衆，有功地方，仍欲留用之乎？臣等謹將前次擬票，並今另擬一票，恭進御覽，仰惟聖斷施行。臣等不勝惶悚俟命之至。"

八日戊寅，大學士方從哲、吳道南謹題："竊惟遼東一鎮，在九邊之中最爲衝要，建夷鴟張於東北，虎兔諸酋虎視於西南，所爲平居而綢繆防禦，有事而拒堵勦殺者，惟撫鎮二臣是賴。今撫臣郭光復物故，新點李維翰木必一時即至，而總兵王柄又以軍政拾遺杜門待罪，文武重臣並缺如此，安保黠虜之不生心也？頃見總兵傳報，夷情蠢動，聲息屢聞，過此以往，正當草青馬壯之時，萬一糾衆大舉闌入內地，如去年秋冬之事，疆圉豈有幸乎？伏望皇上軫念衝邊需人甚亟，將兵所覆軍政拾遺本，即賜檢發，仍敕該部速推遼東總兵官，令刻期前去任事，庶孤危重鎮有所恃以無恐，皇上其永無東顧之憂乎？再照軍政一事舉行已久，而該部題覆五府僉書及錦衣衛掌官自陳之本，議處南北鎮撫司各官之本，俱未批發，似於五大典②猶未結局。更望皇上留神，將此二本並賜允行，軍政幸甚。臣等敬因遼鎮危急之勢，附有所請，不勝迫切仰祈之至。"

①西 "西"下似應有"南"字。

②五大典 "五大典"數字似有缺文或誤字。

①職 "職"當爲誤字。

②場 "場"當作"傷"。

③全 "全"似爲"令"之誤。

④巳 "巳"當作"已"。

是日，大學士吳道南謹奏："爲臣疏言漫取首卷已自受過何敢飾詞以昧本心事。科臣姚永濟言會場首卷之事，責及於臣，原非過求於臣，臣詳之始末，不過據實而言其誤取之由，非故知之而故誤之也。總之，臣憂病交侵，誤而再誤，乞皇上先賜罷斥，以爲人臣飾過之職①。干冒宸嚴，臣不勝惶悚戰慄之至。"十六日，奉旨："卿前奏誤取首卷之由，朕已悉知。不必引咎，還遵命即入閣贊襄，以副朕望。該部知道。"

十日庚辰，大學士吳道南謹奏："爲感召異常大玷盛典循省深漸有難就列事。臣本慎慎無能，罔堪召命，天使再臨，有難堅卧，勉强一出，以明臣子無逃之義。不意入閣，復憂病交侵，久懷去志，首輔方從哲每爲寬慰。時若有神以先告，已而有臣兒之變，兆或在此。不期禍之未歇，而猶有會場誤收首卷之事。臣先具檢舉一疏，奉聖旨：'卿等衡文公慎，朕所鑒知。且士子蹈襲舊文，主司豈能盡識？既檢舉，朕知道了。沈同和試卷，着該部酌議具奏。欽此。'臣又具《漫取首卷因人言再詳始末》一疏，奉聖旨：'卿擬取元卷，原出正文體之意，其録用舊文，豈能預知？已有旨，着禮部酌議。殿試在邇，卿宜安心即出，入閣佐理，以副眷懷。該部知道。欽此。'臣兩奉明旨，大賜矜原，臣感恩謝宥，豈敢稽時？但念孽作由人，感實由己，日夜循省，寢食不寧，雖蒙皇上浩蕩之恩，其如場②大典何？其如舉朝公論何？此臣又有請先行罷斥一疏以待命。且原議場外進録，本爲專壹掄文，今既掄文不精，又且進録，如議臣之溺職何所逃罪？惟是責任在躬，有難他諉，懇乞皇上容臣在寓修完，進呈御覽，臣仍冒罪謝恩，顒疏請罷，庶全③後之衡文者以爲鑒，而不致重負夫欽命。干冒宸嚴，臣不勝惶悚戰慄之至。"十六日，奉旨："首卷事已有屢旨，卿何爲又有此奏？殿試期迫，宜即出讀卷，以完大典。慎毋再陳。該部知道。"

十一日辛巳④，大學士方從哲、吳道南謹題："昨該臣等以殿試策題上請御製，伏奉聖旨：'卿等撰擬來。欽此。'臣等謹欽遵恭擬，親書上進，伏乞聖明裁定。仍乞密封發下臣等，令中書官謄寫進呈。詳具題以聞。"

十三日癸未，大學士方從哲謹題："昨蒙發下兵部議覆薊鎮督撫薛三才等本，該臣從哲隨即擬票進呈訖。已復思之，中間詞意尚未詳盡，今謹另擬一票，量增一二語，方覺妥當。伏祈聖明裁酌，批發施行。臣不勝惶悚之至。"

二十日庚寅，大學士方從哲、吳道南謹題："臣等前日接得戶部揭帖，以東省災荒，御史過庭訓請將四十三年錢糧盡行蠲免。及查山東一省，每歲共一百六七十萬，兼以四十二年者尚未徵完，總之有二百餘萬。此項錢糧，皆係光祿上供、軍士月糧、及各邊緊急軍餉，毫不可缺者。今既議蠲，從何抵補？故不得已，欲將各處解內稅銀，暫留太倉一年，以充前額。且謂已入內帑者發之猶難，而未經解進者留之甚易。此誠計臣苦心為此權宜之計，皇上所當俯從者也。蓋論東土饑荒，從來未有，宸衷憫念，寧不施破格之恩？則蠲之誠是也。但以財用匱詘、帑藏如洗之時，一旦少此二百萬之入，自非神輸鬼運，將於何處取足乎？轉餉後時，邊軍枵腹，脫巾鼓譟，當在目前。是內地雖安，而塞上則危，二東免流離死亡之憂，而九邊生呼庚搶攘之變，皇上何可不深長思也？且自東省告災以來，皇上發賑米數萬，發糶米數萬，發囷金十餘萬，請免稅則免稅，請遣官則遣官，汲汲皇皇，真如救焚拯溺，未嘗有絲粟之吝、頃刻之遲，是皇上為民生計、為社稷計者，至深遠矣。奈何不推廣此心，蠲此一年未入之稅，以貽中外無窮之安耶？臣等再閱部揭，見皇上初年，太倉老庫積至二千餘萬，今見在祇有八萬，盈虛之數懸絕如此。脫有意外之事，不時之需，胡以應之？是又臣等所爲股慄心寒、寢不能寐者也。念及於此，皇上即多發帑金，以實外府，以充邊儲，猶恐不給，而顧靳此些須，不以救目前之急，其爲計亦左矣。伏望聖慈亟允計臣之請，將山東一歲錢糧盡數蠲免，以昭曠蕩之恩，明詔各處稅監及有司官，將今年應進内庫稅銀，盡留太倉，以補東省二百餘万之缺，將軍民胥悅，内外無虞，宗社有磐石之安，而皇衷亦可免宵旰之勞矣。臣等不勝迫切籲祈之至。"

二十①日辛卯，大學士方從哲、吳道南謹題："照得庶吉士姜逢元等一十七人，頃該吏部遵旨擬授編檢科道等官，於本月十一日具題，今過十日矣，未蒙檢發。竊惟國家舊制，凡選館讀書，俱於三年之内解散授職，即偶遇稍遲，亦必於歲裏竣事，未有延至下科者。蓋翰林之官，一切禮節陞遷皆以科分爲序。今殿試已畢，一甲三人早晚即當銓館職，乃前科尚未得旨，則將來授官反在新科之後，先後倒置，殊爲不便，臣等失職之罪何以自解？伏望皇上留神，將吏部題本即發臣等票擬，速賜施行，諸臣幸甚，臣等幸甚。"

二十三日癸巳②，大學士方從哲、吳道南謹題："恭惟我皇上數月以來，瑩精太平，留神幾務，官員之陞補殆盡，章奏之裁答如流，種種善政，未易指數，而其大者如賑山東淮北之饑、完軍政考察之典、允散館、下按差、速點撫臣、再增制額、免畿府之稅銀以惠輦轂、助貴州之軍餉以奠遐方，明詔一宣，羣情胥暢，兢業之念，明作之功，庶幾與萬曆初年同一轍矣。臣等不勝欣仰。独計當此之時，尚有一二要務，如補大僚、下考選、允候補之科道、留俸深之有司、寬釋纍臣、錄用遺逸，此數者在政幾爲甚切，在人心仰望爲甚殷。然而聖意既已轉移，施行當有次第，臣等且未敢一一陳瀆，若目前最重大、最緊要、不容一日少緩者，則無過儲講與王婚二事已。東宮講讀，一輟十年，廢學失時，追已無及。惟是昨歲皇上於召諭之日、批答之中，俱有待聖母禪服後舉行之旨，即令③大祥已過，升祔在邇，出閣講學正惟此時。伏望皇上預示的期，容臣等將侍班、講讀等官列名上請，擇吉出講，以裨儲闈之令德信義霈之明綸。其皇孫就傳④亦宜相繼並舉，毋令再遲。是皇上所爲燕翼貽謀、綿宗社萬年之祚者乞⑤。惠、桂二王，年踰二十，視民間婚配過期已久，而選擇未行，成禮在於何日？以天子之子，極尊極親，而反不若庶人之家及時諧伉儷之歡，遂室家之願，於情爲不順，於理爲失常。孟子謂：'父母之心，人皆有之。'皇上奈何不念及此也？謂宜亟敕禮部，妙選淑女，俟聖母祔陵禮畢，并舉二王婚禮，以完一時之吉典，開百代之祥源，子孫千億之盛，將肇基於此矣。以上二事，係國家根本至計，萬萬不容緩圖。故臣等敬因聖政維新之會，竭誠懇請，仰祈宸斷，立賜施行。臣等可勝迫切待命之至？"

二十四日甲午，大學士方從哲、吳道南謹題："頃該戶部議覆山東巡撫錢士完及御史過庭訓救荒之本，今已十日，尚未檢發。臣等看得，東省災荒，從來未有，幸蒙我皇上軫念殷切，特施浩蕩之恩，發粟發金，議蠲議賑，所爲惠此孑遺者可謂竭盡無余矣。二臣目睹地方顛危之狀，仰體皇上饑溺之懷，將救荒事宜條爲十二款，開列上請，似皆鑿鑿可行，中間獨留漕糧、普賑米二事，稍於京儲不便，然計臣權時勢之緩急、念當事之苦心，亦既委曲調停以應其求矣。至於酌蠲停一款，在二臣欲蠲東省一年錢糧，以弘破格之仁，在計臣並欲留一年皇稅，以補邊餉之缺，紓二東之困苦，貽九塞之奠安，無非國家根本至計，然而總聽宸衷裁酌，非臣下所敢專也。伏望皇上速檢戶部覆本，發臣等票擬，將應行諸款，早降俞旨，令其作速舉行。其留稅一節，不妨從容再請，以俟聖斷。東人幸其，諸臣幸甚。臣等不勝迫切顒望之至。"

二十六日丙申，大學士方從哲、吳道南謹題："先該臣等以遼左撫鎮一時並缺，黠虜觀望，變動可虞，請皇上速下軍政糾拾之疏，早推總兵以安重鎮，業奉明旨，昨該部亦已會推上請矣。皇上軫念封疆，自宜即爲點用，臣等無庸再瀆。獨計閫外折衝，固資撫鎮，而居中調度，全賴本兵。頃吏部會推兵部尚書黃嘉善，已過月餘，未蒙欽點，筦樞重任，豈容久虛？伏望皇上念此一官乃中外安危所係，將原本速賜檢發，軍國幸甚。

再照戶部與倉場，向來祇有李汝華一人，今本官以九年考滿，例當離任候旨。若旨下少遲，汝華見今封印謝事，部中諸務誰爲料理？昨吏部題本，已經臣等票擬進呈，更望皇上並賜批發，尤爲至幸。臣等不勝翹企顒仰之至。"

二十七日丁酉，大學士方從哲、吳道南謹題："照得新科進士一甲三名者，旬日之内即當除授館職，而上科庶吉士姜逢元等，該吏部具題分别授官，尚未批發，儻俞旨再遲，將使前科之人及①居後科之後，次序紊亂，體統混淆，事體人情均屬不便，此二百年來所未有也。伏望皇上留神，將吏部所擬翰林科道等官即賜檢發，俾令刻期到任，不惟諸臣之服官有日，館選之前局可完，而詞林前輩後不至參差，存祖制而正官常，所關於政體尤不小矣。臣等不勝顒望之至。"

二十九日己亥，大學士方從哲、吳道南謹題："頃該禮部具題，以四月初一日當進呈會試録，而首名沈同和業奉旨下法司究問，似當除其姓名。臣等愚見，以爲事體自應如此。但事出創見，應候聖明裁定。昨部中二本，已該臣等擬上矣，今時日甚迫，伏望皇上即刻批發，以便遵行，臣等不勝至幸。謹題。"

①及 "及"當作"反"。

四①月一日庚子，朔。

二日辛丑，大學士方從哲、吳道南謹題："近見户部議覆山東救荒事宜疏，所以爲東土災民計者委曲周詳，可謂算無遺策矣。竊意皇上哀此孑遺，必且朝上夕下，以解倒懸之困。乃今幾二十矣，尚未檢發。或者聖意以留漕未②蠲錢糧二事爲疑乎？抑以部議請留皇稅補軍餉之缺、於此躊躇而未決乎？夫留稅補餉，乃計臣不得已之計，少緩須臾以俟宸斷，猶可言也，其他定賑規等事，則皆拯溺救焚急務、東人所望以延旦夕之命者，自非仰徼俞旨，在事諸臣將何所據以奉行？而欲普惠澤於閭閻、救死亡於呼吸，胡可得也？至於截留漕米，已經二臣題請，該部議覆，彼嗷嗷之衆方且視爲囊底之物、口中之餐，而明旨未即允行，早晚糧舡經過山東，萬一不逞之徒藉口截留，羣起搶劫，將使恩德不出於上，而亂萌徒滋於下，所損不已多乎？至於四十三年錢糧，論經制原不當蠲，而論今日之時勢，則不得不蠲。蓋舉二東遺黎，大半棄田廬、捐父母妻子、自保其生之不暇，而望其出租賦以完上供，有是事乎？是上雖不蠲而下且自蠲之，則何如蠲之自上、猶足以昭德意、繫人心也？念及於此，臣等憂心如焚。但望皇上檢發前疏，容臣等斟酌票擬，恭候聖斷，早賜施行，災民幸甚。臣等又惟理財救荒，係户部專職，向來李汝華以一人兼攝倉場，殫力經營，不辭勞瘁。見今九年考滿，全不復職，部中諸務悉停閣不行。當此東省告災、九邊索餉之日，而令主計之臣封印謝事、杜門候旨，無乃視軍國大計爲末務乎？更望皇上將汝華考滿陞職之疏，速賜批發，令其刻期到任，料理部務，仍將吏部會推倉場總督與右侍郎，一併點用，俾其協恭任事，將一舉而安民生、重國計、恤臣勞兼得之矣。臣等不勝迫切懇祈之至。"

是日，大學士方從哲、吳道南謹題："近該臣等具題，將詹事府少詹事劉一燝量陞詹事職銜，掌翰林院印信，候命已久，未蒙批發。本月十五日，即爲歲貢廷試之期，掌院無人，誰爲料理？揆之時勢，不容再遲。謹將原疏再呈御覽，伏望皇上留

萬曆四十四年

三二四一

① 四 "四"上當有"萬曆四十四年"六字。

② 未 "未"當作"米"。

神，即敕吏部遵奉施行。臣等未敢擅便，請題請旨。"

三日壬寅，大學士吳道南謹題："奏爲感激天恩亟圖補報屬沉綿病體强力難支懇乞皇上速賜罷斥以遂首丘事。臣以古人事一職，豈敢苟爲？誤取元卷，苟孰甚焉？故於三月初旬檢舉自陳，顒祈罷斥，蒙皇上不即加擯，返責令入閣辦事，臣實愧心，有難就列。初十日復上一疏，時雖抱病，而未敢以病爲言，蓋以罪請，不當兼以病請也。十六日，奉聖旨：'卿前奏誤取首卷之由，朕已悉知。不必引咎，還遵旨入閣贊襄，以副朕望。該部知道。欽此。'臣接部咨後，夙夜皇皇，虞以病體而重孤君命。但廷試之臚唱正值其時，兼試錄之修完，又臣所事，珍重盛典，未敢以犬馬之軀瑣瀆夫宸聽。今廷試已畢，試錄已進，臣安敢偃息居寓、不一哀鳴於君父之前哉？夫任使之不稱，獲荷聖恩天地之洪宥，猶可以補過而贖愆，若衰疾之難前，即餘生溝壑未遽填，有難以病身而供事，且臣之病非自今日始也，又非特陰陽之患已也。自聞命以至入朝，經年多骨肉之慘，自辰入而酉出，鎮日藉展卧以安，試問之首輔，臣不敢以一字欺君父。時而蒟語，耳多有所不聞，時而偕行，定盛①至於錯履，此乃氣虛痰暈之極症。首輔亦心憐之間。嘗告以請休，蒙責以天義，勉以共濟。臣可苟延旦夕，敢不强自支持、以明臣子無逃之義？奈自旬日以來，困苦彌甚，即處静室、躡平地，兩耳鏓鏓然如振響，兩足搖搖然如步虛，詢之醫生，謂必解官静攝，始可免陡發隨仆之症。臣伏念戴沐高深，何敢身計？第病勢如此，儻不自度，進止顛蹜於禁庭之地，豈有我皇上當春秋富盛之時，徒用此頽憊之人、以虛充閣員爲也？萬懇皇上簪履之思，轉爲惟②蓋之念，放歸田里，與以生還，則臣之知進知退，亦終始於大造之中矣。干冒天威，臣不勝迫切籲祈之至。"二十日，奉旨："卿品望優崇，特蒙簡任，赴召未久，朕眷倚方殷，何爲遽引疾求去？宜遵屢旨，即入閣輔理，共濟時難，毋得再有陳請。該部知道。"

① 定盛 《吳文恪公文集》卷一二"定盛"作"足或"，是。

② 惟 《吳文恪公文集》卷一二"惟"當作"帷"，是。

萬曆四十四年

八日丁未，大學士方從哲、吳道南謹題："臣從哲昨日在閣辦事，於將午時分，忽聞風雨驟至，於時電光四起，雷聲迅發，霹靂之威震驚遠邇，臣等不勝恐懼。適接御史金汝諧揭帖，乃知東城地方，有内官張燁住房爲雷火所焚，三十余間頃刻立盡。臣等又不勝駭異。及查燁房，在四牌樓迤南，去東華門蓋甚邇也。雷霆震擊固時有之，然不於遠方，而在宸居切近之地，不於他人，而在抽稅内監之家，上天於此寧無意乎？自權稅繁興，海内愁怨非一日矣。前歲我皇上恭承慈旨，概免三分之一，與①情踴躍，歡若更生。頃者又特允府臣之請，准免近京過路、落地二稅，輦轂之下，受惠獨偏。惟是停正②之詔未行，徵斂之擾如故，且張燁任事最久，取怨必多，今日之事，無乃天寶③厭之，而故借此以爲宸衷之警乎？夫當聖母陞遐之日，奉遺誥而少蠲之，皇上所以明遵其旨也。值聖母陞祔之時，體慈恩而盡停之，皇上所以善繼其志也。一舉而敬天、孝親、仁民，三善備焉，固知皇上允臣等之情④，當無俟其詞之畢矣。昨臣等以山東蠲租之故，請皇上留稅一年，抵補九邊缺餉，補牘再三，未奉俞旨，而兹復爲此請，誠以罷稅一事，臣等久欲有言，今更遇此雷火之變，輒敢因天意以度人心，因人心以徼聖澤，不自覺其言之喋喋也。臣等不勝激切懸望之至。"

①輿 "輿"當作"輿"。
②正 "正"當作"止"。
③寶 "寶"當作"實"。
④情 "情"當作"請"。

十日己酉，大學士方從哲謹題："頃該臣同官臣道南，於進呈試錄之後，具疏乞休，至今未蒙檢發。前日臣往視之，道南極言病苦憂鬱之狀，悉知流⑤中所陳，該臣語以受恩深重，正吾輩協恭圖報之時，且赴召未幾，皇上豈有允去之理？道南亦以臣言爲然。但其辭本允未得旨，不惟本官進退無據，而外廷觀望，恐復別有猜疑，深於政體不便。伏望皇上將原本發下，客⑥臣擬旨勉留，庶見朝廷優禮輔臣之意。其掌詹尚書劉楚先辭本，並賜檢發，尤爲至幸。謹題。"

⑤流 "流"當作"疏"。
⑥客 "客"當作"容"。

十五日甲寅，大學士方從哲、吳道南謹題："竊見都察院題差巡按御史，知宣大、四川、山東、貴州等處，已蒙皇上陸續點用，而其未點者尚多也。總而論之，御史按臨一方，無事不賴其主持，無人不資其彈壓，隨滿隨代，處處皆然。而其中又有事體人情更屬緊切、不容一日少緩者，臣請摘而陳之。畿輔重地，關係匪輕，脫有他虞，誰任其責？則順天、真定二差不可不速點也。隻身萬里，抱病經年，性命之憂可無體恤？則陝西、浙江二差不可不連①點也。糧運將至，料理宜先，國計軍儲寧容屑越？則巡倉一差不可不速點也。他如河南、兩浙之久不得代，山西、河東之徑死其人，人情困頓堪憐？地方空虛可慮，皇上試於萬幾之暇一深恩②之，能無惕然於裏乎？夫諸臣奉命而出，所治者朝廷之事也，非以其私也，皇上循例而遺，第欲其治朝廷之事也，非有遷秩之榮、破格之恩也。但便③報滿則題，具題則允，上存祖制，下守臺規，紀綱振而耳目新，政體通而人心快，事無便於此者。伏望皇上俯從臣等所言，將都察院近日催本盡數檢發，容臣等擬上，即賜批行，是亦勵精圖治之一端，中外臣民所爲翹首而望者也。臣等不勝迫切懇祈之至。"

十六日乙卯，大學士吳道南謹奏："爲病體難支復申前請懇乞皇上速賜罷斥以遂首丘事。臣觀古之人臣，凡居政本之地，必其德可贊襄，材堪經濟，大有裨於君國，大有孚於人望，始可居此。若臣之憒憒無能，在自度已非其任，今昏昧顛倒盡徵之於試事，此雖無病猶當引退，況自聞命以來，福過災生，憂病並集，竭蹶趨事，伴食徒慚？奈犬馬之思未忍以遽告，遂使陰陽之患帷見其日增，膏肓④久中，風燭可虞。困苦之表形已詳前疏，第荷皇上責令以供事。臣猶浹疏以乞休，似以屢瀆而煩徵明旨，然臣之病實病，臣之請非虛請也。勞極呼天，病極呼父母，固其哀鳴之情發於此中之不容已者。夫臣之待罪，惟皇上所命，何敢曉曉？但臣之心，其去國亦有報國處。臣當入直時，每見首輔之嵩目時艱，謂二人弗克戡。今臣病矣，病且亟矣，與其以病臣叨占閣員，孰若速賜臣歸，再廣疇咨，以弘佐理？則臣之求去，又不獨爲臣一身計矣。干冒宸嚴，臣不勝

①連 "連"當作"速"。

②恩 "恩"當作"思"。

③便 《明神宗實錄》卷五四四"便"作"使"，是。

④肓 《吳文恪公文集》卷一二"肓"作"肓"，是。

惶悚戰慄之至。爲此，具本謹奏以聞。"

是日，大學士方從哲、吳道南謹題："照得庶吉士分別授官，該吏部具題已過一月，屢經催請，未蒙檢發。其擬授翰林一本，已經臣等票進，乃新科一甲者即蒙欽允，而此本又復留中。同一詞林之官，不知皇上何爲慨然於此、而遲疑於彼？此臣等所未解也。昨一甲三人問到任之期，臣等諭以少需數日，以俟諸臣命下，庶幾前後不紊。若再延遲，不惟舊者不得拜官，抑且新者不得上任，彼此耽誤，成何事體？儻諸臣執以問臣：皇上御極四十餘年，開科十五次，不知何科有此異事？臣等將何詞以應也？伏望皇上留神，將吏部所題葉燦等、暴謙貞等各本，概賜批發，庶館選之局可完，詞臣之序不亂，而臣等亦可免失職之罪矣。再照丁未科庶吉士楊道寅，該吏部擬授給事中，候命五年，未奉俞旨，計通籍以來整十年矣，同榜之士官至四品者不知凡幾，即同選庶常授職者皆已再考，而道寅猶然未沾一命，此又自有制科以來所不經見之事。臣等不但爲本官惜，且深爲政體惜也。是亦閣中未了之事，敢並以爲請。伏惟聖慈速賜允行。臣等不勝激切懇祈之至。謹題。"

十九日戊午，大學士方從哲、吳道南謹題："臣等昨日接得刑部尚書李鋕等揭帖，以熱審屆期，祈皇上矜釋御史劉光復。言甚懇切，臣等讀之不覺愴然。因思光復繫獄今一年矣，向來大小臣工連章懇請，未蒙寬宥，臣等竊謂皇上以孝治天下，以仁育羣生，前此諸臣亦間有忤旨獲罪者，然懲創未幾，旋即開豁，如陰慘陽和之互用，如雷霆雨露之兼施，未有畢世而怒臣下之事，以是數月以來，相戒靜聽，絕無一人形之奏牘，然而憫纍臣之痛楚，企聖主之開恩，實未嘗一日忘諸懷也。今夏至將臨，熱審在邇，凡囹圄之衆，莫不延頸拭目思一見天日，獨光復以昔日耳目之臣，一經建①繫，幽囚圜土，千愁萬苦，與死爲鄰，母痛子而血淚全枯，子念母而寸腸欲斷，天南地北，死別生離，哀哀此情，凡有人心者誰不爲光復悲？誰不以宥光復爲我皇上望耶？夫熱審之舉，原以擇罪之輕者分別開釋。光

①建 "建"當作"逮"。

復大言無忌，至於震驚几筵，臣等豈敢謂其無罪？惟是本有罪而皇上曲赦之，罪本重而皇上姑薄懲之，始益足以彰破格之恩，為古今希有之盛事耳。茲者聖母禫除在即，將舉陞祔大禮，皇上儻於此時宏開天地之心，將光復立賜釋放，使其母子得一相見，不至抱恨黃泉，固知我聖母在天之靈，不惟不以震驚為罪，而且以皇上之錫類為喜，率土臣民有歡欣鼓舞、祝聖天子萬年無疆之壽者，臣不信矣。臣等仰窺聖意，亦知肆赦有時，不當煩聒，然一念犬馬之忱，正欲乘廷臣靜俟之時，出自宸衷獨斷，尤足以昭聖德而廣皇仁，故私有此請，非敢聞之於外也。臣等不勝踴躍顒望之至。"

二十二日辛酉，大學士吳道南謹奏："為憒憒無能重孤昭命，涬承明旨祗益汙惶兼疾體終難供職隨疏恐負天恩特俟聖母大禮告成方敢再陳事。臣惟人臣之才能徵諸任使，任使不稱，品望謂何？今臣失之於遴選，致言官糾論，摘及序大①，序文作於在場之時，授之儒士，非預料有奸元預與言官辯也，況當待罪之日，安敢一疏一辯，以失言官之體並閣臣之體哉？唯以沉綿病體，懇乞速賜罷斥於皇上。胙②接吏部咨，奉聖旨：'卿品望優崇，特蒙簡任，赴召未久，朕眷倚方殷，何為遽引疾求去？宜遵屢旨，即入閣輔理，共齊③時艱。毋得再有陳請。該部知道。欽此。'臣荷高厚之曲宥，愈覺跼蹐之難容，蒙溫綸之誤施，安敢班行之再玷？獨念五月初九日，恭遇孝定貞純欽仁端肅弼天祚聖皇太后當陞祔之期，薄海內外、舉朝臣子，方虔仰聖母在天之靈，共慰皇上昊天之念，矧臣叨閣員，尚稽輦轂之下，而忍恝然不少須臾之緩乎？容臣調治邸寓，俟是日苟可支持，扶掖趨朝，稍申恭慰，然後敢以犬馬之軀再請也。干冒宸嚴，臣不勝感激惶悚之至。"

二十三日壬戌，大學士方從哲、吳道南謹題："恭惟皇太子講學一事，數年以來，該臣等與在廷謝④臣，齊心而請，苦口而爭，計無不竭之誠，無不盡之說矣，而俞旨未下，大典久稽。

① 大 "大"疑當作"文"。
② 胙 "胙"當作"昨"。
③ 齊 "齊"當作"濟"。
④ 謝 "謝"當作"諸"。

去歲皇上於召諭羣臣之時，天語傳宣，明示以聖母陞祔之後即為修舉，又於臣等及禮部疏內兩奉詔旨，確有定期。以是中外臣工，俛首靜俟以至今日。乃今大祥過矣，禫除至矣，祔廟、祔陵之禮旦夕完矣，大事告竣，則曠典之舉行豈容再緩？朝端清晏，則儲闈之功業寧可久荒？乘此而妙簡儒臣，宏開講幄，補十年之缺事，循列聖之成規，聖心當兼容再計矣。伏望皇上毅然獨斷，預示開講的期，或令臣等另擇吉日，恭候裁酌，務於聖母陞祔之後斷在必行，以慰羣情而信明詔，此真宗社之福、薄海臣民之慶也。其侍班、講讀等官，容臣等於見任詞臣中推擇上請，並祈速賜允用。臣等不勝踴躍待命之至。"五月初十日，奉旨："朕覽卿等所請皇太子講學，朕已悉知。但今天氣炎暄未便，可於入①月秋爽之時，擇吉舉行。其該用侍班、講讀等宮②，臨期卿等推堪用詞臣來看。"

是日，大學士方從哲、吳道南謹題："照得庶吉士授官之本，該臣等擬上已過二十日矣，未蒙批發，其新科一甲三人尚未到任，蓋欲先任則亂舊規，欲再遲則稽成命，人言嘖嘖，以為詞林之體至此大壞，莫不歸過臣等，臣等真無詞以解也。昨吏部復有催疏，但祈皇上批一'是'字，便可以完三年之局，安諸臣之心，在皇上可省激聒之煩，而在臣等亦可以少免曠瘝之罪矣。謹令中書官於寶寧門恭候明旨，伏惟聖慈即刻批發。臣等不勝延佇之至。"

二十八日丁卯，大學士方從哲、吳道南謹題："臣等伏見數日以來，皇上於諸司章奏發票漸少，批籲稍遲，心竊疑之。既聞聖駕常在慈寧宮，意者聖母禫除在邇，神主、神位不日陞祔陵廟，以致聖心哀慕無已，依依几筵之側，不忍暫離，至哉聖孝，臣等可勝欽仰？已又念之，帝王之孝與士庶不同，士庶人之孝不過曰生致其養，喪盡其哀，如是而已。孟子稱大舜歸於得親順親，孔子稱武周在於繼志述事，合而論之，必繼述善而後親心順，親心順而後帝王之孝達於天下，光於古今，有不徒在於區區情文之間者。臣等由聖母之治命，以仰體其在天之靈，

① 入 據《明神宗實錄》卷五四四"入"當作"八"。
② "宮 官"當作"官"。

其所惓惓致望於皇上者，非朝廷大典禮，則國家之大政事，與夫億兆生民之大利大害也。東宮講學，國本攸關，皇孫就傅，貽謀欲遠，而二王婚禮，又螽斯則百之祥所爲肇其瑞者也，朝廷之禮尚有大於此者乎？大僚補而後股肱備，言官用而後耳目充，朝無曠位，野無遺賢，而後庶蹟熙，羣情髣，國家之政尚有大於此者乎？自榷稅繁興，綱羅四布，關市之徵求愈急，閭閻之膏血盡枯，內帑雖見其充盈，海宇日淪於虛耗，加以滇省之貢金未罷，江南之杼軸幾空，以故東土一荒，四方騷動，土崩之勢，有識寒心，生民之利害又復有大於此者乎？自聖母陞遐，今三年矣，皇上所爲遵遺誥而嘉惠海内者，自福府分封、瑞王婚禮外，僅僅釋輕罪數人耳，蠲小稅數處耳，減皇稅三分之一耳，而儲請①、選婚、點大僚、補科道諸事，蕕②然有待也，甚至起廢一節，出自宸衷獨斷，御筆親批，德意已流，除書將下，中外顒望，以爲旦夕可幾，而展轉遲疑，竟成及汗，臣等以爲虛恩詔、拂人心，莫此爲甚，此尤朝家氣運所關，皇上不容終置之度外者也。今陞祔禮成，大事已畢，慈恩以修實政，惟此一時，失今不圖，後將何望？臣等亦知我皇上終身之慕不以日久少襄，但恐徒事慎終追遠之文，而不務繼志述事之實，於古帝王順親之大孝終無當耳。故敢乘此一輸款款之愚，伏惟聖明鑒察，慨然允行，先定開講之期，並傳選婚之旨，點部院堂官，允候補考選科道，林下諸臣漸次錄用，各處皇稅一概停③，而又還國戚以篤懿親，釋纍臣以旌戇直，將見慈靈永慰，聖德彌光，煌煌乎帝王之大孝，即虞舜武周不得專羨於前矣。臣等不勝踊躍候命之至。"

① 請 《明神宗實錄》卷五四四"請"當作"講"，是。
② 蕕 "蕕"當作"猶"。
③ 停 "停"下當有脱字。

# 萬曆四十四年

萬曆四十四年五月庚午，朔，大學士方從哲、吳道南謹題："先是禮部具題，於四月十五日廷試天下歲貢，二十日廷試乞恩舉人，該臣等會同翰林院掌印官將試卷校閱已畢，各於次日封進御覽，今半月矣，未蒙批發。竊計歲貢中願就教職者，又該吏部題請於五月十五日廷試，今日期已近。伏望皇上俯將兩次試卷一併發下，以慰諸生仰望之心，不勝幸甚。謹題。"

是日，大學士方從哲、吳道南謹題："照得庶吉士授官之遲，至今歲而極矣，往例俱在去年秋冬之間，今過八九月矣。即近科偶遲，亦在殿試之前，今一甲三人銓除已一月矣，而吏部之題疏留中如故也，臣等之揭催①高閣如故也。總之臣等才劣望輕，不能取信於皇上，以致貽纍諸臣，念之真欲愧死。惟是儲才待用，乃國家之公典，依期授職，繫纍朝之舊規，皇上行之歷年，而獨靳於今日，慨然於新科之頂②甲，而獨遲留於前科之庶常，此臣等所未解也。諸臣每遇朔望，必入閣作楫③，臣等對之殊覺赧顏，以是不避煩瀆，再為催請，伏惟聖慈立賜批發，諸臣幸甚，臣等幸甚。"

二日辛未，大學士方從哲、吳道南謹題："先是發下太常寺二本，以夏至祭地於方澤，請聖駕親詣視往，及大臣分獻，該臣等擬遣伯楊世階恭伐④，候梁世勳、伯張慶臻、尚書李汝華、侍郎孫如遊分獻，各行禮。已數日矣，昨禮部送到遺⑤單，內開楊世階功服，孫如遊期服，俱於行禮有礙。臣等謹另擬二員呈上，伏望皇上改賜批發，以重祀典，不勝至幸。謹題。"

四日癸酉，大學士方從哲、吳道南謹題："頃該臣等以聖母陞祔在邇，大禮將終，懇請皇上將儲講、王婚數事及時舉行。連日以來，聞聖駕常在慈寧宮，日侍几筵之側，竊意皇上當此對越之際，恍然如見聖母音容，儻念及臣等所言，又念及聖母上賓上賓⑥之時面相告戒之語，能無陽⑦然動於中乎？此時而無所動於中，恐聖心不苦是忍⑧也，動於中而不見之施行，以遵遺命而沛慈綸，恐聖心又不若是忍也。今神主祔陵、神位祔廟

① 揭催 "揭催"當作"催揭"。

② 頂 "頂"當作"鼎"。

③ 楫 "楫"當作"揖"。

④ 伐 "伐"當作"代"。

⑤ 遺 "遺"當作"遣"。

⑥ 上賓 此"上賓"二字當為衍字。

⑦ 陽 "陽"當作"惕"。

⑧ 不苦是忍 "不苦是忍"當作"不若是忍"。

① 慮 "慮"當作"遽"。

② 禮 此"禮"當爲衍文。

③ 不 "不"當作"之"。

④ 等 "等"上當有"臣"字。

祇數日矣，臣等仰見皇上孺慕之懷，若有依依戀戀不能慮①捨者，天性至情真誠懇切無踰於此。於此而不行嘉禮，以慰聖母在天之靈，俾其歡然於冥漠，是徒有哀痛迫切之衷，而於所謂繼人之志、順親之心者，猶然有歉，異日追悔，寧不爲終天之恨乎？伏望皇上乘聖母几筵未撤之時，慨發德音，預定東宮開講之期，或於七月，或八月，命臣等擇吉上請，以完此第一大事。其選婚諸事，並祈次第允行。此真大聖人之作爲，乃所以成大聖人之純孝，万代瞻仰，惟此一時。臣等不勝激切顒望，俟命之至。"

七日丙子，大學士方從哲、吳道南謹題："照得本月初九日，恭遇聖母孝定皇太后禫服之期，該禮部具題，在京文武各衙門堂屬等官，各赴昭陵行禮，禮②此在朝廷爲大典，在臣子爲至情，業蒙聖明俞允。伏念臣從哲等，職叨輔弼，誼屬股肱，哀慕之衷，視羣臣尤切，顧不得隨諸臣赴陵展謁，於心實有不安。謹擬初九日，恭詣慈寧宮門外，遙望几筵行四拜禮，以少伸微臣哀痛思慕之誠。臣等未敢擅便，謹具題知。"初八日，奉旨："覽卿等奏，具見忠敬。朕知道了。禮部知道。"

十一日庚辰，大學士方從哲、吳道南謹題："照得庶吉士授官一節，視常期已過十月不③久矣，該吏部題請及臣等揭催已幾十數，不爲不多矣，至於今日，勢窮理極，萬難再遲。其吏部彙以題本，俱在御前，伏望皇上乘此片時之暇，慨賜批發，以完選局而慰羣臣。等④不勝激切懇祈之至。"

是日，大學士吳道南謹奏："爲言官橫發誣欺聖明隱忍至今義難終默事。臣閱邸報，見工科給事中劉文炳疏請考選，大肆醜詆於臣。夫臣己丑之科，乃皇上取置一甲第二名者也，原非由考選也。即使臣非其人，科臣不爲臣惜，獨不爲皇上之簡拔惜乎？況誤取奸元，弊由於外，有搜撿之官，有編號之官，誤由於內，有房考之官，有同裁之官，縱云誤取其文，而奸之發也，功過猶當準也。今招詞盡由外矣，臣又行檢舉矣，乃如怨如恨，嘵嘵不已，得無忿臣之不置於後、而於與試事於外者有不便乎？向刼懲有加，沈同和何得行其奸？既不得行其奸，臣何由而誤取哉？皇上試以此問，其將何以置對？且當孝定皇太后陞祔之時，臣雖抱病，尚有戚戚不忍，悚悚不安處，猶叩拜於慈寧宮門，劉文炳亦臣子也，寧不少忍須臾，以仰體皇上仁孝之念？褊怒一發，並皇上當年之簡迪亦大無忌憚，蓋其意急欲遂臣，而抱病行禮甚非其心之所欲。不知臣叩閣員，即無首輔之相示，已具前疏，況首輔揭已連名，臣心能恝然乎？容臣俟神主永奠、山陵之禮畢，然後詳陳顛末，再申前請，萬懇皇上先賜罷斥，以快基驅逐之心，庶不令國體自臣之今日而大傷也。干冒天威，臣不勝惶悚籲祈之至。"

十二日辛巳，大學士方從哲、吳道南謹題："竊照御史劉光復之事，臣等不避煩瀆，屢冒宸聰，激聒之罪，自知不免，然區區此心，非直為光復也。當聖明之朝，而使主上有罪諫臣之名，寧不貽纍於君父？事仁厚之主，而使言官蒙直言之罰，寧不得罪於士大夫？遇君仁臣直之時，而不能調劑幹①旋，以成一時之盛美，寧不遺譏於清議？總之，皆臣等之責也。抑非獨臣等也。自古帝王，業炳當年，聲施後世者，莫不盛節，當其時朝有鳴鳳之音，廷無仗馬之斥，下效引裾之直，上嘉折檻之忠，猗歟休哉，豈非清朝之善事，微臣之至願哉？今光復繫獄逾一年矣，寸心未剖，雷霆之摧擊旋加，片語纔陳，縲絏之拘攣立至，朝登殿陛，夕伍纍囚，以告況今，似非盛世所宜有也，此臣等之所深惜也。前此九卿纍牘，臺省交章，臣等懼以頻煩取厭，故數月之間相戒無言，以俟宸衷之獨斷。今諸臣靜聽已久，臣等密懇再三，而九重之上寂無消息。況聖母陞祔在邇，皇上大孝已成，此時而德意猶稽，超生無路，過此以往，又將何望哉？臣等合而論之，當靈筵密邇、天威咫尺之際，而光復大言無忌，以致震驚，此戀之罪也，當困衡既久，懲創已深之後，而皇上慨然曲赫②，以示矜全，此聖主之恩也。始因聖母震驚而譴之，天下孰不仰皇上之孝？既因聖母慈悲而宥之，天

① 幹 "幹"當作"斡"。

② 赫 "赫"當作"赦"。

下孰不頌皇上之仁？仁孝並行，恩盛①互用，比大禹下車之泣，追成湯解網之風，臣等犬馬私衷所致願於聖明者如此，非直爲光復，亦非直爲臣等也。臣等補牘詞窮，籲天力竭，有心欲嘔，無計堪施。但望皇上憐臣等之苦心，乘此几筵將撤、慈靈屬望之時，渙發德音，將光復立賜釋放，此真聖母無量功德，皇上所爲薦揚祈祝以增在天之福者，不倍出尋常萬萬哉？万代瞻仰，惟此一時。臣等不勝迫切懇祈惶悚俟命之至。"

是日，大學士方從哲謹題："該臣同官吳道南，先因場中誤取首卷，隨即發覺檢舉，業蒙皇上洞鑒，屢奉溫綸，臣愚竊謂此事皇上知之，中外信之，道南心迹已是自白於天下矣。乃今杜門三月，未肯即出，致臣從哲一人在閣，機務填委，獨力難支，間有事體應與商確者，亦往返不便，臣愚溺職之罪因此益甚。昨初九日與臣同至慈寧宮，望几筵行禮，仍擬十六日恭選聖母神主，此正可入閣辦事之時也。伏望皇上將昨日所上一疏，發臣票擬，勉令速出，上以示皇上優禮之意，下以免臣愚獨任之苦。臣從哲不勝顒望。臣又惟，近日大臣中，如掌詹尚書劉楚先、兵部侍郎魏養蒙、通政使林梓，俱有辭疏，俱未發票。無論諸臣杜門候旨，曠職滋多，而朝廷委任大臣，似亦不宜慢忽若此。更望皇上一併檢發。臣從哲又不勝顒望。"

十四日癸未，大學士方從哲、吳道南謹題："適奉上傳：聖母紳②位奉安奉先殿，欲扶掖行祭告禮，是日几筵前有月祭，足尚未安，行禮不便，遣官代行。隨奉聖旨：'是。奉安神位，祭告奉先殿，遣駙馬候栱③宸恭代。欽此。'臣等仰見皇上孝思純篤，於聖母陞祔大禮，無一事不肅，無一念不處④。祇緣是日既送神王⑤於午門，又安神位於奉先殿，禮文繁縟，而聖躬步履微有未便，故不得已命戚臣恭代。誠敬之志，不獨臣等知之，外廷知之，即祖宗列聖與我聖母在天之靈，當亦無不隆鑒者。臣等又惟，時臨小暑，天氣炎蒸，酷暑熏人，調攝不易，惟望皇上凝神頤養，以葆天和，不勝至願。至於目前應行大政，如嘉禮肆赦諸事，爲臣等近日所請者，更望皇上留意允行，尤

①盛 "盛"當作"誠"。

②紳 "紳"當作"神"。

③候栱 "候栱"當作"候拱"。

④處 "處"當作"虔"。

⑤王 "王"當作"主"。

爲至幸。敬因回奏，附有所懇。謹題。"

十七日丙戌，大學士方從哲、吳道南謹奏："爲山陵禮畢恭慰聖懷事。本月十六日，恭遇聖母孝定皇太后神主奉安昭陵，臣等謹同文武百官於德勝門外行五拜三叩頭禮，恭送訖。仰惟我皇上孝篤因心，報隆罔極，自我聖母陞遐以來二十七月矣，而哀慕之誠有如一日，几筵奠獻，朝夕必親，修建薦揚，虔恭匪懈，音容雖隔，儼然若見於羹牆，精爽常通，怳若時形於夢寐，誠哉事致如生，事亡如存，微獨士庶之難能，抑亦帝王所未有矣。茲者禫除既畢，陞祔禮成，慈靈永奠於萬年，大孝聿隆於千古，從此宸衷怡豫，誕舊滋至之宏庥，朝政清明，茂衍維新之盛治，斯又聖母燕翼之懷，而薄海臣民所爲傾心祝頌者也。臣從哲等可勝歡忭、祈禱之至？"二十七日，奉旨："覽卿等奏慰，具見忠敬之意。朕知道了。禮部知道。"

是日，大學士吳道南謹奏："爲大禮告成聖心用慰人言洊及臣病難支懇乞天恩速賜罷斥以重國體事。臣知識闇淺，學殖空疎，幸際聖明，厠名詞苑，洊蒙寵拔，貳禮春曹，自甘息影山中，重荷召綸天表，控辭三疏，俞旨未承。就列一朞，綿力弗效，顧昨歲之來也，幸瞻仰皇上之天顏，已慰臣獻衋思君之念。當今茲之請去也，獲拜送皇太后之神主，又慰臣山陵篤祜之祈。臣生平之遭際幸矣，臣於止足亦當知矣。即無沈同和之事辱及於臣，無大①馬之病殆及於身，猶當思寵危丐歸休於皇上，況今閽結奸弊，種種由外，二祖列聖之法，皇上守之，以整齊天下，幸不爲奸人竊弄，即各官其責，獨任其咎，臣亦不必多言矣。唯是耳目昏聾，肢體疲憊，兩因行禮，其不堪拜起之狀，已爲同朝之臣所共見，又安敢以殘恩②而業詬置③，玷皇上勉留之溫旨，且令國家大臣之體、士大夫道義相規之意，自今日而大決裂哉？臣愧愈深，臣病增劇，萬懇皇上鑒臣之愚，放歸田里，儻得少緩須臾，所爲啣結天高地厚之恩，死且不朽。屢冒天威，死罪死罪。爲此，具本謹奏以聞。"

① 大 "大"當作"犬"。

② 恩 "恩"當作"息"。

③ 置 "置"當作"詈"。

① 聞 "聞"當作"閣"。
② 決 "決"當爲誤字。

③ 忭 "忭"當作"忭",且上當脫"歡"之類字文。
④ 帷 "帷"當作"惟"。
⑤ 政 "政"上當脫一"大"字。
⑥ 頸 "頸"上當有脫字。

⑦ 尊 "尊"當作"遵"。

⑧ 尊 "尊"當作"遵"。

十八日丁亥，大學士方從哲、吳道南謹題："適文書官金忠恭捧聖諭到閣：'諭內聞①：朕惟聖母鞠育朕躬，決②恩隆重，忽爾昇天，朕心哀慕不已。兹當禫服，神主、神位陞祔陵廟，大典禮成，朕追念慈恩無由仰報，加恩皇親武清伯李誠銘、歲加祿米一百石，中軍都督府左都督李誠鎰，歲與祿米五十石，錦衣衛指揮僉事李誠鉅、錦衣衛左所正千户李誠鏓、錦衣衛鑾輿司所鎮撫李大本、錦衣衛指揮使李大茂，各陞一級，以稱朕孝誠至意。卿等可傳示該部遵行。特諭卿等知之。欽此。'又聖諭：'朕第六子惠王、七子桂王，各年已長成，理宜婚配，欽此。'臣等捧誦再三，不勝踴躍忭③。恭帷④我皇上孝事聖母，古今罕儷，自陞遐之後，哀慕無窮，凡國家大禮政⑤爲慈衷所軫念者，咸欲次第修舉，兹當陞祔禮成，遂推恩皇親李誠銘等，加賜祿米、職級有差，特宏大賚之施，用伸罔極之報，大哉聖孝，真至極而無以復加矣。至於二王婚配，乃朝廷嘉禮，中外仰望方殷，今明詔傳宣，一時並舉，人心慶幸又復何如？頃者儲闈開請，奉旨以八月爲期，在廷諸臣莫不額手而呼、頸⑥以俟，而今復奉選婚之旨，培宗社萬年之計，開本支百世之祥，仰慰慈靈，俯從輿望，豈非大聖人之作爲、而從古帝王所未有之至孝哉？容臣等即傳示該部，並撰擬敕稿進呈發行外，其他大典禮大政事、先最急之務、施不測之恩、爲向來臣等所懇請者，祗當鞠躬靜聽，以俟皇上之次第舉行而已。臣等無任感激欣幸之至。所奉聖諭，並尊藏閣中。謹具回奏以聞。"

十九日戊子，大學士方從哲、吳道南謹題："昨蒙聖諭爲惠、桂二王選婚，臣等欽尊⑦謹將敕稿錄呈御覽。又查得舊規，所選淑女其年歲俱以十四年至十六爲準，此就一人言也，今二禮並舉，在二王睿齡既不相同，則淑女之年似乎亦當有別，此於吉禮關係甚大，臣等未敢擅擬，今將敕內年數字面暫空，以俟聖明裁定，發下臣等尊⑧奉施行。謹題請旨。"

二十日己丑，大學士方從哲謹奏："爲人言再至據實剖明仰祈天鑒事。昨接兵科給事中熊明遇揭帖，謂軍政大典府衛諸臣處分未明，懇乞皇上宸斷。又謂成國公朱純臣，於送主行禮之後，突然見朝，爲枯①輔臣之勢。臣閱之不勝駭異。夫勢之一字，必有權力作威福者始能當之，庸劣如臣，無勢可怙，人人知之也。先是軍政自陳之時，諸疏並發，臣以查例未詳，致將純臣之疏誤擬留任，疎略之罪自不能辭，北②科臣省③言，隨具疏自明，何敢卸過？至其垂誕戎政與否，臣實不知，但當時並未嘗營求於臣，此則臣之可以自信者。頃當聖母神主陞祔之期，純臣與錦衣李如禎等俱疏，請於德勝門外行禮，臣照先年謁陵之例，俱擬准行禮之旨。既見千户陸逵亦有此疏，心竊訝之，但彼既以恭送神主爲詞，似不當以小臣獨爲禁止，擬票之際亦嘗躊躇再三，終無以易。科臣謂臣失裁，失④誠有之，然非臣之得已也。臣於丙申、戊戌之間，兩任國學，時勳臣習禮者共有數人，獨純臣不知何時到監，臣實未與共事，何自稱爲'門人'？今見在諸臣可問也。至於純臣行禮之後見朝視事，臣豈能預知？即知之亦豈能力禁之哉？科臣於前日之誤擬，既諒臣之無心，於純臣今日之見朝，又信臣之不護，可謂知臣甚深、責臣甚恕，臣何又有言？惟是軍政之疏未盡下，諸臣之處未盡明，生羣小觀望之心，隳纍朝黜陟之典，科臣謂臣不能揭聞皇上、再四催請，以完大典，此真臣失職之罪，無以自解，即不必以純臣及逵之事疑臣、責臣，臣亦當勇於受過矣。伏望皇上俯垂鑒詧，諒臣無他，將兵部、科道諸疏盡賜檢發，於府衛諸臣應處者照例革處，庶軍政修明，人心警惕，而徵⑤臣心迹亦可自白於天下矣。臣不勝激切懇祈惶悚待命之至。"

二十一日庚寅，大學士方從哲謹題："該臣同官道南，杜門以來幾三月矣，臣以獨任難支，日夜望其即出。乃昨十六日恭送聖母神主之後，又有請告一疏。臣竊計之，時事紛紜，正臣子協力勵勤之日，主恩隆重，尤大臣殫忠報效之秋，道南之不當去、與其不可去也，不待智者而後知之矣。況場屋之弊端已明，主試之心迹已白，何嫌何疑而猶遲遲未肯即出也？伏望皇

①枯 "枯"當爲"怙"之誤。

②北 "北"當作"此"。

③省 "省"當作"有"。

④此 "失"當作"夫"或"此"。

⑤徵 "徵"似當作"微"。

上，將近日辭疏發臣票擬，敕令速出，入閣辦事，一以存輔臣之體，一以昭皇上委任之誠。臣遇①幸甚。再照數日之間，如尚書劉楚先、侍郎魏養蒙、通政使林梓，又各有辭疏，俱未發票。在諸臣杜門候命，衙門事體妨廢必多。臣又接得遼東按臣揭報，新推總兵李繼功，於本月初九日到任，十三日病故，遼左何地？而一時鎮撫並缺，安危呼吸，真可寒心。則速推總帥以救危邊，養蒙之出尤不可一日少遲者也。統惟聖明留神。臣謹佇立以俟。謹題。"

是日，大學士方從哲、吳道南謹題："為作養人才事。五月十九日，准吏部手本，開具為選法事。案查歷科以來，殿試之後，該內閣題請，將新科進士查訪器識文學俱有可觀者，送翰林院讀書，其餘照甲第選授部寺府州縣等官。及查節年考選之期，俱在六月大選之前。今大選已近，館選無期，相應移會。為此，合用揭帖前去內閣查照施行等因。到臣。照得儲才待用，乃國家首務，而庶吉士之選，尤儲才之最重者。先年閣臣以翰林人多，題准間科一選，今歲原當停選之期。乃科道諸臣建議，以人才之出，每科所同，而或選或不選，不無偏重，仍當照例考選。合無查照節年舊規，限年四十以下，各部院等衙門諮訪器識端雅、文學優長者，開送吏部，按名閱審，果無違礙，疏名奏請，恭候命下，容臣等題請欽定考試日期，遵照施行？其選取人數，似宜仍照癸丑開②科事例，用二十三名。統候聖明裁定，臣等未敢擅便。謹題請旨。"

二十四日癸巳③，大學士方從哲謹題："頃該臣具揭，請皇上檢發同官道南及劉楚先、魏養蒙等辭疏，未審曾撤御覽否？竊見道南自月初至今，疏凡三上，俱未奉旨，杜門日久，進退無據，外間議論或謂臣未嘗催請，以致明旨稽遲。伏望皇上速賜檢發，容臣票擬，促令早出，免致群情揣摩，又滋多事。臣愚幸甚。其魏養蒙見署兵部印信，今養蒙不出，無論部務盡停，遼左何地？此時何時？而總兵員缺無人會推，萬一失事，咎將誰諉？此養蒙辭疏亦不可不亟下也。臣又帷④軍政一事已踰半

①遇 "遇"當作"愚"。

②開 "開"字當為衍字。

③巳 "已"當作"巳"。

④帷 "帷"當作"惟"。

年，尚有兵部題覆各本未盡得旨，以致大典未完，人情觀望。竊意府衛諸臣既經糾處，即奉旨少遲，決無再出視事之理，則孰若早賜裁斷，照捌①議處？結前局而省多言，計無便於此者。統惟聖明留神省覽，檢發施行。臣不勝迫切懇祈之至。"

是日，大學士方從哲、吳道南謹題："適文書官王體乾恭捧聖諭到閣：'諭內閣：朕自二十四年因服清眩之藥過多，痰流注足。恭惟聖母在御，凡遇節辰，朕恭詣慈宮朝見，聖母知朕足疾不便，准着人攙扶行禮。昨聖母陞天，朕哀慕悲痛，足疾發甚，恭遇祭祀並一應事宜，遵例扶掖行禮。今朕足疾未愈，況文華殿窄小，視朝行禮不便，待三殿工完，先行陞殿，後出視朝，卿等傳示該部，不許再來瀆擾。故諭。欽此。'頃者恭遇聖母陞祔禮成，皇上考思已盡，臣等正擬於炎暑少退之後，懇請皇上御殿視朝，以修曠典，以慰中外瞻仰之私，乃禮臣業已循職疏請，臣等方在靜聽，茲蒙聖諭以足疾未愈，且文華殿窄小，行禮不便，欲待三殿工完，先行陞殿，然後視朝。臣等仰見皇上勵精之心未嘗少懈，臨朝親政，計日可期，敢不仰體？容即傳示該部，令勿再瀆外，臣等區區之衷，但望皇上清心靜攝，順時令，慎起居，不獨足疾旦夕可平，將見志氣日益清明，精神日益強固，於時臣等再申前請，以復臨御常規，豈非臣等之至願哉？所奉聖諭，敬尊藏閣中。臣等謹具回奏以聞。"

二十六日乙未，大學士方從哲、吳道南謹題："邇者恭遇聖母陞祔禮成，中外人心所仰望於皇上者，第一在開儲講、選王婚，而此二事者皇上業已渙發明綸，有定期、有成命矣。其次若補大僚、錄廢棄、允候補科道、點各處按差，俱係切要。然聖意已覺轉移，舉行將有次第，臣等姑不敢一一煩瀆。乃目前至切至要不容少緩者，則無如考選一事。蓋臺省之缺，至今日而極，諸臣候命之久，亦至今日而極矣。六科見在寥寥數人，序轉者不下，署印者不俞，紃②繩封駁之司幾成虛設，此非盛時景象也。御史自題差候旨外，亦寥寥數人，一人而掌數道，一身而領幾差，馳騖難周，支吾不給，今按差報滿者續至，俱

①捌 "捌"當作"例"。

②紃 "紃"當作"糾"。

無人可題,此果人之不足於用哉?有人而不用,與無人同。在諸臣徒與①困頓之嗟,而在國家頓成空虛之象,朝廷既不得收賢才之用,而諸臣又自灰其圖報之心,拂人情廢國事,失祖制壞官常,無一可者,皇上奈②何不深長思也?臣等猶憶,庚戌留部之後,至壬子命下,前後三年耳,言者猶以爲遲,今自癸丑題留,甲寅考選,至此已四年矣,視前次又多一載矣,而俞旨尚稽,授官無日,寧獨諸臣所遇之窮日甚一日,而朝政之廢馳,國勢之陵夷,亦日甚一日,臣等與吏部之失職,亦日甚一日矣。過此以往,又當何如?臣等所以既爲目前惜、又爲日後慮也。臣等謹齊沐密請,不敢外聞,伏望皇上獨斷於衷,如昨開講、選婚之事,將明旨沛然渙發,出人意表,併將授部張光房等概賜允用,則大聖人作爲,豈非一時之所祝誦、万代之所瞻仰者哉?臣等不勝迫切懇祈皇恐俟命之至。"

二十七日丙申,大學士吳道南謹奏:"爲天恩隆重感激彌深襄③病日增罔堪佐理懇乞皇上速賜罷斥以全晚節事。臣以試塲召孼④夙夕懷慚,耳目四肢大覺頹憊。頃因皇太後陞祔之期,勉出拜送,深虞隕越於成禮,幸無彈絆於朝儀,故臣之屢承明旨,疏而又疏,臣之譴重而臣之分薄也。於本月二十六日,復奉聖旨:'閣務繁重,前屢旨令卿即出,如何又以病辭?況塲事奸弊已明,於卿無預,朕所洞悉,何必介懷?宜遵命即日入閣贊襄,副朕延佇之意。毋得再有託陳。該部知道。欽此。'臣涒承宸渙,願效匪躬,自度疾軀終難竭蹙,敢冒昧而申請,復披瀝以抒衷。伏念臣硜硜自守,拙拙無能,謬厠佐理之司,徒貽⑤伴食之誚,循涯省分既已灆⑥踰,校士失真自甘擯斥,荷皇上天地之高厚,不廑宥過之洪慈,日月之照臨,又發燭奸之明見,兼曲豁夫愧訟,特直令以贊襄,天語諄諄,臣心稟稟。奈犬馬之戀不能勝膏肓之攻,而踵頂之捐祇深爲唧結之報。万懇皇上念臣止足之大戒,放臣朽散之殘生,與以始終,免其危殆。繼自今少緩須更,真無時無處而皆戴沐皇上免歸之大賜。臣不勝惶悚籲祈之至。"

①與 "與"當作"輿"。
②奈 "奈"當作"奈"。
③襄 "襄"當作"衰"。
④孼 "孼"當作"孼"。
⑤貽 "貽"當作"貽"。
⑥灆 "灆"當作"濫"。

萬曆四十四年

二十九日戊戌，大學士方從哲、吳道南謹題："近見都察院題催各差御史。其缺甚多，亦甚久，其詞甚切，亦甚苦矣，而概未省發。至於浙江巡按李邦華抱病危篤，性命可虞，該撫臣劉一焜兩次代題，都察院屢次催請，而求點差不報，求免代不報，此其勢必至於徑去耳。與其去而議處，孰苦早點新差，早令交代，於政體人情得以兩全之爲愈也？且今天下，非無事之時也，所缺按差諸處，又非無事之地也。或畿輔重地，或邊海要區，或關國儲之盈虛，或係軍餉之緊急，此何等地方？何等事體？而可令經年纍月彈壓無人，廢弛日甚乎？聞近日有求代不得而去者矣，有求去不得而死者矣。諸臣風紀是司，而乃至身扞乎三尺，生還無望而徒令抱恨於重泉，此等景象，恐非盛世所宜有也。總之，差已滿而候代無期，則舊者病，差已題而出巡無日，則新者病，二者之病，病在人。一方無巡歷之臣，則一方病，一事無糾察之官，則一事病，二者之病，病在國。皇上縱不爲諸臣計也，獨不爲國事慮乎？邇來災沴頻仍，民生日困，財用匱乏，邊警時聞，所爲宣達情①，安民飭吏，振紀綱於將墜，弭禍亂於未萌者，惟此二三持斧之臣是賴，而皇上顧屑越之、困頓之若是也，無乃天下爲戲乎？伏望秉萬幾之暇，將近日都察院題本盡數檢出，未票者發臣等票擬，已票者即賜批行，疏積習而肅臺綱，亦我皇上維新庶政之一端也。臣等不勝迫切懇祈之至。"

①情 "情"上當有脫字。

**萬曆起居注**

①六 "六"上當有"萬曆四十四年"六字。
②念 《吳文恪公文集》卷一二"念"下有"臣"字。
③猶 "蕕"當作"猶"。
④肯 "肯"當作"肩"。
⑤狗 《吳文恪公文集》卷一二"狗"作"徇",是。
⑥持 《吳文恪公文集》卷一二"持"作"待",是。
⑦剌 《吳文恪公文集》卷一二"剌"作"刺"。
⑧晰 《吳文恪公文集》卷一二"晰"作"晰"。
⑨左 《吳文恪公文集》卷一二"左"作"新"。當作"圣",即"聖"。
⑩青 "青"作"眚"。
⑪越 《吳文恪公文集》卷一二"越"作"鉞"。

六①月一日庚子,朔,大學士吳道南謹奏:"爲科臣借事極詆稍辯返起他疑溫旨頻徵臣罪日甚懇乞皇上速賜罷斥以謝人言以全臣節事。竊念②拘方拙守,寡與孤踪,自赴召命以來,疑城未破,家難洊仍,故在閣兼一日不思去。第荷聖恩,勉思圖報,不意遇典願違,而以假元召譴也。初經論列,臣蕕③少辯,惟科臣劉文炳之疏,臣謹避之,以爲求去地。乃復於慈寧宮門行禮之次日,疏請考館,大肆醜詆於臣。夫人臣比肯④事主,總藉皇上之寵靈,有罪則請罪,何可詈人?何甘受詈?古云士可殺不可辱。難道愧忿之極,彼無擇言,此能結舌也?頃接巡按河南監察御史張至癸揭帖,《爲險輔殺機突橫挑激聖怒》一疏,臣讀之不勝惶悚,不且驚訝。御史遠在千里外,所據者邸報之章,所未悉者詆臣之故,臣含忍至此,敢不爲皇上一陳之。昨歲五月初十日,臣入閣僅三日耳,查歷來相沿閣規之帖,用以答拜,例也,猶科有科規,道有道規,誰肯曲狗⑤而自瀆之?獨科臣劉文炳令一役擲還原帖,且謂本官分付,教臣莫學嚴嵩。背戾狂言,殊駭人聽。臣徐解之曰:'此帖閣中相沿久矣。今之來,應皇上召命而來,投帖細故,何至比我於嚴嵩?'國家二百數十餘年來,但有糾劾閣臣之言官,豈有罵詈閣臣之言官?且辰之以班皂乎?即欲具疏控辭,因首輔曲慰而止。是時,文炳殺機已動,特未有隙耳。臣遭時不辰,忽有假元之事,臣檢舉持⑥罪,屢疏乞休,陰陰之譴,已自靡寧於心,鬱鬱之懷,有難遽宣於口。蒙皇上寬而宥之,諒其無他,責令入閣。即科道諸臣觸事論剌⑦,未嘗不深晰⑧懷挾之弊、買號之奸、與夫預藏之巧,反覆極論,正正堂堂,安敢不服?乃科臣劉文炳幸災伺間,勃發殺機,偏疏攻臣,如怨如恨,恣意訶詈,目以爲庸。夫聖主在上,宜得賢臣,豈堪清朝濫置庸輔?兼臣入閣之始,值左⑨政維新之會,苟可抒其積悃,臣曾情見乎辭,苟可少佐下風,臣輒憂形於色,臣果泄泄沓沓之庸乎?抑唯唯諾諾之庸乎?一青⑩偶置,三襯自甘,在皇上猶曲賜綸袞之榮,在科臣及有甚於斧越⑪之辱,宜臣之難堪也。激而有鳴,尚且忍垢,科臣益枝蔓其詞,尅核愈甚,臣又何言哉?非不能言也,一往一復，辟如市儈村嫗翻騰口角，臣實恥之。御史未知其然，具疏論臣，以祈皇上之嚴敕，臣宜靜聽處分，何敢曉曉？唯是劉克①復之事，酋②輔與臣日夜望皇上以寬釋，問成受③意臣爲代草，懇切苦救之揭見在御前，皇天皎日式靈鑒之。一之爲甚，其可再乎？矧皇上撫御將五十年來，聖度如天，凡大小臣工，靡不兼容併包於大造之內，即有當年觸聖怒者，往往沛當④雨之解，獲全生於聖世。是皇上未嘗以怒借人，誰其敢挑？臣叨閣員，方祇承帝德之不暇，何忍以挑之一字萌於心也？臣不必辯矣。獨念出山之本懷，計朴忠可以仰答君父，或素心可見諒於士大夫，豈料偶誤，遂致苛求？多一番辯説，多一番罪案。皇上召臣以佐理者謂何？乃叢垢叢疑至此，臣又何顔入政本之地、隨首輔之後乎？萬懇皇上亟賜放歸，遂臣初志，則人言可息，禍機可社⑤，國家之大體不至重傷，閣臣之顔面不至盡喪。如此，則科臣之言非徒相攻，亦以相成。臣歸老林泉，獲與田夫野叟侈此餘齡，則閭閻杖履之間，尤勝鋒鏑之集也，其所爲戴沐皇上之湛施爲尤渥矣。數冒天威，死罪死罪。臣不勝戰慄控籲之至。"六月初八日，奉聖旨："卿公忠清正，朕所鑒知。況沈同和事，該部已經問結，明係懷挾，與卿何涉？此乃監臨搜檢不嚴，科道官如何乃並無一言及之？顯是黨比同類。且張至發遠在千里，邸報未真，遽爾狂躁，輕詆大臣，着與外簾搜檢李嵩等都姑且罰俸半年。劉文炳這廝素懷私憤，輒逞臆肆言，誣衊輔臣，好生可惡。本當重治，姑着調外任用，不許朦朧推陞。今國事多艱，卿不必⑥浮言介意，宜遵屢旨，即出入閣佐理，共襄國事，以副朕倚賴至意。慎勿再有所陳。該部知道。"

四日癸卯，大學士方從哲謹題："頃自聖母陞祔之後，皇上再渙綸音，一爲惠、桂二王選婚，於時明詔一宣，歡聲雷動，宮闈之內，朝寧之間，頓增許多光彩，臣愚誠不勝至幸。惟是目前要務，自婚、講而外，示可指數，如補大僚、下考選、釋疊繫、點按差，臣皆與同官具揭催請亡慮十數，而微誠未達，天聽益高，補牘徒勤，俞音絕響。他如軍政之大典未竣，散館

① 克 "克"當作"光"。
② 酋 "酋"當作"首"。
③ 問成受 《吳文恪公文集》卷一二"問成受"作"閒或授"，是。
④ 當 《吳文恪公文集》卷一二"當"作"雷"，是。
⑤ 社 《吳文恪公文集》卷一二"社"作"杜"，是。

⑥ 必 《吳文恪公文集》"必"下有"以"字，是。

之前局未完，人懷觀望之心，衆起不均之歎。又如熱審之旨未即下，留稅之請未即俞，選館之疏尚未允行，諸臣請告之章久未批答。種種沉閣，事事壅淤，因循玩愒之形，視三年諒陰之中，殆有甚焉。此非中外仰望之心，亦非臣愚將順奉揚之初志也。臣自五月以來，觸暑致疾，眩暈時作，委頓不支，憂思結於衷，奔走勞於外。昨兩日復以病瀉不能入直，雖偃卧牀褥，而念及時事，殊踢踏促不能自安。今早祇得勉強趨入，然而喘汗支離，生理幾乎盡矣。臣病軀何足惜？即盡瘁何敢辭？獨念職業罔裨，徒勞無益，曠官日甚，靦面奚施？循分省愆，惟有自傷自愧而已。夫竭大①馬之力以勉圖報效者，臣之職也，虛聽納之懷，俾人臣得遂其圖報之心者，上之明也。伏望我皇上宥臣尸位，憐臣苦心，將同官吳道南辭疏早賜檢發，促令速出視事，同臣贊理，並將目前要務，盡賜裁斷施行，庶臣身雖困，臣心稍安，自今以往，或猶可少效尺寸，圖報聖恩於萬一也。儻巨疾旦夕未痊，尚擬請假暫攝，冀延殘喘，兹具②未敢遽瀆耳。臣病苦之中，不勝迫切籲天惶悚待命之至。"

　　八日丁未，大學士方從哲、吳道南謹題："爲作養人才事。五月十九日，准吏部手本，開具爲選法事。案查歷科以來，殿試之後，該內閣題請，將新科進士查訪器識文學俱有可觀者，送翰林院讀書，其餘照甲第選授部寺府州縣等官。及查節年考選之期，俱在六月大選之前。今大選已近，館選無期，相應移會。爲此，合用揭帖前去內閣查照施行等因。到臣。照得儲才待用，乃國家首務，而庶吉士之選，尤儲才之最重者。先年閣臣以翰林人多，題准間科一選，今歲原當停選之期。乃科道諸臣建議，以人才之出，每科所同，而或選或不選，不無偏重，仍當照例考選。合無查照節年舊規，限年四十以下，各部院等衙門諮訪器識端雅、文學優長者，開送吏部，按名閱審，果無違礙，疏名奏聞③，恭候命下，容臣等題請欽定考試日期，遵照施行？其選取人數，似宜仍照癸丑科事例，用二十三名。統候聖裁明④定，臣等未敢擅便。謹題請旨。"十一日，奉旨：

①大　"大"當作"犬"。

②具　"具"當作"且"。

③聞　"聞"當作"請"。

④裁明　"裁明"當作"明裁"。

"吏部知道。"

九日戊申，大學士方從哲謹題："昨早蒙發下同官吳道南辭本，奉旨將御史張至發等罰俸，給事中劉文炳調外任。天威嚴重，臣愚方切惶悚，何敢輕有塵瀆？已復思，言官論人當存大體，而朝廷之待言官也，貴示優容。先是，道南場中誤取首卷，原出無心，隨經發覺、檢舉，已蒙皇上洞鑒。嗣後，諸臣建白先請覆試，以辨真偽，繼請法司究罪，以正法紀。此皆就事論事，無非欲懲奸弊以重科場，意至平、論至當也。惟是科臣劉文炳先後兩疏，氣既不平，語多近訐，明旨謂其肆言誣衊，彼亦何辭？獨念文炳，言官也。言而當，皇上固宜聽納之，言而過，皇上亦宜優容之。若以誣衊輔臣之故，即加調處，既非皇上平日包荒之度，無乃重輔臣以不安乎？寧獨道南，當臣從哲在事之時而使言官得罪以去，臣之心能自安乎？臣適晤道南於寓，見其踧踖不寧之意形於詞色，且約臣具揭，同為申救，此其心可諒也。皇上誠欲安道南之心，則莫若薄文炳之罰。伏望收回成命，將文炳免其調任，或量加罰治。其張至發等並賜原免。仍諭文炳，以後凡有論列，務存大體，毋得肆言以傷雅道，庶臣工輯睦，而國體亦不至於陵夷矣。臣不勝激切懇祈之至。"

是日，大學士方從哲謹題："昨日接得光祿寺寺丞董可威揭帖，謂本寺職司上用及內外供應錢糧，頭緒煩多，料理不易。堂上官自正卿未點外，如少卿周希堅、王玠，先後俱以差出，今祇有可威在任，數人之事莘①於一身，東騖西馳，未免顧此失彼。兼以夙疾增劇，瘝曠②可虞。請將吏部推陞少卿候執躬等早賜點用，以圖共事。臣等閱之，見其詞甚切，其意苦③，蓋既為衙門職業慮，又為一身疾病慮，非得已也。伏望皇上俯念上供關係匪輕，錢糧出納委非一人所能獨理，將前後推陞各官亟為允用，庶分理有人，而大庖無廢事之虞矣。再照近推各官，如候執躬、徐必達等，或在原任，或在里居，即奉除書，未能剋期到任。獨高桂見任兵部郎中，真可朝拜命而夕受事者，且本官資俸極深，久滯郎署，臣等方望皇上以不次之擢。今若

① 莘 "莘"當作"萃"。
② 曠 "曠"當作"曠"。
③ 苦 "苦"上當有"甚"字。

就近量移，令與董可威一同任事，在可威得免獨賢之勞，在桂亦獲有同陞之望，豈不一舉而兩得哉？仰惟聖明裁察，臣等不勝顒望之至。"

是日，大學士吳道南謹奏："爲奉職無狀擯斥自甘纍及言官臣罪滋甚懇乞皇上共溥天恩愈皷忠直之氣事。臣以墮奸被論，辯疏起疑，乃於本月初一日，復上乞速賜罷斥以謝人言以全臣節一疏，本月初八日，接吏部咨，奉聖旨：'卿公忠清正，朕所鑒知。況沈同和事，該部已經問結，明係懷扶①，與卿何涉？此乃監臨搜檢不嚴，科道官何乃並無一言及之？顯是黨比同類。且張至發遠在千里，邸報未真，遽爾狂躁，輕詆大臣，着與外簾搜檢李嵩等都姑且罰俸半年。劉文炳這廝素懷私憤，輒逞臆肆言，誣衊輔臣，好生可惡。本當重治，姑着調外任用，不許朦朧推陞。今國事多艱，卿不必以浮言介意，宜遵屢旨，即出入閣佐理，共襄國事，以副朕倚賴至意。慎勿再有所陳。該部知道。欽此。'臣報深汗浹，驚極魂搖。竊念臣見非超域②，守亦拘方，天日誓盟，大道願偕天下，神鬼播弄，臣猬潛入彀中，既掛人言，自當引退，敢辱宸渙，遊賜慰留？品省③望輕，何當於公忠清正？神昏質朽，罔效夫佐理共襄。感召之垂，臣實不德，糾劾之及，人也何尤？蒙洪恩曲宥夫臣愚，乃嚴威反加於言路，亦有推極秘詭之情狀，務在窮誅，其或少諒劫愍之艱難，免致多纍。皇建其極，而無偏無黨，共履《洪範》之蕩平，臣固非賢，而或罪或知，當思《春秋》之責備。科臣劉文炳，直其天性，愧不能緘口以成風裁之名。御史張至發，言亦正辭，旦④或未諒心而疑殺機之動。誠恐心迹之晦，稍辯根因，何期調罰之加，益增震怖。方追悔之無地，敢控籲以回春。懸國法如水之平，而外簾內簾有難獨罪。荷聖度如天之大，而當事言事均賴同仁。萬懇皇上收回嚴命，允臣早歸，一以作言官敢言之氣，不以煩激之爲嫌，一以憫微臣已頹之齡，庶免危殆之爲纍。況捧誦頒綸，惟以臣之故，少存其顏面，則虔祈解網，亦惟以臣之故，普賜天矜。原臣之幸也，不則臣之罪滋重，臣之心愈大不安矣。干冒宸嚴，臣不勝惶悚迫切仰叩之至。爲此奏

① 扶 "扶"當作"挾"。
② 域 "域"似當作"越"。
③ 省 "省"似當作"劣"。
④ 旦 "旦"似當作"但"。

聞，伏候敕旨。"六月十五日，奉旨："卿忠清正直，朕素鑒知。劉文炳這廝惠①意徇私，放肆無忌，本當重治，朕體念卿意，姑從輕處了。宜遵屢旨即出，安心贊理，以副眷懷。毋得再陳。該部知道。"

十日己酉，大學士方從哲、吳道南謹題："頃該吏部會推陝西、四川、大同、延綏四處巡撫，今已十日，未蒙發票。照得巡撫膺保釐之寄，專制一方，凡錢穀兵戎一切重大之事，無一非其職掌。此在平居無事之際，尤不可一日無人，而今何時也？陝西遠控諸邊，適徊②寇縱橫之日。西蜀外臨番旗③，當稞夷平定之初。大同逼近虜巢，正貢市紛紜之會，撫綏彈壓何可一日無人？而延綏則又異是矣，去秋套虜入犯，我師失利，隨該總兵官秉忠、杜文煥節次擣勦，斬獲二三千級，雖兵威稍振，而虜之蓄憤益深，目下秋防尤宜萬分加謹。此何地何時而可無新臣以肩其任也？伏望皇上軫念封疆重寄不可久虛，將會推諸臣速賜點用，敕令刻朝赴任，交代管事。其會推南北祭酒更祈一併檢發，尤爲至幸。臣等不勝激切懇祈之至。"

十九④日甲寅，大學士方從哲、吳道南謹題：昨見戶部題催巡倉御史，極其緊切。蓋以漕糧抵霸，當刻期入倉，而彈壓無人，遂致耽閣，且千艘鱗集，不無風波震蕩之虞，萬卒久留，或滋插和侵漁之弊，時事之最重且急，無喻⑤此者。伏望皇上軫念糧運乃國家命脈，關係匪輕，將都察院題差御史王象恒，立賜點用，俾令速任管事，倉庾幸甚。再照浙港式巡按李邦華，差滿已久，抱病甚危，頃該撫臣三次代題，勢誠迫切，儻蒙皇上速點⑥點新差，俾合免代以去，庶足以存國體而恤臣私，此又各差中之最要者。統惟聖明留神裁斷，臣等不勝懇祈仰望之至。

十六日已⑦卯，大學士吳道南謹奏："爲瀝恍⑧顥顥⑨再懇皇上矜宥言官以溥天恩以慰人心事。臣叨典會塲，墮奸被論，

萬曆四十四年

三二六五

①惠 "惠"當作"專"。

②徊 《明神宗實錄》卷五四六 "徊"當作"狙"。
③旗 《明神宗實錄》卷五四六 "旗"作"族"，是。

④十九 "十九"當作"十五"。
⑤喻 "喻"當作"逾"。
⑥點 此"點"字爲衍文。

⑦已 "已"當作"乙"。

⑧恍 "恍"當作"忱"。
⑨顥 "顥"當作"籲"。

# 萬曆起居注

仰祈①聖明昭鑒，曲豁臣愚，而言官及搜檢諸臣未蒙併貸，臣於本月初九日上乞恩均宥並罷臣一疏，於十五日奉聖旨：'卿忠清正直，朕素鑒知。劉文炳這廝專意徇私，放肆無忌，本當重治，朕體念卿意，姑從輕處了。卿宜遵屢旨即出，安心贊理，以副眷懷。毋得再陳。該部知道。欽此。'臣竊思忍辱之未能，總爲救過之不暇②，好辯原非得已，激怒愈晦初心。祇奉明綸，自宜緘口，第臣之引愆負罪，誠有大不寧於其中者，敢冒死復請於皇上。夫國家有至平之法，而後人情無不平之鳴。臣子有不得已之衷，始敢叩天閽而申無已之請。夫假元之事，內外各有其責，試探之冥冥默默之中，有此奸宄之異，誰司文衡而召此？臣之不德故也。今奪俸調官，人各被罪，臣獨異③然亡恙，返荷溫綸，蓋緣浣濯夫微臣，遂爾盎溢於宸翰，且諭之以體意，勉之以安心，捧誦再三，真造化培無用之物，乃臣不自安於幸免，而猶敢以生成之均仰祈於大造，何也？則以相安於無事，相忘於無言，臣之心也。故當其事發之始，科道諸臣所謂執法持平之論雖不及臣，而臣亦內赧，間有及臣，而臣亦不辯。獨劉文炳責備之過，稍覺動於容④氣，而臣亦動奄奄之人氣，是以激相激者也。按臣張至發糾參之詞，特虞殺機之伏，而臣遂直抒發機之由，是不能以言受言者也。臣乏休休，遂成悻悻，不意仰觸天威，而臣之分過分罪又不獨在試事已。況皇上聖明在御，霜雪雷霆無非天澤，然猶於觸犯之臣輒多寬宥，兼近來閣臣，即輔理年久，凡有言者，亦未嘗以言賈罪。君⑤在臣論受事，僅僅期年也，論墮奸，或有地⑥譴也。臣方愧省侃戾之深重，濫俸之過多，湊合奸人，蔓延無極，安敢於言官復於今日自臣而受摧折之名哉？此臣之不避斧鉞之誅，而復敢冒罪以請者也。萬懇皇上眞鑑切之若⑦，祈擴浩蕩之洪宥，調官者仍以原官，奪俸者仍以常俸，則人人咸包育於聖度，而國法無偏枯之嘆，臣之感死且不朽。若臣之抱病來時，已中膏肓，臣之乞骸此日，尤爲狼狼，容臣另疏哀鳴，不敢附奏以重煩天聽，且以明臣之求去原以病迫、非以言迫也。臣不勝戰慄惶悚控懇之至。爲此具奏，伏候敕旨。"

① 祈 《吳文恪公文集》卷一二"祈"作"荷"，是。
② 暇 《吳文恪公文集》卷一二"暇"當作"暇"。
③ 異 《吳文恪公文集》卷一二"異"作"晏"，是。
④ 容 《吳文恪公文集》卷一二"容"作"客"，是。
⑤ 君 《吳文恪公文集》卷一二"君"作"若"，是。
⑥ 地 "地"當作"他"。
⑦ 眞鑑切之若 《吳文恪公文集》卷一二"眞鑑切之若"作"鑑眞切之苦"。

萬曆四十四年

十七日丙辰，大學士方從哲謹題："頃者科臣劉文炳被謫，該臣具揭申救，未蒙矜允，此衷躊躇不能自寧，正擬再申前請，而同官吳道南已有瀝忱籲籲之疏矣，臣豈容終默？竊惟疏通言路，乃人主圖治之要機，而保護言官，乃大臣以人事君之大節。朝廷設立臺諫以言責畀之，原導之使言，非抑之使不言也，而求言之至，聞以不言責之，未聞以言罪之也。至於大臣之職令①，在啟沃君心，保全善類，若平時不能維持調護，臨事不能慇懃挽回，上次成納諫之名，下以作敢言之氣，則溺職之罪亦有不得而辭者。我皇上虛懷從諫，含容如天池②，聽納如江河，古帝王曳裾止輦之風當不多讓。奈何邇年以來，以慎重之心，成厭棄之意？移遵③諸臣，候補者不允，考選者不下，即近日散館者亦久不報，遂使烏臺青瑣之地稀若晨星，差遣若④於乏人，封駁幾成虛設，蓋言路之空匱極矣。而頃者半歲之間，有翟鳳翀之調，有郭尚賓之降，今又有劉文炳之調，進之艱於拔山，退之易於振籜，養之數年而不足，斥之一旦而有餘，此臣愚之所深惜也。臣職叨輔理，既不能使諸臣諫行言聽，以追古君仁臣直之休，乃坐視其摧殘，而不為以⑤盡力以回天聽，保全之誼謂何？清夜捫心，將何地以自容乎？伏望皇上擴乾坤之量，霈雨露之恩，俯念文炳言雖過激，心實無他，俾令仍守舊官，免其調任，不獨文炳感激圖報，益輸獻贊之忠，且不使聖明之世有因言獲罪之臣，將道南之心安，而臣愚溺職之罪亦可以少逭矣。臣不勝激切惶悚懇祈之至。"

是日，大學士方從哲、吳道南謹題："適蒙發下原任左都督李文貴妻夫人俞氏一本，為文貴承嗣姪男李大和乞恩授職。恭惟我皇上，大孝特隆於聖母，洪仁偏⑥及於懿親，頃因陞祔成禮，加恩李誠鑑、李誠鍫等祿米職級有差，獨大和以先時繼嗣之子未霑餘澤，此夫人俞氏所以有援例推恩之請也。臣等仰體皇上仁孝至情，即宜擬票呈上。但念此係非常特典，並無舊例可循，其職之大小，品之崇卑，豈臣下所敢擅定？謹將原本封進，伏祈天語傳示應授何等職銜，使臣等據以票擬，恭候聖明批發，庶大和母子獲蒙錫類之仁，而臣等亦不悖於遵⑦王之義

①令 "令"當作"分"。
②池 "池"不作"地"。
③移遵 "移遵"當有誤字。
④若 "若"當作"苦"。
⑤以 此"以"字當為衍字。
⑥偏 "偏"當作"徧"。
⑦遵 "遵"當作"尊"。

矣。謹題。"

十九日戊午，大學士吳道南謹奏："爲福緣淺薄病體日增重負聖恩萬死莫贖哀懇皇上垂慈放歸田里以全殘生事。臣以一介監儒，遭逢明聖，歷官禮貳，濫備閣員，計叨皇上豢養之恩將三十年矣。計召起田間、復荷温綸屢促矣，計入朝之初，又復快覩①天顔親承天語矣，犬馬尚能戀主，草木亦知向榮，臣有血氣心知，豈敢不思仰答天高地厚之恩、而犬馬草木之不如哉？無奈纏綿病體，迍邅遭遇，雖欲勉效驅馳，不可得也，請爲皇上詳陳之。夫事君致身，人臣之義，然必身無大患，而後其身可致。内②如臣僅餘空質，徒抱委形，兩目昏昏，白日中如覩蒙露之色，兩耳瞶瞶，静室内如聞空谷之聲，更兩足摇摇，即履實而步虚，多正行而旁出，年未及夫車懸，哀已幾於漏盡。此臣之不容不去者一也。今之閣臣，雖非古之三公，然陰陽有貳紀③之責，災異有策免之條。今佐政未及期年，而校士墮奸，是未免以戾而召戾，其能④以和而召和又可知也。此臣之不容不去者二也。臣之⑤幸際同朝，相守以法，相正以義，而無凌誶之加，所以存體也，臣雖菲省⑥，既以叨佐理之司，在大臣之列矣，乃不能忍辱以奉良規，遂成交激，令士大夫不願有此景象自今而見，閣臣不願有此景象自臣而始。此臣之不容不去者三也。夫由前言之，則其病在臣體，由後言之，則其病在國體。苟國體之有傷，雖有強健之身，尚不敢以辱國，況臣體之已憊，雖有圖報之念，終難異於朽軀。故始焉惟慰⑦出山之大⑧遲，今焉惟恨入地之不早。臣情至此，尚何顔苟活須臾，徒陪科臣之一去已哉？萬懇皇上憫其哀鳴，察臣之愚，放臣之歸，臣獲退休田野，歌詠太平，則臣之飲食起居，無非戴沐帝恩時也。臣不勝感激啣結之至。"七月初六日，奉旨："覽卿所奏，具見忠誠至意。昨已屢旨命卿入閣視事，如何又有此請？政本重地，朕倚毗方殷，卿豈可久居私寓？着鴻臚寺堂上官宣諭朕意，即出入閣贊理，以慰眷倚之懷。慎勿再有陳奏。該部知道。"

①覩 "覩"當作"覲"。
②内 《吳文恪公文集》卷一二"内"當作"乃"，是。
③紀 《吳文恪公文集》卷一二"紀"當作"化"。
④能 《吳文恪公文集》卷一二"能"上有"不"字，是。
⑤之 《吳文恪公文集》卷二"之"作"子"，是。
⑥省 《吳文恪公文集》卷一二"省"作"劣"，是。
⑦慰 《吳文恪公文集》卷一二"慰"作"慮"，是。
⑧大 《吳文恪公文集》卷一二"大"作"太"，是。

二十日己未，大學士方從哲、吳道南謹題："頃該臣等以漕糧已到，收納無人，請皇上連①點巡倉御史及浙江巡按御史，今又數日，未蒙檢發。昨見都察院有總催十四差之疏，儻蒙聖明俯念按差重任，各處彈壓不可無人，將此疏發臣等票擬，盡數點用，俾令前去任事，則朝廷省多少煩瀆，地方濟多少事體？行之至易、至簡，而所裨於政體者最重、最大，豈非目前之要務哉？不然，亦望皇上擇其緊要、懸缺最久者，先點三五人，以復②陸續點用，數日之間亦可了此，此臣等所深願也。至於四處巡撫，欽點已久，更祈即賜批發，尤爲至幸。臣等不勝迫切仰望之至。"

① 連 "連"當作"速"。

② 復 "復"當作"後"。

二十一日庚申，大學士方從哲、吳道南謹題："點③得御史劉光復，繫獄已逾一年，即該大小臣二④竭誠懇請，連章累牘，不啻百餘，臣等仰體聖母好生之德及我皇上錫類之仁，先後懇祈亦不下十數，乃顯言之不報，密請之亦不報，向與諸臣相成⑤，靜聽以俟宸衷獨斷，而日復一日，杳無肆赦之音，此臺省之臣所以又不得已而有言也。且皇上之罪光復也。原以震驚几筵之故，今神主陞矣，几筵擬⑥矣，慈靈赫赫已永奠萬年之安，而當日獲罪之人猶然幽囚於縲絏，聖母之心能晏然乎？是皇上初意，本欲安聖母如在之誠，而乃久羈狂戇之臣，以重拂其慈悲之念，無論非聖母之心，恐亦非皇上之心已。目下炎暑薰蒸，獄中疾疫盛行，死忘⑦相繼，以是部科交章請亟行熱審，爲各犯開一線生路，況前日乘驄冠豸⑧稱皇上侍從之臣者哉？聞光復念母憂勞，且感冒時症，勢甚危篤，儻一旦無祿瘐死囹圄，將使聖明之世有僇諫臣之名，臣等所不忍聞也。昔唐敬宗時，鄠令崔發以縶擒內使，有詔繫獄，言官救之不聽，宰相李逢吉等從容言曰：'崔發輒曳中人，誠大不敬，然其母年垂八十，自發下獄，積愛⑨成疾，陛下方以孝理天下，此宜矜念。'上乃憫然曰：'比諫官但言發免，未嘗言其不敬，亦不言有老母，時卿所⑩言，何爲不赦？'乃釋發，仍慰勞其母。敬宗，末世之主也，一舉而宥過之仁、老老之惠、納諫之明，三者備焉。我皇

③ 點 "點"當作"照"。

④ 二 "二"當作"工"。

⑤ 成 "成"當作"戒"。

⑥ 擬 "擬"當作"撤"。

⑦ 忘 "忘"當作"亡"。

⑧ 豕 "豕"當作"豸"。

⑨ 愛 "愛"當作"憂"。

⑩ 所 "所"當作"若"。

上寬仁盛德，高出千古，即此一事，乃令敬宗得專美於前，臣竊惜之。臣等心力俱窮，詞氣已竭，籲天無計，望眼徒穿，但願皇上以敬宗之釋崔發者釋光復，以完陛衦未了之局，慰聖母在天之靈，將泣罪之風真與大禹比隆，而區區世主何敢望哉？臣等不勝瀝血嘔心激切哀懇之至。"

二十三日壬戌，大學士方從哲謹題："臣自六月以來，冒署積勞，致有眩暈之疾，因同官道南註籍未出，直閣無人，祇得每日趨進。昨兩日間偶患泄瀉，遂至委頓，不能自支。敢乞聖慈，容臣暫假三四日，俟調理少痊，即當照舊入直，不敢偷安。建①道南辭疏，望即發臣票擬，俱②令早出，同臣辦事，尤為至幸。再照臣等連日所請四處巡撫與各處巡按，極其緊要，不容再緩，更祈留神速賜檢發，庶臣身雖病，而心少安，實皇上莫大之惠也。臣不勝激切懇所之至。"

二十四日癸亥，大學士方從哲、吳道南謹題："昨接工部揭帖，以箭樓上梁吉期，該欽天監再擇於本月二十五日，請皇上即賜裁定，以便行禮。今早郎中聶心湯謁臣，求為催請。該臣等看得，箭樓興工已久，諸務皆備，上梁之後，便可次第告成。若延遲一日，不免多一日之費，且目下大雨時行，已作之工不無損壞。伏望皇上留神，將前本即發臣等票擬，速賜批行，大工幸甚。"

二十六日乙丑，大學士方從哲、異③道南謹題："適蒙發下掌詹尚書劉楚先辭本。該臣等看得，大臣去留，應候聖明裁斷，原非臣下所敢擅擬。但楚先有迫切至情，屢次告之臣等，臣等不得不為皇上言之。楚先自謂，叨承恩命，召起田間，屢疏控辭，並蒙溫旨，且赴闕甫逾一載，何敢決意求去，以負聖恩？但因去冬臥病兩月，勢甚危篤，未幾值有至④試之命，義不可辭，比出場而舊疾復作，且因元卷之事致有人言，心甚不安，病遂增劇。近得家報，兩孫相繼物故，以是憂愁困苦，去志愈

①建 "建"當作"吳"。
②俱 "俱"當為誤字。
③異 "異"當作"吳"。
④至 "至"當作"主"。

堅。若無明旨允歸，便欲移疾出城，前途候命。臣等見其情詞若此，似難強留，竊意與其強留而使之徑去，不若奉旨准去，猶足以全國體而恤臣私。總之，其去其留，在皇上自有宸斷，非臣等所敢必也。謹擬兩票呈上，恭候聖裁。臣等不勝悚息待命之至。謹題。"

　　二十八日丁卯，大學士方從哲謹題："頃該臣以偶爾病瀉，不能進閣，伏蒙聖恩，容臣給假調理數日，臣不勝感激。今雖小愈，尚未脫體，但念朝廷當多事之時，而臣久臥私寓，心甚不安，已於今早入閣辦事訖。伏望皇上將同官吳道南辭本，即發臣擬票，令其速出，或仍令鴻臚寺堂上官宣諭聖意。至於臣等近日所請四處巡撫與各處巡按，乃目前至緊至要之務，更望皇上先將此二事慨賜允行，其餘者少候陸續檢發，尤臣愚莫大之幸也。謹因陳謝，附有所請，仰惟聖明裁察。謹題。"

　　二十九日戊辰，大學士方從哲謹題："照得庶吉士之選，匪徒為翰林而設也，其留之館職者，固以儲他日輔弼之資，其散之臺省者，亦以備一時耳目之用，無偏重也。先是，臣等將癸丑科庶吉士見在十七人考校，分別授職，已奉旨下部矣，該吏部題覆，葉燦等十二名銓①除編檢等官，隨蒙恩允，乃暴謙貞等五名分授科道，於今未得俞旨。夫諸臣考選同，習學同，考散亦同，乃獨於授官之時有先有後，似非均平之體也。皇上於諸臣，始以儲材而選之，既以成材而官之，寧有成心？害有厚薄？乃獨於部覆之疏，有下有不下，似非一視之仁也。今五人待命又逾一月，該部催請不啻再三，而俞旨尚稽，終是閣中未了之事，此臣等不容坐視者。再照丁未科楊道寅，該吏部題授禮科給事中，已四年矣，總計通籍至今凡十年矣，而一官未授，隻白在堂，道寅進不能抒報國之忠，退不能遂養親之願，淹留歲月，去住無憑，此於人情則甚拂，於政體亦非宜，皇上似不容漠然視之者。伏望聖慈將暴謙貞等本及楊道寅本並賜檢發，不獨諸臣之幸，亦臣等之幸也。不勝迫切懇祈之至。謹題。"

①銓　"鈴"當作"銓"。

萬曆起居注

七①月己巳②，朔。

二日庚午，大學士方從哲謹題："頃者臣以冒暑致疾，伏蒙聖恩容臣請假調理數日，臣不勝感戴。然臣身雖抱病，而國家大事無日不縈於懷。因思兩年以來，皇上哀思聖母，朝夕几筵，萬幾之煩不無少有壅滯，海內人心所望皇上以勵精勤政整頓朝綱者，全在陞祔禮成之後，昔人所謂'三年不蜚，蜚則沖天，三年不鳴，鳴則驚人'，此其時也。乃兩月之間，惟一二婚、講大禮奉有明綸，其他大僚未補，考選未下，疊臣未釋，廢棄未起，徵稅未停，幾務之沉閣尚多，章疏之留中如故。值千載難逢之會，而猶仍因循玩愒之風，當羣情仰望之秋，不能舉振作精明之治，過此以往，將復何望哉？此雖由臣誠薄不足感悟宸衷，才劣不能匡維國事，乃皇上自為社稷計，當不因佐理無人，而使朝政日壅於上，德澤不流於下，以負中外喁喁之望也。臣愚伏願我皇上，秉此思慕少年③之際，穆然深念，幡然改圖，將吏部會推部院大僚，陸續點補，考選科道及候補散館諸臣，盡數允用，出劉光復於獄中，起遷謫諸人於林下，並將各處抽稅概為停免。至於點四處巡撫，點各差巡按御史，此文臣等近日所為再四懇請、而皇上不容再遲者也。昔孟子謂大臣之誼當責難於君，今臣所言者，乃至易至簡之事，皇上不過一啟口、一舉筆，便能使萬幾就理，萬國傾心，一日而可以致太平之治者，皇上亦何憚而不為也？臣偃臥牀褥，每念及此，跼蹐不能自安，輒敢竭犬馬愚忠，仰裨聖政万一。惟皇上憐其苦而慨然允行。臣不勝激切籲祈皇恐待命之至。"

四日壬申，大學士吳道南謹奏："為昏憒病臣勢難就列五懇天恩放歸田里以延殘喘事。臣以抱病曠瘝，屢祈罷斥，洊蒙明旨，安敢不仰遵，以干衡命之誅，無奈病體纏綿，日甚一日，心神之恍惚，已徵耳目之官，血氣之耗衰，徒為形體之具。責之以贊襄，而所為贊襄之猷者也④無其本矣，責之以佐理，而所為佐理之勞者已無其具矣，無本無具，安可以委形空質，而

① 七 "七"上當有"萬曆四十四年"六字。
② 己巳 "己巳"當作"己巳"。
③ 年 "年"當為誤字。
④ 也 "也"當作"已"。

增慚於伴食，且以尸祿滋罪也？不其幾以政本之地，竊爲養疴之所哉？且國家功令，註籍三月，止給俸薪。今臣杜門已四月矣，乃官薄①廩餼猶偃然從首輔之後。臣未敢顓疏請止者，冀旦夕徼俞旨以歸，恐冒濡滯之疑，亦以自度其病勢，有不能以旦夕待也。故留之則無益於毫髮，去之則或少活於須臾。留之則不能以身趨事，而所爲誤國爲愈多，去之則不至以死殉官，而所爲全臣爲甚大。即罪譴深重，無能逭罰於其躬，第疾病危篤之中，不計其他，惟呼父母，以少紓其痛苦慘怛而已。我皇上臣之大父母也，茲以萬不得已之情，向闕控籲，則於大造之中而與以再造，惟乞天恩亟放臣一日之歸，令臣早受一日之賜，雖奄奄之息有不可必、不可知，然而善始善終，即去世猶如在世矣。爲此，不避煩瀆，懇切悚息待命之至。"

六日甲戌，大學士方從哲、吳道南謹題："照得巡按各差缺至十四處，候至一二年，不爲不多、不爲不久矣。在都察院或單催，或總催，臣等與諸臣又代爲題催，計已窮力已竭矣，而數月以來，未蒙點用一二。臣等反覆思之，不得其解。蓋諸臣銜命而出，巡察一方，不過以見在之官，行本等之事，非有加官、遷秩之榮也，而皇上慎重若此，遲疑若此，抑獨何哉？或者謂諸差盡點，臺班將至乏人，勢不得不下新咨以需後用，皇欲遲考選之命，故且稽見題之差？此蓋揣摩臆見，臣等竊見不然。祖宗朝御史之設，多至一百餘員，常令有餘以俟輪流差用，藉令今日臺員不乏，差委有人，此考選諸臣皇上將終置之不用乎？或者聖意已定，但因臣等催請太頻，故稍遲遲以示獨斷？不知此非可以久待之事，此時又非可以靜聽之時也。如倉差缺，則糧不得收，而軍儲誤矣。鹽差缺，則鹽不得行，而邊餉匱矣。巡歷久廢，則軍民之利病誰與上聞？考察不行，則吏治之隋②窳誰爲振刷？紀綱廢墜，寡孽潛滋，此其所誤者諸臣之事耶？抑朝廷之事耶？皇上奈何不自爲天下國家計，而徒欲操總攬之權，以貽無窮之害耶？臣等心殫詞窮，回天無術，輒爾不避忌諱，進此苦口之言，但祈皇上於萬幾之睱③，稍一沉思，當知

萬曆四十四年

①薄　"薄"當作"簿"。

②隋　"隋"當作"墮"。

③睱　"睱"當作"暇"。

臣等所請爲國謀，非爲身謀，爲皇上，非爲諸臣也，而幡然變動，慨然施行，臣等曷勝踴躍俟命之至？謹題。"

是日，大學士吳道南謹奏："爲感激天恩恭陳謝悃事。臣因久病曠職，乞恩放歸，本月初六日，該鴻臚寺堂上官王用賢等到臣私寓，傳奉聖旨：'覽卿所奏，具見忠誠至意。昨已屢旨命卿入閣視事，如何又有此請？政本重地，倚毗方殷，卿豈可久居私寓？着鴻臚寺堂上官宣諭朕意，即出入閣贊理，以慰眷倚之懷。慎勿再陳有①奏。該部知道。欽此。'臣設香案、扶病俯伏、恭聽宣諭、向闕叩頭謝恩訖。竊念臣昏憒無能，憂慚增病，屢乞恩放，未荷俞返趣召，特遣臚卿更頒綸，愈隆宸注，忠誠誤許，敢不天日盟心，贊理重孤？無奈膏肓病中②，即駑劣之材，罔堪倚毗。論靖共之誼，豈敢偷安？荷蓋如天，乞假以生路，實寸衷恐妨賢路。杜門數月，祈宥其癃官，庶林下幸見休官。伏蒙賜召、賜傳宣，愈跼蹐高厚難容之日，即欲呼天呼父母，敢急邃句臚特命之時？恭謝洪慈，先申微悃。若藥物惟供多病，安能仰答聖朝？矧大患既罷此身，另容懇歸故里。臣不勝感戴天恩之至。爲此，謹具本奏謝以聞。"

九日丁丑，大學士方從哲、吳道南謹題："先該臣等恭請皇太子講學，隨於五月初十日奉聖旨：'朕覽卿等所請皇太子講學，朕已悉知。但今天氣炎暄未便，可於八月秋爽之時擇吉舉行。其該用侍班、講讀等官，臨期卿等推堪用詞臣來看。欽此。'夫以數年曠③典一旦允行，真宗社無疆之庥，臣民莫大之慶也，臣等不勝欣忭。今八月在邇，秋氣漸消，溫習簡編，切磋學問，正惟其時。臣等謹擇得八月初四日、初九日兩日皆吉，伏乞皇上欽定一日，命皇太子於文華殿東房開講。其該用侍班、講讀等官，容臣等列名上請。至於所講之書，查得三十二年輟講之時，四書尚未講完，《尚書》、《禮記》二經間日輪講。合無查明，即從未講之處接續講起？庶經書有淹貫之益，而工夫無間斷之虞。統候聖明裁定。再惟皇太子年齡日茂，功業日深，正古人入學之時，不止區區章句之末而已。其向年進對、進儆

① 陳有 "陳有"當作"有陳"。

② 中 《吳文恪公文集》卷一二 "中"下有"幽憤日積，魂魄時驚"六字。

③ 曠 "曠"當作"曠"。

## 萬曆四十四年

之規，我①仍照舊，或別有更易，伏祈皇上斟酌傳示，以便遵行。若臣等於開講之後，十日一次輪流侍班，向有成例，茲不敢再瀆也。伏望聖慈速賜批發。臣等不勝踴躍俟命之至。"

　　十日戊寅，大學士方從哲、吳道南謹題："昨蒙發下漕運總兵臨淮侯李邦鎮本，隨奉上傳：'准他辭，另推官來用。欽此。'該臣等看得，淮安總鎮之當罷與不當仍用勳臣，數年以來，諸臣言之屢矣，今春兩奉明旨，着兵部會推。聞部臣之議，以為漕運係軍國大事，茲值東省災荒之後，民窮盜起，若鎮臣不推，萬一糧船北上致有疎虞，誰執其咎？不意會推之後，隨經科臣參論，則邦鎮之止不赴任、皇上之准其辭免，皆理勢之不得不然，無容再計。惟是此時漕艘已盡數抵灣，一路安然無恙，則總鎮之無關於別②害，亦既明甚，曷若乘此之時，明敕該部，不必再推，以免運軍之苦，貽地方之安，實為長便。不然，亦宜俯從諸臣之言，推用流官總兵，俾督撫得以節制，庶上資彈壓之力，而下無剝削之虞，重國計順人情，策無善於此者。惟皇上熟計而慨行之。臣等不勝顒望之至。"

　　十一日己卯，大學士吳道南謹奏："為天恩眷垂太重病臣福薄難勝勢益顛危終成痼廢六懇皇上速放歸里以終始大造事。臣聞惟義惟命無解無逃，此人臣請③共之分，知止知足不辱不殆，此人臣進退之節。兩者並重，而當其疾病困蹐之時，則審生死者尤所以安分而全節也。臣自請告以來，溫旨之勉留，令入閣以佐贊，句臚之特遣，更抵寓以傳宣，其所為浣濯夫臣者，真如造化之潤枯澤朽，而不以無用棄也。心非木石，類有血氣，苟可強顏供事，何敢愛於項踵？第自度臣身，由項至踵，無一非受病之處。向但覺形神不攝，跬步難前，今則展轉於牀褥之間，竟自④皆苦楚之狀，終夜皆呻吟之聲。此中鬱悒，蓋不睱⑤計其他，而推⑥惻惻然以性命為憂，以風燭為慮。此非獨憂在臣、慮在臣也。政本之地不宜有忍病曠官者，以上負聖明，亦以聖明之朝不宜有忍⑦殉官者，以重為朝廷羞也。皇上俞臣以

①我 "我"當作"或"。

②別 "別"當作"利"。

③請 《吳文恪公文集》卷一二"請"作"靖"，是。

④自 《吳文恪公文集》卷一二"自"作"日"，是。

⑤睱 "睱"當作"暇"。

⑥推 "推"當作"惟"。

⑦忍 《吳文恪公文集》卷一二"忍"下有"死"字。

① 逭 《吴文恪公文集》卷一二"逭"下有"罪"字，是。

② 聰 "聰"當作"聖"。

③ 傳 "傳"當作"傅"。

去，天下後世將謂庸劣如臣者，猶得以蒙聖恩之禮遣，即臣衰憊之甚，尚得致謹於四維之飭，而不至生平之盡喪，雖未效涓埃，重孤簡命，然國體不至大傷，亦足以逭①於萬分之一矣。臣之心豈特首丘之遂願已哉？情窮苦極，不知所云。煩瀆宸嚴，哀祈蚤放，惟在皇上一批允之間，真所謂死而生之、骨而肉之者也。臣不勝悚亥控籲俟命之至。"二十三日，奉旨："覽卿奏情詞益切，朕心惻然。今國家多事，正賴卿分猷協力，共濟時艱，豈可引疾乞身，自圖高尚？況皇太子開講在邇，卿深卧不起，心何能安？誼遵屢旨，時下即出，慰朕倚毗至意。該部知道。"

十二日庚辰，大學士方從哲謹題："照得臣同官吴道南，杜門謝事爲日已久，雖屢奉溫綸，勉令入閣佐理，然猶堅辭，未肯即出。幾務繁重，獨臣一人，竭力撐持，邇復病困不支，叢勝日甚。事有難於調劑者，既苦商確之無人，詞有冀回天聽者，又苦微誠之未達。舉凡國家大事，目前急務，非不日日懇請，時時揭催，而九重之上，概若罔聞。即如倉差、鹽差、各處按差，何等緊要？而數月以來，題者未點，票者未發，似若因臣之煩瀆而反爲遲留者。時事若此，臣不自揣量，欲以隻身駑力肩天下國家之重，止如羸卒而負千斤，其不顛仆以死者幾何哉？伏望聖慈回思當日用臣之意，並憐臣今日獨任之苦，將臣所請諸事概賜允行，更乞將道南二次辭本發臣票擬，嚴諭遵旨早出，期以共濟時難，庶協恭有人，而覆餗之虞或可以免乎？臣情迫勢窮，屢煩聰②聽，皇悚無已，統惟皇上矜而宥之。臣不勝隕越待罪之至。"

是日，大學士方從哲、吴道南謹題："竊惟自昔帝王，所爲昭令聞於當時，垂休光於後世者，莫不以學爲首務，傳③説之告高宗曰：'念終始典於學。'蓋言人君之學，與日俱新，與年俱永，不一暴而十寒，不始勤而終怠，故德日修而罔覺也。我皇上自册立之初，以及臨御之後，緝熙學問四十餘年，以是聖德光昭，古今罕儷。奈静攝以來，經筵之御漸稀，日講之儀久廢。然而講官未嘗不補，講章未嘗不進，籍①簡編而抒啟沃，未必非聖學就將之一助也。乃自翁正春去後，講員之缺今三年矣。先該臣等題補何宗彥、孫如遊二臣，屢次揭催，未奉俞旨。適值聖母大事，聖心哀戚，日侍几筵，以是逡巡未敢煩瀆。茲值天禮告成，皇衷睱②豫，修曠儀以光帝德，正惟此時。矧皇太子之講席將開，皇孫及二王亦將次第入學，祖孫父子兢勤作聖之功，君臣上下共效交修之益，豈非熙朝之盛事，振古之奇逢哉？臣等慶幸不勝，輒敢再申前請，伏望皇上俯念祖制不可盡隳，聖學不容久曠，將見任禮部侍郎何宗彥、孫如遊二③允補日講官，俾照近例選述講章，每日進呈御覽，庶納誨有人，聖修勿贊，而臣等贊襄之職亦可少盡萬一矣。再照正字官原該二員，今缺一員。查有制敕房辦事工部虞衡清吏司員外郎史鑑堪補，敢祈並賜允用。臣等不勝激切懇祈惶悚待命之至。"

十三日辛巳④，大學士方從哲謹題："照得今次玉牒，宗支綿衍，册籍浩繁，目下韓、鄭等府文將陸續進呈，見在謄錄官員不殼供事。查有史館序班等官張承爵、周國興、王世美、王讚、周承禹、王子龍，誥敕房帖寫監主葉向亨，俱寫字端楷，堪補謄錄玉牒。内葉向亨先在史館供事，効勞自久，合無比照監生王頻、秦之垣等事例，給與冠帶，令與張承爵等一體謄錄？伏乞敕下吏部，查照施行。臣等未敢擅便，謹題請旨。"十七日，奉旨："是。吏部知道。"

十六日甲申，大學士方從哲、吳道南謹題："臣從哲昨晚出閣，有廣東通省鄉官見臣於朝房，具有公揭。内言本省水災異常，為百餘年所未見，乞將督臣周嘉謨題災之疏下部議覆，亟為蠲賑，且欲徹恩留稅，以救災民。言極懇切，不能具述。臣等看得，自榷稅初具，廣東之額較他省獨重，雖屢經減免，尚存十一萬有奇，物力已窮，徵輸難繼。今又值此異常水患，漂流蕩柝⑤，十室九空，自非施破格之恩，何以極孑遺之命？況

萬曆四十四年

①籍 "籍"當作"藉"。

②睱 "睱"當作"暇"。

③二 "二"下當有"臣"字。

④巳 "巳"當作"巳"。

⑤柝 "柝"當作"析"。

# 萬曆起居注

①鄰 "鄰"當作"鄰"。

②極 "極"當作"拯"。

本省交黎接境，倭寇震鄰①，儻小民窮困無聊，或至勾引爲患，欽州之變能不寒心？伏望皇上將周嘉謨本速賜檢發，並將廣東額稅再爲量減，或暫留一年以救目前之急，粵東幸甚。臣等又帷，近日江西撫院報災之疏，已該戶部題覆，中間亦以留稅一年爲請，此蓋極②溺救焚至計，無非體皇上安民德意，以普一視之仁，非有他也。並祈聖慈批發施行，俾災黎早沾實惠，尤臣等所爲惓惓屬望者。至於江西巡撫王佐，自開府以來疊罹水患，本官撫綏賑恤，備極苦心，頃者再疏乞歸，未蒙批發。竊意當此災沴頻仍之際，豈撫臣杜門謝事之時？乃其推陞之命既久未下，請告之奏又復留中，進退無憑，地方莫賴，謂宜亟發原疏，責令安心任事。事定之後，查照吏部會推，即賜點用，其於恤民瘼、錄臣勞兩得之矣。臣等目擊時艱，有懷欲吐，輒因兩省救災之請而屢陳及，此統惟聖明鑒察。臣等不勝迫切籲祈惶悚待命之至。"

十七日乙酉，大學士方從哲、吳道南謹題："恭照皇太子開講，例用侍班官二員，講讀官六員，侍書官二員。向因輟講日久，概未推補。今八月已近，開講有期，臣等謹將見任各官列名上請。內侍書二員，合照舊例令兼司經局正字。恭候聖明裁奪，敕下臣等遵奉施行。謹題請旨。

  計　開

  堪充侍班官二員：詹事府詹事兼翰林院侍讀學士掌院事劉一燝　詹事府少詹事兼翰林院侍讀學士韓爌

  堪充講讀官六員：右春坊右庶子兼翰林院侍讀張邦紀　趙師聖　左春坊左諭德兼翰林院侍講公鼐　右春坊右諭德兼翰林院侍講龔三益　薛三省　楊守勤

③寺 "寺"當作"司"。

  堪充侍書官二員：尚寶寺③少卿兼翰林院侍書官范可愨　禮部儀制清吏司員外郎鄭崇光。"

④千里 "千里"當作"千重"。

是日，大學士吳道南謹奏："爲病臣苦極勢危待命五月未蒙俞旨困頓難禁乞懇皇上終始聖恩速賜歸里免致冒罪以千里④譴事。臣聞君臣之義，無所逃於天地之間，去國猶如在國，乞身非爲潔身。故待命於皇①，丐帷蓋之垂憐，而不敢汲汲以去者，臣子之分也，不能必命於天，恐溝壑之遽填，而不②復遲遲其行者，臣子之不得已也。何也？禮義廉恥之維，非獨臣體，而實關夫國體。哀痛慘怛之極，難以平時而概律夫危時，情非得已，事出無奈，故掌詹事府事劉楚先，已於昨日移居城外待命③於皇上，丐帷蓋之垂憐，而不敢汲汲以去者，臣子之分者④也，不能必命於天，恐溝壑之遽填，而不復⑤遲遲其行者，臣子之不得已也。何也？禮義廉恥之維，非獨臣體，而實關夫國體。哀痛慘怛之極，難以平時而概律夫危時，情非得已，事出無奈，故掌詹事府事劉楚先，已於昨日移居城外待⑥命矣。臣與楚先之召譴相同，患病相同，請告相同，臣且當爲楚先驅⑦，豈宜後楚先而甘爲濡滯哉？日者首輔以二臣揭請皇上，其於楚先則甚然其苦楚無聊之狀，苦不能以旦夕俟，其於臣則反請皇上速令臣出，豈臣之病勢減於楚先，而首輔之愛臣反不如楚先之愛哉？良以閣部兩臣或未可以並請，姑以成楚先之去，而後成臣之去也。頃以問病過臣之寓，臣扶病面懇再三，首輔雖心憐其苦，又以爲宣召方承，未可以遽。臣日日催懇，未見爲楚先揭請者一爲臣請，恐首輔着念於聖留，而不暇⑧恤夫臣病。臣是以不避煩瀆，惟自哀鳴於君父之前，萬懇皇上需發俞旨，俾臣獲徼恩於禮遣，而不至重玷當日之君命、重負今茲之聖眷，臣之幸也。不則臣之病有甚楚先之病，臣之去當如楚先之去，惟冀皇上大賜矜宗，少寬其斧鉞之誅而已。干冒天威，死罪死罪。爲此，謹具本奏聞，伏候敕旨。"

　　十九日丁亥，大學士方從哲、吳道南謹題："先該臣等遵旨，將皇太子開講吉期，擬於八月初四、初九兩日，恭請皇上欽定一日，以便舉行，至今尚未批發。茲去八月祇有十日，若不豫先傳示，內外執事各官何以遵守？一切出講事務何以備辦？且侍班、講讀等官俱係新補，其進講儀節何以演習？連日外廷之臣紛紛藉藉向臣等詢問，臣等諭以早晚自當有旨。伏望皇上乘一刻之暇⑨，將臣等擬上吉期及所請講經書、進俲、進對等

萬曆四十四年

三二七九

①皇　"皇"下當有"上"字。
②不　"不"似爲誤字。當作"乃"之類文字。
③命　自"命"起下至"待"字止凡一百一十一字當爲衍文。
④者　此"者"字爲衍文。
⑤不復　"不復"當爲誤文。當作"乃復"之類詞語。
⑥待　自"待"字起上至"命"字止凡一百一十一字當爲衍文。
⑦驅　"驅"當作"先驅"或"前驅"。
⑧暇　"暇"當作"暇"。
⑨暇　"暇"當作"暇"。

項，早賜裁定，與昨侍班講讀官本一併批發，舉曠儀而信明詔，真千載一時也。臣等不勝激切待命之至。"

是日，大學士方從哲、吳道南謹題："先該臣等恭請皇太子講學，隨於五月初十日奉聖旨：'朕覽卿等所請皇太子講學，朕已悉知。但今天氣災暄未便，可於八月秋爽之時，擇吉舉行。其該用侍班、講讀等官，臨期卿等推堪用詞臣來看。欽此。'夫以數年曠典，一旦允行，真宗社無疆之庥，臣民莫大之慶也，臣等不勝欣忭。今八月在邇，秋氣漸清，溫習簡編、切磋學問，正帷其時。臣等謹擇得八月①初九日皆吉，伏乞皇上欽定一日，命皇太子於文華殿東房開講。其該用侍班、講讀等官，容臣等列名上請。於於所講之書，查得三十二年輟講之時，四書尚未講完，《尚書》、《禮記》二經間日輪講，合無查明，即從未講之處接續講起，庶經書有淹貫之益，而工夫無間斷之虞？統候聖明裁定。再惟皇太子年齡日茂，功業日深，正古人入大學之時，不止區區章句之末而已。其向年進對、進倣之規，或仍舊，或別有更易，伏祈皇上斟酌傳示，以便遵行。若臣等於開講之後，十日一次輪流侍班，向有成例，茲不敢再瀆也。伏望聖慈速賜批發。臣等不勝踴躍俟命之至。"

二十一日己丑，大學士方從哲、吳道南謹題："照得東宮開講，該臣仰遵皇上秋爽擇吉、臨期推官之旨，於七月初九等日兩次具題。誠恐請之太早或至煩瀆，故寧遲遲至今，但得皇上即時批發，於講期正自不誤。乃擇吉之本上已半月矣，補官之本亦數日矣，而概未得旨，臣等延頸望之，不勝踧踖。竊思十餘年之曠典，舉之惟此一時，中外億兆之人心，慰之惟此一時。頃者明詔一室，普天稱慶，即市井小民莫不舉手加額，頌聖天子之慈孝。乃至今日而講期猶然未定，講讀各官猶然未允，人心能無疑且懼乎？臣等亦知前旨既傳，皇上斷無中止之理，然與其臨時倉卒，何苦②及今慨然俞允，俾羣疑立釋，而聖衷亦可免瀆激之煩乎？臣等竊見時日甚迫，萬難再遲，不得已再爲催請。伏望皇上將初四、初九吉期欽定一日，與經書、倣、對

① 月 "月"下當有"初四日"三字。

② 苦 "苦"當作"若"。

等項並賜裁定批發。至於補官之本,不過批一'是'字,便可完事,皇上獨何所見而疑難若此也?不然,臣等當日進一牘,期於得請而後已。皇上即以煩瀆罪臣,臣等亦不敢辭矣。謹叩首籲祈,立候俞旨。不勝迫切顒望之至。"

二十四日壬辰,大學士吴道南謹奏:"爲蒙恩曲宥返荷勉留病劇勢危重孤天眷,懇皇上速賜放歸以延殘生事。臣以急趨召命,冒病出工,負愧遭奸,積憂增病,乞休涖疏,豈其敢天聽之煩瀆?亦以疾痛迫切之極,無可奈何,自不能已於哀控耳。乃於本月二十三日復奉聖旨:'覽卿奏請①詞益切,朕心惻然。今國家多事,正賴卿分猷協力,共濟時艱,豈可引疾乞身,自圖高尚?況皇太子開講在邇,卿深臥不起,心何能安?宜遵屢旨,時下即出,慰朕倚毗至意。該部知道。欽此。'臣感恩承命,涕泗交流。哀此此②病軀,莫如所報。竊念臣材本小束,力非鉅肩,身之去留,何關輕重?乃自檢舉等疏,以至頻懇罷休,今已十八上矣。皇上不惟不之許也,且褒綸宣召,渥荷眷垂,更念時事之多艱,無不疊形於宸渙,復諭皇太子之出講,又思舊學於當年。苟可協力而分猷,安忍高尚而深臥?唯是臣之病勢迫矣,臣之情苦詞危,亦既動帝惻矣,矜而恤之,釋而放之,豈帷病臣之一體是爲?亦皇上終始之洪慈所爲兩全者也。矧臣智識昏庸,局量褊淺,當此病責交集,真如突犯風波,無頃刻寧神之候,形神交弊,跬步不前,臣之身萬萬不能留矣。且臣留無補國事,孰若得賜骸骨,而免頑鈍貪昧之譏?留臣祗塞賢途,孰若再廣疇諮,而收佐理贊襄之助?則臣雖去國,而臣之心未嘗不少效於報國也。如徒惜臣體面,令踽踽長安,則多一番温旨,多一番罪案,將傳之中外,謂聖明在御,而有此鮮恥之臣,是臣之辱國,又不啻誤國之罪已也。臣言及此,臣之困鬱無聊甚矣。萬懇皇上霈發俞旨,俾臣得生還故里,殣遂首丘,臣雖九泉之下瞑目矣。干冒天威,臣不勝悚庆③待命之至。"

① 請 "請"當作"情"。

② 此 此"此"字當爲衍文。

③ 庆 "庆"當作"仄"。

## 萬曆起居注

二十五日癸巳①，大學士方從哲、吳道南謹題："竊惟東宮開講，其關係之大，與人心仰望之殷，無俟臣等再言。但今時益迫矣，而講期未定，講官未補，羣情不無惶感②，臣等爲此一事，徬徨踞踖，不能頃刻即安。謹將請期及補官二本，再呈御覽，仰祈聖斷，立賜批行，實臣等之萬幸也，不勝悚息俟命之至。"

是日，大學士方從哲、吳道南謹題："先該臣等恭請皇太子講學，隨於五月初十日奉聖旨：'朕覽卿等所請皇太子講學，朕心悉知。但今天氣炎暄未便，可於八月秋爽之時，擇吉舉行。其該用侍班、講讀等官，臨期卿等推堪用詞臣來看。欽此。'夫以數年曠典，一旦允行，真宗社無疆之庥，臣民莫大之慶也，臣等不勝欣忭。今八月在邇，秋氣漸清，溫習簡編，切磋學問，正惟其時。臣等謹擇八月初四日、初九日兩日皆吉，伏乞皇上欽定一日，命皇太子於文華殿東房開講。其該用侍班、講讀等官，已經臣等列名上請。至於所講之書，查得三十二年輟講之時，四書尚未講完，《尚書》、《禮記》二經，間日輪講，合無查明，即從未講之處接續講起，庶經書有淹貫之益，而工夫無間斷之虞？統祈聖明裁定。再惟皇太子年齡日茂，功業日深，正古人入大學之時，不止區區章句之末而已。其向年進對、進做之規，或仍照舊，或別有更易，伏祈皇上斟酌傳示，以便遵行。若臣等於開講之後，十日一次輪流侍班，向有成例，兹不敢再瀆也。伏望聖慈速賜批發。臣等不勝踴躍俟命之至。"八月初三日，奉旨："是。覽卿等所奏請皇太子講學，朕知道了。今壽節在邇，慶禮繁盛，着初四日開講一次，其日講待過重陽節擇吉來行。所講經書，照舊接續讀③。做、對不必更易。"

是日，大學士方從哲、吳道南謹題："恭照皇太子開講，例用侍班官二員，講讀官六員，侍書官二員，向因輟講日久，概未推補。今八月已近，開講有期，臣等謹將見任各官列名上請。內侍書二員，合照舊例，令兼司經局正字。恭候聖明裁奪，敕下臣等遵奉施行。謹題請旨。

---

① 已 "已"當作"巳"。

② 感 "感"當作"惑"。

③ 讀 《明神宗實錄》卷五四七"讀"上有"講"字，是。

計　開

　　堪充侍班官二員：詹事府詹事兼翰林院侍讀學士掌院事劉一燝　詹事府少詹事兼翰林院侍讀學士韓爌

　　堪充講讀官六員：右春坊右庶子兼翰林院侍讀張邦紀　趙師聖　左春坊左諭德兼翰林院侍講公鼐　右春坊右諭德兼翰林院侍講龔三益　薛三省　楊守勤

　　堪充侍書官二員：尚寶司少卿兼翰林院侍書范可授　禮部儀制清吏司員外郎鄭崇光。"　八月初一日，奉旨："是。吏部知道。"

　　二十六日甲午，大學士方從哲、吳道南謹題："今早會極門發下禮部一本《爲欽奉敕諭事》，奉聖旨：'是。昨覽該部奏二王婚禮，錢糧並辦不及。今報到女子，先選惠王一位，其桂王婚禮次第選擇。所選日期，行該監另擇具奏。欽此。'臣等見之，不勝驚愕。竊意二王婚禮，久已過期，節該大小臣工累牘連章，竭誠懇請，亦既不遺餘力矣，幸蒙聖慈渙發綸音，一時並舉，中外欣欣，莫不踴躍歡呼，謂嘉禮之成，當在不日。乃今復因錢糧難辦，先選惠王一位，其桂王婚禮似又少有所待者。臣等看得，二王年雖不同，其婚配之逾時無不同也。前者恭奉聖諭：'朕第六子惠王、七子桂王，各年已長成，理宜婚配。欽此。'又未嘗有長幼之別、先後之分也。今奈何以錢糧之細故，誤朝廷之大禮，而令明旨不信於天下耶？況婚禮之行，有不全繫於錢糧者，臣等請詳言之。今夫士庶之家爲子娶婦，老論其年歲何如，若年已十七八，時當娶矣，則當量其家之有無，以爲禮之厚薄，初未嘗有一定之數，寧遲遲不舉以必俟其繁文之足者？用是，子願諧而親心悅，人事盡而家道成，此理也，亦勢也。雖堂堂天朝，吉慶之典與尋常不同，然我皇上初年，不嘗以七萬完大婚禮乎？當其時，文定之祥，親迎之禮，先①生廟社，慶洽臣民，煌煌乎至今爲烈也，婚禮之不繫於錢糧若是。其在今日，何必以瑞王爲例，而必欲取盈耶？頃工部請催省直拖欠銀兩俞旨，而近日户部之疏，謂辦進冠項錢糧，或專屬承

①先　"先"當作"光"。

① 於取 "於取"當有脫文或誤文。

② 險 "險"當作"儉"。

③ 牘 "牘"當作"瀆"。

④ 印 "印"當作"即"。

⑤ 几 "几"當作"凡"。

運庫，或分解御用監，於取①兩處催討，難以徧應，無非望皇上於取用之中，寓節省之意，庶幾措辦易而大典得以早完，非敢謂二王之禮可以舉其一而緩其一也。伏望皇上仍照前旨，明敕禮部，待欽天監擇吉之後，將二王應選淑女，同司禮監官一併選擇，以候聖裁。夫諧室家之願以順人情，至慈也，酌典禮之中以惜物力，至險②也，守一成之命而無反汗，至信也，貽謀之意以慰慈靈，至孝也。一舉而四善備焉，固知皇上必以臣等之言爲然，而毋庸再計矣。不然，皇上因錢糧而使明詔之中變，該部因執奏而致鉅典之或稽，竊謂上下之間胥失之矣。今日之旨，萬非臣等所敢遵也，事關大禮，誼難將順。輒爾冒牘③宸嚴，不勝戰慄惶悚待命之至。"

二十七日乙未，大學士方從哲、吳道南謹題："今早接得工部右侍郎林如楚揭帖，言本月二十四日有內使二人到其私寓，稱有聖旨，乃奉御汪良德奏准修理咸安宮之旨也。臣等閱之，不勝駭異。夫以內殿修理，屬之工部，此專職也。然明旨傳宣，必由內閣下該科，然後發抄，此定規也。若不由內閣，不由該科，而徑送於部臣之家，則從來所無之事，將令部司各官印④信而舉行之乎？抑疑而停寢之乎？輕王言而乖政體，隳祖制而啟弊端，無一可者也。向來建議諸臣，每每謂中旨當慎，即臣等亦屢爲皇上言之。然所謂中旨者，謂不由臣等票擬，徑從中出，恐其長旁落之漸，生煬竈之奸，滋墨敕斜封之弊，故不容不慎，以防其未然耳。乃諸臣猶凜凜憂之，況今所奉之旨，臣等不與聞，工科不及知，且發不經會極門，受不由接本官，突然以二豎傳之私寓。赫赫絲綸，關係何如？而可若是褻也。夫以法宮邃秘，臣等素所未聞，當此大工肇舉、物力告詘之時，其應修與否，誠不敢知。惟是臣等叨密勿之司，任演綸之寄，乃明旨已下，尚寂然罔聞，儻責臣等以溺職之罪，其將何以自解耶？伏望皇上念詔旨不可輕，祖制不可廢，以後几⑤有章奏，盡發臣等票擬，以防壅蔽，即事屬內廷，出自聖斷親裁者，旨下之日，仍令宣示臣等，然後發科抄傳，庶法守一而朝廷尊，政體肅而信從有據。此臣等所爲惓惓致願者也，仰惟聖明鑒察。不勝悬悚①籲祈之至。"

二十八日丙申，大學士方從哲、吳道南謹題："照得東宮開講爲時益迫，今去八月祇有兩日矣，而講期未定，講官未補，臣等何所適從？各官何以預備？萬一臨時有誤，咎將誰諉？外廷之臣將謂明綸已布，昭如日星，而臣等不能將順，不能催請，溺職之罪，百口奚辭？念及於此，不覺疾首腐心，如坐鍼氈而負芒剌②，不得已再爲申懇。謹令中書官赴寶寧門守候明旨，萬望聖慈將擇吉、補官二本，慨賜批發，以修曠典，以慰輿情。臣等不勝激切籲祈皇恐待命之至。"

二十九日丁酉，大學士吳道南謹奏："爲抱病祈休情詞已竭九懇皇恩大賜矜憐以全餘生以重國體事。夫臣叨閣員，曾無謨弼明諧之獻，而經月經旬，惟以告病日形於奏牘，非獨同朝鄙之，而臣心自愧，蓋不啻如芒負已。乃猶疏而復疏，不避厭瀆於皇上，亦以大臣去就之節，原不論病與不病，才不足以佐理則當去，德不足以召祥則當去，望不足以孚人則當去，有一於此，已自難堪其任，況臣兼而有之乎？語曰：君雖聖，不畜無用之臣。臣之仰負任使，豈待病而後退？若病而不去，甚病而不速去，國③徒爲誤國，留身祇以辱身。兼臣之極苦極危，亦既動聖心之惻然，知其情之非虛，而勢之無可奈何已。若勢不能以久待，則浮生有盡之身，而骨肉關心，首丘係願，亦人情也，皇上惻之而必思所以矜全之，豈忍恝然而令臣竟不如願耶？夫方其待罪，臣不敢以去請，及其待命又不敢以竟去，今跼蹐長安，顛踣日甚，臣之茲請，非但以犬馬而乞惟蓋④，亦以廁名閣列，而狼狽至此，誠不忍大爲國體玷也。況言者奪俸謫官，而被言者曠職尸祿，臣之愧訟幽憂，即須臾之少緩，亦在所置念矣。故臣之決斷當去，無待人言，而皇上之於臣萬萬無可留之理也。臣言至此，字字肝膈，伏望速賜俞旨，令臣數千里之長途，得望家鄉，一介⑤書生，得還本色，是我皇上再造之恩，

萬曆四十四年

三二八五

①悬悚 "悬悚"當作"悚息"。

②剌 "剌"當作"刺"。

③國 《吳文恪公文集》卷一二"國"上有"則在"二字。

④惟蓋 《吳文恪公文集》卷一二"惟蓋"作"帷蓋之憐"。

⑤介 《吳文恪公文集》卷一二"介"下有"之"字，是。

而臣之戴沐高深，真莫之①所爲報矣。臣不勝控懇悚息俟命之至。"八月初十日，奉旨："卿九疏懇辭，朕非不體念，但大臣當以君命爲重，寧可堅意潔身？今朕壽節在邇，百寮稱慶，卿爲輔臣，乃杜門不出，於心安乎？宜速出入閣，益②宏佐理之猷。毋得再有所陳奏。吏部知道。"

三十日戊戌，大學士方從哲、吳道南謹題："臣等爲東宮開講一事，半月以來揭請凡四次矣。屢請宸聰，臣等寧不知罪？但念十年曠典，一旦舉行，乃朝廷第一美事。若非臣等時時催請，竭力將順，恐萬幾至頤③，偶致遺忘，千載一時，豈容錯過？但明日即是八月，前旨所謂秋爽者正惟此時。臣等翹望俞音，眼穿心碎，不得已，再令中書官赴寶寧門候旨。仍懇司禮二臣將臣等迫切苦情，面奏皇上，立求批發。儻蒙聖慈憐而慨允之乎？臣等不勝皇悚俟命之至。"

①之 《吳文恪公文集》卷一二"之"作"知"，是。

②益 《吳文恪公文集》卷一二"益"作"以"。

③頤 "頤"當作"煩"。

萬曆四十四年八月己亥，朔。

三日辛丑，大學士方從哲、吳道南謹題："該臣等請東宮開講，今日恭奉聖旨：'是。覽卿等奏請皇太子講學，朕知道了。今朕壽節在邇，慶禮繁盛，着初四日開講一次，其日講待過重陽節擇吉來行。所講經書照舊接續講讀，倣、對不必更易。欽此。'曠典聿修，舉朝欣忭。臣從哲謹偕諸臣，於初四日早請① 文華殿東房，同侍皇太子講讀。適聞新補講官左諭德公鼐，近於七月二十九日偶患感冒之證，今尚未愈，明早恐不能趨侍講筵。臣等謹具題以聞。"

四日壬寅，大學士方從哲、吳道南謹題："照得今科進士，仍照舊規考選庶吉士，先該臣等具題，已奉欽依下部矣，乃吏部覆疏至今未得俞旨。目下八月又當大選之期，若再遲不考，則就選者益多，候考者益少，將使同榜之中復有不均之歎，非所以平政體、服人心也。伏望皇上留神，速賜檢發，命臣等照例會同考選，庶儲才大典視昔有光，多士幸甚。臣等再惟，庶常一途，素稱華選，遠以儲館閣之器，近以備臺諫之司，所亦最重矣。邇來士習不端，人思競進，甚有無籍之徒，指稱請託，駕言營求，以圖徼倖，而新進無識之士或輕信之，壞士習，敗官常，莫此為甚。頃者建議之臣，亦嘗言及於此，深為有見。合無令諸臣，當茲未考之先，細加體訪，如果實迹有據，即當指名參處？蓋臣等區區求賢為國之心，惟期得真才以裨實用，即任怨所不敢辭也。統惟聖明鑒察。臣等不勝皇恐俟命之至。"

七日乙巳②，大學士方從哲、吳道南謹題："照得各處巡按、巡鹽等缺，其懸缺之多，候代之久，與夫地方空虛，紀綱廢弛之狀，在都察院題催諸疏言之已詳，臣等無容復贅。獨念此一事也，皇上慎之又慎，遲之又遲，展轉徘徊而未肯即決者，不知何效？將謂萬幾至煩，偶有所遺乎？則諸司催請之章，無日不止③，朝夕經覽，安得遺忘？抑謂皇上有成心而故持之不

① 請 "請"當作"詣"。

② 巳 "巳"當作"巳"。

③ 止 "止"當作"上"。

下乎？則諸臣所奉者何人之差？所任者何人之事？而巡方久缺，蘗蘗①潛滋，將來所敗壞者，畢竟何人之天下也？無論四方水旱頻仍，民窮盜起，皆須持斧之使附②循而彈壓之，即今畿輔之武試未舉，海邦之倭警屢聞，監政壞而邊餉虧，巡歷廢而吏治瘝，民生蹙，憂時之士咸凜凜虞禍亂之日滋，而皇上方且堅持己意，舉臣下披肝之論、連章之請，概置不聞，否鬲之形日甚一日，此臣等所爲腐心疾首，不能頃刻自寧者也。今萬壽邇伊③，羣情望治尤啟④，伏望皇上將此一事先賜慨允，或各差並點，或以次檢發，其餘時政切要者，容臣等再疏專懇。不勝迫切籲祈皇悚待命之至。"

①蘗 "蘗"當作"孽"。
②附 "附"當作"撫"。
③邇伊 "邇伊"當作"伊邇"。
④啟 "啟"似應作"殷"。

八日丙午，大學士方從哲謹題："適蒙發下臣同官吳道南辭本，奉上傳溫旨，不准辭。竊惟道南杜門日久，乞歸之疏凡八、九上矣。祇緣聖恩高厚，溫旨屢頒，外簾之奸弊既爲昭雪於先，言官之詆汙又爲懲創於後，保全調護，即慈父之愛子無以過之，每對臣言，當感極而繼之以泣，謂有君如此，而必欲急遽求去，臣子之誼謂何？況今聖壽伊邇，普天嵩祝，尤非大臣言去之時。但以疾勢未已，向欲臣從哲代爲奏聞，該臣屢告以君恩不可重負，明諭所當勉遵，且位居輔弼，與外廷之臣不同，臣從哲所以爲劉楚先求去，而不敢爲同官代請者，乃事體當然，計亦聖明所詞⑤鑒也。兹道南辭疏，已該臣遵旨擬留，儻再徼聖慈，命文書官宣諭聖意，以速其出，是文臣愚之至望而不敢必者。臣不勝皇悚懇祈之至。"

⑤詞 "詞"當爲誤字。

是日，大學士方從哲、吳道南謹題："昨初三日蒙發下太常寺一本，以本月十一日祭夕月壇，請遣大臣分獻。該臣等將侍郎魏養蒙擬上，適本官來言，偶有功服，不能與祭。臣等誠恐旨下之時有誤行禮，謹另擬一票，改遣侍郎崔景榮。伏望皇上批發施行，大興⑥幸甚。

⑥大興 "大興"當有誤字。

十日戊申，大學士方從哲、吳道南謹題："竊惟臺省之缺，至今日而極矣。科臣見在者不過七、八人，臺臣不過十余人，又多領在京各差，若使各處按差盡點，所存者終一、二人耳。當此之時，即使考選未舉，候命無人，亦當急急行取，急急起補，以濟一時之急用，以復二百余年之舊規。而今起復候命則有張孔教、張惟任等數人矣，散館候命則有暴謙貞、史永安等數人矣，考選候命則有李若珪、孫之益等四十余人矣，守候動至經年，催請奚上①百數？而九重之上，寂若罔聞。聖意淵微，得無謂數年以來，見在各官尚堪任使，而此輩姑在可緩乎？乃今日時勢竟何如也？交戰之下，稀若晨星，烏臺青瑣之間，幾成空署，茲非勢窮理極之秋乎？臣等查得，庚戌留部諸臣，踰年而考，而踰年而旨下，乃壬子萬壽呼嵩之日也。由今較昔，已過一載，若再遲延，後得何極？伏望我皇上念祖制不可頓廢，言路不可盡空，人情之久鬱不可不舒，各差之多缺不可不補，乘此万方乘②賀、冠棠畢集之時，渙發綸音，將吏部前後所擬科道各官，盡賜俞允，充一時之耳目，鼓四海之歡心，真聖政維新之一會也。臣等竊見，邇年以來，皇上每遇朝廷大慶，往往多發章奏，多補缺官。千載一時，機難輕邁，以是人心仰望，於此便殿③。臣等揆之政體，察之羣情，見目前最切最要無如此一事，故不避煩瀆，輒畢其款款之愚。万惟聖明留意，立賜施行，諸臣幸甚，臣等幸甚。不勝迫切懇祈皇恐俟命之至。"

十二日庚戌，大學士方從哲、吳道南謹題："自御史劉光復繫獄以來，節經大小臣工合詞單詞連章懇請，仰祈聖慈寬宥，蓋百疏不啻矣。在諸臣，辭已窮而無可復贅，在皇上，聽已厭而無容再瀆矣。臣等極知天恩之不測，肆赦有時，分宜靜聽。惟是壽屆，普天同慶，當期時也。我皇上受四方之賀，進萬年之觴，鶴算無疆，龍顏有喜，燕樂之余，或者亦念及縲紲之臣乎？夫從雀施仁，放生以祈福，即間閻小民往往行之，然彼不過一物之微耳。若光復一家，數口相依為命，生還之望，人人所同，皇上若繫之經年，釋之一旦，使其室家再聚，母子重逢，愁怨之氣溢為歡聲，憂鬱之懷轉為頌祝，此之功德，即七級不足言高，九淵不足言深矣，豈非我皇上斂福凝禧之一職哉？方

萬曆四十四年

三二八九

① 上 "上"當作"止"。

② 乘 "乘"當作"來"。

③ 便殿 "便殿"當作"更殿"。

今輯瑞之臣方軌而至，獻琛之使重譯而來，當此華夷畢集之時，適朝廷有赦過施恩之舉，其誰不出欣欣然歡呼忭舞，慶吾皇上之善政，而頌中國有聖人也？古大臣忠愛其君，必願其享榮名而膺純嘏，光令德而茂遐齡，臣等竊謂皇上但有一光復，則此數者可一舉而兼得之。故敢不避煩瀆，再申前請，實區區愛主之忱不能自已，非爲光復也。伏惟聖慈立渙綸音，慨然矜允。臣等不勝激切懇祈踴躍待命之至。"

十七日，奉旨："知①卿今早於仁德門行禮，具見忠愛之忱，朕心甚悅。卿可即入閣辦事，稱朕眷倚至意。愼勿再有所陳。吏部知道。"

十八日丙辰，大學士吳道南謹奏："爲濫叨欽賞恭陳謝悃事。茲當萬壽聖節，率土騰歡，乃在閣臣返徼殊賞於皇上。如首輔方從哲，輔理勤勞，猶可以仰答夫寵賜，若在臣伴食之爲忝竊，杜門又復曠瘝，豈宜將去之臣，乃同在閣之賚？萬壽篆天章，金碧銀黃，璀璨，駢蕃昭帝錫，精鏐彩幣輝煌，更珍品出自天庖，兼上尊有如秬鬯。查得前臣註藉②請歸，類多珍上不敢冒領，已而復煩再命，則又以臣承君賜，惟命之從。臣今亦請乞畤也，拜貺自天，惜③躬無地，莫知所報，何以堪承？復念皇上之隆施，如天之生物，不以枯木朽枝而異其雨露，臣之薄分，如地之蒙澤，不以幽巖寒谷而外於生成，謹扶掖望闕叩頭祗領訖。自此戴聖恩歸去，侈榮光以④梓枌，亦且羨內府頒來，示珍寶於子孫者也。臣不勝感激仰荷天恩之至。"二十二日，奉旨："覽卿奏謝。朕知道了。禮部知道。"

是日，大學士吳道南謹奏："爲溫旨頻徼臣病實甚十懇皇上矜允速賜歸田免臣冒罪以去曲全終始事。臣於七月二十九日九疏祈放，本月初十日奉聖旨：'卿九疏懇辭，朕非不體念，但大臣當以君命爲重，寧可堅意潔身？今壽節在邇，百僚稱慶，卿爲輔臣，乃杜門不出，於心安乎？宜速出入閣，益⑤宏佐理之猷。毋得再有陳奏。吏部知道。欽此。'十六日，伏蒙皇上遣文

①知 自"知"字起下至"道"字止凡四十三字，據下文及《吳文恪公文集》卷一二，當爲本月十六日吳道南《恭謝遣文書官宣諭疏》所奉聖旨。此處記爲本月十二日方從哲吳道南請求釋放劉光復疏所奉聖旨，誤。

②藉 "藉"當作"籍"。

③惜 "惜"當作"措"。

④以 《吳文恪公文集》卷一二"以"作"於"，是。

⑤益 《吳文恪公文集》卷一二"益"作"以"。

書官張文元宣諭，臣即日具疏奏謝，十七日，奉聖旨：'知卿今早於仁德門行禮，具見忠敬之忱，朕心甚悦。卿可即入閣辦事，稱朕眷倚至意。慎勿再有所陳。吏部知道。欽此。'竊念臣倖過災生，緣慳分藩，厚荷至此，真天地能覆載之，而不能令苟延於跼天蹐地之時，父師能教育之，而不能令少浣於辱親負師之際。蓋有銘心不足言感，鏤骨莫知所報，儻可徼旨以出，敢不以君命爲重，仰副聖心之悦，而徒以煩聒取罪哉？但臣之病，實中於左右之兩腿，而步趨之難，實中於耳目之兩官，而視聽之難。此四者，人身之所必藉，有一於此，即家居亦宜閒處，況叨閣員，辰入而酉出者乎？昨①當跪領聖諭之時，文書官已見其拜起震搖之狀。及慶賀入朝，四息步而復②至，已而出至端門，步虛欲仆，冷汗瀝瀝下，跟役扶掖，少憇於便房，乃得强捱抵寓，即家人環視，亦謂急宜買舟，以苦情控懇於皇上。夫臣以請告，冀遂首丘，乃必待命以行者，所以明臣之分也。臣以慶賀，長辭闕下，乃必竭蹶以入者，所以表臣之心也。今不可逃之分與不可解之心，俱已悉效，則當此極苦極危之勢，爲病臣一垂風燭道路之憐，惟皇上慨賜俞放，則允臣之去，尤有甚於勉臣之留。蓋蓋③留之，則臣雖强顏，而力不可强，譬若拘攣，徒有負於皇上之眷注。去之，則臣獲生還，而有若再生，譬若解網，始克終夫皇上之體念。且聖眷之典④加於臣者，至矣，盡矣，即前臣之負重望、膺久任者，亦不過此矣，臣猶籲祈不已，心⑤其臣病有萬不得已之處，苟至於無可奈何，而臣冒罪以去，雖臣之身無足爲輕重，其如大⑥恩、國體何哉？臣不勝戰慄徬徨引領俟命之至。"九月初二日，奉旨："卿前入賀行禮，已有旨促即出，如何又有此奏？盡心體國，協恭輔理，乃大臣之職，卿豈不知？還遵屢旨，速入閣辦事，不准辭。吏部知道。"

二十二日庚申，大學士方從哲謹奏："爲朝政益壅臣職滋曠⑦勢窮力竭報國無時懇乞聖明勵精圖治亟罷無用之臣以清政本事。竊惟朝廷設輔弼之臣，匪徒令其效奔走之勞，供票擬之

① 昨 "昨"當作"昨"。
② 復 《吴文恪公文集》卷一二"復"作"後"，是。
③ 蓋 此"蓋"字爲衍文。
④ 典 "典"當作"曲"之誤。
⑤ 心 《吴文恪公文集》卷一二"心"作"必"，是。
⑥ 大 《吴文恪公文集》卷一二"大"當作"天"。
⑦ 曠 "曠"當作"曠"。

# 萬曆起居注

役，如尋常一官一職之比而已，固將使之生①持國是，寅亮天工，時事之關②失，賴以匡維，世道之理亂安危，資其調劑，責任蓋甚重也。故必輔臣能盡其職，而後人主得收其功，亦必人生③能聽其言，而後輔臣得行其志。自昔英君賢相，相與有成，保至治於無虞，撥亂世而返正，道固繇斯矣。今天下時勢何如哉？無論水旱災荒，民窮盜起，公私並困，夷狄交侵，危亂之勢已成，修救之圖宜早④，即日用常行之事，如點大僚，補科道，錄廢棄，點按差，署科印，開館選，又如釋纍臣，舉熱審，復營操，竣樓工，無一非祖宗之舊規，無一非當今之急務。臣愚固常事事懇請，時時揭催，累牘連章，唇焦額禿，自謂無不竭之誠，無不盡之力矣，而言之諄諄，聽之藐藐。頃當聖壽呼嵩之日，万國來朝，莫不延頸傾心，企望新政，而九閽之內查⑤然寂然，如上天之無聲無臭，而不可問也，如神明之不言不動而所禱⑥也。睽渦⑦若此，臣且奈之何哉？或者責臣以古人格心之義，謂不當徒事空言。此誠確論。惟是悃⑧欵之意，非言調⑨不宣，激切之衷，非章不達，徒言固爲無益，舍言又將奚憑？故言不可盡廢也，亦在皇上之聽與不聽、用與不用耳。或者又曰：大臣以身殉國，諫不行不聽，則當長泣以道之，痛哭以爭之，期於得請而後已。噫，此尤愛臣之深、望臣之厚者也。臣感慨時政，目擊心憂，每當悟寐獨覺之將，憤懣無聊之際，償剖心可以悟主，隕首可以救時，即損⑩縻此身曾何足惜？但恐於國事無補，而於我皇上盛德反有所蠹耳。臣一介草茅，蒙聖恩拔擢，以有今日，所居何地？所司何事？若徒泄泄沓沓，甘爲世俗容悅之夫，泛泛悠悠養成國家頹敗之象，寧不得罪於祖宗？得宗⑪得罪於天下後世哉？伏望我皇上，鑒犬馬之愚，採蒭蕘之獻，將臣向來所請、目前切要諸務，概賜留神，或一併施行，或次第檢發，庶朝政有更新之日，而臣愚得少逭溺職之誅，不勝至幸。至若臣誠不足以感乎聖聽，才不足以匡濟時艱，尸位貽譏，妨賢增懼，叨竊益久，罪戾益深，更望皇上將臣即賜罷斥，別簡名賢，共圖治理，則臣身既退，臣分獲安，在皇上得曲全終始之恩，而微臣當世效啣結之報矣。臣不勝迫

① 生 "生"當作"主"。
② 關 "關"當作"闕"。
③ 生 "生"當作"主"。
④ 早 "早"當作"早"。
⑤ 查 《明神宗實錄》卷五四八"查"作"杳"。
⑥ 所禱 "所禱"當有脫誤之字。
⑦ 渦 "渦"當作"隔"。
⑧ 悃 "悃"當作"悃"。
⑨ 調 "調"當作"詞"。
⑩ 損 《明神宗實錄》卷五四八"損"當作"捐"，是。
⑪ 得宗 "得宗"二字當爲衍文。

切懇祈惶恐顒望之至。"

二十六日甲子，大學士方從哲、吳道南謹題："頃者聖節屆期，臣等滿望皇上循近年故事，多發章奏，多補缺官，多舉目前要務，以新一時耳目，以答四海仰望之心，而今又不可幾矣。入賀諸臣來見臣等者，每每詢以邇來朝政壅塞之故，且謂皇上英明果斷，高出千古，若使臣下果能積誠感動，恐無終不可挽回之理。此其意蓋明責臣等以乏救時之才，鮮格心之術，致使主德虧於上，時事廢於下，曠官之罪不言可知。臣等內省於裏，不覺慚懼欲死。然反覆思惟，求所以感君心而回天聽者，舍疏揭之外，實無別法。乃臣等十上疏而皇上未嘗一行也，十具揭而皇上未嘗一報也，陳奏徒煩，絲毫莫故①，心力已竭，尺寸罔功，臣等將奈之何哉？臣等當極艱極重之任，值極窮極厄之時，籲天無路，入地無門，踽踽徬徨，實難靦顏於人世矣。伏望我皇上大發慈悲，俯垂憐憫，將臣等所請諸務，除補官、起廢等事少俟次第檢發，其至易至簡，如點各處按差、委六科署印、復營操之舊、完箭樓之工，與臣等閣中所題管理詔敕坊局掌印二本，疏②賜允行，則機會稍通，人心差慰，而於皇上順天應人之治，亦微有所裨矣。臣等不勝激切顒望之至。"

二十九日丁卯，大學士方從哲、吳道南謹題："前日接得戶部揭帖，蓋因邊餉匱乏，請皇上亟發內帑以救目前。內開缺餉數目，在薊密永昌易五鎮共缺八十萬，遼東缺四十四萬，陝西三邊共缺九十七萬，山西宣大共缺九十一萬，合之幾三百萬。兵③皆當年名發之數也，若節年所欠，又二百餘萬。總因各省直災傷相繼，徵解不前，而去歲所蠲山東二百餘萬，又無從抵補。即今秋氣漸深，邊防正急，數百萬嗷嗷之眾，張口待哺，若給發不時，誠恐變生不測。臣等披閱未終，不覺心戰股慄，作而歎曰：危矣哉，今日邊餉之乏一至此極乎？夫此各邊軍士，皆朝廷所賴以執於④戈而備戰守者也。無事則振甲以戒不虞，有事則執挺以格強虜，死生判於呼吸，性命決於須臾。自非平

① 故 "故"當作"效"。

② 疏 此當為誤字。

③ 兵 "兵"似為誤字。

④ 於 "於"當作"干"。

## 萬曆起居注

①瞻 "瞻"當作"贍"。
②圍 "圍"當作"圉"。
③批 "批"當作"撫"。
④死米 "死米"當有誤文。
⑤勉 "勉"當作"免"。
⑥然屓 "然屓"當作"燃眉"。
⑦賫 "賫"當作"賚"。
⑧因 "因"當作"困"。
⑨諸 "諸"當作誤字。
⑩心 "心"當作"必"。

日足其芻糧，資其養瞻①，望其出死力以扞疆圍②，胡可得也？近見各處督批③之疏，謂邊軍缺糧有二三月者矣，有半年者矣，甚有八九月者矣。京運不至，邊臣既難死米④之煩，太倉如洗，計臣又無點金之術，公私交困，內外俱空，則此沿邊數百萬衆，將使之枵腹而禦虜乎？抑使之束手而待斃乎？饑寒迫身，慈父不能保其子，竊恐脫巾之呼，勢所不勉⑤，而往歲薊門之變，可不爲之寒心也？當斯時也，施破格之恩以濟然屓⑥之急，捨內帑又何望焉？皇上儻念時事艱難，慨然允發，曰：'吾向者之儲蓄，將以備緩急之用也，用之兹其時矣。以其取之於下者，還而散之於下，朕何私焉？'如是，則所費不過數百萬，而九邊之軍心安，軍心安而邊境安，內地亦安，損錙銖而消反側，捐朽蠹以圖輯寧，豈非盛德事哉？不然，徒惜此無用之物，而不以普大賫⑦之恩，萬一因⑧窮之卒計出無聊，一夫狂呼，衆人響應，揭竿飛矢，遠邇震驚。此時而後出府庫之資，以求厭其欲，長驕悍之習，鼓要挾之風，即幸而解散，幸而底定，而所傷國體不已多乎？夫財聚民散，《大學》之訓，皇上豈不習聞？且自古國家未有不因厚藏而釀大亂者，史册昭然，非臣子所忍言也。臣等誼切腹心，何敢以危言聳聖聽？但見時勢窮迫至此，躊躇四顧，計無所施，竊謂損上益下，易危爲安，祇此一着，故不得已隨諸臣後而有此諸⑨，亦知聖明燭於國家大計，心⑩不肯視爲尋常而忽之也。臣等不勝激切顒望之至。"

萬曆四十四年九月己巳①，朔。

四日壬申，大學士方從哲、吳道南謹題："前兩日接得兵部揭帖《爲武備久弛操期不容再緩窮弁困若②科印難以久懸等事》，該臣等看得，京營每歲春秋開操，係國家二百余年舊例。自萬曆四十二年至今，停止且三年矣。先是奉有明旨，待聖母陞祔之後。今大禮告成已久，正宜及時舉行，以肅久玩之人心，振積褢之武備，此實根本至計，皇上當亟爲允行者一也。大選軍職官員，以兵科署即③無人，候憑日久，衣食俱盡。每遇臣等入朝之時，環向泣訴，狼狽可憐，政體人情均屬不便。且各塞正當秋防之日，邊務緊急，軍書旁午，抄發後時，能無耽誤？此又中外安危所繫，皇上當亟爲允行者又一也。以上二事，不過遵累年之成規，濟一時之急務，非有興革之故，尚費講求，非係遷轉之官，當須慎重，祇在皇上一啟口、一舉筆間，而科務不廢，戎政改觀，是亦時政修舉之一端矣。然此就兵部言耳。今京察在邇，諮訪宜先，國計空虛，邊餉告急，婚禮肇舉，工作繁興，則各科之官何可不備？而各科之印何可無所屬也？乃右給事中韓光祐推陞請告，俱未奉旨，各科雖間有一、二人，而皆未有署印之命，人無專主，事鮮責成，苟且因循，日甚一日，天下事將不知所終矣。願皇上萬幾之暇，惕然深思，毅然獨斷，將見在科臣各委一人署掌本科印信，用以存祖制而濟時艱，萬毋視爲故常，而終置之不理也。臣等感事觸衷，輒抒一得。不勝迫切懇祈顒望之至。"

是日，大學士吳道南謹奏："爲病勢苦情披瀝已極十一懇天恩速賜放歸超豁殘生事。臣於八月二十一日十疏乞休，顒候賜放，乃於本月初二日奉聖旨：'卿前入賀行禮，已有旨促令即出，如何又有此奏？盡心體國，協恭輔重，乃大臣之職，卿豈不知？還遵屢旨速入閣辦事。不准辭。吏部知道。欽此。'臣涖荷溫綸，復蒙宸諭，森嚴明命，不一而足，豈其不知大臣之職，敢以煩瀆而自于④衡命之罪哉？但大臣之在國家，惟分義名節之爲重，分義所當守，而莫解莫逃，不敢不待命於皇上，名節

① 己巳　"己巳"當作"己巳"。
② 若　"若"當作"苦"。
③ 即　"即"當作"印"。
④ 于　"于"當作"干"。

# 萬曆起居注

① 極若 "極若"似當作"苦極"。

② 蒙 "蒙"上當有"未"之類字詞。

③ 府 "府"當爲誤字。

④ 若 "若"當作"苦"。

⑤ 尚 "尚"似當作"堂"。

⑥ 若 "若"當作"苦"。

⑦ 旨 "旨"上當有"奉"字。

⑧ 懇 據下文，"懇"下當有"朕非不體念"五字。

⑨ 付 "付"當作"副"。

所當惜，而危極若①，不得不數控夫臣情。今臣裏病交侵，憂懷憊鬱，痊可無日，存疏哀鳴，誠有万不得已者。乃哭籲不已，蒙②賜放而返令即出，進退維谷，時序如流，非但人以頑鈍目臣，臣亦自覺頑鈍矣。顧羞惡之心一也，豈有不甘人之詬詈者一心，而甘己之頑鈍者又一心乎？今言者勸皇上之勿留，而責臣以當去，誠爲堂堂正正之論。若愧臣以頑鈍，而臣欲自免於頑鈍，則惟有出城以待命，登府③以待命。第從前閣臣，無論沐恩負譴，凡有所請，皇上始爲慰留，以恤其體面，後亦念其若④懇之極，令其奉俞旨以去，固未有命而不待，亦未有待而不得者。豈其於臣而獨靳之乎？夫鬱死長安，固聖心之所不忍，而留滯周尚⑤亦之所不能也。乃俞命尚未需發，得無謂臣入內而慶賀、尚可竭蹶乎哉？不知臣扶掖而進，因慶賀而長辭闕下，真有足不前而心不敢後。蓋自出至端門，而步虛幾仆，臣之右肘左腿已徵痿痺之狀矣。夫臣荷皇上之曲宥，又宣召、聖諭之疊至，且萬壽聖節之日，漏不四鼓，特發臣疏，票擬於首輔方從哲之家，責令臣出。當此聖恩之注，臣苟可支撐以出，何敢久臥於邸寓之中，而自取踣踖爲也？惟臣之病，有万不能出之勢，即臣之心有欲勉從皇上之命，而不能強臣之病，杜門踽踽，獨若⑥獨知。兼臣自請告以來，臣之同衙門、同鄉、同年、同生，間往一看，亦皆旅進旅退，蒙念臣之生平，而其語臣，惟當以必去爲請。是時未見臣之病如此其甚也，而其愛人以德尚且如此，臣何敢不自愛，以重孤其免殆免辱之望哉？總之，君臣之分無所逃於天地之間，凡爲臣子，夫誰不知？其所以重責於臣者，正欲皇上知人言責備之意，諒臣身之難堪而心之難安，速放臣以去耳。臣當大塊佚臣息臣之時，得藉人言以遂臣之去，臣且感其相成，矧乃皇上特宥夫臣，勉諭夫臣，而又以速放全始終之大造，臣之爲感，真有天匪高、而地匪厚矣。臣不勝戰慄惶悚俟命之至。"旨⑦："卿再疏乞歸，情詞益懇⑧。但輔理重任，需賢正急，豈卿高蹈之時？卿既知大臣之職，便當遵命速出，付⑨朕眷倚至意。人言不必介懷。該部知道。"

萬曆四十四年

八日丙子，大學士方從哲、吳道南謹題："照得皇太子講學，頃於八月初三日奉聖旨：'是。覽卿等奏請皇太子講學，朕知道了。今朕壽節在邇，慶禮繁盛，着初四日開講一次，其日講待過重陽節擇吉來行。所請經書，照舊接續講讀。放、對不必更易。欽此。'除本月初四日，臣從哲同侍班、講讀等官，於文華殿東廂房恭侍皇太子講讀一次外，今值重陽節屆，秋氣澄清，臣等謹遵明旨，擇得九月十一日、十六日兩日皆吉，伏乞皇上欽定一日，命皇太子照常每日出講，庶工夫不輟，問李①日新，臣等不勝至幸。謹題請旨。"

是日，大學士方從哲、吳道南謹題："准兵部手本開稱，該本部題，萬力②四十四年九九③月十五日，考試天下武舉官生，列④用考試官二員，合行翰林院題請簡用。奉聖旨：'是。欽此。'備行到院。臣等推得堪任正考官二員、副考官二員，列名上請，伏乞於內各欽點一員，令於十三日早入塲供事。臣等未敢擅便，謹題請旨。

　　計　開
堪任正考官二員：左春坊左諭德兼翰林院侍講公鼐　右春坊右諭德兼翰林院侍講龔三益
堪任副考官二員：右春坊右諭德兼翰林院侍講薛三省　右春坊在⑤諭德兼翰林院侍講楊守勤。"　十二日，奉旨："是。看⑥點了的去。"

十日戊寅，大學士方從哲謹題："先該臣等於聖節前後，將目前切要政務屢疏懇請，而於用人一節尤極惓惓。自謂犬馬微誠，或可一動聖明之聽，而不意其不能也。自八月以來，僅僅陞兩祭酒、補監司部屬幾人，其他如大僚、廢棄、考選、起復、散館，以及轉科、署印、點差、考館諸事，概未報聞。又如邊方巡撫，何等關係？而前此會推四人，尚有四川一缺至今未點，以致聯篇累牘，盡屬空言，累月經年，又成虛度。蓋至是，而臣之計始窮，臣之心滋戚矣。古人有造滕⑦陳謀、虛懷納諫者，都俞吁弗之休，何其盛也？臣面聖無時，瞻⑧天無地，嘉謨既

三二九七

①李　"李"當作"學"。
②力　"力"當作"曆"。
③九　此"九"字為衍文。
④列　"列"當作"例"。
⑤在　"在"當作"右"。
⑥看　"看"當作"着"。
⑦滕　"滕"當作"膝"。
⑧瞻　"瞻"當作"瞻"。

未由入告，補牘又未必見從。每見時事艱難，人情鬱塞，輒不勝痛心疾首，以爲從來輔弼之臣，未有尸位素餐如臣之甚者。而無奈力不足以挽回聖聽，誠不足以感格宸衷，何也？總①皇上不以罪臣，天下不以青②臣，臣亦有心胸，亦有面目，平旦清明之際，何以自慊於中？大廷廣衆之時，何以靦顏於上乎？頃臣自以圖報死③能，懇祈罷斥，免致妨賢。又念一時直閣無人，且東宮開講在邇，未敢杜門待罪。乃今幾二旬矣，而綸音尚查④，天聽彌高，臣進不能抒報國之忱，退不能逭曠官之罪，跼天蹐地，旦夕無以自容，故不得已再申前請。伏望我皇上鑒臣人地雖微，才品雖省⑤，而一念致主之忠，濟時之志，不敢自後於常人，將臣向來所請用人一事，與夫發帑助餉、留稅賑災、宥罪講武諸務，或一併允發，或陸續舉行，俾朝政疏通，人心歡暢，我皇上勵精之治將增光前代，繼美萬曆初年，臣即退伏草第，當樂觀太平之盛無已時矣。臣意迫詞煩，直據悃欵，不識忌諱，惟聖慈憐而察之。臣不勝皇悚待命之至。"

十一日己卯，大學士方從哲、吳道南謹題："准兵部手本開稱，該本部題，萬曆四十四年九月十五日考試天下武舉官生，例用考試官員，合行翰林院題請簡用。奉聖旨：'是。欽此。'備行到院。臣等推得堪任正考官二員、副考官二員，列名上請，伏乞於內各欽點一員，令於十三日早入場供事。臣等未敢擅便，謹題請旨。

　　計　開
　　堪任正考官二員：左春坊左諭德兼翰林院侍講公鼐　右春坊右諭德兼翰林院侍講龔三益
　　堪任副考官二員：右春坊右諭德兼翰林院侍講薛三省　右春坊右諭德兼翰林院侍講楊守勒⑥。"

十三日辛巳，大學士方從哲、吳道南謹題："頃該臣等恭奉明旨，將皇太子開講日期，擬於本月十一日、十六日。今十一日已過矣，前去十六日隔兩日，及今得旨，猶不爲遲。伏望皇

① 總　"總"下當有脱字。
② 青　"青"當作"責"。
③ 死　"死"當作"無"。
④ 查　"查"當作"杳"。
⑤ 省　"省"當作"劣"。
⑥ 勒　"勒"當作"勤"。

上留神，即賜批發。若再稽延，轉眼十月，漸近沍寒之時，虛良辰而孤衆望，臣等所深惜也。謹將前本錄上，再塵御覽。仍令中書官於寶寧門立候俞旨。臣等不勝迫切懸望之至。"

是日，大學士方從哲、吳道南謹題："照得皇太子講學，頃於八月初三日奉聖旨；'是。覽卿等套①請皇太子講學，朕知道了。今朕壽節在邇，慶禮繁盛，着初四日開講一次，其日講待過重陽節擇吉來行。所請經書，照舊接續講讀。做、對不必更易。欽此。'除本月初四日，臣從哲同侍班、講讀等官，於文華殿東廂房恭侍皇太子講讀一次外，今值重陽節屆，秋氣澄清，臣等謹遵明旨，擇得九月十一日、十六日兩日皆吉，伏乞皇上欽定一日，命皇太子照常每日出講，庶工夫不輟，問學日新，臣等不勝至幸。謹題請旨。"

十四日壬午，大學士方從哲、吳道南謹題："昨日接得刑部尚書李鋕揭帖《爲三懇天恩等事》。臣等看得，本官年雖八，精力尚強。先是八月初間偶感中風之證，以後醫治漸痊，當萬壽慶賀之期，已曾勉強入朝行禮。朝回之後，隨具疏乞歸，經今二旬，兩疏俱未發票，本官杜門候命，於部院之事不無妨廢。伏乞皇上將昨日一本，即發臣等票擬，促令速出視事，實爲至幸。臣等因是而更有請焉。都察②，風紀要地，事權之重、幾務之繁，與六部等，今三堂並缺已及四年，雖署事有人，而責任不專，終難展布。先是朝覲之時，已命鋕代管考察。轉眼明春，又當京察之期，黜陟幽明，何等大典？可復令他人代之耶？鋕之亟亟請告，併請別委署印者，意實爲此，伏望皇上俯念紀綱重任，萬難久虛，將吏部會推吕坤、劉日梧、郭實三臣之中，先點一二人，以專主臺綱，共襄察典，所裨於國體官常者不淺已。臣等不勝激切懇祈之至。"

十五日癸未，大學士方從哲、吴道南謹題："照得皇太子開講吉期，臣等恭擇十一、十六兩日。差③本日得旨，十六日之期尚可無誤。伏望皇上留神，即刻批發，不勝至幸。不然，前

① 套 "套"當作"奏"。

② 察 "察"下當有"院"字。

③ 差 "差"當作"若"。

月奉有'重陽節後擇日來行'之旨，昭如星日，及今不舉，何以信明詔而示臣民也？臣等曷勝翹首佇望之至？謹題請旨。"

十六日甲申，大學士方從哲、吳道南謹題："昨晚文書官金忠捧聖諭到閣：'諭內閣：朕覽卿等所請皇太子講學，朕已悉知。但今天氣漸寒未便，着暫兑①。往前嚴冬寒泣，可以明春擇日舉行。特諭卿等知之。欽此。'臣從哲隨叩頭祗領訖。臣等未盡惆誠，容即專揭懇請，謹先具回奏以聞。"

是日，大學士方從哲、吳道南謹題："昨晚臣等恭接聖諭，即擬遵奉傳示，已復思之，自皇太子輟講以來，內外大小臣工竭誠懇請，不知費多少心力，費多少唇舌。幸於去歲兩奉明旨：待聖母陛袝之後。今歲再奉明旨：俟八月秋爽之時。頃八月初，又奉有'開講一次、重陽節後擇日來行'之旨。一時在廷諸臣，以及萬方朝賀之使，莫不鼓舞歡呼，欣逢盛典。臣等滿擬節後卜期，接續再講，庶幾曠典可復，明詔不虛，故屢揭催請，日夕懇望，不虞復有此'明春舉行'之諭也。古昔帝王之子，以學問為常事，以緝熙就將為當然，無日不學，無時不學，初不以寒暑間，不以作輟乘也。國朝講筵雖有大寒、大暑暫免之例，然一年之中講者居半。若皇太子出閣之初，自春至冬都無間斷。何至今日而每以寒暑為解耶？未寒未暑之先，即不得乘時而開，將寒將暑之际，又輒先時而輟，然則畢竟何時可講？何時而後不寒不暑耶？我皇上篤愛皇太子，保護之至，至倍於尋常，臣等敢不仰體？然宮門至文華殿不過數十武，日高而出，移時而入，起居之間何至過煩聖慮？況今秋高氣肅，尚非冰霜凜冽之時，即聖諭亦謂'往前嚴冬寒泣'，則此時無妨於出講，昭然可見矣。臣等竊謂，明詔不容中止，良辰不宜虛度。查得本月二十日、二十二日皆吉，容臣等另揭題請，恭候聖明裁定。昨奉聖諭，且未敢遽傳於外也。不然，以十余年久曠之典，催請奚止數十人？章奚止數百上？即煌煌天語至再至三，而欲以一日之講讀事②，其於國體何如？而傳之四夷，書之史冊，豈不暗笑於無窮哉？臣等職在贊襄，誼存迷③救，若徒以為煩④為恭，

①兑 "兑"當作"免"。

②講讀事 "講讀事"當有脫誤。

③迷 "迷"當為誤字。

④煩 "煩"當作"順"。

使聖朝舉動無以厭服人心，累次詔旨不足取信於天下後世，真萬世之罪人矣。爲此，披瀝悃誠，籲天再請。皇上即以煩瀆罪臣，而罷臣、斥臣，臣等亦不敢辭矣。不勝戰慄塤①越待命之至。"

是日，大學士方從哲、吳道南謹題："照得皇太子講讀，昨奉聖諭，欲於今歲暫免，明春舉行。臣等謹尊藏在閣，未敢傳示於外。除具揭懇請外，謹擇得本月二十日、二十二日兩日皆吉，伏望皇上欽定一日，命皇太子照前出講，以完今歲之事。待立冬之後，天氣果寒，恭聽明旨傳免。庶多講一日，亦有一日之功。臣等不勝迫切祈望之至。"

二十日戊子，大學士方從哲、吳道南謹題："頃因刑部尚書李鋕辭疏未下，臣等具揭摧②請，併請點用都察院堂官。今鋕疏幸蒙批發慰留，計本官不日當出，惟是左都御史等官猶然未蒙欽點，臣等有不容默默者。自本院缺官以來，該吏部題催，與臺省諸臣懇請，不知幾十疏矣。乃總催不報，單催不報，即臣等爲部院代催亦不知幾十次矣，而一概不報。堂堂風憲之司，幾成虛設，紀綱法度所自出之地，聞其無人，不意祖宗二百余年舊制，至今日而屑越至此極也。昨奉明旨，院印仍着李鋕署掌。雖本官精力有余，不難總理，然而代攝終不可爲常，兼管終不若專任。且今年署掌，明年復然，一人署掌，再一人復然，然則都御史之官可終於不補，而都察院衙門可從此而竟廢乎？伏望皇上，念祖宗③必不可失，重地必不可虛，將吏部會推各官，亟賜點用，或先點一、二員，俾令剋期到任，庶臺綱有屬，而國體常尊，真目前第一要務，不容再緩者矣。再照，巡按各差，缺者十余處，允者二、三年，彈壓無人，地方奚賴？候代無日，困苦堪憐。政體人情，萬分不便，宸衷所洞鑒，無俟臣等之多贅也。更望皇上將都察院所題各處按差，概賜允用，則郡國有巡方之使，而朝廷無四顧之憂，是又時事之不容少緩者。統惟聖明裁斷施行。臣等不勝激切顒望之至。"

是日，大學士吳道南謹奏："爲昡④瀆聖明萬死莫贖顛踣病

① 塤 "塤"當作"隕"。

② 摧 "摧"當作"催"。

③ 宗 "宗"當作"制"。

④ 昡 "昡"當作"眩"。

# 萬曆起居注

體難已哀鳴十二懇天恩解綱垂仁俯從前請事。臣於祈放之疏，已十一上，亦自知煩瀆之愆，取厭於皇上矣。但人情苦極則呼天，哀號之聲徹晝徹夜，臣今亦苦極時也。游①疏陳情，意皇上必矜臣而賜放，乃於本月十五日奉聖旨：'卿再疏乞歸，情詞益懇，朕非不體念，但輔理重任，需賢正急，豈卿高蹈之時？卿既知大臣之職，便當遵命速出，副朕眷倚至意。人言不必介懷。該部知道。欽此。'臣荷聖恩之眷注，凜明命之森嚴，無能仰承，不勝悚仄。伏念臣信心大過，涉世多乖，本非輔理之才，蒙皇上不以臣爲不肖，召超田間，臣不自度其力之不能，冒昧出山。本擬矢竭涓埃，效勞佐理，臣之職也，亦臣之心也。即今杜門乞骸已兩季餘矣，病勢之困頓難堪，亦既動皇衷之體念矣，乃中外之投竭②，臣不敢謝絕，誠以獻馘不忘臣子之義，豈其身一日尚羈輦轂之下，而能無愆於恫乎？兼首輔方從哲，切共濟之懷，凡有揭請，猶不空臣之銜，而附名以進，即當晚出，輒密封以示臣，臣當展轉牀褥之間，一聞揭至，無不擁衣燃燭，一一而詳覽。臣因伏枕而思曰：閣臣無專職，惟以中外之章奏得請得行爲職，節次閣揭最爲至重至緊之機務，又以宣滯宣鬱於人情，皇上慨然舉行，則在閣臣無負股肱心膂之託，在朝在野感慰飢渴雲霓之望，臣雖去國，不獲贊襄於重病之體，猶獲少副其來病③之心。若乃皇上責臣以職業，令臣以速出，臣苟可勉強供事而猶嘵嘵死④已，豈其絕無臣禮，毫無人心，而甘於犬馬之不如？無奈天不與以強健之身，而又迫之以風疾痿暈無可痊之證，臣亦無如之何矣。臣自愧攝生無術，修德不素，頻遭家難，復墮窮兇，是臣之福過災生，罪深譴重，宜其及也。日夜幽憂，祇恐聖恩之勉留，而反致造物之速奪，雖臣之進退死生無足爲輕重，第以聖主在上，而有此忍死貪戀之臣，不惟國體大傷，且累皇上知人之哲，臣之所爲懼也。至若人言，臣藉良規爲藥在⑤，方以其激勵之語轉聞於上，以成臣臣⑥之去。唯是褊衷不能忍辯，致科臣劉文炳之遠謫，臣安得晏然而已乎？蓋皇上之於臣下，如父母之於子，方其兄弟違和，不無誚責，及其過而不留，惟欲其兄弟之相安，此父母之心，天地

①游　"游"當作"泳"。

②竭　"竭"當作"揭"。

③來病　"來病"當有誤文。

④死　"死"當作"無"。

⑤在　"在"當作"石"。

⑥臣　此"臣"字當爲衍文。

之心也。臣今敢以賜環乞之皇上矣。臣當抱病祈歸，所謂身將隱，焉用文之？惟職業、人言，因明綸之所及，附布臣愚。償言行於去國，雖去如留，苟命隕於長安，雖留無爲矣。情詞窮竭，噤口難宣，千懇萬懇，惟懇皇上之速放。若襄①齡未盡，余息尚延，終始銜恩，敢忘再造？臣不勝戰慄激切控訴之至。"二十六日，奉旨："朕念閣務繁重，日望卿速出，以賢佐理。乃又稱疾固辭，其②非眷倚之意。卿等屢次揭請，關係時事緊要者，朕正欲詳覽施行。卿可遵旨，即入閣贊襄，以圖共濟。慎勿再有所陳。該部知道。"

  二十五日癸已③，大學士方從哲、吳道南謹題："頃接宣府巡撫汪道亨揭帖，內稱八月三十等日，懷、延二衛及延慶州柳溝城土木堡地方，各報地震，又滴水崖震動尤甚，兼有日中黑光之異。續據路將文應奎報稱，今歲虜中雪多霜早，頭畜倒死，收成甚薄，偷盜劫殺，荒亂異常，打利來洪達賴等酋，號召結連，時常會話，似有蠢然思亂之意。夷情若此，時變若此，加以餽餉不繼，軍士半載無糧，人心洶洶，朝不保夕，乞敕下廷臣會議，以救目前。撫臣之揭如此，味其語意，似猶有避忌不敢盡言者。臣等閱之，不覺心戰股慄，汗滔滔然下也。夫上谷密邇京師，三百里而近，非諸邊隔遠之比也。陵寢重地，拱護當百倍尋常。值此虜地洊饑，戎心叵測，天象示警，地震連旬，此該鎮何等時耶？假令沿邊兵精食足，士飽馬騰，內備既周，何慮外侮？乃今缺餉至於數月，諸軍飢不得食，寒不得衣，壯者裹足而思逃，弱者枵腹而待斃，舉荷戈乘障之士，皆不能自糊其口，自保其身家，望其效死力以扞疆圉，胡可得也？是該鎮之可憂者，不在邊方，而在內地，將來不測之變，不在夷虜，而在救死倡亂之夫。撫臣謂微聞沙中偶語，若少遲旬日，又有不忍言者。以道路所傳，誠然有之，臣等亦未盡言④也。先是戶部請皇上天發帑金，以補缺餉，未蒙慨允。今宣鎮缺乏極矣，時勢危迫，視他鎮且什百矣。皇上即不爲封⑤計，獨不爲陵寢計、爲京師計乎？謂宜速發內帑數十萬，先儘該鎮，次及九邊，

萬曆四十四年

三三〇三

① 襄 "襄"當作"衰"。

② 其 "其"當作"甚"。

③ 已 "已"當作"巳"。

④ 言 "言"似當作"信"。

⑤ 封 "封"下當有"疆"字。

用以紓燃眉之憂，解噬臍之禍。此今日第一急務，皇上當立賜允行，無容再計者也。其道亨原疏，求即發臣等擬票，行令九卿、科道悉心会議，以圖經久長策，萬毋視爲泛常，而姑置之。事係安危，誼難坐視。臣等不勝激切懇祈顒望之至。"

是日，大學士方從哲謹題："臣自九月以來，時患背痛腰痛。初猶勉强入直，逮月半之後，委頓日堪①。正擬請假暫攝，適奉明旨，令臣武宴主席，臣以君命隆重，不敢不遵，謹於二十三日赴宴，二十四日早謝恩訖，至晚歸寓，遂益狼狽不可支支②。緣臣禀質素弱，不耐煩勞，數載奔馳，觔力俱盡。因儲講一事，臣屢請不允，累疏不敢③，憂愁憤懣，五内如焚，心火上炎，頭暈目腫。病勢若此，恐非旦夕可愈。伏望聖慈容臣寬假調理數日，儻得全可，即圖黽勉供職，不然，亦當另疏懇請，兹且未敢遽瀆也。臣不勝惶悚祈望之至。"二十九日，奉旨："朕覽卿奏請皇太子講學，適見秋氣暴寒不便，暫免，着於來春擇吉行。卿偶疾，准暫假調攝。閣務煩重，稍可即出視事，以副眷倚。該部知道。"

二十八日丙申，大學士方從哲、吴道南謹題："照得御史劉光復繫獄幾二年矣，其懲艾之至，悔悟之深，囹圄困苦之情，與其母子顛危之狀，計聖明已熟聞而洞鑒之矣。大小臣工累牘連章千祈萬懇，無非徼皇上宥罪之仁，以希解納之惠。不意微誠難以遽幸，聖意尚未挽回，臣等目擊心傷，有不忍坐視而不爲一言者。自古聖帝明王，設諫鼓謗木以求直言，旌引裾折檻之臣以風勁節，豈故爲是矯飾、徒示優容哉？誠以人臣以敢諫爲忠，人主以能受盡④言爲量，故君仁臣直，昔人侈爲美談。光復身列臺班，職司諫諍，彼其慷慨敢言之志，已蓄積於平時，一旦面覲天顏，自謂忠赤之懷，可以乘時吐露，遂不覺其氣之過銳，聲之太揚耳。臣等伏在堵墙，共聞光復有'皇上慈仁'、'東宫仁孝'等語，蓋將於頌祝之余，效箴規之意，語雖未竟，心有可原，初未嘗有觸忤之言、過激之論也。皇上即怒其輕率，責以震驚，逮之繫之，俾令悔罪足矣。乃今靈筵已撤，大禮久

① 堪 "堪"當作"甚"。

② 支 此"支"當爲衍字或爲誤字。

③ 敢 "敢"似當作"報"。

④ 盡 "盡"當作"蓋"。

完,皇上盛德純孝,業已達於天下、光於古今,而當時因言獲罪之臣,猶然幽囚縲絏,竊恐於平日赦過之仁、納言之量,微有未合耳。臣等抱愛主之忱,惟期皇上事事法古,同符堯舜,誠不願當聖明之世,有終罪諫臣之名,故敢不避煩瀆,再申前請。茲遇頒曆在邇,歲序將新,我皇上萬萬年無疆之祚自今伊始。當此天庥滋至、人心歡慶之時,沛下明詔,釋累臣,以昭發政施仁之治,豈非熙朝盛事、而海宇臣民之至願至願哉?臣等翹望德音,不勝迫切懇祈之至。"

二十九日丁酉,大學士方從哲、吳道南謹題:"恭遇十月朔日,又當皇上頒曆之期,是爲萬曆四十五年矣,適值聖壽五十有五,總之共咸百數。我皇上萬歲無疆之壽於此肇端,萬萬年無疆之曆自今伊始,其湊合之奇,乃亙古及今未之前聞者。從茲以往,天庥茲至,萬方永亨①昇平,聖德誕敷,四海同登壽域,猗歟休哉。臣等幸際昌辰,欣逢盛事,歡呼踴躍,百倍恒情。然而犬馬微忱,尚欲抒一得之愚,以爲聖天子萬年之助。今時政亦多端矣,臣等不敢概舉以瀆天聽,謹擇其最大最急者二事,敬爲皇上陳之。一曰補大僚,一曰補科道。今大僚之缺極矣,部院卿寺無一署不乏人,無一署不當補,而都察院風紀之司,關係尤重,三堂並缺已逾四年。目下京察屆期,需人尤急,此皇上所當速爲點用者也。科道之缺亦極矣,前次考選者三年授職,今且過四年矣,其他起復、散館諸臣,一概守候,棲遲困頓,進退無門。又如轉科者不允,署印者不報,而巡按各差關係地方安危,尤爲不小,此又皇上所當速爲點用者也。以上二事,十分重大,十分緊要,然不過皇上一轉念間,便可完此,行見人事克修,則天心助順,羣情胥悅,則帝祉倍增,億萬載靈長之慶,皆於今日基之矣。《詩云》:'虎拜稽首,天子萬壽'。又云:'明明天子,令聞不已。'古大臣忠愛其君,率以修德永命爲頌禱之辭。臣等敬因頒曆之期而僭有所請,以附於古人愛君之義。伏惟聖慈留神省覽,慨賜施行。臣等不勝激切懇祈顒望之至。"

①亨 "亨"當作"享"。

# 萬曆起居注

① 十 "十"上當有"萬曆四十四年"六字。

② 六 "六"當作"士"。

③ 方 "方"疑爲"弓"或"刀"之誤。

④ 背 《明神宗實錄》卷五五〇"背"作"臂"。

⑤ 黠 "黠"當作"黠"。

⑥ 然眉 "然眉"當作"燃眉"。

⑦ 苦 "苦"當作"若"。

⑧ 且 "且"當作"旦"。

⑨ 杜 "杜"當作"社"。

十①月三日庚子，大學士方從哲、吳道南謹題："前接宣府巡撫汪道亨地震一揭，内稱邊餉缺乏至極，軍心變動可虞。已經臣等奏聞。此外又有一扎，密示臣等，謂露章言之，恐奸人聞而生心，叛亂之禍可以立至。以故臣等前日，亦未敢形之奏揭。乃今事急矣，不得不盡言於皇上。先是該鎮缺糧已四五月，軍六②或賣其方③箭衣服，或當其妻子，以救旦夕之命。繼而糧運不至，飢寒切身，於是召募之兵率多逃散，又有奸人勾引，亡入虜中。此輩怨忿之餘，攘背④思逞，往歲劉東暘、啰拜之事非其殷鑒哉？昨八、九月間，各處地震連旬不止，人心益加震駭，訛言繁興，土著之民咸欲移家關内，中有黠⑤桀兇悍之徒，偶語密謀，思欲彎弓南向，悖逆之極，殆不忍聞。竊計該鎮去京師三百余里，可以朝發夕至，涇原之變能不寒心？此真然眉⑥之急，剝膚之災，皇上萬萬不可視爲尋常，而置之度外也。昨見兵部侍郎魏養蒙等，言近日薊鎮傳報，夷婦滿旦，向因挾賞不遂，糾合東虜虎敦兔憨諸酋，謀犯薊門，遼將累次馳報，聲息甚急。苦⑦然，則目前之可憂，又不在肘腋，而在腹心，不在門庭，而在堂奥矣。爲今之計，欲弭邊患，在固人心，欲固人心，在足軍餉。以太倉如掃之際，一且⑧責以數十萬之餉，勢必不能，則捨皇上發帑之外，更有何策可救此急耶？皇上誠念安危所係，時刻難緩，俯從諸臣所請，亟發帑銀百萬，或七八十萬，令戶部酌量緩急，分散九邊，以補月糧之缺，將見德意一宣，歡聲四布，衆心感奮，勇氣倍增，内可以安奸宄反側之心，外可以削醜虜窺伺之志。所費者少，所得者多，皇上奈何惜此無用之物，而不爲奠安宗杜⑨計也？若再躊躇顧惜，不早區處，竊恐饑卒内亂，狡虜外訌，如嘉靖庚戌之變，虜至城下而後議防守、議勤王，雖幸而虜退，而朝廷所費可勝算哉？萬一變起倉卒，不可收拾，如唐涇原之亂，真臣子所不忍言者矣。皇上試取《通鑑》，檢唐德宗建中四年事一細覽之，當必悚然動念，而發帑散財以消禍亂，無俟臣言之畢矣。事關機密，臣謹力疾手書，恭進御覽，不敢聞之於外，惟聖明熟計速允，以易禍爲福，轉危爲安，社稷幸甚。臣不勝激切懇祈顒望之至。"

六日癸卯，大學士方從哲奏："爲微臣曠官已甚患病日深懇乞聖慈亟賜罷免以清政本以保餘生事。頃者臣以積勞積苦，致有腰背疼痛之證，不得已請假調理，何蒙聖恩准臣暫攝，且諭臣以儲講暫免之故、明春舉行之期，又勉臣以少可即出視事。是臣之疾勢，與臣之苦心積慮，皆聖明所洞鑒矣。臣仰戴眷慈，惟冀旦夕獲全，尚當竭蹷奔趨，圖報鴻恩於萬一。無奈大①微任重，福過災生。數日以來，前疾增劇，腰痛楚而不能屈伸，頭眩暈而難於轉動，纔一靜坐，則四肢戰搖，少涉思慮，則怔忡不止。延醫診視，皆謂元氣久損，內外俱傷，非藥餌所能取效，必須謝絕人事，一意靜攝，方有平復之望。臣竊自思，臣所居何地？所任何職？儻以抱病之身，誤朝廷之事，臣之罪不益大哉？況臣之病又有不在肢體、而在腹心者，不敢不盡言於皇上。臣一介草茅，叨蒙聖恩，早躋通顯，頃復拔臣田畝之中，付以佐銓之任，綵蹜半載，躐晉綸廓，遭際之奇，從來未有。臣受恩深重若此，若不感激圖報，爲國家效尺寸之力，是尚有人心者哉？惟是德薄望輕，心有餘而才不足。今叨竊已及三年，即承乏任事亦二年矣，而一籌莫展，百事無成。區區一念，非不欲矣②效犬馬，少答涓埃，故每遇政體重大及時務緊要者，亦當事事懇祈，時時催請。乃詞已竭而皇上未必聞，力已窮而皇上未必亮，必欲嘔而皇上未必知，空言畢竟罔裨，微誠終難上達。即用人一節，如簡大僚、錄廢棄、允考選、候補、轉科、散館諸臣，及點各處按差，此何等要務？乃百請而百不應，隳廢祖制，播棄人才，決裂官常，弁髦法守，成目前空虛之象，釀將來危亂之憂，誰司政本，而令時事一至此耶？即今邊餉告急，發帑之旨猶稽，纍臣當釋，肆赦之音尚杳。感孚無術，匡弼謂何？臣每清夜自思，慚憤欲絕，即使無病，亦當早自引退，以逭妨賢誤國之誅，矧病勢若此，尚欲勉策駑鈍，以酬主恩，其將能乎？昔周任有言曰：'陳力就列，不能者止。'孟軻氏亦云：'有官守者，不得其職則去。'臣力竭矣，臣之失職多矣、

① 大 "大"當作"人"。

② 矣 "矣"字當爲誤字。

久矣，此臣當止當去之時矣。伏望皇上將臣早賜罷斥，別簡有才有望之臣，令與同官居協恭任事，庶聖治之更新有日，而明良合德，太平可幾。臣即銓伏草野，有余榮矣。臣不勝悚息待命之至。"

八日乙巳①，大學士吳道南謹奏："為歷陳危悃十三懇天恩矜允前請以延殘喘事。臣自墮奸以來，而增慚增病，遂違出山報國之本懷。又自好辯以來，而或罰或謫，重孤大道為公之夙願。控章洊上，未荷賜俞。值萬壽聖節之期，而臣叨閣員，豈忍自後於四方來賀之臣？更欽賞並賜，聖諭復頒，臣雖有負股肱心膂之託，而亦有血氣心知之類，故自扶掖入仁德門行禮。以後臣之顛踣彌甚，臣之風燭日虞，乃猶忍死以請，非獨為前之閣臣無敢不待命，亦以臣屢辱眷恩，既優既渥，疊承嚴命，至再至三，故欲去而不敢自去，欲不待而不忍不待也。無奈二豎之虐已中膏肓，七尺之軀遂成狼狽，世豈有視聽昏眩、肢體蹣跚之人，而可一日立於朝廷之上乎？大度之②臣體有萬不能支之病勢，反之，臣心有萬不能解之幽憂。蓋竊位已為可愧，況復竊位而久臥，祇塞賢者之途。伴食已自增慚，矧併伴食而不能，從辱政本之地。即謂臣品劣材微，無足為重，要以臣子急公之分義，亦不宜瘝曠③誤國一至於此也。更念臣叨承召命，未有盡寸之效，諸凡大致，自需衷④。惟是御史劉光復之解網，科臣劉文炳之賜環，臣敢冒死以請，一以補微臣未展之忠，一以薄微臣重負之咎也。若乃臣病體支離，百若⑤併集，長安踦踽，度日如年，則乘此沍寒未至，速發俞旨，尤皇上之所以憐臣於道路者也。臣奉身而退，固不敢屑屑然為兒女之情，皇上憫臣之苦，愈益蕩蕩乎見天地之大。臣不勝戰慄控祈速放之至。"

十日丁未，大學士方從哲、吳道南謹題："適文書官王之心恭捧聖諭，到臣從哲私寓：'諭內閣：朕覽卿等所奏宣鎮軍餉急缺。朕雖靜攝宮中，未嘗不軫念邊疆為重。各邊奏發之餉，題

① 巳 "己"當作"巳"。

② 大度之 "大度之"三字似有誤文。

③ 曠 "曠"當作"曠"。

④ 衷 "衷"上似應有"宸"字。

⑤ 若 "若"當作"苦"。

萬曆四十四年

有常規，所該撫按等官，當宜盡心運籌，經營料理，撫綏士卒，安懷黎庶，方為稱職。何近年以來，動輒請發內帑，視為口實故套？但內庫空虛，前已有旨，缺至百萬有奇，礦稅濟轅，尚且不支，從何措處？朕日夜思維，欲將聖母御居之宮庫內，動①發未滿三年之歲安設各衙門錢糧器物未出。昨本宮管事等官，奏請累年進到禮物，除聖母御用及賜賞，見在請旨清查間。既該鎮告急，軍餉緊要，祇得轉將聖母累年積蓄，搜拈②有三十萬兩，今盡發出，其餘著戶部會同兵部，還議借八十萬兩，俱給與該部，作速差官，星夜解赴該鎮，以作軍餉支用，以濟急需，以稱朕憫恤至意。其經久長遠之計，卿寺③傳示兩部會議來行，毋得仍習虛文，借言請帑，致誤邊事，責有所歸。特諭卿等知之。欽此。」臣從哲謹扶病望闕、行五拜三叩頭禮祇領訖。臣捧讀之餘，不覺歡忭踴躍，頌我皇上之留神邊事若此也。近來各邊夷情，變動不測，所恃者內地糧餉充足，士飽馬騰，以戰則勝，以守則固，從未有缺餉半年、饑寒困苦、如今日之邊軍、又如今日宣鎮之邊軍者。頃自地震之後，人心驚疑，訛言日起，揭竿之變，如在旦夕。幸蒙皇上幡然動念，俯從眾議，將聖母宮內積銀發出三十萬兩，仍令戶、兵二部再借八十萬兩，差官速解，以濟急需。臣等竊謂，此一舉也，可以救饑軍垂死之命，可以消奸人狂逞之心，可以免沿邊庚癸之呼，可以讋狡虜跳梁之志。從此邊烽無警，九塞晏然，中外乂安，軍民胥慶，皆自皇上憫恤之一念致之矣。臣等可勝欣幸？可勝欽服？至於撫按以綏懷之失職，責該部以豫備之無方，尤得經國籌邊本務。該部恭奉明綸，自當悉心區畫，講求經久長策，以副皇上計安宗社之至意也。除所奉聖諭尊藏閣中，臣等謹具回奏以聞。」

二十二日己未，大學士方從哲謹奏：「為乞休未允曠職益深謹瀝血再陳仰祈聖斷事。頃臣以患病曠官，懇恩罷斥，恭候旬餘，未奉俞旨。分宜席藁以待，何敢再瀆？但念臣所居之地極重，而所任之事極繁，地重則不可久虛，事繁則不容久滯。邇者幸遇我皇上留神邊計，加意用入④，半月之間，發帑金，允

① 動 自"動"起下至"出"止凡十九字，疑有誤文。
② 拈 "拈"當作"括"。
③ 寺 "寺"當作"等"。
④ 入 "入"當作"人"。

借餉，點兵部尚書、糧儲、巡撫等官，聖政聿新，羣情歡忭。使由此擴而充之，即臣等近日所請點都堂、補科道、點按差、委署印、釋累臣等事，俱旦夕可幾。而臣獨以痰疾纏綿，不能勉效馳驅、贊聖主維新之治，此臣所爲拊心省咎，踽踽徬徨，而頃刻無以自容者也。不特此也。臣方待罪杜門，何敢復言國家之事？而目前切要諸務，又有不容不言者。當言而臣不敢言，不言而事之廢也乃日甚。是臣原以曠職而乞休，今又以乞休未得而致職業之益曠。每一念及，憂心如焚。連日以來，腰痛如故，而眩暈怔忡之證視昔轉增。若徒顧戀主恩，再爲濡忍，妨賢因之妨治，誤國兼以誤身，有臣如此，皇上將安用之？伏望聖慈，憐臣病危苦極，終無報主之期，將臣速賜顯斥，另簡忠良，共圖化理，毋令天下後世有有君無臣之嘆。臣儻得苟延殘喘，樂觀太平之盛，爲幸多矣。臣不勝戰慄隕越之至。"二十六日，奉旨："覽卿所奏，朕悉鑒知。卿以偶疾暫假，知已痊愈，望卿速出，何乃又有此奏？卿所請發帑、補大僚，朕已查行。其餘諸事，俟次第檢發。方今國家多事之秋，正賴卿竭忠弘濟時艱，豈可遽欲言去？卿宜仰體朕懷，遵諭亟出，安心輔政，以慰朕眷注之意。慎勿再有所陳。該部知道。"

是日，大學士方從哲、吳道南謹題："臣等前日見文書房遞出揭帖，知有皇太子第三子之變，不勝驚惋。恭惟我皇上躬膺帝眷，百福駢臻，子孫千億之祥，方具未艾。皇三孫英齡美質，玉潤蘭芬，異日胙土分桐，建維城之業，固聖心所爲樂觀其成者，乃邁疾幾何，一朝長逝，計宸衷憫念，不無哀戚之情。臣等誼切腹心，蓋既爲皇孫惜，而又深爲聖躬慮也。伏願我皇上抑情順適，以葆天和，以慰中外臣民之望。臣等下情不勝懇切祈祝之至。"

二十八日乙丑，大學士方從哲謹奏："爲乞身未遂轉沐恩綸謹再瀝悃誠仰祈天鑒事。頃臣以病深職曠，兩疏乞休，伏奉聖旨：'覽卿所奏，朕悉鑒知。卿以偶疾暫假，知已痊愈，望卿速出，何乃又有此奏？卿所請發帑、補大僚，朕已查行。其餘諸事，俟次第檢發。方今國家多事之秋，正賴卿竭忠弘濟時艱，豈可遽欲言去？卿宜仰體朕懷，遵諭亟出，安心輔政，以慰朕眷注之意，慎勿再有所陳。該部知道。欽此。'臣捧誦再三，且感且懼。何物豎儒，而過蒙我皇上眷注之勤若此也？分宜遵旨即出，仰慰聖懷，何敢復有陳瀆？無奈臣人微福過，積勞之久，一發不支，跼蹐月餘，心火益熾，今又兩目赤腫，痛不可禁，欲勉強趨朝而勢不能也。明旨謂發帑、補大僚業已查行，其餘諸事，俟次第檢發。臣敢不靜聽？竊惟發帑一事，皇上留神邊計，慨然出聖母積儲三十萬以佐軍需，真目前第一美事，皇上第一盛舉，中外臣民誰不欣仰？九邊將士誰不感誦？固臣愚所爲手額而祝聖明者。惟是大僚之補，僅僅一本兵，一糧儲侍郎，一巡撫，一光祿卿，便可謂之查行乎？今南北尚書、侍郎等官，見經會推者，十五六人，而都察院則三堂並缺，數年不補。如此緊要之官，尚未蒙欽點一二，以是爲補大僚，臣不敢信也。若其餘諸事，不過點各差御史，轉左右給事中，委各科署印，允考選、候補、散館諸臣，此皆屈指可數，舉筆可完者，皇上欲發即發耳，何俟檢？又何挨①於次第耶？明旨謂國家多事。今誠多事矣，紀②皆可爲之事，非難處之事也。惟皇上未肯即行，故事日多。若肯行，則事日少矣，久之且無事矣。譬如吏部推一官，皇上即點一官，則朝無缺官。諸司請一事，皇上即允一事，則國無廢事。無缺官，無廢事，百司各舉其職，庶務咸就於理，如是而國家又何多事之有？又何時艱之有？皇上責臣以竭忠，勉臣以安心輔政，臣敢不矢效犬馬、圖報恩私？但臣所可自盡者心，而不能不望皇上憐臣之心，能自效者言，而不能不望皇上聽臣之言。皇上儻真憐臣聽臣，則舍點都御史與按差、署印、考選數事，更無他事矣。若但以二事爲已行，諸事皆可緩，將檢發之旨又屬空言，臣即遵諭勉出，僕僕奔走，其何政之能輔？而於我皇上眷注之至意，不大有所負哉？伏望皇上，由發帑、補大僚之意，擴而充之，銳然勵精，力圖新政，仍乞將臣速賜罷免，以爲輔臣失職之戒，臣即日退伏田畝，有餘榮矣。臣不勝迫切懇祈皇恐待命之至。"

① 挨 "挨"當作"俟"。
② 紀 "紀"當爲誤字。

# 萬曆起居注

二十九日丙寅，大學士吳道南謹奏："爲聖眷甚隆臣分甚薄祗承明命未敢瀆陳懇乞皇上俯從首輔之揭請少慰臣去國之懷事。臣以抱病祈歸，未蒙矜允，哀空①頻煩，何所逃罪？乃於本月二十七日接吏部咨，奉聖旨：'朕念閣務繁重，日望卿速出，以資佐理，乃又稱疾固辭，甚非眷倚之意。卿等屢次揭請關係時事緊要者，朕正欲詳覽施行。卿可遵旨，即入閣贊襄，以圖共濟。慎勿再有所陳。該部知道。欽此。'臣捧誦不勝感激，不勝悚惶。即碎臣之軀，不足以答眷恩之渥，況敢無疾而稱疾，以乾罔上衡命之誅哉？且臣自赴召以米②，杜門強半，非有久任佐理之勞也，又非有嘉謀嘉猷可入告也，蒙皇上念其將盲之視、無妄之災，不以一眚而遽棄，臣豈有胸無心，不思勉強驅馳，以仰報君父？無奈臣時命大謬，展轉牀褥，又重之以兒女家室之病，所爲憐臣之苦，放臣之去，臣惟旦夕俟命而不敢以涬瀆夫宸聽。惟是臣子之義，獻疣不忘君，故雖去國猶有餘忠，雖臨終尚有遺疏。臣今稽顙轂之下，恭奉綸音，欲於揭請時事之緊要，詳覽施行，此正臣犬馬之一念，不能忘於身退之時，實皇上天地之大，日月之明，雨露之滋，雷雨之解，用以息煩嚻而通壅滯者也。諸所疑③列，有首輔方從哲附名之揭在，無俟臣之喋喋爲矣。聖明在御，咸慶遭逢，人壽幾何？河清難俟。萬懇皇上概賜施行，俾同朝仰望之情，累年鬱悒之氣，一朝而慰罄，帝德光天，人人歌舞。旦④令臣獲藉首輔之懇請，以遂臣出山之始願，臣雖去國，有餘榮矣。臣不勝仰祈天恩悚息俟命之至。"

三十日丁卯，大學士方從哲謹奏："爲風變異常天心示警懇乞聖明遇災思懼力行新政並敕羣臣省躬修職以共圖消弭事。昨二十七日申刻以後，天氣陰晦，忽然狂風大作，聲若轟雷，沙石同飛，屋瓦俱震，猛烈之勢，乃從來所未有者。臣等不勝驚懼懼⑤。次日，始聞正陽橋牌坊被風刮倒，鐵箍石柱斷裂無餘。如此異災，豈尋常可比？臣等竊聞，變不虛生，必有所兆。董子曰：天心仁愛人君，先出災異以譴告之，不知自省，又出怪

① 空 "空"當作"控"。
② 米 "米"當作"來"。
③ 疑 "疑"當作"擬"。
④ 旦 "旦"當作"但"。
⑤ 懼 此"懼"字當爲衍文。

異以警懼之。故自昔帝王遇災思懼，有修德而祥桑枯、善言出而熒惑退舍者，皆能易災爲祥，轉禍爲福，天人感應之機甚不爽也。正陽門橋爲朝廷向明之處，內係都城之拱衛，外屬萬衆之觀瞻，乃箭樓之工未完，而橋坊之毀隨繼，天豈無意於其間哉？且此坊距天壇不三里而近，乃大駕必由之地，而仲冬之月，正郊禋肇舉之時，此地此時，有此異常之變，豈非仁愛之最著，而警戒之極切者哉？竊謂皇上宜秉此長至之期，躬舉太①祀，乘肅將之誠意，修對越之曠儀，於以奉明威而疑景睨②，此今日第一義也。臣等又惟，帝王之命，主於人心，歡鬯則天心之悦懌因之。自聖躬靜攝以來，朝政日壅，人情日鬱，官府睽隔，堂陛不交，章疏之緊要者強半留中，奏請之得旨者十死③一二。就目前論，儲講暫開而旋輟，王婚並舉而復更，九列之職稀若晨星，風憲之司聞④然空署，郡國乏持斧之使，地方孰與澄清？六垣無掌印之官，諸務悉從停閣。他如轉科不下，考選、候補不下，散館不下，數年困頓，衆口咨嗟。見任者苦於積薪，待命者艱於轉石。又如遂客無賜環之望，累臣無解網之期，日暮堪憐，河清難俟。甚至選官教職千有餘人，守候半年，不得領憑赴任。如此事體，如此景象，皇上以爲祖宗朝曾有之乎？萬曆初年曾有之乎？年來憂時之士，奉公體國之臣，非不累牘連章，竭誠懇請，皇上概以爲棠⑤談而置之，甚且以爲煩瀆而厭之，若謂大小臣工，其人一無足任，其言一無足信者。夫人言不足信也，今上天之譴告，亦不足信乎？人情之怨咨不足畏也，乃天心之震怒，欣⑥不足畏乎？挽積習以整頹網，頓人心以回天意，是在我皇上一轉移、一振作間而已。然而臣等亦有不得辭其責者。《詩》云：'小心翼翼，昭事上帝。'語若⑦道也。又云：'天之方蹶，無然泄泄。'語臣道也。《書》稱'克艱'，合後與臣而並言之。誠以嚴恭寅畏，必須臣主之同心，而恐懼修省，亦資上下之交警。若使上兢惕而下仍狂於宴安，上焦勞而下猶安於玩愒⑧，上有敬天之實意，而下無爲國之真心，職守多隳，官常不肅，《詩》之所謂'泄泄'者，無乃在於今日乎？如是而徒恃一人之精誠以爲感格，憑九重之勤勵以冀挽回，恐

① 太 《明神宗實錄》卷五五〇 "太" 作 "大"。
② 睨 "睨" 當作 "脫"。
③ 死 "死" 當作 "無"。
④ 聞 《明神宗實錄》卷五五〇 "聞" 作 "闃"，是。
⑤ 棠 "棠" 當作 "常"。
⑥ 欣 "欣" 當作 "亦"。
⑦ 若 "若" 當作 "君"。
⑧ 愒 "愒" 當作 "愒"。

未易得也。除臣從哲累疏乞休，恭候顯斥外，伏望皇上特廑天語，申飭内外諸臣，滌慮省愆，竭忠任事，當此天人怨怒之際，毋爲身名自便之圖，務使上下交修，君臣協德。庶人事既盡，天變可回，消災異於已形，弭禍亂於不測，太平之盛治，恒必由之矣。又何風變之足慮哉？臣等不勝迫切顒望之至。"

萬曆四十四年

十①一月戊辰，朔，大學士吳道南謹奏："爲烈風異常天心示警微臣溺職負譴彌深十四懇天恩速賜罷斥以弭天變事。臣以抱病乞休，杜門待命，蓋不待上天垂異，而其心悚懼徬徨，已不能一日居於朝廷之上。乃今跼蹐長安，倏與變會，伏枕而思，當此聖明在御，即能效勞佐理，感召太和，在周臣尚以天休滋至，弗戡是懼，況今正陽門之地，乃朝廷向明之所，而皇上駕臨天壇所必由之地也，其橋坊奠萬年之柱石，壯眾庶之觀瞻，一旦暴風摧折，連根如拔，此即急廣疇咨，以與首輔共濟時艱，猶恐後時，況可以瘝官居尸祿之臣，久玷政本之司，而徒妨賢者之路乎？且臣與首輔方從哲，同膺召命，當臣未至之先，已煩其孤忠獨力，及臣請告而後，又不獲共念分猷，則臣之泠蒙溫旨，而苦於病體之難承，非獨有負於皇上，而亦有負於首輔。夫召奸召異，事實相同，雖天心仁愛無窮，不止當罷微臣之一事，然臣以請斥而勸皇上祇承天心之仁愛，亦臣去國之一念也。若乃皇上之仰答天變，則首輔附名之請舉者，無非卜天意於人心，而順人心即所以回天意也。臣不敢更端再瀆已，惟是臣病彌劇，聖恩重負，所望於皇上道路之憐、首丘之遂者，真情已極，而詞已竭矣。臣不勝戰慄惶悚俟命之至。"

二日己巳②，大學士方從哲、吳道南謹題："臣等昨因風變異常，恭請皇上亟圖新政以回天意。一念悃之忠，惟望宸衷頓啟，德意早施，若有不能頃刻待者。皇上即不以臣等之言爲然，而當時震撼之勢，怒號之聲，與今牌坊傾倒之狀，未有不耳聞而心惕者。自非聖衷悚然警懼，銳然改圖，以疏道久壅之政事，發紓久鬱之人心，恐天怒不易可回，而災變之相仍猶未已也。臣等敢不避煩瀆，再爲我皇上熟數之。九卿大僚無一可缺，而都察院堂官則尤不可缺者。閫署久空，憲綱掃地，內計在邇，協贊需人，若此時可以不補，則都察院衙門真不必設矣。各處按差無一可緩，而順天、真定、應天、蘇松、淮楊③、山西、河南、浙江、湖廣等處，則尤不可緩者。或爲肘腋腹心之重地，或爲邊方濱海之要區，或一、二載無人，或二、三年久待，若

① 十 "十"上當有"萬曆四十四年"六字。

② 己巳 "己巳"當作"己巳"。

③ 楊 "楊"當作"揚"。

此時可以不點，則巡按之官真不必差矣。六科掌印皆不可無人，而吏、兵二科則尤不可無者。京察已迫，諮訪宜先，選官久候，領憑無日，又如邊方多事，羽檄星馳，抄發看詳，尤關軍國大計，此何可一日缺也？以上三事，於時務最要最急，而人心之屬望最切最殷，伏望皇上盡檢各疏，立賜裁決，並將候補、考選、散館、轉科等疏，一併檢發，將見綸音一布，通國歡騰，人心悅而天意得，端有望於今日矣。臣等仰見天心震怒，此中悚懼不寧，恨不能碎首剖心，以贊聖主修省之實政，故不得已再瀆宸聰。不勝激切懇祈翹首顒望之至。"

三日庚午，大學士方從哲、吳道南謹題："臣等於昨夜二鼓，遙見大內火光燭天，隨趨赴直房。候至天明，始知隆德殿被災，臣等不勝惶悚。竊見本殿去宸居不遠，暮夜之間，倏遭回祿之變，聖心不無驚動。伏望皇上保護玉體，仰寬聖懷，臣等下情不勝惓惓佇願之至。除同諸臣於仁德門行禮、仰候萬安外，謹具題恭慰以聞。"初八日，奉旨："朕覽卿等奏慰，具見忠愛懇切，朕知道了。屢有旨促卿等，速出入閣視事，以副朕惓惓佇望至意。禮部知道。"

六日癸酉，大學士方從哲、吳道南謹題："昨初二日夜，隆德殿被災，臣等趨入躬視，見其基趾深邃，地方遼濶①，時雖火勢已熄，而煙焰不消，目擊傾頹殘毀之狀，臣等不勝驚怛。比詢②之司禮二臣，知我皇上心懷憂懼，終夜不寧，臣等又不勝跼蹐。竊謂此殿之災雖由人事，亦係天心。前以禁城離照之地，而橋坊堅固，一旦隕於暴風，今以宸居嚴闕之區，而殿宇巍峨，一夕淪爲烈焰，旬日之內，奇變疊呈，此豈可以尋常視之而苟應之者哉？其在今日，決非青衣角帶之故事所能挽回，亦非前代減膳撤樂之彌文所能消弭，惟望我皇上以恐懼之真心，行修省之實政，破因循之積習，振明作之治功，時事之壅滯者盡爲舉行，羣情之鬱結者悉令紓暢，庶幾人心可得，天變可回。若猶目爲泛常，漫無警惕，泄泄香香③，上下偷安，將天心仁

①濶 "濶"當作"闊"。
②詢 "詢"當作"詢"。
③香香 "香香"當作"沓沓"。

愛有時而窮，而天下國家之事臣等不知所終矣。謹將目前重大切要之事，列爲數款，以便聖明檢閱施行。中間各官不得不補之故，與諸務不容少緩之勢，臣等累疏已詳，不敢復贅。皇上儻一一行臣等之言，而天怒猶然不回，人情猶然不悦，怨讟不息，災異不消，是皆臣等奉職無狀獲罪天人所致，皇上即斥臣戮臣，以謝天下，以謝天地、祖宗，臣等竄身隕首所不敢辭矣。不勝激切懇祈皇恐待命之至。謹題。

  計　開

  一、點都察院堂官

  一、點各差巡按御史

  一、委各科署印

  一、允候補科道張孔教等

  一、允考選科道李若珪①等

  一、允散館暴謙貞等

  一、補坊局掌印官

  一、補管理誥敕官

  一、釋御史劉光復之獄

  一、起林下久廢之官"

七日申②戌，大學士吳道南謹奏："爲臣病困踣已甚臣情抑鬱難堪十五懇天恩俯從前請超豁殘齡以全始終大造事。臣自杜門以來，諸所爲苦楚之狀，悉陳前疏，荷皇上眷恩、明命不一而足，凡所以曲體夫臣者，至矣，盡矣。無奈臣時命大謬，不能不踦踖於天高地厚之中。夫主試墮奸，好辯開隙，臣萬無不去之理。耳聵目昏，步搖氣促，臣萬有難出之勢。羈棲邸舍，度日如年，幾欲冒罪以行，又以從前閣臣未嘗冒此，不敢自臣而始不知有君父之命，故洊疏祈放，以明臣無逃之分，返蒙旨頻留，以脢③臣欲去之心，遂使人情不諒，猜疑横生。閣揭附名以進，任首輔方從哲，俟臣之去後，方便單題。臣疏間及時事，祇承皇上詳覽施行之宸綸，用以仰答。至於伏枕而思疇咨再卜，正祈皇上罷臣之無用，無妨賢者之途，躬雖不閑，心實

①珪　《明神宗實錄》卷五五一"珪"作"珪"，是。

②申　"申"當作"甲"。

③脢　"脢"當作"晦"。

① 襟 "襟"當作"樵"。

② 日 "日"當作"日"。

③ 恒 《明神宗實錄》卷五五一"恒"作"倦"。

無他。乃人言歷以疑臣，欲臣之急去，豈知臣之信心獨盟，尤自急於去，日夜幽憂，呼天默禱，何能以孑孑之孤踪，滋天下之口吻爲也？萬望皇上憐臣之苦，放臣之去，儻犬馬之齒少緩須臾，而漁襟①混迹，歌詠太平，皇上之佚臣以老者，尤勝於拘臣以留，貽臣以疑也。戴沐高深，啣結靡報。臣不勝悚息徬徨俟命之至。"十一日，奉旨："前聞卿入内行禮，朕心慰悦，日②望卿即出輔理，何爲又有此奏？閣揭同名，自是舊規，且場事已明，人情豈有不諒？履長節屆，卿宜速出入閣，副朕眷倚至意。慎勿再陳。該部知道。"

九日丙子，大學士方從哲謹奏："爲恭奉恩綸敬陳謝悃事。該鴻臚寺堂上官王用賢等，恭捧聖諭到臣寓所：'諭元輔：朕自入冬以來，不時動火。昨因邊餉缺乏無措，憂思焦勞，復致心火上炎。正在調攝之間，偶爾災變，又增驚誒。至今頭眩足痛，日每服藥，尚未痊愈。卿以偶疾調攝，朕知已愈，昨聞卿進内行禮，朕心慰悦。前已有旨，諭卿速出視事，何得復又杜門？政務繁重，正賴卿竭忠匡贊，弼成化理，況值履長節屆，卿宜當表率百僚，豈可久居私寓不出？國務何賴？還着鴻臚寺堂上官宣諭朕意，即出入閣佐理，以副朕眷倚至意。慎勿再陳。特諭卿知。欽此。'臣隨設香案，望闕行五拜三叩頭禮，祇領訖。伏念臣原以抱病曠官，疏祈罷斥，蒙聖慈眷注，未即賜俞，既奉温綸，復頒聖諭，勉留之篤與屬望之殷，可謂諄切懇至，無以復加矣。臣何人斯？叨兹寵渥，捧誦再三，不覺感極而繼之以泣也。因思皇上先以邊餉憂勞，繼以災變驚恐，動火服藥，尚未全愈，聖躬若此，臣下何敢即安？兼之節屆履長，百僚稱慶，尤非微臣私居偃卧之時。容臣至日勉出，同諸臣行禮恭賀，嗣後再圖進止。又思皇上所爲恒③惓責望於臣者，曰竭忠匡贊，曰即出佐理。臣以草茅微賤，受皇上天高地厚之殊恩，儻可竭犬馬之忱，效涓埃之報，即捐軀隕首，其何敢辭？無奈臣德薄望輕，力綿才拙，政務至重，而臣不能贊襄，化理至宏，而臣不能弼亮。即今天災疊見，民困日滋，國計空虛，夷情騷動，賢攜無登庸之日，宮府成否鬲之形，秉成者誰，而令時事一至此也？又如近日異風示警，烈火呈災，大小臣工方望皇上渙發德音，亟圖新政，而臣等所請目前切要諸務，恭候數日，未見檢發施行，則臣力不足以回天，誠不足以格主，亦既昭然可見矣。臣雖遵諭即出，將匡贊何事？而佐理何職乎？夫竭忠事主、弘濟時艱者，人臣之職也，臣不敢不勉。側身修行、挽回天變者，人主之事也，臣於我皇上尤有厚望焉。所奉聖諭一道，臣謹什襲珍藏，留為鎮家之寶。臣不勝感戴籲祈之至。為此，具奏稱謝以聞。"十一日，奉旨："覽卿奏謝，具見忠誠懇切至意。朕以足疾被驚，調攝尚未痊愈，所請諸務前諭已明，卿宜仰體。況今國家多事，賴卿益竭弘猷，共圖化理，與朕分憂，豈卿安居高臥之日？卿宜仰遵明命，即出贊襄，以慰朕佇望之意。慎勿再有所陳。該部知道。"

十三日庚辰，大學士方從哲謹題："恭遇長至令節，禮當慶賀，臣雖不①告，不敢即安。謹力疾偕在廷文武官員人等，於五鳳樓前大班行禮，恭伸祝頌。伏念備員輔弼，受恩深厚，與諸臣不同，仍擬恭詣仁德門行五拜三叩頭禮，稱祝聖壽，以少伸臣子慶忭之誠。謹具題知。"

是日，大學士吳道南謹題："恭遇長至令節，禮當慶賀，奉旨傳免。臣因在告，不得偕在廷文武官員人等，於五鳳樓前大班行禮，恭伸祝頌。伏念臣去國襄②齡，洊蒙恩眷，足雖艱步，心實靡寧，擬是日隨元輔方從哲恭詣仁德門行五拜三叩頭禮，稱祝聖壽，以少伸臣子慶忭之誠。謹具題知。"

十五日壬午，大學士方從哲謹題："臣自抱病請假，尋以曠③職乞休，偃臥私居幾五十日，伏蒙聖慈眷注，溫旨屢頒，特遣臚臣傳宣敦促。比臣奏謝，復奉勉臣即出之旨。竊思聖躬違適，尚在調攝之時，況聖慮憂勞，尤非臣子安居之日。念及於此，臣心踧踖不寧，今雖目眚未全，熱毒作楚，然而君命為重，則身病為輕，狗馬賤軀曾何足惜？臣謹於今日早報名廷謝，

①不 "不"當作"在"。

②襄 "襄"當作"衰"。

③曠 "曠"當作"曠"。

隨入閣辦事訖。謹具題以聞。"

十六日癸未，大學士方從哲、吳道南謹奏："爲節逢長至人心望治益殷懇乞聖明乘明勵精力圖新政以紓久鬱之氣以迓無疆之庥事。臣等竊惟，一陽之月①，四方交泰，萬彙昭蘇，天運於茲轉移，人事於茲更始。王者法天出治，當此陰消陽長之會，必普一番德意，行一番善事，使羣情歡悅於下，而朝政精明於上。此在太平無事之日且然，況值時事壅淤、人情鬱塞之後，所爲疏通振作，宜何如加意者？臣等不敢爲迂遠之談，以瀆天聽，祇以目前大禮、大政、人心仰望最切、最急者，再爲皇上反覆陳之。皇太子講學，乃國家根本大計，舉朝臣工懇請十餘年，而以一日之開講完事，緝熙就將之功，恐不若是疎也。二王婚禮已踰，而並選之旨旋下旋更，今惠王一位已經再選，而司禮之會選又復稽遲，男女室家之願，將何時可遂也？九卿何官？而缺者大半，朝廷之上景象日見其蕭條。都察院何地？而空者累年，風憲之司綱紀日流於廢墜。科臣不轉，印務虛懸，無論參駁、發抄一切都廢，即選人千百，半載不得領憑，成何事體？按差不點，巡方半缺，無論吏治民生無人經理，儻地方有意外不測之變，誰與擔當？考選、候補諸臣，待命累年，迄無授官之日，濟濟多才，將令其白首都門而終不見用乎？林下降謫之官，屢經推補，杳②無起用之期，寥寥遺老，將使之畢命巖穴而終不見錄乎？關市之徵，民力竭矣，而停止無時，何以信詔旨於天下？各處水旱之報，蠲折之請，無月無之，而覆疏留中，何以需膏澤於窮民？他如京營之操久輟，而武備日隳，考選拾遺之旨不下，而軍政日玩，箭樓之工未竣，而糜費日滋、纍臣之釋尚稽，而生還未卜。諸如此類，不可縷指，揆之政體，果疏通乎？抑③壅滯乎？質之人心，果愉快乎？抑觖望乎？皇上試思，萬曆二十年前官僚之完缺，比④今日何如？政事之修廢，比今日何如？人情之舒慘，比今日何如？當時君臣喜起之風，中外雍熙之象，宛然可見⑤也。何至於今，而因循怠玩，衰頹敗壞，一至此極耶？臣等竊謂，理極必反，勢劣則變，今

① 月 "月"當作"日"。
② 杳 "杳"當作"杳"。
③ 抑 "抑"當作"抑"。
④ 北 "北"當作"比"。
⑤ 晃 "晃"當作"見"。

日國家之事可謂窮且極矣。平時之景象既若被①，目前之災變又若此，皇上能無惕然動於中乎？此時而不動念，更無可動念之時矣。此時而不改圖，更無可改圖之日矣。惟望聖明幡然警省，毅然奮發，乘此一陽來復之日，上承天意，下順②，亟圖明作之功，一振怠荒之習，俾仁慈善政與太和元氣同流，將見一人勵精，羣工象指，庶明勵翼，百度維新，遠追二祖之宏猷，近返萬曆初年之盛治，豈不休哉？昔人諸貴難於君為恭，今臣等所言，皆主③易至簡之事，方之古大臣尊君之誼誠為有愧，但得我皇上俯垂聽納，慨賜施行，其為榮幸亦已多矣。臣等不勝迫切懇祈皇恐候命之至。"

是日，大學士吳道南謹奏："為聖恩隆重自度難承十六懇皇上侑④從前請超豁殘齡以終始大造事。臣待命級⑤年，游⑥祈速放，乃於本月十一日奉聖旨：'前聞卿入內行禮，朕心慰悅，日望卿出輔理，何焉久⑦有此奏？閣揭同名，自有舊規。且傷⑧事已明，人情豈有不諒？履長節屆，卿宜速出入閣，副朕眷何至意。慎勿再陳。該部知道。欽此。'臣即欲具疏再控。臣愚已又伏念，我皇上億萬年敬天之休，自今伊始，臣雖衰齡，有難以就別。然猶獲少延以至於令⑨，實大造之中蒙再造矣，何幸如之？且溫綸明命，輒荷頒於慶賀之時，臣雖控籲之私，日夜以冀，安敢不另期而待疏也？第捧誦綸音，聖心之慰悅，若以臣入內行禮，臣之體或已痊可，故令其速出佐理，仰答聖眷。詎知臣子之忠愛，雖退處畎畝之中，與廟廊無異，豈有身尚稽輦轂之下，而同朝之係念，普天之共慶，獨能晏然臥寓也？是用假須臾之扶掖，強隨元輔，以表臣不自安之心。至於夙夜在公，必非耳目昏瞶、肢體蹣跚之人所能效，此臣之所以屢懇而未已也。若乃閣揭試事，不過詞情窮竭之際，明臣必去之心、龜⑩出之勢而已，雖人情有諒有不諒，非臣之所敢知也，安敢煩宸渙之並及乎？戴德如天，偷生無自，兼臣之尸祿瘝官，自宜更置。萬懇皇上憐臣敢⑪臣，合⑫臣以疾去，而不以罪去，則雖生而幸免，而亦殞且啣恩矣。臣不勝悚慄徬徨俟命之至。"

①既若被 "既若被"當作"既若彼"。
②順 "順"下當有"民心"之類詞語。
③主 "主"當作"至"。
④侑 "侑"當作"俯"。
⑤級 "級"當作"及"。
⑥游 "游"當作"洊"。
⑦焉久 "焉久"當作"為又"。
⑧傷 "傷"當作"場"。
⑨令 "令"當作"今"。
⑩龜 "龜"當為誤字。
⑪敢 "敢"當為誤字。
⑫合 "合"當作"令"。

# 萬曆起居注

①敦 "敦"當作 "數"。

十七日甲申，大學士方從哲謹題："該臣遵命入閣已三日矣，企望補官、點差之旨，不啻饑渴。乃九閽之內，寂然無聞。即真定、河南兩處按差擬票已久，亦未批發。臣今早入朝，有新選教官敦①十人，見臣於長安門，言吏科無人用印，不得領憑，天氣嚴寒，衣食都盡，近有兩人因饑寒而殞命者。臣聞之不覺酸鼻。伏望皇上留神，將昨日吏部推轉左、右給事中一本，即賜檢發，各委一員署掌本科印信，此不獨科臣之幸，亦臣愚之幸也。儻聖意未肯概允，乞將吏、兵二科者先賜點用，以裨京察之大典，重軍國之要機，此尤時事之萬不容緩者。臣不勝懇切仰望之至。"

②事 "事"當作 "等"。
③生 "生"下當有脫字。

十八日乙酉，大學士方從哲、吳道南謹題："適蒙發下禮部一本，爲原任大學士李廷機卹典，內引舊輔大學士沈鯉之例，祭葬予謚悉從優厚。此蓋仰體皇上加禮輔臣德意，以爲將來之勸也。末又有考滿未曾赴部一節，仰乞聖明裁定。該臣事②看得，本官天性忠貞，生③廉潔，言動一毫不苟，取與一介必嚴。署部則盡心任事，勞怨不辭，贊政則矢志匡時，安危自任。值考滿之期，而辭疏至再，當去國之日，而候命五年。則其謙退之衷，敬慎之念，尤非他人可及者。臣等愚意，其考滿恩典，似當俯從部請，一併補給，於以勵羔羊之節，彰帷蓋之仁，或亦聖慈所不靳也。臣等敢僭擬，進呈御覽，伏祈宸斷，裁酌批行。不勝皇悚顒望之至。"

④照 "照"當作 "昭"。

十九日丙戌，大學士方從哲、吳道南謹題："自本月初二日夜隆德殿被災之後，禮部即具有修省一疏，未蒙檢發。聞昨十六日復有疏催請。該臣等看得，本殿咫尺乾清宮，爲供禮諸神之所，崇嚴邃密，人迹罕至，乃祝融爲祟，一夕化爲灰燼，謂非天心之警戒不可也。皇上當此，即悚然憂懼，幡然修省，舉凡敬天順人之事，急急舉行，猶恐明威有赫，未易挽回，若徒視若故常，漫無警惕，無乃重天心之怒，而將來災變更有不可知者乎？伏祈將禮部題疏，即發臣等票擬，以照④示皇上遇災知懼之意。仍將臣等所請補官、照①差、宥罪諸務，速賜允行，庶天變可消，人心可慰，而太平之治端自今日始矣。臣等不勝激切仰望之至。"

二十日丁亥，大學士方從哲、吳道南謹題："今早臣等將入朝時，聞禁城之內後②有火災，不勝驚駭。已知爲南城延喜宮殿後空房，臣從哲隨疾趨而入，恭詣失火處所，見所燬止舊房數間，隨已撲滅。竊思大內深嚴，頻有此警，聖衷不無驚惕。伏望皇上寬釋聖懷，保安玉體，以謹天戒，以慰中外人心。臣等不勝恐懼祈禱之至。"

二十三日庚寅，大學士方從折③謹題："臣於數日前，額間主一熱走至日④二十一二日，遂益腫起，不可施巾幘矣。爲今用膏數帖，難以入直，伏望皇上容臣給假數日，俟稍平復，照常入閣辦事，不敢偷安，仰惟聖慈矜允，並恕臣煩瀆之罪。臣不勝皇恐籲行之至。"

二十四日辛卯，大學士方從哲謹題："頃者旬日之間，蒙皇上點順天、真定兩差，允吏科署印，即此一、二事，而人心亦白觀⑤邑，以爲此聖心轉移之幾，時政疏通之漸也。臣犬馬之愚所爲惓惓亟望於皇上者，亦惟就此擴而充之，即此一事推而廣之而已。今各處按差缺至十餘，而數月以來皇上纔點其二，則彼十數差者，何時而後盡點也？掌印、署印，六科俱缺，而一年之間皇上纔允其一，則彼五科者，又何時而後允盡⑥也？點差一事，而分爲數事，轉科署印一事，而分爲四、五事，且在臣下不知費多少催請，費多少脣舌，在皇上赤⑦不知費多少籌度，費多少心思，而僅僅得此。則由此推之，如補大僚、補都憲、准候補、准考選、錄廢棄縮⑧務，將何時可得耶？再由此推之，如大禮、大政、大工、停稅、蠲逋、恤災、宥罪諸事，又何時可得耶？頃恭誦溫綸，有爲朕分憂之旨，臣不覺痛心剌⑨骨，恨不能捐糜揭蹙，以少紓皇上宵旰之勞，誠以主憂臣

萬曆四十四年

三三二三

① 照 "照"當作"點"。

② 後 "後"當作"復"。

③ 折 "折"當作"哲"。

④ 主一熱走至日 "主一熱走至日"六字當有誤，其"主"或應作"生"，"走"或應作"點"，"日"或爲衍文。

⑤ 白觀 "白觀"應作"自觀"，

⑥ 允盡 "允盡"當作"盡允"。

⑦ 赤 "赤"當作"亦"。

⑧ 縮 "縮"當作"諸"。

⑨ 剌 "剌"當作"刺"。

辱，分誼當然。儻國事之有神，何軀命之足惜？然無奈心有餘而力不定①，志圖自效，而勢不能自專，何也？況皇上所謂'憂'，又皇上可以自爲挽回，自爲解釋，而無待於臣之分者。如九卿布列，庶績咸熙，則朝廷無可憂矣。遷歷得人，澄清有記②，則郡國無可憂矣。都憲補，則綱紀無墜之虞，言路充則耳目無壅蔽之患，廢官起、累臣釋，則士紳無抑鬱之氣，權稅停、逋賦減，則小民無愁嘆之聲。舉皇上德意所向，政令所施，無一又③足以慰人心、回天意，太平之盛且將旦暮致也，而又安在有可憂之事耶？其不然者，皇上但以分憂勉臣，而不以可憂自警，萬幾之怠荒如放④，一念之奮發無時，天怒於上而視若罔聞，人怨於下而置之不恤，恐將來之憂方大，而臣愚雖欲分之，且有不能分者矣。臣兩日間爲毒痛所苦，偃臥弘⑤室，念及時事，五內如焚，中夜徬徨不能寐。不得已，再竭悃忱，仰塵天聽。復望皇上鑒臣愛君憂國之意，出於至誠，將臣先後懇請之事，俯垂聽納，慨賜舉行，臣從哲生有榮施，死無遺恨矣。前臣請告之時，兩奉明旨云：'其餘諸事，候次第檢發。'又云：'前諭已明，卿可仰體'。煌煌天語，昭如日星，不獨臣愚信之，計在廷之臣無不深信而切望者。皇上寧容自食其言乎？臣迫切無聊，不識忌諱，干冒宸嚴。不勝戰慄惶悚俟命之至。"

二十八日乙未，大學士方從哲謹題："臣以毒發於額，敷藥調治，尚未平復，竊思時事多艱、君父焦勞之日，而臣愚以微疾偃臥，此中殊悚懼不寧。兹不寧⑥兹不得已，再進一言，惟聖明垂聽焉。自火災示警，人心憂惶，中外臣民咸望皇上恐懼修省、發政施仁不俟終日。乃今幾一月矣，而大僚猶然未點，科道猶然未補，按差止點二處，署科止允一人，其餘停閣壅滯猶然如故。即臣等剖心瀝血，竭誠懇請，至再至三，自謂痛哭流涕之談，庶幾可動聖明之一聽，而數日以來，九閽之內寂然無聞，此豈天變果不足畏，人言果不足恤乎？試觀自古帝王，即至神極聖，未有不從天意、順人心、而出治者。皇上聰明睿智，高出千古，奈何以違衆爲總攬，以任情爲獨斷，寧誤國家

---

①定 "定"當作"足"。

②記 "記"當作"紀"。

③又 "又"當作"不"。

④放 "放"當作"故"。

⑤弘 "弘"當作"私"。

⑥兹不寧 此三字當爲衍文。

之事，而堅不肯聽臣下之言如是？而欲弭災消變，興化致理，恐必無之事也。即今雪澤愆期，祈禱不應，總之抑鬱之氣，上干①天和，非得我皇②極力挽回，躬修實政，不知將來災異又復何如？天下事臣誠不知所終矣。今臣亦不敢過望於皇上，但祈將都察院堂官先點一員，巡按各差陸續點用，候補、散館數人先賜先③補，其餘再俟次第檢發。是真目前急務，不容頃刻少緩者矣。臣蒙聖恩拔擢，歷任已滿三年，少俟疾愈，即擬報部以聽函黜。儻蒙聖慈憐臣苦心，當此之時，爲臣行此數事，俾臣少盡職業，得施顏面於人臣，誓感恩圖報，即揭④軀隕首所不敢辭矣。臣情迫詞窮，不勝戰慄惶恐俟命之至。"

① 千 "千"當作"干"。
② 皇 "皇"下當有"上"字。
③ 先 "先"當作"允"。
④ 揭 "揭"當作"捐"。

## 萬曆起居注

十①二月丁酉，朔。

三日己亥，大學士方從哲謹題："臣自患毒以來，蒙聖恩予假，已十日矣。今雖小愈，尚須一、二日方可趨朝，臣亦不敢再請轉假以瀆天聽。惟是臣身雖在寓，而心無一息不繫於朝廷，日望皇上點缺官幾人，行時政幾事，汲汲皇皇，不啻大旱之望兩②，饑渴之望飲食也。每聞中使送本到門，輒欣然心動。既細閱之，見其為尋常章疏也，又輒愀然氣阻。因竊自嘆，以而③遭時遇主，人臣之至願，臣雖不才，何所賞④之窮一至於此。昨十月初，臣以抱病曠官，懇祈罷斥，疏凡三、四上，自謂終無報主之時，無再出之理。溫旨屢頒，勉臣即出匡贊，且許臣以諸事次第檢發。臣念聖恩高厚若此，聖諭諄懇若此，若復堅意求去，不能將順德意，塞善端而誤國事，臣之罪不益甚哉？故不得已，靦顏復出，以觀機會之何如。乃今臣出矣，出直久矣，皇上之檢發者何事？而臣之匡贊者又何事？無乃以點兩處按差，委二科署印，便謂皇上能勤其政，而臣愚能盡其職乎？況皇上所當檢發，與臣愚所當匡贊者，乃皇上之事，非諸臣之事，亦非臣一人之私事也。總憲補而紀綱肅，按臣遣而郡國清，臺諫補而言路通，繫臣釋而皇上洽，廢官起而賢才効用，國運休明。此其利，朝廷受之乎？抑臣下受之乎？捨此不圖，而必欲與臣下爭行止，較遲速。下謂當行，我放⑤止之，下謂當急，我故緩之。以咈眾為堅持，以任情為獨斷。臣竊窺聖意，若謂二十年來駕馭臣下之權，無以踰此，而不知所誤者誰人之事？將來所乘⑥者，又誰人之天下耶？臣事皇上，惟此一身，即使職業不修，愆尤日積，或以罪斥，或以罪譴，所損者亦惟此一身耳。皇上奈何置天下國家之重，忽宗社之達⑦之圖，而惟事事與羣情相左耶？臣不敢為一身惜，而深為國事惜，兼為太平基業惜也。臣力竭矣，腐心疾首，不能動皇上之顧，痛哭流涕，不能致皇上之聞。自今以往，惟有一死以報皇上，以謝祖宗、謝天下後世而已，皇上儻亦憐而察之乎？時事可圖，轉念即是，善政具在，力行何難？臣無任惶悚激切之至。"

①十 "十"上當有"萬曆四十四年"六字。

②兩 "兩"當作"雨"。

③而 "而"當作"為"。

④賞 "賞"當為誤字。

⑤放 "放"當作"故"。

⑥乘 "乘"似為誤字。

⑦之達 "之達"當有誤字。

萬曆四十四年

　　四日庚子，大學士吳道南謹奏："爲待命彌久外疏突至懇乞皇上憐臣萬不得已之情俯從前請速賜罷斥事。臣病體顛踣，日甚一日，浹承溫旨，祗切悚惶。乃近日以來，未敢數請，亦以前疏尚有在於御前，不宜以煩聒滋罪。今歲晝①云暮，泰道維新，豈宜以養痾之臣，久厠政本之地，而徒妨賢路爲也？方欲具疏控祈，忽接邸報，見通政使林梓等糾參原任懷隆兵備道、以南京戶部郎中考察調用、經參候旨鄭材一本，論及於臣，言謚典、科場事。臣以主試墮奸，荷聖恩之洪宥，恨不能唾面待乾，尚且以科臣劉文炳之賜環，屢懇於皇上，而況材之父子事在八年之前者乎？似可付之公論，不必再贅。第事情日遠，不容不一申其大概。臣自三十八年，以禮部右侍郎署部事，適當議謚之期，上奉明旨，下採公論，僉以原任吏部左侍郎趙用賢曾疏劾張居正不守制，正與翰林院修撰羅倫劾大學士李賢之事同，且受廷杖，宜與謚。及會議之兄②，臣發單各衙門，令其與者打一圈，至日收單，憑科道官定圈數。議以二十圈爲率，時用賢尚不止二十圈也。及鄭材以婚葬參論，衆皆以吳御史畏居正，令其子自爲離異，墳瑩③之定，原出其父，更引材家婚葬事爲證。人以其父兵部尚書鄭洛，當其督邊時，放④言官之劾不一而足，尚且徽襄敏之謚。臣不敢詳陳，以傷雅道。其時兵部尚書李化龍實其同年，力爲諭解。後乃執其回⑤弟太僕寺寺丞鄭棻之書，以王臣云父子兄弟身外之物，不肯退捨，必欲爭勝，如三朝舊臣吏部尚書孫丕揚亦狂署不已。時奉旨下部院，議革職爲民。總之，爲會議之明旨當遵，同朝之公論難拂。況糊名易書，莫公於此，天理人心，於斯爲極。出於尚書李化龍、侍郎王汝訓之口者，言猶在耳。鄭材事，以從父命者邃加人以不孝，則忍言父母身外物者，又當何如耶？部院議革，正欲其以己度人，以親爲念，不必嘵嘵不已，阻撓盛事。乃明旨未下，未嘗敢以必革，困⑥材並傷其父。臣等之心自可知也。夫事本從公，原無偏主，兼謚典爲未結之局，議者無苛求之心，則允禮臣之請而斷然行之，寬革職之罰而慨然宥之，念賜謚已定而竟爾寢之，總在皇上而已。至於臣才難涉世，學匪通右⑦，動

①晝　"晝"當作"聿"。

②兄　"兄"似當作"先"。

③瑩　"瑩"當作"塋"。

④放　"放"字當爲誤文。

⑤回　"回"當爲"四"之誤。

⑥困　"困"當作"因"。

⑦右　"右"當作"古"。

處成乖，徒茲怨恨，所當顯斥，蓋不待於今日矣。若乃納言主封駁之司，其惓惓爲國是世風慮，尤爲今日之緊要，不則違執朝權？妄生異議，非但掣當事者之用，而於國體恐不能無大傷，豈我皇上聖明御宇之時，宜有此哉？臣抱病經年，以日爲歲，不難於去官去國，而難於不待皇上①。皇上念及於此，不在於諭臣晉臣，而在於放臣之去，庶令臣獲免於危殆，而皇上大造之恩，亦全始而全終矣。臣不勝戰慄迫切引領俟命之至。"

是日，大學士方從哲、吳道南謹題："昨日接得刑科給事中姜性揭帖，請皇上點用北鎮撫司官。此誠目前急務，臣等久欲有言者。蓋北司之設，專典詔獄，凡奉旨拏問人犯，必送本司訊究，審其情罪虛實輕重，請自聖裁。放②事，隨到隨問，無少停滯，有罪者速正刑章，無辜者立爲昭雪，任至重、法至善也。今掌印懸缺數年，署事者又以軍政當點，先後拏送人犯，積至七十之多，而問理無人，一概監禁。當此嚴寒之月，桎梏之中寧無凶③囚凍餒以死者？非所以昭皇仁、明國法也。伏望皇上將兵部所推梁慈、許浩然二臣，速點一員，俾掌司事，並將軍政各疏盡賜檢發，庶五年之大奧堯④竣，而一時之刑獄以清，亦皇上省心省事之一端也。臣等無任顒望之至。"

十一日丁未，大學士方從哲、吳道南謹題：'自火災示警，今已四旬，皇上修省之旨傳布中外亦已二旬矣，一時人心，望皇上躬修實政以弭天變慰羣情，若有不容頃刻緩者。乃靜聽至今，查⑤無消息，舉諸臣催都憲、催按差、催署印等疏，一概留中，下之企望益殷，而上之堅非⑥益甚，卑詞合請，盡置罔聞，累牘連章，悉歸高閣。臣等再四思之，不知聖心獨何所見而固執若此？夫人君所昭事而敬畏者惟天，當此天心仁愛、明威顯赫之時，皇上猶視若尋常，漠然不爲動念，則自此以外，更有何事可以轉移？更有何時可以敞⑦惕？不惟臣等之術窮，而天之權亦無所用矣。自者⑧帝王敬天，必先法祖，臣等不暇遠引，即我世宗肅皇帝，非卓然中奧⑨之主哉？彼其用賢圖治、虛懷納諫之芳規，乃皇上耳聞而目擊者。夷考其時，有九卿多

注：
① 上 "上"下當有脫文。
② 放 "放"當作"故"。
③ 凶 "凶"當作"幽"。
④ 奧堯 "奧堯"當作"典克"。
⑤ 查 "查"當作"杳"。
⑥ 非 "非"似應作"持"。
⑦ 敞 "敞"似當作"警"。
⑧ 者 "者"當作"昔"。
⑨ 奧 "奧"當作"興"。

缺、都憲全空如今日者乎？有考選不下、候補散館不下、言路寥寥如今日者乎？有各科無印、各差無人、虛封駁之司、廢巡方之任如今日者乎？使是數者而無妨於祖制，無害於國家，以世宗英明神聖，何不當先為之，而必至於皇上始有此異常之舉動也？夫人主，語之以敬天，誰不悚然懼？語之以法祖，誰不欣然喜？況我皇上聰明睿知，有為堯為舜之資，豈其於世主之所能為者反有讓焉？是不過一深思、一奮發間，便可轉因循為振作，易壅滯為疏通，紓海內鬱結之心，闢賢士登庸之路，太平之盛將煌煌乎與世宗肅皇帝比隆較烈矣。今目前時政，最緊最要者不可指數，臣等但以補憲臣、點按差、署科印、允候補考選散館各官為第一義，惟皇上慨賜施行，國事幸甚，臣愚幸甚。不勝迫切懇祈顒望之至。"

十六日壬子，大學士方從哲謹奏："為考課無功蒙恩諭分謹瀝誠辭免仰祈聖鑒事。臣以二品三年考滿，該吏部具題，奉聖旨：'元輔方從哲贊襄密勿，懋著勳猷，茲當滿考，勞績可嘉，着復職，加太子太保、文淵閣大學士，尚書如故，蔭一子與做中書舍人，照新銜給與應得誥命。欽此。'臣聞命自天，不勝感激，不勝惶悚。除遵旨復職、報名廷謝外，竊念臣草茅賤品，病廢餘生，伏蒙我皇上拔起田間，俾參政地。人微任重，日凜凜顛覆是虞。且受事未反①一年，而舊輔向高即得請以去，艱危重大之寄，臣以一身當之，雖竭力支持，而於國家毫無補益。蓋緣臣學識短淺，品望輕微，報主之念雖殷，而用世之才甚拙，上之不能主持國是，感格宸衷，次之不能匡濟時艱，贊襄庶務，下之不能調和衆志，鎮定羣囂，奔走雖及三年，輔理實死②一效。況今大僚多缺，言路空虛，仕途有積薪之嗟，嚴③穴無賜環之望。薦賢為國，職業謂何？即此一事，而臣之曠官已可見矣。是從來閣臣叨冒之極，無過於臣，而罪戾之多，亦無過於臣者。皇上不加顯斥，使之仍守原官，已屬厚幸。不意隆恩誤被，異數薦加，官資驟躐乎等夷，寵命並霑於先後，臣捫心增愧，揣分難堪。念宮保崇階，秩列公孤之次，文淵秘閣，班居

① 反 "反"當作"及"。
② 死 "死"當作"無"。
③ 嚴 "嚴"當作"巖"。

密勿之先，豈是虛庸所能領受？夙宵自省，魂夢皆驚。蓋德薄而寵厚，則尸位貽羞，力小而任隆，將償轅愈速，不獨滿盈太過，爲造物所不容，抑且止足罔知，犯生人之大戒。此臣所爲徬徨踢躇，萬萬不敢冒承者也。伏望皇上鑒臣言出悃誠，情非矯飾，收回成命，容臣以舊職供事。臣當勉圖後效，冀蓋前愆。儻尺寸之有裨，何捐糜之足惜？臣不勝感戴天恩披瀝籲祈之至。"十八日，奉旨："卿匡襄國政，輔贊忠誠，考績加恩，朝廷彝典，宜遵成命，以慰眷懷。不允所辭。該部知道。"

十①九日，奉旨："覽卿奏謝，朕知道了。禮部知道。"

十八日甲寅，大學士方從哲、吳道南謹題："爲酌敍年深翰林官員事。照得翰林官陞遣②，係臣等閣中職掌。邇年以來，因遷轉不時，壅滯日其③，於是有酌量疏通之例，非徒以敍年勞，實所以平政體也。茲照甲辰一科道④籍十有三年矣，而各官株守原職，尚未轉移，較之各衙門論資論俸隨時推陞者，遲速懸殊。在諸臣雖無競進之心，而在臣等不無積薪之嘆。謹遵近例，酌其資序深淺，量擬應陞職銜，開列上請，伏乞敕下吏部，查照施行。臣等未敢擅便，謹題請旨。
　　　　計　開
　　擬陞左春坊左中允兼翰林院編修二員：國子監司業駱從宇　南京國子監司業汪輝
　　擬陞左春坊左贊善兼翰林院檢討四員：翰林院檢討丘士毅、徐光啟　周炳謨　黃立極
　　擬陞右春坊右中允兼翰林院編修一⑤：翰林院編修黃儒炳
　　擬陞右春坊右贊善兼翰林院檢討四員：翰林院檢討來宗道、韓文煥　魏廣微　彭凌霄"四年⑥五年正月初一日，奉旨："是。吏部知道。"

是日，大學士方從哲、吳道南謹題："先該⑦題奉欽依，每年終將講過經書進呈，以備皇上朝夕觀覽。已經節次進呈訖。今查撰進講章，謹將《通鑑纂要》咸平元年彗星見起至夏州饑

①十　"十"上當脫一段關於方從哲奏謝之疏文記事。
②遣　"遣"當作"遷"。
③其　"其"當作"甚"。
④道　"道"字當爲衍字。
⑤一　"一"下當脫"員"字。
⑥年　"年"當作"十"。
⑦該　"該"下當脫"臣"字。

止一本、四年帝祭后土於汾陰起至帝初御經筵止一本、天聖元年立計置司起於地震止一本、寶元元年求直言起至河北南赤雪止一本、以止①四本、類寫裝潢進呈。伏乞皇上萬幾之暇，時加觀覽，以求溫故知新之蓋。臣等不勝惓惓效忠之至。"

是日，大學士方從哲、吳道南謹題："先該臣等爲詹事府坊局印信及年深翰林宦②具有三疏，候命日久，未蒙批發。竊思詞林推補陞遷，皆臣等閣中職掌。茲三事者，或以印信久缺，管理無人，或以資俸最深，量爲陞擢，皆臣等遵照往例，斟酌妥當，而後奏聞，非創爲之事，亦非有越次之舉也。或者皇上幾務勿繁，未暇詳覽，以故明綸未渙，恩命久稽。臣等謹將以前三疏，再塵御覽。伏望皇上留神，立賜批發，庶衙門無久廢之事，而諸臣有登進之階，詞林幸甚，臣等幸甚。"

是日，大學士吳道南謹奏："爲病深情迫十七懇天恩俯賜矜允俾獲生還事。臣待命經年，歲去③暮矣，邸舍羈棲，未敢徑法④，致令人言，以甘笑罵而目臣。臣惟不甘笑罵以至於此，豈有洊疏控籲，寧冒煩瀆之罪以請，而笑罵之肯甘乎？惟是眷恩諄命，皇上猶躋臣於閣臣之例，與他僚不同，即未能報恩，安敢率意以孤恩？即未能承命，安敢任情以衡命？微獨朝廷之法紀，臣子之分義宜然也。遷延時日，風影滋疑，臣之心蓋亦苦耐之極已。箒⑤法紀與風厲相關，惟上務風厲，而後紀法⑥不至於弛，分義與名節俱重，惟下敦名節，而後分義不失其正，故賈誼策治安，惓惓以四維不張爲有國炯戒。則禮義廉恥，皇上之所以屬⑦臣者，尤甚於臣之自屬者也。臣言反⑧此，縱使臣之疾猶可強支，亦當權其所重，況呂⑨之耳目已昏瞶矣，臣之肢體已委頓矣，即不加病，亦爲無用之物。況自今月初十以來，大患潮熱危症，延醫龔泆等已至三人，稍得少留殘喘，伏枕口呫，獲以萬不能堪之狀，復哀鳴於皇上之前。今臣不至輿屍以出國門，是天地再造之恩，微臣更生之幸也。皇上念此危病，憫此苦情，速放臣以去，則臣之死而得生，較之去而不留⑩者於聖恩爲尤渥矣。臣不勝惶悚迫切翹首後⑪命之至。"

①止 "止"當作"上"。
②宦 "宦"當作"官"。
③去 "去"當作"云"。
④法 "法"當作"去"。
⑤箒 "箒"當爲誤字。
⑥紀法 "紀法"當作"法紀"。
⑦屬 "屬"當作"厲"。
⑧反 "反"當作"及"。
⑨呂 "呂"當作"臣"。
⑩去而不留 "去而不留"似當爲"留而不去"。
⑪後 "後"當作"俟"。

# 萬曆起居注

① 凶 "凶"當作"幽"。

② 死 "死"當作"無"。

③ 綱 "綱"當作"綱"。

④ 於 "於"當作"淤"。

⑤ 今 "今"當作"令"。

⑥ 尉 "尉"當作"慰"。

⑦ 知 "知"下當有"道"字。

⑧ 申 "申"當作"甲"。

⑨ 兄 "兄"當作"無"。

十九日乙卯，大學士方從哲謹奏：'爲辭恩未允揣分難勝謹披瀝再陳懇祈俞免事。臣以二品三年考滿，蒙恩陞蔭，兼賜誥命，臣具疏控辭，復奉聖旨：'卿匡襄國政，輔贊忠誠，考績加恩，朝廷彝典，宜遵成命，以慰眷懷。不允所辭。該部知道。欽此。'臣徵忱未達，明命通宣，且許臣以忠誠，諭臣以不允，臣捧誦微綸，益深感怍。竊惟虞廷三載考績，黜陟凶①明，蓋課其功罪而進退之，非專言陟也。臣備員密勿，碌碌死②所建明，論功則片善無聞，語罪則眾愆叢積，無論調和燮理之猷，不敢望前人萬一，即目前時事，有一能舉其職者乎？年來水旱相仍，盜賊時有，民生困敝，國計空虛，吏治日窳，邊防漸弛，紀綱③墜而不振，法守廢而不存，人心之鬱結未紓，朝政之壅於④日甚。此何莫非輔臣之責乎？而其大者尤在用人一節。今卿寺臺諫，懸缺者不補，候命者不下，班聯寥落，景象蕭條，而林下諸臣一經降謫，永無起用之期，即有名世勳猷，無從展布。以廷臣之困頓若此，林賢之挫抑若此，乃臣獨以一人躐崇階，叨膴仕，豈惟有識之士指目而竊笑之？臣亦有良心，清夜自思，能不對衾影而增愧乎？況臣家世寒微，少多疢疾，早蒙聖恩作養，初願不過授一官，徵一今⑤以期無負明時。今遭逢至此，已非生平夢想所及，若猶不知止足，冒進苟安，量已滿而承受愈多，力已竭而負荷愈重，祇見顛躋之立至耳。故以國體論，則曠職之臣不當予，以臣身論，則薄福之夫不敢受。爲此，不避煩瀆，再瀝悃誠。實欲避盈滿之災，釋曠瘝之咎，非敢慕廉讓之名也。仰惟聖慈矜憐，而慨俞之。臣不勝激切懇祈之至。'二十四日，奉旨：'卿殫忠輔政，茂著勳勞，考績加恩，國家舊典，原不爲過，豈得固謙？卿即欽承明命，以尉⑥朕懷。不允所辭。該部知⑦。'

二十日丙辰，大學士方從哲、吳道南謹題："照得行取諸臣，自癸丑留部以來已過四年，自申⑧寅考選亦既三年矣。株守都門，屢更寒暑，其困頓兄⑨聊之狀，進退維谷之情，在臣等言之已詳，在皇上聽之已厭矣。然臣等非獨爲諸臣惜也。國家儲養人才，原以備股肱耳目之用。今臺省多缺，言路幾空，非急於用人之際乎？當用人之際，值有可用之人，此時不用，又將何待？外人不知，妄意皇上恐議論繁多，故故①爾過爲越②抑。臣等竊謂不然。諸臣敘歷已深，困衡既久，一且③任職，必能以老成之見，抒忠藎之謨。況言之當者用之，不當者置之，聽之有道，何慮其多？若夫任臆輕言，煩詞瀆聽，臣等可保其必無也。況今內計在邇，諮訪需人，及此時而使之受事，既可以廣目前之見聞，又可以省後來之議論，計無便於此者。總之，有人而不任以事則失人，有事而不屬之人則廢事。譬之人家，梁棟滿前，置之不用，而任廬舍之傾頹。譬之人身，饔飧在旁，棄而不食，而寧忍饑以待斃。豈不惑哉？頃者皇上遇災修政，銳然勵精，旬日之間，補大僚數人，點巡按數差。臣等仰見聖心轉移，其機已動，故敢以允用考選各官爲請。誠見勢窮理極，萬難再遲，而全國體、人④情，無如此一事，惟聖明慨然施行，言路幸甚，臣等幸甚。不勝激切懇祈之至。"

二十一日丁巳⑤，大學士方從哲、吳道南謹題："照得每年十二月二十六日，例有前⑥除敕書，敕禮部、三法司。臣等於本月初十日、十八日已將敕稿進呈，俱未蒙發。今照日期已迫，合再具題，併敕稿呈進，伏望即賜批發，以便寫敕、請寶、封奏、頒給。臣等未敢擅便，謹題⑦旨。"

二十二日戊午，大學士方從哲、吳道南謹題："昨日接得河南巡撫梁祖齡揭帖，以病勢日增十疏懇罷。該臣等看得，祖齡先以冒濫京堂，爲南京科道糾劾，後因求去不得，遂至痰病復發，勢甚狼狽。臣等知其真病已久，故於六月間辭本發票之時，擬以回籍調理。後此疏留中未發，臣等不敢復請。乃本官既經論列，展布終難，且同時被糾者有石崑玉、李楠二臣，先後俱已准去，獨本官至今未得俞旨，則其求去懇切，亦情與勢之所必至者也。臣等又聞，中州今歲蝗災特甚，百姓流離，盜賊生發，本官杜門謝事，威令不行。脫有前歲南陽靈寶之變，誰爲

① 故 此"故"爲衍字。
② 越 "越"當爲誤字。《明神宗實錄》卷五五二作"裁"，是。
③ 且 "且"當作"旦"。

④ 人 "人"上當有一"順"字。

⑤ 巳 "巳"當作"巳"。
⑥ 前 "前"當作"湔"。
⑦ 題 "題"下當有"請"字。

彈壓？誰爲拊循？是祖齡一身之去留所關甚小，而兩河之安危所關甚大也。伏望皇上將祖齡辭疏發臣等票擬，准其回籍調理，仍敕吏部速推才望之臣往代其任，庶腹心重地特以無虞，皇上亦可免南顧之憂矣。臣等職在進賢，不宜爲人求去，況鎮撫重臣，去留當聽宸斷，又非臣等所敢擅擬者。但爲地方計，不得不爲皇上明言之。仰惟聖明裁酌施行。臣等不勝顒望之至。"

十①三日己未，大學士方從哲、吳道南謹題："照得本年十二月二十四日起，該放除夕假，連年節、上元假，至新年正月二十日方滿。臣等查得連年日講，皆於二月間照常舉行。今講官並無一人，容臣等於春初將前題過講官何宗彥等，恭請聖明允用。仍於二月上旬另擇日期，恭進講章，以後接續上進。謹具題。"

二十四日庚申，大學士方從哲、吳道南謹題："臣等竊見旬日以來，皇上點用京營尚書、尚②戶部尚書、山西巡撫及操江都御史，南北大僚漸次推補，其巡按各差亦蒙陸續發票，真聖攻③維新之會也。臣等不勝欣忭。然尤有最緊最要、爲人心所屬望者一事，則都察院堂官是矣。彼其關繫之重，懸缺之久，不容不補之勢，從來諸臣言之已詳，無庸復贅，今亦不敢望皇上盡補，但得於會推諸臣中先點一員，以存衙門之體，則羣情有所維屬，而紀法④不至陵夷，真目前時政之第一義也。自臣等待罪以來，見皇上允用卿貳、督撫等官不知凡幾，何獨於此一官而過爲慎重此⑤？伏望聖慈俯察臣等屢次懇祈實非得已，乘此歲暮之時，慨賜點用，以肅憲體而慰人心，所裨於時事不小矣。此外有三邊總督劉敏寬撫按並缺一本，臣等業已擬票上進，又有河南巡撫梁祖齡告病一本，臣等曾爲揭催，仰祈聖明並賜檢發。臣等不勝顒望之至。"

二十五日辛酉，大學士方從哲、吳道南謹題："近該南北禮部，參論遠夷王豐肅等盤踞留都，以天主之教扇惑愚民，一時

① 十 "十"上當有"二"字。
② 尚 "尚"當爲衍字。
③ 攻 "攻"當作"政"。
④ 紀法 "紀法"當作"法紀"。
⑤ 此 "此"字上當有"如"字。

信從者甚衆，據其禮拜之期，門户之帖、種種邪術，怪誕不經，且又蓋屋於洪武罔①，造花園於孝陵衞寢殿前，違禁之事更難悉數。竊謂聖明在御，世教休明，豈容此魍魎之徒，肆行於青天白日之下？非所以一聖真而宣王化也。然此不過邪説誣民而已。自被參之後，蹤迹益復詭秘，或擅刊揭帖以逞辯，或暗置郵筒以傳報。千里之遠，無翼而飛，章奏未布於長安，消息已通於白下。此何爲者也？臣等猶憶利瑪竇初入京時，與龐迪莪纔兩人耳，皇上喜其向化之誠，予之廩②餼，死後復給以葬地，此自聖明柔遠之仁，初不虞其徒黨之日繁，行徑之日異至此也。今除王豐肅等見在南京者已經拘留外，其龐迪莪揭帖所稱住居各省者，尚十有三人，蠢爾醜夷，設無異志，何爲聯絡布散，各據要地若此？近日有障③州一人投揭南中，明指王豐肅爲佛郎機夷種，開其姓名事蹟，鑿鑿有據。則此夷不軌之情亦既顯然矣。夫其邪術之當禁既如彼，奸謀之叵測又如此，則諸臣先後之請，凡以爲世道慮、爲國家根本慮，非過計也。且王豐肅諸人，經巡城御史覊候也久，若不早爲議處，何以懾狡夷之魄，而示中國之有法乎？伏望皇上檢禮部及南禮部之疏，發臣等票擬，將龐迪莪、正④豐肅等，及各省潛住諸夷，盡數驅逐，或押發廣東，俾令自歸本固⑤。以後行地方官，嚴加禁戢，不許一人擅入中國，庶艮⑥善之民不爲異端所惑，而教化大行，且陰謀之輩不得勾引爲奸，而禍亂可杜矣。此事視之若小，而關係實大，萬惟皇上留神賜允。臣等不勝迫切祈望之至。"

是日，大學士方從哲謹題："本月二十一日，蒙發下宣大總督吳崇禮一本，内稱山右重地，一時撫按並缺，請皇上速點撫臣，並差按臣等事。該臣從哲僭擬，將原題御史王國楨差用，方在候旨。昨二十四日，臣復其⑦一揭，請點都察院堂官，末後並祈檢發崇禮之疏。緣一時倉卒不及沉思，遂誤寫'三邊總督劉敏寬銜名'，今見明旨批發，臣始憶前揭錯誤，不覺皇恐戰慄，汗下沾衣。自念昏憒潦草一至於此，疎略之罪百口奚辭？爲此據實檢舉，伏望聖慈矜察而寬宥之。臣不勝悚仄籲祈感戴天恩之至。"

萬曆四十四年

三三三五

①罔 "罔"當作"岡"。

②廩 "廩"上當有"以"字。

③障 "障"當作"漳"。

④正 "正"當作"王"。

⑤固 "固"當作"國"。

⑥艮 "艮"當作"良"。

⑦其 "其"當作"具"。

二十六日壬戌，大學士方從哲、吳道南謹題："適來皇上勵精圖治，種種善政，中外臣民莫不欣仰。惟是御史劉光復未蒙恩釋，此尤時事最切而人心所深望者。夫光復以愚戇直言，自取罪戾，臣等何能曲為之解？乃其愛君憂國之心，則臣等所深知，亦皇上所宜俯鑒者。彼其平日，正欲以儲講一事叩閽力請，一旦見皇上親御宮門，皇太子、諸皇孫俱在左右，以為此千載一時也，遂不覺陳慨①奮發，越次進言，雖一時天語未終，而彼亦不能少待。是其輕率之罪，固無所逃，而其忠憤之氣，實有可取者。若謂當時一無所言，則彼之越踰直前也，何為？而皇上之怒其震驚也，又何所指耶？今皇上置之圄圖，加之桎楷②，囟内③挫辱已幾兩年，亦足以盡其畢④而示之懲矣。儻於此改歲之時，渙發德音，將光復立賜釋放，則恩威並用，仁孝兩全，寧獨解網之惠施於一人？亦且轉圜之量光於四海，大聖人舉動真超出尋常萬萬矣。如或聖怒未捐，仁恩有待，日復一日，肆赦無期，致使光復憂悉神欝⑤，瘐死獄中，傷聖主納諫之名，灰志士敢言之氣，所損於盛德盛蒞，豈小小哉？臣等竊見，薄海臣民傾心仰望者，惟此一事，亦惟此一時，故敢被⑥瀝赤誠，補牘再請，萬惟聖慈矜察，即賜允行。臣等不勝迫切顒望之至。"

二十八日甲子，大學士方從哲、吳道南謹題："照得臣等近日所上諸揭，如補都憲，下考選，允候補、散館各官，釋劉光復，反⑦請發南北禮部參論遠夷之疏，不知曾經聖覽與否？今歲已暮矣，仰祈皇上即賜允行，以完一年之事。此外若各科署印、各處按差、與臣等所題詹事府坊局掌印及年深翰林等疏，並乞盡數檢發。至於在外諸臣，如漕運總督陳薦、河南巡撫梁祖齡，俱有辭疏，亦望發下臣等票撰⑧，或勉留供職，或允令暫歸。庶幾朝政疏通，人心歡暢，乃我皇上法天出治、聖政維新之一會也。今歲晚時迫，九重之上幾務必頻，故臣等但以當行之事明列直書，不敢繁詞以瀆天聽，儻蒙乘一刻之暇，慨然批發施行，真臣等莫大之幸也。謹翹首歧足以俟俞音。謹題。"

三十日丙寅，以立春令節。頒賜二輔臣上尊珍饌。

①陳慨 "陳慨"當作"慨陳"。

②楷 "楷"當作"梏"。

③囟内 "囟内"當作"幽囚"。

④畢 "畢"似當作"罪"。

⑤欝 "欝"當作"鬱"。

⑥被 "被"當作"披"。

⑦反 "反"當作"及"。

⑧撰 "撰"當作"擬"。

# 萬曆

## 四十五年

萬曆四十五年

四①十五年正月五日辛未，大學士方從哲、吳道南謹奏："爲停稅屢奉明綸人心望恩甚切懇乞聖明慨賜罷免以普皇仁以固邦本事。竊惟自古帠②王奉天出治，莫不以安民爲首務，乃民之所以安，則由上有惠養之恩，無誅求之擾，昔人所謂生之而不傷，厚之而不困，扶之而不危，節其力而不盡，此安民之要術也。我皇上御極之初，躬行節儉，經賦有一定之制，關市無額外之徵，海内之民休養生息，熙熙然如遊化國而登春臺，何其盛也？自榷稅之政行，而貂璫之使盈於遠邇，網羅之設遍於閭閻。始猶取之商旅，既則取之市廛矣，始猶筭及舟車，既則筭及間架矣，始猶徵之貨物，既則徵之地畝、徵之人丁矣。窮天際地，搜括靡遺，由公逮私，那殆移③遍，或借之兵餉，或借之贖鍰，或扣之各役工食，上下交征，官民並困。三家之市，傷囊橐之無餘，百室之邑，嗟蓋藏之幾盡，膏既而④吮吮⑤未休，骨已枯而剥削益甚，人人愁噪，處處怨咨，哀此小民，蓋已囂然喪其樂生之心矣。然而忍死須更不至相率爲亂者，則時有皇上屢旨自有停止之日也。夫自門殿工具，業已踰歲，經營伊始，締搆方新，累月經年，杳無落成之望，若又待工完而後停稅，竊恐人壽無幾，而河清終難俟也。況徵欽⑥所入，未必盡爲營建之資，銖兩之徵，曾何濟於鉅萬之費？故自衆人視之，若謂皇上爲不肯用，而自臣等視之，則謂皇上雖用之，於大工亦未必有益也。且邇年以來，各省直以災傷題留者在在而是，以地方所出而還以捶⑦地方之危，以百姓所輸而用以周百姓之急，愛民如皇上，寧不委曲以從其請？然與其取之而復留之，孰若置而不取之为愈也？蓋取而复留，在皇上徒有取之之名，而無取之之實，在小民但見取之之害，而未又感留之之恩。無其實而居其名，未得其感而先斂其怨，此孰得孰失，孰利孰害，計亦聖明所洞鑒矣。臣等又私計之，當礦稅並行，每歲所獲誠爲不貲。自開採停而大數已去其半矣，自分解助工而内帑又去其半矣，逮聖母上賓恩詔減免，而進内解部之數又去三分之一矣。加以留稅之請，無時不有，無處不然，總計一歲之入，能有幾何？以此須阿堵之物，而損朝廷之大體，傷聖主之令名，

①四 "四"上當有"萬曆"二字。
②帠 "帠"當作"帝"。
③殆移 "殆移"當作"移殆"。
④而 "而"上當有"竭"字。
⑤吮 "吮"當作"吸"。
⑥欽 "欽"當作"斂"。
⑦捶 "捶"當作"拯"。

飽權①役之私囊，重小民之怨讟，臣等深爲我皇上惜之。伏望皇上穆然深思，毅然獨斷，乘此履端之際，將各省直新增皇稅盡數蠲除，曠然與天下更始，則明綸一布，聖澤覃敷，自廷臣以及萬邦黎庶，誰不舉乎②加額，歡呼忭舞，祝聖天子萬萬壽於無疆也？臣等犬馬之懷，積誠已久，敬因聖治更新之日，首以爲請，誠謂發政施仁、安民固本、無如此一事，其他大禮大政尚須次第條奏，兹且未敢遽凟也。仰惟聖明留神概允。臣等不勝迫切懇祈踴躍俟命之至。"

九日乙亥，大學士吴道南謹奏："爲歲序更新十八懇天恩速故③病臣以光新政事。臣杜門待命，令④改歲矣。身稽輦轂之下，乃當普天稱慶之日，臣不能以扶掖而進，臣之困頓顛踣自可知也。臣之宜去豈待今日？總爲皇上之恩命，有難以直遂。顧靖共之義與進退之節，各當其則⑤而止。故難進而易退，則位有序，易進而難退，則利祿也雖曰不要，人誰信之？今臣尸祿曠官已周四時之序，而序且復進，乃猶依依然不出國門，臣雖無要之心，不免有要之迹矣。且以己事君與以人事君，惟度其分馬⑥當，冒名竊位，是謂妨賢。今臣以政本之地，久爲養痾之所，虛銜空掛，阻塞疇咨，臣雖無妨之心，不見⑦有妨之迹矣。夫要君者無土⑧，妨賢者病國，此臣子大不韙之名，臣生乎⑨自信惟以君國爲心，以天下士大夫爲念，以名節行誼自砥礪，何敢有此？無奈時命大謬，精力向哀⑩，遭此奇奸⑪，遂令積慚增病，以至狼狽之甚。此臣之萬不能出，萬無不去，而亦皇上之萬不又留也。不則羈栖⑫鬱死，將爲前臣之續。即臣之譾劣，無足爲輕重，要以聖明御宇，而洊有此閣輔之臣，恐不能不爲國體傷也。皇上縱不爲臣惜，獨不爲國體惜乎？干冒宸嚴，死罪死罪。臣不勝戰慄惶悚控懇速放之至。"

十五日，奉旨："卿輔弼重臣，朕所眷倚。今改歲之初，正欲與卿等共共⑬新政，豈可稱疾固辭？着鴻臚寺堂上官宣諭朕意，趣令即出，勉效匡勷，副朕倦倦至望。慎勿再陳。該部知道。"

①權 "權"當作"催"。
②乎 "乎"當作"手"。
③故 "故"當作"放"。
④令 《吴文恪公文集》卷一二"令"作"今"，是。
⑤則 《吴文恪公文集》卷一二"則"作"責"。
⑥馬 《吴文恪公文集》卷一二，"馬"作"爲"，是。
⑦見 《吴文恪公文集》卷一二，"見"作"免"，是。
⑧土 《吴文恪公文集》卷一二，"土"作"上"，是。
⑨乎 "乎"當作"平"。
⑩哀 "哀"當作"衰"。
⑪奸 "奸"當作"艱"。
⑫栖 "栖"當作"棲"。
⑬共 《吴文恪公文集》卷一二"共"作"圖"，是。

十日丙子，大學士方從哲謹奏："爲聖政更新有漸言路壅塞未通懇乞聖明亟允考選候補諸臣以廣聰明以收忠益事。竊惟朝廷大勢，如人之一身。大臣，股肱也，股肱備而後①倚毗有資。言官，耳目也，耳目充而後見聞不蔽。言路之重，蓋自古已然。無論祖宗朝，即我皇上初年，行取之令，或每歲或間歲一舉。差用乏人，則考選以補其缺。起復一到，考館一散，即題補而授之官。官無缺員，人無曠職，自糾繩封駁之司，以及郡國巡方之使，濟濟乎極一時之盛，今猶可想見也。通②年以來，行取政爲留却③，然其初亦嘗隨留隨考，隨考隨下，法雖變而勢不壅，人雖少而不至於匱乏，於祖制猶未甚失，於人心猶未大拂也。奈何至今日，而推折困頓一至此極耶？諸臣積俸或五六年，或七八年，而後題留，題留兩年而後興考，此去通籍之初已十年餘矣。乃一考之後，茫無授職之期，坐守都門，歲復一歲，徘徊躑躅，壯志全灰，此誰非上天所生，以資國家之用者，而忍爲挫抑如此也？至於起復、散館各官，自楊道寅到後，陸續赴部聽補俱數年矣，或還其故有之官，原非別轉，或予以應得之職，亦非特恩，何嫌何疑概爲棄置？且臺臣猶間蒙題差，而科臣又無題差之例，則此數人者，皇上將令其白首長安、而卒無效用之日乎？夫當此臺省極乏之時，科印虛懸，豸冠寥落，季④差無人接管，按差無人注題，那借兩難，襟肘並露，斯亦勢窮則變、理極必反之秋矣。皇上誠於此時慨發綸音，將諸臣盡數允補，則需之數年不爲苦，而俞之一旦即爲恩，有不感激思奮、抒忠蓋以圖報稱者，臣不信也。蓋諸臣需次既久，閱世滋深，多老成持重之謀，無少年虛憍之習，若往時紛爭激聒之事，臣可保其必無，皇上亦可無煩於過慮矣。臣爲此一事，嘗屢次催請，而微忱未逹⑤，天聽未回，每一念及，輒疾首痛心，如芒剌⑥之在背。昨見科臣官應震疏，亦謂臣於去歲火尖⑦之後，聖衷恐懼修省之時，當極力維持，必得請而後已。此其望臣最深，責臣甚正，臣不勝愧服。惟是此機一失，難以再圖，而感動轉移，臣不能無望於今日。皇上儻念祖制不可盡廢，言路不可久壅，諸臣抑鬱之情狀不容終置之罔聞，國家培養之人

①後 "後"當作"後"。

②通 "通"當作"邇"。

③政爲留却 "政爲留却"當爲"改爲留部"。

④季 "季"似當作"年"。

⑤逹 "逹"當作"達"。

⑥剌 "剌"當作"刺"。

⑦尖 "尖"似當作"災"。

①牘 "牘" 當作 "犢"。

②並里 "並里" 當有誤字。其 "里" 似當作 "冀"。

③無 "無" 當作 "進"。

④具 "具" 當作 "其"。

⑤時 "時" 當作 "恃"。

⑥帽 "帽" 當作 "幅"。

⑦机 "机" 當作 "杌"。

才不容終棄之無用，俯從臣請，立渙綸音，而又釋劉光復之獄，還劉文炳等之官，寬韓光祐之罰，使天下後世曉然知我皇上原未嘗有厭薄言官之意，豈非熙朝盛事，而聖政更新之大端哉？臣職叨輔弼，誼在格心，補牘①陳言本非臣之專責，然使言而有益，臣亦何惜於言？無奈，誠薄不足感乎，力微不能匡救，既不得已託之於言也，而又徒煩口說，無濟分毫，臣之技不已窮、而臣之心不滋戚耶？科臣又謂臣以宰臣代諫官，萬非得已，並里②皇上俯用臣言，此尤深知臣之苦心，臣向所欲訴於皇上而未敢者。若此番不蒙矜允，將諸臣應補者補，應釋者釋，應還者還，是臣無③無格心之效，退無陳善之規，事機既失於當時，愆戾更叢於後日，不惟負皇上，負諸臣，而於應震葳規之益，所負抑又多矣。臣瀝血披誠，寸心欲嘔，仰惟聖慈鑒察。不勝迫切籲祈惶悚跼蹐之至。

是日，大學士方從哲、吳道南謹題："照得各處按差，去歲冬間蒙皇上陸續點用已過半矣，具④餘自當靜聽。乃其中又有開係十分緊切、不容少遲者，不得不為皇上再陳之。湖廣巡按彭宗孟差滿已久，杜門謝事，地方所時⑤獨撫臣耳，而梁見孟近報物故。以楚地幅帽⑥之廣，錢糧之多，宗室之繁衍，軍民之獷悍，茲又值征苗之役，徵兵轉餉所在繹騷，當此時而撫按並缺，誰為彈壓，誰為料理，而保此湯沐重地，使無虞也？浙江為東南名省，浜海要區，撫臣坐鎮會城無出巡之例，乃巡按李邦華業已病危出境矣，無論察吏安民及一方具革大事，無人主持，即頃者海氛告警，人情洶洶；匪藉直指之威綢繆而震疊之，何以使東南半壁永無机⑦桯之憂也？臣等竊謂按差無處可緩，而此兩省尤為至急。伏望皇上將都察院原題朱萬春、朱堦二本，先賜檢發，俾令刻期任事，不獨地方之幸，亦臣等之幸也。萬惟聖明留意。謹題。"

十一日丁丑，大學士方從哲、吳道南謹題："照得京官考察六年一舉，乃國家黜幽大典，關係吏治人心甚不輕也。頃該吏部題請欽定日期，臣等已恭擬兩票進呈御覽，或正月二十八日，或二月初二日，皆係節年舊規，皇上但裁定一日，便可遵行，似無庸遲疑爲者。且往例南北兩京同日舉事，茲去二十八日祇半月餘耳，及今得旨，方可傳到，儻或再遲，必至誤事，非所以重大典、慰羣情也。伏望皇上留神，即賜批發。臣等不勝仰望之至。"

十二日戊寅，大學士方從哲、吳道南謹題："爲印信事。照得詹事府缺官掌印已過四年，前歲吏部左侍節劉楚先以教習庶吉士行取到京，該臣等具題加陞尚書，令其暫管。頃楚先因病乞休，屢疏未允，已於去歲九月初啟行，沿途候旨去訖。臣等謹推得見任詹事府少詹事兼翰林院侍讀學士韓爌，堪以協理府事，及照本官年資極深，合無量陞禮部右侍郎，仍兼翰林院侍讀學士，其劉楚光準令回籍調理？伏乞敕下吏部，查照施行。臣等未敢擅便，謹題請旨。"

是日，大學士方從哲、吳道南謹題："爲印信事。照得左春坊左庶子等官周道登、盛以弘、周如磐，俱奉欽依陞任去訖，坊局印信無人掌管。臣等謹推得右庶子張邦紀，量改左春坊左庶子，仍兼翰林院侍讀，掌左坊印信，原任左諭德黃國鼎，量陞右春坊右庶子，兼翰林院侍讀，掌右坊印信，左贊善鄭以偉，量陞右春坊右諭德，兼翰林院侍講①，掌司經局印信。伏乞敕下吏部，查照施行。臣等未敢擅便，謹題請旨。"

十四日庚辰，大學士方從哲謹奏："爲政本需人閣員未借②懇乞聖明早賜推補以資贊襄以弘化理事。我朝設立閣臣，雖非前代宰相之職，然而國家大政皆得與聞，非徒以備顧問、演絲綸，蓋將使之寅亮天工，彌縫衮闕，俾諸司各舉具職，庶務咸就於理，而薄海兆庶並安其生，此其責甚宏、任至重也。自國初以及我皇上初年，多者五、六人，少亦三、四人，豈徒爲是備員哉？誠以事休艱鉅，非一、二人之力量所能擔當，幾務殷繁，亦非一二人之心思所能調劑，故必忠益廣而後啟沃有資，謀斷兼而後匡襄可效。蓋同寅協恭，自古記之矣，奈何至今目③而獨以

① 講《明神宗實錄》卷五五三"講"作"讀"。
② 借 "借"當爲誤字。
③ 目 "目"當作"日"。

臣兩人充其任耶？臣從哲受事今踰三年矣。初任未及一年，前輔向高即得請以去，臣勉竭駑鈍，盡力撐持。數閱月而同官道南始至，共事有人，臣之心力似可少紓矣，然而較之三、四人、五、六人者，猶有間也。臣不才，遭際明時，躬事堯舜之主，且蒙恩拔擢，眷遇殊常，區區犬馬之心，非不以報國自期，以和衷自矢。無奈兩人在事，終是孤立寡援，況道南近復引疾杜門，屢奉敦催，尚未即出。臣只身入直，又將經歲，每遇疑難重大之事，可以從容酌處者，臣猶得詣同官私寓，徐爲商確，務求妥當。至於尋常發票本章，則頃刻之間，無從質問，倉卒擬上，往往錯誤。且臣自去冬以來，眩暈時作，神昏體倦，委頓難支，燈下視字，則恍惚瞀亂，不能詳辨。竊思密勿何地？贊襄何職？而乃使虛庸病憊之夫，以一身獨當其任，其褻王言而損國體，不已甚哉？近日建言之臣，亦嘗以廣置輔臣爲請。臣私計之，方今大僚多缺，言路空虛，催請之章，月無虛日，而天高聽遠，杳無俞允之期，若復以推補閣員一時並塵天聽，恐益滋煩瀆，故寧遲遲。而至於今日，則有萬萬不容再遲者矣。今在朝在野，濟濟多賢，其才品聞望什百於臣者，何可指數？皇上或出諸獨斷，或付之廷推，亟簡二、三員，令與臣等一體供事，庶幾羣策畢舉，既可以翼贊萬幾，衆正同升，又足以表儀百羣，所裨於皇上維新之盛治者，豈淺淺哉？至於臣同官道南，杜門日久，求去之意雖殷，然溫旨頻頒，聖眷隆篤，恐無終於堅臥之理。更望皇上諭以君臣失①義，勉令速出，同臣入閣辦事，則不惟朝廷得借股肱之力，而臣愚亦可少逭妨賢誤國之誅矣。臣不勝懇切輸誠皇恐俟命之至。"

十五日辛巳②，大學士方從哲、吳道南謹題："本月初三日，該吏部題請京察日期，次日即蒙發票，臣等竊幸，以爲皇上留心吏治若此，儻矣③後本章俱隨上隨下，今年察典定是議論少而人心服，真一時之盛事也。乃今已過十日，尚未批發，即聖斷定於二月初二日，從此亦只有十六、七日矣，南京三千里之程，僅僅可到，若再遲延，豈不誤事？至於三十九年三月

①失　"失"當作"大"。

②巳　"巳"當作"巳"。

③矣　"矣"當爲誤字。

之舉，該部題明，正謂非向來相沿舊規，乃萬萬不可從者。伏望皇上留神，將臣等所擬初二日之期，即賜批發，使部院得以刻期行事，庶人心不至搖惑，浮議不得橫生，不至如辛亥之多事，斯於大典有光，而九重之上亦可免煩瀆之擾矣，該部幸甚，臣等幸甚。謹具題以聞，立俟俞旨。"

十六日壬午，大學士吳道南謹奏："爲恭謝天恩事。臣竊念歲序聿新，聖躬斂福，臣不能竭蹶趨朝，與千官共慶，方慄慄危懼以待皇上之罷斥。乃於本月十五日，該鴻臚寺堂上官王用賢等，到臣私寓，傳奉聖旨：'卿輔弼重臣，朕所眷倚。今改歲之初，正欲與卿等共圖新政，豈可稱疾固辭？着鴻臚寺堂上官宣諭朕意，趣令即出，勉效匡襄，副朕惓惓至望。慎勿再陳。該部知道。欽此。'臣設香案，扶病俯伏，向闕叩頭謝恩訖。臣莊誦綸音，仰見我皇上注思新政，嘉與共乂，即憒憒如臣，猶假借以輔弼之重，眷倚之懷，真大有爲之主、不自聖之心也。臣何人斯，敢當茲諭？第聖恩之廣大，不靳於宥過，臣亦欲勉自濯磨，善加調攝，以仰副聖意之惓惓。奈精力向衰，肢體日憊，每一念及，於迷目隕衷，誠不勝負愧抱慚、夙夜靡寧者也。夫慚愧生而悒鬱乘之，膏大①相煎，即無病而有病，矧臣久冒陰陽之患，復重以人道之患，病勢日增，固其所也。祗承明命，不覺魂搖，疊荷洪慈，惟有涕隕。臣因思宣諭之再三，知皇上於臣猶米②厭棄，臣尚得以苦情煩詞干天聽而沐宸注，儻此身終難勉承，致聖恩之重負，臣方將以待命者而待罪，雖欲再徼靈寵，豈可得哉？臣今雖首丘係念，而蒙恩至此，敢不寄身藥物，以祈須臾之少緩？計京察屆期，皇上之罰不阿近，請自臣始，臣亦③未敢以喋喋陳也。先申謝悃，特布臣愚。臣不勝悚息鏤心感戴天恩允至。"二月初八日，奉旨："覽卿奏謝，朕知道了。卿宜遵命即出佐理④，該部知道。"

十七日癸未，大學士方從哲、吳道南謹題："臣等於昨夜三鼓後，聞東朝房失大⑤，今早始知戶科等衙門朝房被焚五間，

① 大 《吳文恪公文集》卷一二"大"作"火"，是。
② 米 《吳文恪公文集》卷一二"米"作"未"，是。
③ 亦 《吳文恪公文集》卷一二"亦"作"今"。
④ 理 《吳文恪公文集》卷一二"理"下有"以慰朕懷"四字。
⑤ 大 "大"當作"火"。

且延及公生門，盡行燒燬，該臣從哲到彼看視，不勝驚懼。竊思木①門在東長安門之南，密邇禁城，而朝房乃各官聚會之所，關係不小，此雖人事，總厉②天災，計聖心聞此，亦必有惻然不寧者。除修省弭災之事，容臣等另疏奏請外，伏望皇上凝神珍攝，以謹天戒，以保聖躬。臣等不勝顒望之至。謹具題恭慰以聞。"

十八日甲申，大學士方從哲、吳道南謹題："竊惟自昔帝王，莫不以典學爲先務，故雖至聖極神，亦必求就將之益，雖久道成化，猶不忘緝熙之功。蓋勤學勤政，兩者相須，此古明聖之芳規，亦我祖宗之成憲也。我皇上御極之初，銳意太平，潛必③學問，自講筵臨御，以及深宮燕閒，無時無處不以講習爲事，金華時敞，儒臣抒啟沃之忠，芝檢日親，聖躬收切磋之效，以是盛德大業光被古今，四十餘年如一日焉，則講讀之功焉可誣也？惟是日講官舊設六員，後止三、四員，又漸減至二員，然人數雖少，而舊制猶存，且日撰講章，進呈御覽，託簡編以代面迪，資謨訓以佐躬修，於聖學猶未必無小補也。乃自翁正春去後，今四年矣，該臣等將何彥宗④、孫如游二員推補，節經催請，不止十餘次，而俞旨未下，曠典久稽，不獨講席塵封，無皇上初年之盛舉，亦且講員不備，隳國家歷代之成規。傳之四夷，書之史册，謂當主上勵精之日，而乃使聖學輟而不續，祖制廢而不存，臣等之罪安所逃耶？今且不敢再增多員、求補原數，但祈皇上將見任禮部左侍郎何宗彥、右侍郎孫如游二員即賜允補，令其輪撰講章，照常恭進，以資聖明乙覽，是亦新政之一端，而中外臣民所爲歡欣踴躍、樂觀其盛⑤者也。臣等不勝顒望之至。"

十九日乙酉，大學士方從哲、吳道南謹題："照得本月十六日夜，東朝房失火，燒燬門面五間，又延及公生門，一時俱盡，臣等聞之，不勝驚懼。竊思變不虛生，必有所召。此地何地，而鬱攸爲祟若此之烈耶？自去冬以來，在内隆德殿災矣，延喜

①木 "木"當作"本"。
②厉 "厉"當作"屬"。
③必 "必"當作"心"。
④何彥宗 《明神宗實錄》卷五五三"何彥宗"作"何宗彥"，是。
⑤盛 "盛"或可作"成"。

宮災矣，今公生門與朝房又災矣。三月之內，异變疊生，以羣神供奉之所，而一夕化爲烟塵，以百官朝會之處、萬民趨向之途，而頃刻鞠爲煨燼。天威有赫，譴告頻仍，此豈可以尋常視之而以戲豫處之耶？除臣等奉職無狀，致此重災，各宜痛加修省，共圖消弭外，臣惟火者，陽之精也，得其性則揚輝而爲明，失其性則橫發而爲災，故凡燎原之火，未有不從鬱而生者也。今日之時事，今日之人心，皇上以爲鬱乎不鬱乎？上與不①隔，而堂簾乏喜起之交，內與外隔，而宮府成釜鬵之勢，天高聽遠，小民之疾苦豈能盡以上聞？靳賞屯膏，九重之德意一時遽難下究。且自皇上靜攝以來，大小臣工所爲納諫抒忠、陳情啟事者，只有章疏之一綫，而邇年以來，下者半，留者半，尋常之下者尚十有六七，而緊要之下者則十無二三。即如入春以來，臣等常以停稅請矣，補言官、釋繫臣請矣，以點按差、定察期請矣，疏揭一入，消耗全無，雖臣等待罪綸扉②，號稱禁近，而企望俞音，如九天之不可問也。是鬱結之狀，悵望之懷，在臣等已然，況於諸臣？又況於遠方乎？又如婚期改而于歸失冰泮③之期，戚臣逐而胥遠起角弓之怨，忠懇未蒙肆赦，圜土之幽憤堪憐，賢儁阻於彙④徵，壯志之消磨殆盡，山林捐⑤棄之士垂老，難俟河清，閭閻窮苦之民忍死，冀霑德化。蓋自朝廷以及海宇，多憂愁困頓之象，無發舒愉快之風，有咨嗟嘆息之聲，無歡欣鼓舞之意。臣等以爲時事至此，人心至此，可謂鬱之極而否塞之甚矣。夫鬱極而發，發必失常，以故祝融之威不於大內深嚴之地，即於禁城密邇之區，一見不已，至於再，再見不已，至於三。臣等以是知上天之示儆於皇上者甚嚴，而其致仁愛於皇上者亦甚篤矣。皇上若猶視⑥爲故常，不於此時仰體天心，克謹天戒，將目⑦前要務，如補大僚、補科道、點差、宥罪、起廢、蠲徵諸事，次第舉行，竊恐天之用愛已窮，而將來意外之變，或更有臣子所不忍言者乎？語云：怒予之天，猶可爲也，忘予之天，不可爲也。彼時皇上即欲追悔改圖，以冀挽回而徼眷，顧恐已無及矣。臣等誼切腹心，目擊時事阽危，天心震怒，日甚一日，故不敢不瀝血嘔心，盡言於皇上，惟皇上深思力行，

①不 "不"當作"下"。

②庳 "庳"當作"扉"。

③津 "津"當作"泮"。

④曩 "曩"當作"彙"。

⑤損 "損"當作"捐"。

⑥玩 "玩"當作"視"。

⑦月 "月"當作"目"。

# 萬曆起居注

以自爲杜①稷計，國事幸甚。臣等情迫詞窮，不識忌諱，並祈聖慈矜宥。不勝懇切顒望之至。"

二十日丙戌，大學士方從哲、吳道南謹題："臣等於去歲九月間，恭奉聖諭：'諭內閣：朕覽卿等所請皇太子講學，朕已悉知。知②但今天氣暴③寒未便，着暫免。往前嚴冬寒沍，可於明春擇日舉行。特諭卿等知之。欽此。'臣等祗奉明綸，未敢再有塵瀆。今入春已將一月，天氣漸和，講習之功正宜乘時精進。臣等謹擇得二月初四日、初六日兩日皆吉，伏望皇上欽定一日，命皇太子照常講讀。臣等不勝至願。謹題。"

二十二日戊子，大學士吳道南謹奏："爲奉職無狀久甘擯斥兹當京察之期臣不敢援自陳之例乞皇上先行黜幽以重大典事。臣乞休經年，已不可一日在輦之下，未蒙矜允，難以徑離。屬京察屆期，復徵例於自陳，是猶然以閣員自處也，義之所不敢出也。第京察，六年之間其所當幽黜者在於今日。計臣之負乘懷慙，昏鑑貽垢，材質有類樸樕，器局又同斗筲，非但國家之大政不能佐理，即臣躬親之事亦已叢愆，辱命負恩，莫此爲甚。幽所當黜，又孰有先於臣者乎？夫法行自近，而叨在中書、伴食之列，不可不謂近，法貴得千④，而獨假微臣宥過之條，不得謂之平。皇上將澄汰百官，肅清仕路，以風厲天下，臣之當黜，亟宜賜以顯斥，不得於自陳之例而概興⑤。蓋大臣自陳，尚有去留，臣則萬所當去，萬不可留者也。皇上官不及私，罰不阿近，正於此彰聖代平明之治，且令後之人以臣爲鑒，惟見有明之可陟，無幽之可黜，未必非儆惕之一大機已。臣不勝悚息待罪引領俟命之至。"二月初九日，奉旨："卿協贊政幾，忠誠端慎。朕兹澄清百職，正資弼成化理，豈得引例求去？倚毗方切，不允所辭。吏部知道。"

二十三日己丑，大學士方從哲謹奏："爲恭謝天恩事。臣於四十四年十二月十五日，以三年考滿，伏蒙聖恩加太子太保、

① 杜 "杜"當作"社"。

② 知 此"知"字爲衍文。

③ 暴 "暴"當作"漸"。

④ 千 "千"當作"平"。

⑤ 興 《吳文恪公文集》卷一二"興"作"奥"，是。

文淵閣大學士，尚書如故，蔭一子與做中書舍人，照新銜給與應得誥命。臣謹於二十五日赴鴻臚寺報名，二十六日午門前行五科三叩頭禮謝恩訖。例該本月二十九日、正月十九日、二十三日，俱候面恩。遇蒙皇上免朝。查得萬曆十七年三月初九日，奉聖旨：'今後在京陞授等項官員，應面恩的，如候過三次，着具本奏知，不必再補。欽此。'臣謹遵奉明旨，理合具本恭謝天恩。下情無任感戴之至。謹具奏以聞。"二十八日，奉旨："覽卿奏謝，朕知道了。禮部知道。"

　　二十五日辛卯，大學士方從哲、吳道南謹題："照得京察日期定於二月初二日，向來相沿已久。邇年間改於正月二十八日，蓋以察典早行一日，則人心早定一日，無非欲省議論以肅紀綱，意至善也。惟萬曆三十九年，遲至三月初二日，遂致羣情皇惑，浮議橫生，至今猶有遺恨。則考察之遲早，所關於吏治人心，甚不小也。今二月初二之期業已無及，但望皇上念大典不容太緩，覆轍不可再循，即於二月初十前後預定一日，速賜批發，俾部院得以遵奉舉事，計典幸甚，臣等幸甚。"

　　是日，大學士方從哲謹奏："為自陳不職乞賜罷免以清政本事。今歲復當六年京察之期，該吏部題奉欽依，四品以上俱令自陳。臣叨備閣員，曠官已久，敢以不職之狀畢陳於皇上之前，以聽幽黜。昔人論輔相之職，率以調燮為第一義，而匡維庶政以仰贊萬幾，登進人才以培養元氣，皆其責之不容諉者。自臣受事以來，災異疊見，水旱頻仍，朝政壅淤，人情鬱塞，仕路無彙徵之望，林賢有永錮之嗟，以至吏治民生、邊防國計，皆大怀①而不可收拾，極敵②而莫能挽回。此何者非臣之責？亦何者非臣之罪乎？總之，望輕而居百僚之首，則表率不端，才劣而值多事之時，則贊襄罔效，寧獨素餐是懼？抑恐覆餗貽羞。此在尋常，猶不可一日苟容，以玷官常妨賢路，況當明昭式序之日，而乃使虛庸無用之夫，得逭黜幽之罰，何以服人心而肅有位也？夫樹再本③者必正其本，疏濁流者必清其源。當斯時也，欲斥一人而警千百人，舍臣其誰哉？臣習見往事，凡閣臣自陳，率多蒙旨留用，此雖優崇之意，而實非黜陟之公。臣愚伏望我皇上，大奮乾剛，毋揚舊例，將臣速賜罷斥，別簡忠賢，

①怀　"怀"當作"坏"。
②敵　"敵"當作"蔽"。

③再本　"再本"當為誤字。

共襄治理，庶計典公而人心益勵，將政本重而相道彌光矣。臣無任悚息待命之至。"二十九日，奉旨："卿爲輔佐元臣，公清端亮，茂著勳猷，朕正切倚賴澄清百職，豈可引例求去？卿宜益展弘猷，弼成化理。不允所辭。吏部知道。"

二①月二日丁酉，大學士方從哲謹題："頃該臣以京察屆期，循例自陳，隨於二十九日晚恭奉溫綸，臣不勝感激。今早謹報名廷謝，入閣辦事訖。惟是臣同官吳道南先亦有自陳之疏，未蒙檢發。竊思道南雖經屢次請告，然當此之時而有此疏，實與臣之自陳事同一體，今臣疏已發，而同官之疏尚留，臣心實不自安。伏望皇上留神檢出，容臣擬票進上，恭候聖明批發，以存閣體，臣愚幸甚。"

是日，大學士方從哲、吳道南謹題："照得皇太子講讀，先該臣等遵旨擇於二月初四日、初六兩日，恭請皇上欽定。今時已迫矣，乞聖明留神，即賜批發，一日②，使諸臣得以欽遵供事。謹題。"

四日己亥，大學士方從哲謹奏："爲比例乞恩移封前母並檢舉初封之誤以仰祈天鑒事。臣頃以正二品考滿，欽蒙聖恩，加臣太子太保，給與應得誥命，自臣曾祖母以及臣妻，俱贈封一品夫人，臣叨冒逾涯，何敢復生希覬？乃臣猶有烏鳥私情，不得不爲皇上一陳之。令甲自覃恩外，三母不得並封，此定制也。臣有前母張氏、楊氏，其事臣父俱在臣嫡母、生母之先，即今絲綸之寵四世均霑，而二母獨以例不得與，此人子之情所爲大不安也。查得前大學士葉向高曾以二品考滿，乞移妻封於前母郭氏、康氏，奉聖旨：'卿前母俱准贈，不必以卿妻恩移贈。吏部知道。欽此。'臣之事體，適與相同。惟是臣才品庸劣，何敢比於向高？但冀聖慈准將臣妻封典，移贈臣前母張氏、楊氏，使臣一家存歿並沐皇恩，而臣亦得藉手以報前母佐助臣父之恩，幽明之感，當傳之世世矣。然臣又有所請焉。臣於萬曆十六年，以編修三年考滿，時臣繼嫡母王氏、生母張氏俱在。臣但知嫡母在，生母不得同封，而不知生母未封，妻亦不得先封，比將母、妻姓氏照常開送吏部，遂將臣妻于氏封爲孺人。及後查出，擬行檢舉，而家難相繼，因循迄今。自臣以祭酒請告之後，恭遇兩次覃恩，臣母、妻贈封俱在補給之例，而臣前歲蒙恩起家，佐銓未久，未敢遽有塵瀆。茲當恩命重頒之時，不敢不據實檢

**萬曆四十五年**

三三五一

① 二 "二"上當有"萬曆四十五年"六字。

② 一日 "一日"前當有"欽定"二字。

舉。伏望皇上俯賜矜宥，敕下吏部照例施行。臣不勝感戴天恩之至。"

六日辛丑，大學士方從哲、吳道南謹題："兹二月初九日爲我聖母孝定皇太后三週年之期，恭聞皇上親詣慈寧宮修建薦揚，竭誠行禮，臣等私相稱頌，一何聖孝純篤至此極也？因思我皇上孝事聖母四十餘年，尊養兼隆，古今罕儷。至於上賓之際，悲號孺慕，一切山陵升祔之禮，必誠必敬，鉅細靡遺。且自去歲禫除之後，大禮告成，聖懷宜釋，而哀思追慕，未嘗頃刻少哀①，華麗不以飾於躬，甘旨不以入於口，聲伎不以奏於前，服麤茹淡有常②布之士所不能堪，而皇上處之怡然。臣等竊謂，自古及今，萬乘之主有能躬行三年之喪如我皇上者乎？古稱火③孝，必以舜文爲首，彼其禄位名壽之並得，問安視膳之必親，皇上固已兼而有之，而事死如生，事亡如存，盡禮盡哀，三年如一日，不又將軼舜文而上之耶？傳之四方，書之史册，咸謂自古帝王純孝至德，至我皇上始詣其極而會其全，是不獨一人之孝，而實天下萬世同以爲孝者也。臣等躬逢明聖，不勝歡欣鼓舞之私，方擬偕在廷之臣恭伸頌祝，適接禮部揭帖，請皇上擇吉視朝，此真熙朝盛事，正臣等所欲有言者。蓋我皇上之孝，非但臣民之所欣仰，亦上帝之所鑒觀，而九廟神靈之所佑助者也。皇上不於此時修臨御之常儀，舉呼嵩之曠典，維新化理，潤色太平，其何以順人心、承天意、而仰慰祖宗列聖在天之靈耶？臣等犬馬之忱，妄謂聖孝雖無以復加，而有此一舉，尤足以妥慈靈而光盛德，未必非萬全之一助矣。惟聖明慨賜允行，臣等不勝踴躍籲祈之至。"

七日壬寅，大學士方從哲謹題："恭照本月初九日，爲我聖母孝定皇太后三週年之期，在皇上追思之念芳④殷，而在臣子感慕之忱倍切。臣從哲擬於是日早，恭詣慈寧宮門，行四拜禮，以少伸一念追遠之誠。謹具題知。"初九日，奉旨："覽卿所奏，具見忠敬之誠。朕知道了。禮部知道。"

① 哀 "哀"當"衰"。
② 常 "常"當作"韋"。
③ 火 "火"當作"大"。
④ 芳 "芳"當作"方"。

是日，大學士吳道南謹題："恭照本月初九日，爲我聖母孝定皇太后三週年之期，在皇上之大孝，追念方殷，臣道南以因①頓牀褥之間，不能隨元輔方從哲之後，於是日恭詣慈寧宮門，行四拜禮，以少伸一念感慕之忱，臣之歉也，臣之罪也。伏祈聖恩賜宥。謹具題知。"初九日，奉旨："覽卿奏，具見忠敬。朕知道了。"

十日乙己②，大學士方從哲、吳道南謹題："照得順天一府，爲畿輔近地，小民希望恩澤，視他郡國尤殷。去歲蒙我皇上軫念災荒，俯從府臣之請，將過路、落地二稅暫免一年。於時人情欣忭，遠邇歡呼，窮簷蔀屋之民以及關津商販之衆，樂更生而稱萬壽者，聲相屬也。其在今日，三冬雪澤全無，入春甘雨未降，天時若此，農事又有可虞。則夫噓枯潤槁，普大賚而慰羣生，舍停稅其何望焉？臣等竊計，兩稅之數纔二萬六千耳，至於永平一府才二千餘金耳。在皇③視此，不過太倉之一粒，而蠲之則足以紓閭閻之困若④，得萬衆之歡心。昔人謂惠此京師，以綏四國，是真仁政之先務，皇上所宜慨賜允行，無煩再計者也。不然，停於昔而復徵於今，既無以慰窮民望恩之意，免於偶災之時而反取於重災之後，又何以終皇上惠下之仁？恐亦聖心所不忍矣。頃者臣等不揣，方望皇上盡罷海內皇稅，而茲但以一隅之地，二、三萬之數，且以一年之暫免爲請，非狃近而遺遠也。竊意聖澤無窮，而推行有漸，且自古帝王發政施仁，未有不自輦轂始者，故敢隨府臣、按臣之後，冒有塵瀆。仰惟聖慈矜允，臣等不勝翹首跂足欣躍仰望之至。"

是日，大學士吳道南謹奏："爲恭謝天恩事。臣自今春以來，病休⑤彌甚，懇祈賜放，伏蒙皇上再遣臚卿宣慰。臣於正月十六日具恭謝一疏。又以京察屆期，於二十二日具先請罷斥一疏。俱於本月初九日奉聖旨：'覽卿奏謝，朕知道了。卿宜遵命即出佐理，以慰朕懷。該部知道。欽此。'復奉聖旨：'卿協贊政幾，忠誠端慎，朕茲澄清百職，正資弼成化理，豈得引例求去？倚毗方切，不允所辭。吏部知道。欽此。'竊念臣枯株朽

①因 "因"當作"困"。

②己 "己"當作"巳"。

③皇 "皇"下當有"上"字。
④若 "若"當作"苦"。

⑤休 "休"當作"体"。

① 씀 "씀" 當作 "答"。

② 和 《明神宗實錄》卷五五四 "和" 作 "知"。

③ 等 "等" 下當有 "請" 字。

散，已自棄於生成。乃荷皇上天地之大造，已於未察之先，寬臣以宥過之典，又於當察之際，緩臣以黜幽之條。即臣展轉於牀褥之間，而聞命自天，真所謂骨而肉之、死而生之者也。恨不能叩首天階，親申恭謝。惟扶掖於卧榻前，望闕叩頭，祗領部咨訖。夫當此大小臣工拱俟察期之命下，而亦臣静聽處分之時，返蒙温綸之再三，愈覺措躬之無地，悚息徬徨，莫知所報。儻天與臣以康健之體，臣豈敢自便身圖而不思仰씀①夫君父？如或膏肓終痼，所爲欷歔不忘喞結自效，真銘心鏤骨不足以抒臣愚之萬一也。肅申謝悃，仰瀆宸嚴，臣不勝感激仰戴天恩之至。"

十一日丙午，大學士方從哲、吳道南謹題："適蒙發下駙馬都尉侯拱宸一本，爲其子侯昌國乞恩，隨奉上傳：'准他。'該臣等閱其本内，欲比先朝駙馬蔡震、李和②等子孫，及見任都指揮使李承恩事例。及照李承恩，初授錦衣衛指揮使，後以乞恩，加陞都指揮使。今昌國職銜，或照初授，或照加陞，臣等未敢擅定，謹擬兩票進呈御覽，伏祈聖明裁酌，批發施行。謹題。"

是日，大學士方從哲、吳道南謹題："適接吏部揭帖，謂京察已逾常期，難以再緩，儻照近年之例，遲至三月初二日，則時值清明上陵之期，各官過堂不便，欲祈聖斷，於二月内欽定一日，以便遵行。該臣等看得，京察大典，百官之黜陟攸關，早行一日，則人心早定一日，若遲而不舉，將使羣情觀望，議論滋繁，辛亥之已事可爲殷鑒也。伏望皇上於本月二十五日大選之後，酌定一日，速賜批發，俾兩京得以同日舉事，計典幸甚，臣等幸甚。"

十二日丁未，大學士方從哲、吳道南謹題："照得皇太子講讀之期，先該臣等③旨擇於二月初旬，未蒙俞允。今春將半，正宜進學之時，且聖母皇太后三年已週，我皇上大孝克全，百事俱備，乘此聖躬即吉之日，以終儲闈養正之功，真朝廷吉祥善事，萬萬不容再緩者。臣等謹擇本月十八日、二十日兩日皆吉，伏望皇上裁定一日，令皇太子照常出講，庶羣情胥悦，而去年之明詔不虛，國本幸甚，臣等幸甚。"

是日，大學士方從哲謹奏："爲旺例乞恩移封前母併檢舉初封之誤仰祈天鑒事。臣頃以正二品考滿，飲①蒙聖恩，加臣太子太保，給與應得誥命，自臣曾祖母以及臣妻，俱贈封一品夫人。臣叨冒逾涯，何敢復生希覬？乃臣猶有烏鳥私情，不得不爲皇上一陳之。令甲自覃恩外，三母不得併封，此定制也。臣有前母張氏、楊氏，其事臣父俱在嫡母、生母之先，即今絲綸之寵，四母②均霑，而二母獨以例不得與，此人子之情所爲大不安也。查得前大學士葉向高，曾以二品考滿，乞移妻封於前母郭氏、康氏，奉聖旨：'卿前母俱准贈，不必以卿妻恩移贈。吏部知道。欽此。'臣之事體，適與相同。惟是臣才品庸劣，何敢比於向高？但冀聖慈准將臣妻封典，移贈臣前母張氏、楊氏，使臣一家存殁並沐皇恩，而臣亦得藉手以報前母佐助臣父之恩，幽明之感，當傳之世世矣。然臣又有所請焉。臣於萬曆十六年，以編修三年考滿，時臣繼嫡母王氏、生母張氏俱在，臣但知嫡母在，生母不得同封，而不知生母未封，妻亦不得先封，比將母、妻姓氏照常開送吏部，遂將臣妻于氏封爲孺人。及後查出，擬行檢舉，而家難相繼，因循迄今。自臣以祭酒請告之後，恭遇兩次覃恩，臣母、妻贈封俱在補給之例，而臣前歲蒙恩起家，佐銓未久，未敢遽有塵瀆。茲當恩命重頒之時，不敢不據實檢舉。伏望皇上俯賜矜宥，敕下吏部照例施行。臣不勝感戴天恩之至。"十四日，奉旨："覽③卿前母俱照例准贈，不必以卿妻之恩移贈。卿既檢舉初封之誤，朕知道了。吏部知道。"

十四日己酉，大學士方從哲、吳道南謹題："該文書官王休④乾恭捧聖諭到閣：'諭内閣：朕覽卿等所奏。去歲禫除大禮告成，朕感念聖母在御慈恩，哀慕不已，無由報答，今恭遇聖母祥日，修建三週答報之制，以少伸孝誠，乃盡人子至情。卿等會議，請朕臨御視朝。但朕自因先年孝安聖母上升，驚赫恭

萬曆四十五年

三三五五

①飲 "飲"當作"欽"。

②母 "母"當作"世"。

③覽 "覽"下似應有"卿奏"二字。

④休 "休"應作"体"。

① 若 "若"似當作"苦"。
② 官 《明神宗實錄》卷五五四"官"作"官",是。

趨,奔赴行禮,勞煩動火,服清眩之藥過多,致痰流注於右足。彼時若①親詣朝謁,聖母見朕勤履艱難,起拜不便,後每歲遇聖母萬壽節及冬年朕壽節,合行諸典禮,聖母差本官②管事人員,先行傳免。朕遵慈諭,自行家禮,聖母差人攙扶行禮。今遇聖母三週大禮,朕仰思哀慕以致動火,今足疾未愈,其一應恭行禮儀,仍遵例扶掖行禮。況昨有旨,文華殿窄小,朕臨御視朝不便。待三殿工完,先行陞殿、稱賀禮,後出視朝。卿等傳示該部遵旨行,不必再來煩瀆。故諭。欽此。'頃者,恭遇我皇上大孝因心,躬行三年之禮,盡倫盡制,超越古今,中外臣民誰不欣仰?臣等竊以爲此聖孝有成之終,亦聖政更新之始也。昨禮臣恭請皇上視朝受賀,以修累年之曠典,慰萬衆之觀瞻,誠一時盛事,羣情所深望者。故臣等隨亦具揭懇祈,佇俟俞旨。茲蒙聖諭,聖躬以哀思動火,足疾未愈,連日俱追遵慈諭,扶掖行禮,且因文華殿窄小,欲待三殿工完稱賀之後,方出視朝。臣等始知大禮雖完,而玉體尚須暫攝,下情不勝懸念。除遵諭傳示該部,令毋再瀆外,伏望皇上仰體聖母慈愛至念,加意珍護,以迓天庥。臣等無任肫懇籲祈之至。所奉聖諭,尊藏閣中。謹具回奏以聞。"

十五日庚戌,大學士方從哲、吳道南謹題:"照得京官考察時益迫矣,而明旨未頒,人心愈加惶惑。臣等以爲此係六年大典,萬無不舉之理,我皇上留心吏治,亦決不以此爲緩圖。則何不早定一日,以遵舊制、慰羣情之爲得也?近例三月初二日,今歲适值上陵陪祀之時,既不便舉行,臣等斟酌遲速之間,惟二月二十八日極爲妥當。儻聖意以爲可從,求於吏部催請本內,即賜批發,庶南都之傳報亦可不該,而人心咸肅,計典有光矣。時迫勢急,萬難再遲,謹令中書官於寶寧門恭候俞旨。臣等不勝激切仰望之至。"

十七日壬子,大學士方從哲、吳道南謹題:"連日以來,竊見我皇上仰體慈懷,推恩戚里,允武清伯李誠銘之請而加以侯爵，允駙馬都尉侯拱宸之請而官其子以都指揮使，允萬煒之請而賜以肩輿，至哉，聖孝，所爲宏錫類之仁，以慰聖母施恩之念者，真無所不用其極矣。惟是駙馬王昺，前歲因救御史劉光復，疏詞狂率，致干聖怒，皇上褫其衣冠，發回原籍，無非欲懲既往之咎，以開自新之機，聖意良厚。今已踰二載矣，棲遲草野，創艾必深。況當此大孝光昭、皇恩普被之時，凡屬懿親，均霑寵渥，而獨昺一人猶然混迹編氓，不得與諸臣睹榮光於上國，我聖母在天之靈，或亦微有所不安乎？至於劉光復，被繫以來，幽囚困①土，艱苦備嘗，垂白倚門，生還無望。皇上儻以孝事聖母之心一推廣之，彼亦母子也，何爲所遇之窮若是？則夫宥其震驚之罪，而施以肆赦之恩，當有不俟終日者矣。自昔稱堯舜之聖者，曰使天下無一物不得其所。我皇上盛德至孝，固符堯舜，深仁厚澤，率之②覃敷，而乃令肺腑之親有向隅之泣，侍從之臣無解網之時，無乃日月遺照於容光，而雨露霑濡猶有一草一木之未及乎？臣等仰皇上繼志之孝，因以體皇上一視之仁，輒敢不避煩瀆，爲二臣幸徼恩造，計亦聖慈所不靳也。伏望皇上渙發恩綸，將王昺即賜召回，還其故職，並將劉光復即賜釋放，俾得生還，於以上慰慈靈，俯從輿③望，將萬代瞻仰，在此一舉矣。臣等不勝懇切籲祈皇恐待命之至。"

二十日乙卯，大學士方從哲、吳道南謹題："照得京察日期，近該吏部屢次催請，前發票時，臣等僭擬於本月二十八日，較之累年舊規已遲一月。今只數日矣，尚未奉旨，以是人心惶惑，浮議日生。伏望皇上留神，即刻批發，以完六年大典。臣等不勝顒望之至。"

是日，大學士方從哲、吳道南謹題："照得起居注館例用吏官六員，編摹六曹章奏。今各官奉差陞轉去訖，見缺五員，章奏堆積，料理不前，甚馬④不便。臣等謹推得翰林院修撰周延儒，編修馬之騏，檢討韓日纘、王祚遠、馮銓，堪補前缺。合候命下，令各欽遵供事。臣等未敢擅便，謹題請旨。"

① 困 "困"當作"圄"。

② 之 "之"當作"土"。

③ 輿 "輿"當作"輿"。

④ 馬 "馬"當作"爲"。

① 光 "光"下當有脫字。

② 盼 "盼"當作"盻"。

③ 烏 "烏"當作"焉"。

二十一日丙辰，大學士方從哲、吳道南謹題："照得東宮開講，該臣等兩次擇吉，屢揭催請，俱未奉旨。今二十之期又過矣，春光①虛度，俞旨杳然，日復一日，將何底極？臣等反覆思之，不得其解。蓋前此三年之間，皇上日侍几筵，心切哀思，躬親奠獻，於時令東宮暫輟講讀，固理勢之不得不然。至前歲五月慈寧宮門召諭之時，臣等以皇太子開講及皇孫就傅爲請，皇上指所御素袍，手示臣等，明諭聖母禮成之後，便當舉行。乃今何時也？升祔已久，三年已週，天時人事百無妨礙，此而不舉，又將奚待耶？去歲八九月間，皇上初以聖節將近，既以天氣暴寒，傳示暫免，至於明春擇吉之旨，炳如星日，薄海內外誰不聞之？今春已過半矣，臣等恭擇吉期已至再矣，而金華之席尚爾塵封，侍班、講讀諸臣空懷盼②望。豈明旨可以不信，而講學大事可終廢而不舉耶？即今風和日暖，寒暑適均，皇太子乘時進修，萬萬不容再緩。若再蹉跎時日，轉眼夏序將臨，炎蒸屆期，又非講讀之候，是四時俱無可講之日，而儲宮迄無出講之時，豈所以重國本而慰羣情也哉？臣等又擇得本月二十四日、二十七兩日皆吉，伏望皇上留神，裁定一日，即賜批發。臣等不勝激切顒望之至。"

二十三日戊午，大學士方從哲、吳道南謹題："頃者三冬無雪，入春不雨，人心皇皇，咸以今歲農事爲憂。伏蒙我皇上惻然動念，特允禮臣之請，親於宮中露禱，遣官祭告郊壇，且敕羣臣以實心修者，共圖感格。臣等仰見皇上敬天之心，憂民之念，即成湯六事、宋景三言，不得專美於前矣。以是天心昭格，甘澍旁敷，昨二十一日自旦至晚，雨雪交作，雖四郊之霑足尚未可期，而一氣之感通則已甚速，自非我皇上精誠篤至，上達重玄，何以得此？中外臣民莫不踊躍歡呼，以爲豐登之象可立致也。臣等誠不勝欣忭，然又因是而竊有感烏③。夫天，蒼然在上耳，聲臭俱無，豈人力所能感動？乃大君真誠一念，亦足以潛孚而默啓之。皇上之尊，猶天也，臣等之有所懇祈顒望於皇上，猶之祈天也。其所爲齋心而祝、披悃而陳、閔閔焉盱目而望者，視三農之望雨不啻過之。而心力徒勤，挽回莫效，甚至疾呼痛哭而皇上若不聞，累牘連章而皇上若不見，嘔心瀝血而皇上若不知，雲霓之仰徒殷，雨露之施尚靳。是常①之所可取必於天者，而臣等獨不能得之於皇上，豈天可問而九重之內不可問？人之精神可通於于昭之表，而獨不可徹於穆清之上耶？臣等於此，惟有引咎責躬，自怨自艾，以期微誠之終達而已。夫當大旱之餘，而冀甘霖之優渥，臣等所不故②也，惟是當望雲之際而得霢霂之漸施，臣等所深幸也。其在今日，但祈皇上於時政之中，擇其最要最切者，先行一二，如補都察院堂官，以重風紀之任，允考選候補散館諸臣，以濟言路之窮，點差按③以靖四方，宥纍臣以開一面。其餘諸事，統俟以第檢發。則解澤一流，羣情胥悅，將見帝心降鑒，我皇上既遠追夫格天之勳，聖聽轉移，在臣等亦竊附於回天之力，世道幸甚，臣等幸甚。敬因雨澤應祈，不揣復有塵瀆，伏惟聖慈矜允，慨賜施行。臣等不勝皇悚待命之至。"

二十九日甲子，大學士方從哲、吳道南謹題："昨日接得禮部等衙門揭帖，以皇太子講學及皇長孫就傳④為請，中間詞意極其懇切，臣等於此，因以見人心之同，而知儲講萬萬不容再緩矣。夫太子，為天下本，人人知之。學則足以開太平之基，不學則不免蹈庸愚之轍，亦人人知之。皇上聰明天縱，於古今理亂得失之故，何者不洞析於胸中？獨奈何於此一事，明知之而明拒之。始猶曰皇太子氣體清弱，今則睿齡日茂，精神裕矣。去歲以前猶曰皇太后大禮未完，今則三年已週，時日暇矣。嚴寒盛暑，原非講讀之期，今則風日時和，氣候均矣。天時人事，無一不宜，而俞旨猶然未下，講席猶然未開，此臣等所大惑也。聖意淵微，或者以皇太子膚資天授，無假於學問乎？抑或以章句之粗，無關於身心治理乎？臣等竊謂學可以眷氣質，可以理性情，可以通古今，可以識時務，可以根驕惰之習，可以收放逸之心，蓋人非至聖極賢，就有不見詩書禮樂而欣慕、見吉色⑤貨利而沉溺者乎？孰有不接端人賢士而敬慎、遇諧臣媚子

①常 《明神宗實錄》卷五五四"常"下有"人"字，是。

②故 "故"當作"敢"。

③差按 "差按"當作"按差"。

④傳 "傳"當作"傅"。

⑤吉色 "吉色"似應作"美色"。

而狎比者乎？一傅衆咻，猶曰不勝，況傅者未有其一也。一暴十寒猶曰無益，況寒者不止於十也。大禹惜陰，高宗典學，我皇上初年作聖之功，視古帝王不啻過之。奈何不以身範貽謀，而徒使羣臣之聒瀆無已時耶？況去歲九月，恭奉明春擇吉舉行之旨，中外臣民誰不聞之？誰不望之？曾幾何時，而頓令明詔格而不行，王言出而不信？其何以示四方而傳後世也？皇上即謂羣臣之言不足聽，天下之人願不必從，然獨不爲宗社大本計、爲朝廷大信計乎？除臣等恭擇吉期，另揭具題外，伏望皇上毅然獨斷，乘此春和之時，命皇太子先行出閣講讀，其皇長孫就傅一節，並祈敕下禮部具儀舉行，庶可以答海內仰望之心，而祖宗列聖及我聖母在天之靈，皆悅懌於無疆矣。臣等不勝激切懇折①之至。"

是日，大學士方從哲、吳道南謹題："照得皇太子出閣講讀，先是臣等屢次擇吉，未奉俞旨。昨該九卿諸臣合詞懇請，足見人心之同。況今三春已過其二，萬萬不容再緩。臣等謹擇得三月初四日、初八日兩日皆吉，伏望皇上欽定一日，即賜批發，以便臣等遵奉施行。謹題。"三月初九日，奉旨："覽卿等所奏皇太子講學，朕見今歲春寒，着另擇來看。"

①折 "折"當作"祈"。

三①月六日辛未，大學士方從哲、吳道南謹題："臣從哲今早入朝，有生員及男婦百餘人羣聚長安門外，環跪號呼，持揭哭訴。問之，知爲鎮撫司監犯家屬也。大約言本司理刑缺官，無人問斷，以致無辜之衆，監禁日久，數年以來，死亡相繼，欲臣代爲催請。臣聞之不覺愴然。蓋此輩自去歲至今，向臣泣訴者凡數次矣。臣等向來未敢煩瀆，且近日兵部復有催疏，自宜靜聽。但今爲時愈久，點用無期，奉旨送問之犯日多，而遵旨打問之官烏有，有罪者既不得速正其法，無罪者又不得早雪其冤，圜土纍纍，日登鬼錄，幽魂怨氣，上于②天和。邇歲之雨雪不時，風霾恒作，未必不由於此。我皇上至仁天覆，心切好生，儻念及於此，未有不惻然矜憫者。況從來兵部推官，無不隨土③隨允，獨此一官者，懸缺數年，催請十餘次，而俞旨卒未可得，此臣等所未解也。伏望皇上念詔獄所關甚重，無辜久繫堪憐，將部推二臣速點一員，俾令刻期任事。將見在監犯應打問者打問，應釋放者釋放，則情罪既定，刑獄可清，重人命以召天和，恒必由之矣。臣等不勝顒望之至。"

是日，大學士方從哲、吳道南謹題："照得皇太子講學之期，頃該臣等擬於本月初四日、初八日。今初四已過，初八亦只隔一日矣，尚未奉有俞旨。茲三春已踰其二，爲时幾何？若不乘此一開講筵，以修多年之曠儀，信去歲之明旨，轉眼入夏，炎暑將臨，難得之時，又成虛度，不惟臣等無詞於天下，而煌煌天語，皇上寧可置而不顧乎？儻聖意以初八日未便，更祈於數日之間另定一日，敕下臣等遵奉施行。不勝迫切顒望之至。"初九日奉旨："覽卿等所奏皇太子講學，朕見今歲春寒，着另擇來看。"

十日乙亥，大學士方從哲謹題："臣因積勞動大④，又感風寒，以致肩背痛楚，四肢委頓，兩日不能進閣。私念京察之時，事體繁夥，儻一二日小愈，便可勉强入直，以是未敢輕瀆天聽。乃今早將欲出門，而體憊如故，行步甚艱，不得已懇乞皇上，再賜臣假二三日，俟調理略可，即當入閣辦事，不敢偷安。仰

萬曆四十五年

三三六一

①三 "三"上當有"萬曆四十五年"六字。

②于 "于"當作"干"。

③土 "土"當作"上"。

④大 "大"當作"火"。

惟聖慈矜宥。臣不勝感激皇悚之至。"

是日，大學士方從哲、吳道南謹題："照得皇太子講學，先該臣等屢次擇吉上請，未蒙欽允。昨奉聖旨：'覽卿等所奏皇太子講學，朕見今歲春寒，着另擇來看。欽此。臣等乃知聖意原自有在，昨①以講讀爲可緩而姑置之也，臣等不勝欣幸。謹遵旨擇得本月十七日、二十日兩日皆吉，伏祈皇上即賜欽定一日，發下臣等遵奉施行。謹題請旨。"二十日，奉旨："覽卿等所請皇太子講學，朕見二日無入學，且今祈禱雨澤，齋虔素服，禮儀不便，着改於四月內擇吉來看。"

十三日戊寅，大學士方從哲謹題："頃臣以冒寒致疾，請假暫攝，今逾三日矣。勞預②之久，原非旦夕可瘳，但念閣中無人，恐至誤事，謹於今早力疾入直。臣猥蒙聖恩寬假，不勝感激之私。爲此恭謝，併具題以聞。"

十五日庚辰，大學士吳道南謹奏："爲病體難堪十九懇天恩速賜罷斥以豁餘生事。臣自今春以來，病體困踣，真與死爲鄰，將與生永訣矣。乃當京察屆期，不敢以病數請者，俟幽黜也。今京察之疏俱已皆上，而臣之病勢，當此時而不去，即鬱死長安，無當於鞠躬盡瘁之義，徒以妨賢路而傷國體耳。且皇上之眷恩留命，不一而足，豈徒虛銜空借、可緩疇咨之是爲？必爲其可以出而佐理、勉效贊襄者也。今臣之病體，萬萬不能，是皇上雖無舍臣之意，臣實無可用之身。惟垂念喘息殘齡，賜臣以去，則在朝在野不患無佐理贊襄之賢。若謂臣尸祿曠③官，原不甚關於政本，則臣之被召而來，已爲疣贅，況今之抱病而去，更何關緊④乎？臣今困頓邸寓，膏火日煎，皇上不賜矜允，造化又不速奪，臣展轉於牀褥之間，真無可奈何時已。日夜幽憂，無聊之甚，故敢冒死萬⑤復哀鳴於君父之前。伏乞天恩，慨賜俞旨，令臣生出都門，雖苟延數月，亦臣之餘年，皇上之大造也。臣杜門經年，總爲聖恩未敢以經⑥去。今控籲至此，而俞旨難徹，臣計無復之，惟以登舟待命，請罪於皇上，干冒天威，臣不勝戰慄徬徨悚息俟命之至。"四月初八日，奉旨："覽卿奏請①詞迫切，朕心惻然。但今時事多艱，政本之地，須人共濟。卿堅意求去，於潔身得矣，如朕倚任之意何？宜遵屢旨，即出入閣佐理。切勿再有所陳。該部知道。"

十六日辛己②，大學士方從哲、吳道南謹題："竊惟當今時務，莫急於用人，而用人之最急者，無過於允補科道。彼其缺員之多，與夫各官候命之久，向宋③諸臣言之已詳，皇上計已洞悉之矣，臣等無庸再瀆。獨念臺諫稱侍從之臣，任耳目之寄，自祖宗朝以來，官有定數，選有定期，風憲缺人，則有行取之令，起復一到、考館一散，則有題補之規，二百餘年未之有改也，即我皇上二十年前，率而行之，亦未之有改也。奈何至今日，而令匱乏之極，困頓之極，一至此耶？查得庚戌留部諸臣，於次年考選，又次年奉旨，以今較之，已遲二年矣。而聽補諸臣久者五、六年，近亦二三年，皆從來所未有之事。不知皇上獨何所見而爲此也？如謂言官可以終於不補，見在各官可以終於不用，則是臺省衙門皆爲虛設，而累朝行取之例，及我皇上初年之政，皆可廢而不遵矣。臣等叨居密勿，謬稱輔弼之臣，以人事君，自其職分，年來爲此一事連章懇請，舌敝眼穿，自謂無不盡之心，無不竭之力矣，而終不能得之於皇上，遂令祖制漸隳，賢才久困，官聯多缺，國事日非，臣等竊位之罪將安所逭哉？伏望皇上，念時勢已極，萬難再遲，將吏部題補科道各官，慨賜批發，允令授職供事，庶幾言路稍充，朝端生色，而臣等亦得少免曠職之誅，此今日第一盛德事也。臣等不勝激切懇祈之至。"

十八日癸未，大學士方從哲、吳道南謹題："頃該臣等欽遵明旨，將皇太子開講吉期，擬於本月十七日、二十兩日。今十七日已過矣，及今得旨，二十日猶可舉行。伏望皇上留神，立賜批發。若再遲數日，夏序將臨，天氣漸暑，又非講讀之時矣。輒敢不避煩瀆，再爲懇請，萬惟聖明矜允。臣等不勝迫切顒望

① 請 "請"當作"情"。
② 己 "己"當作"巳"。
③ 宋 "宋"當作"來"。

# 萬曆起居注

之至。"

二十一日丙戌，大學士方從哲、吳道南謹題："照得起居注館例用史官六員，編纂六曹章奏。今各官奉差陞轉云訖，見缺五員，章奏堆積，料理不前。臣等謹推得翰林院修撰周延儒，編修馬之騏，檢討韓日纘、王祚遠、馮銓堪補前缺。合候命下，令各欽遵供事。臣等未敢擅便，謹題請旨。"

二十三日戊子，大學士方從哲、吳道南謹題："照得順天府屬過路、落地二稅，去歲蒙我皇上特允府臣之請，恩克①一年，輦轂之下，歡聲雷動，以爲聖慈軫念窮民，更加意畿輔之民若是其原②也。其在今日，三冬無雪，入春不雨，千里皆亢旱之地，三農無播種之期，人心皇皇，謂饑饉流離可立而待也。以故近今小民望免零稅，不啻大旱之望雨。頃者府臣、按臣以及部科諸臣，連章懇請，衆口一詞，無非欲推廣九重德意，以救此孑遺，而俞旨猶然未下。臣等仰體宸衷，固非惜此三萬之財吝而不予也，或者萬幾煩劇，未暇詳覽及此耳。夫以民間自有之物，仍以留之民間，既無發帑之費，以往歲已需之恩，循而行之今歲，又非創作之規，損③涓滴之微，令數十萬之人均沾大賞，舍錙銖之細，使環百里之內歡若更生，臣等固知皇上必不靳此也。目今風霾時作，黃塵蔽天，雩禱雖勤，甘霖未降，無亦停刑禁屠，無當於發政施仁之實惠？撤樂減膳，終不若恤窮極④困之真心乎？臣等竊謂免稅一事，可以慰人心，亦可以回天意，可以免一時徵求之苦，又可以杜將來搶攘之虞。雖地止一隅，未能徧及海宇，而惠京師以綏回國，此實爲之權輿。即遠方聞之，未有不欣欣相告，願緩須臾以觀德化者矣。臣等叨輔理之司，不能匡維時政，康阜兆民，使薄海內外被皇仁而歌帝力，乃區區爲此一方小民，徼尺寸之澤，自知失職。惟是目擊閭閻困苦之形，與市井蕭條之狀，不勝心惻，故敢隨諸臣後，再有此請。但祈皇上特垂憫念，慨發德音，將二府零稅概行蠲免，即以瑣屑罪臣等，所不敢辭矣。不勝迫切顒望之至。"

①克 "克"當作"免"。
②原 "原"當爲誤字。
③損 "損"似當作"捐"。
④極 "極"當作"拯"。

二十五日庚寅，大學士方從哲、吳道南謹題："照得詹事府、左右春坊、司經局，俱缺官掌印，先該臣等將少詹事韓爌、右庶子張邦紀等挨次題補，今已半年矣，屢經催請，未蒙批發。看得前項衙門雖係清局，而司篆無人，一切文移事體頗稱不便。臣等謹將原題二本再呈御覽，伏望皇上留神，即賜批允施行。不勝皇悚懇祈之至。"

二十六日辛卯，大學士方從哲、吳道南謹題："照得今歲當亦①年京察之期，該吏部、都察院欽遵明旨，於三月初八日舉行。其考察三疏，與覆四品京堂，及在外巡撫自陳之疏，俱蒙批發施行，大典將完，人心共快。惟是科道拾遺之章，尚未檢發。其中有當留者，有當議者，若處分未明，則去留何據？至於見任各官杜門候命，妨廢尤多。伏望皇上將拾遺四本，即發臣等票擬，以完此局。不勝顒望之至。"

① 亦 "亦"當作"六"。

# 萬曆起居注

四①十五年四月乙未，朔，大學士方從哲、吳道南謹題："照某②皇太子講學日期，頃奉明旨，着改於四月內擇吉，臣等欽遵謹擇得四月初七日、初九日皆入學吉期，伏望皇上欽定一日，敕下臣等遵奉施行。謹題請旨。"初八日，奉旨："覽卿等所請皇太子講學，朕見天氣寒燠不和，明日開講，日講待秋爽擇吉來行。"

三日丁酉，大學士方從哲、吳道南謹題："臣等連日以來，接得署都察院事刑部尚書李鋕，給事中吳亮嗣、商周祚揭帖，其立論不同，中間皆以允補科道官為請。其言臺省缺乏之形，不容不補之勢，至為詳悉，臣等即欲有言，何以加此？獨念輔臣職在進賢，凡仕路盈虛，人杉③消長，皆職守所關，而目前最切最急萬難再遲者，無如科道，臣等安能默默而處此？蓋自古帝王任人圖治，未有不以祖宗為法者。皇上試思我朝二百餘年，有見在科臣祇八、九員，臺臣六④七員，如今日者乎？有各科無都、無左右、並無署印之官，如今日者乎？有核差缺人，將丰⑤滿者不得代，題者不得下，如今日者乎？有起復、假滿、考選、散館之官，守候都門多者五六年，少者二三年，如今日者乎？者⑥何以濟濟盈朝？今何以寥寥有數？昔何以用之若不及？今何以置之若不勝？見任者苦於積薪，待命者艱於轉石，進既無同陞之望，退又有維谷之嗟，豈臺諫各官，在先朝俱為不可缺之職，而今日獨為冗員？豈候補諸人，在往時俱為有用之才，而今日皆無可用耶？臣等非為諸臣惜，蓋竊為祖制惜，兼為皇上之法祖惜也。皇上即以臣等為不足信，諸臣之言為不必從，但祈考諸列聖之芳規，徵諸累朝之故事，果當日之備官為是乎？抑今之缺而不補者為是乎？果當日之隨到隨補為是乎？抑今之淹留困頓、棄而不用者為是乎？計聖明必有洞然於裏，而不能不幡然易慮者矣。臣等為此一事，補牘已窮，寸心欲嘔，煩瀆之罪自知不免。惟是事聖明之主，居輔理之司，乃坐視言路空虛，人才凋謝，而不能委曲納約，以冀聖聽之轉困⑦，格心致至⑧其誼謂何？縱眾人不以罪臣，臣等能無自愧於心乎？

---

① 四 "四"上當有"萬曆四十五年"六字。
② 某 "某"當作"得"。
③ 杉 "杉"似當作"材"。
④ 六 《明神宗實錄》卷五五六"六"上有"祇"字，是。
⑤ 丰 "丰"當作"年"。
⑥ 者 "者"當作"昔"。
⑦ 困 "困"當作"圜"。
⑧ 至 "至"當作"主"。

科臣謂臣等心雖已盡，而責無可逃，此真亮臣之深、望臣之至，尤臣等所當黽勉維持，以求副其責成之意者也。臣等力竭詞窮，籲天無計，惟祈聖慈憐察，慨賜允行，國事幸甚，臣等幸甚。"

是日，大學士吳道南謹奏："爲病臣久羈徒妨賢路二十懇天恩速賜罷斥以清政本事。臣自杜門以來，每念生平進修不力，濫幸過多，臣之自愧，尤甚於人言之愧，臣愧悔日深，膏肓日痼，其不至遽隕者，特幸耳。皇上宸渙之頒，温綸之賜，不一而足，若謂臣可藉此以飾顔而減病，不知多一番慰留，則增臣一番惶汗，多一番惶汗，則增臣一番病勢。司①今獲生出都門，即風燭之虞，者②丘之願，皆有所不暇顧已。然此雖就臣之一身言也，而實有關於朝廷之體面。今聖主在上，一時大臣皆碩德重望，福壽康寧，以爲邦家之光，乃政本之地，獨厠一病苦之臣，聊以備閣員而妨賢路，不亦辱朝廷而羞當世之士耶？況臣當年亦曾以道義規人，今乃躬蹈之，恐無以見前臣於地下。然此雖以體面言也，而實有關於國家之血脉。夫血脉之通暢，必先政本之司，所爲關係之重，斷昨③可以病臣居者。其在皇上不叱臣以去，臣苦病不容不自去，又以自去之心不明告於皇上，則反以爲違命孤恩，重負始終之大造，故不辭煩瑣之罪，冒干天聽，誠翼皇上之大賜矜原，知臣冒罪以去，萬非得已。儻念臣控籲經年，無不以皇上之命爲命，慨賜俞旨，則又聖恩曲體臣於勢急情迫之際，亦臣之仰天而呼，而非臣之所敢必也。臣不勝戰懷④恐懼待罪待命之至。"

四日戊戌，大學士方從哲謹題："適蒙發下同官吳道南第十九辭疏，臣仰體皇上眷倚輔臣至意，謹報一勉留之票，恭進御覽。然臣更有一言，爲我皇上陳之。先是三月中，臣往候道南於私寓。時以病體不支，見臣於榻前，因垂泣語臣，向蒙皇上高厚洪恩，誓當捐軀圖報，無奈入春以來，前疾增劇，既不能遵命遽出，又不能得旨允歸，進退之間，實爲狼狽，欲臣代爲奏請。該臣從哲即語以主恩當報，上命當遵，候疾勢少平，即宜遵旨勉出以余⑤君臣之誼，萬無不俟君命輒爾登舟之理。時

①司 "司"當作"自"。
②者 "者"當作"首"。
③昨 "昨"當作"非"。
④懷 "懷"當作"慄"。
⑤余 "余"當作"全"。

萬曆四十五年

三三六七

同官亦以臣言爲然。臣與道南，向來協恭任事，相須如左右手。而今日望道南之出也，不啻如飢渴。惟是前日偶見其一時委頓之狀，不勝心惻。而近日又屢次促臣代爲一言，故臣不得已，直述於聖明之前如此。然而區區之衷，所望我皇上之慰留與同官之早出者，實不勝惓惓也。仰惟聖明矜察。謹題。"

六日庚子，大學士方從哲謹"祖①宗朝與我皇上御極之初，必五臣、四臣在列。豈徒壯觀國體之是爲？亦爲其聚精會神，廣聰明之用，成上下之交，效佐理之能，疏中外之鬱，一有不任而請告者，旋亦奉旨以去。已則四而三之，三而二之，始有踰年待命之事。今豈可令臣而復蹈此也？夫臣之求去，一年於茲矣，其病體頹憊之狀，元輔方從哲亦親見而憐之矣。乃具揭上請，猶然不以臣之病，附名以進。豈其孤忠自許，獨力難任耶？蓋仰體二祖中書之罷設，閣臣之多置，難以臣之去經行票擬，以待臣之自決也。故臣十九懇，欲請以登舟待命。豈不知聖恩之優渥，明命之諄切，而敢於冒罪若此？惟是鑒於前事，而俞旨難徼，乃猶留滯長安，臣之妨賢誤國、萬死莫贖矣。夫臣當躬自不閱之時，遑恤其後？第以掛銜而緩推補，抱愧抱罪，日夜靡寧，今②"題："昨晚接得兵科給事中趙興邦揭帖，以近日鄭養性准襲左都督，謂票擬爲閣臣之過，臣不勝愧服。夫鄭承憲之由千戶歷陞都督同知也，臣不及知，鄭國泰請襲之時，奉有'兵部查例來說'及'鄭國泰准與做都指揮使一輩'之旨，臣亦不能記。惟是皇親子孫之不得再襲，與左都督之不容輕授，則臣之所知也。先蒙皇上發下國泰妻李氏一本，隨奉上傳：鄭國泰護送聖母梓宮奉安皇堂，及遣祭坐門，屢效勤勞，伊男鄭養性准襲父職，今臣出旨。臣閱疏中，見國泰初授都指揮使，後加授左都督，今云准襲父職，果襲初授之指揮乎？抑襲加授之都督乎？若徑襲左都督，竊恐於恩太過，於例不宜。正欲具揭奏請，而中使隨至，將原本取回。臣意聖明自有獨斷，非臣所得與也。比至次日，中使復持此本到閣，而上傳之票，直云准襲父職左都督矣。夫上傳左都督，而臣擬以都指揮使，顯然

① 祖 自"祖"起下至"今"止凡二百七十三字，當爲由他處錯抄於此。

② 今 自"今"字起上至"祖"字止凡二百七十三字，當爲由他處錯抄於此。

與明命相左，臣不敢也。若徒順上之旨，徑擬以左都督，公然與成例有遵①，臣亦不敢也。躊躕良久，仍擬具揭詳言其不可之故，以俟聖明裁酌。而中使立守催促，至再至三，謂天時已晚，恐以遲誤取罪。臣不得已，只得照原傳擬上，然臣之心實有大不能安者。夫臣以疏拙之才，當倉卒之際，不能明白執奏，致令皇上有過矛②之恩，臣溺職之辜，何以自解？即科臣不言，而臣循分省愆，真不胯③愧，悔之無地也。爲此，備述當時擬票始末，上告君父，以見臣愚不敢文過之意。更祈皇上以後遇有恩賚，務揆之典制，酌之情禮，寧慎重以示節，毋濫授以傷恩，其於惜名器、服人心兩得之矣。臣不勝皇恐悚息之至。"

七日辛丑，大學士方從哲、吳道南謹題："頃該臣等遵奉明旨，將皇太子講期擇於本月初七、初九兩日。今初七已過，及今得旨，初九日猶可開講，若再失此良時，夏序漸深，炎暑將至，不久又當輟講之時矣。豈今春終可以不講，而屢次明旨將置之何地乎？伏望皇上立刻批發。臣等不勝迫切顒俟④之至。"

九日癸卯，大學士方從哲、吳道南謹題："先該臣等請定皇太子講期，昨⑤初八日晚奉聖旨：'覽卿等所請皇太子講學，朕見天氣寒燠不和，明日且開講，日講待秋爽擇吉來行。欽此。'臣從哲謹偕侍班、講讀諸臣，於今早恭侍皇太子開講訖。惟是明旨雖云日講待秋爽擇吉，爲⑥今日開講之後應否接續再講，尚未明示。諸臣以此問臣，臣等亦不敢專。除令直講二臣照常進呈講章外，伏望聖明裁奪。謹題請旨。"初十日，奉旨："皇太子講學，昨⑦已有旨，天氣寒燠不便，講學暫止，講章先進。卿等可傳示各官，待秋爽擇吉舉行、撰進。"

十三日丁未，大學士方從哲、吳道南謹題："竊惟代藩立絧⑧一事，先該廷臣會議，禮臣覆奏，與臺省諸臣之駁正，及近日按臣之催請，不止數十百疏，總之兩言以蔽之，曰：鼎渭當立，鼎莎不當立而已。此於理極順，於名極正，揆之祖制而

① 遵 "遵"當作"違"。

② 矛 "矛"當作"予"。

③ 胯 "胯"當作"勝"。

④ 俟 "俟"當作"候"。

⑤ 昨 "昨"當作"昨"。

⑥ 爲 "爲"當作"而"。

⑦ 昨 "昨"當作"昨"。

⑧ 絧 "絧"當作"嗣"。

合,即之人心而安,臣等無容復贅。頃該宗人府進到本府玉牒,該臣等分派編纂,中間缺者補之,訛者正之,務令詳確,以期信今傳後。獨鼎渭一節,未奉明旨,一立一革,無可適從。臣等將何所據以改正也？查得先年禮部具題,已奉有依擬行之旨。煌煌天語,炳如日星,代王視若罔聞,執迷不悟,優柔牽制,悔悟無時,廢長幼之倫,階亂亡之禍,溺愛之流弊,一至於此,此何足深責也？我皇上敦倫建極,爲萬古綱常之主,豈其視天潢之派紊亂若此,而不亟爲更置？臣等實重惜之。伏望遵祖宗之定制,憑輿論之僉同,乘此纂修玉牒之時,明詣①臣等,即行敢正,俾彝倫攸敘,統系不淆,將國體正而家法明,事無大於②者。即今册封伊邇,人心仰望,尤殷彰乾斷以定宗祊,惟此時爲然矣。臣等不勝激切顒望之至。"

十四日戊申,大學士方從哲、吳道南謹題:"照得本月十五日,例該廷試天下歲貢。昨③禮部題疏,已經臣等擬上,尚未批發。竊思此輩日暮途窮,寄食京邸,躬望廷試,以日爲等④。雖十五之期,係先年欽定,臣等即當遵行,然必得明旨傳宣,庶幾人心信服。伏望皇上留神,將部疏即刻允行。臣等不勝翹望之至。"

十六日庚戌,大學士吳道南謹奏:"爲聖恩彌隆臣命彌薄二十一懇皇上宥以煩瀆之罪俯從前請以全國體事。臣以病體困踣之甚,浹疏控籲,誠出於情之不自由,勢之無可奈何也。乃於本月初八日接吏部咨,奉聖旨:'覽卿奏請⑤詞迫切,朕心惻然。但今時事多艱,政本之地須人共濟,卿堅意求去,於潔身得矣,如朕倚任之意何？宜遵屢旨即出入閣佐理,切勿再有所陳。該部知道。欽此。'臣扶病捧誦,不覺惶懼交集,而措躬之無地也。臣自請告以來,荷皇上之宣諭至再三矣,溫綸之頒又十餘次矣,若使臣非廢疾之身,而欲冒潔身之名,非惟於天恩不忍欺,亦於天威不敢欺也。第皇上不棄臣,天實棄臣。今耳目肢體其昏瞶痿痺之狀,元輔方從哲所親見,亦知臣之不可以

---

① 詣 "詣"當作"詔"。
② 於 "於"下當有"此"字。
③ 昨 "昨"當作"昨"。
④ 爲等 "爲等"當作"爲年"。
⑤ 請 "請"當作"情"。

供職，而難於言。總之，臣之自棄，無以仰承乎天，而效報於皇上，故至此耳。要以自少而壯，自壯而老，固造物自然之理，惟望隆福厚之臣康寧無比，能爲皇上祈天永命，以永已之命，國與身俱蒙其體①。若如臣，望輕福薄，自身之不能保，而徒跼蹐於此，祇以益時事之艱，而大孤皇上之委任。即元輔忠誠報國，臣何足爲輕重？然自臣來，而災沴鬱結，此②前愈甚，得非政本之地，不使有否德如臣者參於其間乎？故於試事而默示以當免也。且閣員重寄，本以任佐理贊襄之賢，臣不其然，則此官職原非臣帶來之物，亦非臣可帶而去。惟再廣疇咨，令在朝在野之臣，同斥③協贊，不至我皇上數十年儲養之才，汩沒以老，消磨而盡，亦臣之一快也，何必自己出也？故臣之溽請，祈以生出都門，誠恐以無用之身，姑④有用之賢，亦以鑒於前臣，如李廷機者，俞旨久候，致緩推補。使其早得賜去，臣尚在服制之中，必不濫廷推而辱簡命。然廷機猶幸身無大恙耳。今臣病勢若此，苦情若此，儻俞旨之難徼，而困死長安，則候命反以辱命。臣今亦不敢溽疏屢煩溫旨，惟俟水漲舟集，謹以戴罪待命之期告，則皇上放臣之去，非但效⑤臣之生，實以疏賢路而全國體。夫臣荷聖恩，無論平時，即此一期之內，真天地不足以喻其高深。臣如有一字之欺，皇天后土實鑑臨之矣。觸犯宸嚴，死罪，死罪。臣不勝惶悚迫切哀懇之至。"

十八日壬子，大學士方從哲、吳道南謹題："適蒙發下都察院題差浙江、蘇松、淮揚三處巡按本。該臣等查得，蘇松一差乃御史金汝諧，近日京察之時，吏部已將本官例轉，雖未奉旨，不當復點按差。臣等謹將原本封進，仰祈聖明裁酌。謹題。"

二十日甲寅，大學士方從哲、吳道南謹題："臣等自去年八月以來，有推詹事府掌印一本，有推坊局掌印一本，有補六曹編纂官一本，有補安⑥籍一本。此皆閣中職掌，即經催請，多者千⑦餘次，少亦五、六次，而一概留中，未蒙檢發。或者聖意以爲此皆清曹冷局，爲可有可無之官乎？不知朝廷設一官，

①體 "體"當作"休"。
②此 "此"當作"比"。
③斥 "斥"當爲誤字。
④姑 "姑"當作"坊"。
⑤效 "效"當作"放"。
⑥安 "安"當作"典"。
⑦千 "千"當作"十"。

即有一官之事，誰①一時暫缺，必無久而不補之理。乃臣等催請已煩，而俞旨杳不可得，在②已爲溺職，在衙門多缺人，隳祖制而廢官常，臣等安所逃罪？謹將題補典籍一本，再塵睿覽。其詹事、坊局、及編纂屢次催本，俱在御前，伏望皇上留神，並賜批發。臣等不勝迫切懇祈之至。"

二十一日乙卯，大學士方從哲、吳道南謹題："頃該吏部、都察院欽奉明旨，舉六年京察之典。其考察各疏及科道拾遺等疏，俱蒙皇上留神，隨上隨下，黜陟明而用捨當，中外人心翕然信服，真一時之盛舉矣。惟是兵部左侍郎魏養蒙亦在拾中，臣等詢之輿論，咸謂本官才品年力，尚惬③任使，故於發票時，以留用擬上，皇上遂聽而允之，且再奉明旨矣。乃昨南京糾拾之疏，又復臚列，養蒙義不可留，屢疏乞罷。若此時不聽其去，則署印無人，都④務停閣，邦政軍機所關不小，此聖明所宜深念也。至於通政使林梓⑤，亦以糾疏掛名，杜門求去。一月以來，四方章奏壅滯甚多，且本官年已八旬，歸志甚決，似亦當准令回籍，以全其晚節者。夫當此九列空虛、人才凋謝之日，臣等乃謂二臣俱當允去，豈不念國體而惜老成？惟是二臣既被人言，萬無可以強留之理，而徒令樞筦之地，幾務日壅，喉舌之司，封駁久廢，則曷若蚤賜予玦，於人情政體爲兩便也。伏望皇上將臣等所擬即賜批發，並將通政司印信委官署掌，國事幸甚。此外若南京科道拾遺大僚二本，典⑥吏部覆南京庶官一本，並乞聖明留意，將未票者檢發票擬，已票者速賜允行。臣等不勝皇恐顒望之至。"

二十四日戊午，大學士方從哲、吳道南謹題："竊惟人君圖治，要在用人，而用人大端不過曰進賢、選⑦不賢而已。邇者皇上敕令部院舉六年京察，式序在位，黜陟幽明，澄汰之典亦既嚴且肅矣，惟是倖位者去，則賢俊當庸，懸缺既多，則銓補宜亟。皇上誠⑧思，見在大僚幾人？科道幾人？今一時休致改調請告者幾人？例陞及降謫以去者又絕⑨人？在平時已落落如

---

萬曆起居注

三三七二

① 誰 "誰"當作"惟"。
② 在 "在"下似應有"臣等"二字。
③ 惬 "惬"當作"堪"。
④ 都 "都"當作"部"。
⑤ 梓 "梓"當作"梓"。
⑥ 典 "典"當作"與"。
⑦ 選 "選"當作"退"。
⑧ 誠 "誠"當作"試"。
⑨ 絕 "絕"當作"幾"。

晨星，在今日殆寥寥幾空國矣。於此而猶不早爲推補，即賜允用，有居①無臣，何以成朝廷之體、貽後世之觀哉？臣等竊謂，大僚當補，而都御史其最要者也。皇上須於南京都察院，既點僉都御史以重江防，又點右都御史以總臺憲，根本之地，固宜聖明留意若是。若此②中左、副、僉三臣，則百僚資其彈壓，庶務賴以綱維，風紀所關，視南都寧有軒輊③？皇上乃獨急於南，而緩於北，視彼重而視此輕，此臣等所未解也。況乎三堂並缺，不爲不多，缺至五六年，不爲不久。若此時可以不補，則衙門真爲虛設，而堂官真爲贅員矣。皇上徒見署印有人，院務不廢，以爲即久缺亦無妨也。不知兼攝原非舊章，署事終非專任，與其疲一人之精神於兩地，孰若分諸司之職掌於衆人？在政體既相宜，於人情又甚便，則夫速點臺臣一、二員，俾令專心營職，知皇上無煩再計矣。於科道各官，則又勢窮理極，萬萬不容再遲者。蓋前此合在任在籍諸臣，視舊額已不及三分之一，而此番京察，其推陞與降調者又將二十人矣，科臣見在不過十員，而道臣則祇有五、六員矣。按差無人可題，季④差無人可換，東馳西騖，左枝右梧。此何等時也？而候命諸人，方且坐守經年，以日爲歲，棲遲旅邸，抑鬱無聊，無論假滿、服除、考選、散館等項，一概困頓之，摧抑之，致令臺省之缺十九虛懸，內外大小之差強半廢閣，郡國乏巡方之使，朝廷無糾駁之司，灰仁賢效用之心，失祖宗養士之意，此其弊衆人受之與？抑國家受之與？皇上念及於此，則夫亟補科道，以兌⑤言路而備任使，當不待臣詞之畢矣。夫大計之後，凡缺官當補者，豈不望皇上盡補？惟是紀綱重地，耳目要職，且懸缺最久，之⑥人特甚，揆之時勢，萬不容已，故臣等不憚煩瀆，惓惓再以是爲請，乃爲國家，爲臣等職守，非爲諸臣也。不勝激切懇祈之至。"

二十九日癸亥，大學士方從哲、吳道南謹題："照得諡號一節，朝廷所以褒往勸來，維世風而勵臣節，典至鉅也。查得萬曆三十八年等⑦，該禮部累次具題應諡三十七人，已經前輔臣

萬曆四十五年

三三七三

① 居 "居"當作"君"。

② 此 "此"當作"北"。

③ 輊 "輊"當作"輕"。

④ 季 "季"當作"年"。

⑤ 兌 "兌"當作"充"。

⑥ 之 "之"當作"乏"。

⑦ 年等 《明神宗實錄》卷五五六"年等"作"等年"，是。

# 萬曆起居注

① 候 《明神宗實錄》卷五五六"候"下有"旨已"二字，是。

② 昨 "昨"當作"昨"。

③ 休 《明神宗實錄》卷五五六"休"作"林"，是。

葉向高擬定上請，未蒙欽點，至於臣從哲等所擬，則有大學士沈一貫、沈鯉，吏部尚書孫丕揚，及武定侯郭大誠，四人候①久。昨見大誠之子郭應麒有疏催請，臣等謹將一貫等四諡開寫再呈御覽。伏望皇上留神，即賜點發，不獨諸臣之幸，抑亦大典之光矣。至於前次閣中擬定諸臣之諡，及去年禮部題請應諡四十四人，更祈並賜檢發。臣等不勝仰望之至。"

是日，大學士方從哲、吳道南謹題："竊惟通政司，職專出納，凡外來章疏及民間奏本，必由本司封進御前，如人身之有喉舌，不容一息不通者也。今通政使林梓已奉旨回籍調理，右通政章嘉禎又以南京考察去任，一時堂上並無一人，印信塵封，章奏停閣，所關不小。昨②吏部已推有左通政休③學曾、右通政周希聖二臣。內學曾係見任之官，儻蒙點用，固可朝拜命而夕受事者。伏望皇上留神，即賜檢發，以重政體。臣等不勝顒望之至。"

萬曆四十五年

五①月六日己巳②，大學士方從哲、吳道南謹題："照得考察京官，六年一舉，吏治汙隆，於此焉繫，典至重也。今歲部院奉旨舉行，伏蒙我皇上留心裁決，几③有本章，隨上隨下，以是大典早完，羣情帖服，真一時盛事，臣等所爲樂觀其成者。惟是考察之後，吏部又有推陞翰林科道之本，雖黜陟有間，總之與察典相關。更望皇上將詞臣龔三益，科臣姚永濟等，道臣朱萬春、金汝諧等，部臣魏時應等，查照原擬職銜，並賜點用，不惟諸臣進退有據，而地方亦無缺人廢事之虞，所裨於吏治尤爲不洩炙④。至於南京科道糾拾大僚，及吏部題覆南京糾拾庶僚之本，更祈聖明留神，一併批發，以完前局。臣等不勝顒望之至。"

七日庚午，大學士方從哲、吳道南謹題："照得通政司堂上缺官幾半月矣，印信封貯，無人掌管，各處投到本章，一概停閣，政幾所繫，甚非渺小。昨⑤經歷蕭自開、知事江邦琦，相繼以署印題請，伏望皇上將吏部所推左右通政林學曾、周希聖二臣，即賜點用，其學曾見在京師，即令署掌印務，此時事最急、不容一日少緩者。臣等不勝翹望之至。"

八日辛未，大學士方從哲、吳道南謹題："竊惟數月以來，該臣等將補大僚、補科道、轉科、署印、照⑥差、宥罪諸事，屢次懇請，未蒙皇上俞允，略見施行。至於詹事、坊局掌印，及編纂章奏，皆臣等閣守職掌，自去歲至今催請不知凡幾，而一概停閣。九閽邃密，聖意淵微，誠非臣等所能測識。乃至於今，則時勢甚迫，萬難再遲，不得不爲皇上一申懇之。臣等備員密勿，謬稱輔弼之司，所居之地名曰政本，舉凡章奏道⑦塞、朝政修廢、人才用捨，皆職守所關。故使章奏通、朝政修、人才用，是臣等能盡其職也，其不然者，有一於兹，即爲溺職，則臣等處此，安能默默而已哉？自臣等受事以來，竊允⑧上有因循之習，而無明作之功，下有鬱結之情，而無發舒之象，章疏之緊要者強半留中，九卿之懸缺者十居六七，言路空乏已極

①五 "五"上當有"萬曆四十五年"六字。
②巳 "巳"當作"巳"。
③几 "几"當作"凡"。
④洩炙 "洩炙"當作"淺矣"。
⑤昨 "昨"當作"昨"。
⑥照 "照"當作"點"。
⑦道 "道"當作"通"。
⑧允 "允"當作"見"。

而檳①斥時聞，諸臣候命累年而服官無日，山林絕賜環之望，都困②無攬轡之人，懿臣久繫於囹圄，貴戚沉淪於草莽，此真乾坤否塞之秋，世道厄窮之日也。而適當臣等在任之時，溺職之罪，即百口何以自解哉？臣等居可爲之位，事大有爲③君，非不欲殫力維持，竭忠臣④贊，以圖報稱於萬一。無奈物望素輕，積誠未至，進無格心之術，退無濟時之才，以故補牘雖勤，而宸聰尚隔，寸心欲嘔，而天聽彌高，萬語于⑤言，總歸無用。夫諉於心力之窮而遂止不爲，臣子之義所不敢出也。其實心已盡矣，力已竭矣，而於國事分毫無補，臣等且奈之何哉？即有善爲臣等謀者，亦且奈之何哉？往時皇上每遇萬壽及冬年令節，必檢發章疏，推補缺官，普德意於久壅，出恩威於不測，以是閣臣之所懇請與諸司之所條奏，不能得之於平日者，或可得之於此時，而今不然矣。以去歲言之，一切時政要務、爲人情所屬望者，臣等初望於聖母升祔之日，而不可得也，則又望於萬壽聖節之日，而又不可得也，則又望於頒曆與冬至、元旦之日，而終不可得也。至於今歲二月，值聖母三週年之期，竊意聖孝無窮，事機有待，於此而不思用人圖治、維新庶政，以答海內之望，慰聖母在夫⑥之靈，將更待何時哉？乃臣等翹望至今，而朝廷之上寂然如故也。機會可乘，徒然錯過，日月已逝，後望無期。然則朝政畢竟何時可修，而臣等之職畢竟何時可以少盡哉？茲亦不敢過望於皇上，但祈將目前功⑦要之務，次第舉行，如點都察院堂官，補起復、假滿、考選、散館科道，允六科之遷轉，點各處之按差，釋御史劉光復於獄，還駙馬王昺於朝，起廢棄諸臣於林下，將見聖治一新，人心胥悅，皇上一日而可爲堯舜之君，而臣等亦得少逭於曠瘝之罪，豈非至願至願⑧哉？臣等愚忠所激，語不擇音，犬馬微忱，仰祈聖慈矜察。不勝迫切懇祈惶悚俟命之至。"

是日，大學士吳道南謹奏："爲往年待命總爲聖恩病體日危及⑨至誤國二十二懇皇上憐臣之苦預祈洪宥免賜斧鉞之誅事。臣病體萬不能惺⑩，其徵之於耳目肢體者，真天地間一廢人矣。夫論臣身於人世，固不足爲有無，論臣職於閣員，難言漫無輕

①檳 "檳"當作"擯"。
②困 "困"當作"國"。
③爲 "爲"下當有"之"字。
④臣 "臣"當作"匡"。
⑤于 "于"當作"千"。
⑥夫 "夫"當作"天"。
⑦功 "功"當作"切"。
⑧至願 此"至願"二字當爲衍文。
⑨及 "及"當作"反"。
⑩惺 "惺"當作"堪"。

重。豈其敢以病廢之身，久玷此地乎？雖進退生死，惟皇上所命，然人臣之守官守身，各有至當之則，兩失其守，即無病不可在朝廷之上，況病體若此其甚，安得徒掛虛銜妨賢路爲也？幾欲從陸，度病勢不可以驅馳，故必俟水漲，而後可假舟以偃息，今日夜呼天，以祈兩①澤之降，焉敢邃必俞旨之難繳②，遂禁③口不哀鳴於君父之前哉？仍冒煩瀆之罪，再訴前情，維時水漲舟集，告罪而去，乞皇上大賜矜原，念臣之無可奈何，誠迫於病，且所爲禀命，亦至再、至三，非朝夕也。雖雷霆雨露無非天恩，然怨④臣不敢孤恩負命，或因是而反晦，故敢瀆凟以表臣心耳。儻皇上憐臣之苦耐、不敢移徒⑤以俟命，又以從前閣臣胥蒙賜旨以放，不令自去自臣而始，此又天造弘慈，矜不成人，亦曲全當日之召命，不於今而重辱也。觸犯宸嚴，臣不勝惶怖悚仄待命待罪之至。"

① 兩 "兩"當作"雨"。
② 繳 "繳"當作"徼"。
③ 禁 "禁"當作"噤"。
④ 怨 "怨"當作"恐"。
⑤ 徒 "徒"當作"徙"。

十三日丙子，大學士方從哲、吳道南謹題："昨蒙皇上點用右通政周希聖，納言之地既已有人矣。及查本官，原籍湖廣，昨歲以奉差回家，茲聞命而來，必兩月有餘方可到京赴任。今本司缺官已幾一月，四方章奏壅滯未上者不知多少，政幾阻塞，深屬可虞，脫再有緊急邊情、機密重務、特刻難緩者，而封進無人，一概停閣，利害所關尤爲不小，皇上奈何不深念之也？先是吏部推有左通政林學曾，此係在京見任之官，一蒙欽默⑥，便可任事。皇上乃舍目前之近，而需之數千里之遠，致令唯舌之地閉而不通，封駁之司廢爲⑦不舉，萬幾繁重，皇上無乃屑越視之歟？或者以希聖一時未到，即委官暫署亦無不可？不知今大小九卿，寥寥有⑧幾，或以一人兼致⑨人之事，或以本署攝別署之官，竭力撐持，自顧不暇⑩，皇上即欲遣一人署即⑪，將誰遣耶？伏望留神，將該部近椎左通政林學曾即賜點用，俾令署掌司事，庶緩急有濟，而於政體亦大有所裨矣。臣等不勝激切顒望之至。"

⑥ 默 "默"當作"點"。
⑦ 爲 "爲"當作"而"或"焉"。
⑧ 有 "有"當作"無"。
⑨ 致 "致"當作"數"。
⑩ 睱 "睱"當作"暇"。
⑪ 即 "即"當作"印"。

十六日己卯，大學士方從哲、吳道南謹題："先該吏部題，

# 萬曆起居注

① 選 "選"當作"拆"。
② 巳 "巳"當作"巳"。
③ 早 "早"當作"旱"。
④ 亦 "亦"當作"赤"。
⑤ 支 "支"當作"交"。
⑥ 水 "水"當作"承"。
⑦ 暇 "暇"當作"暇"。
⑧ 昨 "昨"當作"昨"。
⑨ 人生 "人生"當作"生人"。
⑩ 困 "困"當作"囹"。
⑪ 繁 "繁"當作"繫"。
⑫ 汰旬 "汰旬"疑有誤字。
⑬ 夫 "夫"當作"天"。

萬曆四十五年分應貢及四十三等年起復病痊等項願就教職歲貢生員，開送翰林院考試，臣等會同詹事府詹事兼翰林院侍讀學士掌院事劉一燝，出題彌封，嚴加考試，取中文理平通上卷四卷、文理亦通中卷二百九十一卷，俱堪授教職。謹將各試卷封進，伏乞聖裁，發下開選①，該部查點先後題准事理，欽遵施行。謹題請旨。"八月二十九日，奉旨："是。該部知道。"

十八日辛巳②，大學士方從哲、吳道南謹題："頃自入夏以來，亢早③為災，亦④地千里，三農失望，人心皇皇，此極荒之象，大亂之徵也。幸蒙我皇上慨允禮臣之請，敕令上下支⑤修，以勤政任之聖躬，以竭誠責之臣下。大小羣工，計無不洗心滌慮，仰水⑥德意者。臣等方省愆奉職之不暇⑦，何敢復有塵瀆？昨⑧接部科諸臣揭帖，皆因旱陳言，惓惓以慎刑、用人為請，其言天人感應之機、化災為祥之效，至為詳盡。臣等因是知人生⑨格天，只在一念之精誠與庶政之修舉，其術甚易，而其應亦甚速也。夫慎刑之事，不過曰舉熱審、清詔獄、釋懸臣之繫、黜理刑之官，數者而已。皇上誠一留神，何難立決？而遲疑留滯，年復一年，致令株連之中，概錮於困⑩扉，無罪之臣，久淹於縲紲，求生無路，與死為鄰。況今暑氣薰蒸，疾疫時作，駢首就斃，慘不可聞。皇上存不忍之心，體好生之德，睹茲情景，能無怵然動念乎？昔人謂孝婦含冤，三年不雨。今日之事，得無類是？至於用人一節，如點大僚、補科道、錄廢棄三者，前後諸臣亦既言之舌敝，望之眼穿，而九重之上，置若罔聞，百請而百不應，仕途阻而不通，人情鬱而不暢，至於今極矣。即如近日會推各官，內而卿貳，外而督撫，關繁⑪何等重大？而汰旬⑫以來，未蒙欽點。至於通政一官，則出納之司，一日難缺，而見推未允，署印無人。喉舌不通，人將立槁，如此緊要之地，皇上且視之若有若無，朝廷之上舉動若此，欲人心愉快，天意感通，胡可得也？夫應夫⑬以實不以文。其在今日，如避殿、減膳、齋居、露禱，以及青衣、角帶、停刑、禁屠，此虛文也。某署缺官，即為議補，其官久任，即為議陞，今日補大僚幾人，補科道幾人，明日起廢棄幾人，籲俊登賢，俾仕路有彈冠之慶。某人無辜所當申理，某人被累所當昭雪，今日釋無罪幾人，明日結疑獄幾起，伸冤辯枉，使囹圄無覆盆之嗟。此實政也。舍其實而徒事其文，即人且不可欺，而況於天乎？臣等叨居密勿，稱輔理之臣，乎①居既無調燮之能，臨時又乏挽回之術，旱寇為虐，臣等當身任其辜，伏望皇上先賜顯斥，以為失職召災之戒。然後取諸臣條奏慎刑用人之事，一一修舉，則人事既盡，天意自回，時和年豈②之效，可立致無難矣。不此之務，而徒屑屑於雩禱之常儀，則圭璧雖陳，精神尚隔，馨香徒薦，誠意未孚，竊恐甘霖之降尚未可期，而聖心焦勞且無已時也。臣等不勝迫切籲祈皇悚仰望之至。"

①乎 "乎"當作"平"。

②豈 "豈"當作"豐"。

　　二十日癸未，大學士方從哲謹題："今早臣將入長安門，有各處巡撫差人向臣面稟，言通政司堂上缺官，齎到本章，無人封進，守候日久，恐致誤事。比臣諭以近日吏部推有左通政，見在京師，旦夕旨下，便可到任。眾即唯唯散去。該臣看得，本司缺官將一月矣，章奏停閣，上下不通，乃從來未有之事。邇者皇上雖用周希聖，而出差來③到，與無人同。為今之計，只有將林學曾速賜欽點，令其署掌印信，方於緩急有濟。此政體所關，甚非細故，臣目擊時事緊要，不敢不言，乃為朝廷，為衙門，非為本官也。萬惟聖明慨允。臣不勝迫切仰望之至。"

③來 "來"當作"未"。

　　二十三日丙戌，大學士方從哲、吳道南謹題："照得通政司缺官今一月矣，四方章奏盡數停閣，緣實封來上並各衙門揭帖俱未投遞，其疏中所言何事，臣等不及知，皇上不及聞，儻有重大緊急事情難以遲緩者，一概留滯，誤事失機，關繫不小。今臣等亦不敢多言以煩天聽，但祈皇上將吏部所推左通政一官，立刻點用，俾令克期到任，署掌印務，將一月以來各處投到本章，一一檢查，封進御覽，庶乎聰明不蔽，幾務不壅，所裨於國體非淺尠矣。皇上若再疑難，不即剖決，竊恐中外隔絕，事久變生，將來意外之虞，尤為叵側④，彼時即罪臣等之不言，

④側 "側"當作"測"。

亦無及矣。時勢甚迫，難以坐待，謹令中書官於寶寧門恭候俞旨。臣等不勝皇恐籲祈之至。"

二十五日戊子，大學士方從哲、吳道南謹題："適蒙發下御史薛貞糾參遣代公張惟賢本，及張惟賢復命舉①，隨奉上傳：'今日覽文書，見監禮御史薛貞糾參遣代公張惟賢大不敬。今取禮部所進大報祀册與對，上未寫時，且自本壇行禮時，亦②以手本時方行祭禮，非天時以子時。卿等可傳示禮部，以後每年進大報祀册。大祀天以子時，大祭地以卯時，祭大明以卯時，祭夜明以酉時。明註於祀册上，好遵守行禮，免致遲早不定。其遣官張惟賢姑免究。出旨票來。欽此。'臣等除將二本遵旨擬票進呈外，隨即傳示該部，以後進祀册時，如祀天、祭地、祭大明、祭夜明，俱明註某時行禮，以便遵守，庶免遲早愆期。謹具回奏以聞。"

是日，大學士方從哲謹題："該臣在閣辦事，竊見連日以來發票本章最少，甚至一日全無。因思當今四方多故，時事孔艱，朝廷之上何爲清靜若此？已復思之，通政司缺官久矣，外來本章皆停止不上，而吏部推陞與各部題覆之本，又大半留中，以是送閣票擬者十無一二。臣因慮及中外否隔之形，與朝政壅塞之勢，蓋不啻蜂蠆在懷，芒剌③在背，徬徨躑躅，而不能頃刻即安也。臣若默而不言，則以輔弼大臣，受恩深重，而坐視時事之日非，誤國之罪何以自解？欲言之，則補牘雖勤，而微誠未達，寸心已謁④，而天聽轉高，甚且言者愈煩，聽者愈厭，不惟無濟於事，反若重上心之疑而益之疾焉。是臣言不可，不言不可，將何術之從，而可少逭於尸位素餐之咎也？頃數月以來，該臣請補大僚、補科道、停皇稅、宥戇臣、點按差、署科印，既因祈禱雨澤，聖心焦勞，又請點刑官以清冤獄，舉熱審以釋纍囚，今日進一對，明日具一揭，自知極其頻數，極其煩瀆矣，而九重深遠，概未報聞。近自點用一二總督、三五巡按外，尚寥寥焉。又如順、永二府零稅，數上⑤二萬，所捐幾何？而聖意尚在遲疑，未蒙即發。膏將流而復止，澤已需而旋收。

①舉 "舉"當作"本"。
②亦 自"亦"字起至"子時"止共十五字，當有誤文。
③剌 "剌"當作"刺"。
④謁 "謁"當作"竭"。
⑤上 "上"當作"止"。

臣固知已傳之旨終難反汗，則曷若慨賜蠲免，惠此一方，足以明德意而慰羣情耶？然此不過善政之一端耳。臣愚無已之望，尤在先點都憲，以重統①綱，亟補考選、候命諸臣，以資耳目。而目前急務，則在速用理刑之官，早舉熱審之典，俾無辜之衆，垂死之夫，得釋幽囚而見天日。並時②御史劉光復即賜寬宥，以從衆願，以慰聖母在天之靈。此又疏通抑鬱、感召天和之第一義也。臣言止此矣，皇上如以爲激眡③，以爲不識時務，則請治臣多言之罪，臣不敢辭。如察臣區區一念，原出於爲君父，爲國家，特垂采納，銳然破因循之習，防壅蔽之端，將一人勵精於上，諸司交警於下，綱維不弛，虋蘖潛消，行見朝政清明，中外寧謐，皇上真可端拱無爲，而臣等亦得享太平無事之福矣，又何意外之足慮哉？臣以觸暑致疾，勉強入直，困頓不支。因見近日朝廷之上，景象若此，輒不勝私憂過計，不得已冒陳其款款之愚，統惟聖慈憫念，毅然施行。臣不勝皇悚俟命之至。"

二十八日辛卯，大學士方從哲謹題："臣每日入直，不敢寧居。昨④二十七日五鼓時，忽然滿腹攪痛，泄瀉大作，繼以嘔吐不止，過⑤體如冰，一時昏瞶⑥，如在夢中。隨喚醫生診視，謂傷暑之後，加以感寒，致有此疾，名曰霍亂。當服湯藥一劑，至午後稍解。延至今日，雖吐瀉漸止，而回⑦肢酸楚，困憊不支。臣自思病勢若此，決非旦夕可以全愈。伏望聖慈，容臣寬假數日，俟調理少可，即當照常供事，臣不勝至幸。臣原擬昨⑧日進閣，懇請皇上早行熱審，今雖偃卧牀褥，而此事猶往來於懷。蓋此係纍朝舊章，每歲一舉，民命所繫，豈容屑越視之？皇上若停之數年，行於一旦，命刑部、錦衣衛將見監人犯，分別上請，應發落者發落，應釋放者釋放，則不測之恩施於困⑨土，放生之惠及於纍囚，在皇上真爲無量功德，而臣愚當病困之時，亦可贖愆減罪於萬一矣。臣伏枕哀祈，無任惶恐待命之至。"

二十九日壬辰，大學士吳道南謹奏："爲病臣誤國罪譴日深

①統 "統"當作"紀"。
②時 "時"當作"將"。
③眡 "眡"當作"眊"。
④昨 "昨"當作"昨"。
⑤過 "過"當作"遍"。
⑥瞶 "瞶"當作"瞶"。
⑦回 "回"當作"四"。
⑧昨 "昨"當作"昨"。
⑨困 "困"當作"圄"。

二十三懇天恩特賜釋允以全始終大造事。臣自請告以來，洊荷皇上之渥恩，捐糜莫報矣，祗承皇上之明命，朝夕靡寧矣。豈其戀生①之心，反不如犬馬？無奈廢疾之身，有同於塊石，儻使即填溝壑，亦足以明臣不敢重負恩命之意。今不降割於臣躬，而惟是二豎為患，日甚一日，是臣之濫命瘝官、妨賢誤國，宜受此罰，臣且奈之何哉？且近日大僚請告，諸臣不旬日皆奉旨以去，臣忝閣員，及②不得蒙同仁之視，臣亦有血氣心知，寧不知愧？當此愧感交並之時，再申哀鳴，豈其敢溫旨之再繳③？冀皇上大賜矜原，而遣臣以旨、命放臣以生者也。若皇上難以旨遣，容臣以罪請，亦冀皇上大賜矜原，薄臣以譴，貸臣以不死者也。勢窮情蹙，冒觸天威，臣不勝戰慄惶悚待罪之至。"

① 生 "生"當作"主"。
② 及 "及"當作"反"。
③ 繳 "繳"當作"徼"。

萬曆四十五年

六①月二日乙未，大學士方從哲謹題："臣以陡患危疾，請假調理，今已五日矣，而无②氣未復，眩暈時作，四肢酸痛，行步甚艱。延醫診脈，謂積勞之久，氣血俱傷，偶有觸發，遂爾狼狽，非但一時寒暑為祟而已，必須從容靜攝，方可望其痊可。臣竊思之，臣所居何地？所司何事？以僵臥之身，供票擬之後③，以昏瞶之慮，當機務之煩，倉皇酬應，謬誤必多，臣不以病死，亦當以罪死矣。展轉躊躅，心火益熾，兩夜之間，寢不成寐，因思前日所請熱審一事，不知皇上肯慨然舉行否？此外時務重大緊要者，無如允補科道。蓋臣自備員以來，累牘連章，千祈萬懇，自謂心已盡，力已窮，肝膽已枯，唇舌已敝矣，積誠之極，妄意天聽斷可轉移，不謂延遲至今，而科道之缺人與各官之候旨，猶然如故也。總計四、五年間，諸臣陞者陞，謫者謫，死者死，凋零摧折時時有之，而見在聽補者並無一人授官，亦無一人還職，則臺省安得不空，而任使安得不乏也？此其責，銓部任之歟？抑皇上任之歟？銓部之職，何者非臣之職？而國家之事，又何者非臣之事也？臣既不能得之於皇上，又不能該④之於他人，進無以效薦賢之忠，退無以逭竊位之誚，每一念及，憤懣無聊，則惟有自怨自傷，痛哭流涕以告此心於天而已。蓋臣，輔臣也，以用人為職者也，尸位四年，而不能為朝廷進一給事、進一御史，坐令臺班寥落，利⑤印塵封，掖垣無簪筆之臣，郡固⑥乏乘驄之使，以人事君，其誼謂何？縱皇上不以罪臣，天下不以責臣，而反之獨覺之中，臣能自安於心乎？臣區區之心，深念生⑦恩未報，臣職多曠，茲且未敢言去以煩天聽，但望皇上憐臣疾勢甚危，旦夕難愈，再賜寬假，容臣得以從容調攝，庶更生可望，圖報有期。更望皇上俯念言路關係甚重，不容久空，人才悟養甚難，不容終棄，而諸臣候命日久，勢窮理極，萬萬不容再遲。特候綸音，俯從部請，將諸臣各照原擬職銜，悉令到任供職，則數年困頓，一旦疏通，羣賢紓效用之忠，朝廷收得人之效，臣即因病已死，亦有辭於諸臣，而不至得罪於天下後世矣。伏枕籲呼，語無倫次，伏惟聖慈矜察，速賜允行。臣無任迫切祈天惶悚待命之至。"

①六　"六"上當有"萬曆四十五年"六字。
②无　"无"當作"元"。
③後　"後"當作"役"。
④該　"該"當作"諒"。
⑤利　"利"似當作"科"。
⑥固　"固"當作"國"。
⑦生　"生"當作"主"。

# 萬曆起居注

① 坐 "坐"當作"生"。

② 攉 "攉"當作"攉"。

③ 負 "負"當作"有"。

④ 四閣負 "四閣負"中"四"字當爲誤字，"負"字當作"員"。

⑤ 兩 "兩"字似誤。

⑥ 腔 "腔"當作"控"。

⑦ 臣 "臣"下當有脫字。

⑧ 蹋 "蹋"當作"蹋"。

⑨ 以 《明神宗實錄》卷五五八"以"作"口"，是。

⑩ 妥 《明神宗實錄》卷五五八"妥"作"妄"，是。

⑪ 哀 "哀"當作"衷"。

　　六日己亥，大學士吳道南謹奏："爲憐死病臣勢難久待二十四懇天恩軫念苦情令臣坐①出都門事。臣自京察幸免於幽黜，洊疏乞休，誠迫於病。迺俞旨杳然，竟不得如諸大僚之請告者，旋奉旨以去。臣亦自知厭瀆之罪，攉②發難數矣。第人窮則反本，故勞苦倦極，無有不呼天者，天未嘗以勞苦而厭其頻呼。哀痛慘怛，無負③不呼父母者，父母未嘗以慘怛而厭其頻呼。今我皇上聖明御宇，繡扆之上無不與天下之休戚相貫通，故中外臣庶，凡欲達呻吟之狀、暢鬱結之懷，不避煩聒，數請於皇上，亦惟冒之如天，怙之如父，或不忍終絕而終錮之也。矧臣四閣負④，怙冒尤切，今兩⑤官四肢無一處不受病，竟日盡夜無一時不苦病，臣不於皇上之腔⑥籲而將安籲哉？臣⑦宋臣有言，天地能覆載之，而不能容之於度外，父母能教育之，而不能生之於死中。我皇上憐臣之病，而賜恩於解網，臣旦夕風燭之虞，猶或可須臾之少緩，是死中之生也。念臣之苦，而賜待於再次，臣經年蹋⑧蹋之極，猶可幸罪譴之少逭，是度外之容也。夫臣荷皇上三十年來豢養之恩，未有涓埃之報，而徒以藥物供多病，即委棄溝壑，亦何足以贖臣之罪？但惟蓋尚及於犬馬，臣首丘係念，皇上寧忍以廢疾而不爲之一動乎？干冒宸嚴，死罪，死罪。臣不勝戰慄惶悚迫切哀鳴之至。"

　　七日庚子，大學士方從哲謹題："頃臣於病困之中，惓惓以熱審爲請，誠謂此一事也，行之甚易，而惠澤之及人者甚宏，在皇上不過一啟以⑨之勞，而囹圄千百人咸有更生之望，此甚盛德甚美政也。今踰時已久，而明旨未頒，於是道路之人妥⑩相猜度，謂皇上於劉光復未肯遽釋，故連熱審欲並已之。不知熱審係祖宗舊規，歲歲遵行，循爲故事，若劉光復之獄，則出自宸哀⑪獨斷，其宥之也亦須皇上特旨，與此舉原不相涉。若因一人而累及千百人，俾無罪者不得釋放，輕罪者不得發遣，甚非皇上好生之心矣。自今天時亢旱，溽暑薰蒸，哀此纍囚奄奄待斃者不知凡幾，而皆望此一舉，以爲起死回生之路，皇上儻一思之，未有不惻然動念者。孟子謂先王以不忍人之心行不忍人之政，此蓋其一端已。伏望聖慈，將熱審諭旨慨賜批發，並將北鎮撫司理刑官速點一員，以清滯獄，則怨聲既息，和氣自生，如是而天意不回、甘霖不降者，臣不信也。臣疾苦纏綿，精神迷亂，望皇上行此一事也，真不啻農夫之望兩①、罪人之望赦。惟皇上憐而允之。臣不勝迫切瞻仰之至。"

　　九日壬寅，大學士方從哲、吳道南謹題："爲公務事。照得制敕房辦理一應典禮文書，誥敕房書寫文官誥敕揭帖，事務頗稱繁劇，茲考察之後，缺人數多。臣等謹查得，誥敕房辦事詹事府主簿成九臯、詹事府錄事馬鍵，寫字端楷，堪補制敕房辦事。又查得起居注館辦事鴻臚寺序班邵前勳、田佳璧，堪補誥敕房辦事。遺下起居注館員缺，查有史館辦事鴻臚寺序班張邦經、詹事府錄事鄭世選堪補，恭候命下，行令各欽遵供事。臣等未敢擅便，謹題請旨。"

　　十二日乙巳②，大學士方從哲謹奏："爲臣力已竭時事愈難疾勢漸深報恩無日懇乞聖明亟賜罷斥別簡忠賢以圖新政事。臣以觸冒寒熱，陡患危證，乞假調理，自謂全愈可期。不意至今半月有餘，尚無起色，眩暈之極，頭内時若動搖，加以連日炎暑薰蒸，心神煩懣，坐則昏瞶③欲仆，卧則驚悸不寧。每日送到本章，勉強據案翻閲，而目朦不能細視，心亂不能熟思，常恐擬票或差，有妨政體。因思臣所司何事？所居何官？若冒昧因循，不圖早自引避，尋至誤國事而敗身名，悔何及矣？況我皇上一日萬幾，所爲左右匡弼者，惟密勿之臣是藉。臣以極庸極劣之資，當極重極繁之任，兼以隻身在事，獨力難支，即乎④居無病之時，猶懼不能勉效馳驅，裨時事於萬一，矧今駑駘困憊⑤，鞭策不前，疣疾沉綿，瘥可無日，又安能以衰病之身，效贊襄之職耶？日者天時亢旱，雨澤稀微，赤日流金，土焦泉涸，都城内外，癘疫盛行。説者咸謂朝政壅淤、人情鬱結所致。揆之天人感應之理，誠爲不誣。蓋人君發號施令，即天之風霆，布德行仁，即天之雨露，未有人事以戾感而天心以和

①兩　"兩"當作"雨"。

②已　"已"當作"巳"。

③瞶　"瞶"當作"瞆"。

④乎　"乎"當作"平"。

⑤憖　"憖"當作"憊"。

應者。今大僚半缺，臺省幾空，朝守①蕭條，囹圄冤②斥，幾務廢而不舉，德澤壅而不流，遠邇多怨讟之聲，中外鮮發舒之象。又如待命各官，困守多年，勢同禁錮，戇直之臣，一經幽繫，肆赦無期，阻羣賢效用之心，推③志士敢言之氣，如此舉動，豈不上千④天和？而君臣之間，方且飾雩禱之靡文，忽躬修之實事，無雲深⑤憂勤之意，而欲冀桑林昭假之庥，寧可得哉？臣調燮無能，曠瘝叢咎，每一念及，不勝愁煩憤悶，五內如焚，恨不即捐此無用之軀，以啟賢俊彙征之途，開困⑥士更坐⑦之路也。而病勢日憎⑧，漸成困篤，無乃天實重之災厄，以彰失職之罰歟？臣以病則當去，以失職則不容不去，及今求去，其去已遲，然使臣去而不至於姑⑨賢、誤政、負國、負君、負祖宗、負天下後世，則臣去勝於留，即死猶賢於生灵⑩。伏望皇上憐臣病危力竭，終無報生之期，將臣先賜顯斥，並將在任在籍才望之臣，亟簡二三員，與同官道南協恭任事，仍檢道南屢次辭疏，即賜批發，促令速出佐理，庶病臣得安止足之分，而朝政將有更新之機。臣不勝迫切懇祈戰兢仰望之至。"十九日，奉旨："朕以亢旱，雨澤應祈，尚未霑足，朕衷憂思。又被暑熱，以致腹生一熱毒，見今敷藥調攝。覽卿所奏，偶爾觸冒寒熱未愈，準寬假調理。便着太醫院堂上官，率御醫前去診視。機務重地，倚毗方殷，豈可以小恙言去？卿宜慎加調攝，稍可即出贊理，以副朕眷注至意。所請簡用閣臣，候旨行。其次輔道南辭疏已有旨了。所辭不允。該部知道。"

十五日戊申，大學士吳道南謹奏："爲聖恩無涯臣分有限二十五懇天恩釋臣苦病免至顛隕長安有孤大造事。臣聞君雖聖，不畜無用之臣。今臣之病軀增劇，其無當於用明甚，乃未蒙賜效⑪，得無以臣尚可畜，而不以無用遽棄，乃見聖恩哉？臣則以爲，皇上，猶天也，天以形氣生人，不能必人之生長守夫形氣，皇上以職業留臣，不能必臣之身克效夫職業，政全⑫而受者惟天，全而歸者亦惟天，召而未⑬者皇上，放而去者亦惟皇上也，浩蕩洪慈，無之而非是。臣自前月以來，右目翳障，將

①守 "守"當作"寧"。
②冤 《明神宗實錄》卷五五八"冤"作"充"，是。
③推 "推"當作"摧"。
④千 "千"當作"干"。
⑤深 "深"當作"漢"。
⑥困 "困"當作"圉"。
⑦坐 "坐"當作"生"。
⑧憎 "憎"當作"增"。
⑨姑 "姑"當作"妨"。
⑩灵 "灵"當作"矣"。
⑪效 "效"當作"放"。
⑫政全 "政全"當作"故生"。
⑬未 "未"當作"來"。

及於左目，延醫生宋之白等三人，皆謂宜用倒倉之法攻去積痰，乃可以治。臣汲汲然惟目首①是懼，未顧其身之堪與不堪也。一日而汗吐下並攻之，維時昏暈之極，不期今日復能哀鳴也。然不敢以瀕危之狀瀆天聽，亦以一息之尚存言之，未必信耳目。今形衰神獻②，天地爲昏，臣不知死所矣。夫生則揭③糜，死則啣結，臣子圖報之極思。顧身非臣有，計此生無以捐糜，心則有知，即九泉能忘啣結？臣言及此，眼欲淚而血枯，調④已竭而心碎，惟伏枕乎額，乞皇上憐而散⑤之，曲而宥之，令臣以無用獲少延其餘喘，皇上不必畜臣於朝，而實畜臣於世矣。爲此，不避煩瀆，再申哀控，臣不勝悚息驚魂待命待罪之至。"

二十日癸丑，大學士方從哲謹奏："爲感激天恩恭陳謝悃事。臣以患病乞休，席膏⑥待命，昨⑦十九日晚奉聖旨：'朕以亢旱，雨澤應祈，尚未霑足，朕衷憂思。又被被⑧暑照⑨以致腹生一熱毒，見今敷藥調攝。覽卿所奏，偶爾觸冒寒熱未愈，准寬假調理。便着太醫院堂上官，率御醫前去診視。機務重地，倚毗方殷，豈可以小恙言去？卿宜慎加調攝，稍可即出贊理，以副朕眷注至意。所請簡用閣臣，候旨行。其次輔逋⑩南辭疏，已有旨了。所辭不允。該部知道。欽此。'臣病憒之中，聞知我皇上以憂旱焦勞，致生熱毒，見在調攝，臣不勝懇⑪念。隨該院使羅必煒、院判陳璽、御醫吳翼儒、支如升，奉命到臣私寓，爲臣診脈。臣恭設香案，扶掖叩頭，望闕謝恩訖。伏念臣禀質索弱，不善攝生，致有陰陽之患，兼以職業久臨，時事艱難，心火煎熬，遂至狼狽，具疏乞身，萬非得已。伏蒙聖慈曲垂軫念，既許以寬假調理，復勉以稍可即出，所爲憐臣、慰臣、望臣者，無所不至。至於遣醫診視，尤出特恩。何意豎儒而過蒙我皇上養⑫注若此？又如同官之辭疏，隨即批發，閣臣之簡命並以報聞。是臣犬馬微忱，無一蒙⑬天覽，此又臣望外之幸，而向未⑭諸臣所不容易得者也。臣私衷感激，百倍尋儻⑮，從此沉疴漸減，殘喘可延，則自今有生之年，皆后上再造之賜矣。臣一念朴忠，更望皇上當此溽暑之時，順時令，慎起居，熱毒

萬曆四十五年

三三八七

①首 "首"當作"盲"。
②獻 "獻"當作"散"。
③揭 "揭"當作"捐"。
④調 "調"當作"詞"。
⑤散 "散"當作"放"。
⑥膏 "膏"當作"藁"。
⑦昨 "昨"當作"昨"。
⑧被 此"被"字爲衍文。
⑨照 "照"當作"熱"。
⑩逋 "逋"當作"道"。
⑪懇 "懇"當作"懸"。
⑫養 "養"當作"眷"。
⑬蒙 "蒙"上當有"不"字。
⑭未 "未"當作"來"。
⑮儻 "儻"當作"常"。

未消，尤宜萬分珍護。臣從哲曷勝頂戴祝願之至。"

　　是日，大學士方從哲謹題："臣以病苦乞休，恭候明旨，伏枕數日，不敢復問外事。近接得各衙門揭帖，見有時事緊要、旦夕難緩者，不得不冒罪爲我皇上言之。太常，職專祭祀，凡先期奏請，臨期贊相，皆寺卿之事。今正卿久缺，新點少卿周應秋起自家居，遠在數千里外，豈能卒至？茲孟秋時享只隔數日，若署印無人，則誰爲題本？誰爲致詞？以清廟明種①而令羽流代司其事，恐非所以重大典而安先靈也。六科向稱之②人，四印虛懸，久無所屬，然各科尚有一員，猶可管一科之事，不至盡廢。自冊封行而禮工虛無人矣。今官應震以病告，而戶科又將無人矣。掖洹③之匱缺既如此，待命諸臣其淹留困頓又如彼，此時而不亟下考選候補之旨，以濟一時之急，又將何待哉？伏望皇上念郊廟之祀典甚隆，不容屑越，諫垣之需人甚急，難以久稽，將吏部新推太常寺少卿徐紹吉即賜點用，令其署掌印務，其考選候補，如張孔教、李若珪、暴謙員④等，並賜允用，悉令到任管事，庶對越之儀始肅，而封駁之任不虛，此目前第一要務也。他如補臺臣，點按差，點會推卿貳督撫等官，均屬喫緊，統惟聖明留神檢發。臣不勝迫切懇祈之至。"

　　是日，大學士吳道南謹奏："爲恭謝天恩再申前⑤事。臣之苦病，調理已久，而瘥可無期，舟集潞河，行李俱發，臣猶留滯候命，蓋冀始終於大造一矜允也。乃於本月十九日，接吏部咨，奉聖旨：'閣務繁重，朕日夜望卿速出，共濟時艱，何爲又有此奏？既疾未全愈，卿宜善加調攝，稍可即入閣佐理，慎勿以水漲爲辭，再萌去忠⑥，負朕惓惓眷留至意。該部知道。欽此。'臣強起牀褥，兩目昏障，令臣弟道立代誦。臣聽畢，不覺愧感交並，指⑦躬之無地也。夫內外大小臣工，其待命於今日者，皆其⑧共濟時艱之賢，屢催久候，尚未獲奉俞旨以效用，臣以廢疾陳人，返渟荷誤恩，有加無已，此臣之所爲感也，亦臣之所爲愧也。雖然，亦且言臣之病，蒙聖諭惓切，豈不思強加調攝，以副皇上之厚望，而以必去爲適哉？無奈臣之病，不容以不去。夫病在臟腑，猶可加調攝，以需元氣之漸復。病在目，則邪火甚熾，而神水受傷，此臟腑已虧之證也。今臣目醫障其右，將及於左。急爲目計，劑用寒涼，臟腑受其病。欲救臟腑，劑用溫補，益助其邪，而神水愈障。今已半載於茲，既難專攻，又難兼治，其何痊之敢望？而能效佐理以濟時艱爲？惟以無可奈何之情，千懇萬懇於皇上，放臣以去。儻靜居潛室，或可以留一目之微明，是皇上與以既盲之視，如天地之再造也。臣不勝感戴天恩，恭陳謝悃，並申控祈之至。冒瀆宸嚴，死罪，死罪。爲此，謹具本奏聞。伏候敕旨。"二十六日，奉旨："覽卿奏謝，朕知道了。卿可遵旨調攝，以俟全愈，毋再以目疾爲辭，堅欲求去。朕念密勿重臣，眷留惓切，卿宜體之。該部知道。"

二十四日丁巳，大學士方從哲、吳道南謹題："竊惟今日朝廷大政，無如用人，而科道官尤爲喫緊。祖宗朝額設給事中五十餘員、御史一百餘員，俾之任糾繩而司巡察，遇有員缺則行取以補之，其起復、假滿、散館各官，隨時題補，無少停滯，以故言路充而朝政肅，師濟之風，清明之象，自國初迄我皇上初年，未之有改也。自留部之法行，而行取廢。然其始，隨留隨考，隨考隨下，辟召之名雖異，而選舉之效不殊，於政體固無妨也。今日則不然矣。既已留矣。需之歲餘而後考，既已考矣，遲之數年而始下。然庚戌一咨，尚在三年之內，而癸丑一咨，已踰五年之外。歲復一歲，茫無授職之期，人壽幾何，而令其虛度光陰如是之久也。就使臺省有人，任使不乏，亦宜循賢①簡用，遞進序遷，以恤人情、存國體。而今六科纔五人耳，十三道纔入②九人耳。然或見領京差，或已題外差，寥寥臺班，謂之無一人可也，曾謂給事中五員而成其爲六科、御史無一員而成其爲十三道乎？以國家全盛、仁賢輩出之時，而耳目待③從之臣，封駁糾彈之任，匱乏至此，傳之四方，書之青史，寧不取輕於外夷、貽笑於後世乎？即今見任者，人領數差，若分身之無術，待命者，經年坐守，嗟數④用之無繇，新與舊兩佛⑤其情，人與事交受其病，特政之垂謬，未有甚於此者。皇上縱

① 賢 "賢"當作"資"。
② 入 "入"當作"八"。
③ 待 "待"當作"侍"。
④ 數 《明神宗實錄》卷五五八"數"作"效"，是。
⑤ 佛 "佛"當作"拂"。

# 萬曆起居注

①倍 《明神宗實録》卷五五八"倍"作"培",是。

②哀 "哀"當作"衷"。

③罶 "罶"字當作"眢"。

④于 "于"當作"乎"。

⑤恃 "恃"當作"時"。

不爲諸臣惜,獨不爲朝廷體統惜、爲祖宗二百五十年倍①養之人才惜乎?説者咸謂,向來諸臣一經考選,争先建白,交章累牘,每至厭聞,以故皇上慮其多言,過爲裁抑。臣等竊謂聖明在御,虚懷納諫,萬萬無此。蓋新進之臣,未識大體,輕言瀆聽,間或有之。若今候補各官,閱歷已深,困衡即久,一旦受事,必能以老成之見,效忠讜之謨,嚚陵激聒萬萬可保其必無也。況進言在臣,聽言在君,言之善者用之,其不善者置之,又何畏其多言哉?臣等爲此一事,千祈萬懇,瀝血嘔心,詞已窮,力已竭矣,而終不能得之於皇上。積試未至,溺職滋深,貽竊位之譏,負蔽賢之罪,此果諸臣所遇之不幸耶?抑臣等所遇之不幸耶?儻聖意終未轉移,俞音終雖幾幸,臣等伎倆止此,更有何術可以回天?更有何顔可以立世?惟有裂冠毁冕,披髮入山以謝諸臣,以謝天下萬世而已。臣等計出無聊,語多觸忌,犬馬愚哀②,萬惟聖慈矜察。不勝迫切望恩戰兢待罪之至。"

是日,大學士吴道南謹奏:"爲廢痼病臣雖生猶隕二十六懇天恩容臣之去不至大傷國體事。臣昨歲形氣之病,猶可少支,今臣謠及於兩目,將暗罶③於日月照臨之下,無以得耀於光明,乃重荷聖恩,不以無用而遽棄,是傾者猶培,而生物之心比天地爲尤厚。顧如綸如綍之命,不宜以廢病之臣而大褻,爲德爲民之佐,必非盲病之臣所可冀也。何也?臣聞之,君爲元首,則股肱耳目君所自有也,而必命臣以作之者,蓋有取於一體相關,而翼爲明聽,或可少藉,今臣自失其所藉,能爲皇上之所藉于④?徒令廢疾之臣踽蹐長安,以空玷虚銜,此其以待命而反辱命,於國體不能無傷,實臣之不去有以傷之也。夫人臣而不能其職,亦宜避去,況乃死守而重傷國體,罪莫大焉,辱莫甚焉。且即填溝壑,猶可藏蓋棺之慚愧,今少緩須臾,難以施聚觀之面目。故乘此左目之微明,尚可以遂登舟之一便,臣已戒期,而先以罪請也。先是,臣兢兢諄命,口欲吐而復收,至是扶出扶入,恃⑤起時仆,雖家屬亦知臣疾之不可爲,已於二十一日假舟以待矣。臣煢煢孤身,愈益無靠,惟皇上憐之。臣之苦與死爲鄰,而賜以矜允,臣之願也。即不然而賜以矜原,令臣不敢辱命之心不至重干①夫天怨，臣之幸也。臣不勝戰慄徬徨席藁②待罪之至。"

二十五日戊午，大學士方從哲謹題："今早太常寺博士等官徐景濂等，謁臣於私寓，隨授揭到臣，謂本寺堂上缺官，無人署印，今孟秋廟享只隔四日，而請駕遣官省牲等本，俱未具題，誠恐臨期有誤大典，罪將奚辭？中間情詞極其懇切。該臣看得，秋祭爲享親大禮，萬萬不容遲誤，而時日已迫，具本無人，臣病困之中，念及於此，不覺心慄悚神③。先該吏部推有少卿徐紹吉，見在班行，一蒙欽點，便可受事。乃屢經催請，尚未得旨。以典禮之重大如彼，時勢之迫促如此，皇上猶尋常視之，不爲速快，豈其重一官而輕九廟之祀？惜一命而忽尊祖敬宗之儀？試及④之仁孝之本心，必有惕然不安者矣。伏望皇上念廟祀必不可遲，主祀之官必不可缺，將見推少御⑤徐紹吉，即賜點用，俾令署掌印務，庶駿奔有託，而祀事告虔，將祖考居歆而神麻滋至，其有光於皇上之孝治，甚不淺也。臣無任激切顒望之至。"

二十七日庚申，大學士吳道南謹奏："爲眷恩隆重薄分難勝敬抒謝忱附申苦懇以豁殘生以全大造事。臣昨⑥奉皇上之勉留，自宜顒申恭謝，另有所請。臣冒死而兼疏者，以自病危甚，感恩難以承恩也。乃於本月二十六日，接吏部咨，奉聖旨：'覽卿奏謝，朕知道了。卿可遵旨調攝，以俟全愈，毋再以目疾爲辭，堅欲求去。朕念密勿重臣，眷留惓切，卿宜體之。該部知道。欽此。'臣莊繹綸音，不覺倉皇失措，若不能以自容。夫臣子之所以效之居⑦者，惟此不欺之一念。若以目疾爲辭，是欺之也。欺皇上，即所以欺天也。皇上之恩，猶天之雨露，皇上之威，猶天之雷霆。當天威之震動，尚不敢不受罪以俟雷雨之解，矧臣沐天恩之優渥，安敢託病以自棄於生我之中⑧？今蒙宸渙之頒，猶儕臣於密勿重臣之列，而調攝俟愈，再丁寧焉，今令臣仰體眷留之惓切，真天地造物之無棄，日月容光之必照也。臣

萬曆四十五年

三三九一

①干 "干"當作"干"。
②藁 "藁"當作"藁"。
③心慄悚神 "心慄悚神"當作"心神慄悚"，或作"心慄神悚"。
④及 "及"當作"反"。
⑤御 "御"當作"卿"。
⑥昨 "昨"當作"昨"。
⑦居 "居"當作"君"。
⑧中 "中"當爲誤字。

雖跼蹐窒於一室之內，而未障未昏之心，亦思以報答洪慈，對揚光寵。無奈臣之目瞖其右，復昏其左，亡論臣不能爲盲目之佐，即聖明在御，亦不宜有廢疾之臣，以重站①政本之地。兼今之中外章奏，汲汲皇皇以生民之命爲請，以賢才之嚮用爲請，獨臣之累牘，汲汲皇皇惟以一身之苦病爲請，更何顏面立於朝廷之上乎？故天益重其繾②，而以目病迫之使去也。臣愧死矣，臣愧死矣。惟懇皇上早賜一日之放，尚藉一目之微明，以不駭道路之觀，然亦不免於嗟嘆。及今不去，待一無所見而後去，或去之時而臣不自知，雖盲目亦不瞑於九泉下也。臣在宥大造之中，近死而生，將骨而內③，臣不勝天恩之感戴。臣伏冀始終大造之中，視以既盲，哀其如廢。臣不勝天恩之控祈。爲此，謹具本奏聞。伏候敕旨。"

二十八日辛酉，大學士方從哲、吳道南謹題："近該吏部今惟④工部尚書、户部兵部侍郎，及總督巡撫等官，已兩月矣，俱未蒙欽照，臣等分宜靜聽。但念所推皆大僚要職，勢難支⑤缺，且催請再四，而俞旨杳然，似若未經聖覽者，臣等不得不爲皇上申請之。工部職司營建，錢糧浩大，事務殷繁，即今門殿鼎新，經營伊始，匪得尚書提衡於上，何以率屬勤事，收子來不日之功？户部職司錢穀，煩劇倍於他曹，而倉場左右一時並缺，兼其任者李汝事⑥一人而已。兵部職司⑦掌兵戎，關係尤爲重大，而本兵、協理俱未履任，攝其事者崔景榮一人而已。三邊經略令⑧陝數千里封疆咸資保障。而漕河事關陵運，國家根本命脉今⑨屬於斯。至若四處巡撫所轄，皆腹心重地，邊海要區，彈壓無人，候代日久，地方安危似未可以度外置之也。昨⑩皇上以廟享期迫，奉常無人，特允部推，將少卿徐紹吉立刻點用，一時羣情胥暢，大禮不愆，是皇上一動念一舉筆，其易如此。則何不由一人以推之衆人，由一事以推之事事，將此會推各官，盡行點用之爲愉快也？臣等备員輔弼，所爲時時補牘、日日祈請者，半是用人之事，豈好爲是煩瀆以市恩於人哉？薦賢爲國，自是輔臣職業。況值大僚寥落、言路空匱之秋，若緘默不言，坐視國事之日非、人才之日謝，蔽賢竊位，尸祿苟容，皇上亦安用此具臣爲哉？況所補者朝廷之官，所集者國家之事，而用人圖治，又我皇上一時之盛德、萬世之令名，奈何自廢其官，自隳其事，而遜盛德令名於不君耶？伏望皇上穆然深思，毅然獨斷，將各官概賜允用。即不然，乞照吏部近日題催，次第點發，並將都察院及倉場等官陸續推補。行見羣賢布列，百度維新，萬曆初年之景象，庶幾復見於今日矣。臣等曷勝迫切仰望之至。"

二十九日壬戌，大學士吳道南謹奏："爲臣罪當誅臣情可憫二十七懇天恩容臣登舟待罪免至目明盡喪有孤大造事。夫老病死苦，人之所諱言，乃臣輒哀鳴於君父之前，豈其心欲留，必固辭之，身將隱，又用文之，而故假此徵溫旨，以爲頑面之飾、行色之光乎？臣不其然。惟此無所逃之分、不可解之心，必忍耐之極、至於萬不得已而後去，然後惟命惟義，兩無可憾耳。計此，今臣亦極苦時已。且皇上之所以留臣，爲其身之可用，臣身之能爲用，必其目之能見。先是，臣之右目如飛蠅過於其前，臣未得於醫言，故不之覺而翳障，今左目復然，勢必至於雙廢。目既不光①，身將安用？既無可用，留亦無爲。臣雖欲不去，而不可得。此天之所使，非人之所爲也。若徒藉候旨以遷延，非但臣之面目難以見人，耶②臣之手足今且不自知其所措，非但臣難以自置其身，即皇上見臣之狼狽若此，亦難以置臣身於何地。況荷聖明，管蒯不棄，今既儕臣於閣臣之列矣，稽之往例，有候命而得者，在當事久任之臣不過朞年而止，有候命而不得者，雖蒙惟③蓋之施，而首丘垂願，亦皇上之所爲惻也。間有候之之④久，奉旨而去，幸其耳目無恙，猶可少排遣耳。今臣之伴食，非當事也，臣之竊祿，未久任也，臣之病又且耳既雙塞，目將盡障也。臣之待命，蓋已募⑤年，復踰一季也，引領俞旨，未蒙矜允。皇上蓋曰慰留惓切，有何難於其臣，而堅欲求去？不知臣之難，正爲慰留之恩命，苦於目病之難承，祇益病耳。故矜不成人，佚臣以老解網之恩，尤有甚於

① 光 "光"當作"見"。
② 耶 "耶"當作"即"。
③ 惟 "惟"當作"帷"。
④ 之 此"之"字當爲衍文。
⑤ 募 "募"當爲誤字。

畜樊之恩，臣得輿疾以出，尤勝於輿屍以出也。臣今亦不敢復疏矣，惟俟出城之日，望闕叩頭，登舟待罪。臣不勝魂搖息悚伏地號天負罪控祈之至。"

萬曆四十五年

四①十五年七月癸亥，朔，大學士吳道南謹奏："爲俞旨難徹目障日甚肓②臣厠列重玷清時二十八懇天恩容臣之去少存大體事。夫人臣受命於君，則臣之身非臣所有，而惟皇上所命。人生受命於天，則臣之身亦非臣所有，而惟天所命。故心雖欲去而不敢以徑去者，眷恩湾注，敢不强捱？身不敢徑去而不容不去者，造物驅人，焉能死守？今臣之患目障將盡矣，即使在世，亦爲世外之人，況可久處於朝以曠職妨賢爲也？如必待左牽右引、掩面登册，其於國體不大傷乎？臣之自辱不已甚乎？誠念及此，皇上之所以全臣，有甚於留，臣之所以自全，又非但以不去爲恭已。臣碌碌無庸，原以一介書生入都門，今叨冒已極，仍得生還本色，臣之幸也。冒罪復疏，方敢啟行，重負天恩，萬死莫贖。臣不勝情危勢迫，仰天哀鳴之至。"

二日甲子，大學士方從哲謹奏："爲久疾難痊曠官益甚再懇天恩早賜罷免以保餘生以全晚節事。臣患病乞休已踰一月，節蒙聖恩，遣醫、賜食，禮數頻蕃，且假臣以調理，望臣以即出，臣戴兹寵渥，感極涕零，即隕首捐軀，豈能上報？日望疾勢漸減，全可有期，猶冀勉效馳驅，以庶幾致身事君之誼，此臣之分，亦臣之願也。無奈臣福量已過，命數已窮，困篤沉綿，日甚一日，狼狽之勢，迫切之情，有不容不再控於君父之前者。臣體羸善病，早歲已然。自二十七年冬以矮③酒請告，家居十餘載，日以藥餌爲生。至四十一年春，復蒙我皇上特恩拔臣田畝之中，授以樞機之任，臣感激思奮，頓忘宿疾之在躬，竭蹶奔趨，不辭勞瘁。自舊輔臣向高去後，與同官道南共事未及一年，其餘皆隻身在直，子④然無侶，每過⑤事體重大、機務叢沓之時，靡不竭力擔當，殫心籌畫。舉天下之重，推⑥臣一人獨任之，舉天下之至苦，亦惟臣一人獨知之，而臣之病遂益不可支矣。頃自感冒霍亂之後，頭痛目眩，四肢酸楚，艱於行步。始猶曰天氣炎熱之故也。數日以來，暑氣漸消，而眩暈酸軟，視前更甚，飲食日減，肌膚日削，奄奄氣息，若旦夕欲絕者。臣病勢若此，尚能居贊理之司、副皇上倚毗之意乎？且臣舊有

① 四 "四"上當有"萬曆"二字。
② 肓 "肓"當作"盲"。
③ 矮 "矮"當爲誤字。
④ 子 "子"當作"孑"。
⑤ 過 "過"當作"遇"。
⑥ 推 "推"當作"惟"。

健忘之證，至近時而增劇。昨日之言，今日不能憶，清晨之事，到晚不能憶，精神恍惚，常若夢中，瞬息之間，有如隔歲。詢之醫人，咸謂思慮過多，心血枯乾所致，此又臣衰年痼疾，調攝所不能施，盧扁所不能治者也。臣一日不去，則添一日曠瘝之罪，皇上一日不容臣去，則增一日叢脞之憂。臣之罪不足言矣，以一無用之臣，病而貽累君父，貽害國家，臣獨何心，能頃刻安乎？況今朝政塞用不通，人心鬱而不暢，大僚半缺，言路全空，種種危亂之形，識者咸爲凛凛。試問此時，誰爲首臣，誰司政本，而坐令朝廷空虛敗壞、不可收拾至於此極耶？則臣妨賢誤國之誅，有雖死不足贖者矣。伏望聖慈，將臣即賜罷斥，以爲輔臣不職之戒。仍將在任在籍才望之臣，亟賜簡用，共圖治理。則贊襄不效，臣雖負罪於此生，而付託得人，猶可報恩於來世。此臣所爲溶無刮心①、冒死哀鳴於皇上之前者也。萬惟垂憐賜允。臣不勝激切懇祈惶悚待命之至。"

是日，大學士方從哲謹題："臣同官吳道南近以目疾不痊，屢疏乞罷，未蒙賜允。昨六月間，已將行李家眷陸續發去張家灣，擬於此月之中再不得旨，便欲出城登舟，沿途候命。爲照道南杜門求去，已踰一載，請告之章，幾三十上，雖蒙我皇上眷懷殷薦，累次慰留，乃同宮②初以人言波及，繼以目青③纏綿，國歸之志極其勇決。臣前往候時，亦嘗稱述皇上眷留之意，勸其徐圖進止，無負聖恩。同官深是臣言，至爲注④下。乃不意今一月之內，辭疏再四，遂有浩然長往之志也。臣正當病困之中，聞之不勝驚駭。伏望皇上俯念時事艱難，需賢正急，將道南近日諸疏即賜檢發，更乞天語，嚴爲戒諭，令其無蹈徑行之故轍，實爲至幸。如或念道南目疾甚真，歸志已決，終難強留，亦祈速發溫綸，俾令暫歸調理，以需召用，是又我皇上終始曲成之恩，其於存閣體、恤人情兩得之矣。夫輔臣去留，關係國體甚重，儻道南一旦徑去，而皇上不及知，臣愚不言之罪，將何以自解也？除臣從哲以疾勢難痊專疏乞恩外，敬將同官欲去之意，具揭以聞，伏乞聖明裁奪。臣愚不勝顒望之至。"

①溶無刮心 "溶無刮心"當作"瀝血叩心"。

②宮 "宮"當作"官"。

③青 "青"當作"眚"。

④注 "注"當作"淚"。

三日乙丑，大學士今丁憂吳道南謹奏："爲臣罪譴深重禍延繼母事。臣自數月以來，精神恍惚，坐卧不寧，冄①目蔽障，日甚一日，洊疏瀆陳，祈聖恩之允放，意天必速戾於臣躬，不虞禍及臣之繼母鄧氏，以彰臣不孝之罪。乃於六月初一日得病，初二日棄世。家僮來報，臣昏暈仆地，移時方甦，不知身在何處。竊念哀哀父母，生我劬勞。臣母李氏，喪於臣入籍之年，臣父一龍，喪於臣署部之日，俱未及送親，人子之大事，兩抱終天之恨。猶幸繼母康寧，可以少寄孝養之思。豈期傒中風痰之病，臣以候命，猶然不得屬續也。光②數日得家報，令臣男寄囑於臣，謂爲臣子惟命之從，況荷眷恩若此，即苦病宜堅忍候旨，毋得以汝祖母爲念。夫母能勗子以忠，子不能送親以孝，臣之罪通於天矣。臣方懦懦然風燭之虞，又重以風木之悲，憂病交侵，計此歸未知其能拊膺哭棺否？臣不勝哀慟迫切。爲此謹具本奏聞。"

四日丙寅，大學士今丁憂吳道南謹奏："爲比例陳情乞賜卹典以光泉懷③事。臣以一介書生，遭逢明聖，疏榮錫寵，逮及所親。臣父一龍，自高郵知州致仕，後蒙覃恩，得以臣左諭德、左庶子，封父官如臣官，臣母李氏，贈孺人，繼母鄧氏，封儒④人。以臣之編修考滿，後以覃恩，俱晉贈晉封宜人。聖恩渥矣，臣何敢過有所求？第查卹典條例，有在京之⑤官，曆⑥任四品三品共有三年，雖未經考滿，其父母曾授五品之封者，例得與祭一壇。故當庚戌臣父棄世之時，臣已任詹事府少詹事二年餘，又官禮部右侍郎兼翰林院侍讀學士一年有半，臣據例得請，蒙遣本省布政司堂上官一員諭祭。臣父成例有在，子心咸切，臣不忍以父母而異視，蓋仰體皇上孝治天下之心，亦以繼母如母，其恩同也。更臣有觸念於中者。臣母李氏無祿即世，未獲受一日奠食之養，於臣心能無惻然乎？雖當請卹繼母之時，不敢述其茹荼攻苦之狀，然以繼母之丐恩，而得附於並祭，亦臣鳥⑦哺之一念也。伏乞敕下禮部，查例施行。若乃閣臣之舊例特恩，臣來⑧有涓涘⑨之報，而非臣之所敢冒請也。臣不勝

**萬曆四十五年**

三三九七

①冄 "冄"當作"兩"。

②光 "光"當作"先"。

③懷 "懷"當作"壤"。

④儒 "儒"當作"孺"。

⑤之 《吳文恪公文集》卷十"之"作"文"。

⑥曆 "曆"當作"歷"。

⑦鳥 "鳥"當作"烏"。

⑧來 "來"當作"未"。

⑨涘 "涘"當作"埃"。

# 萬曆起居注

注①血懇祈御恤待命之至。"

五日丁卯，大學士方從哲謹題："臣同官吳道南，先以久患目疾，累疏控辭，未蒙皇上賜允，擬於數日間登舟候命。昨初二日復聞繼世鄧氏之訃，以是歸心益急，聞已芝②於初七日行矣。本官以抱恙之久，更加以傷心之痛，匍匐就道，勢難挽留。乃其報訃、乞恩二疏，俱在御前，望即發臣票擬，令該部查照往例，給以應得卹典，實為至幸。再照，同官道南，純忠直節，綽有大臣之風。臣自同為東宮講官時，即與知契，茲者共事二載，極稱同心，臣每與商確幾務，同官無不披誠開示，而又謙讓不遑，臣心極感極服。今一旦守制以歸，協恭無人，臣實不勝孤立之懼。儻蒙皇上眷念密勿近臣，諸凡恩賚，特從優厚，是不獨同官歿③存之感，而亦聖朝輔弼之光，臣從哲可勝皇恐顒望之至？"

是日，大學士今丁憂吳道南謹奏："為重荷天恩重負天恩茲當回藉④守制謹具疏請罪乞皇上大賜矜宥事。夫臣奏⑤職無狀，保身無術，長安留滯，與死為鄰，天不速降割於臣躬，而禍及於臣之繼母。臣當飲慟之時，追省自責，既不能報君報國，白⑥當菽水承歡，乃進退無據，忠孝兩虧，總為恩命之淹留，臣不敢遽便其身，尚冀恩卹之俯賜，臣猶得以慰其母也。茲當回籍恭謝，竭蹷趨朝，臣分固然，亦臣心萬有不容已者。無奈昏瞖之目，因哭注⑦而血益枯，一起苦次，間至有東西易嚮而莫亦⑧，隨身親伴而莫知其誰何者。沐聖恩之優渥，雖天地難喻其高深，度臣目之浸尋，即日月難開其朦障，竊恐入朝不能成禮，及有玷於班行。惟於初七日之早，強籍⑨扶掖，於大明門前向闕叩頭，以表臣一息尚存之心。臣自分已矣，莫知所報矣，曜祝聖壽於萬年，衍皇圖於億禩。若乃臣尺寸靡效，宸眷重孤，即從臣父母於九泉之下，不忌⑩御結也。臣不勝鏤心鐫骨，感戴天恩，並祈鑒臨之至。"

七日己巳⑪，大學士方從哲謹題："昨初六日申刻以後，天

①注 "注"當作"泣"。

②芝 "芝"當為衍字。

③歿 "歿"當作"殁"。

④藉 "藉"當作"籍"。

⑤奏 "奏"當作"奉"。

⑥白 "白"當作"自"。

⑦注 "注"當為"泣"。

⑧亦 "亦"字當誤。

⑨籍 "籍"當作"藉"。

⑩忌 "忌"當作"忘"。

⑪己巳 "己巳"當作"己巳"。

萬曆四十五年

氣陰晦，忽然狂風驟起，聲勢猛烈，屋瓦俱震，薄暮雷電交作，大雨如注，移時方血①。臣於臥榻之間，披衣起坐，不勝心戰神悚。今早聞知，禁城以內，社稷壇門及東中等門門攃②，俱被刮折，打死守門軍人。又五鳳樓、東華等門樓呴歔，吹落數處，又刮倒午門前聖旨牌及東河邊大樹數林③。異哉，風也。頃刻之間，損傷大內門攃④脊獸多至十餘，此豈偶然之故哉？夫風，天地之噫氣也，吹噓披拂，皁財解慍，則為和風，呼號震蕩，髮屋折未⑤，則為怪風。其在今日，無乃時改⑥乖違，人事闕失，有未當夭⑦心者，而夭⑧故彰此震怒之咸⑨，以示警乎？除臣等奉職無狀，致異召災，各宜痛加修省，共圖消弭外，尤冀我皇上過⑩災思懼，修人事以答天心，如補大僚、補科道、舉熱審、釋纍臣諸目前要務，慨然允行，則人心音悅，天怒可回，他⑪災為祥，只在聖念一轉移間而已。日者亢旱異常，皇上竭誠雩禱，敕今⑫上下交修，以故浹月之間，甘雨應折⑬，四郊霑足。上尺⑭仁愛人君如此，乃天意已回，而應天之實政猶然未舉，災沴已過，而彌災之實事格而不行，則眷顧之天，安得不轉為嗔怒，而變異之來日甚一日乎？夫以宸居宥密之地，東西咫尺之間，而門扎⑮損折，殿角崩摧，仆御牌於闕前，拔喬木如拉朽，其於我皇上可謂剝膚之災，非但震鄰之恐而已。儻猶泄泄視之，不為警惕，不篤改絃，臣恐天之怒予者又轉為忌予，而天下事真不知所終矣。臣伏枕支離，仰祈恩放，只在旦夕，而區區愛君憂國之念，不以將去而遂忌⑯，故復陳其喋喋如此。仰惟聖慈衿⑰察。臣不勝皇恐仰望之至。"

是日，大學士方從哲謹奏："為閣務甚重閣員一空懇恩速補以濟時艱以隆政本事。臣以患病乞体⑱，杜門候旨，綸扉書⑲閉，倏已月餘，每日發票本章，俱送臣私寓。臣念事關機密，而令中使招搖於道路，脫有漏洩，臣罪奚辭？用是朝夕皇皇，希放免之恩，冀辭票擬之任，真有以日為歲者。然猶恃有同官道南求去未允，儻臣一且⑳得請，便可交付接管，庶幾可免誤國之罪。乃道南於初二日聞訃，今早已叩闕行矣，臣一聞之，不覺汗流浹背，憂懼欲絕。誠以密勿何地？輔弼何官？臣既以

三三九九

①血 "血"當作"止"。
②攃 "攃"當作"檔"。
③林 "林"當作"株"。
④攃 "攃"當作"檔"。
⑤未 "未"當作"木"。
⑥改 "改"當作"政"。
⑦夭 "夭"當作"天"。
⑧夭 "夭"當作"天"。
⑨咸 "咸"當作"威"。
⑩過 "過"當作"遇"。
⑪他 "他"當為誤文。
⑫今 "今"當作"令"。
⑬折 "折"當為誤文。
⑭尺 "尺"當作"天"。
⑮扎 "扎"當為誤文。
⑯忌 "忌"當作"忘"。
⑰衿 "衿"當作"矜"。
⑱体 "体"當作"休"。
⑲書 "書"當作"晝"。
⑳且 "且"當作"旦"。

## 萬曆起居注

三四〇〇

痛憶偃臥於私居，同官又以丁艱戒途而長發，遂使絲綸重地，閬①其無人，貽聖明孤立之憂，滋萬幾叢脞之弊，此國家二百餘年所絕無之事，而不虞見之於今日也。夫道南之去既不可留，而臣之病又勢不能復出，將來票擬屬之誰手？弼贊責之何人？政柄漫無所歸，大權因而旁落，天下事豈不岌岌乎貽哉？方今俊乂在朝，羣賢徧野，其才品聞望皆什伯於臣。伏望皇上早渙綸音，亟行枚卜，或出聖衷特簡，或敕銓部會推，速點三、四員，俾令入閣辦事，庶政本之地不至空虛，時事之艱可資幹濟，輔理得人，所裨於皇上雒②新之治者不淺已。至於臣從哲，才不足以臣③雒④時政，誠不足以感格君心，久玷臺司，徒妨賢路，即今二豎爲祟，一疾垂危，殆天若限臣使之早自引決者，臣即有感恩圖報之念，亦且奈之何哉？更望聖慈憐臣放臣，無令憂愁抑鬱以死，是皇上爲國事計，爲臣身計，可謂兩得之矣。臣不勝激切呼天皇恐待命之至。"十八日，奉旨："覽卿所奏，具見忠愛。卿前以偶疾請假，今已調攝月餘，知必安痊，朕日望卿出輔理，何爲又有此奏？機務繁重，倚賴甚殷，況次輔道南以憂去國，卿豈可復杜門言去，欲朕孤立於上？卿豈忍乎？宜即出入閣匡贊，慎勿再陳。請補閣員，朕如道了。部該⑤知道。"

　　十二日甲戌，大學士方從哲謹題："昨接禮部左侍郎何宗彥揭帖，謂因病請假，疏凡四上，未得俞旨，欲將印務委右侍郎孫如游署掌。爲照宗彥自蒙恩署印以來，恪恭任事，不辭勞瘁，真無忝寅清之任者。先以動丈⑥致疾，勢甚委頓，請假乞歸，情非得已，茲調治已久，前疾漸平，況當九卿缺乏、班行寥落之時，似難聽其暫去。伏望皇上檢宗彥原疏，發臣票擬，令其速出供職，典禮幸甚。再照刑部左侍郎張問逵⑦，近日亦有給假歸葬之疏，伏祈留神，並賜檢發。不惟二臣進退有據，而邦禮邦禁庶不至有缺人廢事之虞。臣愚可勝顒望之至？"

　　十三日乙亥，大學士方從哲謹題："臣自抱病乞体⑧幾五旬

① 閬 "閬"當作"閴"。

② 雒 "雒"當作"維"。

③ 臣 "臣"當爲誤字。

④ 雒 "雒"當作"維"。

⑤ 部該 "部該"當作"該部"。

⑥ 丈 "丈"當作"火"。

⑦ 逵 "逵"當作"達"。

⑧ 体 "体"當作"休"。

矣，雖偃臥牀褥，而此心無日不繫於朝廷諸時政要務，如舉熱審、用刑官、釋繫巨①、補科道、點會推尚書侍郎督撫等官，未嘗不時時懇請，時時幾望，而無奈天聽之日高也。項自點一太常少卿及大工、福逮②兩差御史外，其他尚寥寥無聞。臣若因言之無用遂置而不言，緘默苟容，豈大臣匡救之義？且一日未去，尚有一日之責，不惟分不容諉，而亦心不能安。以是，不欲言又不容不言。然言一出而涕與③俱流，筆未舉而心爲先碎，蓋至是而臣之若滋甚矣。臣今亦不敢煩詞瀆聽，只以目前切要二事，再爲我皇上中④請之。科道，爲朝廷再目之官，豈容多缺？今三科無人，五科無印，事關六部者悉皆停閣不行，成何政體？而御史各差，在京者輪流接管，在藉者搜拮⑤靡遺，勉強支吾，臺規幾廢，此何等缺乏之時？而見在候補諸臣，皇上尚靳而不用也。都察院，風紀之司，與六部並重，今三堂盡缺且將十年，而吏部前後會推左都等官，又極一時之選，此其人之可用與時勢之不容不用，在廷諸臣人人知之，不知皇上獨何所見而過爲慎重若此？謂宜亟點一、二員以總臺憲而肅紀綱，是又時務之第一義也。至於近日部推尚書侍郎與各處巡撫，臣不敢再爲臚列，並望皇上留神，陸續點用。其他若舉熱審以釋繫囚，點鎮撫司官以清詔獄，赦御史劉光復以宥戇臣，是又臣愚所爲齋心叩首以冀聖慈之鑒察者，皇上儻亦憐而允之乎？日者，烈風迅雷俄頃交作，天心震怒不言可知，且不於他時，而即於謝雨之日，不在民間他處，而偏在禁城之内、門殿之間，一時崩頹摧折之形，震撼蕩搖之勢，見之駭目，聞者驚心，竊恐九廟神靈亦有悚然其不寧者。災變若此，上天寧無意乎？皇上奈何尋常視之，漫不輕⑥意也？項建議之臣，謂邇來朝政壅淤，人情鬱塞，言路不通，以故大内諸門攘⑦鎖一時俱毀，天若顯示以疏通洞達之象，欲我君臣惕然警省者。此言極爲切理。臣愚敬天之怒，安敢坐視而不爲皇上明言之耶？盡人回天動念，則是御災彌變在我無難，惟聖明留意焉。臣愚不勝惓惓仰望之至。"

①巨 "巨"當作"臣"。

②逮 "逮"當作"建"。

③與 "與"下當有脱字。

④中 "中"當作"申"。

⑤拮 "拮"當作"括"。

⑥輕 "輕"當作"經"。

⑦攘 "攘"當作"攄"。

① 其 "其"當作"具"。

② 末路可佘 "末路可佘"似當作"末路可全"。

③ 光 "光"當作"允"。

④ 土 "土"當作"去"。

⑤ 臣 據上文"臣"當作"出"。

　　十五日丁丑，大學士方從哲謹題："昨臣其①揭以補科道、點都憲二事爲請，病憒之中，誤以皇上近日所點京營一差爲大工差，適見都察院揭帖，始覺其誤，臣不勝悚懼。緣臣抱恙日久，精神恍惚，少涉思慮則頭目眩瞀，如在夢中，一切言語行事轉眼即忘，渾如隔歲，臣病勢如此，尚能保其生？尚能營其職乎？伏望聖慈恕臣一時錯誤之罪，將臣乞身及補閣臣二疏速賜批發，庶病臣去而末路可佘②，新臣用而政幾有託，一舉而皇上有任賢圖治之美，微臣可免妨賢病國之誅，豈非臣之至願、臣之至幸哉？至於臣前日揭請二事，及都察院題催各項按差，並望慨然光③行，臣愚不勝伏枕哀祈之至。"

　　十七日己卯，大學士方從哲謹題："頃該臣同官吳道南，因聞繼母之變，兼以目疾侵尋，叩闕啟行，今已十日矣。論人臣之義，當以候命爲恭，在道南不無徑情之過。但其病勢已深，訃音忽至，衷懷迫切，似有可原。計聖慈或亦不深以爲罪也。臣查往例，凡閣臣土④國，多蒙主恩優渥，或有銀幣之賜，或有馳驛、差官護送之旨，凡以昭禮遇之隆，全輔弼之體，典至備也。今道南倉卒告歸，前項禮數，總俟皇上特恩，臣未敢援例以請。但道南臨行，尚有報訃、辭朝二疏，見在御前。伏望皇上發臣票擬，俾其得一俞旨以去，庶大臣之進退有據，而國體亦不至於陵夷矣。臣不勝仰望之至。"

　　二十日壬午，大學士方從哲謹奏："爲新臣未簡國勢可虞庸臣未斥曠官益甚再懇天恩並賜俞允事。自同官吳道南憂去，而閣中止臣一人矣。臣以宿疾侵尋，偃臥私居且將兩月，是名雖一人，其實與無人同矣。以綸扉禁近之地，王言自出，政本攸關，一旦寂然無人，頓成空署，如此景象可不爲之寒心哉？頃臣以閣務甚重，閣員一空，懇恩速賜推補，奉聖旨：'覽卿所奏，具見忠愛。卿前以偶疾請假，今已調攝月餘，知必安痊，朕日望卿臣⑤輔理，何爲又有此奏？機務繁重，倚賴甚殷，況次輔道南以憂去國，卿豈可復杜門言去，欲朕孤立於上？卿豈忍乎？宜即出入閣匡贊，慎勿再陳。請補閣員，朕知道了。該部知道。欽此。'臣長跽揍①讀，感極涕零。何意病憊微臣，猶過蒙我皇上眷注若此，儻一息尚延，敢不失②志捐靡以報數③？第臣再四思之，我朝閣臣雖無宰相之名，實有贊襄之責，上之付託甚重，而下之屬望亦甚殷。自朝廷大禮大政，以及人才進退、民生休戚，舉天下國家之務，無鉅無細有一不問閣臣者乎？故必得其人，而後輔理可資，亦必多其人，而後協恭有賴，從來木④有以一人獨任，更未有以一極庸極病之人獨任而且久者也。當道南未任之先與杜門之後，臣亦嘗只身在直，竭蹷撐持。然始而冀其即來，既而望其復出，且臣方任事之初，精神尚堪鼓舞，意氣不至隳頹，以故勉強支吾，幸免十分狼狽。而今則不能矣。臣之身愈病而時事愈艱，臣之技已窮而責任益重。無論疑難重大之事卒然而臨者，不能以寸心籌書⑤、獨力擔當，即尋常本章，每日票擬，瞻前則忌⑥其後，顧⑦此則遺於彼，昏憒⑧如是，欲保其無錯⑨誤，得乎？況今朝政日壅，人情久鬱，大僚半缺，言路盡空，太倉有懸罄之憂，邊鎮多呼庚之警⑩，加以天災時變，所在奏聞，水旱蝗蝻、饑饉流離之報，殆無虛月。時勢至此，而徒令一虛庸病憒之夫居鼎軸之司，任變調之寄，譬之持枯株以支大廈，操一葉以泛驚濤，有不傾壓覆溺、以至於敗者幾何哉？國步多艱，臣心滋苦，拯⑪危救難，惟此一時。伏望皇上俯念機務至重，佐理需人，時勢乞⑫窮，萬難遲緩，亟敕該部，將在朝在野才望之臣速推七、八員，列名上請，更祈聖明乾斷，立賜點用，庶樞機重地協贊有人，政柄不致潛移，時艱因而克濟，宗社幸甚，臣愚幸甚。至若臣一疾沉綿，衰頹日甚，感恩雖切，恐終無圖報之時矣。再乞聖慈，即賜罷斥，臣愚可勝迫切哀懇之至？"

是日，大學士方從哲謹題："竊惟今日時事亦多端矣，而萬分緊要、萬分難緩者，無如補六科之官。相⑬制額設給事中六十員，我皇上次⑭年兩次增減後，亦不下五十員，而今見在止四員矣。吏、禮、工三科絕無一人，自兵科外五科俱無掌印。皇上誠思，二百年來曾有此事否？無論朝臣，即閭巷小民少有

萬曆四十五年

① 揍 "揍"當作"捧"。
② 失 "失"當作"矢"。
③ 數 "數"上當有"恩"字。
④ 木 《明神宗實錄》卷五五九"木"作"未"，是。

⑤ 書 "書"當作"畫"。
⑥ 忌 "忌"當作"忘"。
⑦ 願 "願"當作"顧"。
⑧ 憤 "憤"當作"憒"。
⑨ 鐯 "鐯"當作"錯"。
⑩ 警 "警"當作"警"。
⑪ 捶 "捶"當作"拯"。
⑫ 乞 "乞"當作"已"。

⑬ 相 "相"當作"祖"。
⑭ 次 "次"當作"初"。

知識者，亦莫不相聚竊嘆，以爲從來詫異之事，而皇上視之恬然，略不介意，臣誠不知其解也。恭遇聖節伊邇，四方萬國入賀之使，雲集闕下，籍①首獻琛，而朝寧之間，瑣闥②之臣寥寥若是，寧不取輕四夷、笑中國之無人乎？今考選散館聽補科道諸臣，候命日久，一蒙允用，便可布列班行、將朝廷之氣象一新，而萬中③之觀瞻以肅，豈非清朝盛事哉？臣一介草茅，幸蒙聖明拔擢以有今日，乃在任四年，不能爲國家贊成一善事、引用一言官，尸位苟容，素餐滋消，臣生何以見天下士大夫？死何以見列聖神靈於天土④？以是腐心疾首，寢食不寧，輒敢不避煩瀆，再陳悃款之愚若此。伏惟聖慈矜察，慨賜允行。臣從哲不勝迫切懇祈之至。"

二十三日乙酉，大學士方從哲謹題："適蒙發下禮部一本，爲同官大學士吳道南繼母鄧氏題請卹典，中引舊輔王家屏繼母事例，曾於祭葬之外給與誥命，此蓋皇上優禮輔臣至意。臣查道南，自任少詹事、禮部侍郎，至今任尚書、大學士，蒙恩亦綦厚矣，獨絲綸之寵未逮庭幃，於人子之心不無少歉。儻蒙皇上格外施仁，俯照王家屏前例，給與應得誥命，不獨道南一門存弦⑤世戴高厚殊恩，而異數旁敷，其爲清朝輔弼之光非減⑥鮮矣。昨奉明旨，皇上於道南既有銀幣之賜，又有馳驛、差官護送之命，禮過⑦優隆，臣從哲不勝慶幸，不勝感戴。茲復援例以誥命爲請，亦仰體聖慈或者不靳⑧此一節，以全始終之恩也。謹擬票進呈御覽，臣愚未敢擅便，恭候聖裁。謹題。"

二十八日庚寅，大學士方從哲謹題："頃該臣具疏乞休，兼請推補閣臣，今已數日，來⑨蒙皇上批發。臣分當靜聽，敢復別有塵瀆？第連日接到各衙門揭帖，有關繫政體急宜舉行者，臣安忍坐視不言？除點四省巡撫以靖地方、點十處按差以資彈壓、補候命科道請⑩臣以充言路、蕳⑪都察院堂官以肅紀綱，計皇上必且次第允行，容臣補牘再請，此外尚有目前一、二事，敢先爲皇上申懇之。其一下報災之疏。頃自北直隸、山東、山

①籍　"籍"當作"稽"。
②闥　"闥"當作"闈"。
③中　"中"當作"方"。
④土　"土"當作"上"。
⑤弦　"弦"當作"殁"。
⑥減　"減"當作"淺"。
⑦過　"過"當作"遇"。
⑧靳　"靳"當作"靳"。
⑨來　"來"當作"未"。
⑩請　"請"當作"諸"。
⑪蕳　"蕳"當作"簡"。

西、河南、江西，以及大江南北，或大旱，或大水，或蝗蝻，又或水而復旱、旱而復蝗，重災疊災、處處見告，至於應天所屬，羣鼠渡江，食民間田禾殆盡，此尤從來未有之異，弭災修救，可不亟圖？謂宜將各處撫按奏章，悉發該部，俾將應蠲、應賑①、改折、留稅等項，速爲議覆，以恤民瘼，以收海內人心，此今日之急務也。其一傳停刑之旨。我皇上以好生爲德，邇歲當差官審決之時，率免行刑，以是國上②羣囚得少緩須臾之死，甚盛事也。惟是雲貴遠方，一時不能遽到，德青③雖布，每至後期，虛負皇仁，深可惋惜。則夫蚤霑恩綸，俾率土均霑解澤，此又今日之急務也。其一允理刑之官。鎮撫司之設，原爲鞫審欽發人犯，一經打問，便送法司擬罪，其無辜株連者立爲釋放，從來④有合有罪無罪之人，一概淹禁，經年累月而不得解脫者。且人多地窄，疢疾易生，癘氣所傳，死亡相繼。人命至重，奈何草菅視之，漫不經意乎？則點刑官以清詔獄，尤今日之急務也。以上三者，於事若緩，而小民之休戚死生實係於斯。昔人謂，人情莫不欲壽，三王生之而不傷，人情莫不欲安，三王扶之而不危，是雖仁政之一端，而實王道之先務。矧聖壽屆期，普天同慶，布德施惠，正能⑤其時。故臣因諸臣之揭而復爲催請，亦仰體我皇上愛民之念、泣罪之心，以少裨聖德、聖政於萬一，煩瀆之罪，所不敢辭矣。伏祈宸斷，即賜允行。臣不勝惶悚待命之至。"

三十日壬⑥，題："恭照皇太子講讀，先於四月間再奉明旨：待秋爽擇吉本⑦行。臣等欽遵，未敢煩瀆。即今秋序漸深，氣候清爽，講解溫習正惟其時。臣謹擇得八月初六日、初九日兩日皆吉，伏祈皇上欽定一日，命皇太子出閣照常講讀，不勝至幸。再照帝王之學，與韋布不同，其《大統曆》中所開入學日期，在民間小學率多拘此，若儲宮開講，則將籍切磋涵⑧養之功，究修齊治平之道，區區星日之說，似有不必盡拘者。故臣但酌時令之宜，以此二日爲請，恭候聖明裁斷，敕下臣等遵奉施行。臣不勝顒望之至。"

萬曆四十五年

三四〇五

①賑 "賑"當作"賑"。
②國上 "國上"當作"圜土"。
③青 "青"當作"音"。

④來 《明神宗實錄》卷五五九"來"作"未"，是。

⑤能 "能"似爲誤字。

⑥壬 "壬"下當有"辰，大學士方從哲謹"八字。
⑦本 "本"當作"舉"。
⑧涵 "涵"當作"涵"。

# 萬曆起居注

①八 "八"上當有"萬曆四十五年"六字。
②受 "受"當作"吏"。
③于 "于"當作"千"。
④因 "因"當作"困"。

⑤暇 "暇"當作"暇"。
⑥牘 "牘"當作"牘"。

⑦旱 "旱"當作"早"。

八①月三日乙未，大學士方從哲謹題："頃接受②部揭帖，內言科道缺人之極與諸臣候命之久，至爲詳盡。臣愚即欲有言，無以復加於此矣。因念聖明在御，才俊滿朝，羣資攄效用之忠，朝廷收得人之數，明良相遇，固于③載一時也。而獨令侍從之班，有空虛寥落之衆，需次之臣起棲遲困④頓之嗟，政體人情，無乃兩有所傷乎？即今聖壽屆期，四方來賀，皇上所爲仰承天眷，綿景運於萬年，俯順人情，萃歡聲於六合者，惟在此舉。則夫渙發明綸，俾諸臣各就其列，各效其官，知不待臣詞之畢矣。合而論之，候命諸臣，考選者四十餘員，起復假滿者七、八員，散館者止三員耳，視先朝額設人數尚未及半。皇上遲之數年，用之一旦，在朝廷則爲盛舉，在多士則爲奇逢，其遲之也，固以寓磨礪之微權，其用之也，實以舉旁招之大典，寧獨官聯備而言路有光，任使充而國體以肅？即四曳朝賀之使，一時見交戟之下，耳目侍從之臣濟濟若是，又且畏中國之有人，而歡欣悚息之不暇⑤矣。臣愚爲一事累牘⑥連章，千祈萬懇，心已盡，力已窮，詞已無餘，計亦無復之矣。以人情論，以理勢論，皇上似亦可以憐臣之苦，行臣之言矣。今去萬壽聖節祇有半月之期，施不測之恩，發非常之政，惟此事，亦惟此時。臣自茲以往，但側身靜聽，不敢再有塵瀆矣。萬惟聖明留神慨允。臣從哲不勝迫切懇祈之至。"

六日戊戌，大學士方從哲謹奏："爲推補閣員已奉俞旨再懇聖明速賜舉行並乞旱⑦罷病臣以全晚節事。先是臣因同官憂去，直閣無人，懇恩亟行推補，奉聖旨：'請補閣員，朕知道了。欽此。'臣方冀明綸已布，選舉有期，使衰病之夫旦夕得釋重負，可勝厚幸？乃靜聽至今，未蒙宸斷，亦未蒙敕下該部會推，搔地虛懸，閣門晝閉，密勿代言之任漫無所歸，孤立之勢可虞，傾危之形立見。臣每一念及，五内如焚，中夜徬徨，寢不能寐，蓋匪徒爲一身之顚隮慮，而深爲國事之虺尨慮也。臣猶記萬曆十一年間，首輔張四維守制回籍，時尚有申時行、余有丁二臣在位，乃不數日而皇上即簡侍郎許國入閣辦事，枚卜之典定於俄頃之間，聖明舉動誰不欽服？邇年以來，沈一貫獨任而後補沈鯉、朱賡，朱賡獨任而後補于慎行、葉向高等四人，向高獨任而後補臣從哲與臣道南。中問①久者一年，少者數月，雖遲速不同，然未有終於不補之理。與其遲之歲月不得已而用之，孰若及今早補，得以藉贊襄之力而免臣愚眒②瀆之煩也？今夫中人之家，有千金之產，必其至③人勤勞率作於上，而其家贅④與亞旅諸人周旋奔走於下，然後家業可興，未有不任紀綱之傑⑤，而獨恃一人之再⑥目手足，能拮据庶務者。一家且然，況天下乎？臣抱病日深，於時政分毫無補。近日所請，如點大僚、補科道、點按差諸事，雖微誠已竭，而天聽難回，尸位曠⑦官，罪愆莫贖。兼以新臣未用，接濟無人，愁悶驚惶，百憂交集。邇來神思益憤⑧，目力益昏，徒具人形，實無生理。當此之時，而今⑨臣以隻身司政本，獨力佐萬幾，譬之奄奄垂盡之夫，而付以千斤之重，立見其顛覆以至於斃耳。皇上縱不為微臣計，獨不為朝廷機務計，為祖宗奎⑩甌無缺之天下計耶？臣身甚危，臣心滋苦，憐其苦而捶⑪其危，非聖明誰望焉？伏願我皇上，乘此萬壽之前諸臣入賀之日，敕部速行推舉，立賜簡用，庶九重之心⑫贊⑬有託，而萬方之觀聽一新，熙帝載以迓天庥，慰人心而綿國脉，恒必由之矣。至如臣從哲，衰病纏綿，無再入綸扉之望，更乞聖慈即賜罷免，以全末路、保餘生。臣一息尚存，當與田天⑭野老共祝聖壽於萬萬年矣。臣伏枕哀鳴，不勝激切懇祈之至。"初八日，奉旨："覽卿所奏，具見忠誠懇切，朕悉鑒知。機務繁重，卿疾已愈，朕望卿出佐理，豈可又以疾辭？國事何賴？今朕壽節在邇，卿為輔弼元臣，當宜表率百僚稱慶，豈可久延私寓不出？還着鴻臚寺堂上官宣論⑮朕意，即遵旨速出，入閣贊襄，以慰朕眷倚至懷。慎勿固陳。推補閣臣，朕知道了。該部知道。"

九日辛丑，大學士方從哲謹奏："為恭謝天恩再陳愚悃事。該臣具疏請補閣員，並祈休致，昨初八日奉聖旨：'覽卿所奏，具見忠誠懇切，朕悉鑒知。機務繁重，卿疾已愈，朕望卿出佐

萬曆四十五年

三四〇七

①問 "問"當作"間"。
②眒 "眒"當作"眙"。
③至 "至"當作"主"。
④贅 "贅"當作"督"。
⑤傑 "傑"當作"僕"。
⑥再 "再"當作"耳"。
⑦曠 "曠"當作"曠"。
⑧憤 "憤"當作"憒"。
⑨今 "今"當作"令"。
⑩奎 "奎"當作"金"。
⑪捶 "捶"當作"拯"。
⑫心 "心"當作"上"。
⑬贊 "贊"字前或後當有脫字。
⑭天 "天"當作"夫"。
⑮論 《明神宗實錄》卷五六〇"論"作"諭"，是。

# 萬曆起居注

理，豈可又以疾辭？國事何賴？今朕壽節在邇，卿為輔弼元臣，當宜表率百僚稱慶，豈可久延私寓不出？還着鴻臚寺堂上官宣諭朕意，即遵旨速出，入閣贊襄，以慰朕眷倚至懷。慎勿固陳。抬①補閣臣，朕知道了。該部知道。欽此。'隨該鴻臚寺少卿張廓、寺丞②王邦甸到臣私寓，遵旨宣諭，臣謹恭設香案，望恩訖。伏念臣病憊餘生，久宜擯斥③，過蒙慈眷，屢辱溫綸，自非草木之無知，忍不捐糜以自效？無奈臣心有餘而才不足，任既重而時更艱，圖報之志雖殷，感格之誠未至。天語諄諄，一則曰'佐理'，一則曰'贊襄'，所為望臣勉臣者何薦至也？而臣自待罪以來，呆④能為皇上佐理一善政、贊襄一大事乎？無論天災時變、物怪蟲妖、種種危亂之形，臣不能調燮於未然，消弭於既著，只如用人一節，乃賢才進退、國運除替所關，此朝廷何等大事？今大僚缺矣，能請皇上點一都憲、點一卿貳、點一巡撫乎？言路空矣，臣能請皇上補一給事中、補一御史、點一按差乎？廢官之淹禁多矣，久矣，臣能請皇上舉弓旌之典，拔巖穴之英乎？見任者若於積薪，需次者艱於轉石，家食者絕望於賜環，遂使祖宗數百年培養之人才，壯者老，老者盡，而國家曾不得其尺寸之用。誠問誰任腹心，誰為輔弼，而坐令朝寧空虛、仁賢凋謝、一至於此也？臣居此地，值此時，若不能省躬引咎，辭位避賢，而徒戀慕主恩，希圖榮祿，靦顏再出，儼然列於諸司之上，是必無人心者矣。今聖節在邇，百僚稱慶，臣雖宿疾未愈，何敢偃臥私居？容至日勉強趨朝，扶掖行禮，恭效嵩呼外，伏望皇上乘此萬壽屆期四方來賀之日，渙發德音，一新庶政，將臣向來所請補大僚、補科道、點按差、及宥過恤刑、賑荒蠲稅諸事，慨然允行，將見羣情鼓舞，和氣流通，萃萬國之歡心，綿無疆之曆數，端必由茲矣。臣一介草茅，其去其留何足輕重？嗣容專疏再請，敬因奏謝，附陳款款之愚若此，仰惟聖明我⑤察。臣不勝感激天恩皇恐籲祈之至。十三日，奏⑥旨："覽卿奏謝，朕知道了。所請點用大僚等諸事，朕次第檢發。閣務繁重，卿宜遵屢旨，即出入閣輔理，副朕倚任至意。不得再有所陳。該部知道。"

①抬 "抬"當作"推"。
②丞 "丞"當作"丞"。
③斤 "斤"當作"斥"。
④呆 "呆"當作"果"。
⑤我 "我"字當誤。
⑥奏 "奏"當作"奉"。

萬曆四十五年

十二日甲辰，大學士方從哲謹題："照得御史劉光復繫獄三年，茹荼萬狀，祖孫母子顛連苦楚之情，朝士憫之，路人悲之，其爲宸衷所軫念可知也。邇來臣等屏息靜聽，不敢頻爲煩瀆，固知皇上以好生爲德，開恩解網，當自有時，豈臣下所敢期必？但光復幽囚已久，悔悟已深。即今聖壽屆期，華夷普慶，自縉紳之士以及閣荅①小民，莫不歡欣鼓舞，共效嵩呼，而光復猶然處圜土之中，受桎梏之慘。昔人謂滿堂燕笑，而一人向隅，主人必爲之愀然不樂，其在今日，無乃類是乎？施不測之恩，以慰與②情，以宏聖澤，惟此時爲然矣。伏惟聖慈矜察。臣從哲不勝戰慄懇祈之至。"

十四日丙午，大學士方從哲謹題："頃臣具疏恭謝宣諭，復奉溫綸，令臣即出輔理，許臣山③所請點大僚諸事，俟次第檢發，臣不勝感激，不勝顒望。竊惟萬幾雖頤④，總屬皇上之一心，用人行政事若甚繁，祇在勵精之一念。皇上肯點一大僚，則大僚用矣，肯點一科道，則科道補矣。推之諸事，莫不皆然，似無待於檢，亦無庸於次第也。況地才⑤安危判於呼吸，時勢緊切，急若然眉，尤有不容緩圖者。近接大同、福建兩處揭帖，順義移悵⑥西行，要求改市，虜情變動，深有可虞，而東南沿海地方，島夷內窺，聲息甚急。此何等時也？而不亟簡新臣以資彈壓，近海重地皇上詎可度外買之放⑦？給事中見在四員，三科無人，五科無印，瑣闥寥寥，成何景象？又如都察院近題十差，止票甘肅一疏，而又不下，朝政厄塞至今日而極矣。玆去聖節只有三日，在廷之臣與之⑧賀之使，莫不跂足翹首仰望新政，而九重之上寂然無聞，幾務至重，皇上豈真忌之耶？抑因臣等之煩瀆而故付之不理耶？如是而徒責臣以即出輔理，臣即扶病勉出，將輔理何事？而能仰副皇上要⑨任之至意耶？今部院推官題差之疏俱在御前，皇上但舉葉⑩批一、二'是'字，便可使官聯無缺，臺省不空，填撫得人，巡方有賴，將見綸音一布，朝野勝⑪歡，中外臣工誰不仰明作之治功、頌無疆之聖壽？而臣愚亦得藉手以奉萬年之腸⑫，豈不休哉？若徒曰'次

① 荅 "閣荅"當作"閭巷"。
② 與 "與"當作"輿"。
③ 山 "山"當作"以"。
④ 頤 "頤"當作"賾"。
⑤ 才 "才"當作"方"。
⑥ 悵 "悵"當作"帳"。
⑦ 買之放 "買之放"當作"置之歟"。
⑧ 之 《明神宗實錄》卷五六〇"之"作"入"，是。
⑨ 要 《明神宗實錄》卷五六〇"要"作"委"，是。
⑩ 葉 "葉"當作"筆"。
⑪ 勝 "勝"當作"騰"。
⑫ 腸 "腸"當作"觴"。

第檢發'，畢竟何時後撿？何時始發？轉盼之間，聖節已過，人望盡孤，惶惶天語，無乃又託之空言乎？當此之時，臣即靦顏就列，於國事何足有無？祇足以增垢辱而資笑罵耳。臣力已窮，臣忠已決，乘時圖治，以承天眷，慰人心，獨於我皇上有厚望焉。臣不勝瀝血剖心迫切懇折①之至。"

十六日戊由②，大學士方從哲謹奏："爲感激天恩敬陳謝悃事。該文書官王體乾恭捧聖諭③到臣私寓：'諭④元輔：卿輔贊有年，忠清直亮，朕素鑒知。卿調攝已愈，昨者特遺⑤鴻臚寺堂上官諭卿即出，何乃屢屢固辭？方今國家多事，卿豈得久臥私寓？大義謂何？機務繁重，正賴卿殫忠佐理，卿爲輔弼重臣，豈可堅執不出？於心何安？宜仰體朕衷，遵承綸⑥旨，速出視事，以慰眷懷。不必再有託陳。所詩⑦諸事，待卿入閣次第舉行，特諭卿知。欽此。'臣綦設杏案⑧行五拜三叩頭禮，望闕謝恩訖。伏念臣一疾纏綿，久稽入直，雖票擬不廢，而夙夜在公之誼殊覺有虧，念之不勝惶悚。伏蒙我皇上不如⑨譴責，溫諭再頒，所爲褒臣、勉臣、及責望於臣者，委婉諄切，真者⑩慈父之於子，雖至愚不肖，而猶顧復勤惓，不少馳其天性之愛，臣何人斯？而過蒙聖眷一至此也？臣捧誦再三，感極而泣。所不即捐軀隕首以圖報殊恩於萬一，是尚知有致身之義者乎？臣方懼曠官日久，不能奉行德意，以致聖節臨近，機務尚壅，今皇上明示以待臣入閣，次弟⑪舉行，是又聖心轉移之機，聖政更新之會，臣所爲齋心籲禱、日夕企望而不可必得者也。臣經年祈請而不足，皇上一時裁斷而有餘，此不獨臣一人之幸，實宗社之幸，中外臣民之幸矣。所奉聖諭，謹什襲尊藏，以爲鎮家之寶。臣擬於十七日先詣宮門行禮，恭祝萬壽，容於次日報名廷謝，隨即遵旨入閣辦事。臣不勝感戴瞻依之至。"十八日，奉旨："覽卿奏謝，知卿十七日詣宮門行恭祝禮，以⑫日入閣辦事，朕心嘉悅。知道了。該部知道。"

十八日庚戌，大學士方從哲謹題："頃臣在告日久，屢奉諭

①折 "折"當作"祈"。
②戊由 "戊由"當作"戊申"。
③論 "論"當作"諭"。
④論 "論"當作"諭"。
⑤遺 "遺"當作"遣"。
⑥綸 "綸"當作"諭"。
⑦詩 "詩"當作"請"。
⑧綦設杏案 "綦設杏案"當作"恭設香案"。
⑨如 "如"當作"加"。
⑩者 "者"當作"若"。
⑪弟 "弟"當作"第"。
⑫以 "以"似當作"次"。

旨，令臣即出視事。臣仰戴隆恩，莫知所報，分宜矢竭駑鈍，以答高深。謹於今日早見朝後，即入閣辦事，以盡臣愚靖共之職，而所慰宸衷眷注之勤。至於我皇上憐臣察臣，使臣不虛此出，則猶有惓惓至望，茲且未敢遽瀆也。臣不勝激①瞻仰之至。"

二十一日癸丑，大學士方從哲題："恭照皇太子講學之期，先該臣擇於八月上旬，隨奉明旨：'覽卿奏請皇太子講讀，今朕壽節在邇，禮儀繁重，況天氣尚暄，待秋爽擇吉行。欽此。'即今秋序漸深，氣候清爽，乘時講學，難以再遲。臣謹擇得本月二十五、二十七兩日皆吉，伏望皇上欽定一日，令皇太子照常出閣講學。臣從哲不勝顒望之至。"

二十二日甲寅，大學士方從哲謹奏："爲再懇天恩亟補閣員事。頃臣以政本單虛，恭請柼②卜，疏揭再二③，業再奉我皇上'知道'之旨矣。顧臣所望於皇上，不在於知，在於行也。知而不行，於事何益？然此一事非緩而可以不行，又非難而不可即行④者也。天下國家之大，萬幾之賾，無一不取裁於聖心，而皇上所爲寄心膂而託股肱者，亦惟是二、三輔弼之臣是賴，此其責任何等重大？事體何等煩難？而乃令一庸病之臣，獨力支持，經年竭蹶，而不爲之所，國事其有幸乎？今內而部寺，外而府州縣，所理者一曹之事、一方之事爾，然皆有長、有貳，彼此相資，而後職業不廢。乃密勿何地？代言何官？佐一人以贊庶政，所司何事？而反付於臣孑然一身，譬之駑馬已憊，而又負以千斤之重，驅於羊腸之險，有不折足僨轅以敗者幾何？臣哀殘已甚，又當病困之餘，意氣全灰，精神益憒，其不能久事我皇上，人人知之也。皇上若不憐臣、聽臣、亟補閣員，以爲臣代，臣身隕越固無足惜，而政權之旁落，國勢之阽危，皇上能無慮乎？則夫招延俊乂，廣置疑丞，俾微臣得資夾輔之功，而政地不至有單匱之患，乃皇上自爲社稷計，而匪獨爲臣愚計矣。方今在朝在野濟濟多賢，下有公論之可憑，上有聖明之獨

① 激 "激"上當有"感"字。

② 柼 "柼"當作"枚"。
③ 二 "二"當作"上"。
④ 仃 "仃"當作"行"。

# 萬曆起居注

鑒，皇上但敕部速推，早賜允用，仍乞照丁未之例，多點數員，將一舉而輔理得人，贊衷有託，微臣既可逭誤國之罪，而皇上亦可省屢瀆之煩。時事當行，此爲第一，萬惟聖明乾斷，無復遲疑。臣不勝齋戒籲天惶悚待命之至。"

二十三日乙卯，大學士方從哲謹奏："爲懇乞聖明亟補候命諸臣以存國體以慰羣情事。照得給事中、御史，號爲耳目之臣，朝廷所爲寄聰明而資任使，責至重也。自國和①及我皇上初年，額設有定員，考選有定制，臺班濟濟，省闥充盈，得人之效，迄今猶可想見。自行取改爲留部，而舊制少更。然其初一留即考，一考即下，於人情政體固無妨也。以後考期之遲，或數月，或半年，命下之遲，或半年，或一年，而今且至於五年矣。起復假滿候補者，亦皆三、四年矣。甚至散館各官，亦候至三年，且多有守制而去者矣。諸臣以強盛之年，員②經濟之略，使之當事，必能乘時自效，一抒報國之忱③。而徒令偃蹇都門，蹉跎歲月，用舍無據，進退俱窮，此何爲者？況今六科止有四人，印檟④長封，發抄俱廢，六部之事率停閣不行。而御史內外各差，變通已窮，無人接濟。缺人之極若此，而顧以有用之才，置之無用之地，致令祖宗法度、朝廷徆⑤紀，日隳月廢，以至於漸減無餘，此臣所爲附⑥心而痛情⑦者耳。頃臣朝見之後，各省直齎捧之臣俱謁臣於朝房，談及時事，咸以科道官爲問。大牽⑧謂主上留心萬幾，每事法祖，獨此一事，何爲堅執不行若此？其果厭棄言官，置而不用都⑨？抑但畏其多言，而故爲是挫抑，以磨礲之耶？言路通塞，關國運盛衰，自昔虛懷納諫之主，多導之使言，從未有防其口，錮其身，並廢臺諫之官而不諡⑩者。竊見交戟之不⑪，寥寥數員，任使無人，官守盡曠，仁賢剝落，國勢空虛，遠方之臣誠不勝私憂過計。奈何不爲主上力爭之？是益⑫諸臣於規切之中，寓責備之意，臣聞其言，不覺心折口噤，赧顏而不能對，祇以積誠未至，感勤⑬無由，引罪自賣⑭而已。然而臣之心滋苦矣。今諸臣陛辭有日，莫不翹首跂足，幾望新政，而皇上又許臣以'待臣入閣，以弟⑮擧

①和 "和"當作"初"。
②員 "員"當作"負"。
③忱 "忱"當作"忱"。
④檟 "檟"當作"櫝"。
⑤徆 "徆"當作"綱"。
⑥附 "附"當作"拊"。
⑦情 "情"當作"惜"。
⑧牽 "牽"當作"率"。
⑨都 "都"當作"耶"。
⑩諡 "諡"當作"設"。
⑪不 "不"當作"下"。
⑫益 "益"當作"蓋"。
⑬勤 "勤"當作"動"。
⑭賣 "賣"當作"責"。
⑮以弟 "以弟"當作"次第"。

行'，若不乘此時行此一事，過兹以往，又將何望哉？夫朝廷舉動，係四海之觀瞻，人主一言，天下信之有如全①石。臣固知皇上既發德音，萬萬無食言之理。但念言路空匱至極，諸臣守候累年，儻皇上早允一日，則國體早全一日，人心早慰一日，皇上之恰②臣許臣，與臣之惓惓仰望於皇上，以不虛此一出者，俱繫於是矣。伏惟聖慈立賜俞允，臣不勝迫切籲祈之至。"

是日，大學士方從哲謹題："爲銷假事。該吏部手本開送庶吉士孔貞時，係萬曆四十一年進士，改庶吉士，於翰林院讀書，四十三年五月内，該本部覆准給假，送親回籍，假滿之日，依限前未③供職。今據起文銷假到部，查無違礙，移文到院。查得萬曆二十六年題奉欽依，以復④起送庶吉⑤，未經散館者，俱仍復館，與見在庶吉士一體讀書考試。今庶吉士已奉旨間科一選，未曹⑥開館，合無將孔貞時徑行考試，詳⑦品授職？臣考得孔貞時文學優長，俱⑧任翰林院官。謹將原卷進覽，伏乞敕下吏部，將孔貞時照依甲弟⑨，除授本院官職。臣未敢擅便，謹題請旨。"

二十四日丙辰，大學士方從哲謹題："先是歲貢生員顧⑩就教職者，該臣等於五月十五日，會同翰林院官考試，隨將試卷封進御覽，經今三月有餘，未蒙檢發。諸生守候日久，旅食爲艱，日暮途窮，情跌可憫⑪。臣謹將原本再錄呈上，伏望皇上留神，即賜批發，天下寒生幸甚，臣愚幸甚。謹題。"

是日，大學士方從哲謹題："先該吏部題，萬曆四十五年分應貢及四十三等年起復病痊等項願就教職歲貢生員，開送翰林院考試，臣會同詹事府詹事兼翰林院侍讀學士掌院事劉一煜，出題彌封，嚴加考試、取中文理平通上卷四卷、文理亦通中卷二百九十一捲，俱惦⑫授教職。謹將各試卷封進，伏乞聖裁發下，開送該部，查照先後題准事理，欽遵施行。謹題請旨。"

二十五日丁巳，大學士方從哲謹題："竊惟今日朝政之大，無如簡用大僚，而大僚之中其最重最要不容少緩者，又在都察

萬曆四十五年

①全 "全"當作"金"。
②恰 "恰"當作"憐"。
③未 "未"當作"來"。
④復 "復"當作"後"。
⑤吉 "吉"下當有"士"字。
⑥曹 "曹"當作"曾"。
⑦詳 "詳"當作"評"。
⑧俱 "俱"當作"堪"。
⑨弟 "弟"當作"第"。
⑩顧 "顧"當作"願"。
⑪情跌可憫 "情跌可憫"當作"情殊可憫"。
⑫惦 "惦"當作"堪"。

# 萬曆起居注

院堂官與各處巡撫、院①堂之缺，久者十餘年，近亦四、五年。節該諸臣催諸②不知幾十百疏，而天聽彌高，杳無消息，中外臣工求其故而不得，則莫不責望於臣。以爲總憲之官，紀綱法度之所自出，而歷年以來以代攝爲常事，以懸缺爲固然，此其關繫國體何如？而不能懇請力爭，以期必得於皇上，此非輔臣之責而誰責也？臣職在進賢，誠無所逃罪，然今亦不敢望皇上一時概用，但祈於會推諸臣中，先點一、二人，敕令刻期到任，俾臺綱有屬，而國體不虧，是臣所爲齋沐籲天，以冀聖慈之必允者也。至於近日會推巡撫，雖地有邊腹，缺有久近，然而建牙之臣乃一方安危所係，況石③今日，大同之虜情叵測，閩海之倭警屢聞，江在④之水災疊見，其保定、河南、湖廣三處則皆旱蝗爲虐，民不聊生，而陪京重地，長江天險，所藉操江督臣尤爲喫緊。此何等要職？而皇上猶漫然視之，不爲亟補耶？方今聖壽日增，皇衷逸豫，補缺官以新聖政，惟此一時。伏望未⑤萬幾之暇，將吏部先後會推諸疏盡數檢出，先將都察院堂官與各處巡撫及操江都御史，即賜點用，其餘部寺各官，仍祈墜⑥續推補。將見羣賢布列，庶事修明，朝政一新，而羣情胥服、四海瞻仰在此一舉矣。臣恭承恩命，扶病勉出，實恩⑦乘機邁會一攄納牖之誠，以冀轉困⑧之聽。而連日以來，明綸未布，德意尚壅，人心之屬望將孤，臣愚之罪愆益甚，自此以往，臣更有何術可以回天、何辭可以謝中外諸臣哉？臣病憊餘生，至危至若，萬惟聖明矜督。臣不勝疾首痛心戰慄祈禱之至。"

二十八日庚申，大學士方從哲謹題："臣自入直以來，日望皇上渙發德音，舉行新政，如簡閣臣、點大僚、補科道，皆具疏懇請。煩瀆之罪，自分莫逃，所恃我皇上察臣一念愛君憂國之心，無非欲登崇俊良，弘開言路，以少裨用賢圖治之盛，非有他也。惟是時已浹旬，而前事尚未蒙允行一二，臣愚仰望之殷，愁苦之極，真有食不下烟⑨、寢不帖席者。臣固知萬幾至繁，豈能一日畢舉？但祈我皇上先下枚卜之命以定人心，次點各處巡撫，次允科道諸臣，次補各科署印，次點各處按差，今

①院 《明神宗實錄》卷五六〇"院"上有"操江"二字，是。
②諸 "諸"當作"請"。
③石 "石"當作"在"。
④在 "在"似當作"左"或"右"。
⑤未 "未"當作"乘"。
⑥墜 "墜"當作"陸"。
⑦恩 "恩"當作"思"。
⑧困 "困"當作"圜"。
⑨烟 "烟"當作"咽"。

日用一人，明日行一事，上不虛次第舉行之旨，而下可以慰臣民瞻仰之心，豈非帝王之盛節，今日之快事哉？臣私衷迫切，欲默不能，輒再布其悃疑之愚如此。伏惟聖慈矜允，國事幸甚，臣愚幸甚。謹題。"

　　三十日壬戌，大學士方從哲謹題："照得東宮開講之期，該臣遵旨改擇於二十五、二十七兩日。竊意當萬壽禮成之後，適三秋氣爽之時，乘此討論古今，溫習經史，固儲惟①進修之一會也。乃吉期已過而俞旨未宣，中外臣工不勝惶感。蓋自皇太子輟講以來，踰十餘年而皇上始允臣等之請，既其允而出講也，率以是日開，即以是日止，有一暴十寒之患，而無日就月將之功。皇上試思，自古及今，自天子至於庶人，有如此作輟而可名爲講學者乎？有如此講學而可以稱諭教、可以稱燕翼之謀者乎？即今秋序漸深，去立冬不遠，過茲以往，天氣又將乍寒，講讀之期又不可多望矣。日復一日，年復一年，畢竟何時可講？而皇太子早歲勤學工夫，何時可繼耶？昨部科諸臣連章懇請，且謂在廷之臣，將擬伏闕力爭，以祈聖明之必允。蓋爲大無②不可久稽，良時不可再失，無非爲國家根本慮，非有他也。臣叨輔弼近臣，於儲講一事尤有專責，而顧不能感格宸聽，致令明旨不信於天下，溺職之罪，何以自解？臣謹擇得九月初四日、初六日兩日皆吉，伏望皇上欽定一日，命皇太子照常講讀，至初冬輟講之日方罷，庶浹月之間，尚可望溫故知新之益，而祝③夫以一日爲行止者猶有間矣。至於皇上遲疑之故，臣既不能仰窺，而外間憶度之辭，臣又不能輕信，但得早賜宸斷，速允舉行，則曠典修而羣情服，國家億萬年無疆之緒，實於此基之矣。世不勝懇切顒望之至。"九月初六日，奉聖旨："覽卿奏請東宮講學吉期。朕壽節禮儀煩勞動火，昨偶感乍寒頭眩，尚在調攝，未暇檢閱，且初四、初六二日俱無入學之吉，可另擇吉日來行。"

①惟 "惟"當作"位"。

②無 "無"似當作"典"。

③祝 "祝"當作"視"。

# 萬曆起居注

四①日丙寅，大學士方從哲謹奏："爲閣臣不補政本將空國勢甚危臣心滋懼謹瀝血再陳懇祈天鑒事。照得同官臣道南去國幾兩月矣，臣從哲遵命入直亦且再旬矣，請補閣臣之疏至於再、至於三四矣。臣病憊支離之狀，途人見之，而皇上獨未之見也，孤危狼狽②之勢，通國知之，而皇上或未之知也，以是明旨未頒，會推無日。臣朝夕懸望，不啻以日爲年，而聖意猶遲遲未肯即決者，豈真以密勿之司，臣可以一人任，幾務之煩，臣可以一人理，而無藉於多賢乎？自成祖設内閣以來，二百餘年，中間③典絲綸、備顧問者，非六七人，即四五人，豈徒爲是贅員也？任重則獨力難勝，事繁則隻身雖辦，以彼宏猷碩望之臣，衆人馳騖而不足者，而但責之極庸極④之一夫，任其顛仆而不顧，無乃付金甌之天下於一欄⑤乎？自臣待罪綸扉，幸遇我皇上英明天授，人⑥阿獨持，凡疑難重大之事，咸賴聖明獨斷，臣愚若可幸以無罪。然而有君無臣，何以致理？無股肱心膂之記⑦，而元首亦豈能獨成其尊哉？況今堂陛⑧不交，宫府睽隔，官僚半缺，言路幾空，國計日虧，民生日蹙，虜情邊患種種可虞，加以水旱蟲蝗所在見告，天時人事丙⑨值其窮。當斯時也，自非我皇上勵猪⑩於上，更得才品兼優之佐三五輩，相與同心戮力勵勤於下，其何以挽回氣運，弘濟艱難，而躋斯世於治平哉？且國家廣置閣臣，非徒資共濟，亦以稱不虞。必平居有協贊之人，而後緩急無匱乏之患，臣哀⑪病已極，困憊不支，有如一旦溘先朝露，票擬之任皇上將付之誰乎？此時而後倉皇圖之，即幸而得人，亦已晚矣。念及於此，臣不覺心戰股慄，恨不能號泣籲天，以祈聖明之即允也。臣心彈⑫力竭，計無腹⑬之，且理極勢窮，時難再緩。伏望皇上念國事之多艱，憫臣請⑭之最苦，即敕該部速行推舉，立賜點用，俾政幾有託，主勢不孤，庶臣愚進不虞竊位之譏，退可免誤國之罪，而我皇上任賢圖治之感節⑮於祖宗列聖爲有光矣。臣不勝迫切哀祈延頸待命之至。"

七日己巳⑯，大學士方從哲謹題："先該臣以抱病曠官懇祈

三四一六

①四 "四"上當有"萬曆四十五年九月"八字。
②狽 "狽"當作"狽"。
③間 "間"當作"間"。
④極 《明神宗實錄》卷五六一"極"下有"病"字，是。
⑤櫟 "櫟"當作"擲"。
⑥人 《明神宗實錄》卷五六一"人"作"太"，是。
⑦記 "記"當作"託"。
⑧陛 "陛"當作"陛"。
⑨丙 "丙"當作"兩"。
⑩猪 "猪"當作"精"。
⑪哀 "哀"當作"衰"。
⑫彈 "彈"當作"殫"。
⑬腹 "腹"當作"復"。
⑭請 《明神宗實錄》卷五六一"請"作"情"，是。
⑮感節 "感節"當有誤字。
⑯巳 "巳"當作"巳"。

罷免，既因聖節屆期，義難偃卧。且奉有皇上'所請諸事待卿入閣次第舉行'之旨，臣不覺歡忭踴躍，竭壓<sup>①</sup>奔趨，妄謂聖政之日新，人才之漸進，此其一機也，即中外大小臣工，亦莫不以是爲臣喜曰：'豈有明旨昭昭若是，而後有不踐其言者乎？'乃臣遵命入直已再旬矣，九重之上寂然無聞，幾近日推補各官，一概停閣，即點一府尹，點二、三司道，而南北卿貳、七、八處巡撫、各項科道官，皆未點也，以極重極要之職，視爲可有可無之官，以臣至再、至三之請，視爲可行可止之事，此果萬幾紛沓，宸衷偶有所忘耶？抑因臣懇祈煩瀆，故厭棄而姑置之耶？臣每見外臣，必以皇上何不舉行諸事爲問。臣始猶强顏以對，曰'將有待也'，曰'時未久也'。自今以後，再有問臣者，臣將何以爲辭耶？臣非懼臣言之不行爲職業差，實深惜明旨之不信爲聖明累耳。皇上誠念及於此，一旦慨然獨斷，先補閣員，次點各處巡撫，次允候補考選散館科道，次點按差，次允各科署印，則官僚無抉<sup>②</sup>，賢俊彙徵，答四海仰望之心，樹一時維新之政。將見聖明舉動超越古今，寧獨九重之綸綍不虛？而臣愚之扶病再出也，亦可少施顏面於班行矣。臣，福薄人也，求去既不得，求死又不能，蹐地跼天，萬愁萬苦，有心欲剖，無淚可揮，惟聖慈憐而救之。臣不勝皇恐籲夭<sup>③</sup>之至。"

是日，大學士方從哲謹題："爲銷假事。該吏部手本開送庶吉士孔貞時，係萬曆四十一年進士，改庶吉士，於翰林院讀書，四十三年五月內，該本部覆准給假，送親回藉<sup>④</sup>，假滿之日，依限前來供職。今據起文銷假到部，查無違礙，移文到院。查得萬曆二十六年題奉欽依，以後起送庶吉士，凡未經散館者，俱仍復館，與見石<sup>⑤</sup>庶吉士一體讀書、考試。今庶吉士已奉旨間科一選，未曾開館。合無將孔貞時徑行考試，評品授職？該臣考得孔貞時文學優長，堪任翰林院官。鍾<sup>⑥</sup>將原卷進覽，伏乞敕下吏部，將孔貞時照依甲第，除技<sup>⑦</sup>本院官職。臣未敢擅便，謹題請旨。"

十二日甲戌，大學士方從哲謹題："頃蒙皇上渙發德音，下

①壓　"壓"當作"歷"。

②抉　"抉"當作"缺"。

③夭　"夭"當作"天"。

④藉　"藉"當作"籍"。

⑤石　"石"當作"在"。

⑥鍾　"鍾"當作"謹"。

⑦技　"技"當作"授"。

停刑之旨，好生之澤，洽於寰區，凡獄中應決重犯，英[①]不感戴皇仁，幸苟延旦夕之命，即大禹法[②]罪、成湯解網，無以過此矣，中外臣民不勝欣忭。臣愚方擬具揭，為御史劉光復祈恩，適聞其子向隨光復在京者，昨忽然以病死矣。光復效忠未遂，身陷囹圄，母子各天，死生永訣，行道之人誰不傷之？乃其子以一孱然弱質，周旋南北之間，欲留則祖母之煢獨無依，欲去則罪父之顛危誰顧？懸情兩地，畢命一朝，良足悲矣。夫子既以痛父而殞其身，則父必以痛子而增其若[③]，又馬[④]知母不以痛子若[⑤]孫而喪其生？怨結重泉，毒流三世，哀此光復，何罹禍之慘一至此極耶？臣非獨為其子惜，為光復之哀母惜，兼為朝廷之刑章惜也。夫以忠藎之臣，蹈卤莽之失，較之情真罪當者，輕重何如？而在彼頻徼曠蕩之恩，在此獨無肆赦之日，豈窮兇極惡之輩，尚可法外施仁，而耳目侍從之臣，反不可死中求生耶？恐天下後世未亮聖心者，或不無失刑之疑，是則臣之所深懼耳。皇上總攬乾綱，慶賞刑威恒出不測，臣固知光復之檡[⑥]當自有時。第當明詣[⑦]停刑之期，又值羣臣靜聽之後，施恩[⑧]宥罪，豈非千載一時哉？況今告朔在邇，不日將頒萬曆四十六年寶曆，聖壽聖德超缺[⑨]祖宗，赦小過以廣皇仁，或亦聖慈所不靳矣。臣不勝激切懇祈惶悚仰望之至。"

十三日乙亥，大學士方從哲謹題："臣自入秋以來，請皇太子講期，凡再三矣，乃兩奉明旨，命臣改擇，先以天氣尚暄，欲待秋爽，而今又以無入學吉日為辭。夫秋爽猶可待也，若入學之吉，則臣編[⑩]查九月，並無此日，過此又輟講之時矣。臣竊謂儲宮講學，與士庶不同，萬萬不必拘此。臣謹擇得本月十七日、二十日兩日皆吉，仰祈聖明欽定一日，俾皇太子照常出講，以完今歲之事，續曠典以信明綸，供[⑪]係於是。臣不勝激切仰望之至。"

十六日戊寅，大學士方從哲謹奏："為臣力已竭天聽未回再懇聖明亟圖新政以慰人心事。頃該臣以抱病曠官，懇恩乞罷，

①英 "英"當作"莫"。
②法 "法"當為誤文。
③若 "若"當作"苦"。
④馬 "馬"當作"焉"。
⑤若 "若"当作"苦"。
⑥檡 "檡"當作"釋"。
⑦詣 "詣"當作"旨"。
⑧恳 "恳"當作"恩"。
⑨缺 "缺"當為誤字。
⑩编 "编"當作"徧"。
⑪供 "供"當作"俱"。

萬曆四十五年

三四一九

伏蒙我皇上不即譴斥，屢降溫綸，命臣即出輔理，且許臣以所請諸事，次第舉行。臣一息尚存，忍不矢竭駑駘，圖報洪恩於萬一？今匍匐入直已一月矣，其目前要務，如簡閣臣、補大僚、點巡撫、允科道、點按差、釋纍臣諸事，單請合請補牘不下十餘矣，朝夕盼望，奚啻以日為年？而九閽寂然，毫無影響。前項疏楬①，不知曾達御前徑②聖覽否？如真未達，則是臣每日殫精竭誠以冀轉圜之聽者，而皇上概置之罔聞，其不蒙省察宜也。如以為既覽，則臣所言者，有一非當？今之急務有一非皇上所當亟行者乎？何其宜行而久不行也？豈待臣入閣次第舉行之旨，皇上遂忘之耶？抑姑假此以趨臣之出，而原非宸衷之本意耶？聖意雖未可知，而明旨一宣，臣敢不信之若金石？天下之人，誰不望之若雲霓？而旋許之而旋背之，豈惟臣無辭於眾人？即皇上亦將何以慰臣，使其不虛此出耶？臣望輕才劣，又當哀③病之餘，恨不能匡濟時艱，贊襄國事，所恃者皇上既勉令臣出，必且俯聽臣言，將使朝政漸通，人才漸進，臣庶幾可幸無罪。若徒厚祿以縻之，空言以慰藉之，而俾之進不得關其忠，退不得行其志，譬之縶駑馬之足而責以千里，寧獨償轅是虞？且立見其躑躅長鳴，以至於斃耳。臣溺職已深，靦顏再出，神銷氣沮，困憊不支，今又未敢遽然求去，以煩聖慮。但祈我皇上於萬幾之暇，穆然深思，几④臣所請者，國家之事乎？抑臣下之事乎？從臣之請，以次見之施行，所全者朝廷之信乎？抑臣下之信乎？若曰幾務其⑤繁，時猶有待，則此一月之間，並未嘗用一人、行一事，竊恐居諸不待，歲月如流，前項諸事，又俟何年何日而後可以盡行？即臣近日接到各處書揭，有因漕河總督候代未任，催點保定、江南巡撫者，有因虜情孔亟、倭患方殷，催點大同、寧夏、福建巡撫者，有因大江南北歲荒盜起，催點操江都臣及蘇松巡按者，而天⑥選各官，以吏科無人，顏⑦憑無日，亦望臣專揭催請。諸如此類，臣何敢一一煩瀆天聽？儻蒙聖明大奮乾斷，先令會推閣員，並將吏部推官及都察院題差諸疏，盡賜擴發，則一日之間，用人行政無不畢舉，信詔旨以慰人心，端在於此矣。豈非臣之至幸、至願哉？臣不勝瀝血

①楬 "楬"當作"揭"。
②徑 "徑"當作"經"。
③哀 "哀"當作"衰"。
④几 "几"當作"凡"。
⑤其 "其"當作"甚"。
⑥天 《明神宗實錄》卷五六一"天"作"大"，是。
⑦顏 "顏"當作"領"。

籲天延頸俟命之至。"

十七日己卯，大學士方從哲謹題："適蒙發下巡漕御史唐世濟一本，以漕運重務，恐發單稽遲，乞將新推總督王紀及河道總督王佐，免其候代，速赴新任。該臣看得，二臣雖已奉旨陞任，而部推保定、江西巡撫尚未蒙欽點，若遽今①免代以去，則此兩處地方誰爲殫②壓？顧此失彼，非計之得已。伏望皇上將新推保定、江西巡撫二未③發臣票擬，與此本一同批發，庶漕河之經理不患無人，而重地之撫綏不至久缺，事無便於此者。儻新樵④未點，而先令舊撫免代，封疆重寄，則非臣之所能任也。統惟聖明裁奪。謹題。"

十九日辛已⑤，大學士方從哲謹題："照得起居注館例用史官六員，編纂六曹章奏。今各官奉差陞轉去訖，一時盡缺。臣謹捧⑥得翰林院修撰周延儒，編修馬之騏，檢討丁紹軾、王祚遠、馮銓、李國楨堪補前缺，合候命下，令各欽遵供事。臣未敢擅便，謹題請旨。"

是日，大學士方從哲謹題："爲公務事。照得制敕房辦理一應典禮文書，誥敕房書寫文官誥敕、揭帖，事務頗稱繁劇。茲考察之後，缺人數多，臣等謹查得誥敕房辦事詹事府主簿成九皋、詹事府錄事馬鍵，寫字端楷，堪補制敕房辦事。又查得起居注館辦事鴻臚寺序班邵前勳、田佳璧，堪補誥爲⑦房辦事。遺下起居注館員缺，查有史館辦事鴻臚寺序班張邦經、詹事府錄事鄭世選堪補。恭候命下，行令各欽遵供事。臣未敢擅便，謹題請旨。"

是日，大學士方從哲謹題："爲銷假事。該吏部手本開送庶吉士孔貞時，係萬曆四十一年進士，改庶吉士，於翰林院讀書，四十三年五月內，該本部覆准給假，送親回籍、假滿之日，依限前來供職。今據起文銷假到部，查無違礙，移文到院。查得萬曆二十六年題奉欽依，以後起送庶吉士，凡未經散館者，俱仍復館，與見在庶吉士一體讀書考試。今庶吉士已奉旨間科一

①今 "今"當作"令"。
②殫 《明神宗實錄》卷五六一"殫"作"彈"，是。
③未 "未"當作"本"。
④樵 "樵"當作"撫"。
⑤已 "已"當作"巳"。
⑥捧 "捧"當作"推"。
⑦爲 "爲"當作"敕"。

選，未曾開館。合無將孔貞時經行考試，評品授職？該臣考得孔貞時文學優長，堪任翰林院官。謹將原卷進覽，伏乞敕下吏部，將孔貞時照依甲第，除授本院官職。臣未敢擅便，謹題請旨。"

二十日壬午，大學士方從哲謹奏："爲言路空虛至極微臣無計回天謹再瀝血誠仰祈聖鑒事。竊惟科道缺人之多，與考選起復散館各官候命之久，大小臣工人人知之，亦人人能言之。臣四、五年間竭誠懇請，疏揭不知凡幾十矣，淺言之不足，又深言之，急言之不可，又綏①言之，顯陳之無益，又密陳之，舉一身之智慮心思、與一生之精神氣力，亦既殫盡而無餘矣。積誠之極，妄意金石可開，神明可狢②，而天高聽遠，俞旨杳然，年復一年，毫無消息。臣及覆思之不得其解，豈科道之官，從今可以無設，而此候命諸人，將來可終於不用乎？無論祖宗朝，即我皇上初年，行取之令一歲一舉，或間歲一舉，一時臺省之臣，濟濟在列，上以廣聰明，下以充任使，何其感凡③。至於今而匱缺若此，困頓若此。皇上試一思之，豈曩時之任賢爲過舉，而今日之錮人乃爲善政耶？方臣起家佑銓，正諸臣留部之始，逮次年考選，而臣已待罪綸扉，迄今凡五年矣。其聽補各官先後到部，猶有在考選之前者。須臣以三載任滿，過蒙聖眷，叨竊逾涯，乃諸臣困守累年，並未得授一官、沾一命。身冒顯榮，而多士之淹留如故，臣請夜循省，能無自愧於心乎？臣私衷抱歉，未暇自言，而頃者御史梁明彥代臣言之，是真能亮臣之心者，臣不勝感服。至謂以人事君，臣獨少此，則其意甚微，其詞甚婉，而其責備提醒於臣者，可謂至嚴且切矣。臣讀至此，不覺汗下霑襟，慚懼欲死，誠以輔臣職業尚有出於以人事君之外者乎？此之不能，更有何功何德，可以報主恩而修臣職者乎？即此一事，而臣之尸位曠④官，即百口無以自解矣。臣求去既不可得，既出又無所爲，上既不能格君心，下又不能副衆望，踢天踏地，無以自容，勢出無聊，計惟有一死可以謝祖宗、謝諸臣、謝天下後世而已。臣心力已窮，語言無措，但祈皇上憐臣之忘⑤，行臣之言，將前項候補科道官，俱允部推，即令到

萬曆四十五年

①綏 "綏"當作"緩"。

②狢 "狢"當作"格"。

③凡 "凡"當爲誤字。

④曠 "曠"當作"曠"。

⑤忘 "忘"當作"忠"。

任供職，俾羣賢有效用之地，言路無中斷之虞，仍即褫臣戮臣，以爲大臣慕寵貪榮、蔽賢竊位之戒，臣實甘之如飴矣。臣入直月餘，竊見朝政益壅，人情益鬱，愁煩憤懣，病勢轉增，幾欲具疏乞身，早避賢路。而愛臣者又謂頒曆在邇，聖壽日增，或者聖明別有一番舉動，不宜先有激瀆，以阻德意而塞善端。此近理之言，臣愚所爲朝夕籲天而幾幸於萬一者也。臣不勝激切懇祈之至。"

是日，大學士方從哲謹題：頃臣遵旨將皇太子講學吉期，擇於十七、二十兩日，嗣後見大小九卿及臺省勳戚諸臣，連章懇請。臣念此係累朝薄章①，又出在廷公論，計聖明未有不允行者，日與侍班、講讀各官相約，預備講章，恭候出講。乃於十九日晚，接到聖旨：'覽卿所奏請皇太子講學，此係吉禮，還當以入入②學爲吉。既無入學，又且秋暮，況連日暴寒，着於明歲春和擇日舉行。欽此。'臣愚竊窺聖意，慎重儲講，必欲待吉始行，神謨淵慮，萬非臣下所及。臣敢不仰體？第思擇吉而舉，禮之常也。若無入學之吉，而必欲拘拘於此，狃時日之忌，而廢進修之功，非所以通禮之變也。況自東宮出閣以至於今，自春狙秋，何莫非當講之日？由朔及晦，無一非可謂③之時。緝熙基作聖之功，始終懋典學之益。是豈可與庶民之子就塾師、習章句者，同日而語哉？即今秋序雖深，正寒暑適均之候，乘此暫臨講席，令儒臣執經問難，少陳啟沃之謨，即爲時無幾，亦未必無一暴之益。皇上又何惜此數日，而不以修曠典、慰羣情也？聞禮臣方在補牘，與在廷文武羣臣又得請而後已。臣恐言者愈多，益④聖聽，故昨日之旨，臣尚封藏閣中，未敢傳示於外。謹另擇兩日吉期，具揭呈覽，恭候聖明裁定，即皇上以瑣瀆罪臣，亦非臣之所敢辭矣。臣不勝激切顒望之至。伏候敕旨。"

是日，大學士方從哲謹題："昨晚恭奉聖旨，爲皇太子講學事。除臣專揭懇請外，謹擇得九月二十五、二十八兩日皆吉，伏祈皇上欽定一日，早賜批發，以便臣等遵奉施行。謹題。"二十七日，奉旨："覽卿奏請皇太子讀⑤學，此係致齊日期，況全⑥秋暮冬臨，天氣甚寒，還着遵前諭，於明春擇吉舉行。"

① 薄章 "薄章"當有誤字。

② 入 此"入"字爲衍文。

③ 謂 "謂"當作"講"。

④ 益 "益"下當有脫文。

⑤ 讀 "讀"當作"講"。

⑥ 全 "全"當作"今"。

萬曆四十五年

二十一日癸未，大學士方從哲謹題："臣於夲①月十三日接到兵部左侍郎崔景榮揭帖，內稱樞戎重任，久攝非宜，欲祈皇上亟催本部尚書黃嘉善、戎政尚書薛三才速來赴任，並點新推右侍郎吳崇禮。疏上數日，未蒙批發。該臣看得，兵部職司軍政，關繫中外安危。故事有卿貳以理部事，又有協理以佐京營，責任至重，幾務至繁，非一二人所能兼攝也。黃嘉善被命已久，衹以兩次辭疏未下，以是赴任無期。薛三才近亦有再辭之疏，已經臣擬票進上。伏望皇上留神，將嘉善前日辭本與景榮催請諸臣之本發臣票擬，並將三才已票之本即賜批發，庶明綸一布，二臣必且竭蹶趨朝，而軍國大事可以得人共濟矣。其部推左侍郎崔景榮、右侍郎吳崇禮，儻蒙欽點，尤爲至幸。臣於昨日又接得鎮撫司千戶陸逵揭帖，謂本司欽送人犯，因無人打問，積至數百，不惟無辜之衆幽禁堪憐，且恐不逞之徒變生叵測。臣閱之，頗爲寒心。更望皇上將兵部所推梁慈、許浩然速點一員，俾令剋期任事，則株連可釋，詔獄可清，此亦時政緊要之一端也。臣不敢另揭題請以煩聖聽，謹此附聞。統惟聖明裁奪。臣不勝懸望之至。"

二十四日丙戌②，大學士方從哲謹題："頃臣以戎政尚書薛三才第二次辭本已經票擬，請皇上早賜批發。適聞新總督汪可受於十月和③可到任，三才交代之後即離地方，而辭疏未奉明旨，文④不便入朝，以是連日束裝⑤，將欲南行。該臣着⑥得，京營缺人已久，三才咫尺國門，赴任極便。而徒以候命未下，合⑦其复歸原藉⑧，往返之間，動經數月，所誤軍國之事不小。伏望皇上留神，將臣前日擬上薛三寸⑨之本，即刻批發，兵戎幸甚，臣愚幸甚。謹題。"

二十五日丁亥，大學士方從哲謹題："照得十月初一日，恭遇我皇上頒曆之期，是爲萬曆四十六年矣。靈長之運，業已超皇祖而上之。從此聖壽日增，與天無極，在廷之臣與萬邦黎庶，孰不歡欣鼓舞、頌日月而祝岡陵？莫⑩自古帝王之所絕無，而

①夲 "夲"當作"本"。

②戌 "戌"當作"戍"。

③和 "和"當作"初"。

④文 "文"當作"又"。

⑤裝 "裝"當作"裝"。

⑥着 "着"當爲"看"。

⑦合 "合"字當誤。

⑧藉 "藉"當作"籍"。

⑨寸 "寸"當作"才"。

⑩莫 "莫"似當作"眞"。

# 萬曆起居注

①夭 "夭"當作"犬"。
②夭 "夭"當作"天"。
③悃 "悃"當作"悃"。
④上 "上"下當有"官"字。
⑤六 "六"當作"久"。
⑥荷 "荷"當為誤字。
⑦一 "一"當為衍字。
⑧頌 "頌"當作"頒"。
⑨仲 "仲"當作"仰"。

今日我皇上之所獨擅者也。臣何幸躬逢其盛？乃臣一念天①馬之忱，更願皇上將臣向來所請諸事，次第修舉，則發政施仁未必非祈夭②永命之助，而勵精圖治亦足為疑祥斂福之基，是臣愚所為瀝悃③而陳，而實中外臣民所為傾心而望者也。臣不敢更為繁詞以瀆天聽，但將目前切要之務一一再書，以便聖明省覽。儻蒙慨賜施行，國事幸甚，臣愚幸甚。

一、補閣臣。夫閣臣不容不補，該臣竭誠懇請不啻再三，今原疏俱在御前，望皇上撿發其一，敕令吏部作速會推，此時政之第一義也。

一、補大僚。夫大僚不容不補，該臣節年祈請不知幾十百疏，伏望皇上將都察院堂上④先點一、二員，並將部寺卿貳漸次推補，是亦時政之急務也。

一、補科道。夫科道缺人之多，與諸臣候命之六⑤，臣蓋言之舌敝、望之眼穿矣，伏望皇上乘此告朔之時，將需次各官盡數允用，是又時政之最急、萬萬不容再遲者也。

一、點撫按。今各荷⑥巡撫及操江缺者七處，巡按一⑦缺者不下十餘，近日皇上雖間點一、二，而未點者尚多，望將吏部會推及都察院題差諸疏，盡賜撿發，是又時政要務不容視為緩圖者也。以上諸款係用人大節，故臣敬為臚列，以候宸斷。此外若委署印以存科體，起廢棄以錄忠賢，釋纍臣以矜戇直，允蠲折留稅以恤災荒，是皆行政大端，與用人而並重者。臣謹因頌⑧曆大慶之期，併以為請，統惟聖明留意。臣不勝激切仰望之至。"

二十六日戊子，大學士方從哲謹題："照得東宮講期，該臣再擇於二十五、二十八二日。今二十五日已過，去二十八日只兩日耳，過此則十月輟講之期矣。伏望皇上即賜批發，令皇太子於是日出講，以完今歲之事，以答舉朝仲⑨望之心。至於講學之久暫，恭候聖裁，非臣所敢必也。謹題。"

二十八日庚寅，大學士方從哲謹題："頃蒙皇上發下巡漕御史唐世濟本，奉有保定、江西巡撫已點用之旨，今保定已下，而江西未下，一發一留，人心不無疑感①。伏望皇上留神，將前點過江西巡撫包見捷，即賜批發，實爲至幸。再照福建、大同、寧夏三處，皆邊海要區，河南、湖廣二省乃腹心重地，拊循彈壓不可一日無人，而操江一臣問②繫留都安危，尤爲喫緊。更望皇上乘此頌③曆之期，將會推各官盡賜點用，亦朝政維新之一會也。臣不勝仰望懇祈之至。"

①感 "感"當作"惑"。

②問 "問"當作"關"。

③頌 "頌"當作"頒"。

## 萬曆起居注

十①月二日癸巳，大學士方從哲謹題："照得戎政尚書薛三才第二次辭本已經擬票，未蒙批發。昨日又聞三才的於初八日與新總督交代，儻辭疏不下，即束裝南歸矣。竊謂協理京營缺人已久，使三才交代之後，就便見朝到任，不惟戎樞有託，而九列之班又多一人，亦朝寧之光也。若以未奉明旨，令其舍國門之近而去數千里之遠，則一去之後豈能即來？是皇上雖已簡任三才，而一時不得其用，臣竊惜之。伏望皇上留神，即將三才原疏批發，俾令入朝供職，戎政幸甚，同朝幸甚。至於臣近日所請各處巡撫，委屬緊要，計皇上此時業已欽點，更祈早賜發票，尤臣愚所為傾心而望者。臣不勝迫切惶悚俟命之至。"

是日，大學士方從哲謹題："為檢舉事。前月二十八日，蒙發下署總督倉場李汝華一本《為稽查運官完欠以昭勸懲事》，此本原該票'戶部知道'，臣一時不及細閱，誤擬一'是'字。今疏已批發，不便發抄，臣之罪也。而當日中書官史鑑失於詳慎，亦當罰治。但查《大明律》，有公事失錯自覺舉者免罪之條，伏乞聖慈俯賜寬宥，或量加罰治，其原本仍下戶部，以便題伏②施行。臣不勝悚息待命之至。"

四日乙未，大學士方從哲謹奏："為再懇天恩亟補閣員事。照得臣同官吳道南去國已三月矣，閣中止臣一人，可謂空匱之極，而稽諸祖制，揆之國體，可謂層越之甚矣。臣始而抱病杜門，既而扶病入直，所為日日祈請、時時盼望者，惟此枚卜一事為最急，而日復一日，杳無俞允之期。臣力以竭蹷而益窮，心以憂勞而益困，狼狽之勢，旦夕難支，有不容不瀝血哀鳴、再懇於皇上之前者。竊惟閣臣身居密勿，雖曰職在代言，乃朝廷幾務無小無大，咸得與聞，其責任繁重，決無一人獨任之理。邇年如沈一貫、朱賡等，雖間有之，然惟其品望足以服人，其才猷足以濟事，其積誠又足以感格君心，以是殫精敝神，尚可支持數月。而臣非其人也，且今之時又非其時也。臣以極庸極劣之資，值天變人窮之會，艱難繁鉅悉萃於孑然之一身，臣耳目易窮，心思有限，顧此則失於彼，瞻③前則遺其後，以是票

① 十 "十"上當有"萬曆四十五年"六字。

② 伏 "伏"當作"覆"。

③ 瞻 "瞻"當作"瞻"。

擬之差錯，應酬之謬誤，時時有之，而況有大於此者乎？臣素寡交遊，朝士之接見甚少，雖日僕僕奔走，而入直之後，兀坐一室，對語無人，即每日外廷之事，多不見不聞，有同聾瞶。如此而欲辦①羣材，通庶務，周知四海之廣，以仰佐萬幾，其將能乎？夫駑馬已憊而弗休，則僨轅立見，鼎足已折而不備，則覆餗可虞。當此之時，若猶冒昧因循，不號呼求助於皇上，待其顛仆而後圖之，則已晚矣。臣一身何足惜？如誤朝廷之事何？皇上縱不爲臣慮，獨不爲朝廷慮、爲祖宗之天下慮乎？即今寶曆初頒，正朝廷更新、人心仰望之際，伏望皇上渙發德音，敕令吏部作速會推，疏名上請，仍祈乾斷，立賜點用數員，與臣一同亦②事。將綸扉之地氣象改觀，不惟共濟得人，目前有協恭之益，抑且政柄有托，將來無旁落之虞。寧獨微臣之幸？實宗社生靈無窮之庥矣。臣不勝迫切呼天惶悚待命之至。"

①辦 "辦"當作"辨"。

六③日丙申，大學士方從哲謹題："適蒙發下內承運庫太監孫順一本，大約謂年例題派段疋，於八月初已奉明旨，祇因工科缺官，無人覆覈，稽遲至今，欲祈於見在各科四人中，敕令一員代爲詳閱抄發，庶免誤事。該臣看得，六科之官，各有專職，豈能越俎而代理？段疋織造，原係工部之事，亦惟工科官得而問之，若以別科之人令其代閱，則中間事體委曲，一時又不能周知，儻有錯誤，誰任其咎？臣以爲當此用人之際，伏望皇上將吏部所推科臣之中，或起復、或考選者，將工科給事中先點一員，俾令署印，不惟段疋一事不至遲誤，而大工、婚禮諸務均有攸賴矣。其發下原本，臣未敢擅擬，謹用封進，恭候聖明裁斷施行。謹題。"

②亦 "亦"當作"辦"。

③六 "六"當作"五"。

八日己亥，大學士方從哲謹題："頃臣以頒曆屆期，聖壽日增，臣民歡忭，懇請皇上舉行時政，陞補缺官，以慰人心凝天眷，真挽回世道之一大機括也。乃靜聽至今，九重之上晏然如故，數日之間雖曾點三處巡撫、兩處巡按，然皆留中未發，而其餘未點未票者尚多也。至於科道各官，則益杳無消息，臣每

## 萬曆起居注

① 泚 《明神宗實錄》卷五六二"泚"下有"然"字，是。

② 麾 "麾"當作"毫"。

③ 真 "真"當作"其"。

經過科門，見其空虛寂寞之狀，輒泚①汗下，以爲此掖垣之職，糾繩封駁之司，乃我祖宗設立以貽後人者，而乃令其曠廢一至此乎？即六科而十三道可知也。今即不能盡數推補如先朝舊額，而每科之中，一人署印，一、二人守科，其可少乎？即不能都左右皆備，而先允左右之序轉，隨允候補考選散館之授職，其可緩乎？頃各部以事體相關，因抄發無人，諸務寢閣，各具疏催請。臣愚初意，猶謂因部催而止點本科之官，恐非政體，乃併此而亦不可望也，且奈之何哉？前八月選官，候憑已越兩月，時將寒凍，旅寓艱難，日羣聚長安門內外，求臣揭催吏科，涕泣號乎，麾②之不去，就此一事，而科臣之不容不補已可見矣，況有大於此者乎？臣力竭詞窮，不能委曲開陳以回天聽，但望皇上於兹頒朔之始，人心屬望之時，沛發德音，一新庶政，將各處撫按已票者即刻批行，未點者盡數發票，仍將各項科道官概賜允用，或先下考選，或先下候補、散館，令即到任供職，此真聖明非常舉動，一日而可爲堯舜之君者也。乃臣犬馬私衷，更望皇上於萬幾之暇，穆然深思，臣之數數懇祈於皇上也，果薦賢耶？抑蔽賢耶？臣之勤勤懇懇以用人行政爲請也，果愛君耶？非愛君耶？果憂國耶？抑誤國耶？臣一片血誠，天日可表。惟聖慈憐而察之。臣不勝激切籲天戰兢待命之至。"

九日庚子，大學士方從哲謹題："昨蒙發下禮部一本，內參代府宗室肅鋼等，因鼎莎物故，遂合謀私撰本章，假託代王陳奏，其意惟欲甘心於應立之鼎渭，使其不得襲封，紊亂宗支，弁麾②祖制，即其心術陰險，踪迹詭秘，真無法無天，乃國憲所不容、人心之共憤者也。該部據巡按御史周師旦之奏，按法直糾，擬欲革其世封，不許承襲，或罰祿終身以示薄處。該臣看得，此事干係天潢之派，其重真③輕，非微臣所敢擅擬。但時已近夜，不及揭請，故權且擬票呈上，伏望皇上再賜裁酌，批發施行，臣愚幸甚。"疏末又謂："代事未定，皆由鼎渭之立未奉明旨，以致羣小觀望，邪謀橫生，國體人心關繫不小。更望皇上大奮乾斷，明敕該部，册封鼎渭爲代世子，則皇綸一布，國統有歸，不惟親藩得享帶礪之安，而朝廷亦可免紛紜之擾矣。臣愚可勝仰望之至？"

十日辛丑，大學士方從哲謹題："爲銷假事。該吏部手本開送庶吉士孔貞時，係萬曆四十一年進士，改庶吉士，於翰林院讀書。四十三年五月內，該本部覆准給假，送親回籍，假滿之日，依限前來供職。今據起文銷假到部，查無違礙，移文到院。查得萬曆二十六年題奉欽依，以後起送庶吉士，凡未經散館者，俱仍復館，與見在庶吉士一體讀書、考試。今庶吉士已奉旨開①科一選，未曾開館，合無將孔貞時徑行考試，評品授職？該臣考得孔貞時文學優長，堪任翰林院官。謹將原卷進覽，伏乞敕下吏部，將孔貞時照依甲等②，除授本院官職。未敢擅便，謹題請旨。"

十四日乙已③，大學士方從哲謹題："照得科道各官缺人之極，候命之久，與夫人情之鬱，國體之虧，臣於數年間，不啻千言萬語、舌敝唇焦，蓋心血盡枯，而肝膽俱竭矣。乃皇上聽之愈邈，持之愈堅，若將謂言官可以盡廢，而見在候命諸臣可以錮其終身者。皇上試思，祖宗舊章、累朝行事、及皇上御極以來，曾有此事否？臣今不敢概望於皇上，但祈聖慈酌量於數者之中，或先下考選，或先下起復、散館，以補一時之缺乏，供目前之任使，抑或先下轉科諸臣，各令一人署印，是臣愚之至幸也。臣誠不足以格主，力不足以回天，竊位妨賢，罪宜顯斥，更望皇上朝下諸臣之命，夕褫微臣之職，使臣得棄此一官，以爲羣賢效用之地，臣退伏草野有餘榮矣。惟皇上憐臣、聽臣。臣不勝惶悚待命之至。"

十六日丁未，大學士方從哲謹題："照得代藩一事，十年以來節經部院科道撫按奏請，不知幾十百疏，總之一言以蔽之，日④無嫡立長，以見鼎渭之當封而已。祇因未奉俞旨，以致人心疑貳，議論紛紜，不惟代王之溺愛日深，抑且羣小之邪謀益

① 開 "開"當作"間"。
② 等 "等"當作"第"。
③ 已 "已"當作"巳"。
④ 日 "日"當作"曰"。

熾，甚至私撰本章，捏玉瀆奏，弁髦祖制，紊亂宗支，無法極矣。茲幸我皇上大奮乾斷，正諸奸誑奏之罪，降鼎渭准封之旨，明綸一布，中外歡騰，藩封之統系既明，朝廷之紀綱斯正，寧獨代王父子因此釋嫌疑之迹，復慈孝之常？布之四方，傳之後世，其誰不頌大聖之作爲，仁明剛斷，超越古今，萬非尋常輓近所可及也？孟軻氏謂：'聖人，人倫之至。'正皇上今日之謂矣。臣從哲可勝欣仰？可勝欽服？臣愚區區之衷，更願皇上由一念而推之念念，由一事而推之事事，將目前切要，如補閣臣、補大僚、補科道、點巡按、署科印、釋纍臣諸務，亦如代府之事，立賜裁斷，則一舉筆而朝政改觀，一傳旨而人心胥悦，堯舜之盛治可立奏於一朝，豈但藩國之禔福而已哉？臣敬因奏謝，弁①以爲請，仰推聖慈矜察。臣不勝歡忭懇祈之至。"

十九日庚戌，大學士方從哲謹題："連日接到吏部、都察院揭帖，大率以臺省缺人，諸務廢弛，請速下考選、候補諸臣，以濟急用。中間所言，至爲詳盡，臣何能復有陳説？獨念人君之舉事也，上之當存國體，下之當順人情，遠之當稽祖制。今六科止於四人，而五科之印皆無所屬，十三道止於五人，而人兼數事，以致內外各差，缺者無可補，滿者不得代，堂堂全盛之朝，而耳目侍從之臣寥落若此，傳之四夷，書之史册，豈不貽笑於無窮哉？此其於國體何如也？諸臣通籍有年，敭歷中外，業有成績，今幸與清華之選，豈不欲乘時自效，一舒報主之忱？而徒令株守都門，淹留累歲，進無可守之官，退無可居之地，河清難俟，壯志全隳。回視古昔盛時、連茹彙征、彈冠相慶者，景象大不侔矣。此其於人情何如也？累朝舊制，給事中五十餘員，御史一百餘員，濟濟盈朝，用以擴聰明而先②任使，匪徒備員也。而今之匱乏若此，挫折若此，豈人才盛於昔而獨衰於今？抑繩愆糾謬之職可用於國初，而不可用於後世耶？揆之我祖宗列聖任賢納諫之徽猷，當不若是矣。此其於祖制何如也？臣爲此一事，言之已盡，無可復言。然念及國體、人情，念及祖制，又不敢不言。且當勢窮理極之時，爲拯溺救災之計，尤

①弁　"弁"當和"並"。

②先　"先"當作"充"。

不容不言。使臣言之，而皇上聽之，臣之幸也，言路之福也。倘天聽終不可回，臣言終無所益，是眞才之劫數、世運之阨窮，臣即碎首剖心，何濟於世？但望皇上早褫臣職，以謝諸臣，毋令蔽賢竊位之夫，得罪於祖宗，得罪於天下後世，臣願足矣。謹再瀝血哀鳴，仰祈天鑒。臣不勝惶悚待命之至。"

　　二十一日壬子，大學士方從哲謹題："適接薊遼總督汪可受揭帖，言近日自湖廣起行赴任，道經河南，見各處地方，旱蝗相繼，民不聊生，汹汹思亂，乃湖廣、河南以及江西、福建四省巡撫，一時俱缺，彈壓無人，萬一饑民嘯呼，倭虜響應，中原腹心之地大有可虞。此誠憂時之遠慮，爲國之忠謀，臣讀之不勝心服。爲照四省撫臣，該部會推已久，先該臣屢次催請，計聖明必以洞鑒。伏望將江西、福建二處已蒙欽點者，即賜批發，其湖廣、河南與寧夏、操江四臣，並乞點用。庶塡撫得人，地方有賴，所關於中外之安危者匪細故也。此外，若六科缺人，致令六部之事盡皆停閣，殊非政體。更望皇上檢吏部節次催本，將各科先點一、二員，俾令署印管事，此又目前要務，皇上一舉筆而可完者。萬惟聖慈慨然允行。臣不勝迫切待命之至。"

　　二十三日甲寅，大學士方從哲謹題："昨蒙發下雲南巡撫曹愈參辭本，內言病勢危篤，業已冒罪出疆，請敕吏部速推才賢，往代其任。該臣看得，滇撫重臣，乃一方安危所繫，拊循彈壓，不可一日無人。臣昨面詢雲南差人，謂本官果患不仁之症，不能視事，今既以病危出境，恐無復還之理，若奉旨再留，往返之間，動經數月，缺人廢事，豈不有誤地方？故臣擬票，准其回籍調理。但撫臣去留，應候宸斷，非臣所敢擅專，昨因暮夜不及揭請，敬此再陳委曲，仰候聖裁。謹題。"
　　是日，大學士方從哲謹奏："爲閣員不補臣力難支謹披瀝再陳懇乞聖明速允事。自同官吳道南去後，臣隻身入直，又四閱月矣。其孤危之勢，困苦之情，與夫狼狽不支之狀，臣屢言之，計皇上必且洞見之矣。而俞旨未頒，會推無日，臣每一念及，

# 萬曆起居注

①剌 "剌"當作"刺"。

②曠 "曠"當作"曠"。

③聚 "聚"下當有"精"字。

真如芒剌①在背，惴惴焉不能頃刻寧也。仰惟我皇上留心萬幾，無遠不燭，即四海之廣，一事之微，精神無不流貫，矧密勿何地？輔弼何官？佐一人以理庶政，所司何事？乃任其空虛曠廢而漫然不為之所，豈真遺於至近、而忘其至要也哉？無亦以人固難知、知人不易也，而過為慎重若此乎？不知諸臣才品資望，上之難逃聖鑒，下之難掩公評，皇上但下枚卜之命，敕令從公推舉，該部必能旁求博訪，集輿論之大同，以聽宸衷之獨斷，豈有不得其人者？而何用遲留疑貳若是之久也？臣以時事艱難，匡維罔效，意氣隳沮，精力銷亡，當此之時，猶欲以孑然之身，獨肩重任，譬之以孱夫扛九鼎，以一髮引千斤，凡有識之士，莫不為臣危之，而獨未蒙皇上之矜察，此臣所為疾首痛心，仰天號呼，而繼之以血也。夫人命何常？危如朝露。即其人素強無恙，猶不無猝至之憂，況臣衰病侵尋，支離已甚，有如一旦溘然長逝，絲綸之地，皇上亦將終於不補乎？與其補之於異日，使政本有中絕之虞，大權有旁落之漸，孰若及今用之，或者臣愚猶得藉協恭之益，以少伸報國之忱？豈非公私兩利之術哉？臣負國負君，千負萬負，無可復言。但願當臣在事之日，早得二、三共事之人，使政柄有歸，不至貽國家無窮之禍，臣生有餘榮，沒無遺恨矣。臣一念血誠，鬼神可鑒，萬惟聖慈憐而允之。臣不勝激切籲天惶悚待命之至。"

二十八日己未，大學士方從哲謹題："臣扶病入直，自八月至今又三月矣。愁苦勞其心，奔走疲其形，困憊支離，日甚一日，私衷不勝性命之憂。獨以時事多艱，主恩未報，苟一日未填溝壑，誓當勉竭駑力，為朝廷幹一、二大事，庶不負皇上簡任一番，此區區之素願也。無奈才劣望輕，原無濟時之具，兼以積誠未至，不能感格宸衷。每見朝政雍淤，官聯曠②缺，輒不勝深憂積憤。諄切上陳，方且自信，以為所自盡者臣之心，而其所匡維者皆朝廷之大計，所矢竭者臣之力，而其所計慮者實天下國家之遠圖，聚③會神，經年累月，或者有一時一事可以動皇上之聽乎。而不虞狂瞽之言，卒未能徹聖明之一察也。

臣面聖無時，叩閽無路，補牘終於無用，連章亦復徒勞。自此之外，臣更有何術可以回天、更有何時可以悟主、而盡區區之誠於萬一乎？皇上神明天縱，凡在廷之臣，其人品心術悉洞鑒無遺。今既不以臣之不才，俾叨輔弼之任，似若以爲可用者。乃用其身而故棄其言，授之官而不令行其志，任其號呼哀籲而卒無一言之聽、一事之從，是在皇上不過虛拘，在臣愚真爲尸位。如此而猶貪戀苟容，靦顏百官之首，是尚有廉恥之心者乎？昨入①月間恭奉恩綸，明許臣以所請諸事，待入閣之後次第舉行。乃數月以來，壅滯遲留比常時愈甚，撫按諸臣推者不點，票者不下，閣臣之推未允，科道之補無期，累牘連篇，百請而百不應，若舉朝廷大事小事無一當行、舉大臣小臣無一可用者。嗟夫，此其所廢者誰之政事？所錮者誰之人才？而將來所敗壞者誰家之天下耶？皇上奈何不深長思也？臣心憂如火，病實難支，然且忍死須臾，以待聖心之感悟、聖政之轉移。伏望皇上，憐臣犬馬愚衷萬難萬苦，將目前切要諸務次第允行，則用一人臣可免一罪，行一事臣可釋一憂。但得朝政更新，一返萬曆初年之盛，臣退亦安心，死亦瞑目矣。臣不勝激切懇祈翹跂仰望之至。"

① 入 "入"當作"八"。

## 萬曆起居注

①十 "十"上當有"萬曆四十五年"六字。
②病因 "病因"當作"因病"。
③藉 "藉"當作"籍"。
④徑 "徑"當作"經"。
⑤詳 "詳"當作"評"。

　　十①一月壬戌，朔，大學士方從哲謹題："爲銷假事。該吏部手本開送庶吉士劉鐘英，係萬曆四十一年進士，改庶吉士，於翰林院讀書。四十四年二月初三日具題，病因②給假回藉③調理，初七日奉聖旨：'吏部知道。'至今病痊前來供職。今據起文銷假到部，查無違礙，移文到院。查得萬曆二十六年題奉欽依，以後起送庶吉士，凡未徑④散館者，俱仍復館，與見在庶吉士一體讀書、考試。今庶吉士已奉旨間科一選，未曾開館。合無將劉鐘英徑行考試、詳⑤品授職？該臣考得劉鐘英文學優長，堪任翰林院官。謹將原卷進覽，伏乞敕下吏部，將劉鐘英照依甲第，除授本院官職。臣未敢擅便，謹題請旨。"

　　二日癸亥，大學士方從哲謹題："頃吏部尚書鄭繼之有因病乞休一疏，今已數日，未蒙發票。該臣看得，銓部職在統均，而尚書一官尤百僚表率，自非公忠耆碩之臣，未易稱此。繼之才品兼隆，爲皇上所持簡，今年雖逾八，而精神矯健，不異壯夫，且其涉世最深，臨事不苟，凡人才賢否，吏治廢具，與夫衙門陞除黜陟、至微至細之事，其心思無不周到，以是銓政聿修，人心允服，真大臣之不易得者。今具疏乞休，雖其止足之雅意，但當九列空虛、老成凋謝之日，朝廷之上豈容去此重臣？茲者候旨杜門，於部務不無妨廢。伏望皇上將繼之原疏發臣票擬，促令即出視事，銓部幸甚，臣愚幸甚。謹題。"

⑥始 "始"當作"姑"。

　　四日乙丑，大學士方從哲謹奏："爲言路幾絕祖制全隳國事日非臣心滋懼懇乞聖明亟補候命諸臣以濟時艱以維泰運事。孟軻氏有言曰：'不信仁賢，則國空虛。'夫曰'不信'，蓋謂有人而任之不專，非真無人也。用人而不信，已不免於空虛，若徑無其人，其空虛又何如也？其在今日，部寺大僚十缺六七，風憲重地，空署數年，國體陵夷，班行寥落，始⑥不具論。即如科道各官，其見任幾人，皇上所洞見也。科臣某科有人，某科無人，某科有署印，某科無署印，亦皇上所洞見也。臺臣季缺幾人，按差缺幾人，某差題而未點，某差滿而無人可題，近經署院催請甚急，條奏甚詳，亦皇上所洞見也。十三道止存五人，而又人領數差，六科止存四人，而皆無人攝篆。梧垣晝掩，栢府塵封，章疏之抄發久停，何論封駁？豸繡之巡行半廢，奚望澄清？以如此衙門，祇有如此人數，皇上以爲空虛乎？不空虛乎？臣每遇朝會之時，見科道寥寥數人，臺省之班黯然無色，輒不勝欷歔嘆息，以爲此衰世乏才之象，奈何當聖明在御、國家全盛之日而有此哉？回視我祖宗朝，給事中五六十員，御史一百餘員，其盛衰盈虛之數，果何如也？蓋臣不獨爲言路惜，爲人才惜，而又深爲祖制惜矣。見今候命各官，如楊道寅、張孔教等，如李若珪、孫之益等，如暴謙貞、周希令等，或以假滿至，或以服除至，或以考選初授，或以散館改除，莫不人懷效用之思，身抱濟時之具。皇上誠念其守候之久，特允部推，或授以新銜，或還其故物，諸臣孰不感激思奮，乘時建樹，以稱任使而酬主知？豈非言路之光華、熙朝之盛事哉？而徒令困守都門，淹留累歲，垂壯行之夙願，虛膂力於方剛，此何爲者也？或者疑皇上慮諸臣授職之後不免多言，故先爲是以裁抑之。臣愚竊謂不然。古昔賢明之君，有懸鞀①鐸以求言、止輦以受諫者矣，故昌言則拜，諫臣有賞，自昔侈爲美談，豈以虛懷納諫之聖主，而有厭棄言官、阻塞言路之事？況各官困衡既義，閱歷已深，遇有建白，必能爲國家議大政，決大疑，獻慷慨之嘉謨，以抒其忠藎之素志，若夫目仍陋②習，掇拾浮詞，恣意瀆陳，以溷主聽而褻國體，臣可保其必無矣。夫以言官之空乏若此，諸臣之困頓若此，而多言之不足慮也又若此，皇上若猶堅執一意，未肯即補，將使臺省之地虛無一人。譬之人身，耳目不存，聰明必廢，雖有腹心手足，亦豈能成其爲人也哉？矧今之時何時也？天災時變，物怪人妖，危亂之形，種種疊見，加以寇盜竊發，倭虜交訌，國計日空，民生日蹙，岌岌乎有土崩之勢矣。當此之時，即使網羅俊乂，鼓舞賢豪，俾之戮力勵勸，共圖弘濟，猶懼無以維人心於將渙，挽國運之式微。而乃舉適用之才，概施以軟禁之術，竊恐大小臣工見朝廷待士如此，莫不灰心解體，甘蹈沉冥，在外者裹足而不來，在內者掉臂而

① 鞀 "鞀"當作"鞀"。

② 陋 "陋"當作"陋"。

思去，皇上孤立九重之上，將誰與共治天下乎？無言及此，臣心膽俱寒，皇上奈何不深維理亂安危之大計，而徒介介於此諸人也？總之，任賢圖治者，人主之事，以人事君者，輔臣之職。今以濟濟多才，而使之株守數年，進退無據，錮仁賢於聖明之世，誰任其辜？皆由臣力薄不足回天，誠微不能悟主，轉移無術，罪實在臣。故使臣去而諸臣可進，則棄一官以啟多士彙征之路，臣之所深願也，褫臣、斥臣，惟皇上。又使臣死而諸臣可用，即捐此軀以爲羣賢嚮用之階，亦臣之所深願也，屛臣、戮臣，惟皇上。臣心竭矣，力窮矣，所以爲言路、爲國事計者，無遺策矣。竊謂舉薦賢之職而死，猶愈於負蔽賢之罪而生，故不避忌諱，敢以死請，惟皇上憐而允之，臣不勝迫切呼天戰兢待命之至。爲此，謹具本親詣文華門，叩頭上進以聞，伏候敕旨。"

八日已巳①，大學士方從哲謹題："先該臣於十月二十三日有請補閣臣一疏，又十一月初四日有請補科道官一疏，未審曾經御覽與否？臣方屛息候命，未敢塵瀆。惟是目前尚有一、二切要之事，難以遲緩者，不得不爲皇上陳之。其一點各處巡撫。爲照撫臣專制一方，凡兵馬、錢糧、民生、吏治，無一不資其經理，安危所繫，不可一日缺人。見今江西、福建、河南、湖廣、寧夏與操江，皆會推已久，未蒙點用，且江西曾奉有'已點用了'之旨，而至今未發，尤非重休②。近聞福建倭警狎至，江洋大盜橫行，則閩撫與操江更爲喫緊。此皆皇上所當亟爲允用者也。其一委各科署印。六科與六部相爲表裏，近因署印無人，以致部務停閣，雖間有一、二白紙抄發，而其未發者尚多也。即如吏科無人畫憑，遂使兩次大選、急選與教職千有餘人，皆守候京師，不得赴任。當此隆冬苦寒之際，而令此輩凍餒於都門，豈人情乎？即一科而各科可知，此亦皇上所當亟爲委用者也。其一點鎮撫司官。本司職專理刑，凡奉旨送到人犯，即當打問，問過題送法司，此舊制也。先年兵部推上梁慈、許浩然二臣，未蒙點用，以致欽犯日衆，鞫審無人，有罪無罪一概

①已巳 "已巳"當作"己巳"。

②重休 《明神宗實錄》卷五六三"重休"作"事体"，是。

監禁，幽囚黑獄，斃者纍纍。邇來各犯家屬數十百人，日羣聚於長安街，泣涕號呼，求臣催請，臣每爲惻然。伏望皇上將部催①二臣中，欽點一人，以清詔獄而釋無辜，又今日之急務也。昨見兵部疏催鎮撫司官，並請檢發軍政原疏，俾被論諸臣各解任謝事，以絕其觀望之心，此亦年來未了一事，聖明所宜留意者。臣不勝激切仰望之至。"

十②日辛未，大學士方從哲謹題："昨蒙發下駙馬都尉侯拱宸一本《爲纂修玉牒告完進繳敕諭事》。該臣查得，拱宸自掌府事以來，奉敕纂修凡三次矣，雖係本衙門職掌，而督率經理頗著勤勞。故事，兩房供事官遇纂修完日，俱蒙聖恩陞賞，而本官獨無，似爲缺典。且修至三次，與一次、再次者不同。故臣仰體聖心，欲量加賞賚，以酬其勞。謹擬票進呈御覽，伏候聖栽③。其可否、厚薄，皆非臣所敢擅定也。謹題。"

十二日癸酉，大學士方從哲謹題："頃臣具揭，懇祈皇上點用各處巡撫、六科署印官，及北鎮撫司官。經今數月，未得俞旨。竊思此皆用人常事，往時朝奏上而夕報可者，乃今遲留停滯動輒經年。臣若默而不言，則誤國家之事，誰任其責？言之，則詞愈煩而聖心愈厭，於國事終無補也。是臣言不可，不言不可，然則臣更有何術，可以格主心而盡臣職耶？先年輔臣章奏，率存稿閣中。臣閱萬曆二十年前，如申時行、王錫爵等在事之時，朝無失政，亦無缺官，自大幾務、大典禮外，常徑④月或數月無一疏揭，有之則皇上未有不俯從者，臣造膝而談，君虛懷而聽，都俞籲咈之風何其盛也？臣之才品雖萬萬不及諸臣，然其所言者，皆天下國家之事，亦皆皇上之事也，皇上祇因臣之不肖，遂舉天下國家之事而度外置之。是一人之身，昔何以勵精？而今何以少怠？昔何以轉圜？而今何以少滯耶？恐皇上亦無以自解也。臣於此時，不能不言，又不敢多言，但祈皇上乘茲長至之前，幡然改圖，一洗因循之習，將臣所請筒⑤閣臣、補科道、及巡撫、署印、鎮撫各官，或概賜允用，或漸次舉行，

① 催 "催"當作"推"。

② 十 按：此日記事，日本本原誤置於本月十五日丙子記事之後，茲予糾正改置於此。

③ 栽 "栽"當作"裁"。

④ 徑 "徑"當作"經"。

⑤ 筒 "筒"當作"簡"。

寧獨聖明舉動有光於御極之初？且使犬馬微誠得蒙主知，以竊附於前人諫行言聽之美，豈非臣之至幸至願哉？臣不勝激切仰望之至。"

十五日丙子，大學士方從哲謹題："今早臣入朝時，有大選及教職官數十百人，候於長安門外，稟稱吏科無人畫憑，不得赴任，隆冬逆旅，盤費俱盡，寒苦難支，求臣單催本科署印官，庶得速下等語。該臣看得，各官自八月候憑，至今已四月矣。貧寒凍餒，情實俱①憐。但得吏科一人，便可救千百人之命。伏望皇上檢吏部題本，或起復，或轉左右，中間有吏科者先點一、二員，令其署印發憑，其餘俟陸續允補，庶多官之赴任有期，而於人情政體稱兩便矣。謹令中書官於寶寧門恭候俞旨。臣不勝迫切跂望之至。"

十七日戊寅，大學士方從哲謹題："臣自九月以來，患有腰痛之症，然時作時止，尚可支特②。至於今則日甚一日，坐起轉側之間，其痛如割，雖欲勉強入直，而勢不能矣。伏望聖慈賜假數日，容臣將息，稍可即照舊進閣供事。臣曷勝感戴天恩之至？"

二十一日壬午，大學士方從哲謹題："今早文書官王體乾，恭捧聖諭到臣私寓：'諭元輔：朕自入冬以來，不時動火，見今調攝。覽卿所奏，知卿偶有微恙。即今大節在邇，卿為輔弼元臣，宜當慎加調攝，即出表率百僚稱慶，以慰朕懷。特諭卿知。欽此。'臣恭設香案，扶掖望闕叩頭謝恩訖。詢知聖躬康吉，祇因冬寒動火，見在調攝，臣不勝懸仰。伏念臣猥以犬馬之疾，艱於動履，以是乞恩請假，有稽入直，私衷方切惶悚。乃蒙聖慈軫念，溫諭下頒，勉臣以慎加調攝，趨臣以即出稱慶，諄諄天語，不啻家人父子之親。何意微臣過蒙我皇上眷注若此？臣即捐糜此身，何以馬③報？容臣於二十五日，勉詣宮門行慶賀禮，恭祝萬壽外，更望皇上當此隆冬嚴寒之日，保護玉體，比

① 俱 "俱"當作"堪"。

② 特 "特"當作"持"。

③ 馬 "馬"當作"為"。

常萬分珍重,以迓天庥。下情不勝惓切。臣愚又以大節在邇,臣民望治甚殷,謹具用人一疏,仰干聖聽。儻蒙皇上鑒臣區區愛君憂國之念,實出悃誠,將臣所請諸事慨然嘉納,俾得少抒輔弼之忠,臣感激宏慈,又出於尋常恩禮之外矣。謹因奏謝,併以為懇。臣無任頂戴顒望之至。"

是日,大學士方從哲謹奏:"為一陽來復天道更新懇乞聖明乘時用人以保治安事。竊惟世運之有否泰,猶天道之有陰陽。天道當陰盛之後,必轉而為陽,世運當否極之時,必轉而為泰。此理也。亦數也。而搏捖造化、斡旋宇宙,惟在人主之一心。主心怠荒,則政事情①窳,人心灰沮,而氣運之否因之。主心兢惕,則賢俊彙征,羣情歡忭,而氣運之泰因之。此又盡人可以回天,而非數之所能拘者。其在今日,皇上以為否耶?泰耶?邇來天鳴地震,災异疊呈,水旱蟲蝗,報無虛月。舉山東、江西之南北,以及嶺南、江右、燕趙、楚豫、關陝之間,有一處不饑饉、有一處不流離者乎?而疾苦雖聞,恩施未溥,蠲折之議間奉俞旨,而發帑留稅之請尚爾屯膏,此人心向背、地方安危之大機括也。而且朝廷之上,宮府日隔,幾務日雍,九列稀若晨星,臺省幾成空署。甚至密勿何地?輔弼何官?而乃令一衰庸病困之夫,獨力支持,不為增補,雖號呼愈急,而天聽愈高,政本之司不絕如綫。此真天地閉塞之秋,世道阢窮之會,而亦否極泰來之時矣。臣以為氣運之轉移,在天者尚難預必,而君心之感悟在人者,何難改圖?皇上誠欲振明作之功,致雍熙之理,臣謂不必遠稽古帝王,亦不必盡法我祖宗列聖也。第思萬曆二十年前,其信任輔臣,諫行言聽,視今日何如?其委用大僚,開張言路,有缺則補,無推不下,視今日何如?曾有內閣一人,經年不補,如今日者乎?曾有卿貳不足十人,都憲絕無一人,科道止四、五人,如今日者乎?曾有行取三年不舉,考選五年不下,起復、散館諸臣各數年不補,如今日者乎?甚至攬轡無人,巡方之使幾廢,建牙多缺,保釐之任久虛,左右不轉,署印不委,而本章之抄發無時,法守之陵夷殆盡,其餘缺人、廢事,未易枚舉。夫昔何以有轉圜之聽?而今何以無虛

① 情 "情"當作"惰"。

①苐 "苐"當作"茅"。

②來 "來"當作"乘"。

受之懷？昔何以有拔苐①之公？而今何以多棄材之歎？皇上但於用人一事，瞿然深思，幡然易慮，而所以化玩愒爲勵精，易幽滯爲暢達者，端在是矣。即今節逢長至，律轉青陽，品類昭蘇，臣民欣忭，我皇上凝祥斂福，正惟此時。來②時用人，以順人心而承天眷，其機萬萬不可失也。伏望皇上將尚書鄭繼之，侍郎崔景榮、張問達等請告之疏，先賜檢發，令其速出視事，亟敕吏部會推閣員，即爲點用，併將轉科、考選、候補諸臣，盡數允補，其各處撫按未點者概行發票，已票者亟賜批行，將見衆正咸登，羣工兢勸，師濟之休風頓復，太和之氣象自臻，尚何泰運之不可回、而否塞之猶足慮哉？其他若舉廢棄以錄忠賢，釋纍臣以旌戇真，蠲租留稅以蘇民困，普皇仁總在聖心一轉念間，尤臣愚所爲齋心而請、延頸而望者。臣不勝迫切呼天惶悚待命之至。"

二十二日癸未，大學士方從哲謹題："適蒙發下吏部尚書鄭繼之辭本，奉有上傳。該臣看得，本部每月每日有大選、急選、推陞引奏之事，皆須繼之一人料理。今註籍將及一月，諸務盡皆廢弛。非再得溫旨勉留，恐其未肯即出。轉眼十二月，選期豈不有誤？臣愚竊謂，皇上既不准其辭，則當促其出，似於政體人情爲兩得也。臣謹擬票呈上，伏候聖裁。儻於聖意未愜，仍望發臣再擬，但得明旨早下，庶不誤事。臣不勝仰望之至。"

③曠 "曠"當作"曠"。

二十五日丙戌，大學士方從哲謹奏："爲言路空匱至極允用萬難再遲懇乞聖明立賜宸斷事。竊惟今日朝廷大政，惟用人爲第一義。而人之最要、用之當最急者，無如料道一官。彼其懸缺之多，候命之久，與夫人情當順，國體當存，祖制不可盡廢，任使不容久曠③，臣已累瀆連章，千祈萬懇，蓋身無可復竭之力，口無可更措之詞矣。而皇上皆置若罔聞，數年之間，並無一旨以臣言爲然，亦無一旨以臣言爲不然也。並無一旨以諸臣爲當用，亦無一旨以爲不當用也。如以爲不然，則以人事君，自是輔臣之職，臣何敢默而不言？如以爲然，則進賢才以開言路，正皇上所以計安社稷者，何其宜聽而終不聽也？如以爲不當用，則任賢納練①，乃人君之盛節，寧可抑之使不言②？如以爲當用，則困之累年，拔之一旦，皇上所以鼓舞羣工者，何其官③用而終不用也？臣不敢謂臣言之必當從，而知皇上無終於棄置諸臣之理，亦不敢謂諸臣之必當用，而知皇上無終於閉塞言路之時。皇上儻念祖宗以來設立之言官，不可自今日而廢，二百餘年培養之人才，不可自今日而棄，則俯從部推，將各官盡數允補，當不待臣言之畢矣。今選官候憑已久，章奏抄發概停，按差無人可題，季差無人接管，缺人廢事，非止一端，理極勢窮，萬難再緩。皇上奈何猶泄泄視之，而不爲亟圖也？儻諸臣授職之後，猶然狃於陋習，或瑣屑而傷大體，或煩聒而瀆宸聽，請先治臣之罪，以爲引用非人之戒。斷不可因噎廢食，而使祖制蕩然，併人情、國體而首④失之也。臣原擬慶賀之後，跪伏宮門，恭候俞旨。但以狗馬之病，痛苦不能自持，輒先扶掖而出。惟皇上察臣誠悃，憐臣苦心，將吏部催請各疏，立賜批發，臣不勝翹首呼天懇切籲祈之至。爲此，謹具本叩首上進以聞。"

　　二十八日己丑，大學士方從哲謹題："臣以科道缺人至極，屢次催請，未奉俞音。昨不得已於宮門慶祝之日，恭具一疏，仰干天聽，煩瀆之罪，自分難逃。所恃聖明鑒臣一念樸忠，乃爲國⑤家用人計，非有他也。續接吏部揭帖，將起復散館與考選轉科分爲三項，各具一疏，此於皇上陸續點用，尤爲方便。伏望聖慈俯念六科無人，則科事部事皆停閣，臺中無人，則大差小差盡皆虛懸。祖宗典制，朝廷幾務，豈應隳廢若此？壅滯若此？懇將部中三疏，先允其一，即令到任供職，庶各科有署印之官，而各差亦無乏人之患矣。至於各處巡撫、巡按，懸缺已久，點用不宜再遲。向來部院題催之本，俱在御前，更祈皇上留神，速賜檢發，地方幸甚，臣等幸甚。臣從哲伏蒙聖恩，予假調理，不勝感戴。第日來前恙轉劇，動履甚艱，恐一時不能入閣供直。每一念及，憂心如焚。容俟數日，再圖奏請。臣無任惶恐待命之至。"

①練　"練"當作"諫"。
②言　"言"似當作"用"。
③官　"官"似當作"言"。
④首　"首"當作"併"。
⑤國　自"國"字以下至本月記事終了共二百三十六字，日本本原誤置於本月二十五日丙戌記事倒數第一百二十字"而"字之前。茲予糾正。

# 萬曆起居注

① 十 "十"上當有"萬曆四十五年"六字。

② 開 "開"當作"間"。

③ 体 "体"当作"休"。

④ 逢 "逢"當作"捧"。

⑤ 老 參照本書萬曆四十六年正月五日乙丑記事，"老"當作"六"。

⑥ 刺 "刺"當作"刺"。

十①二月壬辰，朔，大學士方從哲謹題："爲銷假事。該吏部手本開送庶吉士劉鍾英，係萬曆四十一年進士，改庶吉士，於翰林院讀書。四十四年二月初三日具題，因病給假回籍調理，初七日奉聖旨：'吏部知道。'至今病痊，前來供職。今據起文銷假到部，查無違礙，移文到院。查得萬曆二十六年題奉欽依，以後起送庶吉士，凡未經散館者，俱仍復館，與見在庶吉士一體讀書、考試。今庶吉士已奉旨開②科一選，未曾開館。合無將劉鍾英逕行考試、評品授職？該臣考得劉鍾英文學優長，堪任翰林院官。謹將原卷進覽，伏乞敕下吏部，將劉鍾英照依甲第，除授本院官職。臣未敢擅便，謹題請旨。"

是日，大學士方從哲謹奏："爲宿疾漸深報恩無日懇乞聖慈速賜体③致以保餘生並祈早簡閣臣以重政本事。臣自九月以來患腰痛之證，日甚一日，動履頗艱。昨十一月中，不得已乞假調理，適值長至令節，伏蒙聖恩，特遣文書官恭逢④聖諭到臣寓所，令臣即出，偕諸臣稱賀。臣愚私念聖衷眷注若此，何敢偃臥偷安？謹扶掖趨赴宮門行禮而出。方擬旦夕少愈，便當黽勉入直，以效贊襄，此臣之分，亦臣之願也。無奈臣孱弱之質，望老⑤先衰，兼之邇年以來，勞苦憂愁，形神俱憊，一經舉發，便委頓不支。見今腰脇之間，如刺⑥如割，臥則不能起，坐則不能立，俯仰轉側，痛苦異常。狼狽若斯，豈頃刻所能全愈？每思閣門晝閉，入直無人，輒不勝心悸股栗，汗滔滔然下也。況今朝政多壅，人情久鬱，大僚半缺，言路幾空，國家有危亂之形，世道無太平之望。時事至此，舉朝臣子咸抱杞人之憂，而九重之上，處之宴然，恬不爲慮，任臣號呼控籲，千祈萬懇，而一人未用，一事未行。哀此奄奄垂斃之夫，更有何神術可以感格君心？有何伎倆可以挽回氣運耶？竊謂溺職之罪猶小，誤國之罪甚大。伏望聖慈憐臣宿疾難痊，萬難供職，將臣速賜罷斥，俾得暫保餘生。更望軫念絲綸重地，不可久虛，亟敕吏部，速推堪任數員，即賜點用，庶代言有託，政柄不移，進者得抒匡弼之猷，退者獲明止足之分，此宗社之福，不獨病臣之幸矣。臣不勝激切籲天戰兢待命之至。"

萬曆四十五年

十一日壬寅，大學士方從哲謹題："臣於本月初一日恭具一疏，爲宿疾漸深乞賜体①致。經今十日，未奉俞旨。臣分當静聽，不敢復有煩瀆。但今三冬將盡，去除日只半月餘矣，而朝廷之上幾務日壅，舉臣歷來所請，如內閣、大僚、撫按、科道等官，缺者未推，推者未點，點者未批，批者未發。大小臣工傾心而望，延頸而聽，不啻大旱之望雨，調饑之思食也，而九閽寂然，日復一日。以事體之緊要若此，人情之迫切若此，而聖衷若度外置之，漫不加意。然則各官畢竟何時得補？國家大事畢竟何時可完？而臣愚溺職之罪，畢竟何時得釋？即頃奉明旨，謂俟目疾稍愈，即檢詳發行，行之此其時矣。若再遲數日，則元旦益近，萬幾益煩，恐檢發之旨徒屬空言，一番機會又成虛度，朝政之廢弛愈甚，人心之仰望全孤，天下事真不知所終矣。皇上此時即襮臣、斥臣，以爲誤國之戒，亦何益於成敗之數哉？臣抱恙未痊，痛苦交作，衰憊之狀，十分難支，然區區此衷，不能一息忘公家之務。謹將應補各官，一一臚列上請，萬祈聖慈少垂睿覽，乘此半月之内，陸續點用，以全國體而慰郡②情。臣愚不勝瀝血哀懇之至。

計　開

一、敕吏部會推閣員。

一、點各部尚書、侍郎併都察院堂上官。

一、點通政、大理併各衙門卿、少卿、府丞、南北司業等官。

一、點江西、福建、河南、湖廣、寧夏各巡撫及操江都御史。

一、點各省直巡按御史共九差。

一、允考選科道官。

一、允起復候補及散館科道官。

一、允各科序轉左右及署印官。

一、點各省布、按、兵備等官。

一、允庶吉士劉鍾英授檢討。

一、允題補兩房中書官。

①体　"体"當作"休"。

②郡　"郡"當作"群"。

一、允六曹編纂章奏官。"

十三日甲辰，大學士方從哲謹題："爲懇恩照例敘錄效勞官員以示激勸事。該臣看得，制敕兩房中書官，日逐供事內廷，辦理一應機密文書，其兩班直票各官，每日輪流書寫本票，無間寒暑、尤稱勞勛。先時閣臣曾於萬曆二十年等年，酌以三年一敘，題奉欽依，已經節次敘錄訖。見今供事各官又逾四年，相應量加職級，以示激勸。內管典籍事尚寶司少卿兼司經局正字加四品服俸范可慢，係一閣首領，積資最久，效勞獨多，合無將范可慢量陞光祿寺少卿、加正四品俸、管典籍事？工部虞衡司郎中加正四品俸鮑佐，陞山東布政司右參議、加俸照舊，禮部儀制司員外郎兼司經局正字鄭崇光、工部虞衡司員外郎兼司經局正字史鑑、虞衡司員外郎周廷臣，各陞本司郎中，詹事府錄事馬鍵，陞鴻臚寺署丞，內有兼官者俱照舊。通政司經歷單禮，原係直票官，今以復除再補，合無加俸一級？伏乞敕下吏部，查照施行。臣未敢擅便，謹題請旨。"

是日，大學士方從哲謹題："爲銷假事。該吏部手本開送庶吉士劉鍾英，係萬曆四十一年進士，改庶吉士，於翰林院讀書。四十四年二月初三日具題，因病給假回籍調理，初七日奉聖旨：'吏部知道。'至今病痊，前來供職。今據起文銷假到部，查無違礙，移文到院。查得萬曆二十六年題奉欽依，以後起送庶吉士，凡未經散館者，俱仍復館，與見在庶吉士一體讀書、考試。今庶吉士已奉旨開科一選，未曾開館。合無將劉鍾英徑行考試、評品授職？該臣考得劉鍾英文學優長，堪任翰林院官。謹將原卷進覽，伏乞敕下吏部，將劉鍾英照依甲第，除授本院官職。臣未敢擅便，謹題請旨。"

十七日戊申，大學士方從哲謹題："昨蒙皇上點用光祿寺卿，並票巡漕御史及工科署印官，臣愚仰見皇上勵精萬幾，於緊要當用之人，未嘗不留心允用，此聖政更新之幾，時事疏通之漸也。臣不勝欽仰，不勝欣慰。但今內外各官，缺員奚止數百？即使日日陞除，日日推補，猶恐不足，乃以終年累月之久，該部經幾番催請，費多少心力，而才得用一寺卿、點一御史、允一署科給事中，則此許多大僚、科道、撫按之缺，必待何年何日而後可盡補耶？且如吏科署印無人，發憑無日，此不過目前一事耳，而今選人千百，久候都門，奔走號呼，告哀求救，不知皇上何故惜此一官，而不以弭千百人之怨讟也？一科如此，各科可知，一事如此，事事可知。況乎撫臣不點，而地方之彈壓久虛，按臣不差，而郡國之澄清奚賴？考選不下，候補散館不下，而言路中絶，國體全隳。時事至此，此臣所為憂心如焚，而食不下咽，寢不安席者也。臣報國有心，回天無術，深愧誠微力薄，無地自容。頃臺臣有疏，亦謂臣當積誠感動，盡力維持。此其責備甚正，屬望甚殷，臣何敢不勉？然臣愚竊謂，臣之誠與不誠，亦在我皇上之諒與不諒耳。皇上若肯諒臣，則臣所為事事懇請、時時仰瀆者，無不盟之幽獨，矢諸鬼神，此即臣之微誠，或可以感動君心者也。惟皇上未盡諒臣，則多言祇覺厭聞，頻請反為瀆聽，臣即剖心以自明，碎首以見志，亦何誠之足言？而又何感動之敢望哉？臣千言萬語，只此用人一事，伏望皇上乘此改歲之時，亟圖維新之政。推補光祿卿之意，而盡補部寺大僚，推點漕差之意，而盡點各處巡撫、巡按，推允署科之意，而盡允各科左右與考選起復散館諸臣。將用賢圖治，萬曆之業彌光，而以人事君，微臣之職亦少盡矣。臣疢疾纏綿，乞体①之疏未奉明旨，分宜靜聽。然一日在事，不能一日忘君國之憂，輒敢因事效忠，一布款款之愚若此，惟聖慈憐而察之。至於推補閣臣一節，容臣另疏專請。臣不勝伏枕哀祈延頸俟命之至。"

是日，大學士方從哲謹題："為纂修玉牒事。照得玉牒纂修官，向用二員，今見在供事只有韓爌一員，簡册浩繁，難以獨理。該臣看得國子監祭酒盛以弘，堪以委用。及查本官資俸最深，合無量陞詹事府少詹事、兼翰林院侍讀學士、協理府事，與韓爌同管纂修事務？再照校對、謄錄亦屬缺人。查有翰林院孔目梅獨早、史館辦事鴻臚寺序班唐尚忠堪補。伏乞敕下吏部，

① 体 "体" 當作 "休"。

查照施行。臣未敢擅便，謹題請旨。"

二十日辛亥，大學士方從哲謹題："照得六科無官無印，百務俱廢，該臣屢揭催請，言之不啻詳矣，而皇上概未點用。目下選官一千餘人，候憑日久，又時值殘冬，進退無門，情殊可憫，即此一事，而吏科署印尤爲萬分緊要。臣查得吏部題催各官，如張孔教、顧士琦、張延登，則復除之吏科也，如官應震，則轉右之吏科也，如暴謙貞，則擬授之吏科也。諸臣久寓都門，見在候命，皇上若肯盡數允補，真是一時盛舉。不然，亦乞於五人之中，先點一、二員，即令署印管事，將選官文憑，盡於年內給發，庶窮途免羈留之苦，地方有得人之幸，是亦皇上發政施仁之一端矣。昨見吏部催請，將各官彙爲一疏，恐難檢閱，儻蒙聖慈慨允，即求於臣揭中坐名點用，發下吏部施行。臣不勝激切仰望之至。"

二十二日癸丑，大學士方從哲謹奏："爲恭謝天恩事。昨晚文書官金忠，恭捧聖諭到臣私寓：'諭元輔：朕因動火，致有目疾，尚在調攝未愈。卿所請諸事，朕已悉知。況履端節屆，閣務繁重，國事方殷，卿小恙已愈，豈可久延私寓？諒卿心亦不自安。卿宜仰體朕衷，宜①即出入閣輔理，以慰朕眷②倚至意。其請用人諸事，朕即次第檢發，不必再有所陳。特諭卿知。欽此。'臣恭設香案，扶掖望闕叩頭謝恩訖。伏念臣以犬馬之疾旦夕難痊，兼以時事艱難，職業曠廢，憂愁抑鬱，困憊日增，拜疏乞休，萬非得已。伏蒙聖慈眷注，綸溫下頒，既謂臣恙之已愈，又諒臣心之不安，天語諄諄，所爲慰臣、勉臣且萬望於臣者，即慈父之愛其子，當不過是。聖衷如此，而臣顧不知仰體，是尚有人心者哉？況臣邇年以來，竭誠畢力、日日懇請者，只此用人諸事，而皇上慨然諭臣以次第檢發，是臣之遭時遇主，以少逭溺職之罪者，在此一出，何敢不竭蹶奔趨，力疾供事，以負聖明眷倚之意，失一時機會之奇也？容臣再調理數日，少俟痊可，即遵旨入閣輔理外，其臣前日所請吏科署印官，仍望

① 宜 《明神宗實錄》卷五六四無此"宜"字，是。
② 眷 "眷"當作"睠"。

皇上即刻批發，以完選官畫憑之事，尤不勝至幸。敬因奏謝，附有所懇。昨奉聖諭，臣謹什襲珍藏，以爲鎮家之寶。臣不勝感激顒望之至。"二十五日，奉旨："覽卿奏謝，朕知道了。大節在邇，國務繁重，卿疾已愈，宜即遵諭速出，入閣贊襄，以副眷倚。所請選官畫憑之事，准將張孔教復除吏科，署掌印務。該部知道。"

二十三日甲寅，大學士方從哲謹題："先該題奉欽依，每年終將講過經書、講章，類寫進呈，以備皇上朝夕觀覽，已經節次進呈訖。今查撰進講章，謹將《通鑑纂要》四年帝復御經筵起亟以張美人爲貴妃止一本，類寫裝潢進呈。伏乞皇上萬幾之暇，時加觀覽，以求溫故知新之益。臣不勝惓惓效忠之至。"

是日，大學士方從哲謹題："照得本年十二月二十四日起，該放除節假，連年節、上元假，至新年正月二十日方滿。臣查得連年日講，皆於二月間照常舉行。今講官並無一人，容臣於春初，將前題過講官何宗彥等，恭請聖明允用，仍於二月上旬另擇日期，恭進講章，以後接續上進。謹具題知。"

二十四日乙卯，大學士方從哲謹題："昨臣恭奉聖諭，許臣以用人諸事即次第檢發，臣不勝踴躍歡忭，喜而不寐。竊意新節前後，我皇上必有一番德政，以慰海內人心，臣謹屏息靜聽。惟是目前尚有切要一事，爲羣情所屬望、聖政所宜先者，則御史劉光復之獄是也。先復幽囚縲紲，業已三年，其困苦之極，悔悟之深，該臣節次言之已詳，不敢復贅。但今大節在邇，三陽開泰，當此之時，即一草一木、一蟲一鳥，莫不欣欣然發育長養於大造之中，此聖主之深仁、羣生之至幸也。若光復，向曾乘驄冠豸，爲朝廷耳目之臣，乃獨令淹禁圜扉，沉埋黑獄，累月經年與死囚爲伍，我皇上好生之德，同符堯舜，儻於萬幾之暇，試一思之，能無惻然動念乎？皇上純孝至德，事亡若存。獨此一事，似若於聖母慈悲濟人之念，微有未愜，臣愚所以深爲皇上惜也。皇上儻乘此履端之日，慨然施解網之仁，將光復立賜釋放，俯慰臣民之望，曲全母子之恩，此古昔聖帝明王第一盛德事，而臣愚犬馬私衷所爲惓惓仰望於今日者也。臣不勝激切懇祈之至。"

二十九日庚申，大學士方從哲謹奏："爲再奉恩綸敬陳謝悃事。今早該文書官王之心，恭捧聖諭到臣寓所：'諭元輔：朕以卿微恙請假數日，今已痊癒，前已有旨諭卿入閣視事。昨覽卿奏，朕心甚慰。至今尚爾未出，方今國事浩繁，況元旦大節屆臨，百官稱慶，卿爲輔弼重臣，豈得高卧私寓？卿宜仰遵屢諭，即出佐理，以慰朕佇望至意。不得再有託陳。特諭。欽此。'臣謹設香案，望闕叩頭謝恩訖。伏念臣抱病月餘，蒙恩寬假，杜門靜攝，漸覺少瘳。且先奉聖諭，勉臣以即出輔理，許臣以用人諸事次第檢發，數日之間，果有吏科署印之旨。臣捧誦德音，不覺踴躍思奮，正擬於元旦稱賀之後，力疾入閣辦事，以副宸眷，以快睹聖政之更新。何意隆慈過垂注念，溫綸再布，中使重臨，慰藉勤惓，責望備至，詞意諄懇，宛然家人父子之親，臣即有胸無心，能不知感？能不知懼？此臣愚所爲次骨鏤衷，誓當捐軀圖報者也。除明早先赴大班行禮，次於萬壽，隨即入閣視事外，所奉聖諭，臣謹什襲珍藏，以爲世寶。臣不勝感激瞻戀之至。"正月初一日，奉旨："覽卿奏謝，知卿大班禮畢，次於宮門恭祝萬壽，隨即入閣視事，具見忠愛誠意，朕心慰悦。知道了。該部知道。"

# 萬曆

## 四十六年

萬曆四十六年正月辛酉，朔。

　　二日壬戌，大學士方從哲謹題：昨二十九日，伏蒙皇上遣文書官，恭捧聖諭到臣私寓，令臣即出視事。隨該臣具疏陳謝，至初一日復奉聖旨：'覽卿奏謝，知卿大班禮畢，次於宮門恭祝萬壽，隨即入閣視事，具見忠愛誠意，朕心慰悅。知道了。該部知道。欽此。'臣跪誦綸旨，可勝感激？念臣一介草茅，出與不出何關國家輕重？乃蒙聖慈時時注念，旬日之內中使再臨，奏謝之章一宿即下，始而佇望甚切，既而慰悅有加，天語春溫，聖懷篤摯，么膚①微臣，果何修而得此非常之殊眷也？臣仰戴隆恩，感極而注②，所不竭誠盡力、捐糜圖報者，是無復有人心者矣。然臣因是而竊有請馬③。昨吏科之旨一下，無論署印有人，首垣生色，凡累次選過幾二千人，莫不踴躍歡呼，祝我皇上萬萬歲壽，聖明舉動，誠無踰此。臣又思，禮、工二科皆虛無一人，日下王婚在邇，典禮隆重，需人之急與吏科無異。今見有楊道寅、范濟世二人候補，久者六年，近者亦一年矣。皇上若將二臣先賜點用，俾令署掌印務，一以濟公家之事，一以恤臣下之私，此又第一盛德事，臣愚所為惓惓仰望於獻歲之初者也。臣於昨日已面囑司禮二臣，不知曾為轉聞否？儻蒙聖明慨允，乞將近日禮部、工部催諸署印之疏，即賜批發，或另降一礼④，令臣傳示該部施行，所謂用一人而千萬人悅，萬代瞻仰，在此一舉矣。臣敬因奏謝，附有所請。臣不勝頂戴天恩激切顒望之至。"

　　五日乙丑，大學士方從哲謹奏："為政本缺人至極病臣獨力難支懇乞聖明速賜簡用以濟時艱事。竊惟自祖宗設立內閣以來，從未有以一人獨當其任者，有之，自今日始。更未有以一極庸極病之人、獨任而至於數年之久者，有之，自臣從哲始。蓋舊輔向高去國倏已四年，中間雖幸與同官道南共事，然兩年之內，強半杜門，竭蹶奔馳，止有臣孑然一身而已。今道南憂去又逾半載，密勿之地，孤立寡儔，即日行本章，尋常票擬，心思所

① 膚 "膚"當作"庸"。
② 注 "注"當作"泣"。
③ 馬 "馬"當作"焉"。
④ 礼 "礼"當作"札"。

①因 "因"當作"困"。

②德 "德"當作"聽"。

③暇 "暇"當作"暇"。

④望 "望"當作"堅"。

⑤反 "反"當作"及"。

不到，目力所不及，詳猶不免遺忘差錯，設有疑難重大之事，將誰與評論、誰與商榷，而令議擬之皆當、處置之咸宜也？又使臣年歲未增，精神如故，尚可勉策駑鈍，期無負皇上任使。無奈臣老矣，以望六之年，當積勞之後，奄奄氣息，日就衰頹，今雖遵旨勉出，而支離因①憊之狀，人人見之，是閣中雖有臣一人，與無人同。皇上奈何猶視若故常而不爲急補也？臣又思之，天下者，祖宗之天下，社稷者，皇上之社稷也。輔弼得人，則天下理，天下理則社稷安，是枚卜雖朝廷一事，而皇上所爲熙昌明之運，纘綦隆之業者，實繫於斯。此豈一官一職可有可無可急可緩者比、而皇上顧度外置之耶？臣自去歲至今，懇請之章不下十數，詞已竭，力已窮，自知犬馬微誠未能遽回天德②，但願皇上於萬幾之暇③，惕然猛省：簡用閣臣果朝廷之事乎？抑臣一身一家之事乎？閣臣不補，將來接濟無人，政權旁落，所該者皇上之事乎？抑臣一身一家之事乎？言及於此，凡在廷之臣，以及行道之人，莫不爲臣危，爲國事危，而皇上獨以爲不足憂，以臣言爲不足信，望④執一意，未肯轉移，此臣所爲疾首腐心，瀝血呼天而不能自已者也。即今陽春啟泰，聖政維新，伏望慨發德音，敕下吏部，將在任在籍諸臣資望兼優者，多推數員，列名上請。更祈皇上斷自宸衷，速賜點用。將明綸一布，衆正咸登，政本之匡贊有神，微臣之曠瘝可釋，豈非宗社之福、臣愚之至幸哉？臣不勝激切仰望之至。爲此，謹具本親詣文華門，叩頭上進以聞。伏候敕旨。"

七日丁卯，大學士方從哲謹題爲纂修玉牒事。照得玉牒纂修官，向用二員，今見在供事，只有韓爌一員，簡册浩繁，難以獨理。該臣看得，國子監祭酒盛以弘堪以委用。反⑤查本官資俸最深，合無量陞詹事府少詹事，兼翰林院侍讀學士、協理府事，與韓爌同管纂修事務？再照校對亦屬缺人。查有翰林院孔目梅獨早堪補，伏乞敕下吏部，查照施行。臣未敢擅便，謹題請旨。"

萬曆四十六年

八月①戊辰，大學士方從哲謹題："竊惟國家設立閣臣，寄以贊襄之任，地居密勿，職典絲綸，其於朝廷政事雖無不與聞，而代言實其專責也。祖制：凡中外本章進經御覽者，必發閣臣者②詳議擬，取自上裁，遇有未當，發下再擬，其奉上傳出旨者，須斟酌詳審，然後擬票呈上，設有事體稍礙、難以奉行者，亦必具奏請改，務求至當。此祖宗朝及我皇上初年相循之舊規，未之或易也。中間偶有旨從中出，不由內閣者，必尋常紃③微之事，無關於天下國家之重，然亦當防其漸而警其餘，有不屑越視之者。夫何邇年以來，中旨漸多，視爲常事？或不時批發，或中夜傳宣，臣先事不得預聞，無從救正，臨期不及執奏，安得挽回？獻替莫施，曠瘝滋甚。如近日承天守備張文元之疏，皇上一時不及詳察，遽允其奏，比一得旨，遂將別項人犯概行釋放，此等舉動，豈聖明之世④？中旨當慎，與臣等之不容自溺其職也，概可見矣。伏望皇上深念政幾至重，祖制宜遵，凡一切章奏，俱發閣中，令臣等公同參酌，擬票上進，恭候宸斷。其有臣等思慮未周、偶至錯誤，意見互異，未愜⑤聖心者，仍即傳示，再爲詳議，務使王言無失，政體不幸⑥，其有裨於聖治非淺尠矣。然臣愚更有所請爲⑦。方臣爲史官時，見內閣諸臣每日出入，俱有常度，緣當時發票文書，率日中而下，諸臣因得各處所見，從容審酌而後進至御覽，票擬既精，批答不爽，真一時盛事也。今臣一人在直，以隻身而應衆務，精神智慮已自難周。間有薄暮將出之時，而票本始到，猝遇疑難不決之事，躊躇四顧，商確無人，雖竭目力、殫心思，而獨見獨聞，終屬茫昧。甚有關繫緊要、應具揭請裁者，而時已無及，只得中止，比至次日，而前票已經聖覽，或已批行，倉卒之間，遂至誤事。此不過送票早晚之間，而所關於治體者亦自不小，故臣敢目是而並及之。儻蒙聖慈省覽累朝發閣之成規，復先年送票之故事，俾臣得效犬馬之力，以爲綸綍之光，國事幸甚，臣愚幸甚。臣不勝激切顒望之至。"

十一日辛未，大學士方從哲謹奏："爲歲功伊始聖政宜新懇

①月 "月"當作"日"。
②者 《明神宗實錄》卷五六五"者"作"看"。
③紃 "紃"當作"細"。
④世 "世"下當有"所宜有"之類字句。
⑤愜 "愜"當作"愜"。
⑥幸 "幸"當爲誤字。
⑦爲 "爲"當作"焉"。

乞聖明亟補臺省諸臣以慰人心以重言路事。竊惟君道猶天道也。天以春生物，故當三陽開泰之日，必有一番滋息長養，以發育羣生。人君法天出治，則當萬方胥慶之時，亦必有一番拔擢登崇，以鼓舞在位。此自昔帝王之盛軌，正今日國家之急務也。自元旦至今，伏蒙我皇上簡三巡撫，點三、四按差，允陞府丞及司道等官，上有轉圜之機，下切彈冠之慶，中外欣欣，無不頌聖政之維新，望太平之立致，真千載之一時矣。臣從哲不勝歡忭，不勝欽服。然臣目是而更有請焉。竊見留部諸臣，自癸丑未①朝，越甲寅考選，迄今六年矣。假滿起復及散館諸臣，久者六十②年，近者亦三年矣。即使烏臺青瑣，濟濟充盈，封駁有人，任使不乏，此多人者亦無經年累月置而不用之理。況今掖垣盡扃，篆攢③塵理，抄發久停，部務都廢。頃者雖蒙皇上軫念選官候憑之苦，准一吏科署印，然其他缺人廢事者尚多也。至若臺班乏員，各差半缺，在京者人頒④數差，既苦分身之無術，在外者候代無日，率多移疾而求歸，此何等匱缺時也？而需次諸人尚可任其淹留困頓、而不使之乘時以自效乎？或者謂皇上留神治理，加意人才，少俟日時自當漸次錄用，不宜頻有煩瀆，使聽愈厭而行愈難。臣以為此可論於平時，而不可施於今日。何者？缺人未甚，尚可漸補，未久，何妨少需？而今科臣止四五人，臺臣止五六人，缺乎？不缺乎？待命昔自二三年，以至六七年，久乎？不久乎？且歷數年而纔補一張孔教，其餘服闋及散館者不下十人，何時而後可盡補乎？考選一咨⑤不下三四十人，又何時而後可盡補乎？時勢苦⑥此，苦⑦猶緘默不言，坐視而不為之所，日復一日，年復一年，竊恐人壽幾何？將來凋零剝落之象，殆不可言。誰任贊襄，而令朝寧空虛、人才摧折一至此極也？臣每一念及，五內如焚，中夜徬徨，寢不能寐。皇上縱不為諸臣惜，獨不為言路惜、為世道惜、兼為祖宗培養之仁賢惜乎？昨見吏部揭帖，將聽補各官分為三疏，以便皇上陸續檢發。老成謀國，用心良苦。伏望皇上乘此履端之初，立奮乾斷，渙發綸音，將考選起復散館諸臣，概賜允用。將見羣才彙進，言路有光，用賢圖治之美，視萬曆初年為益烈

①未 "未"當作"來"。
②十 "十"當作"七"。
③攢 "攢"當作"櫝"。
④頒 "頒"當作"領"。
⑤咨 "咨"當作"次"。
⑥苦 "苦"當作"若"。
⑦苦 "苦"當作"若"。

矣。臣愚何幸，躬逢其盛？臣不勝激切籲天戰兢待命之至。"

十二日壬申，大學士方從哲謹題："昨蒙發下湖廣巡按彭宗孟二本，其一言鎮遂①府申報兩江叛苗攻圍施秉，即當發兵應援。該臣看得，施秉雖係貴州屬縣，然實與楚爲鄰，且兩江苗夷界在兩省之間，施秉被圍，楚中豈容坐視？先是貴州撫臣張鶴鳴，疏請合兵征剿，隨該兵部題覆，行兩省撫按會議具奏。向因湖廣巡撫未蒙點用，會議無人，以是應剿應撫，迄無成說。今苗衆攻城殺人，勢甚猖獗，自非興師大創，滅此朝食，恐地方之安危未可知也。伏望皇上軫念遐方有事之時，撫臣不容久缺，將吏部會推徐兆魁即賜點用，其按臣彭宗孟差滿已久，雖以責其任事，乞將都察院題差吳允中一併檢發，此楚黔之幸，亦社稷之福也。至於臣前日所請禮、工二科署印官，其兩部題催之疏俱在御前，儻蒙皇上留神慨允，尤足以裨時務而慰人心。臣不勝迫切顒望之至。"

① 遂 "遂"當作"遠"。

十九日己卯，大學士方從哲謹題："先該臣懇請皇上點用湖廣撫按及禮、工二科署印官，經今數日，未蒙檢發。照得楚中巡撫缺已一年，目今叛苗作亂，正當調兵救援之秋，而按臣巡歷久完，杜門候代，地方之事誰爲料理？此時命下，雖不能朝發夕至，而明旨一到，人心自然震懾，苗患自然消弭，此兩省安危所繫，皇上不宜漫然視之者也。惠、桂二王嘉禮在即，禮、工二部事務極繁，若科抄無人，一切典吏②錢糧，該部憑何舉行？憑何查發？展轉耽誤，妨廢必多。至於各王府名封、婚禮，時時有之，而題覆久稽，尤爲不便。此又目前急務，皇上不宜漫然視之者也。頃自改歲以來，伏蒙聖明點用多官，朝政便覺疏通，輿情無不歡暢。若此四人者，其吏部摧③本、都察院題本、與禮工二部催請之本，俱在御前，儻蒙留神，將徐兆魁、吳允中、楊道寅、范濟世四臣概賜允用，則封疆攸賴，而朝廷之大禮爲有光矣。臣不勝激切待命之至。"

② 吏 "吏"當作"禮"。

③ 摧 "摧"當作"催"。

# 萬曆起居注

三四五六

① 巳 "巳"當作"已"。

② 作 "作"當作"停"。

③ 便 "便"當作"徧"。

二十一日辛巳①，大學士方從哲謹題："爲公務事。照得制敕房辦理一應典禮文書，誥敕房書寫文官誥敕揭帖，事務頗稱繁劇。茲考察之後，缺人數多。臣謹查得誥敕房辦事詹事府主簿成九皋、詹事府錄事馬鍵，寫字端楷，堪補制敕房辦事。又查得起居注館辦事鴻臚寺序班邵前勳、田佳璧堪補誥敕房辦事，遺下起居注館員缺，查有史館辦事鴻臚寺序班張邦經、詹事府錄事鄭世選堪補。再照制敕房辦事試中書舍人王濬初、公鼐，已經三年考滿，例應實授，伏乞敕下吏部，查照施行。臣未敢擅便，謹題請旨。"

二十四日甲申，大學士方從哲謹題："爲日講事。照得日講官原設六員，邇年以來，或補四員，或補二、三員。自翁正春去後，一員不補，經今五年矣。以是講章無人撰擬，無可進呈，聖學之作②輟多時，祖制之廢弛殆盡，此皆臣愚溺職之罪也。先是臣等將吏部左侍郎何宗彥、右侍郎孫如游題補，屢經催請，未奉俞綸。目今二月初吉，正當經筵開講、恭進講章之期，日講各官豈容盡缺？臣又查得原任禮部右侍郎兼翰林院侍讀學士協理詹事府事顧秉謙，丁憂服闋，堪以推補。合無將本官仍以原官起用，與同何宗彥、孫如游同充經筵日講官，俾令撰述講章，每日進呈御覽？此亦新政之一端，臣民所佇望也。再照正字官原該二員，今缺一員。查有制敕房辦事工部虞衡清吏司員外郎史鑑，敢乞併賜允用。伏祈敕下吏部，查照施行。臣未敢擅便，謹題請旨。"

二十八日戊子，大學士方從哲謹題："臣於本月二十四日在閣，因票本甚多，起鼓方出，於時即爲風寒所中。比及次日，遂覺便③體酸痛，然猶勉强入直。至晚到寓，則益困頓不能支矣。以是二十六、七兩日，俱不能進。竊意今日稍可，便當照常趨入，不敢輕瀆天聽。不料自昨夜迄今，邪火益熾，喘嗽交作，胸背手足處處痛楚，一腔之中，如掣如割，其苦不可名狀。臣病勢若此，豈旦夕可痊？伏望聖慈容臣給假數日，服藥調治。

儻仰仗天麻，未至遽爾沉篤，但得小愈，即黽勉入閣供事，以答鴻恩。臣不勝迫切惶悚之至。"

是日，大學士方從哲謹題："臣自改歲以來，懇請皇上簡閣臣，補科道，點湖廣撫按及禮工二科署印官，爲時已久，未蒙賜允。竊意泰運方新，正皇上勵精圖治之日，令節已過，又宸衷清閒逸豫之時，乘此時而檢閱部院本章，與臣愚節次疏揭，將前項各官概行推補，此目前新政、中外臣工所爲引領而望者也。臣又惟科道缺人極矣，祖制之隳廢幾盡，人情之抑鬱已其①矣，今歷數年之久，當勢窮理極之秋，而所補者纔一科、一道，則此候命各官，或十人，或三四十人，將何時而後盡補耶？無論臺差報滿者多，無人可代，至於今歲册封、典試，該用科臣六、七員，即舉見在者盡數差出，尚且不敷，而守科署印與巡視諸差，果可不用一人耶？頃建議之臣，欲將考選與候命各官，遇有差缺，陸續題補，是蓋於慎重之中，寓疏通之意，似亦救時善策，可通融待之者。統惟聖明省覽，慨賜允行。臣不勝激切籲祈之至。揭草已具，臣原擬今日入閣恭進，不意病勢驟增，不得已乞恩請假。又念諸事關係緊要，難以久羈，輒敢冒昧仰塵天聽，惟皇上憐臣病苦，察臣悃誠，勿以尋常視之，國事幸甚，臣愚幸甚。謹題。"

是日，大學士方從哲謹題："本月二十二日，該吏部尚書鄭繼之、刑部尚書李鋕，俱有請告之疏。其繼之之疏，臣已奉上傳擬溫旨進呈矣，惟是李鋕之疏，尚未檢發。竊意二臣求去雖切，而高年耆德，朝廷之上不可一日無此重臣。今候旨杜門，於部事不無妨誤。伏望皇上留神，將已票者即賜批發，未票者發臣票擬，督令速出視事，兩部幸甚。此外又有刑部侍郎張問達辭本、兵部侍郎崔景榮請催尚書黃嘉善赴任之本，俱在御前，更祈一併檢發。臣不勝仰望之至。"

三十日庚寅，大學士方從哲謹題："爲東宮講讀事。恭照東宮講讀，該用史官六員。自左諭德公鼐奉差未回，右諭德龔三益京察外補，見缺一員。該臣查得見任右春坊右庶子兼翰林院

① 其 "其" 當作 "甚"。

侍讀何如寵、原任左春坊左贊善兼翰林院檢討丁憂服闋錢象坤，俱堪補前缺，及照錢象坤資俸已深，合無量陞左春坊左諭德，兼翰林院侍講，與同張邦紀一體供事。其開講日期，除臣擇吉另請外，伏乞敕下吏部，查照施行。臣未敢擅便，謹題請旨。"

是日，大學士方從哲謹題："恭照皇太子開講，去歲因秋暮天寒，屢奉明旨，着於今春舉行。綸綍昭然，臣民共仰。目今仲春已屆，天氣漸和，溫故知新，時不容緩。臣謹擇得二月初七日、初十日皆大吉日期，伏望皇上欽定一日，命皇太子出閣開講，以後照常講讀，庶乘時典學，儲闈終蒙養之功，而燕翼詒謀，宗社衍泰來之慶。臣無任激切仰望之至。"二月八日，奉旨："覽卿奏請皇太子開講日期。見今尚未出九，況又冰雪甚寒，着於三月內天氣融和，擇吉舉行。"

萬曆四十六年二月，朔①。

五日乙未，大學士方從哲謹奏："爲懇恩速補閣員事。竊惟內閣缺人之極，與臣愚獨任之苦，臣疏請揭催言之奚啻數十？而天高聽遠，杳無俞允之期。藉使臣才力尚可支持，精神猶堪驅策，即再苟延月日，以俟枚卜之命，亦無不可。而臣之技窮矣，宿疾纏綿，非旦夕所能愈矣。況今朝政益壅，官聯多缺，言路中絕，國勢空虛，人情抑鬱日深，怨咨並至，天下大勢岌岌可虞。此國家何等時也？而乃舉贊襄調燮之任，全付於衰頹孤子之身，其有幸乎？責屑天②以扛鼎，覆壓何疑？駕病犢於鹽車，債轅立見。言及於此，寧獨臣心自危？天下之人莫不爲臣危。天下之人又寧獨爲臣危？莫不爲政本危，兼爲宗社大計危。皇上奈何漠然不加之意也？聖意淵微，得無以絲綸重地，其職未易稱，輔弼重任，其人未易得，而故遲疑詳慎若此乎？今天下非乏才也，在朝在野濟濟多賢，其才品聞望，慮無不什伯於臣。皇上但下會推之旨，該部必能考據生平，博採輿論，旁搜精擇，以應上之求。明良遇合，旦暮可期，皇上奈何過爲疑、過爲慎、而久稽爰立之典也？合而論之，以員缺則當補，以時艱則當速補，以臣之衰病日甚、痊可無期，則尤不容不亟補。補之，此其時矣。臣勢急情迫，不得不言，又不能盡言，惟皇上憐而允之。臣伏枕哀鳴，不勝迫切懇祈之至。"

是日，大學士方從哲謹奏："爲臣病難痊臣職滋曠懇乞天恩速賜休致以保餘生事。頃臣以冒寒致疾，請假調理。方擬前恙稍愈，便當勉強入直，以效贊襄，此臣之初願也。乃旬日以來，疾勢漸增，醫藥罔效，頭目眩暈，腦中時若動搖，自肩背以及兩脅，痛楚如割，咳嗽徹夜，胸膈之痛，尤不可禁。以是肌體日消，形神俱憊，奄奄氣息，似無復生全之望矣。臣昏憒之中，念及閣中無人，票擬莫屬，不覺神魂飛越，愁懼欲死。因思臣一日不去，則閣臣一日不補，既因病而曠，又以不去而妨賢誤身，無一可者。除會推閣員，臣專疏另請，恭候宸斷外，伏望皇上察臣病實阽危，情極真切，將臣速賜罷免，以救垂危之命，

萬曆四十六年

三四五九

①朔 "朔"上當有"辛卯"二字。

②天 "天"當作"夫"。

以延未盡之年。庶病臣退，新臣進，將政本有託，國事無虞，臣生固啣恩，死亦瞑目矣。臣無任懇切待命之至。"初九日，奉旨："閣務繁重，朕日望卿速出，分猷贊化，共濟時難，何爲遽以病請，堅欲求去？甚非眷倚之意。卿宜善加調攝，稍可即入閣佐理，以慰朕懷。所辭不允。該部知道。"

是日，大學士方從哲謹題："昨蒙皇上批發尚書鄭繼之、侍郎張問達辭本，臣愚仰見聖心信任大臣，與重銓政、慎刑獄之意，臣與諸臣不勝感服。惟是刑部尚書李鋕，前月亦有請告之疏，今繼之屢經慰留，而鋕疏未蒙發票。外廷不知，將謂聖意有所軒輊①，則鋕求去益力，再出無期，部院之事俱無所屬，關繫治體不小。伏望皇上留神，檢鋕原疏發臣擬上，勉令速出視事，實爲至幸。至於臣向來所請點湖廣撫按及禮、工二科署印官，皆不過一人一事，而亦部務通塞、地方安危所繫。此外若蘇松巡按與操江都御史，尤爲喫緊。統惟聖明留意。臣病勢危篤，方具疏乞休，而念及時事切要，不敢不力疾懇請。臣不勝迫切仰望之至。"

九日己亥，大學士方從哲謹奏："爲微臣福過罪叢變出意外懇乞聖明鑒察速賜顯斥以全微節事。臣以宿疾難痊，懇恩休致，方在候命，適接西城御史薛貞揭帖，以地方人命事參論臣子。臣細閱之，不覺五內俱裂，慚憤欲死。蓋此事在去歲十二月，而臣於本月初一日始聞其詳。夫以燕會之間遇非禮之事，而不能引避，臣子之罪何以自解？但相驗死者，的係馬驚跌傷，非因歐②斃，則供證甚明，此在法司自有詳審公斷，臣何敢置辯？惟是臣訓迪無方，防閑不密，至臣子有此不肖之事，臣安所逃罪？總之，臣量盈取咎，福過生災，釁孽之來，實出意料之外。寧獨爲身名之辱？亦且貽縉紳之羞。此臣所爲拊心呼天，自怨自痛，而不能一息自安者也。縱臺臣亮臣無他，惜臣不幸，臣獨何顏復立於班行之上哉？伏望聖慈察臣苦衷，保臣末路，將臣即賜罷斥，使得閉戶省愆，不終得罪於名教，則曲成之恩，雖不能圖報於今生，亦當啣結於異世矣。臣不勝惶恐待罪之

① 輊 "輊"當作"輊"。

② 歐 "歐"當作"毆"。

至。"十五日，奉旨："覽奏卿子以挂①誤被參，況已經相驗，的係馬驚跌傷，供證甚明，非因歐②斃，着法司從公問理。方今國事殷繁，閣務重大，倚毗方切，豈得以子情引咎求去，失朕眷倚至意？卿宜仰體朕衷，還③出入閣輔理，以成君臣泰交之義。下④必再有託陳。該部知道。"

十三日癸卯，大學士方從哲謹題："臣抱病杜門，方席藁待罪，適接吏部尚書鄭繼之揭帖，已於大明門叩辭出城，臣不勝驚駭。夫繼之以三朝老臣，曲蒙皇上優禮。頃者旬日之間，屢奉溫綸，兼承宣諭，聖懷眷注，諄切有加，質之人臣致身之義，似當勉留以需後命。惟是逾八之年，不為不老，且足疾已久，行步頗艱，衰頹之狀亦廷臣所共見者。此時決於求去，迹若過激，心實可原。今聞其於城外暫駐候旨，儻聖慈仍欲慰留，乞將繼之辭本發臣票擬，再令司務官挽其行轍。然以臣愚度之，大臣去就，係中外觀瞻，既已出城，恐無復返之理。但祈皇上即傳准去之旨，或許其馳驛，以示聖主優禮舊臣曲全終始之意，此真一時盛事，不獨繼之終身之感，而亦薄海臣民所為頌聖治於無窮者也。臣謹力疾具題以聞。"

十五日乙巳，大學士方從哲謹奏："為獄情貴在得真微臣義無私庇乞敕法司從公詳審事。頃因御史薛貞以人命事參論臣子，臣隨具疏懇祈罷斥，中間略述事情始末，上達天聽，非敢以私意曲庇臣子，而不以公審聽之法曹也。至於的係馬驚跌傷之語，乃相驗之時所聞如此，而臣偶入疏中，下筆倉皇，失於點檢，臣實無所逃罪。今御史盧謙以大義責臣，臣愧服不暇，何能更置一詞？伏望皇上將薛貞原疏敕下法司，從公審究明白，臣子雖病在垂危，不敢不令親自聽審，庶獄情得，而臣愚心迹亦得以少白矣。臣不勝惶悚待命之至。"

十八日戊申，大學士方從哲謹奏："為微臣病勢益深痊可無日再懇天恩即賜罷斥並祈速簡新臣以重政本事。頃因御史薛貞

①挂 《明神宗實錄》卷五六六"挂"作"詿"，是。
②歐 "歐"當作"毆"。
③還 《明神宗實錄》卷五六六"還"作"速"，是。
④下 《明神宗實錄》卷五六六"下"作"不"，是。

# 萬曆起居注

① 挂 "挂"當作"註"。
② 歐 "歐"當作"毆"。

參論臣子，臣隨具疏乞休。數日以來，方席藁待罪，伏奉聖旨：'覽奏卿子以挂①誤被參，況已經相驗，的係馬驚跌傷，供證甚明，非因歐②斃，着法司從公問理。方今國事殷繁，閣務重大，倚毗方切，豈得以子情引咎求去，失朕眷倚至意？卿宜仰體朕衷，速出入閣輔理，以成君臣泰交之義。不必再有託陳。該部知道。欽此。'臣捧讀再三，不勝感激，不勝惶悚。除人命事情聽法司詳審公斷外，惟是臣病勢侵尋，日甚一日，輔理之任，萬非臣的能勝。敢再瀝血剖心，哀鳴君父之前。臣秉質素羸，少多疾病。自蒙恩拔居政地，非不思勉竭駑力，以圖仰答鴻慈。而才劣望輕，原無用世之具，覆餗之懼，凜凜於衷。兼以時事艱難，匡維莫效，焦勞愁苦，未嘗有頃刻之寧。以是精力全銷，形神俱憊，蓋病根之從來久矣。自前月感冒風寒，四肢酸痛，難於動舉，漸成不仁之證。邇復怔忡不止，痰嗽轉盛，眩暈昏憒，恍惚如在夢中。病勢若斯，殆無復有生全之望矣。臣伏枕思之，國家大事，皆係於閣臣之身，臣身且不保，安能任事？誤身而至於誤國，臣之罪尚可贖哉？自非速簡新臣，付以贊襄之任，臣雖死亦不能瞑目矣。伏望皇上，將臣即賜罷斥，仍亟行枚卜之典，俾密勿之地佐理得人，將棐正咸登，萬幾有託，其目前要務，如補大僚、允候補考選散館科道及署印點差諸事，皆可次第並舉。是病臣退而賢路可開，國事有濟，臣一日未填溝壑，尚當齊心稽首，祝聖天子萬萬壽於無疆矣。臣語不倫，臣心萬苦，惟聖慈憐而察之。臣不勝迫切呼天戰兢待命之至。"

③ 藉 "藉"當作"籍"。

二十一日辛亥，大學士方從哲謹題："前蒙發下吏部尚書鄭繼之辭本，臣愚竊意繼之出城之後，再奉勉留之旨，而去志益決，懇辭益堅，當無復留之理矣。且前此辭本發票時，俱奉上傳出溫旨，不准辭，而此次獨無，或者聖意亮其懇誠，特為賜允。故臣僭擬准辭之票，以候聖裁。兩日之間，未蒙批發。適聞繼之欲於沿途候旨，已於今早從城外起行矣，臣不敢不以上聞。伏望皇上，察繼之衰年多病、萬不得已之情，將近疏即賜批發，准其回藉③調理，仍賜以馳驛，以昭皇上優禮大臣、終始曲全之意，繼之幸甚，臣愚幸甚。謹題。"

二十二日壬子，大學士方從哲謹奏："爲大臣相繼求去國勢空虛人心危懼懇乞聖明亟點卿貳諸臣以挽式微之運事。竊惟人君所以共理天下者，恃有此股肱耳目之臣，濟濟在列，相與同心戮力，共濟時艱，庶幾國勢無虞，而太平之業可長保也。邇來臺省乏人，言路幾絕，該諸臣之懇請與臣愚之揭催，蓋已無遺力無剩詞矣，竊計俞旨之頒當在旦夕。至於九列大臣，又皇上所付以股肱心膂之寄者，其倚任之重，關繫之大，又當何如？今吏部尚書鄭繼之以奉旨去矣，刑部尚書李鋕給假未出，而侍郎崔景榮、張問達屢疏控辭，聞皆有必去之志矣。總計六部、都察院堂官該二十餘員，今見在止七、八員，而杜門乞歸者又居其二。堂堂天朝，當全盛之時，而卿貳大臣寥寥若此，仁賢凋謝，朝寧空虛，儼然有末世衰頹之象焉，寧不取輕於四夷、貽譏於青史哉？年來水旱頻仍，盜賊蠭起，天災地變所在報聞，饑饉流離，民無寧宇。且朝廷之上，紀綱不振，法度日隳，人心之怨讟滋深，政務之廢弛殆盡。時勢至此，已岌岌乎有非常不測之憂矣。皇上苦①猶狃於故常，因循玩惕，部院大僚任其廢弛，不思急爲推補，將使主勢孤於上，人心渙於下，萬一肘腋之地，或邊境之間，變起倉卒，駭不及圖，當期②時也，維持捍禦以弭禍亂、而固金甌，豈三五臣之力所能辦哉？言及於此，臣不覺心裂魂搖，汗流浹背，皇上寧可視爲緩圖、而不汲汲焉以爲奠安宗社計也？前者吏部推陞各部尚書、侍郎、都御史、卿寺等官，原本俱在御前，伏望皇上盡數檢出，酌量緩急，陸續點用，俾令刻期到任，則事權有屬，彈壓有人，國勢自尊，羣情自定。今日持危保泰之道，無踰於此。萬惟聖明留意。臣從哲病困之餘，方席藁待斥，何敢復哆口言國家事？但一日未去，尚有一日之憂，時事驚心，不敢不冒罪仰塵天聽。臣不勝戰慄懇祈之至。"

二十五日乙卯，大學士方從哲謹奏："爲臣病愈危政本幾絕

①苦 "苦"當作"若"。
②期 "期"當作"斯"。

再懇天恩亟補閣員事。頃臣因病乞休，並請枚卜，企望俞旨，以日爲年。乃静聽浹旬，未蒙批發。使臣殘喘尚可苟延，敢不忍死須臾以俟後命？乃臣之病萬萬不能久支，而閣員之補萬萬不容再緩矣。臣竊計之，在京部院等衙門，莫不有長有貳，有堂有屬，平居則同寅共濟，彼此相資，偶遇正卿有事，則貳卿可以代攝，堂官有事，則僚屬可以分理。況諸司事務雖至煩至要，不得已暫停數日，猶可支持。而内閣則異是矣。無論朝廷大政、軍國急務，難以久稽，即日行章奏，尋常推陞題覆之事，可以一日不票擬、一日不批答乎？今臣氣息奄奄，僅存一綫，有如一旦溘然長逝，一身之外，别無同官可以代理，票擬之任皇上將付之誰乎？如一一盡煩聖慮，勢必不能，不然代言既無其人，朝權漫無所屬，天下之事尚可爲、而臣愚誤國之罪尚可贖耶？臣言及此，不覺心悸股栗，憂懼欲絶。皇上奈何猶視若尋常，不爲宗社計，兼爲微臣計也？伏望聖明速涣綸音，亟行枚卜，俟銓部署印旨下，敕令作速會推，更祈皇上斷自宸衷，即賜點用，則密勿之地接濟有人，庶政柄不至潛移，而國家大勢猶不至於決裂不可收拾。豈非臣之至幸至幸哉？臣伏枕口授，語不宣心，萬苦之衷，天日可鑒。惟聖慈憐而允之。至於臣病勢垂危，斷無生全之望，更乞天恩速賜罷斥。臣不勝泣血哀祈惶悚待命之至。"二十八日奉旨："卿以微疾調攝已愈，朕望卿即出贊襄，何得遽又引疾求去？況今國家多事，正賴卿殫竭謀猷，弼成化理，共圖康濟，豈非①卿高蹈之時？卿宜仰體朕懷，速出視事，以慰朕佇望至意。所請枚卜等事，朕知道了。待卿出次第舉行。慎勿再陳。該部知道。"

二十七日丁巳②，大學士方從哲謹題："先該臣於二月初旬恭擇吉期，請皇太子開講。隨奉聖旨：'覽卿奏請皇太子開講日期。見今尚未出九，況又冰雪甚寒，着於三月内天氣融和擇吉舉行。'欽遵未敢煩瀆。目今三月屆期，餘寒已盡，氣候融和，正皇太子温習經史、講德問業之時也。臣謹擇得三月初六日爲入學大吉之期，此外若十二、十七日雖無入學，亦皆吉期可用。

① 非 "非"當作"是"。

② 已 "已"當作"巳"。

伏望皇上欽定一日，命皇太子照常出講，以修久曠之大典，以終蒙養之全功，國本幸甚，臣愚幸臣。謹題。"

是日，大學士方從哲謹題："頃該兵部侍郎崔景榮，以抱病乞休，懇辭之疏至於再四，伏蒙皇上軫念樞務重大，且邊疆有事，屢降溫旨，曲賜慰留。景榮身爲大臣，叼此異常恩數，自宜勉抑去志，以仰副眷懷，寧可徑情自遂？但景榮因病深曠職，自去歲十一月三疏乞骸，遁思已決。茲復因人言指摘，誼難苟留，誠以九列大臣既經論列，自當奉身而退，下以保名節，上以全國體。況其病非假託，心實可原。聞景榮今早已於大明門叩辭，出城恭候明旨，臣不敢不以上聞。若夫或允其去，或留其行，統候聖明裁奪，併將景榮辭本發臣票擬。臣又惟吏部司務張應完等署印之疏，未蒙檢發，銓務久曠，殊非政體。伏望皇上將尚書李汝華、李鋕欽定一人，俾令署掌印信。蓋薛三才雖營務少簡，今當留署兵部，似不容他委也。臣不勝仰望之至。"

二十九日己未，大學士方從哲謹奏："爲君恩愈重臣病愈增哀懇聖慈早賜放免亟補閣員以無誤國計事。頃該臣再疏乞骸，兼請枚卜，奉聖旨：'卿以微疾調攝已愈，朕望卿即出贊襄，何得遽又引疾求去？況今國家多事，正賴卿殫竭謀猷，弼成化理，共圖康濟，豈非①卿高蹈之時？卿宜仰體朕懷，速出視事，以慰朕佇望至意。所請枚卜等事，朕知道了。待卿出次第舉行。慎勿再陳。該部知道。欽此。'臣跪讀再三，感激涕零。自分犬馬微臣，罪淚②深重，何緣何幸，猶過蒙我皇上眷顧若此？所不捐軀隕首以圖報鴻恩於萬一者，是尚可以爲人哉？顧臣當膂力方剛之時，所恃以報皇上者惟此身，今當病困垂危之際，所藉以報皇上者，則在人。蓋鞠躬盡瘁雖非人臣之誼所得辭，若躬已瘁矣，生已捐矣，而不得一、二人焉以爲身後之託，任揆地之空虛，委政柄於草莽，舉天下國家大事付於不可知之地，皇上之用臣者謂何？望臣者謂何？而臣徒以一死塞責，臣之目其能瞑乎？明旨謂枚卜等事，待臣出次第舉行。此又臣所爲踧

①非 "非"當作"是"。

②淚 "淚"當作"戾"。

蹐憂惶，不能頃刻寧者也。蓋臣病勢已深，萬無生理，皇上若於此時慨然下會推之旨，令該部公舉數員，即賜點用，則臣身雖病，臣心稍安，從此從容調攝，或可苟延殘喘，以觀俊乂之同陞，是臣之事皇上尚有期也。若必待臣出而後舉行，則臣身既難自保，身後又慮無人，愁苦益深，病勢益迫，旦夕之間將化為異物，畢竟舊者已逝，新者未補，倉卒之間，政權莫屬，斯時也枚卜之典皇上將舉行乎？不舉行乎？猶待臣乎？即亟亟會推，亟亟點用，已屬後時，將來不知費皇上多少心思，誤朝廷多少政事，以一時之遲誤而貽害無窮，由一念之因循而流禍不淺，念及於此，能不寒心？則曷若及臣一息尚存之際，早推早用之為得也？臣以臣子獄情未結，方杜門待罪，何敢多言？但此一事，上關國勢之安危，下係輿情之仰望，臣愚所賴以少答皇上天高地厚之恩者，亦在於是。惟聖慈憐而察之。至苦①臣疾勢阽危，頃刻莫必其命，仍祈即賜放免，俾正首丘，臣雖死之日，猶生之年矣。臣不勝伏枕徬徨泣血哀鳴之至。"三月十二日，奉旨："覽卿所奏，具見忠誠敬慎，遠慮周詳，朕已悉知。所請枚卜閣臣，前諭已明，何得又有此奏？閣務殷繁，邊疆多事，今各部官員相繼求去，卿復杜門不出，國事何賴？卿子之事，已有旨了，不必介懷。卿宜以君命為重，即遵屢旨，勉為朕出，入閣佐理，以副朕眷倚至意。慎勿苦辭。該部知道。"

① 苦 "苦"當作"若"。

萬曆四十六年三月庚申，朔。

四月癸亥，大學士方從哲謹題："頃奉明旨，命戶部尚書李汝華署掌吏部印信。中外咸服，以爲得人。今本官辭本已蒙發票，計奉旨之後，即當到任管事，銓政有歸，臣不勝至幸。臣又惟汝華向以一人總理部務，又帶管倉場錢糧出納，極其煩瑣，極其勞瘁，今又加以署銓，舉三部之事萃於一身，誠有難以兼理者，雖汝華精力有餘，勤勞匪懈，而分身無術，不免顧此失彼之虞。臣查得倉場總督員缺，該吏部會推刑部左侍郎張問達，爲時已久，催請之章不止十數，伏望皇上檢發吏部原疏，將問達即賜點用，則儲務有專理之人，汝華可免兼攝之苦，一舉而裨國計、恤勞臣、重銓政胥得之矣。臣愚竊謂目前要務，無過於此，萬惟聖明留意允行。臣不勝迫切仰望之至。"

六日乙丑，大學士方從哲謹題："適文書官沈應兆，恭捧聖諭到臣私寓：'諭元輔：朕覽卿奏，明日是祭祀日期，皇太子開講不便。還着另擇吉日來行。特諭卿知。欽此。'臣隨設香案，望闕叩頭祇領訖。竊惟皇太子講學一事，上關宗社之安危，下繫臣民之瞻仰，海內喁喁企望此舉非一日矣。頃該臣欽奉三月舉行之旨，恭擇於初六等日，妄意聖明必將賜允，方與侍班、講讀諸臣延頸以待，不謂適值祭祀之期，不便開講，以致過煩聖慮，且勞中使之傳宣也。惟是臣先擇吉期，除初六日外，尚有十二、十七兩日，雖無入學，亦皆可用。伏望皇上於此兩日之中，欽定一日，命皇太子照常出講，大典幸甚，臣愚幸甚。謹因回奏，附有所請，仰惟聖明裁察。謹題。"

七日丙寅，大學士方從哲謹奏："爲閣臣不補時事愈不可支臣罪愈不可逭再懇天恩亟賜俞允事。臣自去年七月以來，獨身任事將十月矣。推補之請，臣或婉言、或直言、或緩言、或疾言，疏揭不知凡幾上矣，而俞旨杳然，政本日見其孤危，臣身日趨於狼狽。臣外虞職業之曠，內懷性命之憂，抑鬱愁煩，如

① 剌 "剌"當作"刺"。

② 稅 "稅"當作"挽"。

坐針氈而負芒剌①。蓋自朝廷之上，以及行道之人，莫不爲臣苦、爲臣危，而獨未蒙聖心之憐察也。皇上神明天縱，其於宗社安危之機，國家理亂之故，豈不洞然於衷？無亦以密勿之地，有臣一人，尚可苟且支吾，遂因循而不補乎？不知今之天下，非往時無事之天下，而臣愚一人，又非往時可以專任之人也。方今九卿缺乏，十無二三，言路蕭條，幾成空署，人主孤立於上，羣情渙散於下，天下大勢蓋岌岌乎有累卵之危矣。當斯時也，自非才望兼優、精明強幹之臣，合數人之心思力量，以贊萬幾、匡庶政，其何以收感格之功、施稅②回之術哉？以國步之艱難若彼，而撐地之單虛若此，譬如大廈將傾，支以一木，顛覆之禍，有識寒心。皇上奈何猶漫然視之，不爲祖宗之天下慮也？臣衰病日深，筋力已竭，罪愆山積，痰疾叢生，蓋天實厭之，使不得久事我皇上矣。乃犬馬微誠，必欲當一息尚存之日，早得二、三共事之臣，使接濟有人，不至以幾務之繁，獨累聖明之主，則臣身雖逝，臣願少酬，生不能效鞠躬盡瘁之忠，死獨得附於以人事君之誼，臣朝聞命而夕就木，且歡然含笑於地下矣。不然，既以久病而曠官，又以妨賢而誤國，臣之罪即萬死何足贖哉？臣瀝血呼天，肝膽俱裂，惟聖慈憐臣救臣，勿視若尋常而姑置之。臣不勝戰慄徬徨忍死待命之至。"

十二日辛未，大學士方從哲謹奏："爲時事用人最急聖心轉動有機懇祈推廣德意補缺官以新化理事。竊惟今日大僚匱乏，言路空虛，九卿十纔二三，科道十缺八九，蕭條寥落之象，不惟本朝全盛之世所絶無，抑亦往代叔季之時所不經見者也。聖主當陽，而僚寀之間黯然無色，仁賢輩出，乃登庸之路窒而不通，豈非世道之極窮、人才之一厄哉？茲者皇上因冢卿之去，特命尚書李汝華署掌印務，又念汝華兼攝之苦，將會推倉場總督張問達慨賜點用，臣愚仰見皇上留神幾務，處置周詳，一舉而重銓政、重國儲、恤臣勞胥得之焉，聖明作用，有非臣下所能仰贊萬一者，臣不勝款服。臣又思之，當今大僚之缺不止一倉場，部事之難兼，不止一汝華而已。都察院，風紀之司，關繫何等重大？今三堂並缺且將六載，雖代攝有人，臺綱不廢，而總憲之官可終缺而不補乎？其餘各部，或有長無貳，或有貳無長，以一官理一部之事已自非體，以一人兼數人之事更苦其煩，此果無人可用乎？抑有可用之人，而皇上故遲疑慎重之若此乎？懸一缺，則少一官，少一官，則廢一事，究使紀綱失墜，法度陵夷，諸司聞其無人，庶務廢而不舉。此其弊朝廷受之歟？抑羣臣受之歟？則何不推點用倉場之意，蓋點部院大臣，使人各守其官，官各舉其職，國家收用人之效，而臣下免兼攝之勞也。頃奉聖諭，勉諸臣以鞠躬盡瘁，且諄諄以任情徑行為戒。有赫嚴綸，諸臣誰不震悚？誰不感奮？然而求去，非諸臣之得已也，銓部職任統均，用人乃其專責，而卿貳之推不允，科道之補不下，啟事中格，職守謂何？則冢卿安能晏然而處此乎？其他或以事權之掣肘，或以鞅掌之煩勞，總之不能安其位而行其志。竊謂平居之信任若此，優禮若此，而徒於去國之際，屢勤溫旨，再四勉留，是以逐之之道留之耳。皇上聰明天縱，人情世故洞矚無遺，亦嘗念及於此乎？若臺省各官，則尤有可議者。祖宗朝或五六十員，或百餘員，始①無論矣，目下册封、典試該用科臣九員，而見在止五員，即使盡數差出，尚少其半，而署印守科果可不用一人乎？各處按差，報滿者不下十餘，而臺臣除已題候命外，更無一人空閒可以題代，則此巡方之使，果可廢而不遣乎？勢窮理極，無過此時，而通之是不容不亟講矣。皇上誠於此月之中，蓋②下候補考選散館之命，則雖不能頓復其原額，猶可接濟於一時。儻俞旨尚稽，允補無日，典章既不可廢，計畫又無所之，則近日諸臣按缺題差之議，斷斷乎當行矣。蓋臺臣起復者既可題巡按之差，則科臣起復者亦可題册封典試之差，未經復除者既可以原官而題差，則已經擬授者而可以新銜而題差，是不過一通變間，而缺員可補，任使可充，於慎重之中寓疏通之意，政體人情或者稱兩便乎？至於丙辰留部諸臣，服官中外，閱歷已深，其才品治行皆表表一時者，乃留而去，去而復來，往返之間，倏經三載，考選授職業已踰時，徒以前者尚壅，故後者愈滯，阻彙徵之路，灰效用之心。濟濟

①始 "始"當作"姑"。

②蓋 "蓋"當作"盡"。

多才，可任其淹留困頓、而不爲之所乎？平政體以慰人情，此又今日之急務、不容緩圖者也。臣病勢危篤，方杜門待罪，不當有言。且閣臣之請，未奉俞旨，尤不宜別有所言。第臣身雖在牀蓐，而臣心無一息不繫於朝廷，況大僚匱乏，言路空虛，所關宗社之安危者何如？若徒以求去之身，委國事於度外，是皇上方有用人圖治之美意，而微臣反負薦賢爲國之夙心，豈非萬世之罪人哉？臣報主有心，回天無力，區區犬馬之念，惟此用人一事不能頃刻置懷，萬惟聖慈憐而察之。臣不勝激切哀鳴戰兢待命之至。"

是日，大學士方從哲謹題："昨日申刻，天氣晴明，忽聞空中有聲，如波濤洶湧之狀，隨即狂風驟起，黃塵蔽天，日色晦冥，咫尺莫辨，臣不勝驚駭。及將昏黑之時，見東方電流如火，赤光照地，少頃西亦如之，又雨土濛濛，如霧如霾，氣襲人，入夜不止。夫當春和景明之時，突然有此風霾之異，天心示警，不言可知。除臣奉職無狀，待罪杜門，容另疏乞休，恭候嚴譴外，乃遇災思懼，於我皇上不無深望也。今部院大臣缺者固多，然署印有人，事權尚有所屬。若兵部職司軍旅，動關軍國安危，今侍郎崔景榮出城候旨，部印封貯司中，本兵之權，茫然①歸着。萬一都城之內，或邊塞之間，卒有非常之變，將誰爲料理、誰爲捍禦、以鎮人心而安反側也？臣爲此一事，中夜徬徨，寢不能寐。竊謂天象之顯著若此，人事之疏虞若此，皇上能無動念乎？夫景榮抱病被言，出城已久，似難強其復入。臣愚伏望皇上乘此天變之時，加意詰戎之事，於景榮允去，以全大臣之體，將兵部印信即委尚書薛三才署掌，則樞筦重任不至虛懸，彈壓得人，羣情自肅，壯國勢而消隱憂，計無出於此矣。臣未敢擅便，仰惟聖明裁奪。臣不勝仰望之至。"

十七日丙子，大學士方從哲謹題："臣自入春以來，請補閣臣疏揭幾十上矣，言言瀝血，字字剖心，危急迫切之情，恨不能匍匐哀號，叩九閽而徹天聽。乃再奉明旨，一則曰'知道了'，一則曰'昨諭已明'。夫臣之所望於皇上者，行也，非知

① 然 "然"似當作"無"。

也。知而不行，知亦無益。若必待臣出而後行，則益無可行之日矣。蓋使臣宿疾未至沉綿，生機可以漸復，何敢不勉趨君命，早襄枚卜之典？而今偃臥牀褥，氣息僅存，一日之間，只中使送本到時，强起據案，略爲檢閱，隨即頭目昏眩，肩背酸痛，委頓不支。臣病勢若此，皇上以爲能出乎？不能出乎？臣之出無期，而閣臣之補亦無期，是臣始以獨勞而成病，既又以久病而妨賢，誤身誤國，臣罪益無所逃。皇上奈何惜一旨之傳宣，靳二三臣之簡任，而不爲政本空虛慮，兼爲微臣阽危慮也？頃奉恩綸，以各部官員相繼求去，命臣即出佐理。此正主上焦勞之日，臣忝爲輔弼近臣，誼同休戚，兹且未敢具疏乞罷，以瀆宸聰。但望皇上乘此大僚匱乏、人心危懼之時，敕下吏部，將在任在藉①諸臣堪任輔理者，多推數員，列名上請，更祈聖明速賜點用，庶同寅有協恭之益，而揆地無中絕之虞，泰運可維，頹綱可振。儻臣一日未先朝露，猶當鼓舞謳歌，以觀太平之盛也。臣不勝戰慄懇祈激切待命之至。"

二十四日癸未，大學士方從哲謹奏："爲直閣無人政本萬分可慮再懇聖恩速賜推補事。竊惟内閣地居禁密，職在賛襄，其責任之重，非一人所能獨肩，亦非一人所當久攄也。不惟廷臣知之，即途人亦知之矣。國朝二百年來，絕無此事。豈以聖明而念不及此？乃人臣以極庸極劣之才，處極艱極危之地，即向者精神未甚衰憊，意氣未甚消沮，猶且顧此失彼，狼狽不支。至於今日，則病體沉綿，既絕生全之望，罪戾山積，又無湔雪之期，上負國恩，下干名教。有臣如此，皇上方斥逐不暇，而猶俾之獨居揆地，久玷樞機，付九鼎於屠弱之夫，授金甌於寡人之子，豈有幸乎？臣於枚卜一事，業已千祈萬懇，腸斷眼穿，而近日僅奉一'知道''次第舉行'之旨，日復一日，杳無推補之期，臣之心安得不益苦，而臣之病安得不益增耶？臣抱病則不能出，待罪則不敢出，撫躬踟躕，無地自容。皇上父母爲心，天地爲量，當此之際，豈不憐臣、恕臣？而閣員之推，猶必待臣出，是天既厭臣，而皇上又若以此困臣，臣有席藁束身，以

① 藉 "藉"當作"籍"。

生死聽之皇上而已,其將奈之何哉?臣病困之中,寢食俱廢,惟望皇上發慈悲之念,察臣萬不得已之情,立涣綸音,敕部亟行推補。臣雖病勢垂危,猶忍死忍辱以俟新臣之至,終不忍見政本中絕,以釀國家之禍,貽君父之憂也。臣不勝瀝血呼天戰兢待命之至。"

萬曆四十六年四月庚寅，朔。

二日辛卯，大學士方從哲謹奏："爲新臣簡任無期病臣勢難久待再懇天恩亟行推補並賜罷斥事。竊惟從來內閣之官，未有缺而不補，尤未有虛無一人、而猶經年不補者。從來閣臣，未有病而不去，尤未有極衰極病、且負瑕蒙垢、猶遲回隱忍而不決去。此國朝二百餘年及我皇上初年常行之事，蓋政體當然，亦理勢之不得不然者也。其在今日，皇上以爲缺乎？不缺乎？有人乎？無人乎？臣雖挂名仕籍，而二豎爲災，連旬不起，寸心抱愧，萬念俱灰。病勢若斯，其不足以辱經綸之地、稱輔弼之任，至明也。是閣中雖有臣一人，與無人同，而皇上猶以臣在，未肯即補。此必臣去而後推補可期，而臣之去留，聽於皇上，臣不能强也。必臣死而後推補可期，而臣之死生，亦聽於皇上，臣又不能必也。臣一日未死、一日未去，則閣臣一日不補，是始既以曠官而誤國，終又竊位而妨賢，有臣如此，縱聖恩高厚，暫示優容，天下之人諒其遭遇之窮，不加督過，而清夜自思，臣之心能頃刻安乎？竊見兩月以來，風霾時作，天氣晦冥，白日無光，黃塵四塞。當春日暄妍之時，而陰陽不和，氣象愁慘若此，明係輔理無人，燮調失職所致。皇上不於此時，亟簡新臣以資匡弼，早斥病臣以懲曠瘝，豈所以謹天戒而慰人心也哉？臣千言萬語，所求者只是一去，千祈萬懇，所望者只在閣臣之補。皇上儻憐臣至苦至迫之情，先賜推補，則臣之出雖不能必，而臣之去猶可少緩。若必如前諭，待臣出而後行，則臣萬無能出之時，亦萬無可留之理矣。臣自前月恭奉明綸，謂各部官員相繼求去，臣復杜門不出，國事何賴？竊意聖諭諄懇若此，臣誼切腹心，敢不仰體？惟是靜候旬餘，而會推之旨茫無消息，臣退不能遂其志，進不能行其言，悒鬱無聊，坐而待斃，此於從命之恭得矣，而憂時體國之義其謂之何？且皇上既知國務殷繁，邊疆多事，而不任人以圖共濟，徒慮諸臣之求去，而不及時枚卜，以聞①衆正之路、鼓效用之忠，是皇上之自爲社稷計者左也。臣力竭詞窮，別無謬巧可以動宸衷、回聖

① 聞 "聞"當作"開"。

## 萬曆起居注

①怪 "怪"當作"恠"。
②涵 "涵"當作"涵"。
③而 此"而"爲衍字。

聽，惟望皇上開天地之心，鼓風霆之斷，速下會推之旨，將臣早賜罷斥。臣不勝惶悚待命之至。"

是日，大學士方從哲謹題："照得皇太子開講日期，該臣屢次題請，屢奉明旨另擇，臣敢不欽遵？至於必欲入學之吉，則臣不容無説而處此。蓋入學日期，原爲尋常小學而設，在士庶之家延師教子，必選擇此日，無足怪①者。若天子之子，所讀者典謨訓誥之書，所講求者齊治均平之道，親儒臣以涵②濡德性，究善敗興衰之迹以培養化源，此其爲學，豈與尋章摘句者同，而而③必時日之拘拘爲哉？恭睹皇太子自弱齡出閣，迄今二十餘年，無歲不講，無時不講。即邇年以來功夫少輟，而前歲之秋、去歲之春，亦常遵照常規，暫臨講幄，一時侍從之臣，咸以得瞻睿表、效啟沃爲幸。何至今日而反徇時俗之見，以坐失緝熙之功哉？臣謹擇得四月初八日、十一日皆係大吉，伏望皇上欽定一日，命皇太子照常出講，中外臣民不勝至幸。若必待入學，直至二十四、二十六日方是吉期，惟時入夏已深，炎暑將至，即允臣等之請，亦將暫開旋輟，正昔人所謂一暴十寒，則亦何益之有哉？伏惟聖明裁察。臣不勝迫切顒望之至。"初十日，奉旨："覽卿奏請皇太子開講，所擇二日並無入學，況今立夏暄熱不便，着待秋爽擇吉來行。"

九日戊戌，大學士方從哲謹題："竊惟儲講一事，臣自二月以來，欽奉明旨恭擇吉期，凡再四矣，其講讀之不容已，與時日之不必拘，頃臣言之已詳，無庸復贅。今初八之期又過，所望者只十一日耳。昨該大小九卿、科道、部屬與講讀等官，連章懇請，衆口一詞，此豈事在可緩、而諸臣故爲是喋喋哉？誠以儲闈講學，乃國家第一大事，不獨一身德業所基，抑亦億萬載宗社安危所繫。自祖宗朝及我皇上，何嘗不以此爲首務也？皇上踐祚之初，鋭志進修，功夫純密，無歲不講，無時不講，始終典學，與古帝王同符，至於今日，聖德日益純粹，聖治日益昭明，此雖神聖之資由於天縱，而沖年學問之力，亦焉可泯也？皇太子睿哲夙成，正宜乘時就將，光昭作述，皇上奈何不以勤學之芳規，爲紹庭之家法耶？且去秋奉有明春擇吉之旨，昨二月間又奉有三月擇吉之旨，煌煌天語，炳若日星，自在廷之臣，以至萬方黎庶，誰不欽仰？而今春已暮矣，三月已盡矣，屢趨屢格，迄無俞允之時。轉瞬夏序將臨，炎暑漸至，又是常年輟講之期矣。置曠典而不修，付良辰於虛度，其何以信詔旨而慰人心也哉？臣從諸臣之後，不容不言，亦不敢多言。惟皇上念累朝之盛憲不可盡隳，盈庭之公議不容盡咈，立賜乾斷，令皇太子即於十一日照常講讀，無再遲疑，容臣傳示侍班、講讀等官，齋沐執經以俟。臣不勝激切仰望之至。"

十四日癸卯，大學士方從哲謹奏："爲恭謝恩綸再祈亟補閣員事。臣於三月末旬，有直閣無人一疏，頃奉聖旨：'覽卿所奏，情詞愈切，朕已洞悉。政本缺員，朕豈不體念？前諭已明，卿不必疑慮。政務繁重，卿居首輔，豈可久延私寓不出？其於國事何？卿宜仰體明諭，即出入閣佐理，以慰朕倚毗至意。慎勿再陳。該部知道。欽此。'臣捧讀再三，不勝感激，不勝皇悚。夫臣之所爲瀝悃輸誠、懇祈於皇上者，惟此斥病臣、簡新臣二事。明旨云'情詞愈切，朕已洞悉'，是明知病臣之當去矣。又云'政本缺員，朕豈不體念'，是明知新臣之當補矣。知其當去而急去之，知其當補而急補之，使衰庸無用之臣獲逭妨賢之罪，俊乂同升之士，共抒謀國之忠，豈非政本之幸、臣愚之至願哉？奈何猶遲疑慎重、而未肯遽允也？臣通藉①之初，親見我皇上勵精圖治，留神萬幾，登進忠良如恐不及。萬曆十一年四月，首輔張四維守制，越數日即補許國。十二年十二月，次輔余有丁病故，越數日即補王錫爵、王家屏。十九年九月，申時行、許國予告，隨補趙志皋、張位。二十二年五月，王錫爵將去，先補陳于陛、沈一貫。當其時，見在閣臣皆有二員，非若今日之闃然一空也。而隨缺隨補，隨請隨下，上無遲留顧恤之意，而坐收任賢圖治之功，下無叩閣補牘之勞，而得資同寅協恭之益，明良道合，師濟成風，豈非千載一時哉？何至今日，而其難其慎一至於此也？皇上試觀今日，國勢之安危視昔

① 藉 "藉"當作"籍"。

①昔何以艱 "昔何以艱"四字當爲衍文。

何如？朝政之通塞視昔何如？人心之歡欣鬱結視昔何如？財用之贏詘、民生之苦樂視昔何如？豈昔之天下必賴羣賢以共濟，而今之天下只須一人之獨理耶？豈昔之輔理付之衆人而不足，而今之輔理付之一庸臣而有餘耶？同一閣臣也，同一缺員之當補也，昔何以易？今何以難？昔何以艱①？昔何以數人並用？今何以一人不用？昔何以不俟終日？今何以累月經年？皇上誠於萬幾之暇，穆然深思，當有不能自解於心者矣。明旨又云'前諭已明，卿不必疑慮'，豈謂待臣入閣、次第舉行之諭耶？皇上誠憐臣聽臣，速令會推，立賜點用，則政幾有託，臣心獲安，又何疑慮之有？不然，日復一日，杳無俞允之期，雖聖諭諄諄，而徒以空言相慰藉，臣進不能舉其職，退不能行其言，去住兩難，身心俱困，愁懣之極，有悒鬱無聊以死耳。欲以效佐理而仰副聖明之倚毗，豈可得哉？夫乞人，至賤也，而窮極哀號，聞者莫不憐之。牛馬，至微也，而困極將死，見者亦爲心動。臣之困苦，不啻乞人，而奄奄待斃之狀，與牛馬何異？皇上當此之時，猶不爲臣一動念、一開恩，是惻隱之心徧及於民物，而獨靳於衰病之臣，或亦聖慈所不忍矣。當今大僚多缺，言路盡空，朝政壅淤，人才淹滯，種種要務，臣非不日惕於衷。獨以閣臣一補，則樞機之地贊襄有人，凡臣之所不能爲者，皆可代臣爲之，而於目前時事庶乎有濟耳。臣千祈萬懇，力盡詞窮，危苦迫切之情，天日可表。惟皇上矜而允之。臣不勝泣血呼天戰兢待命之至。"

②已 "已"當作"巳"。
③伏 "伏"當作"復"。

十六日乙巳②，大學士方從哲謹題："先該禮部題准，萬曆四十六年分應貢、及四十二等年起伏③病痊等項歲貢生員，開送翰林院考試。臣會同詹事府詹事兼翰林院侍讀學士掌院事劉一燝，出題彌封，嚴加考試，取中文理平通上卷六卷、文理亦通中卷一千三百七十九卷，俱應准貢。謹將各試卷封進，伏乞聖裁發下，開送該部欽遵施行。謹題請旨。"

二十日己酉，大學士方從哲謹題："竊惟當今時務最要、人情屬望最殷者，惟允補科道一事。數年以來，在廷之臣無小無大、無不傾心而望，苦口而陳，累牘連章，千祈萬懇。始猶曰①缺人不多，俟陸續推補。今則臺省之署蕩然一空矣。始猶曰②廢事未甚，可從容調劑。今則內外大小諸差，俱無可代矣。即如目前，禮科缺官，各王府請封之章無人抄發，舉祖宗二百餘年親親之大典，將格而不行。此豈細故小失也哉？就使及今下禮垣之命，舉冊封之儀，而見在科臣止於六人，除署印守科外，持節而供剪桐之役者誰乎？轉瞬入秋，科場伊邇，銜命而典賓興之事者誰乎？臺中自季差中差與各省直按差，無處不乏人，無人不兼領，捉衿露肘，那東補西，甚至兩京提舉屢經題催，未奉俞旨，斯何等事且何等時也，而亦泄泄若此？然則冊封可遽廢、科舉可巡③罷、巡方之使可終於不遣、而科道之官可置而不設乎？不知累朝列聖所為開言路以廣聰明、立臺諫以充任使者，其意謂何？而可令其屑越一至此極也？年來待命諸臣，雖間有因差題補者，然行於臺臣，而未及於科臣，行於起伏④而未及於考選與散館，亦非所以一政體而服人心也。臣自癸丑春起家佐銓，正諸臣留部之始，時假滿服闋者亦皆先後到部，需次都門已六載矣。臣愚蒙我皇上拔擢宏恩，叨冒寵榮，踰涯特甚，而諸臣一官未授，一祿未霑，偃蹇棲遲，進退無據。致使庸劣有素餐之誚，英賢無嚮用之途，懷才者志阻於效忠，曠職者貽羞於竊位。臣清夜自思，真有跼蹐不寧、憤悶無以自容者矣。伏望皇上大奮乾斷，將前項各官盡數允補，則數年積習一旦更新，微獨言路改觀，亦且朝端生色。不然，亦乞先允禮科署印，無誤封期，其冊封、典試等差，聽禮部坐名題請，御史各差，聽都察院坐名題請。始也因一差而補一官，既也增一官而濟一事，用之以漸，既不失皇上慎重之心，導之有方，亦可啟多士彙征之路。聖明舉動，豈非萬代之瞻仰哉？至於丙辰留部多官，往返三年，淹留已久，循例考選，萬難再遲，謂宜從該部之請，與在內中行者⑤官歷俸及期者，一併選擇，擬定職銜，以俟補用，此又疏通調停之要務不容視為緩圖者。臣病困之餘，神消氣沮，於國家大事妨誤已多，獨念此實人才消

萬曆四十六年

三四七七

① 日 "日"當作"曰"。
② 日 "日"當作"曰"。



③ 巡 "巡"當為誤文。



④ 伏 "伏"當作"復"。







⑤ 者 此"者"字似為衍文。

長、言路通塞所關，不容坐視，因是不避煩瀆，再瀆宸聽。皇上儻憐其將死之言，俯垂鑒察，慨賜允行，此朝政維新之機，實臣愚没齒之感也。臣不勝迫切懇祈惶悚待命之至。"

二十四日癸丑，大學士方從哲謹題："昨蒙發下遼東巡撫李維翰一本，内言東虜奴兒哈赤誘陷撫順城，挈去將官，殺掠軍民。臣不勝驚駭，不勝憤恨。何物黠虜，敢公然犯順，猖獗一至此極也？蓋此酋素號駕①驚，向者睥睨北關，蓄忿已久，一旦乘我不備，襲城擄將，殺掠甚慘。見今據城不去，反客爲主，又結連諸虜，處處犯邊，其爲狡謀尤不可測。本鎮兵分力弱，既不能大舉以挫其鋒，且缺餉數多，士氣不振。萬一乘西②煽動，應接不遑，戰守之具俱無足恃，遼之爲遼未可知已。臣念及於此，甚爲寒心。昨已擬票恭進御覽，伏望皇上留神，速賜批發，邊疆幸甚。適接薊遼總督汪可受揭帖，謂已議調薊保兵六千五百名出關應援，似可以壯人之聲勢矣。惟是太倉庫銀，近因外解不至，所存不過數千。遼東額餉去年尚欠二十六萬，連今上半年，共該五十餘萬，一旦責其解發，所謂無未③之炊，必難措手。撫臣擬請速發内帑，蓋於窮迫之際，希格外之恩，非得已也。皇上儻念衝邊安危所係，勢在然眉，將帑金量發數萬兩，以佐軍需，而鼓士氣，則德音一宣，人心競奮，禦虜安邊之策，端不出此。仰惟聖明裁酌。臣不勝仰望之至。"

二十五日甲寅，大學士方從哲謹題："適蒙發下兵部及薊遼總督汪可受共三本，俱爲遼東兵餉事。該臣遵奉上傳，斟酌擬票，恭進御覽，伏望聖明裁奪，立賜批發，邊疆幸甚。謹題。"

是日，大學士方從哲謹題："今日五鼓，蒙發下兵部尚書薛三才覆遼東兵餉本，内有請集九卿、科道熟計利便一節。該臣擬票：准令會議，以候聖裁。頃再思之，中間征兵轉餉一語，尚有未妥。臣謹另寫一票，更易數字，仰塵睿覽。儻蒙賜允，乞照此票批發，庶爲妥當。至於臣倉卒之間失於點檢，負罪殊甚，伏惟聖慈矜宥。臣不勝皇恐待命之至。"

① 駕 "駕" 當作 "鷙"。

② 乘西 "乘西" 或應作 "東西"，或應作 "乘機"。

③ 未 "未" 當作 "米"。

二十七日丙辰，大學士方從哲謹題："昨晚接得遼東巡撫李維翰塘報，內稱奴酋於本月二十一日，因遊擊梁汝貴領兵追趕，當即發火起身，於辰時出邊，隨於本日未時復回，分爲三路進入，正遇總兵張承胤兵到，亦列營三處，與賊對敵。因賊勢衆，不能拒堵，致將張總兵並各將領俱砍殺落馬，全軍覆沒。臣一見之，不勝驚駭憤恨。何物黠夷，敢於逆天犯順，一至此也？夫大帥，乃三軍司命、地方之安危係焉。今總帥被戕，人心無主，虜騎充斥，扞禦無人，不惟全遼有累卵之危，亦且內地有震鄰之懼。時勢至此，豈有岌岌乎殆哉？伏望皇上留神，亟敕兵部，速推堪任總兵一員，令刻期到任，庶人心有所倚仗，而邊事不至決裂。臣謹擬諭帖一道，恭進御覽，伏望聖明裁酌，立賜施行，封疆幸甚，臣愚幸甚。謹題。"

　　是日，大學士方從哲謹題："竊惟遼東邊事，至今日而敗壞極矣。奴酋睥睨北關，蓄謀已久，向因內地戒嚴，未敢輕動。乃數年鷙伏，一旦鴟張，乘我不備，肆行蹂躪。一日之間，攻剋一城二堡，殺戮擄掠，備極慘毒。總兵張承胤提兵拒堵，又以衆寡不敵，全軍陷沒。當此之時，人人危懼，對壘者既不能披堅執銳以挫其鋒，嬰城者又不能堅壁清野以固其守。萬一虜志無厭，乘勝長驅，數千里衝邊，誰爲捍禦？遼之爲遼，豈不殆哉？今欲爲燃眉之計，惟在主帥得人，足以鎮壓人心，鼓舞士氣，急圖恢復，永保封疆。頃承聖諭，已敕該部作速會推，無容再議。其他戰守機宜，與募兵、發餉諸事，應聽督撫諸臣便宜調度，及廷臣遵旨會議，恭候宸斷外，臣自揣愚陋，不能以書生之見仰佐廟謨，敬舉目前時務，有關於國勢安危、夷情順逆，冒昧爲皇上陳之。自古夷狄所爲懾服中國，不敢生窺伺之念者，非以朝廷之有人乎？今揆地空虛，贊襄無託，軍國重事斷非病夫綿力所能擔當。茲者邊報紛紜，日煩聖聽，如臣寡昧，何能運一籌、決一策，以紓九重宵旰之憂？此閣臣之當亟補也。六部、都察院，膺股肱之任，居風紀之司，所恃以整頓朝綱，維持國脈。而今皆有長無貳，有貳無長，甚則長貳俱無，九列稀若晨星，倉猝誰與共濟？此大僚之當亟補也。言官爲朝廷耳目，必濟濟在列，而後聰明有寄，任使可充。今舉候命諸臣，累月經年，置之若棄，突遇緩急，誰與佐廷議、而禦外侮乎？此科道之當亟補也。皇上儻乘此邊方告急、羽書旁午之時，渙發明綸，將前項各官盡行推補，則仁賢布列，朝寧改觀，內治既修，天威自振，醜虜聞之，必且畏中國之有人而喙息竄伏之不遑矣。至於發帑一節，前奉上傳，謂內庫空虛無措，臣似不宜再瀆。但以國家大勢論之，捐朽蠹之餘，以勵邊士死綏之志，捐涓滴之費，而紓九重東顧之憂，此孰得孰失、孰利孰害，計聖明必能洞悉，無俟臣詞之畢矣。臣病勢沉篤，不能屬思，惟是遼事日往來於懷，懷憤之深，食不下咽，又念疆場多事，君父焦勞，臣一息尚存，豈容坐視？輒敢以用人一事，佐前箸之籌，伏惟聖慈鑒察，俯賜允行。臣不勝惶悚待命之至。"

是日，大學士方從哲謹題："臣自待罪以來，病勢沉綿，已踰三月。昨晚忽聞遼左之變，不勝驚憂憤恨，前疾轉增。目今心神恍惚，手足戰搖，四肢百骸皆非己有。臣病至此，將愈不可救藥矣。獨念邊方多事，正聖主宵衣旰食之時。頃皇上於東事諸疏，隨上隨下，仰見宸衷留神邊計，備極焦勞。臣忝在股肱，誼同休戚，當此之時，猶偃臥牀褥，不圖竭蹷奔走，為主上分憂，臣獨無人心者乎？容臣再少調理數日，俟驚魂稍定，雞骨可支，即當力疾勉強入直，恭候票擬，以紓我皇上東顧之懷。聞今日總兵已推，募兵、發餉之事，諸臣會議已定，雖點虜之情形未悉，而邊防禦侮之備亦漸有次第矣。伏望皇上少寬聖念，毋過為憂慮，以迓天庥。臣不勝惓惓仰望之至。"

二十八日丁巳[①]，大學士方從哲謹題："適蒙發下戶部尚書李汝華本《為遼東兵餉事》，謂本部額餉不足，請多發帑金。隨奉上傳，仍以內帑空虛無措，責令多方那借轉處。臣竊計之，自遼鎮告警以來，發帑一節，督撫請矣，兵部與臺省諸臣同以為請矣。誠以虜勢猖獗，邊境岌危，調兵給餉非尋常可比。兵部雖發馬價等銀，纔十餘萬，戶部自去歲題解外，今歲應解者毫無措處。計本鎮主客兵與薊保新調之兵，不下數萬，當此之

① 已 "已"當作"巳"。

時，欲使諸軍枵腹以禦敵，其將能乎？往年宣鎮告饑，皇上慨發三十萬以安反側，一時軍心感激，疆宇獲寧。今日邊情危急，又與宣鎮不同，自非皇上軫念安危，將內帑所積，量發數十萬，以濟兩部之不足，竊恐狂虜跳梁於外，饑卒脫巾於內，遼事益不可知矣。昨廷臣會議，除三部那轃外，以五十萬爲請。以臣愚見，時勢至此，恐將來終無不發之理，何①及今許之，猶足以明德意而慰羣情也？捐枵②盡以鼓軍心，惜錙銖以債邊事，孰利孰害，皇上可不深長思之乎？今戶部之本，臣且權宜擬上，待聖心再爲斟酌，允發多少，容臣於會議疏中明示的數，以完此不了之局。臣不勝迫切仰望之至。"

① 何 "何"下似脫一"如"字。
② 枵 "枵"當作"朽"。

二十九日戊午，大學士方從哲謹題："臣擬於明早詣宮門行禮，備述遼左危急情形，懇祈皇上速發會議之疏，以安中外人心。適部寺、科道諸臣齊至臣寓，言東事三日無報，道路傳聞至不忍言。臣不勝心魂飛越，戰慄無已。刻下力疾趨赴仁德門，躬陳天聽，先此題知。"

是日，大學士方從哲謹題："適臣擬上九卿等官會議本，中間帑銀一節，臣蓋仰體皇上軫念危邊、必且斟酌量發、以示鼓舞軍心之意，故擬票及之，非敢謂必如所請之數也。儻聖意已定，即祈批出，發帑幾十萬金，尤人心所痛快。不然，亦求御筆更易數字，將此疏立賜批發，以慰中外仰望之心，臣不勝至幸。謹題。"

是日，大學士方從哲謹題："臣抱病杜門，日久未愈。茲者遼東虜情緊急，仰見皇上日夜焦勞，臣私念主憂臣辱之義，不遑寧處。惟時③待罪之身，不敢報名廷見。適有各衙門官到臣寓所，促臣入朝。臣謹力疾赴宮門行禮，即託司禮二臣將東邊危急情形奏聞皇上。隨蒙發下廷臣會議本，臣謹擬票進呈御覽，伏祈即刻批發。臣敢再以東事利害及國家安危大勢，爲皇上陳之。遼東三面皆虜，並無邊牆之隔。我國家所恃以爲內外之防者，祗山海一關耳。自奴酋入犯，撫順失守，各城堡敢戰之將、精銳之兵，皆爲總兵調去，同時陷沒，所遺者不過守城軍士耳。

③ 時 "時"似當作"是"。

敗報一聞，人人膽喪，即固守且不能必，敢望其列營對敵，以遏狂虜之鋒乎？今塘報三日不至，道路傳聞遼陽、廣寧俱以①被圍。儻此信果真，廣寧離山海祇五百里耳，烽火達於近郊，門廷何能禦寇？時勢至此，可不爲之寒心哉？今當勢急時迫之秋，爲拯溺救焚之計，惟在速下章奏，以振作人心，大發帑金，以鼓舞士氣，使中外臣民，皆知我皇上憂勞邊事、宵旰不遑，庶幾德意一宣，羣情咸奮，此安邊禦虜之一大機括也。此外，若補閣臣以佐謀議，補大僚以資分理，允科道以充任使、廣聰明，是皆時務之不可緩者。當皇祖時，虜薄都城，敕令文武各官分門坐守，人心始安。今雖萬萬無此事，而可以備緩急、任彈壓者誰乎？內治不修，外侮倏至，天下之事臣有不忍言者矣。事在然眉，危同累卵，臣若不言，誰敢爲皇上言者？惟聖明採納允行，毋以尋常置之，宗社幸甚，臣愚幸甚。適見吏部會推兵部侍郎楊鎬，即衆議欲用爲經略者。蓋本官昔巡撫遼東，熟諳虜情，威名素著。此時起用，則遼人可恃以無恐，即醜虜聞之，亦且懾服而不敢動，收宿望以救危邊，所係尤爲不小。惟聖明立速點用。臣不勝迫切仰望之至。"

① 以 "以" 當作 "已"。

## 萬曆四十六年

閏①四月己未，朔。大學士方從哲謹題："昨晚接得兵部揭帖，以虜情緊急，請敕總督汪可受提兵出關，相機調度，並敕順天撫臣移駐山海，保定撫臣移駐易州，互相接應。已經多官議定。伏望皇上將此本發臣票擬，恭候聖明裁奪，即於今日批行，邊事幸甚。謹題。"

是日，大學士方從哲謹奏："爲虜氛甚熾時事愈艱懇乞聖明亟補閣員以圖共濟事。昨該臣備述遼左危急情形，請皇上速下章奏、大發帑金及用人諸務，計已上塵睿覽。此外，尚有切要一事，足以救目前之急，貽無窮之安者，則推補閣臣是矣。臣自去年七月，以隻身當事，煢煢孑立，艱苦萬端。入春以來，宿疾轉增，勢甚狼狼，且悠尤叢積，意氣灰沮，以致朝政日益壅塞，大潦②言路日益空虛。臣感格無妨③，匡救莫效，誤國之罪，即百身不能少贖，百口無以自解矣。日望皇上敕部速推，亟賜點用，俾臣得分猷共濟，庶幾少補前愆。乃懇請之章凡數十上，而微誠未達，天聽轉高，日復一日，卒無會推之旨。此在平居無事之日，已不能勉強支持，而今何時哉？點虜跳梁，東方騷動、羽書旁午，應接不遑，無論兵食大計、戰守機宜，應與當事諸臣圖維商確者，臣不能以獨聞獨見佐前箸之籌，即每日發票本章，絡繹填委，亦豈一目所能盡閱、一手所能盡揮？且中有關係兵機及軍國重務者，臣又安能以昏憒之識、孤陋之見，使處置咸宜、而擬議無誤也哉？脫有差失，誰任其咎？此時即治臣之罪，褫斥放流，以爲輔理無狀之戒，而於事已無及矣。臣念及於此，不覺神魂飛越，惶懼欲死。況臣數月以來待罪乞休，原無靦顏復出之理，祇緣邊情危急，宸衷焦勞於上，羣臣竭蹶勵勸於下，臣念主憂臣辱之義，不敢不力疾入直，恭候票擬，以慰皇上宵旰之懷。俟東事稍寧，便當再申前請，早求引退，斷不敢以蒙垢之身，再塵揆地，貽政本之羞也。伏望皇上念密勿重地，斷非一人所可獨居，且虜情緊急，時事艱難，斷非一衰病之臣所能獨任，即刻敕下吏部，多推數員，列名上請，更祈皇上大奮乾斷，立賜點用，此今日禦虜安邊之第一義，皇上自爲社稷計，當無俟臣詞之贅矣。臣不勝瀝血哀祈惶悚待

① 閏 "閏"上當有"萬曆四十六年"六字。

② 潦 "潦"當作"僚"。

③ 妨 "妨"似當作"方"。

命之至。"

三日辛酉，大學士方從哲謹題："數日以來，皇上於東事本章隨上隨下，臣愚仰見聖心軫念安危，所以爲禦虜安邊計者極其惓切，不勝至幸。惟是發帑一事，乃鼓舞軍心、勦滅狂虜第一要訣，中外臣民望此，真如拯溺救焚，而皇上猶遲疑顧惜，未肯即決。外間人情洶洶，咸謂朝廷之上玩視若此，儻旦夕之間警報再至，沿邊軍士將離心解體，守城禦敵皆無其人，天下事尚可爲哉？今事急矣，臣不敢多言瀆聽，惟望皇上立賜乾斷，慨發帑銀幾十萬兩，容臣即日傳示戶、兵二部，使中外曉然知主上德意，此弭亂安邊之急著，不容時刻少緩者。臣即刻謹趨赴宮門，恭候俞旨。不勝迫切仰望之至。"

是日，大學士方從哲謹題："適文書官沈應兆傳示聖諭：前者所上內帑本，因連日查搜，不拘多少，少俟即發。臣一聞之，不勝欣忭，不勝感激，將見德音一布，中外歡呼。除臣傳示外廷，恭候查發外，謹先回奏稱謝以聞。"

四日壬戌，大學士方從哲謹題："日者東事告急，中外震驚，此皇上宵衣旰食之時，臣子卧薪嘗膽之會也。其一切徵兵轉餉、防禦戰守機宜，與設經略、移督撫、添總兵、起宿將諸事，羣策畢舉，聖斷立彰，所以爲燃眉之計、蓄艾之謀者，已極周且豫矣。臣愚竊以爲，制勝之機不在邊方，而在內地，不在羣下，而在朝廷。我皇上爲天地神人之主，係中外華夷之望，當此之時，若猶深居九重，恬然若不介意，人心安於玩惕，士氣何以振揚？雪恥除兇當在何日？伏望皇上大奮乾剛，出御文華殿，召都院文武科道諸臣，面相商確，令各陳所見，以俟採擇。仍親授廟謨，聲罪致討，務期殄滅此虜。則天威所震，近若雷霆，天語所宣，疾如風雨，在廷之臣莫不爭相警惕，共效勵勸，沿邊將士聞之有不鼓舞奮勵出死力以衛封疆者，臣不信也。譬如人家，猝有外侮，主人方且晏然高卧，玩視不顧，即有亞旅僮僕，誰肯殫心協力、披髮纓冠、以共相捍禦者哉？此宗社安危所係，皇上斷不可借①一臨御之勞，置邊事於度外也。臣連日以來，接得臺省諸臣條議疏揭，率皆苦心極慮，爲國忠謀，足以決戰守之機，佐安攘之計，謂宜悉下該部，俾令斟酌題覆，速見施行，集衆思以資宸斷，又今日安邊禦虜之急務也。頃發帑一節，已蒙傳諭，想在旦夕。此外若補閣臣、補大僚、允科道，皆目前萬分緊要之事，並祈聖明留意。今早部寺諸臣見臣於私寓，咸謂以上數事，臣當竭力懇請，如請之不得，便當約九卿科道伏闕力爭。此蓋諸臣憂時報國之義，萬非得已，臣不敢不以預聞。臣目擊時事岾危，憂心如焚，寢食俱廢，皇上萬毋以尋常忽之。臣不勝泣血哀懇之至。"

是日，大學士方從哲謹題："前接遼東督撫揭帖，謂奴酋據城未退，有乘勝長驅之志。且西虜宰賽等酋，帶木梯攻具比集上方寺堡，謀犯開原。東西交訌，使我應接不暇，虜勢如此，遼左之危蓋岌岌矣。今雖調兵給餉，極力救援，但恐緩不及事。所恃者，督撫之威令與將士之心力何如耳。如臣愚意，請皇上降一諭旨，嚴敕督撫等官，令其同心敵愾，勵志吞胡，將見天語一宣，人心震疊，黨醜虜聞之，必且懾服而不敢動，未必非禦虜安邊之一助也。謹僭擬諭帖一道，恭進御覽，伏惟聖明裁酌施行。臣不勝悚息待命之至。"

六日甲子，大學士方從哲謹題："爲懇恩急補閣臣事。臣自聞東事以來，憂心如焚，寢食俱廢。私念主憂臣辱，義無所逃，不得已力疾入閣，勉供票擬。數日之間，正值虜情緊急，警報頻仍，發票本章紛至沓來，應接不暇。中有關係虜情邊事者，或重大而難以獨擔，或疑難而不能立決，躊躕四顧，商確無人，費盡心思，猶恐差錯，蓋臣之力已疲，而臣之情亦甚苦矣。前兩日起鼓之後，方匍匐而歸，氣竭神昏而無人色，粒米不進，寸步難移，扶腋就枕，喘息都絕，去死只毫釐耳。中夜少甦，天明又復强起入直。枯稿之形，狼狽之狀，行道之人誰不見之？每日送本文書官誰不見之？臣之不能久延視息，人人所知也。夫致身盡瘁，乃臣子分誼當然，一死何足深惜？獨念當此邊情

①借"借"當作"惜"。

萬曆四十六年

三四八五

緊急、羽書旁午之時，臣一旦溘然長逝，密勿近地代言無人，機務之重、票擬之繁、得無過煩聖慮乎？故臣之求補閣臣，非爲一身計，爲國事計，非獨爲性命憂，爲皇上之社稷憂也。方今大僚不補，科道不下，臨朝之請未允，發帑之數不多，人心皇皇若朝夕不能自保。臣非不憂之念之，但得閣中先補一二人，使正①本不至中絕，其於匡國事、濟時艱，猶可次第圖之，而臣亦得以瞑目於地下矣。臣泣血呼天，寸心欲嘔，惟聖慈憐其困苦迫切之情，即敕該部會推，立賜點用。臣不勝皇恐待命之至。"

七日乙丑，大學士方從哲謹題："昨初四日，該吏部會推兵部左、右侍郎，又兵部會推山西、昌平總兵。此四官者，皆目前有事之日必用之人，皇上點用不可時刻少緩者。乃兩處總兵今早已蒙發票，而吏部二本尚爾留中。臣意當此虜情邊事萬分緊急之時，皇上猶視若尋常，遲疑慎重若此，中外之人必且謂聖心怠忽戎事，漫不經意，其誰肯奮迅勇往，爲國家圖安攘之策、決戰守之機者哉？萬一聞②之，亦將輕中國之無人，而益肆其跳梁之志，其所關於夷情順逆、國勢安危尤爲不小。伏望皇上將會推兵部侍郎二本，即刻檢發批行，真馭虜安邊之一急務也。頃臣入閣之後，有總督汪可受投到一揭，謂瀋陽邊境復有大虜入犯，夷情狡詐，深屬可虞。中間條陳三事，於遼東地方大有裨益。望即發臣票擬，仍乞立賜批行。臣不勝急切仰望之至。"

是日，大學士方從哲謹題："適臣具揭請點兵部侍郎及發總督汪可受③，恐尚未經聖覽，其汪可受本已蒙發下，且奉有上傳，臣即當遵依擬票。但細閱本中所議，不止近日選將募兵之事，若但令依議作速行，似有未盡，且非督臣仰望天恩救急之意。臣謹另擬一票，恭呈御覽，儻聖意以爲可用，求即刻批發，敕部速覆，以慰邊臣顒望之心。如有未當，亦乞發臣再擬。適查吏部、兵部會推本，俱係初五日，臣揭中誤作初四日，疎略之罪，伏惟聖慈寬宥。臣不勝感戴之至。"

① 正 "正"當作"政"。

② 聞 "聞"上當有"點虜"之類字文。

③ 受 "受"下當有"本"字。

## 萬曆四十六年

八日丙寅，大學士方從哲謹題："今早蒙發下吏部會推兵部左侍郎本，奉有上傳，臣即遵照擬上。緣倉卒之間，不及致詳，其易將之說似猶未妥。臣謹另擬一票，併呈御覽。儻先票已經批紅，乞將此本留中別論。臣以此意傳示該部，俾其另推，亦無不可。伏祈聖裁。謹題。"

是日，大學士方從哲謹題："昨接都察院揭帖，以五城巡視無人專管，祈皇上速允考選御史，以便責成。該臣看得，巡視五城，舊制俱用新選御史，近因考選不下，新咨無人，不得已令別差御史帶管。彼其事務既冗，責任不專，顧此夫①彼，深爲不便。況今虜氛告警，京師戒嚴，人心驚惶，訛言四起，一切譏察姦宄②，彈③紛囂，視平時尤宜十分加謹。當此急切用人之際，又有見在可用之人，皇上奈何猶遲疑吝惜、而未肯即允也？諸臣候命既久，人懷效用之思，當此邊報紛紜、宸衷宵旰之日，誰不願獻一籌、盡一職，以幹國事而分主憂？而仍令其偃蹇都門，優遊旅舍，抱敵愾之忠而無所用，奮請纓之志而不得伸，此何爲者也？頃者皇上軫念邊情，拊髀才俊，重臣宿將多召之數千里之外，拔之投閒廢置之餘，誠以國家多事之秋，急欲借其一臂之力，故不難破常格以廣蒐羅。況此聽補諸臣，淬勵方新，困衡已極，一旦拜官任事，則其感恩圖報、勤職業而效勛勤、豈在起廢諸臣之後哉？伏望皇上深維時事艱難，用人不宜再緩，將各項科道官，盡數允補，俾令分猷共濟，實爲至幸。不然，乞敕都察院，將考定御史先差五員，巡視五城地方，於以鎮壓人心，肅清輦轂。餘者俟陸續差委。其考定給事中，亦俟禮部及該科遇缺題差。庶諸臣得抒報主之忱，朝廷終收得人之效，禦虜安邊之急務，無踰此矣。萬惟聖明慨賜允行，將都察院原疏即發臣票擬。臣不勝激切仰望之至。"

是日，大學士方從哲謹題："適文書官李希哲，恭捧聖諭到閣：'諭內閣：朕昨覽文書，見吏部等衙門會推兵部左侍郎，推得順天巡撫劉曰梧、貴州巡撫張鶴鳴，封進請點。前已有旨，劉曰梧移駐山海，互相應援，張鶴鳴亦有土司結搆，地方有事，豈可更移？卿可傳示該部，作速另推堪任的來看。特諭卿知。

①夫 "夫"當作"失"。
②宄 "究"當作"宄"。
③彈 "彈"下當脫"壓"之類字眼。

欽此。'臣愚仰見皇上留神幾務，軫念邊方，於用人之際，酌量緩急以爲用舍，臣不勝欽服。臣昨見署部尚書李汝華，亦言東方有事，劉曰梧職司鎮撫，責任甚重，本不宜推，但其資俸最深，有難舍之而他用。茲蒙聖諭，足見神謨睿筭，出人意表。容臣即刻傳示，令其另推外，至於所推右侍郎祁光宗等，祈皇上即賜點用，實爲至幸。適臣有請允新選御史巡城一揭，實係肅人心、固根本至計，乃時事萬分切要、不容少緩者，敢再以爲懇。所奉聖諭，謹尊藏閣中。臣敬具回奏以聞。"

九日丁卯，大學士方從哲謹題："竊見御史劉光復，以狂戇取罪，禁錮多年，在廷之臣及四方黎庶希解網之恩，以救光復旦夕之命者，蓋無一人不然，亦無一時不然矣。所恃我皇上量同天地，仁並湯文，肆赦當自有時，故未敢以煩言屢塵聰①聽。適今黠夷犯順，中外震驚，選將徵兵，時廑宵旰，此志士捐軀之會，蓋臣報國之秋也。光復慷慨激烈，遇事敢爲，彼不難於天威咫尺之前犯顏直諫，試令之效馳驅於閫外，參議論於帷中，有不足以運訏謨而摧強敵者，臣不信矣。頃者皇上召舊臣於田里，起廢將於邊方，盡捐二卵之嫌，冀收一臂之力，誠以緩急之際，得人實難，苟可立功，何妨使過？況光復昔叨侍從，非諸武弁之比，感恩圖報，當不後於他人。伏望皇上當此用人之時，立釋光復之獄，俾令趨赴總督軍門，贊盡軍機，監紀功罪，事寧之後，酌量復職。或另爲議處，開光復自新之路，彰聖主宥過之仁。彼三軍之士聞此德音，當無不踴躍歡呼，捨身用命，願爲朝廷效敵愾之忠者矣。臣目擊邊情孔亟，時事阽②危，恨不能出一奇、建一策，以釋我皇上東顧之憂。因見外間人情如此，且詢之朝士，意見皆同，輒敢冒昧仰干天聽。竊謂此一舉也，一可以昭聖德，一可以濟時艱，儻於邊事有裨，臣亦得藉此少逭曠官之罪，嫌疑恩怨皆不暇顧矣。臣不勝激切懇祈仰望之至。"

十三日辛未，大學士方從哲謹題："適文書官李希哲，恭捧

① 聰 "聰"似當作"聖"。

② 阽 "阽"當作"阽"。

聖諭到臣私寓：'諭內閣：朕覽兵部所奏夷虜犯順，募兵缺餉，即傳內庫作速查轉、給發。據該庫所奏，因節年戶部所進金花等銀拖欠至一百四十三萬九千八百餘兩，每年遇節例該進賜各宮禮物、並日費、及成造婚禮等項錢糧，朕見每季部進不敷，屢經刪減壓那，尚且不足支用，庫藏空虛，僅搜轉得先年餘積銀十萬，即已給發戶部接濟應用。軍餉缺乏，朕非不體念，但無從所處。卿可傳示戶部，即便上緊那借轉處，務全國計，不得借言遲緩致誤軍機。特諭卿知。欽此。'照得點夷犯順，中外戒嚴，該九卿等官遵旨會議，以兵餉不敷，請皇上發帑銀五十萬兩，戶、兵、工三部共出銀五十萬兩，湊成百萬之數，以爲募兵征剿之費。頃蒙皇上已先發內帑十萬兩接濟應用，計三軍之士，無不感投醪之惠，奮敵愾之忠，德意一宣，士氣百倍，禦虜安邊之要訣，端在是矣。昨接戶部揭帖，謂各邊年例銀兩，因邇來省直拖欠數多，不穀分解。頃因遼東事急，先發昨歲額銀十餘萬，會議之後，又發十萬。一時太倉之積，蕩然一空，別鎮催討，俱無以應。此真捉襟露肘之時矣。連日以來，外廷之議尚擬再懇皇上，續發一二十萬以補不足。今蒙聖諭，令戶部上緊那轉。該部職司國計，自當多方措處，以濟軍興。第恐無米之炊，巧婦難於措手，將來計無所之，終不能無望於聖慈耳。臣竊計之，狡夷暫退，勢必復來，遼左兵戈斷非旦夕可定。一時之費若可惜，而後日無窮之禍所當憂。若待事急而後圖之，雖捐貲百萬，恐無益於勝敗之數，而天下國家之事將不知所終矣。臣叨備股肱，誼同休戚，目擊時勢至此，不得不言。惟皇上深思而熟計之。除臣遵奉傳示戶部，聽其另行具奏外，所奉聖諭，敬尊藏閣中。臣謹具回奏以聞。"

是日，大學士方從哲謹題："該臣閣中向有具題三本：一補纂修玉牒官，一補編纂六曹章奏官，一補制誥兩房中書官。俱屢經催請，未蒙批發。近又有題補典籍一本。此皆緊要必用之官，不容久缺，而臣閣中職掌所關，又不容他諉。謹將前三本，再錄呈聖覽。其典籍本見在御前。伏望皇上留神，立賜批發，不勝至幸。又查得四月十五日，廷試歲貢生員，其試卷進呈已久，並乞發下，以慰寒士仰望之心。臣謹具題以聞。"

十六日甲戌，大學士方從哲謹題："適接遼東巡撫李維翰塘報，據奴寨逃回操軍董留住等三名供稱，達賊四萬餘騎，俱在邊外下營未動，營內製造雲梯、弓箭、鎗刀，説要犯搶清河、靉陽、寬奠等處。又據回鄉男子馬得功、高士仁供稱，四月十五日被虜搶去，到夷寨住經四日，見奴酋聚兵，整頓盔甲，鋧磨鎗刀，要在這月十三、四、五，乘月色犯搶清河一帶地方等情。其餘開原等處，或報達賊五路入犯，或報達賊萬餘攻圍城堡，其有無失事，俱未可知。該臣看得，奴酋詭譎多端，狂謀叵測，自破城陷陣之後，暫退出邊，志圖再舉，勢所必至。今據逃回軍人稟報，親見其整頓人馬，屯聚邊外，期於某時犯搶某處，情形已真，隄防宜豫。第不知沿邊將士，能嬰城固守、挫其狂鋒否？新任總兵及各路副參遊守等官，能聯絡堵截、遏其深入否？臣念及於此，憂心如焚。謹將塘報緊要情節，上塵睿覽。伏望皇上當此邊情危急、人心震駭之時，凡可以宣德意、慰羣情者，急為破格區處，毋惜小費，毋執成心。仍將吏部會推兵部戶部左右侍郎，先賜點用。使中外曉然知皇上留意邊方如此，則士氣可振，虜患可消，東顧之憂庶幾可少釋耳。臣不勝仰望之至。"

十七日乙亥，大學士方從哲謹題："自東事告急，遠邇震驚，大小臣工莫不以用人為第一義。故凡卿貳之推，科道之補，謂宜朝上疏而夕報可，使朝廷之上老成布列，賢才充滿，於以培養元氣，鼓舞人心，此真我皇上駕馭之宏猷，安攘之要務也。不意下情愈迫，天聽轉高，兩月以來，推冢宰不報，推總憲不報，推戶兵侍郎不報，推卿寺、催臺省、題按差俱不報，甚至請差巡城御史，臣愚所以為輦轂慮者極其深切，而亦未蒙賜允。自用一經略、起二三總兵之外，寂然無聞焉。人皆謂危，而皇上若自以為安，人皆謂急，而皇上則故示其緩。成心不化，積習罔更，催請雖頻，沉閣如故。嗚呼，此國家何等時也，而於官人之際，聖心猶泄泄若此哉？得無謂用人與籌邊，判然爲兩事乎？昔司馬相而虜中戒毋生事，汲黯用而藩國寢其陰謀。國因人重，自古已然。皇上若乘此邊情危急、羣情仰望之時，大奮乾剛，將前項各官概賜允用，使股肱無缺，耳目漸充，寧獨智者獻其謀，勇者宣其力，各修職業，共效勳勤？將見朝政一新，人心自奮，中外聞之，皆知我皇上將大有作爲，而敵愾之忠，吞胡之忠①，且百倍於尋常矣。傳之醜虜，有不畏中國之有人、而潛消其桀鶩②之氣者，臣不信也。臣言若迂，而於禦虜安邊之務至爲切要，皆人③謂戰勝於廟堂，道不出此。惟皇上斷然行之。若猶遲疑吝惜，印刓不與，臣恐人情渙散，國勢空虛，外侮方殷，內難復作。萬一如庚戌之變，烽火達於郊關，當斯時也，扞禦之策、保安社稷之功，固非臣一人所能獨任，亦豈在廷寥寥數人所能共濟者哉？臣念及於此，心悸神搖，愁懼欲絕。萬惟聖明卓計，無貽後時之悔。臣不勝迫切仰望之至。"

① 忠 "忠"當作"志"。
② 鶩 "鶩"當作"驁"。
③ 皆人 "皆人"當作"人皆"。

二十日戊寅，大學士方從哲謹題："照得臣閣中近缺典籍一員，已經題補，連日以來，恭候俞旨，未蒙批發。臣謹將原本再呈御覽。伏望皇上乘萬幾之暇，將臣向日所題纂修玉牒、編纂章奏及中書官轉房三本，並賜批發施行，庶閣務不至廢弛，而臣愚亦可免失職之罪矣。臣不勝仰望之至。"

是日，大學士方從哲謹題："昨十六日，該兵部有計剿奴酋酌議兵食一疏，經今數日，未蒙發票。臣愚竊謂，黠夷犯順，天討必加，撻伐伸威，業已奉有明旨，無容再議。惟是事體重大，非豫先料理，難以取辦一時，非敕廷臣會議，恐無以集衆思而建長策。伏望皇上，將兵部原本發臣擬票，恭候聖裁。又昨日有戶部議餉一疏，亦屬緊要，懇乞一併檢發，尤爲至幸。謹題。"

是日，大學士方從哲謹奏："爲懇恩亟補閣員事。頃臣以時事孔棘，病勢難支，哀懇聖慈，即賜推補。今又半月矣，延頸跂望，以日爲年，而俞旨尚稽，杳無消息。於是臣之計始窮，

# 萬曆起居注

而臣之情愈苦矣。蓋邇來閣臣亦有獨身任事者，然不過數月而止耳。且以有爲之才，當無事之日，勉圖竭蹷，或可支持。而臣自去年七月至今，將閱歲矣，奔走疲其形，困苦鑠其衷，徒具人形，全無生理。況今虜情緊急，中外戒嚴，轉餉徵兵，時廑宵旰。當此之時，所望於輔臣之佐謀議救助勷者，何如其重且切也？而臣精力既銷，神識愈憒，即逐日發票本章干預東事者，每三、四讀，猶未能詳其端委，究其指歸。以是筆欲下而心轉疑，四顧傍徨，茫無主宰。少有錯誤，關繫匪輕。嗟乎，此何等事，且何等時也？皇上奈何以安危大計，付一病臣之乎，而恬然不爲之所耶？臣猶憶萬曆二十二三年間，倭冠①朝鮮，援兵東出，時則有王錫爵、趙志皋、張位三臣在閣，未幾錫爵將去，復增陳于陛、沈一貫二員。一時諸臣相與同心併力，仰贊廟謨，舉凡兵食機宜、戰守長策，日羣居而講究之，握勝算於廟堂，奏虜②功於海上。此近日之已事，皇上所親見也。今虜患剝膚，既非若朝鮮之遠，邊情急於星火，又非若救援屬國猶可暇豫而圖也，以諸臣之所協力贊襄而不足者，而獨責於極庸極病之一夫，任其支離潦倒而不顧，皇上得無以封疆爲戲乎？臣待罪已久，強顏暫出，實欲乘此國家危急、人心震激之時，望我皇上渙發德音，亟簡閣臣二三員，以分主上之憂，代微臣之任。而日復一日，卒無推補之期，此臣所爲疾首痛心、益愁益苦、而不能不瀝血再懇於君父之前也。方臣杜門之日，屢奉明旨，謂所請諸事待臣入閣次第舉行。天語煌煌，中外臣民誰不聞且見之？今臣出矣，出且再旬矣，而一言不效，一事未行，大僚之點用無時，言路之空虛如故。甚至閣臣之補，乃臣兩年以來，披悃積誠，日日籲祈，以爲旦夕難緩者，而一切度外置之，他尚何望哉？夫治亂安危，關乎天運。幹③旋整頓，以撥亂爲治，易危爲安，則係乎君心。若當危急存亡之秋，而猶狃於因循息玩之習，萬一變生叵測，駭不及圖，此其咎天任之歟？抑人任之歟？此臣所爲食不下咽，寢不帖席，而日而日④爲此凜凜也。臣意迫詞窮，不避忌諱，萬苦之衷，惟皇上憐而允之。臣不勝皇悚待命之至。"

① 冠 "冠"當作"寇"。

② 虜 "虜"當作"膚"。

③ 幹 "幹"當作"斡"。

④ 而日 此"而日"二字爲衍文。

二十二日庚辰，大學士方從哲謹題："竊惟今日時事最急者，無如用人，而用人之中，自補閣臣、補大僚外，其最急者，又無如允補科道。查得起復、散館、考選諸臣，困頓已深，疏通宜亟。近有比照臺臣候補題差之議，於政體人情極爲妥便，應聽部院臨期題請，計亦聖明所不靳矣。惟是丙辰留部多人，則尚有可議者。諸臣起自制科，奮庸仕路，或服官於內，或宣力於外，磨礱既久，閱歷滋深。始於大計之中拔其尤者留部，既又於留部之中拔其尤者留備考選，自非才品卓越、器識老成、練世故、達治體者，不與焉。數年以來，不知經幾番諮訪，費多少推敲，而後至於今日，非容易也。乃一留之後，給假往返，俟已再期，不惟授職無期，亦且一官未卜，顧不若添註部寺者，得以著績郎曹，實授外官者，得以宣勞州郡。曾不思向來諸臣，所爲矢志官箴，殫心民瘼，礪清勤之節以希卓異之褒者，其意謂何，而乃不得與同資一體之人並蒙收錄，豈人情也哉？説者謂科道員缺無多，一時不便填補。臣愚則謂，今日之考，乃考以候缺，非因缺而後考也，但當酌其資品，列爲二途，某某應授給事中，不必曰某科也，某某應授御史，不必曰某道也。衙門一分，人心自定，俟有見缺，再行題補，此雖通變之微權，而揆之治體，似亦不甚相妨者。不然，前咨候命者人數不多，一差即盡，既苦接續之無人，明春入覲者資俸已及，例應題留，又苦疏通之無術，秉衡者能無深慮乎？臣謂該部宜照節年留部之例，一面具題速行考選，於平政體慰人心有不容再計者矣。臣職叨輔弼，於用人之事咸得與聞。竊見目前言路空虛，人才淹滯，且當國家多故之日，需賢正急，考選一節，尤不可視爲緩圖，故不得已以權宜之説進。若謂臣狃近例而忽成規，爲越俎之談，而掣當事之肘，以此罪臣，臣亦甘之矣。臣不勝激切懇祈惶悚待命之至。"

是日，大學士方從哲謹題："今日接得遼東巡撫李維翰塘報，據開原、清河、遼陽各城堡丁夜傳報，及回鄉諸人供稱，大約沿邊內外，時有達賊出入，多寡不等，聲言欲搶清河、錦、義、寧前、瀋陽等處地方，其説不一。而其最要者，謂奴酋精兵達子約有萬餘騎，正對撫順關口外下營牧馬，離三岔兒堡邊止有五六十里之地。又傳令各家預備粆米、器械，聲欲犯搶內地。則各役所報大率相同，即此可見虜衆雖云暫退，而窺探虛實以圖再逞，勢所必至。是在督撫申飭道將各官，遠行哨探，萬分加謹隄備，庶可恃以無虞耳。臣謹因塘報具奏以聞。"

萬曆四十六年五月戊子，朔，大學士方從哲謹題：“照得推補閣臣一事，臣恭候明旨又十日矣，懸望之極不啻以日爲年，而無奈天聽之轉高也。蓋臣言之愈煩，而皇上聽之愈厭。以煩取厭，臣豈不知之？然此官一日未補，則臣之心一日不能安，該部一日未推，則臣之請一日不容已，不惟不敢自憚其煩，即聖心厭聞，亦有所不暇顧矣。蓋密勿之地，原非一人所可獨居，幾務之繁，原非一人所能獨佐，況庸劣如臣、衰病如臣、叢垢積愆如臣之今日，而欲以隻身肩重任，其不顛仆以速其斃者幾何？今自大小臣工以及市井小民，凡有識者，莫不凜凜爲臣苦，爲臣危，而獨未蒙皇上之鑒察，此臣所爲蹙首拊心、辭盡而繼之以血也。況今逆酋猖獗，重鎮阽危，邊事驛騷，人心震駭，斯國家何等時也？而欲託安攘之寄於孱弱之一夫，豈有幸乎？臣才不能應猝，識不能慮遠，兼以久病之餘，精神愈憒，多事之際，應接不遑，即閣中常行之事，亦有以心思不及到、力量不能勝、因循而姑置之者，此臣之所自知而不敢自諱者也。當此之時，匪得同事二三臣，相與協恭翼贊，併力勷勤，安能獨謀獨斷畫籌邊之策、以紓當寧之憂耶？臣具疏未完，忽於昨晚偶感風寒，眩暈呻吟，達旦不寐。見今神思昏憒，不能更措一辭。惟望聖慈俯垂矜察，將閣員立賜推補，使政本不至絕人，臣即溘然長逝，亦得瞑目於地下矣。臣不勝激切懇祈之至。”

三日庚寅，大學士方從哲謹題：“頃吏部署部事戶部尚書李汝華，於前月大選之後，隨有辭印一疏，經今數日，未蒙發票。竊惟該部以用人爲職，自雙月急選大選外，陞遷除補無日無之，若署印無人，則諸務俱廢，關係治體不小。伏望皇上將汝華辭疏發臣票擬，仍令照舊署掌，銓政幸甚。臣又惟冢宰一官，所以表率百僚，全敍流品，統均重任，得人實難。近日會推吏部尚書趙煥，耆德舊臣，素蒙簡在①，先因言官指摘抗疏而去，家食數載，輿望攸歸，一旦復任銓衡，必能矢竭公忠，佐皇上平明之理，老成在位，衆正咸登，此吏治更新之一會也。並祈斷自宸衷，速賜點用，無復遲疑不決，致孤廷臣仰望之心，臣

① 在"在"當作"任"。

愚不勝至顧。目今册封期過，科抄尚停，親親大典將廢而不舉，則禮科署印之官，尤不可時刻緩者。統惟聖明留意。謹題。"

六日癸巳①，大學士方從哲謹奏："爲天心示警災異疊呈懇乞聖明亟圖修省以弭禍辭②事。頃接遼東巡撫李維翰揭帖，內稱廣寧民婦產一猴相，頭有角，口有牙，形狀異常，深爲可駭。又十八日夜，殷家堡兩處樟杆，八根同時起火，臣閱之尤不勝驚懼。夫遼左何地？此時何時？而物怪火災，一時並見，兵凶之象可不爲之寒心哉？又接山西巡撫陳所學揭帖，言四月二十五等日，所屬州縣四十餘處，俱報地震，或一日數次，或連日不止，城垣、墩堡、官舍、民房傾倒無數，壓死男婦幾五十名口。此尤殊常大變，從來未有之事也。夫以遼左之妖孽若彼，山右之災異又若此，揆之天意，質之人事，凡我君臣，能不悚然懼、汲汲然求所爲消弭之計乎？除遼左選將、徵兵、餽糧、利器，嚴備禦以防再犯，養全力以圖大剿，羣策具舉，廟筭已周，無容再議，三晉當大祲之後，民窮盜起，亂形已萌，拊循賑恤以蘇民困而杜兵端，地方諸臣有不容緩爲之圖者。然此者救濟之方，而非本原之論也。臣以爲感召之機，不在於下，而在朝廷，挽回之術，亦不在乎他，而在主德。當此之時，誠欲培養元氣，收拾人心，消釁孽於既形，保治平於有永，臣請得畢其說。自榷稅繁興，海內騷動，張彌天之綱，恣竭澤之漁，閭閻之蓄積幾空，關市之誅求殆盡，饑鷹乳虎飛而食人，小民囂然喪其樂生之心久矣。雖停止屢廑詔旨，而蠲除畢竟無期，怨咨之聲，愁苦之狀，有不忍聞且見者，人情如此，而天心有不爲之憫念者乎？天生賢才，原爲國家之用。二十年來，有摧殘而無長養，忠諫者一鳴輒斥，株連者一綱無餘，降謫一加，便同永錮，致使懷才抱德之士，終老於山林，匡時致主之英，沉淪於聖世，阻志士敢言之氣，厭豪傑嚮用之心，人才如此，有不足以干陰陽之和者乎？古昔帝王，綱引裾③之諫，旌拆④檻之忠，凡以嘉直節而求讜言，意甚盛也。御史劉光復當慈寧召諭之時，義激於衷，慷慨論列，詞氣過戇，罪固難辭，而遽擬

① 巳 "已"當作"巳"。
② 辭 "辭"當作"亂"。
③ 裾 "裾"當作"裾"。
④ 拆 "拆"當作"折"。

不赦之條，禁之數年之久，身幽黑獄，望斷白雲，朝士傷心，途人隕涕，獄情如此，或亦帝心之所降鑒者乎？人命主①重，上關天和。年來熱審不舉，犴狴充盈，凡矜疑老疾之人，無從開釋，且鎮撫司久缺，問理無人，一應欽送人犯，有罪無罪，概行監禁。時值天氣炎暑，癘疫盛行，圜土之中死亡相繼，陰風晝慘，冤鬼夜號。臣向來每過錦衣衛門，各犯家屬十百成羣，哭聲震地，如此景象，亦豈上帝所樂聞乎？以上數事，皆足以釀成沴氣，感召咎徵，下失人心，上逢天怒。年來狂風毀坊拔木，摧折門橝，烈火焚宮，屢見大內。河水變赤，羣鼠渡江。今年三月十一日，風霾蔽天，晝晦如夜。種種怪異，駭目怵心，皆史册所未嘗書，從古所不經見者，又不但遼左、山西火光地震之變而已。我皇上夙夜畏威，克謹天戒，觀此機祥疊見、奏牘紛馳，聖心以為異乎？不異乎？如知其異也，以為當懼乎？不當懼乎？如以為當懼也，則將警惕修省，圖急弭之乎？亦將因循玩忽，置而不問乎？蓋臣愚所深懼者，不在天變之可虞，而在聖心之不悟。所深幸者，亦不在天變之可挽，而在聖心之不悟。圖②圖之如何？曰停権稅以收既渙之人心，人心固而土崩瓦解之勢可漸消矣。錄廢棄以作久鬱之士氣，士氣伸而致身報主之忱當畢效矣。宥狂戇以旌直臣，直臣庸而批鱗逆耳之言時聞於上矣。舉熱審、點鎮撫司官以清濫獄，濫獄清而泣車③解網之仁時被於下矣。凡此皆修省之實意，感格之要機，設誠致行，效當立睹。而其要尤在於用人。蓋人之才品不同，職守亦異，循分自盡，皆足以匡國事而濟時艱。故閣臣補則謀斷相資，密勿之贊襄有託，大僚補則師濟在列，諸司之法守一新，科道補則耳目漸充，中外之任使不乏。一人勵精於上，羣工百執事殫心協力勗勸於下，志同道合，綱舉目張，而皇上又時勤臨御，以整頓朝常，大發帑金以弘宣德澤，回怨咨為悅懌，振玩愒為精明，將見協氣流通，太和翔洽，夷狄不能為之患，水旱不能為之災，尚何仁愛之難承、而傷敗之足慮哉？今談時事者，率以禦虜籌邊、賑窮恤患為急務，臣言及此，似迂遠而不切於事情。然而慰人心乃所以凝天眷，修內治即所以禦外侮，

①主 "主"當作"至"。

②圖 此"圖"當作"改"。

③車 "車"似應作"辜"。

轉禍爲福，易危爲安，端不出此。惟皇上俯垂鑒納，慨然力行，毋視若泛常而姑置之，世道幸甚，臣愚幸甚。臣不勝迫切懇祈皇恐俟命之至。"

十日丁酉，大學士方從哲謹題："自遼左告變以來，臣愚仰見宸衷夙夜靡寧，於凡選將調兵、理財轉餉之事，但有陳奏，隨即報可。聖意所嚮，人心無不鼓舞振作，以是庶務畢舉，戰守有資，朝廷舉動所繫於邊鎮之安危，甚不小矣。惟是用人一事，於時務甚急，而皇上視之則甚緩。兩月以來，推冢宰、推總憲、推戶兵左右侍郎，無一非緊要衙門，無一非緊要之官，大小臣工言之舌敝，望之眼穿，而九重之上，寂然若未嘗聞且見者。國事之艱危若彼，聖心之怠忽若此，譬之富人之家，暴客在門，焚劫立至，而主人方且晏然高臥，不急呼僮僕亞旅隄防而捍禦之，家豈可保乎？方今醜虜跳梁，封疆失利，且倉庾竭，糧餉不充，禦虜既患無兵，募兵又苦無食，加以天變於上，人怨於下，土崩瓦解，亂形已成。時勢至此，皇上以爲密勿之司只可以一人任、部院之事只可以數人理乎？而自內閣以及九列大僚，一人不用，一缺不補，堅執一意，故與臣下相持，此於乾剛之獨斷得矣，而空虛之勢，亂亡之禍，誰實任之？此臣之所爲日夕皇皇，頃刻不安者。奈何皇上之不察也？臣以爲今之財用誠不足；不足而求其足，爲力甚難，而今之人才則有餘，有餘而不肯用，是誰之責哉？進仁賢以培元氣，振國勢以威四夷，此目前安攘第一義。惟聖明深思而亟圖之。"

十八日乙巳①，大學士方從哲謹奏："爲主恩難報臣力已窮懇乞聖慈速賜罷斥以全晚節事。臣自二月以來，杜門待罪，已幾半載。茲者法司諸臣，將臣子被參之事，業已仰遵明旨，從公問結。生成大造，臣與臣子實均被之。天地父母之恩，臣即隕首捐軀，豈能圖報萬一？從此勉策駑鈍，矢效涓埃，固臣之分，亦臣之願也。無奈積勞既久，受病已深，邇年以來，無歲不病，亦無月不病，自春徂夏，偃仰沐蓐，日以藥餌爲生，外

① 已 "已"當作"巳"。

懼職業之不修，內訟罪愆之叢積，上孤恩造，下負生平，愁苦憤懣之衷，蓋未嘗一念釋，未嘗頃刻忘也。邊值遼左告急，仰廑皇上宵旰之憂，臣不得已，力疾入直，勉供票擬，然而久病之軀，不堪鞭策，奔走未及一月，而此身已困憊不可支矣。見今神思恍惚，如在夢中，四肢痛楚，艱於行動，纔一舉筆屬思，則頭眩耳鳴，怔忡不止，呻吟之聲達於晝夜。如此病勢，豈旦夕所可愈哉？目下邊情孔棘，中外戒嚴，在廷之臣莫不焦目腐心，馳驅王事，而乃令一奄奄垂盡之夫，獨司政本，其何以贊廟謨、襄國計、而奏安內攘外之勳哉？夫沐非常之恩，而不竭誠以酬知遇，非忠也。值多事之際，而不殫力以效勤勩，非義也。二者，臣之所不敢出也。若夫身已病矣，技已窮矣，名已辱矣，猶然顧戀主恩，不即引決，昧止足之炯戒，潰廉恥之大防，竊位妨賢，貽譏後世。聖明之朝，又安用此頑鈍之臣爲哉？伏望皇上察臣病勢已篤，瘥可難期，罪戾已深，湔除無日，將臣亟賜譴斥，俾得少存面目，以見先人於地下，臣生有餘榮，歿無遺憾矣。臣不勝迫切懇祈戰兢待命之至。"二十七日，奉旨："覽卿所奏，朕已知悉。卿子之事，會審既明，心迹已白，不必介意。今邊情孔亟，正賴卿宏猷贊理，匡濟時艱，豈得以子事托疾求去？還當以國務爲重，仰體朕衷，速出入閣，殫心輔政，以副朕眷注至意。慎勿再陳。該部知道。"

　　二十二日己酉，大學士方從哲謹題："昨接兵部等衙門揭帖，以遼事方殷，兵餉不足，請皇上再發內帑，以濟軍興。該臣看得，自奴酋肆逆以來，談邊事者率以兵餉爲第一義。先該廷臣會議，擬戶、兵、工三部湊銀五十萬兩，請皇上發內帑銀五十萬兩，共成百萬，以充援兵之費。此但爲一時防禦計，未嘗議及大舉也。隨蒙皇上慨發帑金十萬兩，令即便解彼應用，仰見宸衷軫念封疆，俯恤士卒，不難捐儲蓄以溥恩膏如此，中外臣工及沿邊將士，誰不感激思奮，矢滅醜虜，以仰紓東顧之憂？惟是已發者無幾，未發者尚多。以是人心皇皇，不能不切隴蜀之望，希再發之恩也。皇上明見萬里，洞悉邊情，今日勝敗之幾，乃宗社安危所繫，豈其慮不及此，而度外置之？聖意淵微，或者俟大兵齊集、部運不繼之時，或再搜內庫之贏餘，或俟金花稅銀之解到，將陸續給發，以完前數，臣愚所爲靜聽，而未敢數數強聒，意在此耳。由今計之，與其需之後日，使人望空懸想，孰若當此急切仰望之時，早渙明綸，顯示德意，以爲朝廷決不吝此朽蠹之物，而不以恤暴露之苦、酬鋒鏑之勞。此音一傳，將三軍之士不戰而氣自倍，內紓計部持籌之筭，外鼓邊臣敵愾之忠，豈不一舉而兩得哉？頃者戶部屢奉厝處之旨，議借南部銀五十萬議，括河工借用諸款，茲又議改折南糧、扣除工食十餘事，救近渴於遠水，助江海以細流，此其力已窮，而計畫已無復之矣。此外儻有可以佐國計、贍軍需者，敢不窮搜巧索、求濟目前緩急，而惟惓惓以發帑爲請耶？皇上亦當諒其不得已之心，而不容不曲爲之處矣。經略楊鎬，計此時已至山海，一切防禦戰守、機宜區畫，當有次第。近聞各處調兵至者頗多，不難分布調遣，所可憂者獨餉銀一節耳。除屬戶部者已經多方那湊，借之工部及南部者督令速爲解發，更望皇上深爲①安攘大計關繫匪輕，將廷臣所請四十萬金，不拘二、三次，盡數准發，以資匱乏，以救危遼，邊事幸甚。臣方抱病乞休，不能恭詣闕廷叩瀆天聽，謹隨諸臣後具揭申懇，仰惟聖明鑒察允從。臣不勝惶悚顒望之至。"

二十四日辛亥，大學士方從哲謹題："先是閏四月半間，兵部有奴酋背逆計在必剿一疏，大約謂興師大創，當倣征倭播之例，須大兵十萬、餉銀三百萬，方可濟事，請敕九卿科道再行會議，以俟聖裁。今疏上月餘，未蒙發票，外議紛紛，妄意皇上因虜騎暫退，遂置邊事於度外，而大剿之舉，亦在可行可止之間。臣固知其不然也。蠢爾屬夷，負天朝豢養之恩，一旦稱兵犯順，且傳來夷稟，詞極狂悖，令聞者髮指。此非神人之共憤、天討所必加者哉？則夫聲罪致②以雪恥除兇，在聖心必有勃然不容已者矣。惟是謀必豫設，而後臨事不至倉皇。自非議定某處調兵幾千，某處調兵幾萬，以待至期征發，某部出銀幾

① 爲 "爲"當作"惟"。

② 致 "致"下當有"討"字。

萬,某部出銀幾十萬,以待臨時取用,其何以應當事之手、而免掣肘之患乎?皇上宜亟檢原疏,發臣票擬,斷在必行,使中外曉然知聖意原未嘗始勤終怠,以釋羣疑而褫虜魄,邊事幸甚。臣又惟,用兵之際,急在用人。議者咸爲①原任御史劉國縉,生長邊方,熟知夷情邊計,試令贊畫軍門,必能運籌決策,以效纓冠之義,爲桑梓之謀,此又遼人之所日夕企望,而亦廷臣之同以爲請者也。頃吏部有擬陞國縉兵部主事之疏,見在御前,望皇上並賜檢發。臣不勝激切仰望之至。"

① 爲 "爲"當作"謂"。

二十五日壬子,大學士方從哲謹題:"頃該户部尚書李汝華有辭吏部印信一本。該臣看得,自鄭繼之奉旨去後,銓印虛懸,皇上特命汝華署掌。未幾侍郎史繼偕入京,汝華再疏懇辭。臣愚竊意,本官任事未久,遽有更易,殊非政體,故擬合照舊署掌。近日外廷之議,又謂繼偕乃本部堂官,到任月餘,無所事事,於事體人情微有未妥,今汝華又有辭疏,似宜乘此改今繼偕署印,甚爲妥便。乞將原本發臣票恭,候聖明裁奪批行,銓務幸甚。臣又惟該部職在用人,進退黜陟之間,關繫不小。故必有尚書總理其事,然後體統尊而人心服。頃者會推趙焕,其人品物望,委屬相宜,當此人才剥落、士風躁競之時,誠得本官提衡於上,於以甄敘流品,表率百僚,必於世道人心大有裨益。此正臣愚所擬專疏以請者。蓋本官先任吏部,清正端謹,物望素孚,後因一、二言官指摘,抗疏而去,公論至今惜之。伏望皇上斷自宸衷,立賜點用,庶統均有屬,吏治可興,目前朝政之大,無踰此者。萬惟聖明留意。臣不勝迫切仰望之至。"

二十六日癸丑,大學士方從哲謹題:"適接遼東巡撫李維翰塘報,據總兵李如柏差人口報,本月十九日,奴酋統兵無數,攻圍撫安、三岔、白家衝三堡,隨即剋去。臣閱之不勝駭異。看得奴酋自計陷撫順之後,雖暫出邊,而利器械、備糧糧,聲言欲犯搶某處、某處,得於回鄉人口之傳説,無日無之。我沿邊將士,當此賊勢方張、警報頻仍之際,平居宜何如防守?遇有虜衆攻圍宜何如捍禦？乃一日之間，失陷三堡，此雖城小兵微、衆寡不敵，而邊備之不足恃，此亦見其大端矣。且當盛夏暑雨之時，猶且若此，轉瞬秋高馬壯，其猖獗之勢又將何如？則夫選將練兵，扼險守要，以防其大逞，而遏其深入，在經略督撫諸臣有不容不竭慮以圖者矣。臣又以爲制禦之權在閫外，而震疊之術在朝廷。頃一月以來，皇上於遼事諸疏，或遲遲不發，或竟爾留中，如兵部調兵、戶部議餉、吏部推贊畫諸本，久在御前，杳無消息。聖心怠忽如此，朝政玩愒如此，其何以作邊臣之氣，而鼓將士之心哉？夫奴酋，一豎虜耳，彼不難招亡納叛，誘我中國之人以圖我。乃劉國縉生長邊地，熟諳虜情，且以遼左之人，令肩遼左之事，人人皆以爲當用，而俞旨卒未可幾。即此一事，而勝敗之勢不略可睹哉？臣愚伏望皇上，時存兢惕，常若初間①虜變之時，將前項各疏盡賜檢發。以後遇有督撫經略章奏、及部中題覆關繫遼事者，照前隨上、隨票、隨發，使天下曉然知聖心未嘗一日忘此虜，則人心兢奮，邊備可修，以守則固，以戰則勝，而區區小醜無足深慮矣。臣敬因奏報虜情，而附有所請，萬惟聖明留意。謹題。"

二十七日甲寅，大學士方從哲謹題："昨該文書官沈應兆，恭捧聖諭到臣私寓：'諭內閣：朕覽卿所奏，遼事方殷，軍餉不足。朕非不動念，但餉銀已經發過，何得又有此奏？查得戶部所進內庫金花銀，乃祖宗舊制，每年進內承運庫一百萬，以備遇有典禮及各節，例有進賜各宮並皇太子等，及賞用內外日費，並各衙門奏討成造不時用錢糧，及軍職俸銀，俱係不得已之事。該庫屢稱托欠數多，未見補進，每年所進已非昔時，數且不及，尚不足一年支用，湊以稅銀，尚不敷，何有贏餘？卿所言稅銀，今各地方官借言掣肘，所欠數多，昨已傳諭：未見解到，朕知道了。卿可傳示戶部，即遵旨上緊多方那借、設處，務使軍餉不缺，不得專意借言請帑爲詞。臨事致誤軍機，責有所歸。毋得再奏擾。特諭卿知。欽此。'臣方病在牀褥，謹設香案，力疾望闕叩頭祇領，隨即傳示戶部訖。竊惟遼鎮之危極矣，始患無

① 間　"間"當作"聞"。

兵，既苦無餉，兵多而餉不足，與無兵同。頃戶部屢奉嚴旨，多方那借，搜括偏於隱僻，計算盡於錙銖，凡可以資國計、助軍興者，亦既無遺慮、無制法矣。然而涓滴何裨於實用？遠水無救於目前。即舉朝臣子朝夕竭蹷以圖，終不能以點鐵雨金之術，佐司農緩急，則其勢不能不希覬於內帑。前者皇上業已慨發十萬兩，令即時起解，九重德意，非不足以鼓舞軍心。然爲數不多，於羣情仰望猶爲未慊。此在廷文武諸臣，所以又有補牘之請也。請之皇上而不得，則又不得不責望於臣。然臣之力豈能有加於諸臣哉？聖諭謂每年金花銀不足內廷支用，税銀多欠，未見解到。臣愚敢不仰體？但望皇上於金花百萬之中，少加節省，總計數年，便可得二三十萬，用以副廷臣之請而救邊鎮之危，爲力不勞，於計甚便，此尤臣愚所爲惓惓私祝者也。煩瀆之罪，萬惟聖慈鑒宥。所奉聖諭，敬尊藏閣中。臣謹具回奏以聞。"

　　三十日丁已①，大學士方從哲謹奏："爲宿疾難瘥曠官滋甚再懇天恩亟賜顯斥並祈速簡閣員以維政本事。頃該臣以主恩難報，臣力已窮，懇乞罷免，奉聖旨：'覽卿所奏，朕已知悉。卿子之事，會審既明，心迹已白，不必介意。今邊情孔亟，正賴卿宏猷贊理，匡濟時艱，豈得以子事託疾求去？還當以國務爲重，仰體朕衷，速出入閣，殫心輔政，以副朕眷注至意。慎勿再陳。該部知道。欽此。'臣恭誦溫綸，不勝感激，不勝惶悚。伏念臣以罪戾餘生，抱沉綿之證，優游歲月，尸位素餐，自分爲聖朝之棄物矣。皇上不即嚴譴，猶賜含容，慰臣勉臣，諄切懇至，譬如慈父之於子，雖嘗有過而恩勤不替，勞愛有加。臣何人斯，得蒙此非常之眷於皇上也？至謂邊情孔亟，望臣以匡濟時艱，則又臣子之分誼，萬無可逃，而犬馬之私衷，毫不容自諉者。臣沐恩若此，遭時若此，何忍言去？又何敢言去？無奈臣福緣蹇薄，衰病侵尋，骨削形癯，日甚一日。昨二十四五等日，忽爲暑氣所中，寒熱交作，加以泄瀉，肢體酸痛，若非已有，纔一瞑目，則神魂飛越，不知之在牀褥也。因思一身雖

① 已　"已"當作"巳"。

微，實膺代言之任，儻從此日漸沉篤，無論旦夕蓋棺，即使昏憒荒迷，不識人事，亦安能爲皇上供票擬之役、襄幾務之煩耶？又使臣病雖危，皇上肯即下會推之旨，則密勿之地贊理有人，臣猶可少延時日以俟全愈。乃臣一日不去，致閣臣一日不補，既以恫瘝而廢職，又以濡滯而妨賢，是臣性命之慮猶輕，誤國之罪滋大，臣之心能頃刻安？臣之身可頃刻留乎？況今狡夷煽禍，勢切剝膚，轉餉徵兵，中外騷動。當此時也，即使臣精神強固，智慮精明，尚難以隻身當庶務，而況此奄奄待盡之日乎？頃臣於兩月之中，嘗請皇上補大僚、補科道，發章奏，事事瑣瀆，日日聒陳，亦既無不盡之心，無不竭之力矣，而卒無一言之效。時勢若此，即有臣百輩，亦何益於成敗之數哉？臣有病則當去，無用則當急去，妨賢者路則不容不去，負瑕叢垢、貽縉紳之羞，則尤不可不去。及今而去，亦已遲矣。伏望皇上憐臣病苦之極，察臣迫切之情，早賜放歸，俾延殘喘，仍敕吏部速行推補，多點數員，令其同心輔政，庶退者得安其分，進者得效其忠。重政本而濟時艱，惟在皇上一振作間耳。臣不勝伏枕哀鳴籲天仰望之至。"

萬曆四十六年六月戊午，朔。大學士方從哲謹題："近該禮部題差福建、四川、兩廣考官，屢經催請，未蒙點發。竊計四省去京皆六七千里，尋常兩月尚未可到，今去進場之期僅六十日，儻途中少有阻滯，必致遲誤，賓興大典無①過而更易常期，甚非皇上作養人才、慎重制科之盛意也。伏望將部推各官立賜欽點，使得竭蹶趨事，不獨多士之幸，亦臣等之幸矣。臣猶憶乙卯鄉試之時，該部題差各省考官，率皆隨上隨下，一時待試之士及銜命之臣，無不鼓舞相慶，以為聖明之加意作人若此。自今以後，尚有兩京七省之差，更望皇上留神速發。臣不勝惓惓祝願之至。"

是日，大學士方從哲謹題："照得吏部印務，自李汝華疏辭之後，今已十日。先是，臣曾具揭請皇上改命史繼偕署掌，未蒙賜允，昨本部司務張應完等亦以為請。誠以當今多事之際，要在用人，而本部署印無人，一切陞除、推補之事，悉皆停閣，況本月推陞、急選、大選俱在目前，再遲延誤事不少。伏望皇上念銓政關繫匪輕，印務萬難久曠，或檢李汝華辭本，或檢張應完等催請之本，發臣票擬，敕令侍郎史繼偕署掌，則事權有屬，選務不壅，於國家用人之政大有裨矣。臣正具揭間，適該部廳司等官齊至臣寓，囑臣速為力請。伏望皇上留神，即刻檢發。臣不勝迫切仰望之至。"

三日庚申，大學士方從哲謹題："竊見考選諸臣，自癸丑迄今，守候都門攸經六載，淹留之久，困頓之極，從來所無。節經部院科道題請、及臣愚揭催，不知凡幾十上矣，而俞旨卒未可幾，年復一年，杳無消息。向來臺省雖云缺乏，然通融那借尚可苟且支吾，今則不能矣。冊封、典試例用科臣，皇上以為舊制可書②廢矣③？今合見任與起復者盡行題差，僅可備數，而守科署印舍新咨將誰屬也？各處按差、鹽差報滿未題者，臣不能悉數。若遼左何地？夷虜交關，此時何時？乃求一御史更替而不可得。當急切用人之秋，而置茲數十人於空閒無用之地，可不謂舛乎？若此時不用，將來更無可用之時矣。此諸人者不

①無 "無"當為"誤"字之誤。

②書 "書"當作"盡"。
③矣 "矣"當作"乎"。

用,將來更無可用之人矣。是科道衙門真可無設,科道各官真可不補,而一切糾繩、封駁、監臨、巡視之差皆可以盡廢,尚成其爲朝廷、成其爲世界乎?頃者吏部擬將各官咨送禮部、都察院,聽其挨次題差,臣謂當勢窮理極之時,爲是變通權宜之術,或亦聖明所不靳,然終不若渙發明綸,特允部推,令諸臣受命供職,猶足以存政體而服人心也。臣方因病乞休,而復爲此喋喋者,誠以國家多事,需才正殷。皇上留臣一人,曷若用此數十人,續言路於將空,紓人心之久鬱,俾聰明有寄、任使可充之爲得耶?故使臣退而諸臣得進,臣之至願也。不然,臣待罪五年,不爲不久,而終不能爲皇上贊成此一事,致使從來考選之大典格於一朝,聖主求賢納諫之令名隳於今日,無論得罪祖宗,貽譏後世,試揆之以人事君之誼,能無自愧於心乎?爲此,再瀝苦誠,仰干天聽,伏望皇上念言路非可廢之官,諸臣無終棄之理,將考選李若珪、孫之益等,並散館暴謙貞等,立賜允用,庶朝廷收得人之效,而微臣亦可少免溺職之罪矣。臣不勝迫切懇祈仰望之至。"

四日辛酉,大學士方從哲謹奏:"爲虜勢愈迫邊事然眉懇乞聖明速出臨朝集羣議以保危疆事。自醜虜犯順,墮我城堡,殲我軍民,勢若燎原,不可嚮邇,既而歛兵出境,伏處月餘,議者咸謂虜志已驕,狡謀叵測,少俟秋高馬壯之時,必將復逞。不意於五月十九日,統領大衆,將撫安、三岔兒、白家衝三堡,一時攻剋矣。據昨日塘報,謂虜騎往南,由懿路城東一帶深入,總兵與中軍雖駐汎河、駐懿路,然而衆寡不敵,不知能遏其狂鋒否?萬一懿、汎不守,則瀋陽危,瀋陽不支,則遼陽危,而廣寧以西皆岌岌矣。此可不爲之寒心哉?夫沿邊城堡雖云單弱,然而多者數百,少者百餘,未嘗無兵也。奈何虜之入也,如蹈無人之境而我兵不聞有一矢相加遺?蹂躪縱橫,所向如意,彼又何所畏而不逞其長驅之勢耶?聞薊保援兵已分防各堡,見在者又皆退縮不前,當斯時也,欲令經略之臣以空拳禦寇,其將能乎?爲今之計,除薊鎮家丁臺兵聽督臣酌量摘發外,惟有速催總兵杜松、劉綎等星馳出關，各率敢戰家丁，悉力拒虜，先爲扞禦之策，徐圖收復之功，或遏之廣寧以東，或挫之遼陽以北，庶近邊不至震動，而内地可恃以無恐耳。臣又惟，戰守之計在封疆，而鼓舞之權在朝寧。自奴酋暫退，聖意若遂以爲無虞，中外本章率多停閣，諸如補閣員、補大僚、補科道，所藉以培養元氣，恢張國勢，宜何如汲汲者？而一切度外置之，百請而百不應。甚至用一劉國縉，令其贊畫軍務，必能效纓冠之義，規桑梓之謀，此遼人所深願，亦廷臣所共請者，而亦堅不肯聽。嗟乎，奴酋所侵者誰之疆宇？所虔劉者誰之軍民？剥牀之患已臨，震鄰之恐轉迫，皇上何爲不此之慮，而徒介介然與臣下相持哉？謂宜乘此邊情緊急、人心駭懼之時，亟出視朝，召見六部科道文武諸臣，令各陳方略，共圖禦虜長策，仍乞天語嚴諭邊臣，務期剪滅此虜，以永除邊患，行見赫怒一伸，威靈自振，不獨三軍之士勇氣百倍，彼虜衆聞之，必且怵於天討之加，而潛消其桀鶩之志矣。此外若多補缺官以備緩急，速下章奏以快人心，多處糧餉以防匱乏，皆時事最急，皇上不宜視爲緩圖者。臣驚聞警報，不覺心悸神摇，夜不能寐。爲此激切奏請，伏惟聖斷，銳然臨御，慨然施行。臣不勝惶悚仰望之至。"

七日甲子，大學士方從哲謹題："昨該文書官王之心，恭捧聖諭到臣私寓：'諭元輔：覽卿所奏，具見忠誠爲國之意。朕自入伏以來，暑濕薰蒸，以致不時腹泄，頭目眩暈，身體發軟。見今服藥調攝未愈，臨御不使①。奴酋犯順，墮我城堡，殲我軍民，復逞狂鋒，豈容不剿？卿可傳與兵部，即行文差人，馬上傳與該鎮總督經略及總兵等官，選擇精壯軍兵，整搠人馬器械，各陳方略，相機征剿，務期剪滅此虜，以除邊患。總兵杜松等，着各帶領家丁，催他星馳出關拒虜，不許逗遛遲緩。該用糧餉，户部遵旨務從多處發給，毋至匱乏。如有玩寇坐視觀望的，着該部科從重參來處治。且邊事孔亟，正賴卿運謀贊襄，以安邦家，何忍屢言去？非卿潔身高蹈之時。卿宜遵屢諭，爲

① 使 "使"當作"便"。

朕勉出，入閣輔政，以慰朕佇望至意。慎勿再有託陳。所請閣員等事，朕知道了。特諭卿知。欽此。'臣謹設香案，望闕叩頭祗領，隨即傳示兵部訖。恭聞皇上以中暑腹泄，頭眩身軟，臣不勝戀慕。所望加意珍攝，以保天和。至於剿虜一事，欽承天語嚴諭文武諸臣，期以剪滅之功，示以逗遛觀望之罰，行見人心競奮，邊患可除，臣又不勝欣仰。若臣久病之軀，不堪效用，況值邊情孔棘，幾務倥傯，轉餉征兵，月無虛日，臣安能以一人之身，經營區畫，使之各得其理也？惟望皇上亟點閣員，多補缺官，速下章奏，以匡臣之不逮，俾得少逭曠瘝之罪，是則臣之至幸矣。昨奉嚴諭，臣即擬遵旨力疾入閣，適工部主事鄒之麟有疏論臣，臣亦具疏稍爲分理，俟一二日即當報名廷謝，照常入直，以副聖明佇望至意。所奉聖諭，遵藏閣中。臣謹具回奏以聞。"

是日，大學士方從哲謹奏："爲謀國無能人言猝至敬陳顛末以祈聖鑒事。昨閱邸報，見工部都水司主事鄒之麟一本《爲羣臣謀國不忠等事》，中國概論時事，而首及於臣。謂李維翰之處分，爲臣庇護，謂皇上之不發內帑，由臣一請塞之。其他責臣不一而足，臣不勝愧悚。當奴酋發難之初，皇上敕下廷臣會議征剿，該諸臣議募兵五萬，給餉一百萬，而以五十萬請之內帑。於時人心皇皇，望之不啻饑渴，不得已詣宮門懇請，隨蒙聖恩慨發十萬兩。議者猶謂臣當時不能多請、力請，致皇上未肯盡發，而不虞今日之屢請不下，乃臣之請塞之也。一內帑也，既以爲當請，又以爲不當豫請，臣將何所適從耶？至於先議百萬，後議三百萬，隨時裒益，以濟軍興，自宜聽之當事，稽之僉謀，臣何敢預焉？李維翰失城喪師，罪誠莫逭。臣初聞輿論，謂經略未至，不宜頌言其罪，以啟維翰推諉之心。此真老成長慮，臣即欲明告皇上不敢也。逮兵部疏上，臣始具揭恭請聖斷，未幾而回藉①聽勘之旨下矣。之麟謂臣不能救正，臣復何辭？若謂爲栽培、爲庇護，則非臣之所敢任也。臣與維翰素乏生平，向無一字交往，何所爲而栽培？若曰一力保護，則臣曾託之當道乎？抑曾請之皇上乎？果何所據而爲此説乎？至輦金一語，

①藉"藉"當作"籍"。

雖近日常談，然實關臣名節。試問之關門內外文武將吏，與滿朝縉紳、長安士庶，曾有一人聞且見者否？然之麟亦自謂'傳雖未確'，臣可無辯。前二月及閏四月間，臣初因臣子被參，既以奉旨會問，分宜席藁待罪，兩次杜門，計亦羣臣所共諒，主上所優容，不謂並以此疑臣、罪臣也。其謂'藏躲於無非無刺①之中，妙用乎不陰不陽之術'，此惟智巧機械之人，方有此作用，臣實不能。若謂臣'柔懦巽順無能爲'，此則臣所深服，有捫心自愧而已。總之臣識淺才疎，無匡時之略，尋常職業已不自勝，況值此邊境繹騷、時事紛紜之會，欲以主張國是，弘濟時艱，持獨見以愜羣情，其將能乎？夫公虛臣所自矢，偏黨臣所素戒，馳肩荷而貽難於後人，臣誼之所不敢出也。之麟以此望臣，足稱忠告。惟是請餉之多寡，臣不能專，遼撫議罪之輕重，臣不敢專，皆臣可以自信者。之麟又以人之不糾，疑臣爲奸爲有恃，此實臣之所不解矣。今遼事方殷，皇上慮勤宵旰，兼昨奉聖諭，令臣勉出輔政，臣雖被指摘，且未敢求去，以瀆宸聰。直因之麟之論，而備陳其顛末如此，仰惟聖明鑒察。臣不勝皇恐待罪之至。"

十日丁卯，大學士方從哲謹題："臣於閏四月末旬請假調理，繼以疾久未愈，再疏乞休，未蒙賜允。既荷溫綸之沴被，又勤中使之傳宣，臣仰戴隆恩，感極而泣，即捐糜此身，何能圖報萬一？謹於昨日報名，今早午門前朝見，隨即入閣辦事訖。謹具揭恭陳謝悃。臣又惟目前時事，惟吏部署印爲最急，今選期迫矣，萬難再遲，伏望皇上留神，或檢李汝華辭印之疏，或司務張應完等請印之疏，發臣票擬，即賜批行，銓務幸甚。謹題。"

十二日己巳②，大學士方從哲謹題："竊惟今日朝政之大，無過於用人，而用人之中其最要最急者，無過於吏部尚書。蓋冢宰膺統均之任，居百僚之首，誠得其人，則其品望之隆足以服衆，才識之練裕於當機，不惟辨官掄材，周③捨攸當，而正

① 剌 "剌"當作"刺"。

② 己巳 "己巳"當作"己巳"。

③ 周 "周"當作"用"。

人在位，能使輕浮險躁之輩，有所畏而不敢肆，所係固甚重也。近日會推尚書趙煥，老成耆舊，才品兼優，固皇上所當用爲刑部，用爲吏部，隨試輒效者。誠及時點用，俾令速來任事，必能肅清銓政，表率庶官，以裨皇上平明之治，此目前第一急務也。臣又惟各處巡按御史，奉王命以攬轡一方，凡吏治民生、錢糧刑獄，無鉅無細，按臣皆得而糾察之，任綦重矣。目前按差之缺多至十餘，屢經題催，未蒙欽點。譬如蘇松四府，爲東南財賦要區，風俗人情調劑不易，見今撫臣杜門請告，彈壓無人，地方不無可慮。又如湖廣湯沐重地，宣大逼近虜巢，巡撫雖點皆未到任，則持斧之使安可缺而不補耶？其地巡歷久虛、候代無日者，在在皆然，臣不能悉數。總之，安危所繫，未可視爲緩圖也。伏望皇上留神，將吏部尚書即賜欽點，將都察院題差御史陸續允用，新朝政而快人心，乃今日安內攘外之一大機括也。臣病廢餘生，靦顏復出，祇緣邊事孔棘，不得不勉遵明命，冀爲主上分憂。若使臣出而不能爲朝廷贊成一事，登進一人，以少裨時事萬一，則皇上之留臣也何益？臣之强起也何爲？徒足以辱身而誤國已耳。臣意出悃誠，毫無虛飾，惟皇上憐臣、察臣，行臣此一言，國事幸甚，臣愚幸甚。臣不勝激切仰望之至。"

十四日辛未，大學士方從哲謹題："頃該臣具揭，請皇上點用吏部尚書及各處巡按，昨蒙將湖廣、宣大二差發票，臣不勝慶幸。近日臣會户部尚書李汝華、工部侍郎林如楚，皆以獨任艱苦爲言，在如楚言之尤切。蓋汝華邇因措處遼餉，心力俱竭，困頓不支，如楚則以部中積貯有限，而兵餉借用太多，將來內廷供應不敷，必且得罪，計無所之，惟有請告乞歸而已。竊謂二臣以一人之力，當部務之煩，困勞致疾，勢所必至。且年踰七旬，精神雖強，比壯年不無少減。皇上若謂每部但有一人便可了事，任其病困而不顧，無論非體恤臣下之義，萬一果有採薪之憂，不能任事，皇上試觀九卿衙門，曾有一人空間可以代者乎？此在平時尚且不可，況當多事之際，錢糧出納時刻難稽，脱有錯誤，誰執其咎？皇上奈何不深慮而早圖之也？今大小臣工以及市井小民，談及邊情危急、九列空虛之狀，無不拊心蹙額，謂國家旦夕將有不測之禍。豈以聰明神聖之主，念不及此？而苟且因循，日復一日，坦然若處太平無事之時者然，此臣愚所爲憂心如焚，食不下咽，而不能不痛哭哀籲於皇上之前也。今各部尚書等官，該吏部會推請之本一一皆在御前，臣不敢望一時盡補，但願皇上先將户、兵、工三部侍郎各點一員，以資佐理、備緩急，庶幾國體少振，人心少安，而祖宗金甌無缺之天下，不遽至於敗壞、不可收拾也。時下虜情叵測，邊患正殷，朝廷所恃以爲安內攘外之策者，祇此用人一事，而聖心怠忽若此，堅執若此。轉眼秋高馬勁，賊勢益張，遼左安危，殆未可必。萬一虜騎長驅，如嘉靖庚戌之變，彼時寥寥數人，誰爲皇上畫戰守而保都城者？天下事尚忍言哉？臣情迫於衷，不避忌諱，惟皇上恕其罪而用其言，國事幸甚，臣愚幸甚。謹題。"

是日，大學士方從哲謹題："適蒙發下吏部會推尚書本，已蒙欽點趙煥，臣不勝慶幸，謹即擬票呈上。因思本部印務，自李汝華疏辭之後，今已再旬，無人署掌，大選在邇，恐至妨誤。伏望皇上將汝華辭印之本，或司務張應完等請印之本，發臣票擬，令侍郎史繼偕暫署，以完目前選事，銓政幸甚。謹題。"

是日，大學士方從哲謹題："適文書官李希哲到閣，口傳聖旨：'問內閣：兵部各處調來總兵官，都來了未？'該臣隨即差人於兵部查問明白，據該部回稱：柴國柱已至城外，待家丁到齊，便率領出關。杜松所帶家丁頗多，聞此時將至保定矣。劉綎於五月十五日從南昌啓行，與官秉忠俱尚未有的信，近日奉旨，復又差官於前途催督，今尚未回也。臣又聞兵部尚書黃嘉善已過德州，因途中抱恙，登舟而來，計數日亦可到矣。臣謹一併回奏以聞。"

是日，大學士方從哲謹題："臣今早見署都察院尚書李鋕，謂各處按差近蒙皇上欽點一二，不勝至幸。至於蘇松缺人最久，撫臣見在杜門，諸差之中獨此尤爲喫緊。其他如山東、山西舊差二臣，俱以九年考滿，例當離任。陝西按臣李養志，以抱病危篤，移駐關門候旨。今鄉闈在邇，監臨無人，至宜速爲點用，以襄大典。該臣看得，巡方之使，原以一年爲滿，新舊相代，罔或衍期，匪徒肅紀綱，亦以均勞逸，此定制也。今蘇松懸缺已逾三年，山、陝候代亦經二載，以嚚陵多事之區，無御史爲之彈壓，以賓興極重之典，無御史爲之提衡，欲以望地方之澄清、科場之無奸弊，胡可得也？伏望皇上留神，將都察院題差各本，先點蘇松，次點山陝三省，發臣票擬，立賜批行，地方幸甚，臣愚幸甚。謹題。"

十八日乙亥，大學士方從哲謹奏："爲內閣缺員愈久推補萬難更遲謹披悃再陳仰祈聖鑒事。自昨歲七月同官吳道南去後，臣企望閣員之補不啻以日爲歲，蓋懇請之章不知幾十上，即皇上'知道'之諭，亦不知凡幾下矣。而俞旨卒未可幾，廷推終無可望，日復一日，荏苒踰年，誠不知將來何所底上①也。聖意淵微，無亦謂密勿之地，有臣一人聊足供事，且無須再補乎？此在才望兼優之士，或可獨力撐持，而臣之庸劣不能也。在精神強固之人，或可勉強支吾，而臣之病憊不能也。又使在太平無事之日，或可苟且優游，延挨歲月，而值茲邊情緊急、時事劻勷之會，則尤非臣之所能也。以臣處此，如舉千斤之重，付之尫羸垂斃之夫，欲卸不能，求助不得，長號疾呼，而旁觀者坐視而不顧，此一人者，有折肋絕脰以死耳，於主人竟何益哉？故臣之死生不足惜，而使揆地盡空，政本中絕，誤皇上之事，以貽害於天下國家，此非細故也。臣猶記舊輔李廷機，以壬子九月出都，臣從哲與臣道南即於次年九月叨承恩命。相隔一年，已爲從來所未有之事。況道南之去過一年矣，及今奉旨，業已踰期，皇上尚可泄泄視之、而不急爲推補乎？夫帝王舉事，必順人情。皇上試問在廷諸臣以及閭巷小民，有一謂閣臣可以不補者否？有一謂臣從哲可以獨任者否？詢輿論之公，舉愛立之典，是在聖明慨然立斷而已。臣入直以來，屢有揭請，如點冢宰、點按差、改署印，芻蕘之言間蒙採納，臣不勝慶幸。惟是閣員一日未補，則臣之職一日未能盡，臣之心亦一日不能安，

① 上 "上" 當作 "止"。

萬懇千祈，期於得請而後已。煩瀆之罪，所不敢辭矣。臣力竭詞窮，寸心欲嘔，惟皇上憐而允之。臣不勝瀝血籲天惶悚待命之至。"

二十一日戊寅，大學士方從哲謹題："照得兩京法司每年熱審，乃祖宗舊制，我皇上御極四十餘年，遵行不廢，凡以體天心，重民命，普欽恤之惠於縲絏之中，恩至渥也。數年以來，格而不舉。昨自閏四月至今，臣閣中題催凡六次矣，該部科屢經疏請，並置不報。不獨圜土幽囚之衆，望覆盆之照，希解網之仁，凡茲在廷之臣與市井小民，亦莫不企望此舉，有如飢渴。我皇上好生之德，堯舜同符，停刑之詔，無歲不下，乃犴狴之近，疊繫之多，而顧不蒙軫念。豈浩蕩之恩施於海宇，而獨遺於輦轂？哀矜之念及於有罪，而反靳於無辜？必非聖心之所忍矣。今時雖入秋，而炎蒸方熾，癘疫盛行，及此時而霈德音，施解澤，使無罪者立得釋放，輕罪者並得減等發落，將見萬口歡呼，羣情悅懌，未必非消沴召和之一助也。臣又惟北鎮撫司之設，名曰詔獄，凡欽送人犯，隨到隨問，問過請送法司擬罪，是乃訊鞫之司，而非監候之所。邇因理刑缺官，無人打問，積至數十起，多至數百人，一入衛門，便沉獄底。彼有罪者無論矣，其餘牽連波及之人，概行監禁，求生無路，瘐死堪悲，哀號冤痛之聲，慘切顛連之狀，聞之酸鼻，見者忾心，傷天地之和，召水旱之災，未必不由於此。皇上儻一念及，有不測①然於衷者，臣不信也。兵部向推鎮撫司理刑官，業經數年，未蒙欽點。近日又有命官暫署之請，誠以舊者謝事已久，新者候命無期，不若另委一官，暫理司事，以完數年不了之局，清濫獄而溥皇仁，於時事極爲切要。總之，用一人則可以赦數十百人之命，我皇上陰功盛德，直將與天無極，視夫尋常建齋醮、築浮圖者，且萬萬過之矣。萬惟聖明即賜檢發施行。臣不勝懇悃籲祈皇祈②待命之至。"

二十四日辛巳③，大學士方從哲謹題："今早禮部侍郎何宗

①測 "測"當作"惻"。

②祈 "祈"當爲誤字。

③已 "已"當作"巳"。

彦、孫如游到臣寓所，言本部題請冊封並浙江等處四省考官本，未蒙批發，欲臣催請。該臣看得，冊封爲祖宗展親大典，而遣主試又我國家所爲恢天網以羅真才，事至重也。舊制冊封必於四月，今歲因禮科缺官，各王府奏請之疏無人發抄，該部無從題覆，遂遷延至於今日，茲題已完①矣。某府正使某人，副使某人，卿命之臣亦既犁然具矣，而綸音尚稽，皇華久滯，致使從來分茅胙土之禮，格而不行，皇上具何辭於諸藩耶？江浙秦楚爲海內大方，人才輩出。今時已七月，待試之士必且鱗集省會，以待主司之至。而俞旨未得，啓行無期，三四千里之遙，隔江踰河，諸臣豈能飛渡？萬一更遲數日，則進塲之日又將更改。無故而變易祖制，孤青衿仰望之心，皇上又何辭於多士耶？或者謂題差各官，間有一二候補者，聖意不無遲疑。臣以爲此不必疑也。諸臣固皇上所簡拔以充任使者也，待命數年，一無事事，可謂閒曠之極矣。今當用人之際，而見任者又別無可用之人，則此冊封、典試之差，捨諸臣將誰屬耶？況臺臣服闋假滿者，無論在京在藉②，皆已題差，此數人者需次都門，淹留最久，而顧不得與巡方之使並蒙欽命，其何以一政體而服人心耶？伏望皇上念二事之關係匪輕，典不可廢，而諸臣之差遣當及，事在不疑，將禮部冊封之本與四省考官之本，立賜批發，令諸臣刻期就道，庶親睦之禮益篤，而薪樵之化彌光，不獨諸藩之幸、多士之幸，而臣與禮臣皆藉有榮施矣。臣不勝迫切懇祈之至。"

　　二十九日丙戌，大學士方從哲謹題："臣自六月中旬以來，初中暑濕，既冒風寒，病頭暈、病腹泄者幾半月矣。昨二十七日出朝，委頓之極，扶掖不前。及至昨日，遂爾頭痛目脹，昏悶欲絕，四肢百骸，節節酸楚，徧身焦熱，如炙如焚。延醫診視，謂積勞之後，加以寒邪，故一旦暴發至此。如此病勢，必非旦夕可愈。伏望聖慈容臣寬假數日，少俟痊可，即當入閣供事。臣不勝懇祈感戴之至。"

①完 "完"當作"晚"。

②藉 "藉"當作"籍"。

## 萬曆四十六年

七①月丁亥，朔。大學士方從哲謹題："爲科舉事。准禮部手本，該本部題，應天府例該於萬曆四十六年八月初九日開科鄉試，合用考試官二員，照例行翰林院定擬，上請差用，奉聖旨：'是。欽此。'欽遵備行到院。臣謹推得堪任正考官二員、副考官二員，列名上請，伏乞於內各欽點一員，令其照例馳驛星夜前去，及期考試。臣未敢擅便，謹題請旨。

計　開

堪任正考官二員：右春坊右諭德兼翰林院侍講掌司經局事鄭以偉、右春坊右庶子兼翰林院侍讀趙師聖

堪任副考官二員：右春坊右贊善兼翰林院檢討來宗道、右春坊右諭德兼翰林院侍講薛三省。"

三日己丑，大學士方從哲謹題："臣病困之中，思及目前時務，如各省典試與各處監臨官，皆萬分緊急，時刻難緩。及今奉旨，業已後期，若再少遲，必致誤事。賓興何典？執法何官？舉累朝之成憲而一旦屑越視之，恐非所以遵祖制、廣孝思也。伏望皇上大奮乾斷，將禮部題差浙江等四省、河南等三省考官，並臣閣中題差應天考官，立賜批發，俾令刻期就道。其蘇松、廣②、山東、山西按差，並祈立賜欽點，庶試期不誤，監臨有人，不獨人才之幸，地方之幸，亦大典之光也。臣昏憒呻吟，全無起色，每念朝政壅塞，輒不勝愁煩憤懣，病勢轉增。敬力疾再爲此請，惟皇上憐而允之。臣不勝迫切仰望之至。"

六日壬辰，大學士方從哲謹題："先該臣具題應天府鄉試考官正副上請，未蒙批發，其禮部所請浙江各省試官，亦屢催未點。今去進場之期祇有一月，時日既迫，道路甚長，恐沿途陰雨，奔馳不及，試期必須另改，二百餘年之定規無故而壞，甚非清朝之盛事也。伏望聖明速賜批發，使諸臣星馳前去，不致稽誤大典。臣不勝跂望之至。伏候敕旨。"

七日癸巳③，大學士方從哲謹題："照得各省鄉試，皆於八

① 七　"七"上當有"萬曆四十六年"六字。

② 廣　"廣"上當有脫文。

③ 巳　"巳"當作"巳"。

月初九日進頭場，由今計之，僅一月耳。而浙江、江西、湖廣、陝西四省考官，未蒙欽點。以三十日之期，馳四千里之地，自非晝夜兼程，安能得到？況乎江湖阻隔，風雨不時，若再遲數日，即兼程亦不能至矣。無故而改常期、更祖制，甚非盛朝之美事也。伏望皇上念二百餘年循行之規不容遽廢，數千萬人仰望之念不可盡孤，將浙江等四省考官即賜欽點，俾令刻期就道。其應天並河南等處，亦祈並賜檢發，庶羣情悦服，大典有光，而皇上壽考作人之化爲益弘矣。時日甚迫，萬難再遲，臣謹令中書官於寶寧門恭候明旨，仰惟乾斷，立賜施行。臣不勝仰望之至。"

十日丙申，大學士方從哲謹題："照得鄉試入塲之期，今益迫矣，主試各官不惟浙江遠省不能如期而赴，即應天去京三千餘里，恐亦難以猝至矣。此不過相沿之故事，歷年所常行，不知聖心何所見而遲疑若此？傳之四夷，書之史冊，謂祖宗籲俊之盛典，至今科而壞，皇上求賢之美意，至今日而衰，臣竊惜之。臣原擬明日入閣懇請，但念明旨早下一日，則諸臣得早行一日，爲此具揭恭請宸斷，伏望皇上留神，將禮部題差浙江、江西、湖廣、陝西四省考官本，並臣閣中題差應天考官本，即刻檢發，立賜批行。臣不勝迫切仰望之至。"

十一日丁酉，大學士方從哲謹題："臣以冒暑致疾，請假調理，遂至旬餘。今頭暈發熱之證雖漸平愈，而元氣未復，心神尚覺恍惚，肢體不耐煩勞。私念國家多事之秋，非微臣優游養疴之日，謹於今早力疾入閣辦事訖。臣仰戴天恩，不勝感激瞻依之至。謹具題恭謝以聞。"

十二日戊戌，大學士方從哲謹題："照得各省直鄉試之期，至今愈迫，而考官未蒙欽點，在應天已遲數日，在江浙等處已遲二十餘日矣。其事體之隆重，時日之迫促，在聖明自有洞鑒，臣無庸復贅，但望皇上乘片晷①之暇，將應天考官本即刻批發，

①晷 "晷"當作"晷"。

其浙江等四省者並乞發臣票擬，立賜施行，庶諸臣晝夜兼馳，猶可不誤初九之期，斯文幸甚，多士幸甚。臣不勝激切顒望之至。"

是日，大學士方從哲謹題："爲服滿事。該吏部手本開送庶吉士楊景辰，係萬曆四十一年進士，改庶吉士，於翰林院讀書。四十三年五月給假回藉①，本年七月十八日隨丁母憂，在藉②守制。扣至四十五年十月十八日服滿，赴福建布政司起文，四十六年六月二十日投文到部，查無違礙，移文到院。查得萬曆二十六年題奉欽依，以後起送庶吉士，凡未經散館者，俱仍復館，與見在庶吉士一體讀書、考試。今庶吉士已奉旨間科一選，未曾開館。合無將楊景辰逕行考試、評品授職？該臣考得楊景辰文學優長，堪任翰林院官，謹將原卷進覽。伏乞敕下吏部，將楊景辰照依甲第，除授本院官職。臣未敢擅便，謹題請旨。"

十三日己亥，大學士方從哲謹題："竊惟國學之設，所以教育人才，網羅賢儁，以儲公家之用，我朝二百餘年名公鉅卿，多由此出，所係蓋甚重矣。今歲適當大比之期，各省直歲貢援例諸生，輻輳而來，以應順天鄉試。而考校之事，祭酒與司業實專任之。本監司業懸缺數年，屢經吏部催請，未奉俞旨。祭酒盛以弘雖已陞任，向猶署掌印務，茲復以患病危篤，疏請辭印。自今科舉在邇，六館之士千有餘人，誰爲校閱？誰爲起送？非所以隆作養、重賓興也。頃吏部會推祭酒張邦紀，見在班行，可以朝拜命而夕受事，伏望皇上即賜欽點，俾令刻期到任。其向推司業張鼎，亦祈並賜點用，庶表率得人，科考無誤，所裨聖世作人之化，非淺尠矣。臣不勝迫切仰望之至。"

十四日庚子，大學士方從哲謹題："爲科舉事。准禮部手本，該本部題，應天府例該於萬曆四十六年八月初九日開科鄉試，合用考試官二員，照例行翰林院定擬，上請差用，奉聖旨：'是。欽此。'欽遵備行到院。臣謹推得堪任正考官二員、副考官二員，列名上請，伏乞於内各欽點一員，令其照例馳驛星夜

① 藉 "藉"當作"籍"。
② 藉 "藉"當作"籍"。

前去，及期考試。臣未敢擅便，謹題請旨。

　　計　開

堪任正考官二員：右春坊右諭德兼翰林院侍講掌司經局事鄭以偉、右春坊右庶子兼翰林院侍讀趙師聖

堪任副考官二員：右春坊右贊善兼翰林院檢討來宗道、右春坊右諭德兼翰林院侍講薛三省。十九日，奉旨：'是。着點了的去。'

十五日辛丑，大學士方從哲謹題："頃該禮部題差浙江四省考官，時已逾月，催疏已八上矣，日期愈迫，而天聽愈高，致使祖宗二百餘年賓興之大典，將廢而不舉。皇上試於萬幾之暇靜言思之，能無歉然於衷乎？如謂候補科臣不宜差遣，則邇年以來，凡御史之假滿服除者，或到京，或在藉①，節該都察院題差，皇上無不俯允，何至於科臣而獨靳之？且使諸臣之外，尚有別員，何妨選擇而使？乃見任者寥寥數人，既無盡差之理，而考選者候命未下，又非可差之人，皇上捨此不用，將誰用耶？所挫抑者在二三臣，而所誤者乃國家二百餘年弓旌之典，所固執者在宸衷之一念，而所孤者乃數千萬士子仰望之心。此孰重孰輕，孰緩孰急，皇上必能熟計之矣。頃禮部侍郎何宗彥、孫如游問計於臣，謂典試一事，實係禮臣職掌，若再候旨不下，當伏闕而爭，不然，當封印而去耳。臣力止之，許以再爲催請。伏望皇上穆然深思，毅然獨斷，將江浙四省考官本，即賜檢發，俾諸臣星馳前去，猶得及期竣事，不惟禮臣有辭於天下，臣愚亦得有辭於二臣矣。臣病困之餘，搆思則頭眩，執筆則神搖，實不欲以煩瀆之詞，屢干聰②聽，但以事體萬分重大，時勢萬分急迫，輒不揣更爲申懇，惟聖明憐而允之。臣不勝激切跂望之至。"

十六日壬寅，大學士方從哲謹題："頃應天考官本，該臣擬票呈上，已經三日矣，伏望皇上即賜批發，庶幾早下一日，二臣得早行一日，而留都數千士子仰望之心，亦早慰一日也。其

① 藉 "藉"當作"籍"。

② 聰 "聰"似當作"聖"。

浙江等四省考官，亦祈於今日檢發，立賜施行，尤爲至幸。謹題。"

十八日甲辰，大學士方從哲謹題："爲申明敕書用寶舊規懇乞聖裁以便遵行事。照得內閣制敕房，專管各項敕書。凡各王府與京外各官陞遷差遣，例應領敕者，該部用一印信手本知會翰林院，其本房中書官應輪辦者，當將手本送臣看訖，隨即辦理，進呈御覽。比發下時，俟三、六、九日，請寶類用，用訖仍貯本房。在京官員，候於視朝時面領，在外者差官代領。向因各王府與外官關領不齊，以故敕中俱空其月日，俟報單領狀到時，始爲填寫，再呈御覽，然後發行。此從來相循之舊規也。昨七月初六日，中書官馬鍵將辦完敕書三十一道，照常知會尚寶監及尚寶司官用寶，因一內監無知，妄爲詰問，而本司卿熊尚文亦未悉中間委曲，遂有空月空日非法非體之疏。蓋徒知先填月日、後鈐印信，各衙門文移皆然，而不知敕書用寶之後，俟臨期呈奏，方爲給發，與別項文移自是不同。伏望聖明裁酌，或仍舊貫，或從司官所請先寫月日，乞即敕下臣等遵奉施行。謹題請旨。"三十日奉旨："覽卿所奏，各項敕書用寶，俱空月日，臨期填寫，覽過發行，原係舊規，不必更改。該部知道。"

二十一日丁未，大學士方從哲謹奏："爲外患未靖內治宜修懇乞聖明亟圖用人以保萬世治安事。頃自點虜跳梁，疆圉失利，我皇上赫焉震怒，決計勦除。一時當事諸臣，仰體宵旰之懷，俯竭勸勤之力，諸凡選將徵兵，峙糧繕器，所以爲戰守征勦之具者，亦既無遺策矣，統俟邊兵齊集，徐圖大舉，似可無煩聖慮。顧臣所憂者不在邊鄙，而在朝廷，不在神氣之不揚，而在元氣之不固，不在謀臣勇將不能執干戈、衛社稷，而在大僚言路空虛寥落，不足以充耳目而備股肱。則用人一事，非皇上今日所當亟圖者乎？大僚自閣臣外，禮、工二部尚書缺矣，戶、兵、刑、工四部侍郎缺矣，都察院三堂、通政大理正官俱缺矣。官居九列，總稱喉舌之司，位統庶僚，孰無表率之責？而今匱

① 躬 "躬"上似當有"聖"字。

② 激 "激"當作"徼"。

乏若此，徒令當事者致嘆於蜀賢，代庖者若難於兼攝，無乃非祖宗設官之初制乎？以臺省言之，六科止六、七人，而掌印缺矣，左右缺矣，十三道止八、九人，而在內巡視與在外巡鹽、巡按各差無不缺矣。掖垣封駁之司，幾成空署，繡斧巡方之代，動踰經年，致使需次者嗟效用之無期，行役者苦釋肩之無日，無乃非祖宗求言之初意乎？當仁賢輩出之時，謂宜登進老成，以充任使，值國家多事之日，尤當蒐羅才儁，以曠聰明，失此不圖，竊謂皇上之自爲計者左也。聖意得無謂今天下已治矣、已安矣乎？邇年以來，天災時變物怪蟲妖無虛月，即如昨六月二十五日京師地動，正在宮闕之間，震於躬①，識者無不凛凛，皇上奈何漠然視之、不以介意耶？《詩》曰：'敬天之怒，無敢戲豫。敬天之渝，無敢馳驅。'竊謂簡任忠良，弘開言路，拔沉淪於巖穴，列俊乂於周行，收羣賢效用之忠，以無負上天生才之意，激②天之實，當不出此。方今聖壽屆期，普天稱慶，冠裳畢集，玉帛未同合，萬方齊捧之臣，四夷朝貢之使，莫不稽首闕下，踴躍歡呼，此何等時也？而朝端無師濟之風，列署有凋零之象，其何以增九重之氣色，肅萬衆之觀瞻？即外夷聞之，不將輕中國之無人，而益肆其桀驁之志耶？伏望皇上俯念時事多艱，需才正亟，大奮乾斷，盡去成心，將吏部會推卿貳諸臣，陸續點用，其科道官候命者，盡數推補，新考者即與授職，而向來林下廢棄諸賢，亦宜查照部推，次第起用，於以信詔旨而濟時艱，庶幾衆正登庸，羣情悅服，聲靈遠播，竊伺潛消，尚何內治之不修、而外患之不足慮哉？至於閣員久缺，揆地空虛，密勿贊襄斷非衰病之臣所能獨任，容臣另疏專懇，恭請宸斷。臣不勝迫切籲天皇恐待命之至。"

是日，大學士方從哲謹題："竊惟鄉試一事，國家所以網羅豪傑，收拾人心，自二祖迄今，二百餘年遵行不廢。皇上御極以來，秋闈取士凡十六科矣，得人之盛，前代罕儷。今歲又值大比之期，先該禮部題差雲貴及福建、四川等處考官，業蒙欽允，獨江浙湖陝四省至今未下。茲去初九頭場，只半月矣，縱使即刻批發，令諸臣晝夜兼馳，亦已無及。而俞旨尚復杳然，聖意淵微，真臣等所不測也。豈賓興之典，今歲可以暫罷乎？抑當行於閩廣諸省，而可停於江浙諸省乎？當太平極盛之時，而忽有此非常可駭之事，以致人心惶惑，訛言四起，恐非所以昭令德而光盛治也。且人臣出使四方，惟上所命，儻禮部題遣各官間有未當聖意者，何妨傳示該部，令其改差？而徒上下相持，日復一日，隳祖宗薪樵之制，失士子仰望之心，臣竊惜之。即今時勢益迫，萬難再遲。伏望皇上將部疏詳覽，中有可用者即賜欽點，其餘發下敕令作速別推，則期雖少遲，而此不終廢，不獨多士之幸，亦臣與禮臣之幸也。臣不勝仰望之至。"

二十二日戊申，大學士方從哲謹題："照得順天府鄉試，今去初九進場之期祗半月矣，國子監監生聽候科舉者將及千人，尚未考試。原任祭酒盛以弘雖尚署印，而臥病再旬，不能動履，新推司業張鼎，雖經點用，然給假在藉①，一時不能猝至。查得近日吏部會推祭酒張邦紀，見任左春坊左庶子，一奉欽點，便可到任管事。伏望皇上留神，立賜檢發，俾令刻期考校，庶多士之科舉不誤，而京闈之大典有光矣。臣不勝迫切仰望之至。"

二十四日庚戌，大學士方從哲謹題："頃兵部尚書黃嘉善到任之後，於本月十六日具有夷氛孔熾天討難稽一疏，中間條議諸款，皆禦虜切要機宜。經今數日，未蒙檢發。竊謂嘉善授事之初，正人情觀望所繫，況所言者乃封疆要務，廟謨之得失，兵機之利害，於此攸分。若遽爾留中，不奉俞旨，不惟本官不得抒其入告之忱，中外聞之，將謂皇上忽於邊計，故於本兵初疏遂沉閣如此，非所以作任事之忠、鼓敵愾之氣也。邇來皇上於諸司章奏有關東事者，無不隨上隨下，九重之勤勵深②，足以鼓舞人心，嘉善此疏或以萬幾煩劇，未暇詳覽，故偶爾遲滯。伏望檢出，發臣票擬，仰候聖裁施行。再照應天巡撫王應麟，近日又有患病請告之疏，本官杜門已久，去留未奉明旨，而蘇松巡按又未蒙欽點，地方多事，彈壓無人，深爲可慮。更望皇

① 藉 "藉"當作"籍"。

② 深 "深"上當有脫字。

上軫念東南重地，將應麟辭疏檢發，並將題差御史熊化即賜點用。此一方安危之機，尤臣愚所爲惓惓致望者，輒敢附有所請，仰惟聖明留意無忽。謹題。"

二十六日壬子，大學士方從哲謹題："照得年來聽補科道官，候命最久，時勢已窮，節該禮部、都察院將假滿服闕者陸續題差，已蒙欽允。其前次考選者，近聞吏部亦已咨送都察院各科，俟有差缺，挨次題請。是蓋以通變之權，爲轉移之術，從此人才漸進，言路漸開，聖政維新之機將在是矣。惟是散館擬科暴謙貞等三人，乃臣等閣中所送，原不在考選之列，今棲遲旅邸，倐經四載，守候之久，與諸臣同。乃諸臣差者差矣，咨者咨矣，向也均一積薪之苦，今也獨無連茹之機，衆人彈冠，一夫向隅，無乃非政體之平乎？伏望皇上乘此羣賢彙徵之時，將暴謙貞等查照部推，允今授職，以完閣中數年未了之局，臣不勝至幸。不然亦祈照考選各官之例，令吏部類送該科，一體候差題補，不獨三臣效用有期，其於均政體、服人心胥得之矣。臣職叨輔弼，用人之事咸得與聞，而三臣出自館選，送部授官，尤係閣臣專責，輒敢冒昧以請，惟聖慈矜而允之。臣不勝惶悚俟命之至。"

二十七日癸丑，大學士方從哲謹題："照得浙江等處四省考官本，前蒙發票，臣等不勝至幸。乃經今數日，尚未批行，人心仰望不啻以日爲歲。縱使諸臣即日就道，業已後時，若再遲留，則天氣愈寒，過期愈久，人情事體，種種不便，甚非朝廷作養人才之盛意矣。伏望皇上留神，即刻批發。其河南三省本，亦望並賜施行。臣不勝迫切懸望之至。"

八①月丁已②，朔，大學士方從哲謹題："恭照東宮講讀，先於四月間恭奉聖旨：'覽卿奏請皇太子開講，所擇二日並無入學，況今立夏，暄熱不便，着待秋爽擇吉來行。欽此。'臣靜候至今，未敢煩瀆。即今秋氣漸深，炎暑盡退，切蹉學問，溫習經史，正雖③此時。似不宜拘拘入學之期，坐失此良辰也。臣謹擇得八月初六日、初九日二日皆吉，伏望皇上欽定一日，命皇太子出閣開講，以修朝廷久曠之典，慰臣民屬望之心，國本幸甚。其講讀員缺，臣謹查見任翰林官，另疏題補，統惟聖斷，慨賜施行。臣不勝仰望之至。"九日奉旨："覽卿奏請皇太子講學，知道了。今朕壽節在邇，禮儀繁多，況天氣尚暄，待過重陽節擇吉來。"

是日，大學士方從哲謹題："照得東宮講讀，該用翰林官六員。自白④德公鼐差出，龔三益外補，庶子張邦紀陞任，共缺講官三員。臣推得見任左春坊左贊善徐光啟堪補，伏乞敕下，令與趙師聖等一體供事。其餘二員，容臣再次推補。謹題。"

是日，大學士方從哲謹題："為服滿事。該吏部手本開送庶吉士楊景辰，係萬曆四十一年進士，改庶吉士，於翰林院讀書。四十三年五月給假回藉⑤，本年七月十八日隨丁母憂，在藉⑥守制。扣至四十五年十月十八日服滿，赴福建布政司起文，四十六年六月二十日投文到部，查無違礙，移文到院。查得萬曆二十六年題奉欽依，以後起送庶吉士，凡未經散館者，俱仍赴館，與見在庶吉士一體讀書、考試。今庶吉士已奉旨間科一選，未曾開館。合無將楊景辰逕行考試、評品授職？該臣考得楊景辰文學優長，堪任翰林院官，謹將原卷進覽。伏乞敕下吏部，將楊景辰照依甲第，除授本院官職。臣未敢擅便，謹題請旨。"

是日，大學士方從哲謹題："照得前次考選科道各官，自癸丑留部，甲寅題考，迄今凡六年矣，淹留之久，困頓之極，從來所無。節經諸司催請，與臣閣中代催，不知幾十百疏矣，而俞旨卒不可得。邇因遼左夷情緊急，皇上始允都察院之請，差御史陳王庭前往巡按。緩急之際，必須用人，皇上亦既明見之矣。今各處按差缺人，不止一遼東也。四方多事，災異頻仍，

①八 "八"上當有"萬曆四十六年"六字。
②已 "已"當作"巳"。
③雖 "雖"當作"惟"。

④白 "白"當作"諭"。

⑤藉 "藉"當作"籍"。
⑥藉 "藉"當作"籍"。

萬曆起居注

① 盡 "盡"當作"畫"。

② 寥 "寥"下當有"寥"、"落"之類字眼。

民窮盜起，所在騷動，不止一遼東之虜變也。乃在外者苦交代之無日，在內者苦註題之無人，展轉稽遲，彼此交困，此何為者耶？至若內而六科，或一署盡空，或經年無印，致令選官久候，不得盡①憑，婚禮軍器各項錢糧無從稽覈，需人之急，又豈在按差下哉？而皇上一概置之度外，序轉者既苦積薪，新進者益同轉石，悠悠歲月，茫無限期。然則科道衙門可竟廢，而此數十人者可終棄而不用乎？頃見吏部覆陳王庭之疏，皇上不由發票，徑自批行，可謂任之專而期之厚矣。假使諸臣得荷殊恩，俾令居一官效一職，豈不能殫忠宣力、副任使以效助勸？皇上奈何不於閒暇之時，闢彙徵之路，乘匱乏之際，普一視之仁？乃必待事勢危迫，計無所之，然後不得已而用之耶？無事而棄之若遺，有事而用之如不及，恐非所以昭聖度而勵人心也。臣猶記庚戌一咨，以辛亥年考選，壬子年旨下，前後纔三年耳，言者猶謂非每年行取之例。由今視昔，業已倍之，而且杳然絕無消息，是當時輔臣力能得之於皇上者，而臣獨不能竭微誠以回天聽，素餐溺職，竊位妨賢，不惟有負於諸臣，亦且有負於舊輔矣。在諸臣有可用之才，而使之不得行其志，在臣愚有用人之職，而使之不得關其忠，是其責果在下耶？抑在上耶？是果諸臣所遇之窮耶？抑臣愚所遇之窮耶？目今聖壽伊邇，萬國來朝，中外臣工及四夷貢獻之使，莫不鱗集闕下，稽首呼嵩，乃侍從之班寥②若是，太平景象當不其然，而於聖治之光華，天壽之平格，不能無少累矣。昔《卷阿》臣子以壽考茀祿願其君，而必曰'有馮有翼，有孝有德'，'藹藹王多吉士'。可見任賢圖治，與祈天永命，本同一機。臣故因此時有此請，以竊附於吉人愛君之意。仰惟聖斷，慨賜允行。臣不勝踴躍俟命之至。"

二日戊午，大學士方從哲謹題："照得各省進場之期，今去初九只有六日，而河南、山東、山西三處考官尚未欽點，遐想士子仰望之殷與人情惶惑之極，不知作何如景象。皇上奈何猶遲留未肯即發也？臣因前者屢次瀆催，仰煩聖聽，故且靜俟數日，以待聖明獨斷。至於今日，時益迫、勢益急矣，不得已再此①申請，伏望皇上即刻發臣票擬，立賜批行。臣不勝仰望之至。"

四日庚申，大學士方從哲謹題："照得河南、山東、山西三省考官未蒙發票，今去進塲之期只四日矣。近者千里，遠者千五百里，即使今日啟行，業已無及，改期勢所不免。但得早下一日，諸臣猶得早行一日，人心猶得早定一日，而國家賓興之典不至盡斁，微獨士子之幸，亦臣與禮官之幸也。勢窮時迫，頃刻難遲，臣謹令中書官於寶寧門恭候。伏望皇上將禮部題本即刻檢發，仍祈立賜批行。臣不勝激切懇祈之至。"

五日辛酉，大學士方從哲謹題："照得順天府考官例於初七日進塲，臣於初二日推上正考副考官共四員，恭請點用，已經數日，未蒙點發。今去進塲之期祇一日耳，不得不冒昧列名再請。伏望聖明即賜點發，以便供事。臣未敢擅便，謹題請旨。
　　計　開
堪任正考官二員：右春坊右庶子兼翰林院侍讀趙師聖　右春坊右諭德兼翰林院侍講楊守勳
堪任副考官二員：右春坊右諭德兼翰林院侍講薛三省　左春坊左贊善兼翰林院檢討徐光啟。"六日，奉旨："着點了的去。"

是日，大學士方從哲謹奏："爲邊情愈急國事日非懇乞聖明毅然改圖盡補緊要官員以濟時艱以固元氣事。臣觀自古國家無常治，亦無常亂。其君勵精，其臣盡職，仁賢布列，政事修明，如是者必治。其君怠荒，其臣玩愒，朝多曠位，野有遺賢，如是者必亂。況當民窮財盡，盜賊公行，醜虜跳梁，封疆失利，邊事危同累卵，人情慮切剝膚，此國家何等時耶？而君臣上下苟且相安，恬然若事②。處堂燕雀將有棟焚之災，此可不爲之寒心哉？邇來皇上於東事之疏，隨上隨下，人情莫不踴躍稱快。近日吏部推補卿寺藩臬各官，多奉俞旨，仕路亦漸疏通矣。惟

① 此 "此" 似當作 "次"。

② 事 "事" 上當有 "無" 字。

是目前所最缺、所急需者，無如卿貳、臺省，而皇上概未允用。即今邊情緊急，徵兵轉餉，何等要務？乃戶、兵左右侍郎皆未蒙欽點。軍國大計安危成敗所關，而獨責於尚書之一身，無論朝廷優禮大臣，不宜竭其精力，竊恐爲遼鎮安攘慮者，亦不慮若是疎也。內而六科無人掌印，外而郡國久缺巡方，姑無論矣。舊例巡視五城，俱用新咨御史，謂其受事伊始，意氣正銳，責任復專，俾之禁戢紛囂，譏防姦宄，必能使輦轂肅清，都民安枕。況今警報旁午，內外戒嚴，此中把棍之橫行，游民之嘯聚，如臣揭中所陳者，種種可虞，此真根本之慮，腹心之憂，皇上奈何視爲細事，而漫不加省也？臣竊思之，皇上所爲急於東事、而緩於用人者，若謂朝政自朝政，虜情自虜情，兩者各不相蒙耳。不知安內、攘外原非二事，任人與禦侮亦自相須。假使朝廷之上，九卿布列，言路充盈，有耳目以曠聰明，有股肱以衛元首，譬如人身，精神流注，血脉貫通，有精明強固之形，無空虛痿痺之患，元氣既足，神氣自張，尚何內治之不修、而外侮之足慮哉？故曰：賢者在位，能者在職，雖大國必畏之。非虛語也。臣愚伏望皇上乘此邊方危急、人心震駭之時，又當聖壽屆期、羣情仰望之際，亟更舊轍，盡去成心，先點戶、兵侍郎，次及部院卿貳，先差巡城御史，並下候補科道，俾朝廷氣象一旦改觀，萃萬國之歡心，消四夷之窺伺，將在此矣。頃者訛言一布，遠邇驚皇，道路洶洶，幾同鼎沸。皇上若猶靳於數人之命，不即允巡視之差，彈壓無人，羣兇側目，萬一有虜中奸細潛住竊發，如昨清河覆轍，臣恐蕭牆之禍，不在疆圍，而在都城，不在異時，而在眉睫。彼臣民之身家性命無足言矣，其如宗廟、社稷何哉？臣言及此，心膽俱寒，汗流浹背，惟皇上深思而熟計之。蓋寧弭亂於未然，無令噬臍而無及也。臣寸心欲嘔，無路瞻天，適逢萬壽燕喜之時，又未敢趨赴宮門，致煩聖慮。爲此謹具本，於文華門叩頭上進以聞。伏候敕旨。"

十二日戊辰，大學士方從哲謹題：“恭惟皇上邇年以來，每遇萬壽聖節，必有一番善政，以仰承帝眷，俯慰羣情。蓋九重燕喜之時，正萬國嵩呼之會，以是人心望治更倍尋常，及此時而用人圖治、宥罪施仁，真帝王之盛節，而率土臣民所爲鼓舞而祝頌者也。目前時事，無如允補科道。前次考選及散館者，除給假外，見在者共不過二十人，若御史纔十餘人，用以巡城、侍班，僅僅足數。今內而百官，外而四夷，雲集闕下，歡呼拜舞，而豸繡之班寥寥不備，何以昭太平之景象、聳萬衆之觀瞻耶？況邊警時聞，都城之內訛言四起，蕭牆之變如臣前揭所奏者，萬分可虞，則夫亟補科道各官，並速允巡城御史，以肅朝儀，以消京師之隱禍，乃頃刻不容少遲者也。御史劉光復繫獄四年，桎梏幽囚，懲創已久，即果震驚靈位，至此亦足以盡其辜矣。茲當誕聖之辰，皇上誠仰思聖母罔極之恩，曲體聖母好生之念，正宜乘時解網以慰在天之靈。況諸臣靜聽逾年，恭候宸斷，慨然肆赦惟此時爲然，此又第一盛德事、皇上所當亟圖者也。臣查得萬曆四十年允用考選科道姜性等，四十一年釋放逮繫知縣滿朝薦等，皆在聖節前後，皆舊輔葉向高在事之日也。惟時綸音一布，朝野歡騰，莫不頌皇上雨露之恩、雷霆之斷，而竭誠致主，輔臣亦與有榮焉。臣從哲蒙皇上拔擢殊恩，叨居政本，業經六載，恭遇萬壽聖節已五度矣。而誠微力薄，感格莫由，致使待命者茫無授職之期，望恩者未遂生還之願，臣每一念及，真若芒剌①在背，痛瘵在身，清夜沉思，自怨自艾，不知當日向高有何緣福，得徼此於皇上，而臣獨不能，是微但言官之幸，纍臣之幸，實向高之幸已。今慶典在邇，千載一時。伏望皇上推當日允姜性等之意，以用諸臣，推釋滿朝薦等之意，以赦光復，並推俯從舊輔向高之意，以行臣一言，使臣得以片善寸長，少修職業，臣感激恩私，當不在諸臣後矣。臣翹望德音，有同饑渴。不勝踴躍欣忭待命之至。"

　　十四日庚午，大學士方從哲謹題："爲懇恩速補閣員事。竊念臣隻身任事凡一年三閱月矣，精力已竭，伎倆盡窮。其困苦無聊之情，狼狽不支之狀，自內外臣工以及閭巷小民，莫不知臣而憐臣矣。乃下情愈迫，天聽愈高，控籲徒勤，推補無日，

① 剌："剌"當作"刺"。

絲綸重地，政本所關，而徒令一虛庸衰憊之臣，僕僕奔走，寧不羞朝廷而誤國家之事哉？臣自春夏以來，積憂困其衷，積勞疲其形，疢疾纏綿，強半在告。雖竭力支吾，勉供票擬之役，而軍國大事妨廢已多。況自黠虜肆逆以來，聖主焦勞於上，羣臣拮据於下，議兵議餉，議戰議守，事體何等重大？何等殷繁？而臣欲以獨見獨聞、佐下風而參末議，其將能乎？且內而諸司之條陳、部院之題覆，外而督撫、經略之奏請，動關成敗，機判安危，乃以一人之心思識見，斟酌而裁答之，安能一一中窾、愜羣情而孚衆論也？雖皇上神明天縱，每遇疑難之事，輒由宸斷主持，臣可幸以無罪，然而有君無臣，孰與集思廣益、仰贊廟謨？此臣所爲晝夜徬徨，既爲身慮，又爲國事慮，而不能頃刻即安者也。今夫富人之子，家累千金，必有紀綱之僕數人，以經理於平時，豫防乎患難，綢繆捍禦，決非一手一足所能勝。況乎四海之廣，萬幾之賾，而顧以輔理贊襄之任，寄於衰病之一夫，不幾以天下國家爲戲乎？即今聖節在邇，萬年伊始，百福駢臻，惟是股肱耳目之臣缺而不備，臣方汲汲焉請皇上點大僚、補科道，而密勿之地，止臣一人，雖有若無，空虛特甚，皇上能無惕然於衷乎？臣猶記癸丑之歲，舊輔葉向高獨任之時，惓惓以閣員爲請，皇上亦遂憐而允之，會推之旨正在萬壽之前。今臣之獨任視舊輔爲久，而衰庸病憊之極，又從來閣臣所絕無者，乃獨未蒙聖慈之鑒察，抑何所遇之窮也？臣力竭詞盡，不能多言，亦不敢多言，惟望皇上循累朝之舊規，推邇年之德意，亟敕推補，速賜點用，以濟臣愚之不逮，救時事之多艱，宗社幸甚。臣不勝迫切懇祈惶悚待命之至。"

十九日乙亥，大學士方從哲謹題："本月十七日恭遇我皇上萬萬壽聖節，臣謹偕內外文武羣臣及四夷朝貢之使，同集闕下，趨蹌舞蹈，稽首呼嵩。維時天氣晴明，六合清朗，旭日初出，瑞靄氤氲，萃萬國之冠裳，祝一人之眉壽，神人胥慶，夷夏同歡，真皇穹錫祉之期，聖主凝禧之日，我皇上億萬載無疆之曆，實肇始於茲矣。臣愚不勝欣忭。臣又惟，天之眷佑皇上也，既示以難老之休徵，皇上之仰答天麻也，詎可無感孚之實政？惟是人心之屬望，即天意之鑒觀，而人主能俯順乎人心，自足以仰承乎帝眷。古帝王祈天永命，亦不過於用人、行政之間，勵精而亟圖之，非有異術也。臣謹將目前時事、有關於大禮大政、為億兆人心所同願者，列款上請，皇上可以一覽無遺，不敢更為煩詞蔓語，以溷聖聽而滋厭棄也。臣犬馬微誠，蓋竊比九如之頌，以佐萬年之觴，不勝踴躍祝願之至。

　　計　開

一、開儲講。頃奉明旨，令於重陽後擇吉，臣不敢再瀆。時下萬壽禮成，三秋氣爽，容臣於月初諏日恭候欽定，命皇太子出閣講讀，萬不宜再為傳免，以虛盛典、失臣民仰望之心也。

一、舉冊封。國家展親之典，惟冊封為最重。頃因禮儀未備，再次改期，自夏徂秋，稽遲特甚。敦睦大事，豈應屑越至此？及此月而舉行之，似不容再緩者也。

一、補閣員。從來政本之地，未有以一人獨任且久任者，況臣衰病日甚，時事益難，若共濟無人，必至十分狼狽，臣身名不足惜，如誤國誤天下何哉？乃此時而敕賜會推，早賜欽點，乃臣愚所為惓惓佇望者也。

一、補大僚。今大僚之缺極矣，部院卿貳俱當急為推補，而兵部左右侍郎，參贊戎樞，佐本兵以籌邊務，在今日尤為喫緊，則點用不可不先也。

一、補科道。今臺省缺人至極，諸臣候命最久，內而六科掌印，外而各處按差，俱宜允用，而五城御史職專巡視，尤京師利害所關，此又頃刻不容少緩者也。

一、點巡撫。滇南控制諸夷，宣府逼臨虜穴，邊方重地，急需撫臣以彈壓之。至於遼左，用兵之際，籌邊禦虜呼吸安危，豈容缺而不補？則點用尤不可不早也。

一、清詔獄。自鎮撫司缺官，而欽送人犯，無人鞫訊，有罪無罪，概繫囹圄，冤苦哀號，聲聞道路，則①聖主至仁天覆，豈其畢世而怒直臣？則解網之仁，端有望於今日矣。

一、早停刑。邇年以來，皇上屢下停刑之詔，好生之德洽

① 則　"則"下有脫文近百字。

於人心素矣。惟是奉旨少遲，則遠方不獲均霑其澤，非所以溥一視之仁也。故傳示不可不早也。

以上數款，爲事甚易，爲力不勞，皇上但一舉筆，而老成英俊布滿朝端，但一動念，而惠澤恩膏旁流寰宇，上無不修之典禮，下無不舉之政刑，順人心以承天眷，端不出此。萬惟聖明留意。臣謹題。"

二十一日丁丑，大學士方從哲謹題："適接刑部尚書李鋕揭帖，爲審決期迫，請皇上速允差官。照得每年審錄之期，定於霜降之後，各省皆巡按御史與按察司爲政，若北直隸關內關外、南直隸江南江北，則特遣部臣，與巡按會同商確，事甚重也。今審期已迫，而差官尚未得旨，道路遼遠，豈能猝至？伏望皇上留神，將部疏速賜檢發，不勝至幸。臣又惟，邇年以來，屢下停刑之詔，薄海臣民仰皇上好生之德久矣。但奉旨少遲，則遠方容有不被其澤者，儻蒙聖慈照例停免，更祈早賜傳示，俾各省直一體遵行，尤臣愚所爲惓惓屬望者也。臣不勝惶悚待命之至。"

二十五日辛巳，大學士方從哲謹題："照得京師五城地方，居輦轂之下，四方雜處，姦宄易生。向來每城用試御史一員，專管巡視，於以禁戢盜賊，譏察非常，雖有兇橫不軌之徒，率有所畏而不敢肆。都城百萬軍民所以得安枕而居，而大內亦無震驚之虞者，賴此巡視御史爲之彈壓耳。年來把棍之橫行，遊僧之嘯聚，黨與易集，盤詰難施，如臣前疏所陳，計皇上已洞鑒之矣。況今東夷煽亂，遠近戒嚴，奸細縱橫，不可方物。頃清河以細作內應陷矣，遼陽以捉獲奸細報矣。況京城九門，每日出入幾千萬人，任其往來，漫無詰問，儻有外國奸徒竄入此中，潛行窺伺，即未必遽有放火殺人、斬關奪門之事，而逆黨伏於卧榻之側，將來不測之禍可勝道哉？伏望皇上將都察院所題御史五員，速賜允用，令其專司巡視，庶幾人心有所恃以無恐，而訛言自息，根本不搖，黨①莫容，釁端可杜，我皇上宵

① 黨　"黨"上當有"逆"字。

肝之懷亦可因此而少釋矣。若猶以臣言爲不足信，以事變爲不足憂，靳此數人而不肯用，必待變生倉猝、禍起蕭牆，然後急圖消弭，不已晚乎？臣連日以來，聞諸縉紳之議與街市之言，每及此事，無不凜凜憂之，臣不勝心悸魂搖，食不下咽。萬惟聖慈立刻批發施行，宗社生靈幸甚，臣愚幸甚。臣不勝皇恐待命之至。"

二十六日壬午，大學士方從哲謹題："照得御史劉光復繫獄多年，懲創已久，其囹圄幽繫之苦，毋子隔絕之情，行道之人莫不傷之。該臣屢次瀆陳，計達天聽，茲不敢復贅。其幼子劉廩祚昨見臣於長安門，長跪悲號，具言祖母老病垂危，二兄相繼憂死，生者含哀於兩地，歿者抱恨於重泉，情願以身代父，出獄見母。問其年，纔十三耳。臣目擊其孱弱之資，伶仃哀痛之狀，不勝悽然。於時左右觀者，皆爲之垂涕。竊思皇上之繫光復，因其奏對倉皇，故示懲創，非真謂其有不赦之罪也。今在獄四年，不爲不久，幽囚窘辱，艱苦備嘗，彼其悔悟已深，皇上所爲玉成之者，亦已至矣。及此時而開一面之網，俾令生還，大寒之後被以陽春，雷霆之餘施之雨露，寧獨光復闔門老幼世戴皇仁？將百官萬民，其誰不感皇上不測之恩，祝皇上無疆之壽？而自古帝堯之好生，大禹之泣罪，皆不得專美於前矣。不然，人命朝露，生死何常？萬一光復思親痛子，一旦斃於獄中，使天下後世謂聖明之朝，有殺諫臣之事，其爲聖德累豈淺尠哉？孟軻氏云：以不忍人之心，行不忍人之政，治天下可運於掌。臣願皇上推此不忍一念，以赦光復而已。臣義激情迫，冒昧直言，自知愚戇之罪，惟聖慈矜而恕之。臣不勝惶悚仰望之至。"

是日，大學士方從哲謹題："照得遼東自七月二十二日虜剋清河堡後，接得經略及總兵塘報，虜衆俱於二十七八等日陸續出邊訖。又據捉獲奸細供稱，奴酋擬於八月初二三或初七八等日，進搶瀋陽。今已過半月，未見消息，臣心憂之。況今秋高馬壯，正夷虜得志之時，竊恐諸將未盡出關，援兵未及齊到，儻防守尚疎，復蹈前轍，遼之爲遼，能再堪此殘破乎？臣僭擬諭帖一道，令兵部傳示經略等官，乘時修備，加謹豫防，或者人心稍惕，於邊事不無小補也。臣謹具揭，恭進御覽，伏望皇上裁奪施行。謹題。"

二十七日癸未，大學士方從哲謹題："昨臣因遼東虜情久無消息，僭擬諭帖一道，令兵部傳示，業已具揭，恭請聖裁。臣又思之，近日順天巡撫劉曰梧所奏，山西援兵至永平地方，肆行騷擾。此乃畿輔之大患，所當嚴行禁戢者。雖已奉旨下部，而該部尚未題覆，臣愚欲將此事添入聖諭中，以爲後來之戒。謹另具一揭，中間增改數語，恭候聖明裁定。更望聖慈恕臣煩瀆之罪。臣不勝皇恐待命之至。

諭兵部：近日遼東虜情何如？賊既暫歸，正宜乘時修備，以防再逞。各總兵俱已出關，見今駐劄何處？各鎮援兵曾否齊集？着經略速遵前旨，分派信地，使人有專責，不得推諉。遇有虜警，仍要同心協力，互相應援。期於外剿賊鋒，內固城堡，總俟剋期大舉，以圖全勝，事平一體從優陞賞。如有觀望失機，及忌功壞事的，必罪不宥。各處調來兵馬，着將領嚴加約束，沿途不許騷擾，違者聽地方官參來重治。故諭。"

二十八日甲申，大學士方從哲謹題："適發下文書，有吏部一本，內言吏科無人發抄，諸事不便題覆。該臣看得，本部見有六月八月大選急選，官員俱在候憑，亦因吏科無人盡憑，不得赴任，人情政體皆屬不便。伏望皇上將本部所推吏科都給事中趙興邦，准其陞任，俾令掌印管事。在皇上不過允用一人，而吏治之所利賴不淺已。臣謹擬票，進呈御覽，仰惟聖明裁奪。謹題。"

萬曆四十六年九月丙戌，朔。大學士方從哲謹題："連日接得都察院揭帖，請用新咨御史五人，一爲陵祀無人侍班，一爲五城無人巡視。其言至爲詳切。該臣看得，陵祀爲饗親大典，若監禮不得其人，則儀文缺而不備，望祖宗之居歆，不可得也。若五城巡視，則又所恃以震讋人心，譏防奸宄，在平時猶不可缺，而況今日乎？目下邊情緊急，遠近驚惶，訛言煩興，羣情思亂。彼把棍之橫行，遊僧之潛住，伏奸釀禍，始①無論矣，即京師乞食窮民，動以千百計，此輩無身家之繫，而有性命之憂，萬一爲饑寒所迫，計出無聊，小則肬篋而刦財，大則揭竿而倡亂，彼其垂涎側目者，甚非臣下之所忍言。若待禍起倉卒，而後用巡城御史以彈壓之，不已晚乎？臣叨沐國恩，義同休戚，念此一事，實都城利害所關，皇上何故靳此數人之命，惜一舉筆之勞，而不爲安輦轂、安宗社計也？儻使臣不出於愛君憂國之實心，而但爲諸臣干澤、爲一己市恩，故爲此危言，以期皇上，則天地鬼神必且殛臣，皇上請先褫臣、罷臣，而後用此數人，以弭禍亂、圖乂安，臣實甘之矣。時事驚心，言之一字一淚，萬惟聖慈憐而允之。臣不勝激切待命之至。"

①始 "始"當作"姑"。

三日戊子，大學士方從哲謹題："先該臣於八月初旬恭擇吉期，請皇太子開講，隨奉聖旨：'覽卿奏請皇太子講學，知道了。今朕壽節在邇，禮儀繁多，況天氣尚暄，待過重陽節擇吉來。欽此。'臣祗奉明綸，未敢再瀆。即今重陽將屆，秋氣蕭清，朝廷之慶典已完，暑月之餘氛盡滌。乘此時而宏開講席，親近儒臣，溫習經書，切磋學問，固皇太子修德進業之資，亦我皇上燕翼貽謀之計也。臣謹擇得本月十一日、十六日係開平吉旦，皆可進學。伏望皇上欽定一日，命皇太子照常出講，以修曠典，以慰中外臣民仰望之心。若再少遲，轉眼秋盡天寒，又將輟講之候，虛明詔而拂人情，臣萬萬知其不可也。再照東宮講官，見在只有三員。臣前推左贊善徐光啟堪補，未蒙賜允。謹將原本再錄呈聖覽，更望皇上並賜檢發。臣不勝仰望之至。"十五日，奉旨："覽卿所請皇太子講學，朕見十一、十六日二日俱無入學之吉，還另擇吉日來行。"

是日，大學士方從哲謹奏："爲時事艱危日甚一日微臣力窮心竭無計回天懇恩亟賜罷斥別簡忠賢以救式微以保治安事。竊惟時事之艱危，至今日而極矣。皇上靜攝深宮，大小臣工終年無由望見顏色，所恃以同心戮力、共效勷勸者，非此股肱耳目之臣哉？乃今閣員幾空，九卿半缺，六科十三道寥寥數人，官員稀若晨星，朝寧寂如蕭寺，太平全盛之景象，恐不如是矣。年來四方水旱頻仍，盜賊充斥，民窮財盡，在在可虞。況今黠虜跳梁，遠邇震動，征兵轉餉，海內騷然。此國家何等時耶？假如我皇上軫念時艱，留神邊計，用人如不及，從諫若轉圜，有勵精明作之功，無玩愒頹靡之習，則朝廷舉動既可以鼓舞人心，中國聲靈自足以震驚虜魄。君臣交儆，上下相維，安見時事之不可爲而治平之不可幾耶？其在今日，堂陛相懸，精神渙而不屬，宮府日隔，血脈滯而不通。凡諸司章奏，一入九閽，邈然萬里。近日惟遼左軍情之疏，隨上隨下，以是中外人情，無不踴躍稱快，其餘事係尋常者，亦十下七八。若推大僚、補言官者，則百無一二。蓋自有虜患以來。臣嘗以點卿貳、允科道請矣，而皆不報，既又以兵部、戶部侍郎請矣，以各科署印、各處按差請矣，而又不報。甚至請用一贊畫主事不報，請用五城巡視御史不報，請用一吏科掌印以完多官領憑之事亦不報。啓事徒煩，賜俞無日，微誠已竭，感動難期。臣亦人耳，所可自盡者止此心思，所可自靖於皇上者，止此力量，心已盡而不蒙見信，力已竭而不能挽回，不知此外更有何神術、可以悟聖衷而回天聽也？天下之人望皇上而不可得，則必責望於臣，臣愚望皇上而不可得，又將誰望耶？一事不可得，或可望之於別事，一時不可得，或可望之於後來。而今事事若此，時時若此，將更有何時何事可得於皇上，而少盡微臣之職分耶？竊見奴酋發難之初，宸衷不無兢惕，震懾之恐、旰食之懷，不獨廷臣知之，天下臣民莫不亮之，以爲聖心如此，小醜不足平也。乃茲爲時漸久，人情漸玩，且狡虜時入時出，若急若緩，以是邊警雖嚴，羽書罕至。皇上得無謂虜既暫退，東事遂可無虞乎？不知此酋蓄逆既深，爲謀叵測，見今秋高馬壯，勢必再逞，重鎮安危，殆未可必。臣顧皇上時時以邊事爲念，以兵餉之計、征勦之策爲憂，亟圖用人以禦外侮，萬毋狃爲尋常，而度外置之也。臣才劣望輕，原無用世之具，奔馳數載，精耗神疲，邇來疢疾纏綿，日加昏眊，健忘之證視往時愈甚。衰憊若此，即平居無事，亦當循分乞休，況值邊情危急、主憂臣辱之時乎？昔人有言：危而不持、顚而不扶，焉用彼相？夫相人者且然，況任天下國家之重者乎？若坐視顚危而不能扶持，又不能引退，皇上亦安用此誤國之臣爲也？伏望聖慈將臣速賜罷斥，亟簡才望兼優者三四員，入司政本，俾令同心共濟，庶能上匡主德，下拯時艱，消虜患於目前，鞏金甌於萬世。臣即跧伏草野，得爲太平之民，於願足矣。臣不勝迫切呼天皇恐待命之至。"

　　七日壬辰，大學士方從哲謹題："臣於九月初接得經略楊鎬書，寄有回鄉廣寧生員孫弘祖稟帖一紙。內言在虜寨時，聞說要先後犯搶清河、靉陽等處，且僭稱年號，要來遼陽建都。臣見之不勝憤恨。既接經略督按地震之揭，據朝鮮節制使李善復稟，據通役李應仁等探得，奴酋大發軍兵，於八月二十日前後攻擊遼陽、廣寧等處，流聞密議，軍至遼、廣，不戰而過，直向皇都，彼如追逐，引出曠野廝殺。臣見之又不勝驚懼。昨又接順天巡撫王象恒揭，謂山海關捉獲奸細二名，皆奴酋差來，打探關上兵馬多少。可見此虜蓄謀最深，志不在小，頃雖暫退，而狂逞深入之念，時刻不忘。兼以遼東地震有聲，明係兵象，則戰守之具、防禦之策，非今日所當萬分加謹者哉？除闑外之事、聽經略督撫諸臣相機調度外，臣愚竊謂，廟堂之上，所以鼓舞人心、振揚神氣者，惟用人與發章奏二者爲最急矣。其九卿科道，臣且不敢一時概請，但望皇上先點兵部侍郎一二員，速差巡城御史五員，亟允主事劉國縉，俾令贊畫兵事。其緊要本章，如戶部議餉本、新任巡撫周永春條陳本、按臣王象恒夷情本，盡數檢出，發臣票擬，立賜允行，使中外曉然如①皇上宵旰之懷未嘗少釋，庶幾羣情不甚觖望，而邊事猶不至決裂敗

① 如 "如" 當作 "知"。

壞、不可收拾也。至於盡點九卿大臣，以備各門防守，多補科道，以備京城巡視，如嘉靖庚戌故事，恐亦不可不預爲之計者。蓋使備而不用，實爲至幸，萬一禍至而後倉卒圖之，寧有及乎？臣受國厚恩，誼同休戚，伏見警報疊至，不勝凛凛於衷，連日以來，心悸汗流，食不下咽。念此國家安危所繫，不忍言，又不忍不言，輒敢冒罪再陳悃款，惟皇上憐而聽之。臣謹將經略傳來孫弘祖稟帖，錄呈聖覽。臣不勝皇恐仰望之至。"

十一①日乙未，大學士方從哲謹題："頃臣具揭，請皇上點兵部侍郎、差巡視五城御史、允用贊畫主事，總不過七八人，而内可以快人心，外可以鼓士氣，近可以安輦轂，遠可以固封疆，在皇上不過一舉筆之勞，而在諸臣得並效其匡勷之力。乃靜聽數日，未奉俞旨，臣日夜思之，不知皇上何故靳此數人，而置社稷安危於不顧也？譬之士民之家，大盜在旁，焚刼立至，乃主人晏然高卧，任其家衆號呼求備，而終不聽。嗚呼，其禍尚忍言哉？今大僚當補，豈止一官？科道當下，豈止數人？而臣獨惓惓於此者，誠望皇上立賜允行，以救目前之禍，以安中外之心，患在剥膚，且不暇乏②及其他也。今都察院請差巡城之本，吏部催請兵部侍郎及主事劉國縉之本，俱在御前，並祈即刻檢發。臣不勝激切懸望之至。"

十四日己亥，大學士方從哲謹題："竊惟今日時事最急者，無過用人，而用人之中惟大僚與科道爲尤急。今見在科道，或四五人，或七八人，皇上以爲缺乎？不缺乎？考選李若珪、孫之益等，通藉③或十五年，或十二年，留部已六年，考後候命又已五年。散館暴謙貞等，擬授亦且四年。皇上以爲久乎？不久乎？今六科或無掌印，或無署印，或並守科之人亦無之。各道大差、中差無人，季差無人，甚至侍班、監禮之人亦無之，皇上以爲廢事乎？不廢事乎？當急切用人之際，正值④。能殫忠畢智爲皇上奔走禦侮之臣，此固諸臣所自盟，而亦臣愚所可深信者也。臣待罪有年，寸長莫效，每思輔臣之職，全在以人

① 一 "一"字爲衍文。

② 乏 "乏"當作"泛"。

③ 藉 "藉"當作"籍"。

④ 值 "值"下有兩頁約二百餘字脱文。

事君，而臣從來不能爲朝廷登進一賢才，贊成一善事，素餐竊位，臣誼謂何？萬一當臣之身而聖意終不可回，諸臣終不見用，臣生何以靦顏於人世？死何以見祖宗列聖之靈？惟有刻面毀形，避人逃世，以謝諸臣，以謝皇上而已。臣初擬趨赴宮門，跽候俞旨。深懼唐突，致激聖懷，以是躊躇數日，欲行而中止者屢矣。萬望皇上察臣苦衷，憐臣微志，少回聖念，俯從臣之一言，將考選散館諸臣即賜允用，使朝廷收任賢之益，而臣愚亦得少逭溺職之幸，臣退伏草野有餘榮矣。臣於巡視五城御史，業經臣屢揭催請，茲不敢復贅，統祈聖慈留意。臣不勝迫切仰望之至。"

十七日壬寅，大學士方從哲謹題："恭照皇太子開講，該臣於九月初擇吉上請，方在顒望，昨奉聖旨：'覽卿所請皇太子講學，朕見十一、十六二日俱無入學之士①，還另擇吉日來行。欽此。'仰見皇上慎重儲講，必待入學吉期而後舉。臣何敢再瀆？謹遵旨擇於本月二十二日、二十四日皆係入學之吉，伏望皇上欽定一日，命皇太子出就講讀。更祈早賜傳示，使諸臣得預備講章，尤爲至幸。儻再少遲，則冬序漸寒，又是輟講之候，將使光陰虛擲，曠典久稽，而明旨終不信於天下，此臣愚所深惜也。臣不勝仰望之至。"二十一日，奉旨："朕覽卿奏請皇太子講讀，適見天氣暴寒不便，暫免。着於明春擇吉舉行。"

二十二日丁未，大學士方從哲謹題："爲纂修玉牒事。先該閣臣題將萬曆二十七年以後玉牒，照例續修。查得前次所進玉牒，正副本共二百九十册，近來宗支愈益綿衍，册籍愈益浩繁，今據纂修官送到校完草稿，正副本計三百四十六册，相應發書寫官謄錄。所有合用紙劄等項，相應開數題請，乞敕司禮監如數關用。再照時至嚴寒，官生謄寫牒册，合用火盆硯爐等項，寫就書册，必用大樣豎櫃收貯，並乞敕內官監、工部照數送館應用。臣未敢擅便，謹題請旨。
　　計　開

① 士　據上文"士"當作"吉"。

正副本合用大樣結實白凈中夾紙四萬張

礤墨四百笏

大鐵火盆十個，連蓋

石硯三十個

鐵硯爐三十個

大竪櫃六座。"二十五日，奉旨："是。該衙門知道。"

二十三日戊申，大學士方從哲謹題："照得遼左自撫順失陷之後，無日不有虜警。調度防援，雖有總督、經略及鎮道等官拮据於上，而披堅執銳、守城堡、冒矢石，則將士之勞居多。今爲時已逾半年，而尋常糧餉之外，未嘗有一錢之賞，以示特恩，欲三軍之士出死力以捍疆圉，恐不易得也。臣查萬曆二十一年征倭之役，皇上首諭户、兵二部，另發犒賞銀五十萬兩。惟時明旨一宣，人心競奮，平倭之功未必不由於此。今當財用匱乏之際，雖不能如彼之多，而額餉之外量發一二十萬，俾充犒賞，以示朝廷優恤之恩，真鼓舞人心之要術也。蓋犒賞有餘，額餉亦自可省，不過朝四暮三之術，但使沿邊將士知出自皇上特恩，乃是以結人心而鼓士氣耳。臣謹擬諭帖一道，進呈御覽，仰惟聖明裁奪施行。其銀兩數目，並祈宸斷，非臣所敢擅定也。謹題。"

諭①户、兵二部：邇者黠夷肆逆，邊鄙蕩搖，朕博訪廷臣，議調各處援兵，共圖勦滅。今師期已近，撻伐將行，所賴請②將士戮力齊心，殲兹小醜。近日撫順之捷，足征血戰之功，朕甚嘉焉。目今天氣嚴寒，邊方尤甚，深念諸將士披堅執銳，暴露沙塲，勞苦異常，忠勤可憫。朕睠馬東顧，未嘗頃刻忘懷，宜需恩施，用彰撫恤。除御史陳王庭所請賞功銀兩，應照例速發外，爾兩部再湊銀二十萬兩，題差一官齎赴軍前，將主客官兵從優犒賞。務使人霑實惠，士有奮心，益攄敵愾之忠，早奏蕩平之績。刻期給發。毋或遲延。故諭。"

① 諭 據《明神宗實錄》卷五七四 "諭"上當有"上"字。
② 請 "請"當作"諸"。

萬曆四十六年

二十四日己酉，大學士方從哲謹奏："爲宿疾漸深職業滋曠懇乞天恩速賜罷斥並祈亟簡才望輔臣以重政本事。臣自本月十八日感寒致疾，請假調理。方期旦夕得全，便可黽勉入直。無奈臣福過災生，積勞之久，一病輒殆。數日以來，頭暈耳鳴，怔忡不止，四肢酸痛，即堦前咫尺之地，步履亦甚艱難。兩臂拘攣，盥櫛都廢。然此猶一時之證耳。加以神思昏憒①，恍惚善忘，轉眼之間，便如隔歲。諸細事無論，即如逐日章奏已發票者，常誤以爲未票，未奉旨者常誤以爲得旨，每一追想，中心茫然。其他言語之支離，披閱之掛漏，此又在朝諸臣與中書官所共見共知，非臣敢爲飾説也。伏念臣所居何官？所司何事？即使其人精明强幹，猶難以獨力任劻勷，況臣衰憊若此，昏眊若此，乃欲以奄奄垂斃之身，仰佐萬幾，以憒憒不明之見，應酬庶務，豈可得哉？夫當國家多事之日，豈臣子言去之時？正以國家多事，而臣不能竭誠宣力以匡濟時艱，尸位素餐，貽譏當世，此臣所爲不得不去耳。況臣一日不去，則新臣一日不補，以尤妨賢誤國之大罪，又臣愚日夜怵心不能頃刻即安者也。伏望皇上，將臣即賜罷斥，別選才望兼優、精力有餘者，速簡二三員，俾令同心輔政，庶國事有賴，臣分獲安。臣儻苟延殘喘，尚當祝聖壽於萬年，即溘先朝露，亦將戴皇恩於異世矣。臣不勝惶悚待命之至。"

①憒 "憒"當作"憒"。

二十八日癸丑，大學士方從哲謹題："竊見癸丑留部諸臣，守候都門俟經六載，疊罹寒暑，虛度居諸，猶然未授一官，未營一職。揆之人情政體，業已理極勢窮，而臣之疏請揭催，亦既舌焦唇敝，今臣無可伏②言矣。但以見在科臣止有四員，無人守科，無人署印，臺臣止有六、七員，無人侍班，無人管城，無人題差巡按。用人若此其急，而可用之人若此其多，舍此不用，又將何待也？臣查庚戌一咨，次年考選，又次年命下，先後纔三年耳，而得旨之日，正在聖節之後、頒曆之前。由今視昔，雖又踰三年，而授朔有期，正聖朝更新之會，以是羣情仰望倍出尋常。且皇上既允允③御史陳王庭巡按遼東矣，又允給

②伏 "伏"當作"復"。

③允 此"允"字爲衍文。

## 萬曆起居注

事中薛鳳翔、楊道寅册封各藩矣，是皇上於諸臣原無成心，原未嘗終於不用，則何苦①當此之時，而盡下李若珪、孫之益、暴謙貞等諸人之命，猶足以昭聖度、而存國體，乃心②待事勢窮極、萬不已而後用之哉？皇上試於萬幾之暇，靜言思之，必以臣言爲然，而慨然無復遲疑之念矣。伏望大奮乾斷，查照壬子之例，將候命諸臣概賜允用，庶聰明有寄，任使可充，祖制不至全隳，人心不終觖望，寧獨諸臣感恩思奮、共據報國之忠？且使當臣在事之時，曾下一番考選，雖尸位曠官，罪難悉數，而即此一事，猶得少施顏面於人間矣。臣力竭詞窮，寸心欲嘔，惟聖慈憐而察之。臣不勝皇恐待命之至。"

　　三十日乙卯，大學士方從哲謹奏："爲謝天恩事。頃臣以疾深職曠，懇恩罷免，昨晚鴻臚寺少卿張廓，恭捧聖諭到臣私寓：'諭元輔：卿輔政有年，忠清恭慎，亮節小心捲捲③以愛君憂國爲念，朕素鑒知。且四方多事之時，正賴卿分猷贊化，弘濟時艱。況今頒曆在邇，卿爲輔弼重臣，豈可久延私寓？着鴻臚寺堂上官宣諭朕意。卿宜即出，入閣視事，以慰眷懷。慎勿再陳。其枚卜閣臣諸臣，朕知道了。欽哉，故諭。欽此。'臣設香案，扶掖叩頭，望闕謝恩訖。伏念臣一介寒微，誤蒙拔擢，素餐數載，片善無間④。兹復以採薪之憂，仰廑聖念，賫卿特遣，天語傳宣，褒許慰留，諄諄懇至。何意草芥賤臣，過承聖眷若此？臣捧讀溫綸，感極而泣。所不捐軀竭節以圖報鴻恩於萬一者，非夫也。顧臣庸臣也。'忠清恭慎，亮節小心'，其何敢當？惟是愛君憂國之念，則犬馬私衷少有可以自信者。然憂君而不能效格心之益，憂國而不能拯時事之艱，徒抱悃誠，何裨匡濟？此則臣之所爲循分有愆，不能一日安於其位者也。臣請假調攝，業已踰旬，而心火上延，眩暈怔忡諸證，視前如⑤劇，匍匐奔走，尚不能支。伏思頒曆大禮，歲序載更，正聖壽彌增、聖政維新之會，臣恭逢慶典，何敢久延？擬於明早力疾赴文華門，隨諸臣行禮外，更乞聖慈賜臣寬假數日，俟疾勢何如，再圖進退。至於補閣臣諸事，業蒙皇上慨許，計必旦夕允行，臣惟有延頸傾心拱聽德音而已。臣不勝感激瞻依之至。所奉聖諭，臣謹什襲珍藏，留爲鎮家之寶。爲此，謹具本稱謝以聞。"

①苦 "苦"當作"若"。
②心 "心"當作"必"。
③捲捲 據《明神宗實錄》卷五七四，"捲捲"當作"惓惓"。
④間 "間"當作"聞"。
⑤如 "如"當作"加"。

萬曆四十六年十月丙宸①，朔。頒賜輔臣中曆十本、民曆一百本。

三日戊午，大學士方從哲謹題："昨十月初一日，恭遇皇上頒行新曆，是爲萬曆四十七年矣。九重之純嘏與日俱增，萬載之昌辰自今伊始，在廷大小臣工，以及萬邦黎庶，莫不欣欣然舉手加額，頌太平之盛際，祝聖壽於無疆，臣愚忝備股肱，躬逢慶典，其爲歡忭，寧不百倍恒情？已復思之，人主仰承天眷，必須俯順人情。其在今日，海内延頸而望，與廷臣累牘而請者，孰有過於用人者乎？又孰有過於用臺省諸臣者乎？頃奉聖諭，於枚卜閣臣諸事，俱蒙慨許，則天②科臣之序轉，按臣之允差，考選散館之授職，計俞旨在旦夕矣。臣又以爲，吏科之盡憑，五城之巡視，則尤至切至要，不容一日再緩者。自六月以來，大選、急選奚止千數百人，皆以不得領憑，淹留京邸。今又有大選教職數百人矣，彼其資斧已罄，饑寒迫身，鬻子典衣，糊口朝夕。嗟此選人，皇上既予之一官矣，何爲復困頓之、覉留之、使饑餓於我土地耶？則夫急點吏科，俾令速給文憑，嚴限赴任，用一人而救千數百人之困，儻亦聖明所不靳乎？巡城一差，邇來俱用別差帶管，力分於兼攝，精敝於紛馳，已非臺規之舊。今併帶管之人亦無之矣。京師何地？五方雜遝③，姦宄易叢，市虎梟然於街坊，暴客縱横於暮夜，加以遊食僧道，百十成羣，詭迹潛踪，莫可究詰，蕭牆隱禍，大可寒心，匪得新資御史，分城專任，譏防而彈壓之，輦轂之民其能安枕乎？則亟撿都察院之疏，敕令御史五員刻期到任管事，或亦聖明所不靳也。方今省署空虛，臺班寥落，缺人廢事，在在皆然。中外人心，望科臣之並轉，按差、鹽差之速俞，考選、散館之早下，不啻救饑渴而徯雲霓。而臣顧惓惓於此二者，誠念各官守候最久，困苦堪憐，又慮都中姦盜茲多，肅清宜亟，故不得已復有此請。仰祈聖斷，即賜允行，不勝至幸。再照九月三十日午刻，京城地震，屋宇動搖，人心駭懼，計大内殿廷之間，其扤隉傾危之勢，當不止此。臣以爲此非細故也。天意若曰，主上靜攝

萬曆四十六年

三五四一

① 宸 "宸"當作"辰"。

② 天 "天"當作"夫"。

③ 遝 "遝"當作"處"。

深宮，羣臣無由望見顏色，一切巽語危言，概置不聽，人力無可奈何，而故假此以警悟之乎？皇上克謹天戒，遇災而懼，當此之時，必且悚然畏，毅然改圖，以務修省實政，當不俟臣言之畢矣。臣雖疾勢纏綿，而念切時艱，殷憂孔棘，輒因頒曆之慶，望皇上以籲俊迓天庥，復因地震之災，望皇上以勵精弭天變，總之不出用人一事而已，萬惟聖明留意。臣不勝迫切懇祈之至。"

六日辛酉，大學士方從哲謹奏："為病勢日增曠官益甚再懇天恩速賜罷斥以保餘生事。頃該臣以患病乞休，荷蒙皇上特遣臚卿，傳宣聖諭，慰臣留臣，極其諄懇，聖恩如此，臣非木石無知，能不心感？分宜勉效馳驅，圖報高厚於萬一，此臣之至願也。無奈臣蒲柳之質，未老先衰，孱弱之軀，不耐勞苦。自蒙恩拔擢以來，五載之間，無時不奔走，無日不愁煩。每見朝政壅淤，人情怨憤，賢才凋落，災變頻仍，輒不勝抑鬱憂思，至忘寝食。兼以隻身入直，矻矻窮年，即暑雨祁寒，未嘗少間。人非金石，詎能堪此？然此皆臣子當為之分，豈敢言勞？乃臣之病，因是而漸深，臣子①身從此而益困矣。目今神思昏憒，常苦夢中，方纔舉筆一構思，則頭暈耳鳴，怔忡轉甚。今日之事，明日不能記，早間之言，下午不能記。體貌雖存，居然一行尸而已。臣衰憊若此，苦猶顧戀主恩，不即引退，絲綸重寄，付之一奄奄垂斃之夫，無論羞朝廷，辱當世之士，其誤國家事不已多乎？且臣義當去，又不止一身之病而已。頃者黠虜內訌，上廑宵旰，臣職叨輔弼，愧不能運籌畫策，以仰佐廟謨，至以軍餉煩司農，以兵機煩司馬，因人碌碌，贊襄之誼謂何？至於年來臺省空虛，言路幾絕，考選六年不下，真從來未有之事，而適當臣在事之時，雖嘗千祈萬懇，泣血嘔心，而終不能得之於皇上，此又臣愚溺職之罪，百口無以自解者。昨科臣建議，亦以此二事責臣，謂臣才具力量於此益見，臣甚愧之、服之。但因考選不下，疑臣別有肺腸②，則上有天地、祖宗之靈，下有舉朝士大夫之公心公論，區區此衷，天下後世或能亮之，臣無庸置辯也。惟是臣一日不去，則朝廷誤一日之事，微臣重一

① 子　"子"當作"之"。

② 腸　"腸"當作"腸"。

日之辜，竊位妨賢，貽譏千載，俯媿名節，仰負恩私，雖苟延視息，亦難以靦顏於人世矣。況臣疾勢沉綿，日甚一日，致身報主，萬萬不能。伏望聖慈將臣速賜罷斥，別簡忠賢，共圖化理。如或以遼事決裂，咎果在臣，考選稽遲，事果由臣，即褫臣戮臣，所甘心焉。臣不勝惶悚待命之至。"

八日癸亥，大學士方從哲謹題："照得瑞王府第，先該禮部奉旨擬上地方五遽，屢次催請，未蒙欽定，以是興建無日，封典久稽。臣愚竊謂，分茅胙土，為子孫培萬世不拔之基，此帝王之盛事，亦國家之定制也。瑞王出府成婚，已經四載，而府第未建，何以創維城之業，垂帶礪之休？諒亦聖心所不安者。況惠、桂二王，嘉禮在即，剪桐大典，方將次第舉行。若不及今早渙綸音，豫定吉壤，將何日鳩工？何時竣事？在今日既嫌於踰期，在他日又妨於並舉，皇上燕翼之謀，似不宜遲疑若是矣。臣閱該部所擬府分，皆秦晉沃壤，齊楚奧區，靈秀攸鍾，子孫千億之祥將兆於此。伏望皇上速賜乾斷，將前項地方欽定一遽①，敕下禮、工二部，差官估計，擇日興工，則朱邸弘開，輪奐佟②成於不日，鴻圖肇啟，藩屏永奠於萬年。臣不勝踴躍祈禱之至。"

十四日已巳③，大學士方從哲謹題："先該欽天監奏，東南方有白氣一道，名曰長庚，其占為兵、為災、為饑、為水、為疫、為亂、為賊。臣聞之不勝駭異。今早五更時，臣起而望之，見正東稍南有一大星，色甚明亮，上有白光，約長二丈，向西直衝於天，形如疋練，臣益不勝心悸神悚，汗流沾肯④。何意地震之後，復有此異常之天變也。考之圖記，據其形狀，大約彗孛之屬。彗主掃除，有除舊布新之象。孛者，孛孛然，非常惡氣之所生也，主內有大亂，外有大兵。晏子語景公曰：君若不政，孛星將出，彗何懼乎？是孛之災尤甚於彗矣。方今朝政日壅，官聯不備，人才凋謝，師旅繁興，危亂之勢已成，兵戈之事方起，妖孛之徵已並見於茲矣。惟是改絃易轍，革故鼎新，

①遽 "遽"當作"處"。

②佟 "佟"當作"倏"。

③已 "已"當作"巳"。

④肯 "肯"當作"背"。

萬曆起居注

①苦　"苦"當作"若"。

②下　"下"當作"不"。

振明作之功，返頹靡之習，以應掃除之義，臣於我皇上有厚望焉。諸凡修省之要圖，消彌之實政，臣一時不能概舉，但以目前時事論之。如閣員之當補也，大僚之當點也，科道之當補、考選散館之當下也，六科之當轉與夫巡按、巡鹽、巡城之當差也，總之不過用人一事。而皇上肯幡然行之，一洗平時疑貳之心，廣開此日登庸之路，將見人心既悅，天意可回，除舊布新，或者有在於茲乎？不然，地震於下，而聖心不知警懼，天變於上，而聖政不能改圖。譬如父母於子誚讓方殷，責望備至，而爲之子者，恬然不以爲意，則其怒不愈甚？而其禍尚忍言哉？臣誠薄不能感乎，言微不足取信，姑無論矣。皇上試觀上天垂象若此，示戒若此，明顯親切苦①此，亦不足信、不足畏歟？修人事以答天譴，惟此時爲然。臣力疾陳言，詞不達意，仰惟聖明鑒察。臣不勝恐懼籲祈之至。"

十五日庚午，大學士方從哲謹題："頃臣閣中所題二本，一爲庶吉士楊景辰授職，一爲庶子等官趙師聖等轉坊，自七月至今，經臣催請不下數次，俱未奉俞旨。看得庶常散館，與坊局掌印，皆閣中職掌，向來相沿之故事，皇上未有下②允者。獨此二本，候至數月，或者萬幾殷繁，偶未檢閱，故遲遲至此。臣謹將原本再呈聖覽，伏望皇上即賜批發，臣愚幸甚，謹題。"又題："爲服滿事。該吏部手本開送庶吉士楊景辰，係萬曆四十一年進士，改庶吉士，於翰林院讀書。四十三年五月給假回籍，本年七月十八日隨丁母憂，在籍守制。扣至四十五年十月十八日服滿，赴福建布政司起文，四十六年六月二十日投文到部。查無違礙，移文到院。查得萬曆二十六年題奉欽依，以後起送庶吉士，凡未經散館者，俱仍赴館，與見在庶吉士一體讀書、考試。今庶吉士已奉旨間科一選，未曾開館。合無將楊景辰徑行考試、評品授職？該臣考得楊景辰文學優長，堪任翰林院官，謹將原卷進覽。伏乞敕下吏部，將楊景辰照依甲第，除授本院官職。臣未敢擅便，謹題請旨。"

十七日壬申，大學士方從哲謹奉："爲天心仁愛甚殷時政挽回宜急敬陳修省要①懇乞聖明深思力行以彌災變事。竊觀今日災異何多端也？自三月十一日狂風晝晦，東西火光燭天，此臣在告時所目擊者。嗣是猴妖見於遼東，豕怪見於山西，純陽之月大雪，凍斃羸馬，見於關內。此猶曰四方之遠，偶遇之災也。至六月，則祖陵以天鳴地震報矣，八月，遼左又以同時三震報矣。驚先靈而兆夷禍，識者已凛凛憂之。乃京師何地？大內何地？而地震之變，一見於秋初，再見於秋杪。天威有赫，苦②顯然示以傾危顛覆之形。且未幾而白氣現於東南，彗星出於氐宿，妖氛怪象，見者駭心。嗚乎，異哉。地震於下，夭③變於上，數月之間，層見疊出，此豈偶然值之？而亦豈可尋常視之哉？臣愚不識占驗，何敢妄爲稱説？獨念地道主靜，動則失常，日月星辰俱有常度，變則爲異。其在今日，無奈④人事實有所關，而天故出此災變，以警懼之耶？昔人謂：人心悦，則天意得。今之人心何如也？自大僚半缺，言路幾空，考選者待命累年，候覲者動經數月，推補艱如轉石，遷擢苦於積薪，仕者得無困於朝乎？自榷稅一行，彌天置網，敲椎痛入骨髓，搜括罄於錙銖，停止無時，誅求轉急，商旅無乃困於市乎？年來水旱頻仍，民窮財盡，閭閻無蓋藏之富，東南歎杼軸之空，災傷之奏日聞，蠲恤之恩難繼，小民無乃困於野乎？他如忠戇之臣，以微罪獲譴，而解網無期，無辜之衆，以詿誤株連，而覆盆莫照，犴狴之間，得無有未伸之冤抑乎？志士棲遲於衡泌，白首堪嗟，直臣父⑤滯於下僚，河清難俟。錮仁賢於盛世，委梁棟於泥塗，山林之間得無有遺棄之人才乎？有一於此，亦足以召戾致災，矧兼而有之，且有不盡於此者？四海雖遠，時騰怨讟之聲，兆庶至繁，咸苦毒痛之政，人心如此，而欲和氣致祥，天心助順，寧可得耶？爲今之計，惟在乎修人事以回天意，圖實政以迓宏庥，無他術矣。《詩》云：'敬天之怒，無敢戲豫。敬天之渝，無敢馳驅'。言修省之實也。故青衣角帶，祇屬虛文，撤樂減膳，徒循故事。自非我皇上勵精於上，大小臣工交修於下，洗心滌慮，設誠致行，恐災變未易彌，而治平未可幾

① 要 "要"下當有脱字。

② 苦 "苦"當作"若"。

③ 夭 "夭"當作"天"。

④ 奈 "奈"當作"乃"。

⑤ 父 "父"當作"久"。

也。除臣等奉職無狀，痛自修省外，伏望我皇上大奮乾剛，毅然與天下更始。親郊廟以抒禋祀之誠，御朝講以明泰交之義，命皇太子、皇長孫講學，以重國本，補內閣卿貳臺省各官，以熙庶績，錄忠賢、舉廢棄，以作士氣，釋懸臣、清詔獄，以雪沉冤，罷征稅、允蠲賑，以厚民生，停織造、減貢金，以寬民力，舉諸司及言官章奏，無不隨上隨下，以防壅蔽、通人情。我皇上一轉念，而朝政便覺改觀，纔舉筆而輿情自然悅懌。人心既悅，天意自回，將見時和平豐，民安物阜，三辰順軌，兩儀奠位。即大平之治，無難致焉，又何災祲之足慮哉？嘗觀自古人君，雖當叔季之世，負庸闇之資，試語之以英明，無不躍然喜，目之為怠荒，無不艴然怒。何者？好名之心，無智愚一也。皇上神明天縱，超越千古，豈不知敬天法祖、任賢圖治，為帝王盛節？而邇年以來，漸不克終者，無亦持疑貳之心，釀成厭棄之念，狃因循之習，盡隳明作之功？若視天下無一可信之人，無一當行之事，遂知天變於上，而忽苦①罔聞，人怨於下，而置之不理。苦②謂大權在我，不惟人無如我何，即天亦無如我何者。嗚呼，古帝王所為兢兢業業，小心昭事，不敢任已見以拂人心者，豈好為是勞哉？誠以天下之治亂，君實主之，世運之盛衰，天實主之。敬怠之際，乃興廢之關，不可易，亦不可恃也。彼謂'天變不足畏、人言不足恤'者，君臣交誣，用基亂亡之禍，豈非萬世之炯戒哉？臣病困之中，目睹災變異常，不勝驚惶憤懣，輒敢縷陳時政，以為皇上克謹天戒之助。《詩》稱周宣王遇災而懼，側身修行，卒致中興。臣愚但願皇上存一懼心而已。臣憂切於衷，冒昧直言，不識忌諱，惟聖慈憐而察之。臣不勝戰慄悚息之至。"

二十日乙亥，大學士方從哲謹奏："為政本缺員至極推補萬難再遲懇乞天恩速賜允行事。竊惟閣臣之設，雖以代言為專職，然而萬幾資其弼贊，庶務賴以匡維，責任甚艱，負荷不易。自國初二百年來，從未有以一人獨任，更未有以一人獨任而且久者，尤未有以一極庸極病之人支持數載、任其顛危狼狽而不顧

① 苦 "苦"當作"若"。
② 苦 "苦"當作"若"。

者。無論先朝，即我皇上御極之初，不嘗用四五八①乎？又無論初年，即萬曆三十五年朱賡在事之日，不嘗補于慎行等三人乎？豈昔之所難者，而今獨易？昔用數人而不足者，今乃用一人而有餘耶？此其理甚明，其事易見，諒聖明必有洞然於衷者。而顧遲疑濡滯、未肯即決，真臣愚所不能解矣。天下猶一家然。今天②千金之家，不能自理，必有紀綱之僕以代爲經營。乃其人衰病昏庸，不能事事，爲主人者將任其廢弛，日就於傾頹乎？抑別求精明強幹之人，俾之急爲整頓也？臣憂時甚切，自知甚審。兩年以來，爲此一事疏請揭請，業已竭力詞窮，即皇上諭臣以'知道'，許臣以'次第舉行'，亦不知凡幾次矣。而日復一日，卒無推補之期，致令揆地孤危，不絕如綫，政權旁落，國勢可虞。皇上奈何漠然而不爲宗社安危一動念也？伏望乘此天心垂戒、人情仰望之時，毅然獨斷，敕下該部，作速會推，立賜點用，此國家之福，微獨臣愚之幸矣。臣不勝瀝血哀懇之至。"

　　二十一日丙子，大學士方從哲謹題："昨兵部尚書黃嘉善詣臣寓所，見臣於榻前，謂所請職方司協司郎中，未蒙賜允，諸事停閣，深屬不便，欲臣具揭題催。該臣看得，兵部職典戎樞，幾務最稱繁鉅，而推陞大小將領，題覆各處章奏，職方之事視別司不啻倍之。自正統及我皇上初年，俱添設郎中一員，協管司事，至萬曆九年始罷。邇歲以來，四方多故，軍旅繁興，頃復點虜跳梁，一切選將徵兵，月無暇日，其他撫按題疏關繁③軍情者，咸欲斟酌可否，裁度機宜，以佐本兵而禆廟算，此其責任艱重，信非一人所能獨理也？尚書黃嘉善請照舊添設郎中一員，深爲有見。近因候旨未下，未敢題補，凡推官覆本之事，俱寢閣不行。伏望皇上將嘉善原疏發臣票擬，慨賜允行，樞務幸甚。臣又惟方今虜患未除，大征將舉，閫外之事雖有經略、督撫，而運籌決策、主張於內者，全在本兵。隆慶四年，曾於額設左右侍郎之外，添設協理二員，以練習戎兵、備緩急之用，彼猶無事之日也。今何時哉？邊情緊急，羽書旁午，尚書一人

① 八 "八"當作"人"。

② 天 "天"當作"夫"。

③ 繁 "繁"當作"繫"。

拮据經畫，朝夕不遑。乃會推左侍郎楊應聘等、右侍郎祁光宗等，經今數月，未蒙欽點。不意樞筦之臣，乃軍國安危所係，而皇上顧泄泄視之如此也。又如調到援遼之兵凡七、八萬，日用芻餉咸仰給於內地，非藉督餉大臣悉心料理、轉輸不乏，何以收士飽馬騰之效、而成滅虜之功哉？伏望皇上留神邊計，將戶、兵二部及督餉侍郎，立賜點用，不過一舉筆間，而足食足兵、安內攘外胥有所賴矣。時事之危，無踰於此。臣不勝迫切懇祈之至。"

二十五日庚辰，大學士方從哲謹題："頃自入冬以來，旬日之間，災異疊見，地震於下，天變於上。白氣之後，繼以彗星，經今半月有餘，光耀漸增而長，方向漸移而北。且無論占驗何如，事應何如，而奇形異狀，見者無不神悚。皇上試一思之，上天垂象若此，有意耶？無意耶？果仁愛也？非仁愛耶？董子曰：國家將有失道之敗，天乃先出災異以譴告之，不知自省，又出怪異以警懼之，尚不知變，而傷敗乃致，此見天心仁愛人君，而欲已其亂也。今天於皇上，譴告非止一端，警懼非止一次矣。既以坤輿之觳觫震其躬，又假乾象之昭著怵其心，一告不已，至於再，再警不已，至於三，面命耳提，當不過是。而皇上果能因災而自省、遇怪而知懼乎？使當此之時，幡然覺悟，毅然改圖，舉凡補大僚、補臺諫、錄廢棄、宥無辜、卹災傷、停榷稅，種種善政，無不急急舉行，以圖修省之實，猶恐天心未易得，天變未易回，而尚可因循怠忽、泄泄然若尋常無事之日乎？連日以來，臣企望德音，不啻饑渴之望飲食，大旱之望雲霓。而九閽之內，淵然寂然，一政不行，一人不用，即如臣所請點吏科以卹選官之苦，差巡城以消輦轂之憂，此不過一舉筆之勞，有何難事而亦未蒙慨然賜允？警戒愈切，而蔽錮日深，望之彌殷，而拒之益爲。聖意若此，蓋不但悍然與臣下相持，若顯然與上天相抗者。嗚呼，危哉。竊恐天心之愛有時而窮，則其怒且益深，而其禍有不忍言者矣。天①敬天法祖，任賢圖治，帝王之盛軌，三代所以興隆也。愎諫自賢，咈人從欲，輓

① 天　"天"當作"夫"。

近之覆轍，後世所以傾頹也。若使天變果不足畏，人言果不足恤，任一人之恣睢，而天與人終莫可誰何，是從古但有怠荒之君，而無亂亡之國，治亂之權但操於人生，而興衰之運無與於彼蒼。有是理哉？伏望我皇上遇災而懼，側身而修，存初年敬畏之小心，圖今日消彌之實政。先下考選，盡補大僚，凡釋纍、起廢、恤災、罷稅諸事，咸次第修舉，庶幾人心悅而天意得，反災爲祥，易危爲安，或者有在於斯乎？臣抱病乞身，方席藁待斥，乃目擊天變若此，人事若此，不勝心憂汗浹，寢食靡寧。私念身任股肱，與國誼同休戚，時勢至此，而緘默不言，不惟得罪於皇上，得罪於祖宗，亦且得罪於天下後世矣。臣一念悃誠，天日可鑒，惟聖明憐而誓之。臣不勝迫切哀祈之至。"

二十六日辛已①，大學士方從哲謹題："本月十七日，蒙發下太常寺三本，爲冬至祀天，請遣大臣分獻，並輪流看牲。該臣照例擬票進呈訖。昨接到禮部手本，開列文武各官姓名，中有偶病者，有服制者，儻奉有俞旨，各官不免奏請改遣，恐煩聖聽。臣謹另擬三票，恭進御覽，伏望皇上照此批發。不勝辛②甚。謹題。"

三十日乙酉，大學士方從哲謹奏："爲天戒甚明臣罪宜斥懇乞聖明速賜罷免以重政本以彌災變事。頃自九月以來，地震於下，天變於上，種種咎徵，見於禮部及欽天監之奏聞者屢矣。此皆人事不修及臣等奉職無狀所致。揆之前代災異策免之故事，黜幽之典，首當及臣。綠③臣先有乞休之疏，久在御前，謹束身待罪，未敢再有塵瀆。茲者天未悔禍，彗皇④芒耀愈熾，直沖北斗，漸逼紫微，其災有臣子所不忍言者。臣叨任股肱，職司燮理，誠微無能格主，才劣不足匡時，平居既無弼贊之功，遇警又乏挽回之術，釀災召異，罪實由臣。此臣所爲循分增慚，撫躬知懼，踧踖憂惶，不能一日安於其位者也。伏望皇上將臣速賜罷斥，別簡才望之臣，俾令同心輔政，以應除舊布新之義，庶幾人事既得，天意可回，轉災咎爲休祥，恒必由之矣。至於

①已 "巳"當作"巳"。

②辛 "辛"當作"幸"。

③綠 "綠"當作"緣"。

④皇 "皇"當作"星"。

修德省躬，用人行政，洗因循之陋習，振明作之治功，以慰人心，以凝帝眷，是在宸衷一覺悟、一轉移間，尤臣朝夕延頸傾心、惓惓屬望者也。臣不勝激切皇恐待⑤。"

⑤待 "待"下似應有"命之至"等字。

萬曆四十六年十一月丙戌，朔。

五日庚寅，大學士方從哲謹題：「爲恭承聖諭仰謝天恩事。昨日文書官王體乾，恭捧聖諭到臣私寓：『諭元輔：朕自入冬以來，寒火相激，頭目眩暈，痰嗽，見今服藥調攝，足痛尚未痊愈。卿以微疾請假調理，朕知已愈。前已有旨，諭卿速出視事，何得復又杜門不出？方今國家多事之秋，正賴卿竭忠匡贊，共濟時艱，況值履長節屆，卿爲元輔重臣，豈可高臥私寓？國事何賴？宜仰遵屢諭，即出入閣佐理，以副朕眷倚至意。慎勿再陳。特諭卿知。欽此。』臣謹設香案，望闕叩頭謝恩訖。因知聖躬偶爾違和，正在調攝，臣不勝瞻戀。伏念臣以微賤之軀，罹採薪之疾，杜門兩月，曠職滋多。茲者長至屆期，禮宜匍匐趨朝，恭行慶賀。乃蒙聖慈眷注，特遣中使，溫諭下頒，責臣以竭忠，勉臣以即出，臣載茲高厚，即銘心不足言感，捐軀不足言報。惟有矢罄犬馬之愚，勉圖匡贊，以少答鴻恩於萬一耳。目今天氣嚴寒，起居宜慎。惟望皇上萬分珍護，以迓天和。臣不勝惓惓至願。臣擬於初七日早，隨文武羣臣午門前行禮，仍詣仁德門恭申慶祝，隨遵旨入閣辦事外，所奉聖諭，容臣什襲珍藏，以爲鎮家之寶。臣謹具回奏，恭謝以聞。」

是日，大學士方從哲謹奏：「爲一陽來復天變未回仰祈聖明乘時勵精用人圖治以彌異災以維泰運事。傳稱冬至爲萬物之始，於時陽氣起，君道長，故履長之賀，一如元旦之儀，從古重之，此歲功相禪之初，正主德更新之會也。先是，臣因地震、白氣、彗星種種變異，一時疊見，不勝心憂涕隕，業屢具疏揭，以修德彌災爲請，而未蒙皇上採納，所請用人諸事，未嘗略見施行，以致天怒未已，彗芒轉盛。凡市井小民少有知識者見之，無不凛凛恐懼，抱不測之憂，而聖心反恬然不以爲意。不知皇上於四更、五更之時，曾見①一仰觀否？誠一觀之，未有不悚然懼、皇皇然急圖修省者也。今日臨長至，乃陰極陽生之候，天時人事革故鼎新之期，不於此時觸目警心，改絃易轍，流通仕路，登進人才，俾朝寧不至於空虛，人心漸舒其抑鬱，其何以應天

① 見　"見"字似爲衍文。

# 萬曆起居注

時、回天變、而幾太平之上理哉？臣於用人一事，言之已盡，更無可言，況言愈多，而聖心愈厭，即唇焦穎禿，難望轉圜，空言亦復何益？已伏思之，天運之推遷有定，人事之變易靡常，當此天怒人怨之秋，理極勢窮之際，安知宸衷之悔悟、聖政之轉移，不在此一時手①？謹再臚列上陳，仰干聰聽。總之，不過補閣員、補大僚、用言官、錄廢棄四者而已。蓋閣臣居密勿之司，膺贊襄之寄，極繁極重，極艱極危，從未有以一人之身支數年之久者，而有之自臣始。臣精力已竭，伎倆已窮，疾困衰頹，狼狽日甚。況今民窮財盡，夷虜交侵，天變人離，亂形已見。此國家何等時也？而不廣延衆正以協贊萬幾，國事其有幸乎？則速下會推之旨，早賜簡任，乃皇上所當首爲注念者也。今大僚之缺極矣，九列稀若晨星，六部率多署事。甚至都察院職司風紀，關繫匪輕，乃左都等官懸缺多年，屢推不報，今外察伊邇，黜幽大典誰與銓部協贊行事？又如虜情孔棘，兵餉急需，而戶、兵侍郎及督餉之官，概未點用，邊防國計奈何度外置之？則部院卿貳又皇上所當急爲推補者也。科道爲朝廷耳目，言路通塞，國運之盛衰因之。見今三科無官，四科無印，抄發之規盡廢，封駁之任久虛。至於臺中，則内而掌道無人，侍班無人，巡城無人，而按差無人，鹽差無人，見任者苦無擇②負之期，候命者又無效忠之地，人情既拂，政體全乖。謂宜將考選、散館諸臣，盡爲允用，庶幾任使不乏，言路有光。不然，則吏部序轉之疏，各部催請署科之疏，及都察院題差之疏，隨上隨下，是亦救時之急務也。天生賢才，原爲世用，向因一時觸忤，或一事註③誤，量爲遷謫，以示懲創，此自皇上曲成美意。奈何斥逐一加，便同永錮？老者齎志於巖穴，壯者俛首於泥途，失祖宗養士之恩，辜上天生才之意，無一可者。今林下諸人，即不能一時盡錄，亦宜擇其資望最先、輿論共許者，漸次起用，以示拔茅連茹之義。是又慰人心、作士氣之要務也。以上四款，乃諸臣所常言，亦臣愚所屢言，而今復爲此喋喋者，誠見皇上法天出治，捨此無以爲感格之原，遇災修行，舍此無以爲挽回之術，而微臣一念憂君憂國之忱，佐皇上以敬天畏天

① 手 "手"當作"乎"。

② 擇 "擇"當作"釋"。

③ 註 "註"當作"注"。

者，舍此亦無以爲靖獻之資，故敢於陽德方亨、天威示儆之日，不避煩瀆，再申悃款。但祈皇上乘萬幾之暇，一省覽而繹思之。臣不勝激切仰望之至。"

七日壬辰，大學士方從哲謹題："昨臣以冬至屆期，恭請皇上乘時圖治，其所列用人四款，皆至易至簡之事，皇上一舉筆可完者。經今兩日，未知已經聖覽否？臣又思之，添補閣員，乃今日朝廷第一急務，皇上留心政本，必且旦夕允行，臣無庸復贅。至於科道諸臣，則缺人之極與候命之久，亦從來所無，其在今日有時刻不容再緩者。國家二百餘年，臺省有定數，行取有定期，隨缺承補，隨題隨下，姑無論矣，皇上試思萬曆二十年前，有六科止四五人，十三道止七、八人，如今日者乎？有六科無掌印、無署印、並無左右，如今日者乎？有大差之後復管小差，報滿者數年不得代，而一歲之中輪管三、四城，如今日者乎？豈糾繩封駁之司，當置於即位之初，而可罷於臨御之久？激揚彈壓之權，有資於承平之日，而無藉於多事之時耶？前日之用是，則今日之不用非，今日之不用是，則前日之用非，試稽之祖制，揆之國體，質之時勢人情，畢竟用者是也、不用者是耶？且官皆皇上之官也，人才皆皇上之人才也，昔何以濟濟充盈？今何以寥寥曠缺？昔何以登進之如不及？今何以厭棄之如不勝？豈昔皆賢者，而今皆不肖？昔皆有用，而今皆無可用耶？皇上一人之身，而用舍不同，先後剌謬苦是，真臣愚所不能解矣。茲者日臨長至，陽德方亨，當六合交泰之時，值萬物昭蘇之會，獨此待命諸臣棲遲邸舍，困頓經年，進無效用之期，退無資身之策，歲復一歲，結局無時，時勢之非，無踰於此。我皇上盛德大業，超越千古，獨此一事，堅執己意，大咈人情，任臣千言萬語、瀝血嘔心，而終不能轉移於萬一，書之史冊，聞之四夷，恐不免爲聖明之累。此又臣愚所爲深惜耳。惟望皇上幡然猛省，毅然改圖，將考選、散館各官，盡賜允用，寧獨言路之幸，即臣與部院諸臣與有榮矣。臣叨塵政地，五載有奇，衰病支離，退休不日，若使當臣之身，終不能爲國家進此數人，爲皇上了此一事，素餐尸位，誤國妨賢，市井輿皂必且嗤臣，天地鬼神必且厭臣。臣何能靦顔在列，甘爲名教之棄人，干萬世之清議哉？臣原擬長跽宫門，恭候俞旨。念時值令節，正宸衷燕喜之時，以是躊躕再三，未敢唐突，謹回閣中候命，仍囑司禮内臣爲臣催請。萬惟聖明慨然允行。臣不勝激切懸望之至。"

八日癸巳①，大學士方從哲謹題："昨日出閣，該吏部尚書趙焕到臣寓所，言本部選官自六月至今，大選、急選並教職二千餘人，皆以吏科無人畫憑，守候於此。其單散雜流及歲貢諸生，率多衰老貧窮之輩，值兹冬月沍寒，饔飧不給，典衣鬻子，困苦堪憐，計皇上聞之，亦必有惻然不忍者。欲臣代爲催請。先是八九月間，臣入直時，已有相率泣訴於長安門者矣。至今人數益多，歷時益久。京師米珠薪桂，用度艱難，諸人聽選而來，皆計期齎費，鮮有贏餘，今以候憑之故，淹留數月，資斧安得不罄？而生計安得不窮耶？昨趙尚書到任次日，即將原推吏科都給事中趙興邦單疏題催，無非體皇上恤下之仁，以救多官久候之苦。今其疏見在御前，望皇上即賜批發，用一人而使數千人早出都門，不至饑餓於我土地，亦聖明發政施仁之一端也。臣正具揭間，適接禮部揭帖，以前月二十七日具有災變修省之疏，定以十一月初十日爲始，今距期已迫，望皇上即賜批發，以見修德畏天之意，臣敢附有所請。臣不勝仰望之至。"

九日甲午，大學士方從哲謹題："適文書官沈應兆，恭捧聖諭到閣：'諭内閣：近日以來，上天示警，災異疊見，朕心兢惕，深切省躬。中外大小臣②，俱青服角帶辦事，停刑禁屠，初十日爲始五日。卿可傳示該部，都要痛加修省，恪恭職業，共圖消弭，以回天意。特諭卿知。欽此。'臣愚仰見皇上遇災而懼，欲與臣下共圖修省，以冀挽回，古帝王克謹天戒，側身修行，亦不過是。臣不勝欣仰。已復念之，人主之敬天、畏天也，以實不以文，以躬行不以口語。青衣角帶、停刑禁屠，皆虚文

① 巳 "已"當作"巳"。

② 臣 《明神宗實録》卷五七六"臣"下有"工"字，是。

也，即皇上撤樂減膳以示貶損，亦文也。惟在以戒懼之真心，行修省之實政，洗因循之積習，振明作之治功，如臣近日所請簡閣員、補大僚、允科道、起廢官、宥罪清刑、救荒停稅諸事，一一修舉，如此則聖心之兢惕者纔是真精伸①，所謂省躬者方有真作用，凡大小臣工誰敢不仰承德意、恪共職業、而尚泄泄以從事耶？君臣交警，上下同心，朝政日底於清明，人心漸舒其抑鬱，至是而天心不順、天變不回者，臣不信也。昨蒙發下吏部司官與按差司道數本，令臣擬票，臣愚竊謂皇上留心政事，加意用人，其機已動。但能擴而充之，由庶官以及於大僚，及於言路，由一二處按差以及於處處，又及於雲南巡撫，將一動念而朝廷有師濟之風，一舉筆而人才啟登庸之路，即太平之治可坐致馬②，文③何災變之足慮哉？臣敬因回奏，再陳款款之愚，仰惟聖慈俯賜矜察。所奉聖諭，除即傳示該部，令百官遵行外，謹尊藏閣中。臣不勝懇切仰望之至。"

　　十三日戊戌，大學士方從哲謹題："頃自冬至以後，數日之間，皇上點一左都御史，補一工科給事中，點一按差、二鹽差，並銓司藩臬多官，一時朝政更新，人心歡忭。臣愚仰見皇上敬天以實不以文，遇災修省以躬行不以故事，真大聖人之作用④，出於尋常意想之外者，臣不勝欽服，不勝欣忭。臣又惟，用人固圖治之要機，而發政以施仁為先務。御史劉光復繫獄數載，懲創已深，向因諸臣屢有瀆陳，致煩天聽，以致聖意未即轉圜。今時踰四載，不為不久矣，皇上所為罪光復以慰聖母在天之靈者，可以無遺憾矣。當此長至陽回之候，凡一草一木、一虫一鳥，無不昭蘇於光天化日之中，獨光復以侍從舊臣，幽囚犴狴，望白雲而腸斷，泣長夜而淚枯。哀哉，光復，亦人也，胡為當太平之世，值仁聖之主，緣一時之戇直，蹈不測之艱危，困苦伶仃，求與草木虫鳥共遂其生而不可得耶？臣愚竊見，連日以來，聖心綿惕，天變即消，感應之機其不爽如此。夫天之怒可回也，皇上之怒獨不可回也？天怒回，則君與臣並蒙其庥，聖怒回，則不但光復沐再生之恩，即臣與大小臣工無不均荷如夫

① 伸 "伸"當作"神"。

② 馬 "馬"當作"焉"。
③ 文 "文"當作"又"。

④ 用 《明神宗實錄》卷五七六"用"作"為"，是。

之賜矣。宥一人而慰千萬人之仰望，留千萬世之令名，皇上何苦而不爲此也？伏望乘聖政維新之會，當諸臣靜聽之時，早發德音，將光復立賜釋放，是又彌災消變之一事，與用人行政而並急者。臣不勝迫切懸望之至。"

十五日庚子，大學士方從誓①謹題："自七月以來，臣閣中題請之章凡四：一爲庶吉士楊景辰散館授職，一補左右春坊掌印，一補玉牒纂修官，一補清黃官。雖久近不同，俱未蒙批發。照得前項各官，其除授推補皆臣閣中職掌，內有一二擬陞者，又皆資俸相應，量爲遷轉，向來故事可循，非臣之敢於創爲也。乃久者數月，近亦再旬，雖催請數四，而俞旨杳然，以致原缺久虛，舊制幾廢，臣之溺職莫此爲甚。謹將原題四本錄出，再呈聖覽。伏望皇上乘萬幾之少暇，一併慨賜批行，不獨臣愚之幸，亦詞林之光也。臣不勝迫切懇祈之至。"

十六日辛丑，大學士方從哲謹題："先是臣因吏部選官候憑日久，懇請皇上點因②吏科都給事中。今又旬日矣，天氣愈寒，各官守候愈久，饑寒困苦之狀見者心憐，計皇上聞之，未有不惻然動念者。今早尚書趙煥又移書於臣，謂大計之期只一月有半，各處賢否文册陸續俱到，而吏科尚無其人，誰爲諮訪？誰與考功司、河南道協贊行事？囑臣再爲催請。該臣看得，考察大典，祖宗二百年來未有不用科臣之事，此真目前萬分緊急、不容一日再遲者。頃蒙皇上特簡左都御史，臣愚仰見聖心留神計事，不難舉數年年久缺之官，補於一旦，若該科職任之重，與總憲同，奈何猶遲疑而未肯即決耶？伏望皇上念三載黜幽之典，關繫匪輕，數千員候憑之官，貧寒可憫，將部推都給事中趙興邦，慨賜點用，不過一舉筆之勞，而吏治人情胥得之矣。臣不勝迫切懇祈之至。"

十九日甲辰，大學士方從哲謹題："本月十四日，該新改左都御史李鋕具有辭疏，經今數日，未蒙發票。照得部院正官新

①誓 "誓"當作"哲"。

②因 "因"當作"用"。

承簡命，例有奏辭一疏，俟得旨之後，方可到任管事。見今大計期迫，院務久停，殊爲不便。伏望皇上將李鋕原疏發臣票擬，令作速到任，實爲至幸。再照工部右侍郎林如楚，近奉明旨着即出供職，乃如楚又以老疾固辭，詞甚迫切。夫當此工作繁興之時，本官以一人任事，實爲勞瘁，匪藉溫旨再留。儻或比例徑行，誤事不小，更望聖明一併檢發。臣不勝延佇之至。"

二十日乙巳①，大學士方從哲謹奏："爲政本至重臣力難支再懇天恩速賜推補事。臣因內閣缺員至極，懇祈推補，兩年之間，疏揭不知幾十上矣，而俞旨卒未可幾。臣日夜躊躅，莫知爲計，欲姑俟之，則日復一日，究將底於何時？欲急請之，則益煩益厭，勢且至於中格。是臣急不可，緩不可，請不可，不請亦不可，而在皇上則任其緩與急，任其請與不請，而一概置之度外，外②之罔聞。嗟呼，政本何地，而可以久虛？輔弼何官，而可以久缺？天人交變，中外驛騷，此時何時而變調匡濟之人可以終於不補耶？臣自蒙皇上拔擢以來，馳驅五載，駑力已竭，鞭策不前，債轇之懼寧獨臣心自危，即舉朝之臣無不爲臣危之。從以顧戀主恩，未敢遽爾言去，惟日望皇上早補二三臣，與臣協恭任事，庶幾少效涓埃。而呼籲徒勤，微誠未達，寸心欲嘔，天聽彌高。萬懇千祈，眼穿心碎，而終不能徹皇上之一允，此雖臣愚所遇之窮，寶③撰地一時之危矣。臣自春夏以來，勞極而病日增，心憂而身益憊。今雖勉疆竭蹷，逐日奔馳，而氣喘汗流，奄奄似無生理，軀殼雖存，儼然一行尸耳。以如此之人，而令其獨當樞軸，仰佐萬幾，無乃以國家爲戲乎？臣一人死生誠何足惜，但恐政本中絕，代言無人，彼時即亟亟會推，亟亟點用，倉卒之際，得無煩聖心而誤國事乎？是臣始既負贊襄之任，而終且貽君父之憂，臣之罪真蓋載所不容，名教所共棄者矣。臣爲此一事，寢不能寐，食不能甘，盼望俞音，以日爲歲，萬望聖慈念時事之多艱，憫臣心之極苦，即敕該部，作速推舉，立賜簡用，使臣得苟延餘息，快睹明良相遇之風，臣生固銜恩，歿亦瞑目矣。臣不勝迫切籲天戰兢待命之至。"

**萬曆四十六年**

三五五七

① 巳 "巳"當作"巳"。

② 外 此"外"當爲誤字。

③ 寶 "寶"當作"實"。

二十三日戊申，大學士方從哲謹題："先是臣閣中有題補玉牒清黃及散館轉坊等四本，屢經催請，未蒙批發。此雖詞林清秩，而有一官必有一官之事，上係祖制，下關臣等職掌，從來舊規，豈容曠廢？伏望皇上乘一刻之暇，將前四本並賜批行，臣不勝至幸。再照吏科一官，該臣以選官候憑日久，朝覲考察期近，請皇上速賜點用。今大計之時日更迫，嚴寒守候，人情愈覺難堪，則早用吏科都給事中，尤目前急務、不容時刻緩者。他如新改左都御史李鋕、工部侍郎林如楚辭疏，俱在御前，並祈留神，即賜檢發。臣不勝仰望之至。"

二十五日庚戌，大學士方從哲謹題："頃蒙皇上將前次考選科道官允用五六員，在外可以濟按差之窮，在內可以資署科之用，轉壅滯為疏通，亦既有其機矣，臣不勝欣幸。已復思之，癸丑一資不下四十餘人，今數月之間所用止此，此外三十餘人將何時而後可盡用乎？就使遇缺即題，隨題即補，已非累朝行取之舊制，權宜苟且，揆之政體不無少乖。矧題者十無二三，下者十纔一二，河清難俟，薪積堪憐，累月經年終無結局之日。臣不獨為諸臣惜，蓋深為言路惜，兼為聖明之舉動惜矣。昨自冬至以後，皇上於卿寺藩臬部屬各官，無不隨上隨下，彈冠之慶，中外同情，傳之四方，咸踴躍歡呼，以為一時盛事。獨此考選諸臣，困守多年，棲遲如故，彼其才品資望，屢經推擇，寧少遜於眾人？但因擬授科道之官，遂致聖心遲疑、顧惜，未肯輕用耳。半生砥礪，數載淹留，而顧不得與前項各官連茹並進，是'科道'二字不足為諸臣榮，徒足為諸臣累，將使後來之人，視臺省為罟穽，曾不苦①別授一官、早除一秩，猶可以營職業而圖報稱也。豈不舛哉？茲者宸衷天啟，仕路宏開，計俞旨旦夕且下，臣愚自當靜俟。獨念言路之空虛已甚，諸臣之候命最久，勢窮理極，萬難再遲，故因聖政維新、人心仰望之際，輒敢復為此請。伏望皇上推用人一念，將考選李若珪、孫之益等，及散館暴謙貞等，概賜允用，庶諸臣獲抒效用之忠，朝廷立收得人之效，而臣從哲亦可少免溺職之辜矣。臣不勝迫

①苦 "苦"當作"若"。

切懇祈之至。"

　　二十七日壬子，大學士方從哲謹題："竊惟目前時務亦多端矣，而其最要最急者，無過發左都御史李鋕辭疏、及用吏科都給事中二事。蓋今朝覲屆期，考察在邇，各處賢否文册陸續俱到，李鋕雖改今官，緣辭疏未奉明旨，不敢到任，時日甚迫，妨誤必多。昨本官兩次二本俱在御前，皇上但檢其一發臣票擬，促令到任管事，計典幸甚。至於吏科給事中同有諮訪之責，見今一科空署，考察之事責成何人？且選官候憑日久，囊橐盡空，飢寒而死者相繼，此等景象豈聖明之世所宜有也？更望皇上將部推吏科都給事中趙興邦即賜俯允，不過用一人，而上俾吏治，下慰人情，實兩得之。此時事至緊至要，皇上萬毋視爲緩圖也。臣不勝迫切懇祈之至。"

　　三十日乙卯，大學士方從哲謹題："頃一月之間，臣請推補閣員疏揭凡三上矣，而九重之上，消息全無。豈皇上厭臣之煩、而故置之不覽耶？抑或已鑒臣之誠，而猶姑有所待耶？臣欲待則不容更待，欲言則無可復言，反覆躊躇，計無所出，惟有泣血呼天、冀聖慈之憐察而已。假使密勿之地可以一人獨居，則祖宗列聖豈皆見不及此，而必俟之於皇上？又使輔理之司可以一人久任，則皇上初年亦豈見不及此，而乃欲行之於此時？雖邇年以來，間有缺而不補者，然少不過數月，多不過一年。今同官道南之去已一年有半矣，且向皆太平無事之時，而茲則國步艱難之日，前此諸臣皆才望兼優之士，而臣乃虛庸衰病之夫，時勢不同，人品各異，皇上肯惠顧於昔，而獨吝惜於今，貽諸臣以同寅協贊之資，而獨投臣以孑孑支吾之苦，是何諸臣所遇之幸，而臣愚所値之獨窮耶？臣力疲於奔走，心苦於愁煩，晝夜焦勞，形神並憊，所存者僅一綫之微息耳。皇上若不俯垂憫惻，速賜推補，俾臣早獲一二共事之人，譬之駑馬負千斤，力已竭矣，而猶策之使獨馳遠道，其不折肋絕脰以斃者幾何哉？日月居諸，時將改歲，所望旦夕之際，立煥綸音。不然，亦祈皇上先發一旨，或命於歲杪，或遲至春初，但得會推有期，臣便可安心以俟。萬毋忽爲尋常，而復置之不答也。臣不勝稽首齋心惶恐待命之至。"

萬曆四十六年十二月丙辰，朔。

　　二日丁已①，大學士方從哲謹題："前月二十八日，該會極門發出已故左都督鄭國泰男鄭養性一本《爲天恩隆重等事》，奉聖旨：'這所奏情詞懇切。鄭養性准辭減，着襲右都督，即發抄授職。該部知道。欽此。'臣一見此旨，心竊異之。因思左、右都督，官皆一品，養性去歲奉旨，准襲左都督，於時部科諸臣俱有執奏，無非以祖制不可違，名器不可濫，望皇上酌恩義之中，以爲施予之準也。今養性既有辭減之疏，正宸衷轉移之會。儻此疏發臣票擬，臣將懇祈皇上俯從其請，減除職級，授以應得之官，上可以明聖主之思，下可以安戚臣之分，揆之舊章而不悖，質之公論而咸孚，豈不一舉而衷②善備哉？乃未經發票，中旨乍傳，臣倉卒之間不及救止，此雖皇上篤親之意發於由衷，恩澤之施出於獨斷，但念臣官居密勿，責在贊襄擬票，而臣不得與聞，已溺代言之職，旨出而臣不能挽回，尤非匡救之忠，臣之罪即百口無以自解矣。昨科臣趙興邦因明旨有'即發抄'之語，責及於臣，臣不勝愧服。且其持議甚正，守官之志甚堅，在皇上似宜曲爲嘉納者。蓋刻印銷印，不足爲人主累，而反足以彰從諫之美，此臣愚所爲惓惓致望於聖明之主者也。臣不勝戰慄惶恐之至。"

　　四日己未，大學士方從哲謹題："爲懇恩照例敘錄効勞官員以示激勸事。該臣看得，制誥兩房中書官，日逐供事內廷，辦理一應機密文書，其兩班直票各官，每日輪流書寫本票，無間寒暑，尤稱勞勤。先時閣臣曾於萬曆二十等年，酌以三年一敘，題奉欽依，已經即次敘錄訖。見今供事各官又踰五年，相應量加職級，以示激勸。除効勞年久者，臣不敢概敘外，如管典藉事尚寶司少卿兼司經局正字加四品服俸范可慢，係一閣首領，積資最久，効勞獨多，合無將范可慢量陞光祿寺少卿、加正四品俸③，管典藉事禮部儀制司員外郎兼司經局正字鄭崇光，量陞本司郎中，加四品服俸，兼官俱照舊，詹事府錄事馬鍵量陞

萬曆四十六年

三五六一

①已　"已"當作"巳"。

②衷　"衷"當作"衆"。

③俸　《明神宗實錄》卷五七七"俸"上有"服"字。

鴻臚寺主簿？通政司經歷單禮，原係直票官，今以復除再補，合無加俸二級？伏乞敕下吏部，查照施行。臣未敢擅便，謹題請旨。"

五日庚申，大學士方從哲謹題："照得天下朝覲官員，例該於本月十五等日入城，今去見朝之期不及十日，去正月考察過堂之期不及一月。而左都御史李鋕辭本尚未檢發，吏科都給事中尚未點用，見今各處送到文册無人收管，乃欲於一月之内一一翻閱，一一評品，使賢否不紊，黜陟咸宜，豈可得哉？雖吏部考功司、河南道俱已有人，而諮訪於先，必資耳目之廣，商確於後，尤須議①之同，從來大計未有缺一人而可以竣事者。皇上御極以來，舉此凡十六次矣，何至今日而顧屑越視之？伏望皇上念計典關係之重，察人心屬望之殷，將李鋕辭本即發臣票擬，俾令速任管事，並將部推吏科都給事中趙興邦立賜允用，所裨於吏治者不淺已，萬毋視爲尋常而復置之。臣不勝迫切懇祈之至。"

八日癸亥，大學士方從哲謹題："爲懇恩速補閣員事。頃者臣因政本缺人至極，爲時最久，懇祈皇上即賜推補，以救時事之急，或先發一旨，以示會推之期。瀝血籲天，實出萬不得已之計。乃經今數日，俞旨又復杳然。昔人謂言之諄諄，聽之邈邈，若以爲遭時遇主之不幸。若臣今日所處，殆又什百於此矣。就使臣爲一身一家之事，無關於主上，無益於天下國家，以其情迫切若此，哀苦苦②此，揆之君臣一體之誼，亦未有不少爲臣動念、曲爲臣救拔者。然而輔弼，乃皇上之官也，其所贊襄匡濟者，皆朝廷之政也。若任其空虛而不補，任其廢弛敗壞而不恤，將來所誤者果誰氏之天下耶？以皇上之官，任朝廷之政，其不係臣一身一家之事明甚，然而臣不憚殫心竭力、危言苦口、以懇請於皇上者，祇因臣受皇上拔擢深恩，久居政地，不敢尸位妨賢，以得罪於祖宗，得罪於清議耳。若我皇上承帝天之命，受祖宗之託，將望其任賢圖治，以安社稷、固金甌，其責任輕

① 議 "議"字之前或後，當脱一字。

② 苦 "苦"當作 "若"。

重，視臣下何如？奈何泄泄然度外置之，百請而不百應耶？兩年以來，臣疏請揭催，奚啻千言萬語？而皇上卒無一旨之示，臣仰窺聖意，若謂有臣在此，旦夕且無庸再補矣。是臣以孑然無用之身，詛衆正同升之路，皇上又不允臣乞骸之請，以啟羣賢效用之階，臣上既誤國，下又妨賢，退不能，進又不可，跼天蹐地，無處可以自容，計惟有一死可以明此心、可以塞目前之責而已。伏望皇上將臣先賜顯戮，使庸臣伏罪，政本一清，然後亟簡忠賢，共圖新政，是臣雖不能報主於生前，猶得效忠於來世，臣之死實賢於生矣。萬惟聖明矜察允行。臣不勝痛切哀懇之至。"

十二日丁卯，大學士方從哲謹題："今早接得遼東總兵李如柏塘報，及經略楊鎬揭帖，皆言北關酋百①金台什於十二月初遣其子得兒革台州，帶兵勦奴酋一寨，得獲夷漢人丁四百零七名，斬獲壯大首級八十四顆、盔甲一百餘副、牛羊無數。臣見之不勝忺②躍。竊照狡虜發難以來，任其狂逞，曾無一人敢攖其鋒。惟是北關與彼世讐，其兵力之強，素為奴酋所忌。酋首金台付③屢奉經略及按臣傳諭，且利我中國千金之賞，遂衝寒往勦，斬獲如此之多。此雖北關之功，亦足以壯我師之氣，懾奴酋之膽，誠後日大舉之一助矣。臣謹將原來塘報封進御覽，少紓聖明東顧之憂。其楊鎬題本望即發臣票擬，以傳示中外，鼓舞人心。臣不勝仰望之至。臣正具揭間，又接遼東巡按陳王庭揭帖，言入遼之後，緝獲奴酋所遣奸細不下十數起，在內山海關燕河營界嶺口及永平府等處，亦屢有捉獲，則內地譏防視邊方尤當加謹。望皇上並下考選諸臣，速允巡視皇城及五城之差，此真目前要務，皇上所當亟行者。臣敢附有所請，繞④惟聖明留意。謹題。"

① 百 "百"似為"首"之誤。
② 忺 "忺"當作"欣"。
③ 付 "付"當作"什"。
④ 繞 "繞"當作"統"。

十三日戊辰，大學士方從哲謹題："今早五鼓時，該文書官差人傳示，內有緊要文書，可即入閣票擬。臣聞之不勝欣躍，意者皇上喜遼左北關之擬，從臣昨日之請，欲下考選巡視之旨也。隨疾趨而入。比發下章疏，除經略楊鎬一本外，餘皆尋常票本，臣見之又不勝消沮。竊惟仕路之壅，官僚之缺，至今日而極矣，而科道爲尤甚。自臣待罪以來，六年之間，臺省各官陞者、譴者、及物故者，不知幾十人，而今歲纔補薛鳳翔、陳王庭等六七人。去者甚多，用者甚少，欲言路之不空，胡可得也？當此之時，即使盡下癸丑一資，尚不足原額之半，然而内外差遣猶可接濟，人情久鬱猶可發舒，亦是目前一大快事，而無奈天聽之猶高也。外人之議，皆謂皇上因前者新進之臣，多言瀆聽，遂生厭棄之心，故於此番考選，抑之愈甚，持之愈堅。臣以爲是非皇上求賢之盛心、容人之雅量也。近日被命諸臣，非不各有建白，然或奏報邊情，或條陳時政，或糾舉一二官邪，皆正太和平，頗得進言之體，何嘗有支離猥瑣、傷時觸諱、以瀆九重之聽者哉？因防口之故，而阻用人之途，臣知皇上之必不然矣。況今天變於上，人怨於下，夷虜縱橫於近塞，訛言鼎沸於國中，左道之煽惑日繁，奸細之潛行可慮。此何時也？皇上猶靳此數人之命，而不用以回天意、慰人心、消内憂而禦外侮哉？臣蒙恩拔擢亦既有年，尸位素餐，無一善狀，每思可以報皇上之知遇者，惟此一事，可以答四方之仰望、免一己之罪者，亦惟此一事。皇上既用臣一番，乃不爲臣行此一事，徒使臣負蔽賢竊位之名，以貽譏於天下後世，豈聖心之所忍哉？今計期在邇，入覲官員鱗集闕下，伏望皇上渙發綸音，將前次考選與散館各官，概賜允用，不獨言路之幸，抑亦朝寧之光，萬方述職之臣將莫不彈冠而相慶矣。臣不勝迫切懇祈之至。"

十四日巳巳①，大學士方從哲謹題："昨蒙發下經略楊鎬本《爲北關夷酉金台失遣子勷克奴酉一寨等事》，臣隨擬票進呈，已經聖覽批行訖。該臣看得，金台失向與奴酉爲讎，邇年以來，仰藉中國威靈，且撥與砲手數百名，助其防守，此酉所以得保其族類、不至夷滅者，皆天朝卯②翼之恩也。惟是近見奴虜肆逆，屢陷城堡，勢甚猖獗，遂怵其威力，不無觀望之心，雖經督撫累次傳諭，而助兵進勷之計未決，封疆諸臣實惴惴憂之。

① 巳巳 "巳巳"當作"己巳"。

② 卯 "卯"當作"卵"。

頃經略楊鎬再遣酋婦之姪、指揮王世忠入寨①曉諭，示以禍福，酋始幡然變動，又間②餉司潘郎中齎帶賞功銀一千兩至開原，聲言欲賞西虜出兵殺賊者，酋益不勝欣羨。遂遣其子得兒革台州，帶領人馬，衝寒冒雪，攻尅奴酋一寨，得獲人丁四百有餘、首級八十四顆、盔甲牛羊無筭。竊謂此一舉也，可以寒奴酋之膽，可以壯我軍之氣，且彼此之讐愈結，金酋助順之志將愈堅，此誠中國之利，而目前大征之舉藉其一擊之力多矣。頃奉明旨，令彼中議賞，似屬尋常，猶未足以彰破格之恩，鼓向化之念。以臣愚意，請皇上敕諭兵部，將金台失父子特賜表禮③銀兩，以示優異，則煌煌天寵，賁於窮荒，不獨本酋父子感激鴻恩，捐軀圖報，使沿邊諸夷聞之，亦莫不思減④賊立功，以希天朝之賞。既可以解平日勾連之勢，又可以助明春撻伐之謀，夷夏同心，遠邇協應，又何小醜之足慮哉？臣謹擬諭帖一道，仰祈聖明裁定。如臣言可采，乞敕下該部施行，臣愚幸甚，邊事幸甚。其北關酋首原名金台失，昨李如柏報中誤作'什'字，今當改正。謹題。

擬諭帖一道

諭兵部：據經略楊鎬奏，北關夷酋金台失男得兒革台州，勦尅奴酋一寨，得獲人丁四百餘名，斬級八十四顆，盔甲百餘副，牛羊無數。伊父子奉天討逆，忠順可嘉，着賜銀二千兩、綵段表裏，特頒賚予之恩，用獎勤王之義。銀兩即於馬價內給發。故諭。"

是日，大學士方從哲謹題："為懇恩照例敘錄効勞官員以示激勸事。該臣看得，制誥兩房中書官，日逐供事內廷，辦理一應機密文書，其兩班直票各官，每日輪流書寫本票，無間寒暑，尤稱勞勩。先時閣臣曾於萬曆二十等年，酌以三年一敘，題奉欽依，已經節次敘錄訖。見今供事各官又踰五年，相應量加職級，以示激勸。除効勞年久者，臣不敢概敘外，如管典藉⑤事尚寶司少卿兼司經局正字加四品服俸范可慢，係一閣首領，積資最久，効勞獨多，合無將范可慢量陞光祿寺少卿，加正品⑥俸，管典籍事禮部儀制司員外郎兼司經局正字鄭崇光，量陞本

萬曆四十六年

① 寒 "寒"當作"寨"。
② 間 "間"當作"聞"。

③ 禮 《明神宗實錄》卷五七七"禮"當作"裏"，是。
④ 減 "減"當作"滅"。

⑤ 藉 "藉"當作"籍"。
⑥ 品 "品"當作"四品服"。

司郎中，加四品服俸，兼官俱照舊？詹事府錄事馬鍵量陞鴻臚寺主簿。通政司經歷單禮，原係直票官，今以復除再補，合無加俸二級？伏乞敕下吏部查照施行。臣未敢擅便，謹題請旨。"十八日，奉旨："是。吏部知道。"

十六日辛未，大學士方從哲謹奏："爲輔理無狀致被人言懇乞天恩速賜罷斥以全晚節事。昨見御史熊化有疏論臣，亹亹幾二千言。其直指爲臣罪者，以不能力爭中旨爲啟倖竇，擬遼東督撫之旨爲壞邊事，請定敕書月日爲紊舊章，典試册封愆期爲亂祖制，而於言官候命一事責臣尤備。夫考選、散館諸臣，守候數載，未授一官，近雖委曲題差，而俞旨未能盡得，勢窮理極，從來所無，以此責臣，臣實無所逃罪。然臣爲此一事，亦既累牘連章，嘔心泣血，以苦請於皇上矣，區區此衷，天地鬼神以及中外臣工或能諒之。乃擬臣爲阻抑，爲力持，不知誰人阻之？用何術以持之耶？近日奉旨授職諸臣，非不各有建白，非無責及於臣者，然皆以公心持公論，以登進人才、臣①維時事望臣、勉臣，臣方佩服不暇，何必阻抑？何必力持？即如化臺資已深，與臣同朝最久，知臣諒臣宜莫如化，今一旦論及於臣，臣又何從阻之？何從持之耶？其謂臣剖心自明，誰復見理？以死自誓，計無復之。似亦能少原臣之心者。至教臣以伏闕力爭，爭之再三不得，則待罪國門，以一去悟主心、謝天下，此正臣久盟於心，反覆躊躅，未敢遽決者。若謂臣去就未輕，通國不信，亦視臣之太淺矣。夫憒憒容容，臣之劣狀，所不能辭也。避權畏怨，臣之小心，所不敢欺也。若夫遷就人情，乖政體，拂公論，則既類於異頓，又涉於剛愎，臣可信其必無矣。大抵中旨間出，而臣不能挽回，臣之罪也。若授柄中涓，借婦寺之名，以飾外廷之擬議，此變詐之極，小人之尤，臣雖不才，未必至此。遼撫處分輕重，俱請聖斷，非臣所敢擅專。其督臣出關一節，當時諸臣建議原自不同，明旨令統兵前去，相機進止，亦未嘗專主一說，臣於二臣，何所私而何所庇也？且徵兵遣將之議，在撫順初失之時，撫安、清河之陷，俱在援兵已集

① 臣 "臣"當作"匡"。

之後。督臣卷①請與該部題覆，其月日先後，歷歷可查。今乃謂援師不出，遂致城堡再失，至舉數十萬生靈之命，皆歸罪於'創見'二字之擬，無乃已甚乎？敕書月日之事，符卿之言亦自有理，臣請旨裁酌，毫無成心，比奉旨之後，猶擬再請改正，而因循未果，以是爲誤皇上、紊舊章，所謂欲加之罪者矣。互於考官之遣，册封之舉，委屬後期。臣爲此二事具揭催請不下十餘次，禮曹堂屬誰不知之？而謂臣充耳弗聞，此蓋臺臣之不知，非臣之不聞也。總之，臣以綿弱之才，當艱大之任，誠慚格主，力乏匡時，人才久滯，而臣不能疏通，時政多乖，而臣不能救正，以致天變於上，人怨於下，百僚鮮和衷之誼，朝端無師濟之風，職業全虧，贊襄罔效，臣之不稱任使，即百口無以自解矣。臺臣以一去望臣，以叩閽遲位勉臣，又以災異策免之故事提醒於臣，誠心忠告，可謂曲盡，臣敢不體相成之意、爲決去之圖？至謂主人用僕當課勤情②工拙以署置之，而尤惓惓於歲暮之時，然則臣之去可終日俟哉。伏望皇上將臣即賜顯斥，或褫臣戮臣以爲輔理無狀之戒，並將候命言官速賜允用，毋使後來輔臣復蒙阻抑、力持之疑，臣跧伏草野，固所甘心，即立膏斧鑕，亦瞑目矣。臣不勝戰慄惶悚待命之至。"

二十一日丙子，大學士方從哲謹奏："爲庸臣義當引退政本萬難缺人再懇天恩速賜推補事。臣因閣員久缺，兩年以來催請之章無慮數十，詞煩意瀆，不惟皇上厭之，即臣亦自知其非體、自覺其無味矣。然非徒爲一身之隕越懼，爲一時之進退計也。實以絲綸之地，難以獨居，輔理之責，不能獨任，國朝二百餘年，從未有單匱之極、空虛之久如今日者。然而尚有臣一人也，臣具員尸位，雖有若無，至於今則衰病益增，罪愆叢積，省躬揣分，有不容一日苟留者矣。堂堂天朝，聖明在御，乃令密勿論思之地，闃其無人，將庶務孰與匡維？諸司誰爲表率？遠隳祖制，近傷國體，寧不啟四夷之輕、貽萬世之笑哉？夫以臣之不肖，負任使而滋曠瘝，豈能逃聖明洞鑒？祇緣皇上慎重此官，未肯即補，故且留臣，以苟延歲月。然臣不去，則新臣之補無

①卷 "卷"當作"奏"。

②情 "情"當作"惰"。

日，新臣不補，則臣之去益無期。輾轉相尋，究將何底？是臣以一無用之身，稽朝廷愛立之典，阻衆正彙徵之路，妨賢誤國，罪豈容誅？念及於此，真若坐鍼負芒，有頃刻不能即安者矣。當同官道南之初去，臣方計日以望補，已而遲至數月，又遲至一年，今且一年有半矣。向也臣挂名仕籍，閣員若未盡空，而今則臣愚斷無濡滯之理矣。皇上即欲再遲，而於理、於勢、於人情、於政體，無一可遲，事在不疑，寧容再計？況今改歲伊邇，聖政維新，萬國來朝，人心屬望。伏望皇上速渙綸音，敕下該部，將在朝在籍諸臣多推數員，立賜點用，並將臣即賜罷斥，俾政本一清，則陟明黜幽一舉兩得，臣儻獲少延殘喘，當拭目以觀明良之盛際矣。臣不勝激切惶悚待命之至。"

　　二十四日己卯，大學士方從哲謹題："爲恭謝天恩事。今早文書官李希哲，恭捧聖諭到臣私寓：'諭元輔：卿公清忠正，朕所素知。前典試、册封，朕偶爾動火，未檢閱詳覽，以致遲期。且中旨、督撫、敕書等事，皆朕親裁，與卿何預？況考選、散館諸臣，朕以陸續點用，於卿有何阻抑？此乃小臣不諳事體，狂躁妄言，不必介意。方今國事多艱，賴卿弘猷匡濟，共圖化理，豈可以浮言堅欲求去？卿宜遵旨即出，入閣輔理，以慰朕眷倚至意。慎勿再陳。特諭卿知。欽此。'臣謹設香案，望闕叩頭謝恩訖。伏念臣以菲劣之才，尸素有年，仰孤任使，人言忽至，臣方愧悚無地，乃蒙聖慈眷注，溫諭下頒，獎藉之隆，期許之過，萬萬非臣所敢當。至舉臣疏中所陳諸事，若一一爲臣昭雪者，即天地之量，日月之明，當不過是，臣何幸而徹此破格之恩於皇上也？自非有胸無心，能不知感？分宜遵旨即出，以仰慰聖懷。惟是臣病憊之軀，艱於步履，且聞言之後，驚魂未定，意氣漸阻，旦夕趨朝，勢所未能。伏望皇上容臣寬假調理。元旦令節，臣當勉赴宫門，叩首稱賢①，用申犬馬祝誦之誠。至於目前朝政，如點户、兵二部侍郎，下考選、散館各官，點蘇松、湖廣巡按，皆萬分緊要之事，仰祈聖明留意。又臣閣中所題庶吉士、轉坊、玉牒、清黄四本，更望皇上並於年内檢

① 賢　"賢"當作"賀"。

發，詞林幸甚，臣愚幸甚。敬因回奏附有所遴。所奉聖諭，臣當什襲珍藏，以爲世寶。臣不勝感激皇恐之至。"

是日，大學士方從哲謹奏："爲歲序將更用人宜急懇乞聖明乘時勵精以慰人心以圖新政事。竊惟邇年以來，朝政之壅極矣，大僚半缺，言路幾空，需次苦於積薪，得旨艱於轉石，紀綱日墜，法守全隳，災沴洊臻，閭閻失業。頃者點①夷肆逆，而足食足兵之計尚乏萬全，天象兵凶，而修攘修救之圖僅循故事，以致羣情抑鬱，薄海怨咨，種種危亂之形，識者咸爲凛凛。當此之時，自非皇上改絃易轍，鋭然勵精於上，大小臣工戮力同心，翕然交修於下，欲以挽式微之運，幾太平之理，恐必不得之數也。今歲聿云暮，人心望治，惟此一時，凡朝廷當用之人、與當行之事，不可枚舉，臣且不敢一一臚列以瀆聖聽，謹以大僚、言官二事，再爲皇上反覆陳之。夫大僚之缺，未有甚於此時者矣。部院堂官總該二十餘員，今見在不過十員。以一人總一部之事，已覺煩難，以本部攝別部之篆，尤爲棘掌。況今邊陲多故，師旅繁興，運籌制勝之機，與峙糧輓粟之事，關繫何等重大？乃戶、兵二部祇有尚書一官，而該部所推左、右侍郎，概未允用。諸臣多係遠方督撫，就使此時得旨，猶未知何時可到。惟督餉侍郎推自近省，儻令免代赴任，庶幾受事有期。此皆皇上所當急爲點用者也。年來臺省之空，任使之乏，諸臣言之已詳，臣無庸復贅。惟是考選候至六年，散館候至四年，不爲不久矣。科印虛懸，發抄久廢，巡方多缺，彈壓奚資？始因人而廢官，尋缺官而誤事，甚至都城重地，巡視之責不專，選官久候，領憑之期未卜。且大察伊邇，過堂之期只在旬日，而該科尚無一人，誰與諏諮？誰爲商確？頓使祖宗黜陟幽明之舊制廢於一朝。此果無可用之人耶？抑有其人而皇上故置之不用耶？點吏科以完計典，並下考選、散館以充言路，有不容一日再遲者矣。近日卿寺、藩臬之擢，未奉俞旨者尚多，其他錄廢棄、拔淹滯，以及蠲租罷稅、宥罪省刑諸事，寧止一端？而臣獨惓惓於此二事，誠以用人圖治爲國家要務，而股肱不備，耳目不廣，何以翼戴元首、以成其尊？安危治亂之機，實判於此。

① 點 "點" 當作 "黜"。

臣目擊心憂，義難緘默，輒敢不避煩瀆，再陳悃款之愚。儻蒙皇上俯察臣言，立奮乾斷，將吏部所推卿貳、科道各官，盡賜允用，則朝廷之上師濟成風，僚寀之間靖共爾位，君臣交儆，朝政一新，尚何天變之不回、而外患之足慮哉？臣不勝激切皇恐待命之至。"

二十九日甲申，大學士方從哲謹題："恭遇元旦令節，禮當慶賀。臣因在告，未敢偕在廷諸臣於五鳳樓前大班行禮。謹擬是日恭詣仁德門，行五拜三叩頭禮，稱祝聖壽，以少伸臣子慶忭之誠。謹具題以聞。"

# 萬曆
## 四十七年

萬曆四十七年正月二日丙戌，大學士方從哲謹題："照得吏部、都察院考察來朝官員，例該自本月初二日起，陸續過堂。茲因吏科無人，今日暫爲停止。臣聞之不勝駭異。竊謂祖宗二百餘年相沿之舊制，廢於一朝，大非聖朝之美事，其何以慰四方入覲之望、而肅三載黜幽之典也？伏望皇上將吏部所推趙興邦之本，立賜檢發，即令管理察務，計典幸甚。臣謹佇立以俟。謹題。"

五日己丑，大學士方從哲謹奏："爲曠職妨賢義難就列再懇天恩立斥庸臣亟簡新臣以重政本事。臣於十二月中引罪乞休，伏蒙聖慈眷注，溫諭下頒，臣不勝感激，隨具揭回奏謝恩訖。本月二十一日，臣又有請補閣員一疏，二十四日又有乘時用人一疏，昨歲暮時復奉皇旨慰臣勉臣。計臣①以大僚、言官陸續檢發，獨於閣員之推補，又復杳然，是今日朝廷所最急者，惟此一事，而聖心遲留顧惜，未肯即失②者，亦惟此一事，真臣愚所不能解矣。臣嘗稽之祖制，揆之國體，度之時事，質之人情，無一不當急補，無一可以再遲。再皇上顧視爲緩圖，累月經年，漠然不以介意，無乃隳祖制而褻國體、妨時事而拂人情乎？臣猶記舊輔葉向高獨任之時，催請之章無一月不上，無數日不上，其③至日詣文華門叩頭懇請，而皇上之見俞，此近年故事也。臣微誠雖不逮舊輔，而憂時體國之念，未嘗自復④於人，所以不敢效此者，誠懼以煩瀆激聖懷，反以滋厭棄之心，佀⑤事幾之會，故寧從容靜聽，俟聖意之自回。而不虞日復一日，終無俞允之期也。總之，臣不去則新臣必不得補，若必待新臣補而後臣去，則臣益無可去之時。臣早夜跼蹐，籌之已審。與其姑留而妨賢者之路，無寧決去而蹈小丈夫之行，與其濡滯而抱戀主之忱，無寧勇退，而⑥國之罪。臣之自爲計，與皇上所以爲臣計，皆不出此。臣雖至愚，豈不知君恩未報、臣誼唯虧？第當此不得已之時，權罪之重輕以爲行止，則惟有一去可以謝皇上、謝祖宗、謝天下後世而已。至若臣才劣望輕，平居不能感格主心、贊襄朝政、挽回天變、登進賢才、維既渙之人

①計臣 "計臣"當有誤文。
②失 "失"當作"允"。
③其 "其"當作"甚"。
④復 "復"當作"後"。
⑤佀 "佀"當作"沮"。
⑥而 "而"下當有脫文。

心、彌方張之慮①患，種種罪狀，臣自知甚明，兹且不暇悉數矣。伏望皇上乘此澄汰百官之將②，將臣速賜罷斥，以爲妨賢誤國之戒，亟敕吏部，將才品兼優之臣會推七、八員，列名上請，更祈乾斷，立賜點用，庶羣賢有協恭之③，溺④職之誅，臣退伏⑤。

九日癸巳，大學士方從⑥題："竊見御史劉光復繫獄四年，皇上所爲懲其狂率者已深，而仰慰聖母在天之靈者已至矣。當此歲序更新、萬方來賀之日，一旦渙發德音，光復立賜釋放，俾其衰親稚子聚首有期，真不測之殊恩，曠古之盛事，普天庶誰不仰誦皇仁、祝聖天子萬萬壽於無疆也？臣一念狗馬之誠，竊謂皇上今日慰人心、承天眷，無踰此一事。謹手書仰塵聖聽，不敢聞之外廷。惟聖慈憐而允之。"

十二日丙申，大學士方從哲謹題："本月初五日，該臣具有請斥庸臣簡新臣一疏，恭候數日，未奉俞旨。臣又惟當今時務，自推補閣員外，尚有允用科道一事，最惟⑦緊要。其考選、散館諸臣候命之久，與各科各差缺人之極，臣言之已詳，無容復贅。即今三陽開泰，聖壽彌增，四方入覲官員鱗集闕下者，莫不拭目以觀新政。皇上儻於此時沛發德音，將前項諸臣概令授職管事，俾諸臣得遂效忠之願，而皇上亦可免激聒之煩，豈非上下兩利之道哉？蓋散館三臣，雖係吏部臣題，實關閣中職掌，若得早授一官以完臣不了之局，尤爲至幸。至於刑科署印之官，與都察院題差巡按御史，俱係十分篤要，更望皇上留神，並賜檢發，言路幸甚，臣愚幸甚。時值令節，宸衷燕喜，臣不敢繁詞以瀆天聽，伏惟聖慈慨賜允行。

十七日辛丑，大學士方從哲謹題："爲懇恩速補閣員事。自十一月以來，兩月之間，臣懇請之疏凡六上矣。時當改⑧聖政更新，竊意皇上必以此爲首務。臣日日懸望，心碎眼穿，不意經今旬餘，俞旨又復杳然也。臣欲静聽以俟聖心之自轉，恐皇

①慮 "慮"當作"虞"。
②將 "將"當作"時"。
③之 "之"下當有脱文。
④溺 "溺"上當有脱文。
⑤伏 "伏"下當有脱文。
⑥從 "從"下當脱"哲"字。
⑦惟 "惟"當作"爲"。
⑧改 "改"字當爲衍文。

上以爲可緩而姑置之，欲再請以冀天聽之早回，又恐皇上以爲屢瀆而益遲之。輾轉躊躇，計無所出。無已但祈皇上詢之左右，詢之在廷諸臣，再詢之市井小民，有一謂臣可以獨任者否？有一謂閣臣可以不補、補而可以再遲者否？持一己之見而不從輿論之公，即以事且不可，況輔弼之臣，關天下國家之重者乎？皇上或未嘗於萬幾之暇試一深思耳，誠思之，未有不憬然悟、幡然爲臣動念者也。今夫庶人之家，畜一牛一馬以賢①承載之用，自是常事者，奔走多年，筋力已竭，望休不得，求助不能，爲牛馬者有不躑躅長鳴、冀主人之哀憐者乎？主人誠②不忍之心，亦未有不察其情、憐其苦、而別爲更置者。臣雖不肖，效馳驅之力已六年矣，智盡能索，鞭策不前，且衰病侵尋，日甚一日，乞身既不能遂，置輔又不得請，號呼徒切，俞允無期，跋疐兩難，狼狽特甚。是物類能得於主人者，而臣獨不能得於皇上，此臣所爲疾首痛心、自傷其命之窮一至此也。臣心已盡矣，辭已窮矣，不能多言，亦不敢多言，第望皇上推不忍之心，以憐牛馬者憐臣，敕部速推，立賜點用，並允臣骸骨之請，俾遂首丘之志，臣願足矣。"

二十日甲辰，大學士方從哲謹題："照得刑部自尚書李鋕改任之後，倏已踰月。先蒙發下司務凌子儉署印之本，該臣謹擬户部尚書張問達署掌，蓋因問達先爲刑部侍郎，且倉場衙問③春間事務最簡，故擬令暫署以待新推。乃日久未蒙批發，諸事停閣，深爲不便。至於國子監印信，曾擬司業張鼐署掌。今會試伊邇，舉人入監者頗多，攝理無人，誤事不小。伏望皇上將票過二本即賜允行，不勝至韋④。臣又惟去歲十二月中，該薊遼總督汪可受有請告一疏，未蒙批發。當茲諸虜生心之日，東征大舉之時，本官謝事杜門，何以震肅人心、經營邊務？此尤疆⑤安危所繫，皇上不可視爲緩圖者也。更祈檢可受原疏發臣票擬，促令速出視事，庶重鎮藉祈衝之略，而陸⑥京鞏磐石之安矣。"

①賢 "賢"當作"資"。
②誠 "誠"字後似有脫文。
③問 "問"當作"門"。
④韋 "韋"當作"幸"。
⑤疆 "疆"前或後當有脫字。
⑥陸 "陸"似當作"陵"。

# 萬曆起居注

二十四日①，大學士方從哲謹題："爲日講事。照得日講官原設六員，邇年以來，或補四員，或補二、三員。自翁正春去後，一員不補，經今六年矣。以是講章無人撰擬，無可進呈，聖學之作輟多時，祖制之廢弛殆盡，此皆臣愚溺職之罪也。先是，臣等時②禮部左侍郎何宗彥、右侍郎孫如游題補，屢經催請，未奉俞綸。目今二月初吉，正當經筵開講、恭進講章之期，日講各官豈容盡缺？臣又查得原任部③右侍郎兼翰林院侍讀學士協理詹事府事顧秉謙，服闋已久，堪以推用，合無將本官仍以原官起用，與同何宗彥、孫如游同充經筵日講官，俾令撰述講章，每日進呈御覽？是亦新政之一端，臣民所佇望也。再照正字官原該二員，今缺一員。查有制敕房辦事通政使司經歷單禮堪補，乞併賜允用。伏祈敕下吏部，查照施行。"

二十五日己酉，大學士方從哲謹題："爲閣臣惟④補難遲懇恩立賜俞允事。臣自十二月中待罪乞休，候旨四十餘日矣，閣門晝閉，撥席虛懸，內廷密勿之司，闃然爲無人之地。臣每一念及，不覺心戰神飛，汗淫淫然下也。改歲以來，臣懇請推補亦已至再，盼望之極，真是以日爲年，皇上猶遲疑未肯即決。或者以考察事繁銓，臣不暇爲此乎？今察疏既上，計與⑤已完，當庶僚澄汰之餘，正衆正登庸之會，誠於此時渙發明綸，敕下該部，作速惟⑥舉，銓臣必能廣詢博訪，以副皇上側席之求，一舉而遵祖制、存國體、重政本、慰人心，肓⑦此得之。不知聖衷獨何所見，而猶遲遲回顧慮若斯也？人⑧遼左討逆之師近在旦夕，運籌決勝，誰爲仰贊廟謨？廷試天下貢士轉眼屆期，籲俊掄材，孰與共襄鉅典？此又目前急務，要在得人，不獨尋常輔佐之資票擬之後⑨而已。臣心力已窮，精神已竭，自分此生終不能臣⑩國事而報主恩，但及今揆路將絕之時，得親見二、三臣早入綸非⑪，同心臣⑫弼，俾政柄有託，主勢不孤，則臣之生死進退，豈不綽綽然有餘裕哉？"

三十日甲寅，大學士方從哲謹題："恭照皇太子講學，去歲

① 日 "日"下當有"戊申"二字。
② 時 "時"當作"將"。
③ 部 《明神宗實錄》卷五七八"部"作"禮部"，是。
④ 惟 "惟"當作"推"。
⑤ 與 "與"當作"典"。
⑥ 惟 "惟"當作"推"。
⑦ 肓 "肓"當爲誤字。
⑧ 人 "人"當作"今"。
⑨ 後 "後"當作"役"。
⑩ 臣 "臣"當作"匡"。
⑪ 非 "非"當作"扉"。
⑫ 臣 "臣"當作"匡"。

九月間，今①有明旨，以天氣暴寒不便，着於明春擇吉舉行。臣謹欽遵訖。即今時已二月，風日融和，宜反②良辰，用修曠典。臣謹擇得二月初八日、十一日兩日皆吉，而十一日正是入學之期，尤不可失。伏望皇上欽定一日，命皇太子照常講讀，用以切磋睿質，培養化原，信詔旨而服人心，乃當今第一急務也。其講讀官見缺三員，容臣另疏題補，統祈皇上並賜允行。臣不勝仰望之至。"

是日，大學士方從哲謹題："照得東宮講讀，該用翰林官六員。自諭德公鼐差出，龔三益外補，庶子張邦紀陞任，共缺講官三員。去歲該臣將左春坊左贊善徐光啟題補，未奉俞旨。今講席將開，臣謹再推得左春坊左諭德錢象坤、右春坊右諭德鄭以偉，與徐光啟俱堪補用。其正字官原該二員，近因誥敕房辦事管典籍事光祿寺少卿苑③可愓病故，尚缺一員，查有制敕房辦事鴻臚寺主簿馬鍵堪補。伏乞敕下，行令各欽遵供事。謹題。"

①今 "今"似爲"奉"之誤。

②反 "反"當作"及"。

③苑 "苑"當作"范"。

# 萬曆起居注

二①月二日丙辰，大學士方從哲謹題："竊見邇年以來，皇上每遇元旦、冬至及萬壽聖節，率有一番新政，如下考選之命，補推陞之官，釋逮繫之獄，一時人情莫不歡欣鼓舞，誦聖明舉動超出尋常。以是望治之心，惟此時最切。況臣備員密勿，叨佐萬幾，其企望之殷，視恒情奚啻百倍？乃自改歲迄今逾一月矣，皇上撫昌明之運，亨逸豫這庥，聖體康和，茂膺多福，臣與中外羣臣可勝欣幸，惟是九重之上，德意尚壅，時務之緊要者尚未舉行，官員之急缺者尚未推補。昨歲抄②恭承聖諭，許臣以大僚言官，陸續檢發。今一月之間，大僚之補者幾人？言官之用者幾人乎？當邊事繹騷，兵飢③旁午之際，而户、兵二部侍郎與督餉侍郎俱未點用，不知目前事勢，更有要於此官、急於此時者否？貴州按差業蒙允用沈珣矣，此外如蘇松、瑚④廣，如長蘆、丙⑤淮，如河南、淮揚，遠者二年，近者數月，皆題而未下，候命者若需次之久，報滿者嗟得代之難。彈塵無人，激楊⑥奚賴？郡國鮮澄清之故⑦，邊儲有匱竭之虞。至於考選散館擬科之官，則又有缺當補，無差可題，株守多年，淹滯尤甚。大僚如此，言官如此，豈陸續檢發之旨，皇上偶忘之即⑧？抑姑為此語以緩臣之諸⑨耶？頃入覲各官，間有謁臣於病榻者，莫不以卿貳塞⑩落、臺省空虛為言，且謂主上聰明天縱，留神萬幾，者⑪何以勤勵？今何以怠荒？其責臣、望臣之意，隱然言外，臣不覺口噤汗流，赧然不能置對也。目今來朝有司，皆歷俸最深，正合留部考選之例。前者尚爾壅滯，後來何以疏通？銓法益窮，人心益鬱，國事之非，臣將不知所終矣。伏望皇上當此四方多事、羣情屬望之時，毅然改圖，將吏部會推户、兵及賢⑫餉侍郎先賜點用，發丑考選一資典⑬散館在⑭臣先令授職，其餘尚書等官，及昨歲考選者，以次允補，仍將都察院題請各差盡賜欽點，庶幾官聯不缺，言路者⑮光，而檢發之旨不徒託諸空言矣。臣再疏乞休，未奉俞旨，方席藁待命。但目擊時事壅塞，人情觖望，不忍緘默不言，輒敢再以大僚、言官二事為請，伏望皇上慨賜允行。"

是日，大學士方從哲謹題："為科舉事。准禮部手本，該本

---

① 二 "二"上當有"萬曆四十七年"六字。
② 抄 "抄"當作"杪"。
③ 飢 "飢"當作"机"。
④ 瑚 "瑚"當作"湖"。
⑤ 丙 "丙"當作"兩"。
⑥ 楊 "楊"當作"揚"。
⑦ 故 "故"當作"政"。
⑧ 即 "即"當作"耶"。
⑨ 諸 "諸"當作"請"。
⑩ 塞 "塞"當作"寥"。
⑪ 者 "者"當作"昔"。
⑫ 賢 "賢"當作"督"。
⑬ 典 "典"當作"與"。
⑭ 在 "在"當為誤字。
⑮ 者 "者"當作"有"。

部題，萬曆四十七年會試天下舉人，合用考試官二員，欲照例行翰林院擬請簡命，奉聖旨：'是。欽此。'欽遵備行到院。臣推得吏部右侍即兼翰林院侍讀學士史繼階①、禮部右侍郎兼翰林院侍讀學士協理詹事府事韓爌，堪充考試官。合候命下，會其入場供事。臣未敢擅便。"

四日戊午，大學士方從哲謹奏："爲恭謝天恩事。昨晚鴻臚寺在②寺丞王守謙，恭捧聖諭到臣私寓：'諭元輔：卿忠誠輔國，獨佐政機，密勿運籌，實多匡弼，朕素鑒知。方今國家多事之時，正賴卿調元贊化，共濟時艱，豈可久臥私寓，恝然求去？諒卿心亦不自安。還着鴻臚寺堂上官宣諭朕意，速出視事。所陳諸事，朕知道了，俟朕檢發。不得再有託陳。特諭卿知。欽此。'臣隨設香案，望闕叩頭謝恩訖。伏念猥臣以衰庸久塵密勿，一籌莫展，數載虛縻，誤國妨賢之罪，臣自知甚審。此時求去，已覺其遲，皇上乃許臣以忠誠，勉臣以共濟，此聖恩高厚，志③其不肖，貴④令自新，而臣循分省躬，有萬萬不能當者。惟是主恩未報，義無所逃，時事多艱，責難自諉。儻可少效犬馬，何敢自愛髮膚？尚當力疾一出，矢竭罷駑，圖仰答鴻慈於萬一耳。聖諭謂'所陳諸事'，'俟朕檢發'，此又宸衷轉移之機，時政更新之會，乃臣向來泣血嘔心、千祈萬懇而不能遽得者，皇上儻直見之行事，毋再託之空言，實天下國家之福，不但臣一人之幸而已。容臣一、二日報名廷謝，即遵旨入閣辦事外，所奉聖諭，謹什襲珍藏，以爲世寶。"

六日庚申，大學士方從哲謹題："皇太子開講，近該臣擇吉於初八日、十一日，所缺講官三員，臣已將見任詞臣錢象坤等題補。茲因會試屆期，諭德楊守勤入簾分考，其庶子趙師聖先已聞報丁憂，舊任講官祇有薛三省一員，不彀供事。伏望皇上將錢象坤、鄭以偉、徐光啟等即賜允用，庶乎講筵一啟，執經有人，修曠典而慰人心，在此舉矣。其出講日期，並祈早賜欽定。"

①階 "階"當作"偕"。
②在 "在"當作"右"或"左"。
③志 "志"當作"忘"。
④貴 "貴"當作"責"。

# 萬曆起居注

① 敬 "敬"當作"故"。
② 伐 "伐"當作"往"。

③ 人 "人"當作"今"。
④ 科 "科"下當有"道"字。
⑤ 因 "因"當作"國"。
⑥ 聰 "聰"當作"驄"。
⑦ 今 "今"當作"命"。

⑧ 以 "以"字當誤。

九日癸亥，大學士方從哲謹題："頃該臣再疏乞休，未奉俞旨，復蒙皇上特遣臚臣宣諭，令臣速出。臣念主恩隆重，分宜竭蹶以趨。又思當今朝政日壅，人情久鬱，凡輔臣當盡之職，如用人行政諸務，毫髮未舉，儻臣再出，而時事之壅塞如敬①，人才之淹滯如伐②，臣將何顏以對羣臣？而皇上亦安用此無用之臣爲哉？所幸頃奉聖諭，有諸事檢發之語，煌煌明詔，炳如日星，中外臣民莫不拭目以觀，傾心以俟，皇上寧有自食其言之理？臣之所恃以少盡其職，而不虛此一出者，獨有斯耳。除推補閣臣、點用大僚，容臣另疏專請、仰候宸斷外，人③祗以科④一事，再爲皇上反覆陳之。自者人君圖治，莫不以遵祖制、存因⑤體、濟時事、順人心爲先務，祖宗朝科臣五十餘員，臺臣一百餘員，朝寧充盈，任使不乏，何其盛也？今見在給事中、御史皆不及十員，較舊額纔十之一二，交戟鮮簪筆之臣，郡國無乘聰⑥之使，舉二百餘年設官分職之意幾盡失之，率由舊章豈應若是？故欲遵祖制，則候命諸臣不可不亟用也。國家宏開言路，廣置賢才，俾之居耳目之司，膺獻贊激揚之任，將藉以培養元氣，振肅朝常，非他冗員比也。今班行寥落，省署空虛，當大明全盛之時，而有末世衰頹之象，傳之四夷，書之史册，而謂中國有人乎？故欲存國體，則候今⑦諸臣不可不亟用也。朝廷設一官，必有一官之事，一人缺則一事隳，此必然之勢也。今內而巡視，外而巡按，有一差不帶管？有一處不久缺者乎？兼攝多，則精神患其難維，巡行廢，則彈厭苦於無人，究使法守不存，紀綱日紊，望庶績之咸熙，胡可得耶？故欲濟時事，則候命諸臣不可不亟用也。人臣遭時遇主，多懷效忠之願，方其筮仕中外，慮無不砥節勵行，以冀清華之選，爲嚮用之階。今既擬定一官矣，而需次多年，彈冠無日，曾不得與循以⑧授職者連茹並進，有不視言路爲畏途、俱題留爲陷穽者乎？古帝王所爲鼓舞英賢者，當不其然。故欲順人心，則候命諸臣不可不亟用也。今目前時事雖若多端，而國運之盛衰，人才之消長，其關繫全在於此。皇上誠憬然深念，毅然改圖，將兩次考選、散館之官，並賜允用，臣之至願也。不然，先下癸丑一資與散館三臣，而漸及其餘，亦臣之幸也。又不然，將都察院題差御史隨上隨下，並允各部各科之請，將擬授給事中陸續推補，是亦權宜之計，疏通之機，乃救時之下策，而終非爲政之大體也。皇上若必堅執一意，以臣言爲不足聽，以諸臣爲不當用，遲留數月，催請數次，不得已而後先①一人，則諸臣終無彙征之期，臣愚終溺薦賢之職。尸臣六載，而終不能爲國家贊成一事、引用一人，且使明明詔旨不信於天下，臣之罪尚可言哉？臣於今早見朝入閣，謹先詣仁德門叩頭懇請，恭俟德音。伏望聖慈鑒臣迫切苦情，立賜俞允。臣干冒天威，不勝戰兢皇恐待命。"

　　十二日丙寅，大學士方從哲謹題："點②得閣員之缺，爲時最久，於勢已窮。兩年以來，臣竭誠懇請，肝膽已枯，舌穎俱敝矣，乃天高聽遠，杳無俞允之期。臣早夜深思，終不知聖意所在。若謂從③此密勿贊襄之臣，自祖宗朝及我皇上初年，無不用之，豈至今日而可盡廢也？如謂俟臣去而後補乎？則政本之地，不容中絕，必待閣員一空始爲旁求廣置，倉卒之間豈有及也？抑或俟臣默而不言，而後皇上出獨斷以補之乎？則臣留一日，當盡一日之職，寧有坐視政柄旁落、主勢孤危，而緘④不言以待宸衷之自轉者？臣萬萬不敢也。皇上聰明天縱，洞晰⑤化原、治亂兵⑥危之機，豈其見不及此？惟是姑留一人，以見撥席之未空，苟延數時，以見爰立之可緩，持之以慎重之心，故不得不爲此羈縻延挨之術。臣竊窺聖意，或者有在於斯，而不知留一虛庸無用之臣，以妨衆正登庸之路，皇上自爲社稷計當不若是矣。臣衰殘之質，憂病交侵，茲雖仰遵明旨黽勉入直，而困頓支離較往歲益甚，且目擊閣中空虛、寥落之象，不覺心神飛越，坐臥不安。自分此生終不能挽回時政，感格君心，登進資才，以少盡輔臣之職，但得及未盡之年，親見二、三新臣並入綸扉，同心輔政，庶幾將⑦附於人事君之誼，是皇上終始宏恩，臣愚所願效唧結於沒世者也。伏望憐臣苦心，允臣懇請，敕下吏部，作速會推，立賜點用。"

①先 "先"當作"用"。

②點 "點"當作"照"。

③從 "從"字當爲衍文。

④緘 "緘"下當有"默"字。

⑤晰 "晰"當作"晰"。

⑥兵 "兵"當作"安"。

⑦將 "將"當作"得"。

# 萬曆起居注

① 正 "正"當作"止"。
② 擅 "擅"後當有脫文。
③ 見 "見"當作"視"。
④ 九 "九"似當作"凡"。
⑤ 來 "來"當作"束"。
⑥ 瑜 "瑜"當作"踰"。
⑦ 難 "難"當作"准"。
⑧ 藉 "藉"當作"籍"。
⑨ 全 "全"當作"令"。
⑩ 之 "之"當作"乏"。
⑪ 學 "學"當作"序"。

十三日丁卯，大學士方徒哲謹題："照得誥敕房原有翰林院坊局官五員，管理文官誥敕。今庶子趙師聖等丁憂、公差等項去訖，正①有諭德薛三省等二員，辦理不前，相應題補。臣推得右春坊右諭德兼翰林院侍講鄭以偉、錢象坤，左春坊左中允兼翰林院編修汪煇，俱堪管理前事。恭候命下，令其遵照題奉欽依事理，管撰文官誥敕。臣未敢擅②。"

十四日戊辰，大學士方從哲謹題："連日以來，該左都御史李鋕、戎政尚書薛三才、工部右侍郎林如楚，俱有請告之疏，俱未蒙發票。臣看得李鋕年瑜八旬，乞歸之念已久，茲因人言偶及，益決去思。但本官精力尚強，且新承總憲之命，似宜勉留見③事，以究其施。三才自去歲夏秋患有虛腫之證，歷冬徂春，尚未全愈，本官猷望素著，營務倚藉方殷，若寬假調理以俟其痊，亦皇上信任大臣之意也。若林如楚望八之年，精神不無少減，且獨任數載，勞瘁異常，自去秋至今乞骸之章九④五、六上，聞其近日來⑤裝以待，期於得旨即行，若再踰時，便當出城候命，其情其勢以不可復留矣。臣謹將三臣求去情節，備述以塵聖聽。但大臣進退，自有宸斷，非臣所敢定擬，伏望皇上檢發諸疏，容臣擬票恭進，以候聖裁。此外如應天巡撫王應麟，屢疏乞休，先該吏部題覆擬令回籍調理，為時已久，留中未發。竊思蘇松各府，為東南重地，按差之缺已瑜⑥二年，乃巡撫又復杜門，地方誰為彈壓，近日崐山焚搶之事，變出異常，皇上似亦不容度外置之者，更望檢發部疏，難⑦應麟回藉⑧，敕部速推新撫，並允熊化巡按之差，全⑨遵限往代，將激揚有賴，反側可安，三吳幸甚。臣敢併以為請，統祈聖明留意。"

十八日壬申，大學士方從哲謹題："為公務事。照得制敕房辦理一應典禮交書，誥敕房謄寫文官誥敕揭帖，事務頗繁，各有專責。向年兩房官多至三十員，少亦二十餘員。邇因考察物故員缺未補，見在不足十員。今殿試在即，書寫金榜委屬之⑩人。臣查得誥敕房辦事鴻臚寺學⑪班邵前勳、起居注館辦事鴻臚寺序班張邦經、詹事府錄事鄭世選、史館辦事鴻臚寺序班周大成，俱各寫字端楷，堪補制敕房辦事。又查得史館辦事鴻臚寺序班楊餘洪、張承爵，堪補誥敕房辦事。遺下起居注館員缺，查有史館辦事鴻臚寺序班周國興、通政使司知事王世美堪補。合候命下，行令各欽遵供事。臣未敢擅便。"

十九日癸酉，大學士方從哲謹題："臣勉遵明命，力疾趨朝，忽已浹旬矣，日望皇上允閣臣之推、補大僚之缺、下考選散館之命，以信諸事檢發之旨，不啻大旱之望①而饑渴之思飲食也。而日復一日，茫無消息。近雖點用一、二卿寺，推補各省司道，而最切最要，如戶兵督餉侍郎，如各處按差，俱未蒙欽點。頃當大計之後，中外傾心，謂朝廷必有一番更新舉動。而半月以來，景象若此，何以振精明之治，答臣民仰望之心哉？昨接經略揚鎬揭帖，知遼左進兵有日矣。皇上若於此時將吏部所推督餉侍郎李長庚、與贊畫主事劉國縉先賜允用，使行間將士皆知皇上加意邊防，必且踴躍歡呼，事②先用命，以收蕩平之績，彼狡夷聞之，亦足以褫其魄而奢③竄之不遑矣。此今日勝敗安危一大機括，萬惟聖明留意。其餘若都察院題差御史，及閣中散館三臣，並祈概賜點用，尤安地方、慰人心之要務也。臣當朝政壅滯之時，不敢以重大難行者仰瀆聖聽，只舉目前一、二事為請，惟皇上慨然行之。時事幸甚。"

二十一日乙亥，大學士方從哲謹題："臣昨日在閣辦事，午後忽見狂風大作，黃塵四起，須臾彌天蔽日，赤氣橫空，時方申酉之交，而天色晦冥，有如深夜，雨土濛濛，咫尺不辨，至起鼓以後，風勢轉加，疾吼怒號，有排山倒海之狀。臣不覺心戰股慄，寢不能寐。因思二月方中正春和景明之候，乃風霾陡作，白晝為昏，震撼之威自霄遠④旦，自非天心甚怒，何以有是乎？計我皇上雖處深宮之中，亦必有惕⑤然其不寧者。頃接遼東經略與督撫揭帖，言諸將於本月十一日誓師，二十一日出邊勦虜，克敵制勝正惟其時。而茲忽有異常風變，駭人心日⑥，

①望 "望"下當有"雲霓"之類字文。

②事 "事"當作"爭"。

③奢 "奢"當作"奔"。

④霄遠 "霄遠"當作"霄達"。

⑤惕 "惕"當作"愓"。

⑥日 "日"當作"目"。

此尤臣愚所爲凛凛而懼者也。皇上當此，誠欲感格天心，作與<sup>①</sup>士氣，寧有異術？亦不過於用人之間加之意而已。今平<sup>②</sup>蒙發督餉侍即李長庚本，乃目前第一急務，臣不勝慶幸。若耳<sup>③</sup>將贊畫主事劉國縉，及臣近日所請戶、兵二部侍郎，各處按差，與考選散館諸臣，相繼允用，則朝廷之舉動一旦更新，將四海之人心爭相鼓舞，尚何天怒之不回、羣情之不快、而區區小醜之足慮哉？其經略楊鎬恭報師期之疏，仍乞發臣票擬，以彰天討，以肅行間將士之心，萬惟聖明留意。臣敬因風變念及邊情，不揣以彌變籌邊之策爲請。"

二十二日丙子，大學士方從哲謹題："照得誥敕房原有翰林院坊局官五員，管理文官誥敕，今庶子趙師聖等丁憂、公差等項去訖，正<sup>④</sup>有諭德薛三省等此<sup>⑤</sup>員，辦理不前，相應題補。臣推得右春坊右諭德兼翰林院侍講鄭以偉、錢象坤，左春坊左中允兼翰林院編修汪輝，俱堪管理前事。恭候命下，令其遵照題奉欽依事理，管撰文官誥敕，臣未敢擅便。"

二十四日戊寅，大學士方從哲謹題："爲懸<sup>⑥</sup>恩速補閣員事。照得閣員之缺，自丁巳七月至今年又九月矣，任臣千言萬語，千祈萬懇，而皇上置若罔聞，不惟未見施行，亦且未蒙批答。雖嘗間奉'知道了'及'俟朕檢發'之旨，而'知道'似非焆<sup>⑦</sup>見，'檢發'終無定期，是不過一時之權詞，聊以塞臣之請，暫塗天下之耳目。然而一日不補，則人心一日未愜，臣之請一日不容已也。蓋向當四方無事之時，臣以一身勉強友<sup>⑧</sup>吾，猶可苟延數月。而今何時哉？自點<sup>⑨</sup>夷肆逆，遠邇震驚，轉餉徵兵，幾徧天下，加以搉稅未罷，民不聊生，邊備空虛，夷情蠢動，國家之勢岌岌乎殆矣。且自冬迄春，爲時幾何？而白虹未已，繼以彗孛，星變未已，繼以風霾，上天示儆，諄切頻仍，君<sup>⑩</sup>謂禍亂之來，匪朝伊夕者。修人事以答天心，此豈主上晏安、撥地虛懸之日哉？皇上若不亟簡忠良，廣置二、三輔弼，俾臣得同心共濟，仰贊萬幾，所謂大廈將傾，支以一本<sup>⑪</sup>，驅車踰險而不號伯①以助，予必無幸矣。臣憶壬子、癸丑之間，舊輔葉向高獨身任事將及一載，竭誠懸②請，心力俱窮，時聖母聞之，亦為軫念，以是皇上仰遵慈命，即允推補。今國家多事甚於曩時，臣獨力之難支甚於舊輔、且自下歷已③懸缺之久，視往日又將倍之，竊計聖母在天之靈，亦必有惻然其不寧者。皇上事亡如存，則推前日之孝思，以成今日之盛，知不待臣詞之畢矣。總之，此一事也，上關國體之重輕、政本之隆替，而下係臣民仰望之心，臣日日祈請，時時補牘，固職守當然，亦時勢之不得④然者。皇上如以臣為煩瀆而故緩之，必待臣不言而後補，則請明示一期，或一月，或兩月，至期方令會推，方賜點用，臣當俛首靜聽，以俟德音。萬勿視為尋常，而復留中不報也。巨情迫於衷，勢難久待，謹再瀝血剖心，仰干⑤天聽。惟聖意憐而允之。"

二十五日己卯，大學士方從哲謹題："為公務事。照得內閣原設典籍二員，管理一應事務。今制敕房辦事管典藉⑥事光祿寺少卿范可愓病故，遺下員缺，相應選補。臣查得制敕房辦事鴻臚寺主簿馬鍵，堪補前缺，余候命下，令其與管典藉⑦事禮部儀制清吏司郎中兼司經局正字鄭崇光一體供事。臣未敢擅便。"

二十七日辛巳⑧，大學士方從哲謹題："照得一⑨事，乃國本攸關，時勢之最重、最要無過於此。數年以來凡遇春秋開講之期，臣每有疏請，皇上亦每賜批答，非以寒暑不時，則以人事相妨也，又或以無入學之吉也。臣愚仰窺聖意亦知此舉終不可廢，無奈慎重之過，狃於因循，年復一年，遂成曠⑩典，致使皇太子負英睿之資，而不得收切磋琢磨之益，當閒暇之日，而坐失天⑪講習討論之功，此臣之所深惜也。方丁酉、戊戌之間，臣叨列講官，日侍講席，每見皇太子辨色而出，講讀之後進做進對，率以為常，即隆冬盛暑未嘗少輟，於時優游經史，親近儒臣，淊⑫養日以宏深，精神日以焠礪，初未嘗自覺其勞

萬曆四十七年

三五八五

①伯 "伯"似當作"呼"。
②懸 "懸"當作"懇"。
③歷已 "歷已"疑有誤字。

④得 "得"下當有"不"字。

⑤干 "干"當作"干"。

⑥藉 "藉"當作"籍"。
⑦藉 "藉"當作"籍"。

⑧巳 "巳"當作"巳"。
⑨一 "一"上當有脫文。
⑩曠 "曠"當作"曠"。
⑪天 "天"當作"夫"。
⑫淊 "淊"當作"涵"。

也。何至今日，而動以寒暑爲解耶？至於入學之期，則有萬萬不必拘者。蓋此日原爲民間小學而設，皇太子春秋漸盛，德業日新，因將藉緝熙就將之功，以宏條①齊治平之化，此吳②學何學？而乃欲效韋布之士、泥時俗之説耶？自古帝王貽謀燕翼，孰不願其子若孫爲聖爲賢？然而作聖之功必由蒙養。我皇上洞達古今，練習治體，雖曰聰明天縱，而冲年學問之力亦不可誣。兹欲紹統垂麻，衍萬年無疆之緒，奈何不以身法爲家法、而徒嗟跎歲月、擲良辰於虚度也？今春已將暮，寒暑適均，正皇上所謂天氣和燠之候矣，及今不講，轉眼夏序倏臨，炎蒸將至，彼時或又以天暑傳免。然則畢竟何時而後爲講讀之期耶？臣謹擇得三月初二日、初七日皆吉，伏望皇上欽定一日，命皇太子出閣開講。所缺講讀等官，臣謹疏題補，並祈即賜允用，無致臨期缺人供事，大典幸甚，臣愚幸甚。臣不勝激切仰望之至。"三月初六日，奉旨："覽卿所請皇太子講學，朕見天氣寒燠不調，講學不便。待和燠擇吉來行。"

　　是日，大學士方從哲謹題："照得東宮講讀官，該用翰林官六員。自諭德公鼐差出、龔三益外補、庶子張邦紀陞任、趙師聖近又丁憂，共缺講官四員。去歲該臣將左春坊左贊善徐光啟題補，未奉俞旨。今講席將開，臣謹再推得見任右春坊右諭德鄭以偉、錢象坤，左春坊左中允汪煇，與徐光啟俱堪補用。其正字官原該二員，近因誥敕居③辦事管典藉④事光禄寺少卿范可愎病故，尚缺一員。查有制敕房辦事鴻臚寺主簿焉⑤鍵堪補，伏乞敕下，行令各欽遵供事。謹題。"

① 條　"條"當作"修"。
② 吳　"吳"字當爲誤字。
③ 居　"居"當作"房"。
④ 藉　"藉"當作"籍"。
⑤ 焉　"焉"當作"馬"。

萬曆四十七年

三①月甲申，朔，大學士方從哲謹題："目②前月二十日以來，每日風霾大作，塵埃蔽天，白日無光，有同昏夜。當陽春和煦之時，而氣象愁慘若此，真非吉祥之兆可知。以是人心洶洶，轉相惶惑，臣目擊此景，殊切憂心。頃接經略楊鎬手書，原擬二十一日大兵出邊勦賊，適十六日大③降大雪，數厚一尺，士卒俱在水水④之內，跋涉不前，復改於二十五日矣。當此進兵之時，勝敗安危決於一舉，而前日之風變若彼，連日之陰霾又若此，天心示儆，極其昭著。皇上誠念及東事，可不為之寒心乎？臣愚欲乞皇上降敕一道，令兵部傳諭東征將士，用示鼓舞，庶人心齊一，奏捷可期，亦朝廷制勝之一機也。臣謹潛擬諭帖一紙，恭進御覽，惟皇上再賜裁改，斟酌行之。

擬諭帖一道：朕見連日以未⑤，風霾異常，日光晝晦，朕心深切警惕。因思遼左正當進兵之際，火⑥象若此，邊事不無可虞。至於各邊調發空虛，夷情蠢動，陽⑦禦尤當加謹。爾部可馬上差人傳與東征將士，務要同心協力，奮勇殺賊，早收擒勦之功。賞格已明，朝廷決無吝將⑧。目前風雪並作，嚴寒未清⑨，諸將士暴露行間，深可憫念。着經略與撫按⑩官，於額餉外另加賞賫，以鼓眾心，庶幾滅虜安邊，在此一舉。其各邊督撫等官，也行文與他，着比常時十分謹備，用保萬全。故諭。"

二日乙酉，大學士方從哲謹題："照得本月十五日殿試禮部中式舉人，所有策題，先年或出御製，或命閣臣擬撰。今殿試期近，伏望皇上親自策問，或命臣擬撰進呈，恭請聖明裁定。臣未敢擅便，謹題請旨。"

三日丙戌，大學士方從哲謹題："昨二月內，該臣恭奉明旨，擇有皇太子開講日期，並推補講讀等官。經今數日，未蒙批發。且初二之明⑪已過，去初七祇四日矣，及今得旨，庶新補各官得以演習禮儀，不至臨期有誤，微獨臣等之幸，實大典之光也。近日部臣、科臣各有疏請，其言儲講之不當久綴⑫，講期之不容再遲，至為詳切，臣不敢復贅，但望皇上將初七日

三五八七

①三　"三"上當有"萬曆四十七年"六字。
②目　"目"當作"自"。
③大　《明神宗實錄》卷五八〇"大"作"天"，是。
④水水　"水水"當有誤字。
⑤未　"未"當作"來"。
⑥火　《明神宗實錄》卷五八〇"火"作"天"，是。
⑦陽　"陽"當作"防"。
⑧將　"將"當作"惜"。
⑨清　"清"當作"消"。
⑩按　"按"當作"按"。
⑪明　"明"當作"期"。
⑫綴　"綴"當作"輟"。

# 萬曆起居注

吉期即賜欽定，講官之本並賜批發，修曠典而慰羣情，真目前第一急務也。"

十日癸巳①，大學士方從哲謹題："今早接得遼東巡撫周永春揭帖，內稱總兵杜松於初一日自撫順出邊，遇伏兵突起，彼此混殺，致②潰散，大將存亡未保，臣見之不勝驚駭。至午間。又有兵科送到監軍御史陳玉庭揭帖，言撫順失利，總兵杜松、王宣等，俱報陣亡，北路總兵馬林等亦清③敗開原，僉事潘宗顏、通判董爾礪俱各重傷無存。竊計四路之兵，已敗其二，總兵、兵道等官四、五員一時陷沒，其參、游等官何可數計？目下虜勢益張，視中國兵將如摧枯拉朽，目中已無遼陽矣。其李如柏、劉綎二路，尚未知勝負何如，祇恐喪敗之餘，人心震攝，望其以全師取勝，恐亦不得之數也。即今全遼主客官兵，皆從諸將出邊，遼瀋開鐵之間，及廣寧以西，在在空虛，萬分可慮。有如虜騎乘勝長驅，自遼陽，歷廣寧，至山海，如入無人之境，嘉靖庚戌之禍可不為之寒心哉？今事急矣，真皇上霄衣肝④食之時矣。伏望晉神，將御史陳王庭本速賜被⑤閱，聖心必有悚然其不寧者。適本兵及兵科等宮⑥皆來見臣，謂今日制勝之本，金⑦在朝廷，伏望皇上念社稷妥⑧危所繫，毅然奮發，出御文華殿，召九卿科道等官會議，共圖保遼、保京師之策，庶幾人心警而兵威面⑨可再振。若猶視為故常，漫不加意，天下事將有不忍言者矣。臣恭詣仁德殿叩頭具奏，恭候玉音。"

是日，大學士方從哲謹題："照得癸丑考選科道官，留部至今，先後凡七年矣。爾來都察院題差各巡按、巡鹽御史，業蒙陸續點用，仰見皇上於諸臣原無成心，不過假此以示其難其慎之意。然臣竊計之，諸臣候命者不下三十餘人，而皇上數月始用其一，自今以往，時⑩何時而後可盡用耶？況給事中舊無題差之例，必俟命下而後可以利⑪任，可以管差，是其守候之苦與臺臣同，而因差以授職也又與臺臣異，非所以一政體而服人心也。皇上儻念累朝行取之例不可盡更，數年培養之人才不容終棄，當此理窮勢極之會，將見在多官概賜允用，此言路之幸，

① 巳 "巳"當作"巳"。
② 致 "致"前當有"遂"字。
③ 清 《明神宗實錄》卷五八〇"清"作"潰"，是。
④ 肝 "肝"當作"旰"。
⑤ 被 "被"當作"披"。
⑥ 宮 "宮"當作"官"。
⑦ 金 "金"當作"全"。
⑧ 妥 "妥"當作"安"。
⑨ 面 "面"當為誤字。
⑩ 時 "時"當作"將"。
⑪ 利 "利"當為誤字。

亦臣與諸臣之幸也。萬一不然，將都察院近日所題各差先賜檢
發，其考選及散館給事中查照各部題請，准令署印管事，即今
册封期近，容該部比常多推數員，以光使命，是亦權宜之法，
流通之機，既不失皇上慎重之初心，尚於事體人情都無窒礙，
成①者聖明所不靳乎？臣憶諸臣，始而留部，正臣位銓之時，
繼而考選，又臣在閣之日，今臣待罪六載，叨冒逾涯②，哀病
侵尋，去在旦夕。而諸臣以英銳之年，但③用世之具，正宜使
之乘則④自效，一愜其幼學壯行之懷。乃困頓多孝⑤，猶不得授
一官、營一職，致使曠官者久貽負乘之羞，待用者未遂彈冠之
願，時事乖謬無踰於此，此臣所爲省心自愧、頃刻不能即安者
也。臣不言，恐皇上以爲可緩而始⑥置之，屢言，又恐厭其煩
瀆而故遲之。以是再四跼蹐，將言復止。今臣進閣辦事又一月
矣，皇上許臣以諸事檢發，兹其時矣。夫事之最大最要，孰有
過於亟補料⑦道、通言路，以充任使者乎？惟皇上慨然聽臣，
行此一事，庶朝廷收得人之效，臣愚亦可免竊位之譏。"

　　十一日甲午，大學士方從哲謹題："適蒙發下左都御史李誌
本，奏⑧上傳：'出溫旨，不准辭。'該臣看得，此本係初九所
上，昨初十日本官又有一本，爲⑨忽聞邊報，誼難去國，但欲
請假調理，即出供職。臣愚竊謂，誌意如此，真渭⑩大臣體國
之義。皇上但將此本發臣票擬，令其早出視事，其前日辭疏似
不必又擬留意也。臣謹附揭封進，伏候聖裁。又戎政尚書薛三
才，昨日亦有力疾見朝一疏，並祈賜檢發。臣不勝⑪。"

　　是日，大學士方從哲謹題："昨據巡東經略、撫按揭帖，
回⑫路之兵，兩路俱敗，覆軍殞將，撫順尤爲極慘。目今我師
喪氣，虜焰益張，衆⑬勝長驅，勢所必至。在遼鎮固爲剝膚之
災，在京師亦有然眉之急矣。昨警報一至，人心皇皇，驚疑恇
擾，有分崩渙散之象，此之可憂，又有不在外而在內者。當此
之時，欲恢張國勢，鎮定羣情，惟在皇上一念之轉移而已。除
臨朝召諭文武羣臣，已經臣專請，恭候傳宣外，望皇上速將戶、
兵二部侍郎，並贊畫主事劉國縉，並賜點用。仍將帑銀速發三、

①成　"成"當作"或"。
②涯　"涯"當作"涯"。
③但　"但"字當作"俱"。
④則　"則"當作"時"。
⑤孝　"孝"當作"年"。
⑥始　"始"當作"姑"。
⑦料　"料"當作"科"。

⑧奏　"奏"當作"奉"。
⑨爲　"爲"當作"謂"。
⑩渭　"渭"當爲誤字。
⑪勝　"勝"下當有脫文。

⑫回　"回"當作"四"。
⑬衆　"衆"當作"乘"。

五十萬兩，充餉充賞，以鼓舞將士之心。行此二者，或者遼事猶可爲乎？蓋部推諸臣，雖係遠方督撫，未能頃刻而至，但俞旨一下，使天下之人曉然知皇上留心邊事，一旦奮發有爲，則人心自然歡邕，朝廷氣象自然改觀。至於劉國縉，則生長邊方，虜情邊備最爲習熟，且闔鎮軍民無一不願其任事、以爲桑梓計者。皇上既爲遼左慮，無不從遼人之請，惜此區區一官而置重鎮安危於不顧也？年來遼餉已用過數百萬，皆由戶部多方借處，幸不匱乏。然此乃尋常額數，雖可以飽軍士之腹，而不足以得其心，自非皇上破拘掌①之見，再須②數十萬，以施格外之恩，欲使三軍用命、出死力以禦强虜、胡可得也？昔唐德宗有瓊林大盈之積，吝不肯發，猝遇涇原兵變，攘奪之慘至不忍言，以身發③財，足爲千古炯戒。假令當未變乏④先，出贏餘以資戰士，其禍當不至此。後雖悔亦何及哉？今事勢危急，臣惶懼欲死，輒敢不避忌諱，冒罪盡言，惟聖慈原而察之。其會推戶、兵侍郎本，及劉國縉本，俱見在御前，望即刻發臣票擬，立賜批行。此旨一傳，寧獨中外臣民歡乎⑤踴躍？即虜中聞之，或亦有所畏而不敢逞，轉敗爲勝、易危爲安，機不出此。萬惟聖明留意毋忽。"

十二日乙未，大學士方從哲謹奏："爲時事艱危益甚微臣獨力難支再懇天恩速補閣員事。竊惟內閣缺人之久，與臣愚獨任之難，兩年以來，臣言之已煩，皇上聽之已厭矣，臣不敢復贅。惟是向當承平無事，臣猶可竭力支持，而今何時哉？東師失利，警報紛馳，虜患迫於切膚，國勢危如累卵，自非輔弼之臣集思廣益，上佐安攘之策，下決戰守之機，欲以伸國威、禦外侮，恐不易得。乃樞機要地，獨有臣孑然之一身，任重力綿，寧堪負荷？昨兩日之間，內外章奏紛至沓來，臣披閱看詳，目力已竭。其發臣票擬者，又皆軍國大計，安危利害所閣⑥，臣識短慮昏，籌畫安能悉當？少有差錯，誤事匪輕。且憂懼之餘，精神益耗，每遇事體疑難、不能自決者，輒徬徨四顧，苦商確之無人，躊躕再三，愁悶幾絶。此國家何等時也？而以如此衰病

① 掌 "掌"當作"攣"。
② 須 "須"當作"頒"。
③ 發 "發"當作"殉"。
④ 乏 "乏"當作"之"。
⑤ 乎 "乎"當作"呼"。
⑥ 閣 "閣"當作"關"。

之夫，獨當鋪①理之任，皇上得無以天下爲戲乎？況遼左之難方殷，薊門之報踵至，夷氛交熾，遠邇驚惶，根本動搖，勢將瓦解，今日之事，斷非臣一人所能擔當矣。皇上不於此時速簡閣臣三、四員，與臣同心共濟，必待國步傾危，臣身顛隮後，責臣付託之不效，即褫臣戮臣，亦何益於成敗之數哉？臣法②血呼天，一字一淚，萬惟聖慈矜察，敕下該部，作速多推數員，立賜點用。"

是日，大學士方從哲謹題："昨該九卿、科道等官，因遼事危急，各具有公本，以用人、發帑二事請之皇上。其意蓋以東師失利，中外震驚，匪得皇上銳然勵精於上，慨然施恩於下，必無以作興士氣、鼓舞人心。故望皇上先點户、兵侍郎及贊畫主事劉國縉，其發帑一節，仍俟聖明裁酌。昨晚文書官但傳出朝候旨，並無允行之意，以是諸臣今日復入於文華門，行禮恭候。臣愚竊意，昨日各宮③之奏，皇上一時恐難詳閱，但將御前推陞兩部侍郎之本、或劉國縉之本，檢出一、二，發臣票擬，亦足以見聖意之轉圜，而諸臣仰望之心爲少慰。若今日又復寂然，茫無消息，彼計無所之，明日必且伏闕力爭，以祈必允。豈不傷國體，而益煩聖明之慮哉？臣兩日之間，再有瀆奏，非爲諸臣，爲國事也。惟皇上深思而熟計之。"

是日，大學士方從哲謹題："適文書官沈應兆，恭奉④聖諭到閣：'諭內閣：覽卿所奏，總兵杜松等出兵違期，貪功不利，墮其奸計，殞將喪師，大辱國體，深切警惕。朕自三月初一日以來，偶感微寒，頭目眩疼，心腹煩懣，又且疾⑤濕注足未愈，見今服藥調攝。昨文武各官，因東事緊急上本，已知道了，俟朕詳覽發行。卿可傳示各官，於本衙門辦事，静聽俞旨。時⑥諭卿知。欽此。'臣竊計之，當此虜情聖⑦急、人心震動之時，諸臣以用人、發帑二事赴闕懇請，至再至三，其憂時體國之誠，聖明自當調⑧鑒，皇上即深居九重，未有不悚然動念者。詎意聖體偶值違和，正需調攝，臣聞之不勝瞻戀。今既諭以'知道'，許以'詳覽發行'，仰見聖意業已轉移，允行俱在不日。諸臣敗⑨不静聽？臣愚但望皇上於一、二日間，時⑩二部侍郎及贊畫主事盡賜點用，並將應發帑金多少，先示的數，以慰中外

萬曆四十七年

三五九一

①鋪 "鋪"當作"輔"。

②法 "法"當作"泣"。

③官 "官"當作"官"。

④奉 "奉"當作"捧"。

⑤疾 《明神宗實錄》卷五八〇"疾"作"痰"。

⑥時 "時"當作"特"。

⑦聖 《明神宗實錄》"聖"作"緊"，是。

⑧調 "調"字當誤。

⑨敗 "敗"當爲"敢"之誤。

⑩時 "時"當作"將"。

# 萬曆起居注

① 遵 "遵"當作"尊"。

仰望之心，此臣所爲惓惓屬望者也。除遵旨即刻傳示各官外，所奉聖諭，謹遵①藏閣中。臣謹回奏以聞。"

十三日丙申，大學士方從哲謹題："昨晚蒙發票九卿科道公本，允用兵部兩侍郎及贊畫劉國縉，臣不勝慶幸，以爲聖明之主，易於轉圜若此。今早已密示吏兵尚書趙煥等。適又發下吏部單推兵部左侍郎本，臣又不勝驚疑。豈聖意以一時用兩侍郎爲多乎？抑以劉國縉爲不當用乎？又或以帑銀俟即檢發之擬爲未當乎？夫用人、發帑二事並急，皇上既點用三人，則帑銀之發亦旦夕可俟。不知何故又留昨日公本，而發此一左侍郎之本也？欲用而復疑之，已票而又易之，從此人心益加惶惑，衆議益覺沸騰，恐諸臣廷哭力爭、勢所不免。當此之時，臣必不能

② 家 "家"當作"體"。

以一人之口，止衆人之行，豈不傷國家②而益煩聖慮哉？伏望皇上將昨晚票本立賜批發，使諸臣知皇上已行其言，不至有伏闕之舉。其發帑一事，亦望皇上即時③的數先行傳示，庶羣情既慰，外患自消，皇上不惟可釋東顧之憂，而亦可免激聒之煩矣。"

③ 時 "時"當作"將"。

④ 稿 "稿"當作"鎬"。

是日，大學士方從哲謹題："頃蒙發下會推兵部左侍郎本，隨該臣具揭請批發昨晚公本，以慰廷臣之望。適又發下經略揚稿④二本，內稱總兵劉綎從寬⑤進兵，先於初六日，曾有斬獲之報，續據差後⑥回說，綎深入奴寨，被全寨遠⑦賊將營衝開，不知下落。今賊漸向寬奠而來，勢甚岌岌。此時寬奠、鎮江、靉陽俱無將無兵，賊若長驅，勢必難保，自遼陽以西至於山海，亦將望風瓦解。臣恐京師之危，真在旦夕矣。此時皇上尚處之恬然，不肯從廷臣之請，急發內帑，急點各官，以慰人心、作士氣，直待兵臨城下而後倉皇圖之，彼時即金寶如山，誰⑧皇上死守？藉寇兵而資盜糧，嗟呼尚忍言哉？具言至此，臣不覺痛哭流涕，只得再干天聽。伏望將晚⑨擬票允用三臣公本，即刻批發，並將發帑之數先行傳示，次⑩慰中外雲霓之望。臣謹佇立以俟。今九卿、科道、公侯等官，又齊集闕下，屬臣趨赴官門，跪請俞音。臣謹因票本，先此奏聞，萬惟聖明慨允。"

⑤ 寬 "寬"下當有"奠"字。

⑥ 後 "後"當作"役"。

⑦ 遠 "遠"似爲誤字。

⑧ 誰 "誰"下當有"爲"字。

⑨ 晚 "晚"上當有"昨"字。

⑩ 次 "次"當作"以"。

是日，大學士方從哲謹題："今早真①有二揭，皆懇請皇上發昨晚票本，允用兵部左、右侍郎及贊畫三臣，並傳發帑之旨。竊謂事勢主②此，頃刻難遲。適又接有劉綎覆軍之報，人心愈加震恐。刻下九卿、科道、公侯等官又囬③赴文華殿④候夫⑤。諸臣所爲叩閽懇請、不憚再三者，無非以邊情萬分危急，非得皇上允行此二事，必無以壯中國之勢，鼓沿邊將士之心。今宗社安危，全在發帑一舉，皇上萬無惜朽蠹之物，而置祖宗之天下於不顧也。臣謹趨赴仁德門叩頭籲請，恭俟德音。望皇上即刻傳示。"

是日，大學士方從哲謹題："頃臣因九卿科道公侯等官於文華門候旨，臣謹具揭赴仁德門跪請，恭俟玉音。行至寶寧門，適文書官李希哲，捧出重⑥諭，臣隨即啟視：'諭內閣：覽卿所奏，朕知道了。其請發帑銀，朕何吝惜此物？但內庫匱乏，搜括無湊。朕已傳着各處稽查搜括，俟有若干，即給發該部，豈自食言？特諭卿知。欽此。'臣捧請⑦之餘，不勝欣躍。竊謂聖諭諄切若此，帑銀之發當在旦夕，真中外臣民之至願也。適又發下前日公本，允用二侍郎、一贊畫，益⑧聖明留神東事，慨然從廷臣之請。儻事事若此，人心自然鼓舞，邊事何難整頓？以是諸臣亦皆踴躍稱快，曰：'聖心轉動若此，天下事尚可爲矣。'臣愚更望皇上毋視若泛常，立司⑨連夜搜括，使有的數，即於明早宣示臣等，早賜給發，以救水火之急。益⑩遲早總是一發，遲則無濟於事矣。臣謹因回奏，再有所懇。所奏⑪聖諭，謹遵⑫藏閣中。臣不勝⑬。"

十四日丁酉，大學士方從哲謹題："爲懇恩急補閣員事。照得內閣缺人，今兩年矣。政本空虛與諸務廢弛之狀，聖明自有洞鑒，臣不敢復贅。皇上試觀今日時勢何如？遼左進兵相繼敗衂，薊門山海警報頻仍，遠邊近邊危同累卵⑭，請兵請餉急若然眉，四方之章奏紛紜，都下之人心搖動。至於軍國大計、事干廷議者，欲臣主持，戰守機宜、權在本兵者，欲臣參酌，此何等事？又何等時也？而密勿之司，孑然獨處，居常無人幫助，

萬曆四十七年

三五九三

①真 "真"當作"具"。
②主 "主"當作"至"。
③囬 "囬"當作"同"。
④殿 "殿"似當作"門"。
⑤夫 "夫"當作"旨"。
⑥重 "重"字似誤。
⑦請 "請"當作"讀"。
⑧益 "益"下當有"見"字。
⑨司 "司"當作"命"。
⑩益 "益"當作"蓋"。
⑪奏 "奏"當作"奉"。
⑫遵 "遵"當作"尊"。
⑬勝 "勝"下當有刪略。
⑭卯 "卯"當作"卵"。

臨事無可商量，臣安能以一人之心思應酬庶務？以一人之力量擔當重任哉？愁苦無聊，憂心如擣。當此之時，皇上獨不憐臣救臣，急爲推補，俾獲同心共濟之益，臣心力已竭，伎倆已窮，旦夕不支，有顛危狼狽以危①耳。其如政本之中絕何哉？惟皇上自爲社稷計，亟敕該部會推，至②賜點用。臣不勝③。"

是日，大學士方從哲謹題："昨蒙皇上從廷臣之請，允用兵部侍郎及贊畫主事，一時諸臣踴躍快④，日⑤：'聖心轉動如此，天下事尚可爲也。'惟是帑銀一節，尚在搜括，未蒙頒給。羣情即⑥望，有如飢渴，昨出朝時，叮嚀囑臣雲：'此事全望擔當，有如緩不濟事，或少不如數，難辭其責。'夫以遼事之被⑦敗如此，虜情之危急如此，三軍枵腹以待食，邊臣呼天以望救，迫切之情，不啻水火，而接濟軍餉，鼓舞人心，惟恃發帑之一着，皇上尚可尋常視之哉？昨蒙聖諭諄切，仰見皇上決無吝惜，決不食言，臣分宜恭候，何敢再爲煩瀆？惟是早一刻，則軍士早霑一刻也⑧惠，遲速稍異，而人心之向背、封疆之安危判焉。此臣所爲凜凜於衷，不能須臾少待者也。伏望皇上留神，於今晚或明早，即賜傳示給發，免致諸臣叩閽再請，以瀆宸聰，臣等幸甚，國家大事幸甚。"

是日，大學士方從哲謹題："照得殿試策問，舊例於十四日午前發下，臣令中書官寫完，送司禮監刊刻。今日已西矣，伏望皇上即刻檢發，庶謄寫刻印不致誤事。臣謹佇立以俟。謹題。"

是日，大學士方從哲謹題："伏蒙發下殿試策題，臣謹看中書官馬鍵寫黃畢，謹用封進。伏乞聖覽，發司禮監到⑨刻刷印，十五日早頒給諸貢士恭對。謨其⑩題以聞。"

十五日戊戌，大學士方從哲謹題："自有遼東警報以來，大小臣工無不驚懼駭愕，而民間尤甚，加以山海關又有虜情，人心益恐怖，訛言四起，有謂達賊已至山海者，有謂已至遵化者，轉相驚疑，各思奔竄，各省官吏士民及商賈之輩向寓京師者，率多攜家避難而去。如此景象，是禍不止於邊方，而變且生於

---

① 危 《明神宗實錄》卷五八〇"危"作"死"，是。
② 至 "至"當作"並"。
③ 勝 "勝"下當有刪略。
④ 快 "快"上當有"稱"字。
⑤ 日 "日"當作"曰"。
⑥ 即 "即"當作"仰"。
⑦ 被 "被"字似爲誤字。
⑧ 也 "也"當爲誤字。
⑨ 到 "到"當作"刊"。
⑩ 謨其 "謨其"當作"謹具"。

幾①內矣。邇來四方饑民就金②來京者，不知幾千萬，遊食僧道十百成羣，名爲鍊魔，填塞街③，亦踪迹詭秘，莫可究詰。又有拜把根④徒，結爲死黨，詐財搆訟，睚眦殺人，無所不至。又白運、紅村⑤等教，各立新奇名色，妖言惑衆，實繁有徒。此皆無良之人，居常幸災樂禍，日望天下有事，得以逞其睥睨之奸。皇上深居九重，寧知蕭墻隱憂，萬分可慮，一至於此？於⑥奴酋奸細，處處有之，儻譏察不嚴，令其潛住此中，禍尤不小。昨見都察院題差五城御史及九門巡視，其於鎮壓人心、譏防奸宄，乃目前第一急務。蓋城差面⑦因無人，俱屬大差帶管，事務既多，精神不一。惟用新資御史，則授職伊始，焠礪方新，委任既專，責成自易，庶可以奏證⑧清之效，要⑨輂轂之民。皇上若猶吝此一官，不即差委，豈但都人不得安枕而卧，黨⑩一旦變生意外，即九廟神靈亦且不安，國家之事尚忍言哉？頭⑪見皇上於巡關之差，隨票隨發，安危大計蓋無時不惕於衷。則何不推此一念，速點巡視御史，以消內變而禦外侮也？萬一聖意未肯盡用，乞將原本發臣票擬，先允五城之差，其餘着候旨行，亦無不可。事在燃眉，惟皇上意⑫圖之。臣以勢迫心驚，乎⑬書潦草，更祈聖慈鑒宥。"

十八日辛丑，大學士方從哲謹題："爲進卷失詳懇恩認罪⑭。照得殿試舊例，貢士試卷讀卷各官分閱之，取定上卷，送閣臣一人總校之。昨十六日，臣等齊至東閣，該臣照例將卷均分託，已而諸臣各送一、二卷於臣。臣正在參酌，適吏部尚書趙煥送到一卷，臣閱之，文與字俱佳，竊意可備魁選。隨即傳諸臣共看，有謂係是會元卷者，臣謂論卷之佳否，是否會元不必論也。比見其頌聖之後，誤寫一'醪'字爲'膠'字，心竊疑之。又思以一字之錯，而棄其全卷，不無可惜。及徧閱諸臣送卷，又似無踰於此者，因與衆人再議，定爲進呈之首。昨十七日早，又有謂臣此卷刮補數字，恐難進呈者，臣謂先日已經衆目，並未看出，且各卷俱已封固，臨時豈能更改？至昨晚御批發下，臣始於燈一照之，見第三行果有數字係是刮補，臣

萬曆四十七年

①幾 "幾"當作"畿"。
②金 《明神宗實錄》卷五八〇"金"作"食"，是。
③街 "街"下似有脫字。
④根 "根"當作"棍"。
⑤白運、紅村 《明神宗實錄》卷五八〇"白運、紅村"作"白蓮、紅封"。
⑥於 "於"上當有"至"字。
⑦面 "面"當作"向"。
⑧證 "證"當作"澄"。
⑨要 "要"當作"安"。
⑩黨 "黨"當作"儻"。
⑪頭 "頭"當爲誤字。
⑫意 "意"似當作"亟"。
⑬乎 "乎"當作"手"。
⑭罪 "罪"下當有"事"字。

不勝悚懼。因思殿試係掄材大典，臣以一時疏略不及致詳，其錯字雖屬微瑕，而刮字實未嘗細看，臣之罪安辭也？緣臣半月以來，憂懼交侵，昏耄愈甚，迷謬之罪非止一端，而此則其章明較著者，臣之不稱任使，益見於此矣。伏望皇上鑒臣一時之誤，原非有心之過，將臣或加罰治，或徑賜罷斥，免致爲盛典之累。臣不勝皇恐待罪之至。"二十日，奉旨："覽奏試卷字樣差錯，檢閱失詳，既認罪，知道了。卿宜安心佐理。該部知道。"

是日，大學士方從哲謹奏："爲奉職無狀突被人言懇恩速賜顯斥以全臣節事。昨十五日，皇上策天下貢士，臣切①讀卷之列，與諸臣同在東閣供事。至晚聞候補御史鄭宗周有疏論臣，不知所言何事，臣思寫榜、傳臚，俱在三日之內，未敢杜門，以誤大典。至十六午後，始得宗周疏讀之，見其責臣甚深，而其詆臣甚力，臣不勝慚惡。竊念而②猥以庸劣，久玷樞機，曠官之罪自知甚審。即如天災時變，臣不能挽回，民窮盜起，臣不能匡濟，以致政本久虛，大僚多缺，考選不下，言路幾空。以此責臣，臣實無所逃罪。然臣爲此數事，亦既無不盡之心，無不竭之力矣。近日東師喪敗，遠邇震驚，有如虜勢長驅，京師之危當在旦夕。臣自③擊時事，憂心如焚，如請視朝，請用人，請發帑，請點巡視御史，但可爲救焚拯溺計，無不汲汲皇④，圖濟顛危於萬一，而無奈微誠之未達，聖聽之難回也。宗周乃以人材之空虛、耳目之壅敵⑤、虜勢之猖獗、兵將之敗衂、京師之駴恐，一切歸罪於臣，至目臣爲奸、爲邪、爲妒賢、爲誤國，凡可以訴臣詈臣者，無所不至，無乃已甚乎？獨其所言簡閣臣、補大僚、廣耳目、議兵食，及遣將防漕⑥諸事，皆救時之急務，皇上所當急爲允行者也。臣極知東事危急，聖心焦勞，此正主憂臣辱之時，非臣杜門求去之日。但臣一日不去，則人心一日不兵⑦，不惟無救時事之助勤，而且益增聖心之煩惱，臣之罪益不可贖矣。伏望皇上將臣先賜罷斥，亟簡新臣數員，令早入綸扉，共圖安攘長策，不獨臣節獲全即虜患可消而國事亦可無虞矣。宗社幸甚，臣愚幸甚。"

是日，大學士方從哲謹題："適文書官沈應兆，恭捧聖諭到臣私寓：'諭内閣：朕覽卿等所奏遼事緊急，軍餉缺乏，朕雖在宮中静攝，未嘗不軫念邊疆為重。近年以來，動轍①請發内帑，視為口實。雖先年開礦及分税之銀，每年各節令、過喜慶大典禮，進聖母，及賜賞賫各宫、並皇太子、諸王、公主、内外輳接支用，尚可②寄庫未給。況且内庫空虚，搜括無餘，該部所進上供正額銀兩，拖欠數多，每年尚不敷費用，從何餘積給發？朕思聖母御居之宫，恐前次檢③不到，復傳着經管員役、管事牌子人等，細加搜括，有累年積蓄、預備賜各宫節令及賞賫各項銀三十六萬兩，所有皇后並諸妃嬪等、皇太子及諸王公主内外各執事人等，進邊餉銀若干，給與户部，作遼④差官星夜解赴該類⑤，以作軍餉等項友⑥用，以濟急需，以稱朕憫恤至意。其餘還着户兵二部，從長設處。卿可傳示兩部，會議來行，毋得仍習虚文，借言請帑，致誤邊事。青⑦有所歸。特諭卿知。欽此。'仰見皇上雖深居静攝，而於遼左虜情之緊急、軍餉之缺乏，無不洞鑒而深念之。兹特允廷臣之請，慨發聖母宫中累年積蓄銀三十六萬兩，又皇后並諸妃嬪等、皇太子及諸王公主、内外各執事人等，所進邊餉銀三萬餘兩，給與户部，令速發該鎮，以濟急需。此在皇上為大賚之仁，在邊鎮為及時之惠。將見德音一布，中外歡呼，從此士飽焉⑧騰，三軍之氣自倍，所以鼓全遼人之心，襪點⑨夷之狂魄者，將在是矣。臣再莊誦聖諭，知皇上於内庫空虛之日，多方搜括，以捐此數十萬之資，與前兩次傳諭之旨，正相符合，出朽蠹以佐軍興，真大聖人之作為，超出尋常萬萬也。臣可勝欣仰？除即刻傳示兩部，會其會議外，所奉聖諭，謹遵⑩藏閣中。臣謹且⑪回奏以聞。"

十九日壬寅，大學士方從哲謹奏："為人言再至臣義難容哀懇天恩立賜罷斥並祈亟簡新臣以重政本以濟時艱事。臣因御史鄭宗周論列，甚⑫疏乞罷。昨接邸報，見禮部主事夏嘉遇相維⑬有疏，大約以遼左之衷⑭師，皆由李維翰之輕處，而歸罪於臣票擬之未當。臣甚愧之。然不曰爵⑮臣，而曰奸臣，恐非實錄。

①轍 "轍"當作"輒"。
②可 《明神宗實錄》卷五八〇"可"作"有"。
③檢 "檢"下當有"查"字。
④遼 《明神宗實錄》卷五八〇"遼"作"速"，是。
⑤類 "類"當作"鎮"。
⑥友 "友"當作"支"。
⑦青 "青"當作"責"。
⑧焉 "焉"當作"馬"。
⑨點 "點"當作"黜"。
⑩遵 "遵"當作"尊"。
⑪且 "且"當作"具"。
⑫甚 "甚"當作"具"。
⑬維 "維"當作"繼"。
⑭衷 "衷"當作"喪"。
⑮爵 "爵"字當為誤字。

# 萬曆起居注

當維翰失事之時，始而聽勘，既而爲民，兩番處分，皆請於皇上，然後奉而行之，非臣所能私，亦非臣所敢私也。若以執奏責臣，臣實無以自解。至於科臣趙興邦，臣雖與同鄉，然踪迹頗疎，經年不一見，而此長安臣民所共知者。有何機關？有何照應？若夫貂參白鏹之説，則尤關臣名節，天日在上，臣有死不服也。但嘉遇亦自謂風聞，臣可無辯。夫以時事名艱，臣能不效，尸素之罪，臣自甘之。嘉遇以險鄙擬臣，已自不類，乃又謂二奸之狀，罄竹難書，何言之易也？臣有無奸伏，廷臣知之，皇上知之，即天地鬼神亦且鑒之，臣當付之公論。惟是當聖明之朝，上有堯舜之主，而密勿贊襄之臣，主①以奸名，臣不足惜也，寧不蓋②朝廷辱縉紳之士乎？伏望皇上將臣速賜褫斥，以正誤國之罪，敕下吏部，即日會推閣臣，立刻點用，庶庸臣去而國體可全、賢臣進而時克濟，國事幸甚，臣愚幸甚。"

二十一日甲辰，大學士方從哲謹奏："爲天怒未回人心滋懼藩籬重鎮旦夕難支懇乞皇上立刻臨期朝③集羣策以保危邊事。自遼左出兵以來，三路喪師，將卒損傷幾盡，道臣府佐繼殞行間，雖曰人謀之不減④，或者天心猶足恃也。乃連接巡撫周永春揭帖，海州有白紅貫日之異矣，神機庫有軍器被焚之異矣，沈陽有風折旗杆之異矣，涼馬甸有五星相鬥之異矣，大清堡有門樓火起、焚燬火藥火器、及延燒民房數百間、燒死男婦數十人之異矣。怪哉，何災異之疊見如此也？又十一日夜，狂風驟起，撫院門前旗杆平根摧折，鎮虜臺旗杆三處火起。夫廣寧乃鎮城首地，旗杆係遠近觀瞻，此之爲變，比前更爲重大，更爲切近。嗟呼，豈天果欲亡遼、而故先出此以示警耶？喪敗之餘，羣情洶懼，加以天象若此，軍氣日益夭⑤沮，人心日益驚惶。開原商賈士民，逃竄幾半，寬甸城堡，奔潰一空，遼之爲遼，其岌岌⑥乎有不保之勢矣。遼失而禍立至於山海，立至於京師，患切然眉，救同拯溺。此何時也？皇上尚可晏然九重，不即出臨御，與羣臣共圖挽回之計，商備禦之策乎？其一切遣時⑦練兵，護畿輔，衛都城，節經兵部題覆，與臺省諸臣條議，已纖

①主 "主"當作"至"。
②蓋 "蓋"字疑誤。
③期朝 "期朝"當作"朝期"。
④滅 "滅"當作"臧"。
⑤夭 《明神宗實錄》卷五八〇"夭"作"灰"。
⑥笈笈 "笈笈"當作"岌岌"。
⑦時 "時"當作"將"。

細靡遺，臣不敢復贅。但望皇上即目①出御文華殿，召集文武百官，合②各攄所見，備陳禦虜方略，仍親煩③天語，戒諭中外臣工，在內者務實心任事，毋得玩愒偷安，在外者須殫慮籌邊，毋得因循養患，期以消彌天變，固結人心，徐收滅虜之功，無蹈覆車之轍。庶幾天威一震，國勢自張，自朝廷以至於邊徼，莫不凜然知懼，銳然改圖。即醜虜聞之，亦且有所畏而不敢逞。以今日要④攘一大機括，皇上必不惜此一自⑤之勞，而置宗社生靈於度外也。不然，邊烽之緊急既如彼，天心之震怒又如此，朝野洶洶，以為京城之危品⑥在朝夕。而皇上猶深居大內，令臣下先由一見顏色，直待寇逼郊關，城門晝閉，而後出朝集眾，面詢退虜之策，恐噬臍無及，而天下大事去矣。臣位列股肱，誼同休戚，誠不忍見祖宗二百五十餘年之社稷，一旦淪於腥羶。故不勝痛哭流涕，為皇上一決安危之大計。惟皇上及早圖之，宗社幸甚，天下臣民幸甚。"

是日，大學士方從哲謹題："伏見數日以來，皇上點用兵部侍郎、贊畫立⑦事及督撫各官，昨又慨發帑銀四十萬兩。竊意皇上於東事之危急，人心之迫切，已洞見而深慮之，故於用人行政之際，奮發若此，臣不勝欣幸。自此以示⑧，用人之最急者，無如五城巡視御史與吏部所推大理寺丞熊廷弼、六科所舉給事中姚宗文。蓋都城之內，五方雜處，奸宄叢⑨，種種可慮。萬一邊報再急，人⑩即大內亦且震驚，而閭閻無論矣，此奠安根本第一要務，皇上斷不可惜此一官，而忽兵⑪危之大計也。至於熊廷弼、姚宗文二臣，令其銜命而往，一引宣慰以固人心，一司閱視以稽覈功罪，且身在地方，脫有緩急，便可就近委用，此又保障對⑫疆第一要務，皇上所當急為允從者也。伏望皇上軫念時勢已迫，救焚拯溺萬難遲緩。昨日吏部題本、都察院催本、及前日六科之本，即刻發臣票擬，立賜批行，京師幸甚，邊事幸甚。臣謹仵立以俟。謹題。"

二十三日丙午，大學士方從哲謹題："臣竊惟今日遼事急矣，賊事⑬以屢勝而志愈驕，我以屢敗而氣愈挫，儻長驅之勢

①目 "目"當作"日"。
②合 "合"當作"令"。
③煩 "煩"當作"頒"。
④要 "要"當作"安"。
⑤自 "自"當作"日"。
⑥品 "品"字當為誤字。
⑦立 "立"當作"主"。
⑧示 "示"當為誤字。
⑨叢 "叢"下當有脫文。
⑩人 "人"字當為衍文或誤字。
⑪兵 "兵"當作"安"。
⑫對 "對"當作"封"。
⑬事 "事"字當為衍文。

# 萬曆起居注

三六〇〇

不能遏之於境上，則深入之患耳①不急備於目前？當此之時，議備、議守、議兵、議餉、竭蹶劻勷者，諸臣之職也，下詔罪己、臨朝勵衆、諸②用人則用、請發帑則發、批答章奏無少遲留者，皇上之事也。數日以來，點兵部侍郎與贊畫矣，點四處督撫與巡關御史矣，發帑銀四十萬兩以助軍餉矣，聖心既有轉動之機，則時事儘有挽回之望。而急切當用之人，如戶部左侍郎，則尚未點也，如起用臺臣熊廷弼、議遣科臣姚宗文，則尚未允也，巡視五城及九門御史，則尚未用也，考選、散館與各處巡按之差、節經部院催請，而俱未蒙檢發也。當此事勢危迫之時，用一人則得一人之濟，譬如子弟之衛父兄，手足之捍頭目，非不至切主③要，而皇上猶持不斷之心，靳不即發，棟已焚而不救，舟已漏而不補，袖手旁觀，甘心覆溺，豈不痛哉？臺省與各衙門諸臣，目擊時艱，輪④誠請獻，無非安攘之主⑤計，防禦之急圖，集衆思收羣策，宜何如亟亟者？上所當即時省覽，採擇施行，而一概留中，漫無可否，徒使諸臣懷忠抱赤，不得一展其匡濟之猷。此在平居，已非求言納諫之美，今何時也？而猶拒拂若此乎？雖事關緊要者，該部隨已據揭題覆，然終不若奉首⑥允行，足以狀⑦人心而孚衆望。且近日經略督撫奏報，與戶兵二部之覆本，亦多遲留未發，誤事尤爲不小。古有奏事司馬門三日不報者，卒階覆亡之禍。由今視昔，能不寒心？謂定⑧亟檢內外章疏，隨上隨下，使天下曉然知皇上志切勵精，憂深霄旰，攘夷雪恥之念未嘗頃刻去懷，庶幾大小臣工爭相感奮，智者攄謀，勇者效力，勵臥薪嘗之⑨志，期於遠紓國難，近遏虜氛，天下事或者猶可爲乎？大抵邊鎮之安危，係朝廷之舉動，人心之警急，視主上之精神。皇上以爲可憂，則臣下無有不憂者矣，皇上以爲當急，則臣下無有不急者矣。救水災⑩之危，貽宗社之安，是在我皇上一振作間而已。今日之事，譬之人身，病已篤矣，勢已危矣，然而一息尚存，則蕩⑪熨誠之，砭猶當⑫方調治，寧有諉之於數，不求醫、不服藥而安然聽其自斃之理？伏狀⑬望皇上悚然思懼，惕然改圖，將部院題推各官，立賜點用，凡有章奏，立賜批發。此救焚拯溺之計，頃刻

① 耳 "耳"當作"可"。
② 諸 "諸"當作"請"。
③ 主 "主"當作"至"。
④ 輪 "輪"當作"輸"。
⑤ 主 "主"當作"至"。
⑥ 首 "首"當作"旨"。
⑦ 狀 "狀"當作"收"。
⑧ 定 "定"似當作"當"。
⑨ 之 "之"上當有"膽"字。
⑩ 水災 "水災"疑有誤字。
⑪ 蕩 "蕩"當作"湯"。
⑫ 當 "當"下當有脫文。
⑬ 狀 "狀"當爲衍文。

不容少緩者，萬惟聖明留意。"

是日，大學士方從哲謹奏："爲微臣再被人言義難猶列懇乞宸斷立賜顯斥並速簡閣臣以無誤因計事。臣迫①因人言指摘，兩疏乞休，未奉俞旨，方杜門②命，適見禮部至事夏嘉遇再疏論臣。謂臣受人擁戴，受人指使，尚歸咎於禮科給事中亓詩教。夫詩教，臣會場所取士也，其立朝之節，人人所知，自臣待罪以來，凡可以相勸相規者，時時有之。惟是臣才劣不能匡時，誠不能悟主，如票擬發帑、考選、枚卜諸事，乃臣所日夜疾心撫躬，踽踽無以自容者，嘉遇但直指爲臣罪，臣能不心服？乃謂臣與人交通，受人擁戴、指使，殆非臣自反自責之初心矣。今時③孔棘，宸衷焦勞，臣不敢致辯，以滋多口、煩聖聽。但望皇上大奮乾斷，將臣即腸④，簡才望之臣入司政本，與皇上共圖安攘大計，此國家治亂安危之一機也。總之，臣才短望輕，原無濟時之略，兼以閣員久缺，共事無人，積戾叢愆，自知有今日久矣。向使閣中得早補二、三人，臣或可少逭今日之罪。又使合⑤日得速補二、三人，臣猶可少免後日之罪。伏望皇上即敕會推，即賜點用，以救目前之禍，貽萬世之安。臣即退伏斧鑕，所甘心矣。"

是日，大學士方從哲謹題："照得遼左喪師之後，人情危懼，皆以乘勝深入爲憂。此時非得一才望素優、實心任事之人，爲衆所推服者，到彼料理，恐無所濟。昨廷臣會議，欲起原任御史熊廷弼，銜命而往，使其撫安軍民，激勵將士。蓋因廷弼先年巡按遼東，豫知奴酋今日必反，凡虜情邊備，悉熟胸中，此遼人所共戴，亦奴奠⑥所畏憚者。若廷弼一到，則人心鼓舞，軍氣振揚。萬一缺人，又可備緩急之用，皇上必不吝此一官，以救該鎮之危急也。伏望皇上，將昨十九日吏部推陞之本，即刻發臣票擬，立賜批行，邊事幸甚。臣方杜門侍⑦命，適在朝諸臣趨臣親詣宮門叩頭懇請，臣未敢唐突，謹先具揭奏聞。明早仍當趨赴仁德門，恭候俞旨。"

二十四日丁未，大學士方從哲謹題："爲恭候萬安事。自有

①迫　"迫"當作"近"。
②門　"門"下當有"俟"字或"候"字。
③時　"時"下當有脫字。
④腸　"腸"當作"賜"，且下當有脫文。
⑤合　"合"當作"今"。
⑥奠　"奠"當作"酋"。
⑦侍　"侍"當作"待"。

東事以來，皇上軫念封疆，籌畫兵食大計，勞心焦思，真有晝不甘食、夜不安寢者。宸衷憂勞如此，凡爲臣子者，心豈能安？臣每一思之，不勝懸仰、瞻戀，五内如割，恨不能捐軀殞首，爲主上分憂。適間又聞聖體以感寒違和，頭暈身軟，連日進藥，臣益不勝孺慕。伏望皇上念此身爲祖宗付託、臣民倚賴之身，順時即宣，加意珍攝，毋因邊情危急過爲愁煩。但將臣等所請大小事務，隨即此①發，吏部推陞各官，速賜允用，則事體自然減省，心神自爾暇豫，葆合太和，介萬年之景福，端在於此。此臣區區祝願之私，亦中外臣民所爲傾心而望者也。立②於近日御史卹③宗周、主事夏嘉遇論臣之事，小臣輕言，原不足較，惟望皇上度外置之，毋介聖懷，是亦省事省心之一端也。"

是日，大學士方從哲謹題："前殿試進卷時，臣因一時疎略，政④有人言。比懇恩認罪，隨蒙聖慈寬宥，臣不勝感激。已而吏部尚書趙煥，亦有認罪之疏，未蒙批發，今尚杜門候旨。照得該部陞選官員，事務煩⑤，一日不容停閣。伏望皇上將趙煥原疏發臣票擬，從令即出視事，不勝至幸。謹題。"

二十五日戊申，大學士方從哲謹奏："爲時事危急難支聖政挽回宜急敬陳用人停稅二議懇祈聖斷允行以慰人心以固元急⑥事。頃者違⑦師矣，師⑧兵將幾空，邊事急若然眉，國勢危於累夘⑨，在廷之臣惴惴焉不猶⑩爲封疆慮，且深爲社稷憂矣。臣目擊時艱，中心如擣，凡可殫忠悉慮、少佐廟謨萬一，何敢不罄竭其愚？除選將募兵、綢繆防禦之術、見於諸臣之條奏者，聽該部題覆，皇上當一一允行，無庸再議，臣以爲目前急務、可以慰又⑪心、固元氣者，無如用人與停稅二事，臣敢不辟⑫煩瀆，再爲皇上陳之。夫閣員之缺久矣，在乎時亦無一人獨任之理，況今邊圍告急，人心動搖，羽檄紛馳，封章填委，當此之時，議兵議餉、議戰議守、所頓⑬密勿之贊襄者何如？而徒令一衰庸無用之人，株守一隅，孑然無助，望其佐萬幾、參羣議、豈有幸乎？廣輔弼以寄腹心，則爰立之典，皇上奈何不亟舉也？部院有長有貳，所藉以分猷共念，克襄厥職，即尋常且不可

①此 "此"當作"批"。
②立 "立"當作"至"。
③卹 "卹"當作"鄭"。
④政 "政"當作"致"。
⑤煩 "煩"下或上當有脱文。
⑥急 "急"當作"氣"。
⑦違 "違"字似當作"遣"。
⑧師 "師"當爲衍字。
⑨夘 "夘"當作"卵"。
⑩猶 "猶"當作"獨"。
⑪又 "又"當作"人"。
⑫辟 "辟"當作"避"。
⑬頓 "頓"當作"賴"。

之①人，況今虜勢倡②獗，遠邇戒嚴，而九列大臣缺焉不備。萬一有庚戌之變，則皇城各門、都城九門，皆需一人防守，乃寥寥數員，各有衙門專青③，彈壓之任，將付之誰乎？及今點用，已屬後時，若再遲延，噬臍何及？補卿貳以備股肱，則會推諸臣，皇上何可不亟用也？科道居耳目之司，膺糾察澄清之任，即平居無事，亦有巡視、巡城巡按諸差，用以防奸警玩、消釁孽而杜亂萌，況今邊患制④膚，羣情震悚，諸不逞之徒伺隙而動者，所在而是，匪籍⑤科道諸臣偵巡而鎮壓之，遠而幾⑥輔，近而都城，旦夕之間，將有不則之禍，則亟允考選、散館各官，以充任使、備非當⑦，尤萬萬不容再緩者。遷謫諸臣跧伏林壑蓋有年矣，彼其困衡既久，閱歷滋深，以老成練習之人，出而當宏鉅艱難之任，未有不效者。宜敕該部，酌量才品，擬授一官，某某居京卿之職，某某備邊道之推，奔走折衝⑧，隨宜器使，舒山林久鬱之氣，鼓豪傑嚮用之心，諸臣有不盛衡⑨思奮，期得一當，以報國恩者，臣不信也。至於御史劉光復，亦宜釋其纍囚，付以從軍參贊之任，其所建樹，必有可觀。如是，則仁賢效用，朝廷之氣象自新，羣策畢舉，國家之威靈自根⑩，制虜力⑪安邊，端不出此。而儒⑫久屯之膏澤，收既渙之人心，則無如罷稅一事矣。自搉稅以來，敲骨吸髓，痛楚徧於閭閻，竭澤焚林，剝削窮於海內，小民已囂然喪其樂生之心矣。邇復以遼餉之故，概行加派，望恩未得，而重困隨之，彼孑遺之民，誰能堪此？虜患迫於月⑬，人心離於內，欲國家無危，胡可得也？謂宜速降明詔，將各處零總稅務令行停止，以消怨讟之心，救土崩瓦解之患，誠今日弭亂持危之要術矣。夫此數者，皆諸臣所嘗言，亦臣所慶⑭言，當此救焚拯溺之時，豈是曲突徙薪之計、似乎迂而無當？不知禦寇在兵，養兵在餉，而集衆思以資勝算，充庶位以壯國威，則惟用人為第一義，而結人心、弭內變，合⑮停稅一著亦無他策。伏望皇上俯聽臣言，將閣臣即敕會推，大僚盡數點用，下考選、散館之命，起久廢之官，頒停稅之令，如是而內治不固，外侮不消，請戮臣以正妄言之罪。至於遺⑯姚宇⑰文查勘東事，道⑱科臣分閱九邊，容臣即另疏專請。

萬曆四十七年

三六〇三

①之 "之"當作"乏"。
②倡 "倡"當作"猖"。
③青 "青"當作"責"。
④制 "制"當作"切"。
⑤籍 "籍"當作"藉"。
⑥幾 "幾"當作"畿"。
⑦當 "當"當作"常"。
⑧衡 "衡"當作"衝"。
⑨衡 "衡"似當作"稱"。
⑩根 "根"當作"振"。
⑪力 "力"字當爲衍字。
⑫儒 "儒"當作"霈"。
⑬月 "月"當作"外"。
⑭慶 "慶"當爲誤字。
⑮合 "合"當作"舍"。
⑯遺 "遺"當作"遣"。
⑰字 《明神宗實錄》卷五八〇"字"作"宗"，是。
⑱道 "道"當作"遣"。

臣不勝。"

二十七日庚戌，大學士方從哲謹題："頃蒙皇上點用熊廷弼，大小臣臣①莫不踴躍稱快，以為用得其人，遼事可無遇②慮矣。此外只有特遣科臣查勘一節，最為喫緊。蓋自有虜變以來，諸凡事體，但憑彼中奏報，即如近日三路兵敗，士焉③損復④幾何？逃回幾何？各城堡見在堪以防守備戰者幾何？以至虜情之虛實，邊防之修否，人情之向背，錢糧之盈縮，一切軍中情狀，匪得科臣銜命而往，逐一查覈明白，據實奏聞，其何以作三軍之氣、紓九重霄旰之憂耶？向來廷臣之議，皆謂候補給事中姚宗文堪任此事，昨二十六日，吏部又有題催之本。伏望皇上即刻發臣票擬，立賜點用，所關於邊事之要⑤危者不小。今時事甚迫，人情仰望甚殷，臣不勝。"

是日，大學士方從哲謹題："本月十八日，該兵部尚書黃嘉善有《庸臣溺職》一疏，為聞言自劾等事，已經臣票擬，未蒙批發。昨二十六日，該吏部尚書趙煥有《衰眊庸臣不堪重任》一疏，其杜門謝事。在嘉善，雖以軍機緊急，每日進部料理，而青衣待罪，殊為尤⑥便，伏望皇上念此國家多故，正人臣鞠躬盡瘁之時，將加⑦善疏立賜批發。其趙煥疏，即時發臣票擬，敕令速出視事，國事幸甚。"

二十八日辛亥，大學士方從哲謹題："昨接遼東巡撫周永春塘報，據清河回鄉男婦高光祖等供稱，奴酋帶領兵馬，於本月初六日回巢，光祖在營聽得，李永芳差漢人八名進境，徑往三岔河研⑧，聯船二十日進望回話⑨，二十四日要搶金台失去⑩等情。該臣看得，奴酋之蓄憤於北關久矣，向來猶畏中國兵馬為北關掎⑪角，以是未敢輕動。今見我兵敗衂，將士損傷，自⑫中已無全遼矣，北關孤弱，何異龍⑬禽？奴兵一至，非潰則降耳。若此關既克，無復內顧，鼓行而西，直蹈無人之境，猱⑭遼左則遼左危，闖山海則山海危，薄薊鎮則薊鎮危，國家之勢，岌岌乎殆哉。為今之計，須以守遼為第一義。而遼之兵馬何如也？

①臣臣 "臣臣"當作"臣工"。
②遇 "遇"當作"過"。
③焉 "焉"當作"馬"。
④復 "復"當作"傷"。
⑤要 "要"當作"安"。
⑥尤 "尤"當作"不"。
⑦加 "加"當作"嘉"。
⑧研 "研"似為"沿"之誤。
⑨聯船二十日進望回話 "聯船二十日進望回話"當有誤字。
⑩去 "去"當為衍字。
⑪掎 "掎"當作"犄"。
⑫自 "自"當作"目"。
⑬龍 "龍"當作"籠"。
⑭猱 "猱"當作"蹂"。

自三路失利，全鎮幾空。今欲調之他鎮，前此屢經徵發，勢難復辨。即使有兵可調，而文移往復，道路遼遠，豈能猝至？欲募之近地，則喪敗之餘，人心惟怯，談虎色變，誰肯輕生而往？以臣愚計，惟有就遼鎮籍民爲兵，庶幾有裨實用。遼自寧前、廣寧以及遼、瀋、開、鐵、金、復、海、蓋，大城十餘，每城不下二、五①萬衆，此外各處城堡屯寨，難以悉數，總計當有四五十萬。若汰甚②老弱，搜其强壯，可得精兵十餘萬。人授之鎧仗，給以月糧，無事則保固城池，且耕且守，有警則捍禦疆圉，足食兵③，不行屯田之法而獲屯田之利，不墾屯田之地而有屯田之兵，救時急着，無便於此。説者或恐擾民政變。臣以爲若行於禍難未迫之時，無故張皇，或行於腹裏不識兵戈之池④，駭人耳目。又或曰後⑤鄉兵操練，而不給月糧，容有激變之事。今遼患剥⑥，虜在城下，即不載兵藉⑦，不食兵餉，亦必今⑧其乘城拒守，况食官賦而衛私家，有保令⑨桑梓之利，無背離鄉井之苦，臣知其必無怨心也。蓋遼左之民，非流寓明⑩軍餘，若涣然無統，未必有效死勿玄⑪之志，惟藉⑫而爲兵，統之以將帥，束⑬之以隊伍，節制而使之，忠義以激之，調征進退，疇不用命？危遼得此，可以易累卵爲磐石之安，奴酋且不能越遼左一步，况敢望山海而窺薊門呼⑭？或者又謂新餉有限，今猝增多兵，月糧豈能徧給？臣愚竊計，三路損傷之卒，奚正⑮數萬？若即以缺額之糧，充民兵之餉，劑量多寡，不其相懸。且土著之人，既無安家，又無内顧，較募兵之費，所省不知多少。乃概用於調募之客兵，而獨靳於地方之死士，豈計之得也？第恐當事者，以爲非常之事，未易改弦，或持議者不彼⑯拘攣之見，中制而旁撓之，則遼已無兵，調之不前，募之不應，奴兵一動，何以支持？遼事真不可爲矣。若薊門防禦之兵，又有可言者。薊兵自調發援遼之後，較平日極爲單虛，且承平日久，從來未經戰陣，視遼兵强弱不伴⑰。故奴虜不入則已，萬一闌入，以遼兵不能敵者，望薊兵敵之，豈可得乎？今不得已爲根本之計，仍須將宣大、延寧敢戰之士，各抽一、二千，拜⑱調山東文登、武定等營防倭之兵，河而⑲毛萌蘆等兵，共得萬餘，

萬曆四十七年

三六〇五

①五 《明神宗實録》卷五八〇"五"作"三"，是。
②甚 "甚"當作"其"。
③兵 "兵"上當有"足"字。
④池 "池"當作"地"。
⑤後 "後"似當作"役"。
⑥剥 "剥"下當有"膚"字。
⑦藉 "藉"當作"籍"。
⑧今 "今"當作"令"。
⑨令 "令"當作"全"。
⑩明 "明"字當誤。
⑪玄 "玄"當作"去"。
⑫藉 "藉"當作"籍"。
⑬東 "東"當作"束"。
⑭呼 "呼"當作"乎"。
⑮正 "正"當作"止"。
⑯彼 "彼"當作"破"。
⑰伴 "伴"當作"侔"。
⑱拜 《明神宗實録》卷五八〇"拜"作"併"，是。
⑲而 "而"當作"南"。

擇一智勇大將統之，以援遼爲名，駐札閣①內近地。東事急，則與薊兵犄角而爲捍禦之師，東事緩，則率之出關，與遼兵聯鷄②以待征剿之用。再選真保、山西腹裏軍兵共二、三萬，亦以援遼爲名，與前兵互爲聲援，分置永平、薊昌、通涿等城，一面操練，一面防守，捍禦與進剿機宜，一如前議。嘉靖庚戌，虜薄都城，勤王之師環四面而營者十餘墼③，虜遂不敢攻城，擄掠而去，我兵尾之，擊其倦歸，俘獲甚衆，此往事之驗也。若但徼幸目前，以爲虜騎必不能深入，處堂燕雀，苟且相安，萬一乘勝長驅，一旦豕突而至，當此武備積衰、徵調不前之際，欲望起兵勤王、與虜壁相向者，誰也？彼時回④顧徬徨，莫知所措，嗟何及矣？説者或謂宣大、延寧皆係衝邊，鎮兵防虜，豈宣⑤再動？且既不能調之防遼矣，又豈能調之防薊？不知事勢有緩急，道路有近遠。北虜雖在當防，尚未若東夷之炎炎，額丘⑥隨調隨補，亦不患於空虛。且自各鎮到薊門，纔有遼左之半，急急圖之，猶可借其一臂之力，緩胑⑦體而衛腹心，資近水以救急渴，似未可以執一論也。第恐諸臣自分畛域，誼之⑧同舟，爭執遷延，動經時日，致以救焚極⑨溺之舉，爲築舍道旁之謀，所謂議論定而虜兵已渡河矣。不於此時晝夜括⑩据，爲綢繆捍衛之計，竊恐北關失，遼勢孤，藩籬撤，而門庭潰，内無守禦之備，外無勤王之師，天下事尚忍言哉？臣不習軍旅，安敢言兵？且諸臣之條陳，本兵之區畫，已無遺策，原不欲多言以掣當事之時⑪。適因邊報緊急，若⑫然眉，不勝中心危懼。謹據所聞，聊陳一得，以位⑬前著之籌。伏惟聖明省覽，敕部裁議。臣不勝激切悚慄之至。"三十日，奉旨："朕覽卿奏，奴酋猖獗，將士敗衂損傷，遼薊阽危，深切警惕。所請擇將、調兵、招募、捍禦、剿⑭諸事，有禆國計，着該部便會議妥當具奏。"

二十九日壬子，大學士方從哲謹奏："爲時事萬分危急臣力萬難支持哀懇天恩速補閣員事。自東師失利，虜勢益張，遼在⑮存亡，判在呼吸，識者咸凜凜有社稷之憂。當此之時，宣

①閣　"閣"當作"關"。
②鷄　據《明神宗實錄》卷五八〇，"鷄"當作"絡"。
③墼　"墼"當作"壁"。
④回　"回"當作"四"。
⑤宣　"宣"當作"宜"。
⑥丘　"丘"當作"兵"。
⑦緩胑　"緩胑"當作"援肢"。
⑧之　"之"當作"乏"。
⑨極　"極"當作"拯"。
⑩括　"括"當作"拮"。
⑪時　"時"當作"肘"。
⑫若　"若"上當有"勢"字。
⑬位　"位"當作"佐"。
⑭剿　《明神宗實錄》卷五八〇"剿"上有"防"字，是。
⑮在　"在"當作"左"。

力攄謀，竭蹶勷勛者，諸臣之我①，而運籌決策，彈②忠弼贊者，則輔臣之責也。臣以一介書生，濫叨密勿，馳驅數載，精力已罷。值茲警報頻仍、議論紛紜之際，一舉一動，關繫安危。臣安能以一人之心思，應酬庶務，以一人之力量，擔當大事耶？雖戰守機宜、兵食方略，上有宸斷，下有廷議，昨③臣所敢擅專。即一票擬之間，或處置失宜，或主持不當，誤事亦自不小。皇上軫念東事，日夕焦勞，奈何不一慮及此耶？臣憂時念切，如烈火燒身，日望閣臣早補，如溺永④之望援，倒懸之望解。千愁萬苦，天地祖宗必且鑒之。皇上若猶視若尋常，不即推補，使臣得與新臣謀斷相資，同心幹國，則綿弱之力既不能有為，孤子之身又無從兵⑤濟，究使封疆潰裂，國步傾危，臣即蒙一時之顯戮，貽萬世之罵名，無足惜也。使天下後世謂皇上不用輔臣，不恤國事，致祖宗艱難百戰之天下，一旦敗壞而不可收拾，皇上亦何辭於九廟神靈耶？伏乞亟敕該部，作速會推，立賜點用。"

是日，大學士方從哲謹題："頃該廷臣公議遣科臣姚宗文查勘事⑥事，此係今日禦虜安邊最要着。昨吏部、兵部皆有特疏題催，臣從哲先亦具揭懇請矣。安危成敗所關，皇上必不吝此一官以拂眾人之心，誤封疆之事。伏望二部題本，即刻發臣票擬，立賜批行，俾宗文星夜前去，將本鎮兵馬、錢糧、城堡、器械一切防禦之備，並近日喪敗情形，逐一查覈明白，據實奏聞，以憑聖明處分。比⑦萬分緊要，不容時刻少緩者。臣謹伫立以俟。謹題。"

二⑧十日癸丑，大學士方從哲謹題："為恭慰事。頃該禮部接出內府揭帖，皇太子才人王氏，於萬曆四十七年三月二十三日巳時薨逝。臣聞之不勝驚惋。恭照皇太子才人王氏，誕育皇孫，素彰淑德，今一旦薨逝，宸衷不無傷悼。伏望皇上以聖躬為重，加意珍護，無敷過嬰重懷，實宗社臣民之主⑨幸也。臣謹具揭恭慰，仰候萬安。不勝惶悚瞻戀之至。"

---

萬曆四十七年

三六〇七

① 我 "我"當作"職"。

② 彈 "彈"當作"殫"。

③ 昨 "昨"當作"非"。

④ 永 "永"當作"水"。

⑤ 兵 "兵"當作"有"。

⑥ 事 "事"當作"東"。

⑦ 比 "比"當作"此"。

⑧ 二 "二"當作"三"。

⑨ 主 "主"當作"至"。

# 萬曆起居注

## 校注

① 四 "四"上當有"萬曆"二字。

② 濟 "濟"當作"齋"。

③ 扳 "扳"當作"報"。

④ 汁 《明神宗實錄》卷五八一"汁"作"計"。

⑤ 維 "維"似當作"沿"。

⑥ 請 "請"當作"諳"。

⑦ 擬 "擬"當作"報"。

---

四①十七年四月甲寅，朔，大學士方從哲謹題："昨二十九日，該臣具疏懇請皇上速補閣臣，計已徹聖覽矣。臣傾心懸望，以日爲年。竊謂目前諸務雖屬緊要，而惟此一事，尤萬分難緩。蓋當此邊情危急、國事擾攘之時，安危大計，決非臣一人所能幹理、所能擔當。比及誤事而後罪臣、罷臣，亦已無及。伏望皇上即敕吏部，作速會推，即點二、三員，與臣共事。庶政本之地，協贊有人，遇有疑難大事，可以彼此商確，不至錯誤。此不獨臣愚之幸，實國家之利也。臣憂心如焚，旦夕不能少待。惟皇上憐臣、救臣，立賜宸斷。不然，臣當沐浴濟②心，躬叩宮門，號泣以請，皇上即怒臣激瀆，立加斧鑕，臣亦甘之矣。"

二日乙卯，大學士方從哲謹題："昨初一日，該臣接得遼東總兵李光榮、山海總兵柴國柱塘扳③四紙，皆稱各虜入犯情形。最後李光榮一報則稱，虎墩兔憨帶領達子七、八萬，於本月二十五日上了馬，已到地名孛羅胡汁④兒相對鎮靜堡，明說講賞，暗要犯搶等情。該臣看得，虎酋垂涎內地，蓄謀已久，今見東師失利，愈肆狂逞，旦夕犯搶，勢所必至。當此東征調發之餘，維⑤邊一帶，兵力單弱，肘腋之間，萬分可虞。雖近經明旨申飭，邊臣自當加意綢繆，而地廣兵稀，顧此失彼，安能保其萬全也？臣請皇上再敕兵部，速行督撫鎮道等官，加謹隄備，偵探拒堵，務保無虞。仍急差通官請⑥曉夷情者，乘虜未入之時，諭以恩威，曉以禍福，使毋得助逆，乘機內犯，並將討賞等事速爲酌處，暫示桃羈縻，或亦退虜緩兵之一著也。臣謹擬諭帖一道，並塘報四紙，恭進御覽。伏惟聖明裁酌施行。

擬 諭 帖 一 道

諭兵部：適見輔臣封進總兵李光榮、柴國柱塘擬⑦，各稱虎酋謀犯，聲息緊急。又沿邊諸虜，俱有入犯情形。朕思山海迤西地方，密邇陵京，近經東征調發之後，兵馬單弱，肘腋重地，十分可虞。爾部可馬上差人傳諭督撫鎮道將領等官，豫先偵探備禦，臨期悉力拒堵，防其深入。仍速差通官諳習夷情的前去曉諭，示以禍福，毋得乘機助逆。其餘討賞的，即酌議處，以示羈縻，務保萬全，無致疎虞誤事。其遼東虜情，也着馬上差人，探聽奴酋動靜聲息緩急，每日傳報，用紓朕東顧之憂。特諭。"

是日，大學士方從哲謹題："頃大計之後，該吏部將各省直俸深有司官，題留出缺，以待揀選及進士大選之用。其應留州縣等官，俱在候旨。乃兩月以來，屢經催請，未蒙檢發。竊思各官離任已久，既無地方之責，旅寓京師，又無官守之寄，若俞旨一下，便可暫圖歸省，於事甚便。且此缺不出，不獨於選法有妨，在各府州縣舊官已行，新官未至，署印者非佐貳則教職，望其潔己愛民、視官事若己事，寧可得哉？前吏部初疏，亦謂題留之後，准令各官給假以去，其於人情可謂曲體。惟是揀選、大選俱已屆期，需次多人，無缺可補，此則於政體、於地方，所誤為不小耳。近日該部又有各縣調繁一疏，無非為地擇人，計安百姓之意。伏望皇上一併檢發施行，銓政幸甚，多官幸甚。"

是日，大學士方從哲謹題："昨該臣懇請皇上檢發緊要章奏，其尚書黃嘉善自効①本、及九卿會議本、巡視科道門禁本，已經批發，並遵奉聖諭訖。此外最緊最要不容少緩者，尚有吏部尚書趙煥其②辭及科臣姚宗文查勘東事二本。蓋吏部此月有揀選舉貢與大選教職之事，文③會推應天、雲貴巡撫，俱不可遲，尚書趙煥以候旨未下，杜門謝事，當此急切用人之時，妨誤不少。至於科臣查勘之差，則眾論僉同，謂遼左喪敗之餘，虜中情形及該鎮一切軍機，必須特遣廷臣逐一查覈明白，據實奏聞，仰憑宸斷，庶可以具起積習，震肅人心，真禦虜安邊之急着也。伏望皇上俯聽臣言，將二本即發臣票擬，立賜批發，令趙煥速出，姚宗文早行，銓政幸甚，遼事幸甚。"

三日丙辰，大學士方從哲謹題："適接御史楊鶴揭帖，料奴酋再出必犯遼陽，遼陽不守，則河西不難④自固。須速敕楊鎬與周永春急調重兵，竭力死守，此真禦虜要着，時刻難緩。伏望皇上，即刻發臣票擬，立賜批行。事係萬分緊急，臣不敢多

① 効 "効"當作"劾"。
② 其 "其"當作"具"。
③ 文 "文"當作"又"。

④ 難 "難"字當誤。

詞以煩聖聽，惟皇上亟圖之。謹題。"

是日，大學士方從哲謹奏："爲捐捧助餉少效微忱事。自奴夷發難，邊鄙不寧，徵兵轉餉，幾徧天下。伏蒙我皇上軫念封疆，俯從羣臣之請，兩次發帑以助軍具，不獨三軍之士感激皇恩，即中外臣民莫不欣戴。臣職叨輔弼，休感與同，當此缺餉之時，寧無急公之誼？伏乞敕下户部，將臣一年應得俸銀，如數扣留，以爲新餉之用。雖涓流無裨於大海，而臣一念犬馬之忱，或可藉此以少抒矣。"

四日丁巳①，大學士方從哲謹奏："爲臣力已竭臣病日深懇乞聖明亟簡新臣早斥病臣以無誤國計事。頃臣再疏乞罷，並請皇上亟補閣臣。嗣是專請之章，又已再四。蓋臣求去之心與望補之心，交切於中，不啻倒懸之求解，水火之望救也。而半月以來，杳無消息，任臣號呼哀籲，一切置若罔聞。臣愚不識聖意，果以當今之時，虜情邊備一無足慮乎？抑以虜患雖殷，自有樞臣運籌，計臣轉餉，大小臣工效忠宣力，而閣臣遂可置而不論乎？如臣碌碌，誠不足有無，於時事誠毫無裨益。獨計祖宗以來，廣置輔弼，以藉論思，司票擬，即平居且不可廢，且不可偏任一人，豈以今日醜虜跳梁、封疆阢隉、人情震駭、國勢阽危之時，而密勿贊襄之臣，可令虛無其人哉？以臣致主無能，匡時不效，逐之可也，戮之可也，若因一人不得其用，而遂盡廢輔理之司，久稽復立之典，以致政本中絕，祖制全墮，皇上其何辭於祖宗？何辭於天下後世哉？臣願皇上於萬九之服②，深思熟慮，以自爲社稷計，無貽後日之悔也。臣一日未去，則一日懷君國之憂，目擊時艱，五内如割，私居偃仰，頃刻靡寧。緣待罪之身，不敢入閣辦事，擬每日趨赴朝房，恭候票擬，以明臣子靖共之誼。而教③日以來，憂勞益甚，愁苦日增，心力俱窮，形神並憊，奄奄氣息，知不久於人世矣。臣既不能自保其生，而殫心竭力，爲皇上贊萬幾，爲廷臣參末議，豈可得哉？誤國誤君，萬死莫贖。及今褫奪，已屬後時。伏望皇上，將臣先賜罷斥，亟簡才望之臣，入司政本，庶贊襄有託，

① 巳 "已"當作"巳"。

② 萬九之服 "萬九之服"當作"萬幾之暇"。

③ 教 "教"當作"數"。

禍患有消，臣即立伏斧鑕，所甘心矣。"

六日己未，大學士方從哲謹奏："爲時艱益甚臣罪滋深懇乞天恩立賜顯斥並速簡新臣以重政本事。竊惟國家設立閣臣，非徒使之優游充位而已，平居則格心輔政，抒匡弼之忠，有事則扶顚持危，效勷勩之力。稱其稱①則任之，溺其職則斥之，未有數載虛縻，一籌莫展，當國步艱難之日，無匡維幹濟之功，乃猶任其尸位素餐、久妨賢路者。臣蒙恩拔摧②，六載於茲，深愧力薄誠微，平時不能感格君心，斡旋時政，以致大僚多缺，言路幾空，誤國妨賢之罪，臣自知甚審。況今奴酋猖獗，邊境貽危，皇上夙夜焦勞，日與當事諸臣圖難兵食大計，而臣曾不能運籌決策，以仰贊廟謨，即求用一緊要當用之人，求下一緊要當下之旨，而亦不可得。有臣如此，皇上安所用之？其誤國家之事，豈淺鮮哉？況以臣之不肖，千罪萬罪，臣自甘之。乃近日因臣之故，波及言官，是臣溺職於一身，其罪猶小，而貽累於諸臣，其罪益大。臣亦人也，良心不死，清議可畏，尚安能隱忍苟容，以增政本之辱，爲言路之羞哉？日來臺省諸臣談東事者，多以失職責臣，言言藥石，中臣膏育③，臣不勝慙悚。私念輔弼之臣，謬膺心膂之寄，值此封疆多故、主憂臣辱之時，而不能竭蹷經營，圖報國恩於萬一，乃徒汲汲求去，此豈復有人心者哉？但臣心力已竭，伎倆已窮，留之無益分毫，而徒阻仁賢進用之途，釀國家無窮之禍，誠不如早去一日，猶可免一日之罪，而退不肖以進賢，皇上亦可早收得人之效也。伏望皇上，大奮乾斷，將臣立賜罷黜，敕下吏部，速推才望堪任之臣，立賜點用，俾入司政本，共濟時艱。庶朝政猶可挽回，國勢不至決裂，毋使金甌無缺之天下，爲一庸臣所壞，臣竄伏草野有餘榮。"

是日，大學士方從哲謹題："照得近日邊情危急，人心驚懼不寧，但得皇上將諸司章奏隨票隨批，不至如尋常遲滯，庶事幾無誤，而羣情猶可稱快也。前御史楊鶴一疏，欲行彼處經略、巡撫，固守遼陽，勝敗之九④，決於呼吸，乃發票已經三日，

① 稱 "稱"應作"職"。
② 摧 "摧"當作"擢"。
③ 育 "育"當作"肓"。
④ 九 "九"當作"幾"。

尚未批行，安能濟事？昨兵部有請差科臣閱視九邊一疏，又有請敕朝鮮及北關一疏，禮部有請卹陣亡將士一疏，皆屬緊要，難以遲緩，此外有左贊①徐光啟練兵一疏，亦於遼事有裨，伏望皇上盡賜儉②出，發臣票擬。其已票楊鶴二本，並尚書趙煥辭本、姚宗文查勘東事本，並祈即刻批發。臣不勝。"

是日，大學士方從哲謹題："臣連日懇請皇上推補閣臣，詞已窮，心已竭矣。蓋因目前邊情緊急，國勢阽危，朝廷之事任大責重，必非臣一人所能擔當，以是日夜焦思，寢食俱廢。皇上試思，以③國家何等之時？而以如此大事付臣一身，又不添補一、二人與臣共事，臣才力有限，聞見又寡，每遇一疑難重大之事，無人商確，獨自躊躇，一或差錯，妨誤不小。臣忝皇上腹④心之託，即盡瘁而死，自是分誼當然，其如誤天下國家何？臣千愁萬苦，憤問⑤欲死，不得已，手書密揭，誠⑥再請。惟望皇上發天地好生之心，憐臣困苦無聊，允臣所請，敕下吏部，早推數員，即賜點用，救臣於垂死之時，真皇上莫大陰功，微臣當世世啣結者也。"

八日辛酉，大學士方從哲謹奏："為懇乞聖明亟斥誤國之臣以清政本事。臣自三月以來，乞身之疏凡五上矣。誠以國家多故，主上霄肝⑦不遑，當此之時，竭力匡維，以佐萬幾、襄庶政者，催⑧輔弼之臣是賴。子然一身，旁無倚藉，智盡能索，於時事無益分毫。惟望皇上亟行攷⑨卜，廣置賢才，使政柄有歸，臣便可束身伏罪，退就斧鑕，此臣區區之凡心耳。昨見御史唐世濟閣臣尸位誤國一疏，因明公迹不列名之故，併責及於臣。其指為臣罪者，皆臣所自知，亦天下所共知，臣不勝愧服。竊思輔臣所自效於君者，不過用人、行政二事。而自臣待罪以來，大僚不補，考選不下，時政關⑩失與人情所仰望者，毫髮未能挽回。即如巡視五城御史，臣於去冬屢次揭請不報，頃都察院題差之後，臣以五城九門合請，又以五城單請，又於乎⑪書密揭以請，俱不報。此惟皇上知之，外廷或不知也。然請而不得，何貴於請？徒託空言，何裨實用？一事如此，其他可知。

是數年以來，朝政否塞，其咎皆在於臣，又不止票擬之斗①而已。臣佐理不效，褫奪不足以盡其辜。至於今罪狀已明，與②情共棄，甚至兒童廝養，無不愁歡罵詈。狼狽至此，尚可儼然居輔理之司，辱縉紳之士乎？伏望皇上將臣立賜顯斥，使臣得竄田野，無致貽禍無窮。不勝至幸。總之，今日臣非決去，無以贖尸位之愆，皇上非亟斥臣，無以正誤國之罪，而不速補新臣，俾司政本，無以任國家之事、分皇上之憂，是在聖明一乾斷間耳。"

是日，大學士方從哲謹題："該臣累疏乞休，未奉明旨，分宜杜門候命。惟是時方多事，不敢偃卧私居，連日俱於朝房恭候票擬。適聞工部右侍郎林如楚，昨日拜疏之後，隨即移出城外。照得如楚向因老病，十二疏乞歸，自去冬至今，逾半年矣。屢蒙溫旨慰留，未敢遽去。乃病勢侵尋，委難復起。不意昨脫，竟與③疾而出，已行之轍，似難強留。伏望皇上，將如楚疏發臣票擬，儻蒙聖恩，允其回籍，不獨如楚感戴洪慈，即大小臣工亦莫不誦皇上如天之度矣。至於本部印務，須得一人署掌，而目前卿貳寒寒④數人，各有專司，難以兼攝。容臣與各部諸臣議定，恭請聖裁。其本部左侍郎，向該吏部會推廣西巡撫林欲厦、浙江巡撫劉一焜，其催本見在御前。伏望皇上檢出，即賜點用。其右侍郎員缺，亦乞敕部作速會推，令刻期到任管事，庶二司有人，而部務不至於廢弛矣。謹題。"

十一日甲子，大學士方從哲謹題："為哀懇天恩速補閣員事。臣濫叨揆地，將及六年，自同官吳道南去後，獨任且二年矣，輔理無能，罪愆山積。日望皇上亟行枚卜，簡二、三才望之臣，入居政本，臣便可束身請罪，以謝前愆，不意天听愈高，微誠未達，日復一日，終無俞允之期。至於今則時事日益艱危，臣身日益狼狽。臣此時不去，更無可去之時，閣臣此時不補，亦更無當補之日矣。皇上試思，今日虜患剝膚，羽書旁午，安危判於呼吸，國勢有若綴旒。此何等事？何等時也？而密勿贊襄之任，可獨付之一人？又可付之衰庸無用之一人乎？臣力不

① 斗 "斗"當作"失"。
② 奥 "奥"當作"輿"。
③ 奥 "奥"當作"輿"。
④ 寒寒 "寒寒"當作"寥寥"。

勝，即顛仆而死，有何足惜？皇上明知臣之不勝，而不早用能者，以爲臣代，是皇上自棄其社稷而不顧也，此臣之所未解也。且近日皇上於戶部則用督餉大臣矣，於兵部則點左右侍郎矣，豈非以時方多故，兩部之事非一人所能獨理乎？夫部務雖繁，猶有司屬多官承行商確，耳目既廣，思慮易周。若臣則塊然一身，終日獨處，平居交游歸寡，聞見罔資。及事幾之來，絕無一人可以諮訪籌畫，欲其擬議悉當，處置咸宜，胡可得耶？皇上奈何不推增用部臣之意，亟補二、三閣臣，爲政本計，兼爲微臣計耶？臣非不知言益多，則聖心益厭。然閣員一日未補，則臣不能一日無言，皇上誠厭臣言，則何不慨賜允行，亟爲推補？一以收輔理之效，一以免激聒之煩，豈不一舉而兩得耶？是枉宸衷一決斷間而已。臣心力已竭，詞理已窮，一片血誠，即祖宗列聖之靈，當爲降鑒。皇上若猶視若尋常，漫然不理，即偶一念及，旋復置之，則新臣終無推補之日，微臣終無退避之期，臣計服①之，惟有自經溝瀆，甘爲匹夫匹婦之行而已。臣早夜思維，籌之甚熟，非此不足以塞臣責，非此不足以悟主心，非此不足以贖②誤國之罪，即貽笑天下後世，所不恤矣。惟聖慈憐而察之。"

是日，大學士方從哲謹題："昨接署刑部事戶部尚書張問達揭帖，內稱刑部事務繁多，詞訟之聽理，獄情之斷決，時允③可緩。祇因刑科缺官，無人發抄，以致諸事停閣，深爲不便。欲請皇上將候命給事中周之綱，即賜允用。該臣看得，六科之乏人極矣，然每科尚有一人署掌印務，猶可支吾了事，惟刑科則闃然一空，科抄久廢，錦衣衛亦以欽發人犯，無人簽押駕帖，不便問理。我皇上好生之德，同符堯舜，奈何惜此一人之用，而不爲重人命、清刑獄計也？伏望將問達近日題本，發臣票擬，立賜批行。"

十二日乙丑，大學士方從哲謹題："爲邊報日急時事岌危朝政益壅人心滋懼懇乞聖明速發章奏以慰羣情以救禍亂事。臣於令④早接得遼東撫按揭報，有謂奴酋於四月內，犯搶瀋陽開鐵

①服 "服"似當作"報"。
②贖 "贖"當作"贖"。
③允 "允"當作"不"。
④令 "令"當作"今"。

者，有謂達賊百十餘騎，於初一日進搶散羊谷地方，當日出境者，有謂虎墩兔敢憨二、三萬騎已到正比臺。離邊口十數里者。警報紛紜，頃刻數至。此封疆何等時耶？皇上深居九重，寧知邊情危急若此？今臨御既不可望，無由面奏以達宸聰，但得皇上將諸用①章奏關係東事者，隨即發票，隨即批行，俾緊要軍情不至躭誤，且使中外之人，曉然知主上霄衣肝②食，未嘗一日忘遼，庶九③邊事猶可圖耳。乃近日以來，壅滯愈甚，其最要者，如吏部推姚宗文查勘東事本，如兵部四省募兵、宣諭朝鮮、分練營兵、閱視各邊諸本，如都察院題差巡視五城九門御史本，於時事何等關切？而一概留中，該臣屢次揭催，未蒙檢發。甚至尚書趙煥辭本，擬票已久，一批而發，有何難事？而亦遲留至今，致使銓政久停，人心觖望。竊望朝廷之上舉動若此，而羣情踴躍、神氣振揚，胡可得耶？夫常情玩愒易，鼓舞難，時事因循易，振刷難，責今日之人，料理今日邊事，尤難之難。即使九重之上銳然勵精，朝乾夕惕，猶恐奉行不力，無以臻實效而奏成功，而聖心先自怠忽若此，何以責之臣下乎？臣目擊時事，憂心如焚。竊意今日朝廷之上，可以勵人心、弭邊患者，無如速發章奏一事。輒敢竭誠懇請，惟望皇上毅然乾斷，將前項諸疏概賜檢發，以後凡遇東事封章，隨上隨下，無至稽留。易亂爲治，轉危爲安，機不出此。萬惟聖明留意。"

十四日丁卯，大學方從哲謹題："爲懇恩亟補閣臣事。昨一月以來，臣懇請之章，不下十數，而尚未蒙聖慈之見允，且無一旨言及。不知臣再三之瀆，果未經聖覽乎？抑亦厭臣煩聒，而故置之不理乎？無論臣才劣望輕，平居不能匡濟，即今邊隅告急，夷虜縱橫，折衝禦侮之謀，萬非臣一人所能獨辦。臣每接警報，憂心如焚，早夜徬徨，寢食都廢。當此之時，皇上猶不憐臣之苦，聽臣之言，亟敕會推，亟賜點用，直待臣困頓無聊，狼狽以死，而後倉卒圖之，不已晚乎？夫獨任數年，妨賢誤國之罪也。值此政本久虛，勢窮理極之日，而不急請枚卜、汲汲皇皇求賢以自代，尤罪之罪也。今自大小臣工，以及市井

①用 "用"當作"凡"。
②肝 "肝"當作"旰"。
③九 "九"當作"幾"。

小民，無不以此歸咎於臣，誚讓交至，怨聲盈耳，臣之身真無所容於天地之間矣。皇上優禮羣臣，體恤矜全，纖悉備至，臣雖不才，固皇上所嘗寄心膂之任者也，一旦身敗名辱，進退無門，乃忍令其顛連窮困，一至於此，而不爲一動念、一引乎①耶？臣憤悶之極，計無所之。初擬匍匐宮門，流涕請命。念聖躬方在靜攝，且門禁新嚴，未敢唐突取罪。趨赴文華門，叩頭哀懇，立俟俞旨。"

是日，大學士方從哲謹題："今早該臣具揭，懇請皇上推補閣臣，謹於文華門恭候明旨。適文書官李希哲口傳聖諭：'傳諭元輔知之：所奏朕已悉覽，知卿親來文華門，上揭候旨。朕連日違和，服藥調攝。請補閣臣，知道了。欽此。'又令臣出外候旨。臣聞之，不勝欣躍。臣因連日待罪朝房，不敢入閣，以是聖體違和，昭②藥調攝，臣俱不及知，殊深惶悚。所皇③皇上，倍加珍護，以迓天麻，下情不勝至願。至於推補閣臣一事，遲之二年，爲將已久，臣以隻身支特④數載，心殫力竭，於勢已窮。邇年人情責備益深，怨詈交作，天地雖大，臣身無以自容。惟望皇上薄⑤好生之德，救臣於水火之中，即賜點用，庶妨賢之罪得以少釋，而再事皇上尚有日也。且聖諭既許以'知道'，若將臣捐⑥立賜批行下部，固無難事，而猶未蒙慨發，此臣不能不翹首傾心、惓惓致望耳。容臣於明早齋沐趨入，仍於文華門叩頭候旨外，謹具回奏以聞。"

十五日戊辰，大學士方從哲謹題："照得推補閣臣，昨蒙皇上諭臣以'知道了'，蓋聖心已灼見其當補，無可疑矣。但早一日，則朝廷早得一日之用，臣愚可早免一日之愆，於計至便，於事甚易也。臣不敢多言，致煩聖聽。但祈皇上毅然獨斷，傳一會推之旨，則數年曠⑦事一舉可完，政本幸甚，臣愚幸甚。謹於文華門叩頭中⑧懇，翹望俞音。"

是日，大學士方從哲謹題："頃自遼左喪師，中外震恐，連日又報虎墩兔憨擁衆數萬，逼近邊墻，挾賞不遂，勢必深入犯搶。以是人心益加惶懼，日夜不寧。竊思部⑨城寥闊，五方雜

① 乎 "乎"當作"手"。

② 昭 "昭"當作"服"。

③ 皇 "皇"當作"望"。

④ 特 "特"當作"持"。

⑤ 薄 "薄"當作"溥"。

⑥ 捐 "捐"當作"揭"。

⑦ 曠 "曠"當作"曠"。

⑧ 中 "中"當作"申"。

⑨ 部 "部"當作"都"。

處，不逞之役①，如臣所謂游僧、把棍、白蓮等教，伺隙而動者，已非一日。儻邊上聲息再緊，此中必先擾亂，竊掠街坊，震驚大內，皆所不免。是可不爲寒心哉？適見禮部有禁左道橫②亂萌一本，內稱游僧之中，恐有奴酋奸細。其言詳悉，慮極深遠。皇上試一覽之，未有不竦然動念者。當此之時，匪得巡城御史密訪而而③嚴緝之，何以折奸萌而消隱禍也？頃都察院具題五人，皇上已用其一，若再將此四人概賜允用，俾令專管巡視，則地方寧謐，輦轂肅清。不惟都民安枕，而九重亦可免意外之虞。臣固知皇上必不吝此數差，而不爲保安根本至計也。況兩年以來，皇上於諸臣未嘗不陸續點用，令④若用此四人，於時事更爲喫緊、爲得力。故臣不避煩瀆，再一申請，非爲諸臣求一官，實爲京師慮，爲宗社慮也。萬惟聖慈鑒察。臣又惟考選、散館，需次多年，勢窮理極，臣不能挽回天聽，概賜俞允，而但惓惓以城差爲請，自知非體，自知溺職。祇因目擊時艱，見此際此差，萬不容緩，故不得已，先爲然眉之計。至於都察院已題九門及各處按差，禮部將題封差，盡賜點用，尤臣愚無已之至望也。"

十六日已巳⑤，大學士方從哲謹題："先該禮部題准，萬曆四十七年分應貢及四十五等年起復病痊等項歲貢生員，開送翰林院考試。臣會同詹事府詹事兼翰林侍讀學士掌院事劉一燝出題、彌封考試，取中文理平通上卷六卷、文理亦通中卷三百五十九卷，俱應准貢。謹將各試卷封進，伏乞聖裁發下，開送該部欽遵施行。謹題請旨。"

十九日壬申，大學士方從哲謹題："臣以推補閣臣一事，候命文華門，今六日矣。該文書官兩次口傳，諭臣以'知道'，許臣以'即有旨'。下臣方幸微誠已達，俞旨旦夕可幾，不謂至今尚杳然也。當此邊方危急、國家存亡呼吸之秋，臣既不能獨力支持，又不得一、二人同心共濟，下既無辭於衆人之責備，而上又不能徹主上之聽從，臣之身將何所容哉？臣進退俱窮，勢

萬曆四十七年

三六一七

①役 "役"當作"徒"。
②橫 "橫"當爲誤字。
③而 "而"字當衍。

④令 "令"當作"今"。

⑤已巳 "已巳"當作"己巳"。

必狼狽而死。以身殉國，誠何足恤？惟是皇上明知臣之不任，而不早斥臣，明知新臣之當補，而不急補以助臣，若有意困臣，必欲置之死地者。此臣所以仰天推①心而泣血也。日者廷臣請發內帑，於文華門候旨三日，皇上即允其所請，慨發四十萬金，可見積誠既至，聖心未有不動者。臣螻蟻之忱，雖不逮諸臣，而所請者亦朝廷之事，非臣一人之私圖也。皇上獨漠然不以動念，臣且奈之何哉？臣聞祖宗朝，凡閣臣請事，或封章密進，或造膝而陳，至於平臺煖閣，從容訪問，商確移時，又我皇上初年屢行之故事也。今聖躬深居九重，臣求見既不可得，疏揭又不報聞，連日匍匐殿門，踆踆躑躅，號呼流涕，概置不聞。臣不足惜也，皇上試思當日禮閣臣者何心？諫行言聽，宛然乎足②腹心之誼者又何心？而今乃使臣主③於此極耶？伏望皇上憐臣萬苦之衷，察臣不能獨居之勢，將臣此揭立賜批發，敕部作速會推，俾臣得少逭溺職之罪，起死超生，臣當啣結於世世矣。臣兩日病瀉，困頓不支，私念聖心轉動有機，敢不忍死以待？今日仍扶掖入內，於文華門候旨。臣不勝。"

是日，大學士方從哲謹題："先該禮部題准，願就教職舉人，開送翰林院考試。臣會同詹事府詹事兼翰林院侍讀學士掌院事劉一燝，出題彌封，嚴加考試，取中文理平通上卷④、文理亦通中卷二百六十三卷，俱堪授教職。謹將各試卷進呈御覽，伏乞聖裁發下，開送該部，欽遵施行。謹題請旨。"

二十日癸酉，大學士方從哲謹題："該臣懇請皇上推補閣臣，連日於文華門候旨。妄意此乃當今第一大事，臣竭誠苦情，庶幾聖意印⑤回。伏奉聖旨：'覽卿所奏，情詞懇切，具見為國至意。今虜氣⑥日熾，國家多事之際，正賴卿居中籌畫。今以小臣浮言，於朝房視事，豈成政體？卿宜任勞任怨，當以君臣大義為重。宜遵旨即日入閣輔理，以副眷倚。請補閣員，朕知道了，少俟有旨。該部知道。欽此'臣恭奉恩綸，當即入閣辦事。惟是枚卜一事，尚無的期，臣愚一片血誠，終不能挽回天聽，臣何顏再入黃扉，徒滋竊位妨賢之誚乎？且臣所為汲汲皇皇求補閣臣者，正謂虜患方殷，國家多事，臣一人之力可任勷勳？冀早得二、三才望之臣，藉以同心共濟，期於紓邊患、分主憂。而聖意堅不肯聽，堅不肯補，乃但云'少俟有旨'。將俟之何時何日而後得旨耶？明旨責臣以'任勞任怨'，此自臣子常分，何敢辭？至勉臣以'君臣大義'，則臣之請補閣員、再三煩瀆而不敢避罪者，正欲求賢自代，竊附於人事君之誼耳。今早原擬趨朝候旨，奈病瀉未已，加以心火上延，頭痛如割，不得已回寓暫櫊①。儻蒙聖慈憫念，霈發德音，速行推補，臣不勝至願。不然，俟一、二日稍愈，仍當趨赴文華門跪候，期於得旨而後已。臣心殫力竭，計無所施。即②不敢以一去負主恩，亦何難以一死塞臣責？行當親負斧鑕，號哭闕廷，聽皇上之誅戮而已。惟聖慈哀而察之。"

①櫊 "櫊"當作"攝"。
②即 "即"當作"既"。

二十一日甲戌，大學士方從哲謹奏："為臣罪日深人言屢至懇乞天恩亟賜頒斥以清政本以明臣節事。臣因枚卜一事，連日恭候文華門，尚未得旨。昨以頭痛不支，暫歸私寓，擬一、二日稍愈，即當再申前請。其目前緊要諸務，俱未敢煩瀆。竊意皇上幸為臣完此一件大事，其餘俟陸續題催，未為晚也。適見御史孫之益復有疏論臣，大約謂年來災異頻仍，臣不能挽回消弭，以臣為誤國，為當斥。中間列臣罪狀甚多，臣不敢一一置辯，然亦無庸辯也。即阻塞考選、箝制言路二事，乃人臣大奸大惡，犯天下萬世之清議者，臣亦且付之公論，不必辯也。惟念輔臣責任，全在贊襄調燮，使災變不生，登進人才，匡維庶政，俾朝端師濟，宇內和平，方為稱職。邇年災③疊見若此，大僚多缺、臺省空虛若此，夷虜縱橫、邊情危急若此，誰司政本，而令時事一至是耶？之益以此罪臣，即不必臚列多端，臣亦有不能自解者矣。臣猥以哀④庸，久叨密勿，誠微不能感格，力弱不能匡扶，不得已託之於言。至於言不見信，又不得已委曲其行，以冀聖心之感動，甚至激烈其詞，以希聖聽之轉移。臣之用心，良亦苦矣。今概以臣為套，為故事，為欺瞞，為撒潑，一言一動無非罪棄⑤。然則必何如而後可免於今之世耶？

③災 "災"下當有"變"字。

④哀 "哀"當作"衰"。

⑤棄 "棄"當作"案"。

之益教臣極力叩閽，事求必濟，其論甚正。乃枚卜一事，臣於殿門候旨數日，而皇上未肯賜允，兩奉口傳，一奉明旨，而會推之期終無確示。臣之術不幾於窮乎？不知此外，更有何等精誠，何等作用，足以悟主心而盡臣責者？此實臣之所不能矣。臣負君負國，去有餘辜，狼狽至此，萬無濡滯之理。惟願早罷一日，或可免一日之謗，而數年誤國之罪，猶可少贖於萬一耳。伏惟皇上立賜宸斷。至於閣臣不補，終是臣未了之事，容前病少間，仍當匍匐宮門，痛哭流涕，以期聖明之必允，斷不敢因臣之去而置之度外也。臣目眩神昏，語無倫次，更祈聖慈矜宥。"

二十三日己巳①，大學士方從哲謹題："先該臣懇請皇上推補閣臣，於文華門候旨六日。至十九日，奉有'請補閣員，朕知道了，少俟有旨'之命。臣謹欽遵。隨以病困不支，暫回私寓。令②靜聽又四日矣，而准補之旨猶然未下，此何等事，何等時也？皇上尚泄泄若此哉？自半月以來，建酋與西虜謀犯之報，無日不至，臣未敢一一具奏，徒貽君父之憂。皇上豈以東方果晏然無事，遂置國事於度外耶？除目前緊要事體，諸司緊要章奏，臣且不敢盡瀆天聽，但望皇上俯念今日國步艱危，政本之司斷非臣一人所能獨理。且舉朝臣工責備甚至，指摘叢生，臣以衰病之軀，當此艱難困苦之地，衹有枚卜一舉，可以出湯火而解倒懸。若有再少遲，臣真無死所矣。臣謹力疾扶掖，詣仁德門俤③泣懇請，仍赴文華門候旨。臣疾首痛心，一字一淚，惟聖慈恰④而允之。"

是日，大學士方從哲謹題："適蒙發下原任宣府總兵劉孔胤一本。該臣看得，近因遼左喪師，經略、督撫連章告急，兵部議調孔胤領兵東援，孔胤未即啟行，迹涉觀望，隨又有宣軍鼓噪之事。以是部科諸臣，咸謂孔胤逗留撫旨，法應逮問。乃兵部屢次催本，俱未發票。今若先下孔胤之本，則羣議必將紛起，謂皇上姑息廢法，而臣之擬票者亦不得辭其罪矣。臣謹將此本封進，伏望皇上將兵部題本發臣票擬，請自上裁，庶國法彰而

① 己巳 "己巳"當作"丙子"。

② 令 "令"當作"今"。

③ 俤 "俤"當作"涕"。

④ 恰 "恰"當作"憐"。

萬曆四十七年

人心服，所裨於邊事不淺已。"

二十四日丁丑，大學士方從哲謹題："該臣以枚卜一事，昨早躬詣仁德門具揭懇請，隨於文華門候旨。至晚，該文書官王體乾口傳：'萬歲爺連日腹痛瀉痢，頭目眩暈，少俟有旨發行。'夫以聖體違和，正當靜攝之時，臣屢有陳瀆，致煩聖慮，臣目①知有罪。惟望皇上鑒臣困苦迫切之情，曲垂矜憫，早傳一旨，令該部作速會推，不但救臣於水火之中，而宸衷從此可免激聒之煩，未必非清心葆和之一助也。臣不勝戀慕懇祈之至。除臣力疾扶掖，仍於文華門恭候俞查②外。謹具回奏以聞。"

二十五日丁未③，大學士方從哲謹題："該臣連日於文華門恭候枚卜之旨，每晚出宿朝房。適文書官沈應兆口傳：'昨有旨：偶感雨氣寒④，腹疼瀉痢，頭目眩暈，稍愈即有旨。'臣謹叩頭祇領訖。伏念當此寒燠不調之時，聖躬偶爾感寒，以致腹疼瀉痢，頭目眩暈，臣聞之不勝懸念。惟望皇上加意珍攝，以保宗廟社稷之司⑤，實區區犬馬之微忱也。至於推補閣臣，許臣以'稍愈即有旨'，仰見皇上留神，未嘗不以臣言為是，計旦夕當即允行，無俟臣言之喋喋矣。容臣明早詣文華門恭候外，謹具回奏以聞。"

是日，大學士方從哲謹奏："為時事艱危日甚朝政壅滯滋多懇乞聖明速發章奏亟圖用人以慰人心以救禍亂事。自遼左喪師以來，幾兩月矣。警報初聞，宸衷不無競惕，請發帑則發，請用兵部與贊畫則用，請起宣慰則起，請點各處督撫則點。一時政體改觀，人心歡忭，以為聖意轉圜若此，醜虜不足平也。嗣奴酋入犯之報，無日不傳，而河西諸虜擁兵挾賞者，動稱數萬，羽書旁午，中外震驚。竊意皇上聞之，聖心宜何如憂惶？用人行政之間，宜何如奮發？庶九⑥君臣交警，早夜括居⑦，扶危定傾，尚可期也。不謂自四目⑧至今，諸司章奏率多留中不報，即近日河水復赤，變出異常，識者凜凜，恐流血之災不在邊方之遠，而在都城之近，乃禮部修省之疏，皇上亦置若罔聞。天

①目 "目"當作"自"。

②查 "查"當作"旨"。

③丁未 "丁未"當作"戊寅"。

④寒 據《明神宗實錄》卷五八一，"寒"上當有"微"字。

⑤司 "司"字當為誤字。

⑥九 "九"當作"幾"。

⑦括居 "括居"當作"拮据"。

⑧目 "目"當作"月"。

戒之顯著若彼，人事之玩愒若此，欲以消災變而救亂亡，寧可得哉？且人君不能獨治天下，所爲效勵勤、充任使者，惟股肱耳目之臣是賴。今部院卿貳懸缺數多，户部、都察院祇有一人，刑工則一人俱無矣。刑部尚有署印，工部、大理寺則並署即之官亦不可得矣。見任科道或七、八員，或十數員，皆各領數差，一人兼數人之事，馳驅鞅掌，精力俱疲。此在平日已不免缺人廢事之虞，況兹多故之將①乎？萬一虜騎長驅，災有庚戌之變，城門晝閉，内外沸騰，彼時生②門防守屬之何人？巡城彈壓屬之何人？今汲汲圖之，猶恐無及，若禍至而後倉卒用人，能免噬臍之悔乎？臣念及於此，心膽俱寒，不知皇上獨何所恃而不恐也？臣以枚卜一事，竭誠懇請，期以得旨而後已，連日未敢以他事仰干天聽。惟是再自③以來，章奏之批發十無一二，大僚、言官之簡用百無一二，九閽嚴邃，呼吸不通。譬如人之一身，諸邪外侵，元氣内耗，而咽喉阻塞，藥餌無所施，飲食不得進，其人有不立斃者哉？時事至此，萬分可憂，臣輒敢不避煩瀆，隨諸臣之後，復有此請。伏望皇上惕然深省，毅然改圖，念舉朝之公議不可違，圖治之要機不可失，將從前諸司題覆章疏有關東事者，概賜檢發，其吏部推陞各官、都察院題請各差，概賜允用，以後該部會推京營總督、協理、經略、巡撫等官，隨即欽點，並將考選、散館諸臣一概賜允，無再遲留。此聖政更新之機，安内攘外之急務也。"

二十七日庚辰，大學士方從哲謹奏："爲閣臣不補臣計益窮再瀝血誠仰祈矜允事。臣以負罪之身，屢經論列，分宜杜門，席藁以俟嚴譴。祇因閣員久缺，政本一空，臣一日未去，尚有一日之責，且連日匍匐闕廷，竭誠力請，妄謂臣心既盡，聖意可回，儻得早補二、三臣，付以代言之任，則臣愚誤國之罪猶可少贖於萬一也。詎意微誠未達，天聽轉高，任臣涕泗號呼、嘔心泣血，而九重之上，若未嘗聞。雖經文書官累次口傳，皆聖躬違和，少俟有旨。然卒未嘗明示以允行之意、推補之期。苟且遷延，日復一日，畢竟俟至何時而後得旨乎？夫當皇上静

①將 "將"當作"時"。
②生 "生"字當爲誤字。
③再自 "再自"當有誤字。

攝之時，臣愚屢有煩瀆，臣之罪固無所辭。皇上誠惡臣之煩，何不取臣疏揭見在御前者，批一會推之旨？則爰立大典一時可定，臣愚心事一時可完，何至過廑聖慮、經年累月，終無了期耶？臣自十四候旨以來，懇請之章與回奏之揭，多至八、九，不知皇上曾於萬歲之暇，親賜睿覽否？試一覽之，未有不幡然動念者。今內外大小臣工，以及閭閻小民，有一謂閣臣可以不補者乎？有一謂閣臣不補、非臣之罪者乎？天下之人，望皇上而不得，則不得不責備於臣。臣愚望皇上而不得，則又將控訴於誰耶？繼自今，惟有朝夕焚雷①、祝願我祖宗列聖在天之靈默牖宸衷而已。臣身名既敗，義難苟留，直票無人，勢又難以徑去，所爲忍死忍辱，哀號泣訴，以冀皇上之矜憐者，惟此一事。而今若此，將奈之何哉？臣心血已枯，形神俱槁，智窮力竭，無計可施，其死其生，惟在聖心一轉移間而已。若再遲延不補，而但曰即有旨、即發行，雖奉明綸，芒然無的據，是閣臣終無推補之日，臣愚終無得旨之期。臣叨列大臣，亦有心知，亦有面目，安能含垢蒙恥，日僕僕往來，徒取人之笑罵爲哉？臣謹遵昨晚傳諭：俟聖躬稍愈，即爲檢發。今早仍於文華門候旨。伏望皇上大發慈悲，乘冢卿視事之初，立渙綸旨，敕令作速會推，慨賜點用，庶國事有濟，閣體少存，臣一人之生死榮辱，皆不必言矣。"

二十八日辛巳②，大學士方從哲謹題："臣昨在文華門，將晚，該文書官王體乾口傳：聖躬偶疾數日，服藥靜攝，着臣在朝房恭候，稍愈即有旨。臣隨即叩頭而出。私念皇上玉體尚米③萬安，正需調護，乃因臣之煩瀆，屢廑天語傳示，臣心何安？臣不勝皇悚。又念聖意既已轉移，計枚卜之旨，但④夕可下，臣又不勝慶幸。謹遵諭靜聽。今日不敢入內煩瀆，惟有翹首跂足，望綸音之早降而已。臣謹具回奏以聞。"

是日，大學士方從哲謹題："爲恭奉明綸敬陳謝悃事。該文書官沈應兆，恭捧聖諭到臣私寓：'諭元輔：朕目⑤前月以來，不時動火靜攝。昨偶感雨氣微寒，以致腹疼瀉痢，頭自眩暈，

① 雷 "雷"當爲誤字。

② 巳 "巳"當作"巳"。

③ 米 "米"當作"未"。

④ 但 "但"當作"旦"。

⑤ 目 "目"當作"自"。

# 萬曆起居注

① 正 "正"當作"止"。

② 疼 "疼"上脫"腹"字。

③ 弟 "弟"當作"第"。

④ 惟 "惟"下當有脫文。

數日未正①。見今服藥調理未愈。卿所請諸事，有裨時政。今邊方多事之秋，正賴卿弘猷匡贊，共濟時艱。其枚卜閣員並補大僚等事，知道了，少俟朕稍愈，即旦夕詳覽檢發。卿宜遵屢旨，入閣佐理，以副眷懷。特諭卿知。欽此。'臣不勝感激，謹陳設香案，望闕叩頭謝恩訖。竊思聖躬偶感微寒，疼②瀉痢，頭目眩暈，見今服藥調理未愈，臣連日於文華門屢奉傳諭，知之最詳，下情殊深戀慕。犬馬私衷，惟望聖體旦夕勿藥，早就萬安，實惓惓之至願也。至於枚卜閣員，乃當今弟③一急務，臣半月以來，日日匍匐闕廷，哀號泣訴，祈皇上之慨允者，祇此一事。皇上但肯憐臣、救臣，為臣先行此事，則時雖邊方多故，而密勿之地共濟有人，臣敢不勉遵明旨，力疾入閣，以圖佐理，以副主上眷懷？其餘諸事，少俟聖明詳覽檢發，臣有從容靜聽而已。臣迫切苦衷，萬惟④。聖諭容臣什襲珍藏，以為世寶。謹因回奏，附有所懇。臣不勝。"

萬曆四十七年

五①月癸未，朔，大學士方從哲謹題："臣為請補閣臣一事，候命文華門踰半月矣，盼望俞旨，賜斷眼穿，萬苦之衷，皇上或亦憐而察之矣。昨蒙聖諭，許臣以知道、少俟稍愈即旦夕檢發。可見聖心洞然亦知此官萬無不補之理。今臣之疏揭見在御前，但得皇上慨賜批行，則早補一日，臣愚可早免一日之罪，國家可早收一日之功。若再遲延，則責臣罪臣者又將相繼而至，臣益無死所矣。臣屏息靜聽，又過三日，計聖體勿藥，已就萬安，伏望皇上大發慈悲，諒臣萬不得已之情，救臣於困苦危迫之際，敕部作速會推，立賜點用。無量功德，臣當與子子孫孫，世效啣結之報於無窮矣。臣擬明早趨赴文華門，恭候德音。謹先具揭申請。臣無任泣血呼天翹首待命之至。"

是日，大學士方從哲謹題："先該禮部題准，萬曆四十七年分應貢及四十五等年起復病痊等項歲貢生員，開送翰林院考試。臣會同詹事府詹事兼翰林院侍讀學士掌院事劉一燝，出題彌封，加嚴②考試，取中文理平通上卷六卷、文理亦通中卷三百五十九卷，俱應准貢。謹將各試卷封進，伏乞聖裁發下，開送該部欽遵施行。謹題請旨。"

又題："先該禮部題准，願就教職舉人，開送翰林院考試。臣會同詹事府詹事兼翰林院侍讀學士掌院事劉一燝，出題彌封，嚴加考試，取中文理平通上卷六卷、文理亦通中卷二百六十三卷，俱堪授教職。謹將各試卷進呈御覽，伏乞聖裁發下，開送該部欽遵施行。謹題請旨。"

三日乙酉，大學士方從哲謹題："自內閣缺員以來，兩年之間，臣露章以請不報，密揭以請不報，社③門懇請皆不報。頃不得已，待罪於朝房，又不得已，候旨於文華門、候旨於宮門，凡臣所為皆二年④餘年內閣所不經見之事，亦二百餘年閣臣所未嘗歷之苦，而臣不暇避亦不敢辭也。悲號泣訴，叩闕呼天，如竇人之乞哀，罪人之望赦，凡行道之人，莫不憐臣、笑臣，而獨九重之上，置若罔聞。於是臣之計益窮，而臣之心滋戚矣。皇上聰明天縱，於古今載籍無所不覽，曾見從來輔弼之臣，求

①五 "五"上當有"萬曆四十七年"六字。

②加嚴 "加嚴"當作"嚴加"。

③社 "社"當作"杜"

④年 "年"似當作"十"。

用一人，請行一事，有如此千難萬難者乎？即祖宗朝、我皇上初年，有閣臣缺二年不補、懇請之章多至百數、而猶不見聽者乎？臣力薄誠微，固不能取信於上，獨以聖明在御，賢俊滿朝，乃令輔理之司缺而不備，代言之任虛無其人，徒使朝政日壅一日，國事日壞一日，皇上自爲社稷計，不應若此之左矣。方今用人行政非止一端，時事艱難，斷非衰病庸臣所能匡濟。惟是新臣一補，則臣之所不能爲者，皆可代臣爲之。即如考選庶吉士，乃目前要務，匪得公明正大世所信服之人來主其事，何以愜羣情而完大典哉？今在朝在野，儘不乏人，下有銓部之傳訪、臺省之公評，上有聖明之獨斷，一經會推，旦夕可定，不知聖心何疑何慮、而遲留不決若此？臣每日入朝，必有文書官口傳聖意，令臣於朝朝①候旨。臣謂與其過煩聖慮、數數傳宣，何如早發一允推之旨，俾臣愚免再三之瀆，宸衷省激聒之煩之爲便也？捨至易至簡之事，而日增瑣細無益之勞，真臣愚所不解矣。臣心已盡，臣力已窮，萬懇千祈，祇此一事。如謂邛②閣之外更有何術可以回天，置輔之外更有何策可以免罪，臣之昏昧實不能知，惟有席藁策③身以生死聽之皇上而已。臣靜聽累日，消息茫然。前日之犒④不知已徹聖覽否？兹不得已，再爲申請，刻下仍趨赴文華門，恭候俞旨，惟聖慈憐而允之。"

四日丙戌，大學士方從哲謹題："臣因枚卜一事，候命再旬，其餘諸司政務，未敢一一奏請以淆聖聽。乃其中有十分緊急不容久待者，不敢不條列爲皇上陳之。工部自林如楚去後，堂印虛懸，一切緊要工作，如修城垣、製火器、補選⑤盔甲器械，以及二王婚禮錢糧，俱無人管理矣。兵科自趙興邦出城，印無所屬，一切緊要章奏，如邊情之奏報、兵部之題覆，俱無人發抄矣。至於京營提督、薊鎮總兵，皆使⑥有署印科臣而後會推。此何可一日緩也？兵部尚書黃嘉善請罷之疏二、辭署印之疏一，俱未檢發，當此邊方多事、樞務倥傯之時，而本兵重臣令其青衣視事，可使四夷聞且見耶？伏望皇上將工部司務李之華及兵科吳亮嗣本，發臣票擬，各定一署印之官，將黃加⑦

① 朝朝 "朝朝"當作"朝房"。

② 邛 "邛"當作"叩"。

③ 策 "策"似當作"束"。

④ 犒 "犒"當作"揭"。

⑤ 選 "選"似當作"造"。

⑥ 使 "使"似當作"待"。

⑦ 加 "加"當作"嘉"。

善近日辭本檢發其一，俾令安心供職，皆時事之最急者。此外如允刑部署印，點吏部會推尚書、協理、經略、巡撫等官，並屬緊要。至於都察院題差巡按御史，更祈酌量緩急，陸續點用，是亦通朝政、慰人心之一扤[①]也。”

是日，大學士方從哲謹題：“先是禮部具題，於四月十五日廷試天下歲貢，十八日恩[②]舉人。該臣會同翰林院掌印官，將試卷校閲已畢，各於次日封進御覽。今半月矣，未蒙批發。竊計歲貢中願就教職者，又該吏部題請於五日[③]十五日廷試，今日期已近，伏望皇上俯將兩次試卷一併發下，以慰諸生仰望之心。不勝幸甚。謹題。”

七日己丑，大學士方從哲謹題：“頃四月二十九日，該吏部會推工部尚書等官，内經略遼東一缺在此時尤爲十分緊要。該鎮自喪師之後，地方殘破，人心皇皇，舊臣楊鎬雖奉戴罪管事之旨，而卸肩有日，威令難行，自非熊廷弼早得新命，刻期交代，何以新三軍之耳目，繫全遼之人心，使奴酋聞之有所畏而不敢再逞也？廷弼按遼在八、九年前，而虜中情形及制馭機宜談之有若指掌，一旦任事，必能辦此，以紓皇上東顧之憂，遲早之間，關重鎮安危不淺。伏望皇上將吏部推本發臣票擬，立賜批行，此目前第一要務，不容少緩者。其工部尚書、協理戎政及各處巡撫，祈並賜點用，尤爲至幸。”

八日庚寅，大學士方從哲謹題：“照得各省直歲貢生員，近該禮部題奉欽依，於四月十五日初廷，五月十五日未[④]廷，相沿已久。頃四月中，該臣會同翰林院掌院事詹事劉一燝考試，隨將試卷進呈御覽，今去末廷只有數日，而前卷未蒙發下，誠恐有誤欽定之期。伏望皇上留神，即賜檢發。昨詹事劉一燝以考滿未經引奏，具疏求别遣儒臣代爲考校。以臣愚見，廷試閲卷與考滿原不相妨，更望皇上將一燝本發臣票擬，令其照常考校。臣不勝。”

是日，大學士方從哲謹題：“適蒙發下禮部一本，本月二十

①扤　“扤”當作“機”。

②恩　“恩”字似誤。

③日　“日”當作“月”。

④未　“未”當作“末”。

日傳制爲惠王妃行納徵、發册等禮，請遣大臣二員，持捧節母①。臣查舊例，用公一人、大學士一人。今英國公張惟賢有服，成國公朱純臣註籍，臣從哲亦以抱恙候旨，不能供事。吉期在邇，恐致有誤，謹另擬大臣二員，進呈御覽，祈皇上即賜批發施行，大典幸甚。謹題。"

是日，大學士方從哲謹題："臣待命文華門已幾一月，每日文書官口傳聖諭，令臣於朝房候旨。臣念聖躬正在調攝，不敢煩瀆，屛息靜聽，今三日矣。竊意皇上留心政本，曲體人情，見今時勢危急若此，臣心迫切若此，必且憐臣許臣，敕部會推，完此一件大事。從此人言可以暫息，臣兮②可以少安，聖心免激聒之煩，朝廷收用人之效，豈非臣之至願哉？臣望眼已穿，寸腸欲斷，悲煩憤悶，以日爲年，不虞皇上猶遲疑而未肯即決也。儻聖意謂閣臣終於不補，則何不明示臣以不補之故？如謂不當即補，何不明示臣以允補之期，乃徒令臣悲呼泣泝，如身在水火之中，不能一刻寧也？臣痛苦至極，控告無門，自怨自傷，鬱悶幾絶。皇上試問文書官及送本內使，則臣困頓無聊之情，狼狽不支之狀，皆所親見，皇上聞之未有不測③然動念者矣。疾痛呼天，萬非得已，擬於初九日早，仍赴文華門恭候俞旨，惟聖慈矜而允之。"

十日壬辰，大學士方從哲謹題："照得前次歲貢試卷，該臣屢次催請，未蒙發下。茲十五日又當就教諸生末廷之期，若再少遲，必致有誤。天下寒生，令其久候於此，深爲不便。伏望皇上留神，將前本及試卷即刻檢發，多士幸甚，臣愚幸甚。謹題。"

十一日癸巳④，大學士方從哲謹題："臣候命文華門已一月矣，竊意積誠之極，或者天聽可回，而不虞今日之事，不可以當⑤情窺，不可以常理度也。時勢至此，臣無可奈何。不得不以迫切至情，再爲皇上一申懇之。臣負罪之身，屢經指摘，撥之人臣進退之義，寧容有一日苟留？徒以閣員久缺，直票無人，當此國家多事之秋，不敢以九①務之煩，盡貽君父，故不得已以枚卜一事，竭誠懇請，含垢忍恥，日叫號於殿廷之側。臣豈不知臣節當惜，閣體當存，而顧倒行逆施一至此哉？誠念強顏於一時，孰與得罪於萬世？冒濡滯之迹，而爲國家進二、三輔弼之臣，使政柄有託，主勢不孤，臣之罪或可藉此少贖於萬一耳。無奈籲呼雖切，聰聽轉高，九閽沉沉，茫無消息。雖曰煩聖慮，日勤中使之傳宣，然不曰聖躬未愈，則曰聖體尚須調攝，不曰少俟有旨，則曰旦夕即有旨下。輾轉延緩，日復一日，是皇上原無允補之意，不過借此以示羈縻，徒繫臣之妄想，挽臣之去志耳。若使聖意真欲推補，則臣向來疏揭俱在御前，一啟口使②可允行，一舉筆便可批發，有何難事而顧遲疑不斷如此之久耶？臣憂憤日深，躊躇無計，每一念至，忽然忘生，恨不能毀面剖心，以明此憂時爲國之憂，徒有自怨自傷，嘆我生之不辰、反③微誠之朱④至而已。日有愛臣者謂臣：日日揭請，日日叩謂⑤文華門，皇上得無疑其要而故遲之乎？何若姑靜聽以俟聖意之轉移也？此其遇巷之意，臣深以爲然。況臣衰病交侵，形神俱瘁，委頓之甚，即欲勉強趨朝，勢亦不能。惟望皇上察臣萬苦之衷，亟允會推，爲臣開一條生路，臣生荷殊恩，歿無遺憾矣。儻俞旨尚稽⑥，容臣數日之後，力疾匍匐宮門，再行懇請。皇上爲社稷計，兼爲微臣計，恐終無不允之理也。"

①九 "九"當作"幾"。

②使 "使"當作"便"。

③反 "反"當作"及"。

④朱 "朱"當作"未"。

⑤謂 "謂"當作"請"。

⑥稽 "稽"當作"稽"。

十二日申午，大學士方從哲謹題："照得遼左喪師之後地方殘破，兵馬損傷，人心皇皇，朝不保夕。經略楊鎬雖屢奉策勵供職之旨，然謝事在邇，終難展布。新起臺臣熊廷弼舊按遼東，習知遼事，中外臣工咸謂經略之任，非廷弼不可。但早到一日，則邊事早得整頓一日，此時遼人仰望，真若雲霓。聞本官業已馳至近郊，一奉新命，便可出關任事。伏望皇上將吏部會推之本，發臣票擬，立賜批行，邊事幸甚。謹題。"

十五日丁酉，大學士方從哲謹奏："爲閣員推補無朝微臣義難濡滯懇恩亟賜罷斥以全晚節事。伏念臣尸位有年，積愆萬狀，負國負君之罪，不待今日始顯然於天下矣。頃緣邊陲多事，災變頻仍，以致言者相繼而至。臣奉職無狀，循省自愧，計惟有一去，可以謝人言、全末路。然所以未敢遽去者，祇緣每日章奏無人票擬，欲效諸臣掛冠長往，不惟義所不可，亦且勢有才①能不得不隱忍迁②延以俟新臣之至，而不虞天聽之難回，推補之終無日也。蓋時逾兩年，不爲不久，疏揭數十上，不爲不多，至於伏闕月餘，哀號泣訴，而猶未蒙見允，則臣之力已竭，臣之計已窮矣。舍此而別去③挽回之策、轉移之扎④，豈大人格心，更有出於尋常情理之外者乎？無論非臣庸劣所能，即有善爲臣謀者，恐亦無如之何矣。如是，則臣安得而不去哉？始猶曰俞旨可望，今無望矣。始猶曰新臣可待，今不能待矣。留一日徒緩一日爰立之期，遲一日益重一日妨賢之罪，不惟誤國，兼以誤身，誤身之失猶小，誤國之罪甚大。如是，則臣又安得而不去哉？方今朝政壅塞，人情望治甚殷，然各有司存，不患無人料理。惟考選庶吉士，則臣閣中專責。匪得新臣未⑤主其事，臣斷不敢以待罪之身肩兹大典。若因臣之故，而稽國家儲才之制，孤多士仰望之心，臣之罪益不可贖矣。臣兩月以來，憂愁憤懣，五内若焚，虛火延頭，痛如割，以致精神憒亂，晄⑥惚健忘。頃又加以肩背疼痛之證，原擬數日後仍趨朝候旨，恐亦不敢矣。伏望皇上將臣先賜罷斥，以爲輔理不效之戒，並敕下該部，作速會推，立賜點用，庶代言有託，政本不虛，臣即溘馬⑦長逝，亦得瞑目於地下矣。臣不勝迫切呼天戰兢待命之至。"二十二日，奉旨："覽卿所奏，朕悉鑒知。請補閣員，具見爲國忠誠至意。朕思密勿重臣，非比他員，是以詳慎，未即允行。卿今懇請數至，便着吏部會推在任在籍、素有才望、堪任的六、七員來簡用。卿爲輔弼重臣，宜當任勞任怨，且國事殷繁，邊陲多警，況考選在即，卿豈可久延不出？國事何賴？置朕孤立，卿其忍乎？宜即遵旨勉出，入閣佐理，慰朕惓惓佇望至意。慎勿再有所陳。該部知道。"

十六日戊戌，大學士方從哲謹題："先該吏部題，萬曆四十

---

① 才 "才"當作"不"。
② 迁 "迁"當作"遷"。
③ 去 "去"當爲誤字。
④ 扎 "扎"當作"機"。
⑤ 未 "未"當作"來"。
⑥ 晄 "晄"當作"恍"。
⑦ 溘馬 "溘馬"當作"溘焉"。

七年分應貢及起復病痊等項願就教職歲貢生員，開送翰林①考試，臣會同詹事府詹事兼翰林院侍讀學士掌院事劉一燝，出題彌封，嚴加考試，取中文理平通上卷五卷、文理亦通中卷二百八十卷，俱堪授教職。謹將各試卷封進，伏乞聖裁發下，開送該部，查照先後題准事理，欽遵施行。謹題請旨。"

十八日庚子，大學士方從哲謹題："自遼左喪師以來，當事諸臣仰體皇上霄旰②之懷，汲汲焉爲極③溺救焚之計，凡選將徵兵、峙糧除器、可以振積衰之勢、圖再造之安者，皆竭蹶經營，不遺餘力矣。惟是用人一節，不能不待命於皇上，而不虞俞旨之難得，至今日而極也。先是，皇上以邊情危急，整頓需人，敕令吏部速推堪任經略一人，往任其事。該部隨以新起宣慰熊廷弼會推疏上，中外咸慶，以爲得人，竊意皇上軫念封疆，必且朝啟事而夕報可。乃經今二十餘日，猶未點發，節經吏兵二部疏催，與臣揭催，不啻再四，而俞旨杳然，人情之仰望彌殷，聖心之遲疑愈甚，真臣愚所不能解矣。皇上得無④虜氣暫息、遼左遂可晏然無事乎？奴酋蓄⑤謀最深，每每乘隙而動，當此城堡殘破、士馬損傷之餘，非得新臣速到地方，及時收拾，以振揚士氣，聯屬人心，俾狡虜桀驁之氣有所憚而不敢肆。不日秋高焉⑥肥，再圖狂逞，遼之爲遼，豈不殆哉《詩》言：'未雨徹桑，下民莫侮。'可見自昔帝王修內治以禦外患，必於閒暇⑦圖之。今時已迫矣，勢已急矣，安危呼吸，非閒暇⑧之時矣。而用人之際，皇上猶泄泄若此，狃處堂之安，忘剝牀之患，臣竊爲今日危之。伏望皇上念遼左阽危之極，與遼人跂望之深，速渙明綸，令廷弼星馳出關，料理東事，政前局而圖後功，恒必由之矣。臣以閣員未補，待罪月餘，頃具疏乞休，方在候旨，困頓之極，病勢轉增，竊見時事切要無過於此，輒敢隨諸臣之後，再爲此請，惟皇上慨賜允行。"

二十一日癸卯，大學士方從哲謹題："臣爲枚卜一事，伏闕候旨已逾一月。臣恐皇上厭其煩而故遲之，又慰疑其要而始⑨

①林 "林"下當有"院"字。
②旰 "旰"當作"旰"。
③極 "極"當作"拯"。
④無 "無"下似應有一"以"。
⑤蓄 "蓄"似當作"蓄"。
⑥焉 "焉"當作"馬"。
⑦暇 "暇"當作"暇"。
⑧暇 "暇"當作"暇"。
⑨始 "始"當作"姑"。

①經 "經"當作"徑"。

②吉 "吉"當作"士"。

③巳 "巳"當作"巳"。

④日一 "日一"當作"旦"。

置之也，不得已屏息靜聽，以俟聖意之自回，今又旬日矣。跂望俞旨，仍復杳然。是急不可，緩亦不可，請不可，不請又不可，畢竟何時而後爲推補之期耶？臣才力有限，伎倆已窮，平居無所建明，此時安能展布？惟有去之一策，可以釋已罪，可以謝人言。然新臣不補，臣既不能經①去，臣不去，皇上又不肯即補，彼此牽纏，何時可了？以密勿論思之地，徒令一衰庸無用之人久廁其間，若有若無，擁虛名而鮮實用，其誤國家之事，傷朝廷之體，不已多乎？項臺省諸臣，皆以考選庶吉吉②爲請，此目前要務，誠不可已。但臣望不足以孚衆志，識不足以辨羣倫，儲材大典，豈容庸臣再誤耶？此一事，而閣臣不容不補，亦既彰彰矣。臣乞休未允，病勢日增，偃卧私居，恐皇上益等閒視之，日復一日，將何底止？不得已，擬明早扶掖入朝，恭候明旨。儻蒙敕部速推，立賜點用，國之福也，臣之幸也。不然，臣有負罪出門，從先臣於丘壠，以聽皇上之誅戮而已。萬望皇上明示一旨，使臣知所適從。臣不勝。"

二十三日乙巳③，大學士方從哲謹奏："爲恭謝天恩事。昨臣於文華門候旨，該文書官王體乾，發下臣十五日辭本，奉聖旨：'覽卿所奏，朕悉鑒知。請補閣員，具見爲國忠誠至意。朕思密勿重任，非比他員，是以詳慎，未即允行。卿今懇請數至，便着吏部會推在任在籍、素有才望、堪任的六、七員來簡用。卿爲輔弼重臣，宜當任勞任怨，且國事殷繁，邊陲多警，況考選在即，卿豈可久延不出？國事何賴？置朕孤立，卿其忍乎？宜即遵旨勉出，入閣佐理，慰朕惓惓佇望至意。慎勿再有所陳。該部知道。欽此。'臣捧誦再三，不勝欣躍，不勝感激。隨行五拜三叩頭禮謝恩訖。伏念臣猥以菲才，濫竽當軸，馳驅數載，莫展寸籌。項因邊釁漸開，人言踵至，臣力既不能獨任，義又難以苟留，不得已將枚卜一事，伏闕懇請。逮俞旨未下，又不得不先去，以求免妨賢之罪，此臣迫切至情，計亦聖慈所深諒者。兹蒙我皇上留心政本，鑒臣苦衷，慨下會推之旨，舉中外臣民所仰望於數年之久者，一日一④見諸施行。以是明詔一宣，歡騰朝野，咸欣欣相告，謂大聖人舉動，超出尋常若此。臣愁煩昏憒之中，一聞斯旨，不啻出諸湯火，納之清涼，真起死回生不足言恩，而殞首捐軀不足去①報矣。且明旨許臣以'爲國忠誠'，責臣以'任勞任怨'，勉臣以'入閣佐理'，煌煌天語，藹若春溫。臣何人斯，而過蒙眷懷訓誨若此？臣即有胸無心，能不知感？至於'置朕孤立'一語，尤臣所剌②腸痛心、踟躕而不忍聞者。臣蒙恩深厚，未效涓埃，況明旨初頒，新臣未補，當此之時，臣即恝然求去，致以萬幾之頤③，獨貽主上之勞，此豈復知有君臣之誼哉？臣謹於明早力疾廷謝，入閣辦事，以副聖明惓惓德意。其庶吉士一事，待吏部手本至日，容臣照例具題。總俟新臣到任之後，公同考選，庶儲材大典不至屑越，而臣愚感激圖報之私亦獲少伸於萬一矣。臣不勝涕泗街④恩、惶悚瞻戀之至。爲此，謹具本奏謝以聞。"二十四日，奉旨："覽卿奏謝。知卿遵旨入閣佐理，具見忠敬，朕心慰悅。知道了。該部知道。"

①去 "去"當作"云"。

②剌 "剌"當作"刺"。

③頤 "頤"當作"煩"。

④街 "街"當作"銜"。

二十四日丙午，大學士方從哲謹題："臣自三月殿試之後，再被人言，杜門半月，時値邊陲多故，不敢寧居，四月初即待罪於朝房，既因請補閣臣，每日赴文華門候旨，曠違職業兩月有餘，念之不勝惶悚。茲者再奉明綸，会⑤臣入閣佐理，且即允臣枚卜之請。臣念君恩至重，臣義難逃，方幸同升之有人，不患孤立而無助，敢不勉圖竭蹶，少效涓埃？謹於今日報名廷謝，隨即入閣辦事，以慰聖懷。臣不勝。"

⑤会 "会"當作"令"。

是日，大學士方從哲謹題："該臣今早朝見之後，隨即入閣辦事，適蒙發下臣昨日奏謝之本，奉聖旨：'覽卿奏謝。知卿遵旨入閣佐理，具見忠敬，朕心慰悅。知道了。該部知道。欽此。'臣益不勝感泣。伏念臣猥以人言，曠官日久，此中時切惶悚。茲者遵旨入閣，勉圖佐理，自是臣子分誼當然。皇上乃獎臣以'忠敬'，示臣以'慰悅'，溫綸下逮，宛然家人文⑥子之親，此豈草芥微臣所能消受？所不感激思報、矢效犬馬之忱者，非人也。臣惟今日時事，惟用人最要，而用人之中，最切最急不

⑥文 "文"當作"父"。

容少緩者，無如新推遼東經略一官。該鎭自三路喪師之後，人心震恐，兵氣不揚。舊臣楊鎬雖奉策勵供職之旨，而威令不行，地方何賴？新起大理寺寺丞熊廷弼，向按遼東，風裁久著，不獨遼人至今思之，即奴酋亦聞名而知懼者。頃會推之日，人人相慶，以爲得人。若得本官星馳出關，乘虜氣暫息之時，將已壞之遼，速爲整頓，必能内修戰守之具，外張撻伐之威，保全危鎭，紓皇上東顧之憂者，全藉於此。今廷弼到京半月，而會推經略之疏尚未批發。若令仍以宣慰前往，無論到彼事體不便，使天下之人，謂皇上徒吝一官而置重鎭安危於度外，非所以昭聖度、示遠人也。今奴酋息兵已久，狡謀日深，轉眄秋高，勢必再逞。及今料理，猶恐後時，尚可等閒視之、略不動念乎？伏望皇上察臣言出悃誠，實是爲邊情、爲國事，非有他意，將會推熊廷弼本，即刻發臣票擬，立賜允用。一舉而消虜患，奠邊氓，鞏國家磐石之安，慰中外雲霓之望，胥係於此矣。萬惟留意毋忽。臣不勝。"

二十六日戊申，大學士方從哲謹題："昨晚蒙發下禮部題册封遣官本，該臣隨即擬票呈上。今早查閱舊稿，始知此旨該用：'是。着點了的去。'臣以暮夜不及詳審，致有錯誤，不勝惶悚。兹謹另擬一票，恭進御覽。伏望皇上照此票批行，並祈恕臣忽略之罪。不勝幸甚。"

二十七日己酉，大學士方從哲謹題："適文書官沈應兆恭捧聖諭到閣：'諭内閣：朕覽文書，昨點禮部題册封晉府等府河中王等王並妃等官，因思所用錢糧未經成造，如何就遣官行禮？卿可傳示該部，以後先行手本，知會各該衙門，造辦錢糧完備，方行欽天監擇日，傳制遣官持捧節册，前去各府行禮，不致臨①稽誤。且今日期迫近，着另擇日來行。特諭卿知。欽此。'先是二十五日晚，蒙發下禮部册封遣官本，内正副各官俱蒙欽點，臣不勝慶幸，隨即擬票進呈訖。竊思此一舉也，一以完朝廷展親之鉅典，一以信皇上允用之明旨，豈非甚盛哉？一時大小臣工得於傳聞者，亦莫不欣躍忭舞，以爲皇上之留神大禮如此，皇

① 臨 "臨"下當有脱字。

上之不肯食言又如此。兹者復奉聖諭，以各衙門錢糧未完，且日期迫近，着另擇日來行。臣愚仰見皇上周詳慎重至意，隨即遵諭傳示該部訖。查得傳制遣官，舊例俱在四月，各官奉命之後，齎持節册，旋即啟行。邇年或因得旨稍遲，或因錢糧未備，往往逾期方遣，遣後又未得即行，稽誤就延，殊非事體。兹蒙聖諭諄切，計該部當一面行催各衙門，將應用錢糧速行造辦，毋得遲緩，一面行欽天監，另擇吉期，恭請傳制。疏上之後，伏望皇上早賜批發，刻日舉行，無數①如昨歲延至秋抄②，有失祖宗篤親之意，該部幸甚，臣愚幸甚。所奉聖諭，謹遵③藏閣中。臣謹具回奏以聞。"

① 數 "數"當爲衍文。
② 抄 "抄"當作"杪"。
③ 遵 "遵"當作"尊"。

是日，大學士方從哲謹題："頃臣於二十四日進閣，即請皇上允用遼東經略，誠見該鎮虜情叵測，熊廷弼之遣，萬萬不容少遲。及見各衙門官，未有不以此事爲問者。人情所急，而皇上故緩之，其何以鼓任事之心，作邊臣敵愾之氣也？此外，若京營總督、協理，亦宜早爲點用。蓋三大營官軍十萬有餘，所恃以衛宸居、重根本者，當此夷虜交訌、中外震驚之日，不有總、協二臣整頓而訓練之，欲以作六師、威四夷，胡可得哉？伏望皇上留意安危，將會推熊廷弼本、與陳良弼等黃克纘等本，即刻發臣票擬，速賜批行，不獨封疆之幸，實社稷之幸也。其兵部尚書黃加④善再辭協理疏，與兵科署印疏，更祈一併檢發，尤爲至幸。"

④ 加 "加"當作"嘉"。

二十九日辛亥，大學士方從哲謹題："頃該臣以閣員久缺，時事難支，懇請皇上亟行枚卜。伏蒙聖慈鑒臣苦誠，從臣所請，敕令該部會推六、七員簡用，且謂密勿重任，非比他員，故又於允行之中，寓詳慎之意。臣愚仰見皇上留心政本，何若是殷殷也？臣不勝慶幸。竊意該部必能仰體皇上如不得已之心，廣詢訪，稽之素望，質之公評，凡所推舉，必皆負公輔之器、裕經濟之猷者，名流碩彥旦夕同升，臣又不勝跂望。已復思之，祖宗朝爰立之典固主詞林一途，然亦有間用別衙門者。遠不具論，即肅皇帝時，如揚文襄、張文忠輩，皆由皇祖特簡，典館職諸臣同居政府，共參機務，固一時之盛也。方今時事多艱，需賢甚亟，北番簡任，皆謂非四、五人不可。皇上誠於會推之中，將詞林多用數人，以彰籲俊之公，將部院兼用一人，以舉旁求之典，既不失國家儲材之本意，而廣搜耆碩，弘濟艱難，於時事不爲無補，儻亦皇上所不靳乎？頃臺省建議，皆以此爲請，且惓惓責望於臣，無非以天下之公心，欲成朝廷之盛事，臣竊韙之。至謂往者，輔臣乘會推之時，隨進密揭，專薦詞林，以致部院陪推但存故事，此或相傳之誤，乃臣從來所未聞者。蓋進賢雖輔理之職，而卜相則主上之權。缺而求補，閣臣所不容諉也。推而待點，豈閣臣所得而與者哉？臣爲枚卜一事，自四月迄今，伏闕哀祈，心血嘔盡，始得皇上一允，蓋回天若是之難也。當此之時，臣方靜靜不暇①，以故一切應推之人，臣俱付之公論，聽之當事，絕不敢妄置一語，以避近日紛紛衣鉢之疑。若會推之後，復密揭專薦，曰某人可用，某人不可用，某衙門當用，某衙門不當用，無論聖明之至②乾剛猬③斷，臣下不敢干以私，鬼神在旁，清議在後，臣又安能以將去之身，爲恩怨之府，致貽口實於無窮耶？建議之臣，欲臣去成心，除積心，除習剖④，破藩籬，以贊皇上立賢無方之盛治，其助臣甚至，望臣甚深，臣不勝感服。然臣區區之心，實是如此，計聖衷所俯察，亦天下人所共諒也。今會雒⑤在即，惟望皇上大奮乾斷，多點數員，立賜簡用，政本幸其⑥，臣愚幸甚。"

① 暇 "暇"當作"暇"。

② 至 "至"當作"主"。

③ 猬 "猬"當作"獨"。

④ 剖 "剖"字當誤。

⑤ 雒 "雒"當作"推"。

⑥ 其 "其"當作"甚"。

六①月二日癸丑，大學士方從哲謹題："爲作養人才事。五月二十八日，准吏部手本，開具爲選法事，案查歷科以來，殿試之後，該內閣題請，將新科進士查訪器識文學俱有可觀者，送翰林院讀書，其餘照甲弟②選授部寺府州縣等官。及查節年考選之期，俱在六月大選之前。今大選已近，館選無期，相應移會。爲此，合用揭帖前去內閣，查照施行等因，到臣。照得儲才待用，乃國家首務，而庶吉③之選，尤儲才之最重者，累朝以來相沿不廢。先年閣臣以翰林人多，題准聞④科一選，今歲正當應選之期。合無准照節年舊規，限年四十以下，各部院等衙門咨訪器識端稚⑤、文學優長者，開送吏部，按名閱審，果無違礙，疏名奏聞，恭候命下，容臣於新補閣臣到任之後，題請欽定考試日期，遵照施行？其選取人數，似宜仍照癸丑開科事例，用二十三名。統候聖明裁定。臣未敢擅便，謹題請旨。"

三日甲寅，大學士方從哲謹奏："爲朝政益壅人心益鬱懇乞聖明大奮乾剛振頹靡以保治安事。竊惟國家之氣運，全繁⑥於人主之精神，人主之精神愈振作，則愈發揚，愈因循，則愈消沮。即當消沮之後，苟能惕然猛省，銳然改圖，期於挽頹靡之習，收勤勵之功，則主德未有不精明，朝綱未有不整肅，人心未有不愉快者。此安危治亂之大機事也。頃三月間，遼師失利，警報初聞，聖心不免少動，凡用人發帑諸事，俯從廷議，多見施行，一時朝廷之上，氣象改觀，人心歡忭，以爲太平可復望也。四月以後，不知何故，宸衷忽然若蔽，時事忽然盡壅，大僚言官一人不補，中外章疏強半留中，近日惟枚卜一節伏蒙聖慈慨允，敕令會推，而其餘用人行政緊要重夫者，多從中格。以是大小臣工，且驚且訝，轉相猜疑，以爲聖心方幸轉圖，何一且⑦閉塞若此？大⑧遼左喪敗之後，地方殘破，士馬幾空，遠邇驚惶，人無固志，所恃以收拾殘局、保守危疆者，惟在新推經略早到而急圖之，乃會推月餘，未蒙欽點，轉盼秋高馬壯，虜勢益張，有如狡謀不悛，乘虛深入，見在兵將能鼓餘勇以遏

萬曆四十七年

三六三七

①六 "六"上當有"萬曆四十七年"六字。
②弟 "弟"當作"第"。

③吉 "吉"下當有"士"字。
④聞 "聞"當作"間"。

⑤稚 "稚"當作"雅"。

⑥繁 "繁"當作"繫"。

⑦且 "且"當作"旦"。
⑧大 "大"當作"夫"。

其長驅乎？閱視科臣，將使之體勘虜情，稽察邊務，乃目前第一要着，而亦未蒙賜允。有可用之人而故置之，有可乘之時而坐失之，不知皇上獨何所恃而不恐也？京營統率六師，何等重任？而總、協二臣缺而不補。兵垣參預戎機，何等喫緊？而印務任其虛懸。應天、云貴何等要地？而巡撫之推，屢催不報。又如考選不下，不得已題差委用，少示疏通，乃一時權宜，甚非行取舊制。今册封科臣旦夕或可得旨，而各處按差多至十餘年，概未點用，無論地方有事彈壓需人，即以諸臣淹留數載，往返幾回，猶未得授一官、任一職，此其古今異事，從來所未有，而此番留部者，適遭其窮，此又臣愚所爲腐心疾首、若懷剌①負芒、不能頃刻即安者也。臣嘗謂，今天下大勢，譬如素封之家，貲頗稱饒，而運值中落，家衆擾於內，盜賊同於外，主人日晏然高臥，恬不介意，即有一二紀綱之僕，殫力經營，號呼求救，方且厭其多事，而度外置之，此其家寧有不立敗者？今邊陲之事，人人皆以爲危，而皇上自以爲安，用人圖治，人人皆以爲急，而皇上獨以爲緩，無乃天實爲之，人力無如之何歟？臣目擊心憂，不勝憤悶，不勝惶懼，輒敢不避忌諱，一陳危困。伏望皇上俯察臣言，於萬幾清暇之際，穆然深思，上天垂戒明著若此，果有意乎？無意乎？遼左虜勢猖狁②、邊防潰裂若此，果足慮乎？不足慮乎？臺省諸臣條上封事，詳悉剴切若此，果爲國家、爲封疆乎？抑自爲乎？吏部推補各官、兵部題奏諸事，果當用，抑不當用？果當聽，抑不當聽乎？凡經略、閱視，點總督、協理，補大僚，下巡撫，點各處按差，允各科掌印，允兵部題本有關東事者，莫不朝上夕下，毋少延緩，致誤軍機，則一人勵精，羣賢效用，人情欣悅，時事疎通，不獨虜患可除，天災可彌，將萬曆初年之盛詔，可復見於今日矣。"

是日，大學士方從哲謹題："先該吏部題萬力③四十七年分應貢、及起復病痊等項、顧就教職歲貢生員，聞④送翰林院考試，臣會同詹事府詹事兼翰林院侍讀學士掌院事劉一燝，出題彌封，嚴加考試，取中文理平通上卷五卷、文理亦通中卷二百八十卷，俱堪援⑤教職。謹將試卷封進，伏乞聖裁發下，開送

① 剌 "剌"當作"刺"。

② 狁 "狁"當作"獗"。

③ 力 "力"當作"曆"。

④ 聞 "聞"當作"開"。

⑤ 援 "援"當作"授"。

該部，查照先後題准事理，欽遵施行。謹題請旨。"初七日，奉旨："是。該部知道。"

四日乙卯，大學士方從哲謹題："照得兩京國學，爲朝廷造士之區，教育人才以備賓興之選，待異日之用，事甚重也。先是，祭酒員缺，該吏部會推庶子何如寵等①、孟時芳等，經今歲②月，未蒙欽點。竊謂此官以師儒之任，膺表率之司，秩若優閒，而於我皇上壽考作人之化，所關匪細。況諸臣曆③官二十餘年，資俸最深，雖會推例由吏部，而詞林陞遷實係臣閣中職掌。今該部後有催疏，見在御前，伏望皇上留神，即刻發臣票擬，立賜點用，多士幸甚，臣愚幸甚。"

五日丙辰，大學士方從哲謹題："連日該臣與兵部，屢請皇上速遣新推經略熊廷熊④，及早出關，料理東事，誠恐奴酋蓄銳已久，秋高之時勢必再逞，若令豫⑤先整頓，庶免臨事倉皇。適按巡撫周永春塘報，據總兵李如楨差人口報，遲⑥賊於五月二十九日從无⑦順關進入，不知其數，蓋不待入秋，而其兇鋒已不可遏矣。雖搶掠之形、猖獗之勢，尚未及知，然既已率衆入邊，決無空回之理，且內地人心久玩，防守疎虞，殺戮之慘，將有不忍言者。萬一乘虛深入，山海薊鎮在在可虞。此時何時？皇上猶等閒視之、略不動念乎？謹將原報封進御覽，皇上試一披閱，便知臣等前此所言皆非過計。及今允用速遣，已屬後時，若明旨再遲不下，廷弼赴遼無期，則人心失望，勢將瓦解，一切戰守之具俱無足恃，遼之存亡，真不可知矣。萬惟聖明留意，立賜允行。"

是日，大學士方從哲謹題："適蒙發下吏部會推遼東經略熊廷弼本，乃四月二十九日所上，昨五目⑧間，該部又有催本，擬加廷弼兵部侍郎職銜，蓋從督撫監軍諸臣之請也。比臣詢之在廷諸臣，皆以爲然，蓋必如是而後體統尊、事權重，且於節制甚便，即少破格無防也。臣謹擬兩票呈上，恭候聖裁。伏望皇上擇用其一，速賜批發，俾廷弼星馳赴任，以紓邊患，以慰

①等 "等"當爲衍字。
②歲 據《明神宗實錄》卷五八三 "歲"當作 "數"。
③曆 "曆"當作 "歷"。
④熊 "熊"當作 "弼"。
⑤豫 "豫"當作 "豫"。
⑥遲 "遲"當作 "達"。
⑦无 "无"當作 "撫"。
⑧目 "目"當作 "月"。

羣情，中外幸甚。謹題。"

七日戊午，大學士方從哲謹題："頃該吏部遵旨會推堪任閣員已數日矣，猶未聞欽點，未蒙發票。竊惟此官懸缺最久，兩年以來，臣竭誠懇請，心力俱窮，既蒙聖慈允推，謂宜立賜簡用，則數年之局一日可完，不惟協助有人，臣愚可免獨任之苦，亦且贊襄得託，朝廷可收共濟之功，豈非至便計哉？且諸臣才品聞望，率皆十倍於臣，昨廷推之時，必衆論咸孚始列名上請，皇上但於其中點用幾人，自足以稱輔弼之任，副心膂之求，又何所疑而遲留若此耶？昨邊報一至，人心惶惶，臣向以積憂積勞，神昏氣竭，一聞虜警，益覺狼狽不支，封疆大事，斷不能以垂斃之身主張料理，新臣之點，萬難再遲。伏望聖慈憐臣困苦餘生，不能久事皇上始終，爲臣完此一事，以盡一念報主之心。臣願足矣。"

八日己未，大學士方從哲謹奏："爲會推閣臣未蒙簡任臣心益苦時事益難再懇天恩速賜點用事。竊惟枚卜一事，遲至兩年，臣催補之章，多至教①十，時不爲不久，請不爲不力矣。幸蒙皇上慨發俞旨，敕令會推，一時羣臣無不額手稱慶，以爲從此輔理得人，時艱可濟，乃世道更新之一會也。臣愚感激激②慶幸，又當百倍恒情。不意廷推之疏，上已數日，猶未蒙欽點，跂望雖切，而消息茫然，此豈可有可無之官？亦豈可行可止之事？而皇上顧屑越之若此耶？明旨謂'密勿重任，非比他員，是以詳慎，未即允行'，真進賢如不得已之心矣。夫任既重，則當視爲要事，不當視爲緩圖，故急急會推，急急點用，宸斷一定，俞旨立頒，此正所以重之而無害其爲詳慎也。若未推而度外置之，已推而高閣束之，輾轉遷延，徒挨時日，以是爲詳慎，非臣愚之所知矣。昨接遼東揭報，奴酋一日之間，兩地入犯，該鎮屢經殘破，兵力單微，此時不知如何拒堵，如何驅逐，乘虛深入，深可寒心。臣病苦之中，一聞警報，心膽俱碎，封疆大事，斷非庸臣獨力所能籌書③、所能擔當，即此一節，而閣

① 教 "教"當作"數"。
② 激 此"激"字爲衍文。
③ 書 "書"當作"畫"。

臣之當急補，亦可見矣。近日御史駱駸曾、江日彩疏論時事，皆謂臣誤事當罷，而枚卜爲請，此可以見人心之同，非臣一人之私意矣。二臣論臣責臣，詞雖嚴而意甚恕，臣不勝愧服。惟是聞言待罪，乃臣子之誼，今國家多事，又非臣杜門求去之時。不得已，扶病強顏，黽勉入直，盡①臣之心益苦，而臣之面目益無所施矣。遭時不幸，進退俱窮，臣且奈之何哉？伏望皇上俯順羣情，立賜宸斷，將吏部會推諸臣，速簡數員，趣令入閣辦事，庶政柄有託，國事無虞，將臣之懇請者不爲徒勞，皇上之允補者不爲虛語，再生之恩，臣當啣結於世世矣。"

　　十日辛酉，大學士方從哲謹題："適文書官沈應兆，恭捧聖諭到閣：'諭內閣：朕昨入夏以來，天氣乍寒乍燠，以致腹痛瀉痢，服藥稍愈。近又連日陰雨，偶乍中暑，頭目眩暈，身體發軟，足疼動②艱難，各衙門章奏未經詳覽。見今服藥調攝，俟朕少瘳，次第檢發。特諭卿知。欽此。'臣連日入直，竊見天氣炎熱，陰雨不時，不意聖躬偶爾中暑，頭目眩暈，身體發軟，足疼動履艱難，臣一聞之，不勝瞻戀，不勝孺慕。伏思我皇上一日萬幾，宸衷無時少暇，兼以近日虜報疊至，邊事可虞，以憂勞之身，值茲暑雨之候，以致玉體暫爾違和。臣愚伏望我皇上爲宗廟社稷珍重此身，調飲食，慎起居，順情節宣，立臻勿藥之效，臣愚不勝至願。聖諭謂'各衙門章奏未經詳覽'，'俟勝③少瘳次第檢發'。臣敢不仰體？但目前有一、二本章，如遼東經略，京營總督、協理，與薊鎮總兵，俱經臣票擬，見在御前。皇上但一批行，便可了幾件事，外廷不須催請，聖心豈不清閒？此省事心④，調攝之要訣也。此外會推閣臣，更吏部本上已將卄⑤日，該臣再次題催，未蒙欽點。皇上若於此時點用二、三員，不過一啟口、一舉筆之間，而代言有人，可以供數年之用，臣下不知見⑥多少煩瀆，聖衷不知省多少激聒⑦。此極緊要之事，實至易至簡之事，皇上所宜即刲⑧允行，不容再緩，以滋紛擾者也。臣謹因回奏，恭候聖體萬安，且附有所請。所奉聖諭，謹尊⑨閣中。臣無任懸仰懇祈之至。"

①盡 "盡"當作"蓋"。

②動 《明神宗實錄》卷五八三"動"下有"履"字。

③勝 "勝"當作"朕"。

④心 "心"上當脫一"省"字。

⑤卄 《明神宗實錄》卷五八三"卄"作"十"，是。

⑥見 《明神宗實錄》卷五八三"見"作"免"，是。

⑦聒 "聒"當作"聒"。

⑧刲 "刲"當作"刻"。

⑨尊 "尊"下當有"藏"字。

十三日甲子，大學士方從哲謹題："頃者皇上以中暑違和，服藥調攝，經今數日，計聖體已就萬安矣。臣自奉諭之後，屏息靜聽，未敢煩瀆。惟是遼東經略之命，萬不容緩，再爲皇上陳之。臣先接巡撫周永春塘報，謂奴酋一日之間，兩處入犯，雖稱本日出境，而擄掠殺傷之數，尚未查報。昨又接總督汪可受揭帖，謂援遼之兵，潰而西來，禁之不止。夫以賊勢之猖獗若彼，軍士之逃散又若此，皆由舊經略楊鎬被參戴罪，威令不行。當此之時，非得新推經略熊廷弼早到地方，急圖整頓，焉能使人心震肅、士氣振揚、以救急遼於旦夕耶？今廷弼之本已經臣擬票，見在御前，伏望皇上即刻批發，令其星馳赴任。此於聖體不勞，而人心可慰，邊患可消，宸衷亦可少免東顧之憂，乃目前第一便事也。不然，人情愈急，聖心愈緩，真若有意棄遼而不顧，遼亡而京師可安枕無事乎？此社稷安危之機，皇上奈何等閒視之、略不動念也？"

十四日乙丑，大學士方從哲謹題："竊惟今日朝政第一重大、第一緊要事，無如枚卜一事，故閣臣當補，不獨廷臣之①，即市井小民以及遠方下邑之人，無不知之，未有聖明而不軫念及此者。乃會推已踰十日，尚未蒙欽點，臣私心憂懼，不知所出。以臣竭兩年之精誠，殫兩年之心力，始得一允推之旨。而推而不用，與不推同，無乃皇上之聽臣者，姑以寬臣，而非真以憐臣耶？或者皇上見臣遵諭入閣，以臣尚可勉強支吾，延挨時日，即簡用少遲，亦無妨也。臣蒙恩以來，奔馳數載，精力銷亡，兼以積憂熏心，愁苦萬狀，見今神思昏憒，遇事健忘，與客對談，語言之間時多舛錯。每日扶掖入內，狼狽不前，纔到直廬，則氣竭汗流，面無人色。此兩房官與各色人役所共見者。以如是垂絕之人，而欲其典絲綸、參謀議，又不急補一、二人以爲之助，其不至褻王言、誤國事者，幾何哉？今會推諸臣，其才品力量，皆什佰於臣，皇上但一點用，必能副贊襄之任，濟時事之艱，其在任者便可朝受命而夕視事，一以救臣愚之危急，一以濟政本之空虛。此於時事，萬分重大，萬分緊要，

① 之 "之"上當有"知"字。

而自皇上行之，則萬分容易，不知聖心獨何所見而遲疑尤①決若此也？臣病深思澀，不能盡言，盼望之急，如在水火。惟聖慈憐念，慨然允行。"

十五日丙寅，大學士方從哲謹題："竊惟今日時事，最急者無如遼東經略。自四月會雄②，已經兩月。自本月初五日發票，今亦十日矣。臣先後揭催不下十數，不知盡徹聖覽與否？頃者奴酋一日之間，兩處入犯，虜人愈狡，而該鎮敗衂之後，人心愈沮，兵力愈益難支。當此之時，非急遣熊廷弼星馳到彼，從新整頓，收敗殘之局，圖戰守之宜，於以聯屬人心，鼓舞士氣，遼之為氣③，未可知也。乃經略之旨，吏部催之不下，兵部催之不下，再四催之，亦不下，人情益急，皇上視之益緩，豈聖意果置遼於度外、任其安危而不顧耶？夫遼危而京師何以能以獨安？遼亡而山海、薊門何以能獨存？門庭潰而堂奧不驚，萬無是理。故今日剝虜之災然眉之急，即閭卷④愚民、三尺童子，莫不惴惴憂之，而宸衷獨恬然略不動念，此臣愚所為痛哭流涕，不能自已者也。近日諸臣，有欲約九卿、科道，同具公疏，於文華門候旨者，臣力正⑤之，謂聖躬方在靜攝，不宜以此煩瀆，耳前疏發票已久，見在御前，皇上但一批行，便可完此大事。不意靜聽旬日，仍復青⑥然。昨吏部兵部各有催疏，其於虜情緊急、遼勢阽危、人情迫切，在兵⑦言之更詳，臣不敢復贅。但望皇上將已票熊廷弼本，即刻批發，敕令作速前去料理，一以慰遼人之望，一以答中外臣民跂仰之心，封疆幸甚，臣愚幸甚。"

十六日丁卯，大學士方從哲謹題："為作養人才事。五月二十八日，准吏部手本，開具為選法事。案查歷科以來，殿試之後，該內閣題請將新科進士，查訪器識文學俱有可觀者，送翰林院讀書，其餘照甲第選授部寺府州縣等官。及查節年考選之期，俱在六月大選之前。今大選已近，館選無期，相應移會。為此合用揭帖，前去內閣查照施行，等因到臣。照得儲才待用，

①尤 "尤"當作"不"。

②雄 "雄"當作"推"。

③氣 "氣"當作"遼"。

④卷 "卷"當作"巷"。

⑤正 "正"當作"止"。

⑥青 "青"當作"杳"。

⑦兵 "兵"下當有"部"字。

# 萬曆起居注

乃國家首務，而庶吉士之選，尤儲才之最重者。累期以來，相沿不廢。先年閣臣以翰林人多，題准間科一選，今歲正當應選之期。合無准照節年舊規，限年四十以下，各部院等衙門咨訪器識端雅、文學優長者，開送吏部，桉①名閱審，果無違礙，疏名奏聞，恭候命下，容臣於新補閣臣到任之後，題請欽定考試日期，遵照施行？其選取人數，似宜仍照癸丑開科事例，用二十三名。統候聖明裁定，臣未敢擅便。謹題請旨。"

十八日已巳②，大學士方從哲謹奏："爲閣臣簡任無期時事艱危益甚臣力已竭臣病難支再懇天恩即賜點用事。臣爲閣臣一事，補牘而請者兩年，叩閽而請者兩月，蓋心血盡枯，肝膽俱碎矣。幸蒙皇上鑒臣微誠，察臣奇苦，敕令吏部會推。明旨一頒，舉朝稱快，臣不勝慶幸。不意廷推既久，欽點尚稽，臣又不勝疑懼。以爲欲重其事耶？則需之數年，行之今日，不爲不重矣。以爲尚疑其人耶？則下有衆人之公舉，上有聖明之洞矚③，萬無可疑矣。靳一舉筆之勞，而遲爰立之大典，使羣情已暢而復鬱，揆地將實而猶虛，不知聖心獨何所見，而遲回不決若此？況今天下非無事之日也。自遼事決裂，遠邇震驚，九塞夷情，處處驛動，四方奸宄，在在生心，災異頻仍，亂形疊見。近日江都都④以妖黨結聚報矣，幾⑤南以風變災傷報矣，他若江洋之大盜，楚地之訛言，所在繁興，未易枚數。加以奴酋養威既久，蓄忿益深，頃者乍入乍出，如蹈無人之境，目下秋高馬壯，乘虛深入，萬分可虞。此國家何等時也？皇上猶不亟簡名賢，入司政本，俾密勿之贊襄有託，朝廷之氣象更新，而徒舍⑥一衰庸病憊之夫，浮沉其間，擁虛名而鮮實用，皇上得無以天下國家爲戲乎？逮夫禍亂既成，挽回莫及，雖有善者，力無所施，彼時即治臣誤國之罪，斥臣戮臣，亦何益於成敗之數哉？臣数⑦垢之身，義難靦顏就列，兼之憂愁勞瘁，病勢日危，所爲儑⑧忍遷延、未敢言去者，誠欲當臣在事之時，得見新臣二、三輩早入綸扉，協心匡贊，使政柄有寄，主勢不孤，臣即溘死無所遺恨。臣一念血誠，天地鬼神必且鑒之，寧有聖明之

①桉 "桉"當作"按"。

②已巳 "已巳"當作"己巳"。

③矚 "矚"當作"曯"。

④都 此"都"字當爲衍文。

⑤幾 "幾"當作"畿"。

⑥舍 "舍"當作"令"。

⑦数 "数"當爲誤文。

⑧儑 "儑"當作"隱"。

至①、曲體臣私者，乃當此困危之時、危急存亡之際，終不爲臣一動念也？臣兩年以來，日日懇諸②者祇此一事，又數月以來，嘔心泣血、時時哀訴於皇上者祇此一言，臣生死之關，實在於此。皇上猶不憐臣、救臣，立刻點用，臣且憂且懼，憤懣無聊，旦夕之間，奄然長逝，使天下後世謂萬力③某年，閣臣某人，以求枚卜不④，抑鬱而死，其爲皇上盛德之累，豈淺淺哉？臣困苦之極，語不擇音，伏惟聖慈慨賜允行。"

　　十九日庚午，大學士方從哲謹題："爲懇恩代題俯賜休致事。據制敕房辦事工部虞衡清吏司郎中加正四品俸⑤鮑佐呈稱，職以一介草茅，遭際明時，累俸積資，洊歷今職。四十五年十二月，蒙恩俯念微勞，擬陞山東布政司右參議職銜，未奉俞綸。不意福過災生，忽感目疾，延醫調治，未愈。況職年踰六十，氣血兩虛，痊可無期，曠瘝是懼。查有先年本房辦事太常寺少卿馬繼文加銜致仕之例，伏望仁慈，念職真切至情，原無規避，特准代題，俾得退閒靜養。則未死之年，皆浩蕩之賜也，等情，具呈到閣。看得本官，歷任年久，資俸已深，今以目疾醫治不痊，似難曠⑥職。既經具呈前來，情非假託，相應准令致仕。伏乞敕下吏部，遵照施行。臣未敢擅便，謹題請旨。"

　　二十一日壬申，大學士方從哲謹題："臣自五月間遵旨入閣，尚未一月，因遭日暑濕薰蒸，臣久病之軀益覺委頓，背痛腰痛，傴僂不支，加以每日早暮奔馳數里，脛骨上下腫起如石，且脹且痛，步履極艱。臣念國家多事，又值聖躬靜櫕⑦之時，臣豈可偃臥私寓？惟是病勢如此，心雖切而力不前，伏望聖慈容臣寬假數日，俟調理稍可，即照常入直，以供票擬。至於目前時事，惟經略熊廷弼之遣，萬難以再遲，更望皇上俯念遼左存亡，社稷安危，俱繫於此，將前票過吏部會推之本，即刻批發，今⑧廷弼星馳赴任，作速料理，庶國事無虞，羣情可慰，而臣心亦因此少安。臣謹因請假，附有所懇，不勝激切仰望之至。"

①至 "至"當作"主"。
②諸 "諸"當作"請"。
③力 "力"當作"曆"。
④不 "不"下當有脫文。
⑤俸 "俸"上似當脫一"服"字。
⑥曠 "曠"字似誤。
⑦櫕 "櫕"當作"攝"。
⑧今 "今"當作"令"。

## 萬曆起居注

①侄 "侄"當作"住"。

②放 "放"當爲衍字。

③點 "點"當作"黜"。

④虜 "虜"下當有"勢"字。

是日，大學士方從哲謹題："今早臣以患病給假，因請皇上即發經略熊廷弼本。適遼東巡撫周永春、總兵李如禎各差夜不收進京，口報本月十六日寅時，奴酋兵馬萬餘，從靖安堡進入，堵侄①開原城東門，等情。臣一聞之，不勝驚懼。去歲清河之陷，亦因賊兵突至，外無應援，遂至失守。昨四月二十九日，奴兵兩處入犯，窺見内地空虛，全無備禦，放②遂大舉圖攻開原。今已六日，不知彼中光景何如。若開原一失，遼東真不可保矣。臣憂心如焚，別無禦虜之策，但望皇上將熊廷弼本立刻批發，敕令星夜出關，庶先聲所至，點③夷聞之，或可遏其長驅之勢，而邊事猶可爲也。萬惟聖明留意毋忽。謹題。"

二十三日甲戌，大學士方從哲謹題："昨二十二日，臣接遼東揭報，知奴酋已陷開原，儻乘勝長驅，則鐵嶺、瀋陽、遼陽俱不可保，河東一帶，岌岌乎殆矣。經今數日，又不知賊勢何如？幸蒙皇上已下經略熊廷弼之命，人心極爲愉快。此外尚有京營總、協，與薊鎮總兵，與閱視科臣、兵科印務，俱屬緊要。況原推京營等本擬票已久，皇上肯一批行，甚無難事，將內而禁旅統率得人，外而鄰鎮應援可濟，飭邊備、贊戎機，均有賴矣。儻虜④猖獗若此，邊情緊急若此，數事者皇上猶視若等閒，遲疑不決，直待寇兵深入，烽火薄於郊關，而後倉卒用人，寧有及乎？前熊廷弼以五月初旬至京，儻此時即得旨赴遼，則任事已久，今日必無開原之失。往者不可諫，來者猶可圖。皇上奈何不以社稷爲重，而自貽後悔、一至於此也？昨舉朝臣工，於文華門約上公疏，臣亦扶病至長安門，奈頭暈足軟，不能匍匐趨進。今日謹隨諸臣後，具揭懇請。伏祈乾斷，將前項各本立賜批行。"

二十六日丁丑，大學士方從哲謹題："恭照惠王親迎醮戒制詞，已經進呈，發下金箋一張，臣謹督中書官寫完。合行恭請用寶，御前面行醮戒，謹具題知。"

是日，大學士方從哲謹奏："爲夷氛愈熾國勢愈危懇乞聖明大奮乾斷亟允廷臣之請圖備禦之策以固封疆以保宗社事。連接遼東揭報，奴酋進攻開原，不數時而城陷。蓋緣三路喪敗之後，人心不固，兵氣不揚，清河、撫順數百里之間，烽堠全虛，偵探盡絕，以故賊兵一入，如蹈無人之境。從此鐵、瀋以南，尚安有堅城之可守、重兵之足恃乎？是廣寧、山海無處不危，而京師亦岌岌乎殆矣。昨二十二、三兩日，舉朝大小臣工具有公疏，所奏選將調兵、兌馬除器諸務，犁然備具，而臺省諸臣又請皇上重臨軒之遺，下罪己之詔，發內帑之積，允五城九門巡視之差，無非鼓舞人心，振揚神氣，外遏寇亂，內固本根至計，皇上採而行之，宜何如亟亟者？數日以來，止下一經略、一總鎮之命，而閱視科臣、京營總、協之疏，尚未批發，經略賜劍諸事尚未允行，諸臣條上封事，概未省覽。此何時也？重鎮存亡，只在呼吸，神京安危，判於俄頃。在廷之臣，凛凛然如居焚棟之下，坐漏舟之上，傾覆之禍，將不旋踵。而皇上處之晏然，略不動念，安其危而利其菑，昔人所爲致嘆於不仁者，豈以聖明而甘循其覆轍乎？且前次公疏，業已票擬呈上，但得先賜批發，則閱視有人，署科有人，聊可救目前之急。而後疏所陳急發薊鎮援兵、速遣募兵科道，尤頃刻不容少遲，皇上萬毋視爲等閒而姑置之也。至於內閣輔弼之臣，集羣策以佐萬幾，非得三、四人協心臣①贊，安能共濟？乃會推將及一月，猶未蒙欽點，皇上豈以有臣一人，尚可苟且支吾乎？臣憂勞之極，困憊不支，氣短神昏，奄奄欲絕，此一時臣民所共見者。適又值有胞兄之變，臣哀痛之餘，前病增劇，恐就木之期亦祇在旦夕耳。當此邊圍危急、主憂臣辱之時，臣何敢自顧其私？然責垂盡之人，以匡時幹國之事，雖犬馬有心，其如力之不能何哉？伏望皇上將吏部會推閣員，立點數人，速令入閣辦事，俾謀斷相資，安攘有賴，扶危定傾之計，庶幾猶可圖耳。臣昏憒之中，辭不達意，恨不能別有建白，以資前箸、贊廟謨。但祈皇上從臣之請，行諸臣之言，一切章奏關繫東事者，無不朝上夕下，而又速點閣臣，以資運籌，盡補考選、散館多官，以充任使。一人勵精於上，羣工競奮於下，轉危爲安，或者有在於斯乎？

① 臣 "臣"字當誤。

## 萬曆起居注

① 買 "買"當作"員"。

② 培 "培"當作"塘"。

③ 近 "近"當作"延"。

臣一息尚存，敢不勉圖盡瘁？容一、二日稍有起色，當匍匐宮門，恭申前請。儻蒙聖慈憐臣救臣，將閣買①先賜點用，是尤超生之德，再造之恩，與子子孫孫世效啣結於無窮者也。"

二十八日己卯，大學士方從哲謹題："頃臣以積勞之軀，觸暑致疾，方請假暫攝，適又值有臣兄之變，哀傷愁苦，前病益增。但數日以來，屢接遼東培②報，開原既陷，大虜屯聚未出，鐵嶺、瀋陽諸城堡聞風逃竄，所在一空，全遼之危，恐祗在旦夕間耳。臣病困之中，聞此警報，食不能下，臥不能安，只得勉強支持，於今早入閣供事。臣纔到閣門，見昨日發票陳王庭、熊廷弼二本，俱已批發，臣不勝喜躍，頓覺病體少甦。當此邊情危急、中外震駭時，儻蒙皇上留神，事事如此，則羣情自然鼓舞，東事尚可收拾，真宗社之慶，臣民之福也。連日兵部章疏，望皇上盡數發臣票擬，而臣愚迫切仰望、萬分緊要者，尤在點用閣員一事，容臣另疏專請，恭候宸斷外。謹具題知。"

二十九日庚辰，大學士方從哲謹題："照得吏部會推閣員已及一月，猶未蒙欽點。皇上試思，今日邊情緊急何如？事勢危迫何如？此時添用閣臣，乃萬萬不容已之事，奈何猶遲疑不決如此之久也？開原既陷，鐵嶺、瀋陽逃竄一空，不獨遼鎮之危在旦夕，即京師之禍，亦祗在旦夕矣。見今閣中祗有一人，孑然無侶，兼以久病之軀，精神恍惚，氣息微弱。凡兵馬錢糧緊重大之事戶兵二部未議者，臣安能以一人之識見，與彼商確？以一人之力量，爲彼主持？至於發票本章，遇有軍國大計難以即決者，臣一心無主，四顧躊躇，恐票擬少差，誤事不小。然此猶就目前言之耳。萬一奴賊乘虛深入，直至京城，彼時如何防禦？如何死守？皇上既不臨朝與文武大臣面相籌度，安危大事但付之一垂死之病臣，寧有幸乎？臣困頓之極，不能多言，但望皇上將會推閣員立點數員，仍乞將見任二臣並賜簡用，以救目前之急，或者臣猶可苟近③旦夕，少舒報主之忱，若俞旨再遲，臣幫助無人，顛覆立至，惟有一死以塞臣責、答聖恩而已,社稷存亡,皆臣之所不暇顧也。萬惟聖明留神,立賜乾斷,即刻欽點。臣不勝泣血籲天惶悚[①]待命之至。"

三十日辛巳[②],大學士方從哲謹題:"適蒙發下兵部調兵一本,臣謹擬票進呈御覽。時勢緊急,皇上即刻批發。及查本內,有速發京營兵三千、赴山海關防守一節,此事全係總督勳臣職掌,前兵部會推陳良弼,欽點已久,更望皇上將此本一併檢發,敕令刻期到任管事,乃衛根本、安人心之一要務也。萬惟聖明留神慨允。臣謹停[③]立以俟。謹題。"

是日,大學士方從哲謹題:"照得館選一節,乃國家儲材大典,祖宗以來,沿爲故事,或隔科一考,或連歲俱考,間有不同,然未有連兩科不考者。先年閣臣因翰林人多,題爲間科一選之例,疏密適均,後先相濟,法至善也。今歲己未科,正當開館年分。頃又奉有考選在即之旨。該臣於六月初具題,於時去吏部開選之期尚早,合全榜之人而甄收之,自是大公之政。乃臣再次催請,未奉俞旨,該部不得已,照近來兩科之例,先行取選,今訛[④]選者已若干人矣。儻於七月舉行,猶不甚遲。若再過八月一選,則就選者益多,候考者益少,偏枯之弊滋,不均之歎起。又或忱延益久,遂致廢格不行,使國家儲養人才之舊制、舉於累朝者,墮於一旦,臣愚安得辭其罪耶?伏望皇上慨允,令該部照例題請,敕下臣等遵行。備一時庶常之選,儲他日公輔之賢,真才得而大典光,亦微臣以人事君之一端也。"

①悚 "悚"當作"悚"。
②巳 "巳"當作"巳"。
③停 "停"當作"佇"。
④訛 "訛"當作"就"。

# 萬曆起居注

① 四 "四"上當有"萬曆"二字。
② 午 "午"上當有"壬"字。
③ 加 "加"當作"嘉"。
④ 忾 "忾"當作"禍"。
⑤ 爲 "爲"字當爲衍字。
⑥ 等 "等"當作"竽"。
⑦ 若 "若"當作"苦"。
⑧ 彈 "彈"當作"殫"。
⑨ 詰 "詰"當作"語"。
⑩ 與 "與"上當有"哲"字。

　　四①十七年七月午②，朔，大學士方從哲謹題："適蒙發下遼東經略監官各本，據報奴酋攻陷開原，西虜結聚慶雲等堡，而鐵嶺、瀋陽人民逃竄幾空，遼之危祇在旦夕間矣。萬一乘勝長驅，廣寧、山海之間，雖爲防禦，加③靖庚戌之變，大可寒心。以是在廷諸臣，咸凜凜憂危，懼忾④不旋踵。目下調兵措餉諸事，戶兵二部亦既竭蹶圖維，不遺餘力，獨有用人一事，皇上未見允行，羣情仰望比尋常萬分激切。今當危急存亡之秋，臣不敢多言以煩聖聽，但求皇上於會推閣臣，速點二、三員，與臣同事，共圖安邊禦虜之策，此今日第一急務，臣愚所爲延頸而望者。其他若各部卿貳、各處巡撫巡按，亦祈陸續點用，以修舉庶務，彈壓地方。至於兵科署印，與巡視五城九門御史，尤萬萬不可少緩。蓋虜至城下，既無九卿大臣分門坐守，又無科道各官巡視糾察，誰爲⑤肯竭力防守、爲皇上衛此宗廟、社稷者？興言及此，臣不覺痛哭流涕，欲碎首玉階，以冀悟主於萬一也。臣病困之極，言不能文。萬惟聖明矜察，慨然行臣之言，宗社幸甚，臣民幸甚。"

　　三日甲申，大學士方從哲謹題："爲懇恩速點閣員事。臣以菲才濫等⑥政地，獨身任事，先後數載，艱難困若⑦，爲從來閣臣所未有。頃者，彈⑧兩年之心力，竭兩年之精誠，費兩年之唇胗，始徼一允推之旨，蓋回天若此之難也。不意會推月餘，猶未蒙欽點，臣疏請、揭請、專請、帶請，不下十數，而俞旨茫然，乃知允推之旨，徒以寬臣之心，而非真欲行臣之說，徒欲止臣之煩瀆，而非真有置輔之本心。宸衷似動而旋移，明詔甫宣向中格，煌煌天詰⑨，祇以飾觀聽、示羈縻，恐非所以昭大信於天下也。皇上獨不記近年之事乎？舊輔沈一貫以三十四年七月去，不數月而于慎行等三臣補矣，李廷機以四十年九月去，不一歲而臣從與⑩臣道南補矣。今向高之去已過五年，道南之去已過兩年，黃扉贊政之司，年年潦倒、日日奔馳者，祇此衰庸無用之一人，豈絲綸要地，輔弼近臣，昔日之不可獨任者，而今顧可獨任者？人之不能久任者，而臣反能久任歟？此臣所爲愈思愈慎①，愈愁愈病，而誤君誤國之罪，有不自知其所終者。今邊情緊急，國勢傾危，日正②一日，在廷之臣莫不焦頭頻③額，爲拯溺救焚之計，獨臣一籌莫展，百病交侵，雖憂國有心，而救時無術。自非皇上大奮乾斷，將會推閣員立賜欽點，速令入閣辦事，俾集思廣益，協力勷勸，共濟顛危於萬一，恐天下大勢已去，而臣之一身寧有死所乎？臣誼切腹心，勢同休戚，雖不暇④計一身之生死，而不敢不顧社稷之存亡。故不避忌諱，哀籲於皇上如此，萬惟聖明深思而慨允之。臣積憂積勞，形神並瘁，尪羸已極，溘死無期，若必待此時而後倉皇點用，誤國事而煩聖心，臣之目終不能瞑矣。"

　　五日丙戌，大學士方從哲謹題："今卑⑤接得經略楊鎬揭帖，言奴酋將犯遼陽，勢甚危急。臣一見之，心膽俱裂。蓋遼東重賴⑥，祇有開原、遼陽二城，兵馬最多，可以防守。昨賊至開原，不數時而即破。若移兵遼陽，則強寇在外，奸細在內，其攻之易，當不在開原後矣。儻乘勝而西，則廣寧、山海勢如破竹，京師之禍，寧不可爲寒心乎？臣久病之軀，一聞警報，驚懼欲死，當此危急存亡之狀⑦，斷不能以一身爲皇上擔當大任。即今發下二本，事體何等重大，儻票擬少錯，寧不關繫安危？於昏憒之中，氣喘汗流，勉強寫畢，氣息奄奄，已將絕矣。伏望皇上將吏部會推閣員立賜點用，速令入閣，與臣共事，不獨全臣一時之生，實亦宗社萬年之計也。臣謹因擬票，時有所讀⑧，萬惟聖慈留神，慨賜允用。"

　　八日己丑，大學士方從哲謹題："照得吏部會推閣員，已踰一月，盼望之極，不啻腸斷眼穿。而聖斷杳然，既無欽點之期，又不明言所以不點之故，日復一日，終無底止，不意當事⑨步艱難、危急存亡之際，皇上猶悠悠忽忽、置萬幾於度外若此之極也。儻臣力稍可支持，臣爲未至狼狽，猶當從容少待，以聽聖意之轉移，而今不能矣。臣以積憂積勞，痰疾纏綿爲日久⑩，頃因虜情緊急，時事危迫，每聞一番警報，則增一番憂惶，日

萬曆四十七年

三六五一

①慎 "慎"當作"懼"。
②正 "正"當作"甚"。
③頻 "頻"字當誤。
④暇 "暇"當作"暇"。
⑤卑 "卑"當作"早"。
⑥賴 "賴"當作"鎮"。
⑦狀 "狀"當作"秋"。
⑧讀 "讀"當作"瀆"。
⑨事 "事"當作"國"。
⑩久 "久"上當有脫字。

①目鑠 "目鑠"當作"月鑠"。
②容 "容"當作"客"。
③湍 "湍"當作"喘"。
④爲 "爲"當作"兄"。
⑤徵 "徵"當作"微"。
⑥延 "延"上似當有"苟"字。
⑦徵 "徵"當作"微"。
⑧起 "起"下當有"死"字。
⑨償 "償"當作"償"。
⑩正 "正"當作"甚"。
⑪恩 "恩"當作"息"。
⑫脫 "脫"當作"晚"。
⑬詳 "詳"當作"謹"。

煎目鑠①，以至今日，蓋形神俱瘁，而精力之銷亡已盡矣。昨初六日早，與容②對談，幾至顛仆。至初七日早，強起入直，方擬到閣具揭催請閣員，不意甫入而氣急汗流，湍③息幾絕，急急就榻少憩，則心神昏亂，不省人事，昏睡移時，始覺漸醒，延至暮夜，挾掖而出，此閣中官吏諸人所共見也。因思臣兄，年饑踰六，素強無恙，大命既至，遽爾告殂。況臣病勢若此，寧有久於人世之理？即皇上安能挽臣，使不爲臣爲④之續耶？臣之一身有何足惜？而君心勞逸，宗社安危，未必不繫於此，臣敢不避煩瀆，謹將困憊之形，狼狽之狀，一一仰干天聽，皇上萬毋等閒視之，漠然不以動念也。臣病日益深，死日益迫，當此虜患剝膚、中外震駭之日，斷不能以重斃之身，擔當國事。有如一旦溘然長逝，則政本中絕，代言無人，誤國誤君，負罪不小。伏望皇上大發慈悲，將會推閣員立賜點用，其在京者速令入閣辦事，則臣身雖病，臣心少安。儻徵⑤皇上如天之福，猶得延⑥旦夕，或者徵⑦臣起⑧回生之一機也。昨冊封旨下，候命科臣點用幾盡，聖明舉動若此，臣愚不勝欣幸。儻蒙推一視之仁，將考選、散館諸臣，概賜允用，使臣將死之時，猶得償⑨此以人事君之微願，是又望外之恩，所爲啣結於世世者也。

　　十一日壬辰，大學士方從哲謹題："照得枚卜一事，該吏部會推已久，愚懸正⑩殷，今理極勢窮，點用萬難再緩。且入秋以來，臣之病體日益危篤，氣恩⑪僅屬，精力全銷，困憊尪羸，略具人形而已。早脫⑫出入直廬，十分艱苦。每日發票本章，遇有事體重大、詞語繁多者，一時不能詳閱，票擬多至差訛，雖勉強苟完，而神昏氣竭，去死無幾矣。臣病勢如此，尚能以一身任國事之重乎？使臣所言毫有假說，以欺皇上，天地、鬼神、及我祖宗列聖之靈，必且立極臣身，並臣子孫伴無遺類，以爲人臣欺君之戒。皇上亦可以憐臣而聽臣矣。臣原擬匍匐宮門，長跽候旨，祗恐多事之秋，或致震驚聖聽，爲罪不小。詳⑬挾掖詣文華門，叩首申請，恭候宸斷。伏望皇上將吏部會推閣員，立賜點用，臣不勝至幸。不然，容臣前疾少間，仍當日赴宮門，痛哭哀祈，以冀聖意之必允也。"

十二日癸已①，大學士方從哲謹題："臣以病勢日篤，氣息微弱，步履艱難，今早不能進關②，方擬具揭請假，適聞吏部尚書趙煥等率四司官，恭進用人之疏，即於文華門候旨，臣不勝悚惕。看得該部所請簡閣員、稱③大僚、點巡撫、允閱視科臣及考選散館各官，皆自④前急務，萬分難緩。該部前約九卿、科道合疏懇請，已踰旬日，皇上視之漠然，未嘗點用一、二。當邊情緊急、人情洶懼之時，而聖心怠忽若此，固執若此，諸臣所爲汲汲皇皇、不容不叩閣⑤申懇，以冀聖聽之必回也。伏望皇上即刻傳示一旨，諭以允用之意，隨將各官陸續點用，庶銓臣不失其用人之職，而臣愚亦可少逭溺職之罪矣。至於簡任閣員，計皇上必且憐臣疢疾垂死，旦夕即有俞旨，尤臣愚所爲翹首而望者。臣不勝皇悚待命之至。"十四日，奉旨："覽卿所奏該部題請點用各官，悉已鑒知。朕近因濕熱薰蒸，頭目眩暈，瀉痢未止，身體軟弱，未暇檢閱。俟朕稍愈，詳覽發行。今邊疆多警，閣務繁重，卿偶爾微恙，准假調理，稍可即出，入閣佐理，以慰眷懷。特諭卿知。"

十三日甲午，大學士方從哲謹題："適蒙發下宣府巡撫趙于⑥諤一本，請皇上點用新撫，並求免代。該臣看得，宣府爲近京衛⑦邊，頃因調兵鼓噪，人心跔跔⑧。兹值秋防屆期，虜情尤爲叵測，趙士諤已奉旨回藉⑨，勢難彈壓。昨吏部會推新撫張經世，近在易州，可以朝聞命而夕受事，皇上但將此本檢發，則士諤之本即不下亦可。至於近推巡撫，如應天、云貴、南贛、廣西，皆邊腹緊要地方，今海內多事之秋，點用俱不可緩。尚書趙煥等連日伏闕候旨，意正爲此。更望皇上將各本概賜發行，乃目前用人第一急務也。臣敢附有所請，不勝迫切仰望之至。"

十四日乙未，大學士方從哲謹題："臣以時事傾危，閣臣不補，憂恐勞瘁，病勢日增，連日以來，氣息奄奄，不絕如綫，

萬曆四十七年

三六五三

①已 "已"當作"巳"。
②關 "關"當作"閣"。
③稱 "稱"當作"補"。
④自 "自"當作"目"。
⑤閣 "閣"當作"闕"。

⑥于 《明神宗實錄》卷五八四"于"作"士"，是。
⑦衛 "衛"當作"衝"。
⑧跔跔 "跔跔"當作"洶洶"。
⑨藉 "藉"當作"籍"。

四肢酸軟，節節欲碎，且神思昏憒，不省人事。今早送到戶、兵二本，以先曾看過揭帖，詵①惚記憶，勉強擬出，亦不知差錯與否。遇②此再加沉重，斷不能看詳票擬矣。望皇上速點新臣，代臣票擬，容臣寬假調理。儻漸有生機，臣之幸也，非所散③必也。適又接得遼東塘報，達賊於初七日攻克十方寺堡，虜勢縱橫，京師之危祇在朝夕矣。臣驚懼昏絕，移時方醒。敢附奏以間④。"

十七日戊戌，大學士方從哲謹題："頃臣以惠⑤病沉篤，請假暫攝。連日以來，見邊報日益緊急，虜勢益縱橫，剝膚之災有不在遼陽，而在廣寧，不在山海、薊門，而在京師者矣。當此危急存亡之秋，大小臣工，凡有兵馬錢糧守衛捍禦之責者，計無不焦頭爛額，為換⑥溺救焚之計。況臣身居輔理，職任安危，有不畢智慮⑦、集思決策、以仰紓皇上宵旰⑧之懷，此豈復有人心者哉？惟是憂勞之極，病體委是難支，故不得不望皇上速補閣臣，以資分猷共濟之益，而無奈天聽之日高也。日來廷議諸臣語及時事者，或斥臣之無能，或憫臣之獨任，多惓惓以增置聞⑨員為請。昨科臣楊璉⑩，復以大義責臣，欲臣力為主持，不宜以安危之政，委之後人、付之皇上。此其教臣正⑪正，望臣正⑫深，臣不勝感服，不勝悚愧欲死。使臣心可盡而有一毫之不盡，臣力可竭而有一毫之不竭，天地鬼神志⑬且殛臣。但臣伎倆已窮，精⑭國重務，斷昨⑮臣一身所能擔當，目前時勢阽危，斷非臣一人所能主張料理。輔躬盡歸⑯，臣之所自矢以盡臣職報主恩者，如此而已。惟望皇上大發慈悲，將會推閣臣速點二、三員，與臣共事。蓋諸臣才猷既裕，意氣方新，皇上但簡任，俾微臣得資正⑰謀斷，協力贊襄，不獨政本改觀，人情胥悅，臣未絕殘喘，藉以少延，即外夷聞之，必且憚中國之有人，而潛消其桀驁之志矣。臣於今十七日遵旨入閣辦事，謹具題知，且附有所請。"

是日，大學士方從哲謹題："該兵部尚書黃加⑱善，近因科臣恭⑲論，其⑳有乞休之疏，未蒙發下。竊謂今日虜勢猖獗，邊事萬分危急，調度防禦，令①賴本兵一人。今嘉善杜門待罪，部事不無妨誤。伏望皇上將本官辭本，即刻發臣票擬，敕令速出任事，此中外安危之機，不容頃刻少遲者也。其吏部新推職方司郎中解經傅本，業已發票，並望作速批行。"

十九司②庚子，大學士方從哲謹題："照得吏部會推閣臣，已將兩月，臣從哲時時盼望，日日懇請，蓋眼欲穿而臣已敝矣，然猶未蒙欽點。日復一日，茫無消息，不知臣向來所具疏揭曾經聖覽與否？見今邊情緊急，虜勢縱橫，人情洶洶，危在旦夕。內外諸司章奏發臣票擬者，多係調兵措餉之事，事體重大，動關軍國安危，少有差錯，誤事不小。況臣勢③沉篤，去死無幾，但以直票無人，每日扶掖入閣，眼昏神亂，憒憒常若夢中，以此之病夫，當朝廷如此之大任，此國朝二百五十餘年從來絕無之事也。皇上猶視若等聞④，略不動念，無乃以祖宗之天下爲戲乎？近日諸臣建議，無一事不責備於臣，無一人不責備於臣，而其責臣之深者，尤在票擬一節。此其罪實在臣，臣何敢與辯？但得閣中再有一、二人幫助，遇有疑難大事，互相商確，彼此夾持，臣猶可勉強支吾，以副代言之任。是皇上之爲臣者，乃所以自爲其國家也。若再延遲不補，獨使臣以孑然多病之身，擔此重擔，任其傾朴⑤而不顧，臣死不足惜，於國家何利之有？皇上亦可以深長思矣。臣勢追⑥情急，敢瀝血疾呼。惟聖慈憐而允之。其吏部會推之本，見在御前，祈皇上即刻欽點。"

二十日辛丑，大學士方從哲謹題："照得館選一節，乃國家儲材大典，祖宗以來沿爲故事。或隔科一考，或連歲俱考，間有不同，然未有連兩科不考者。先年閣臣因翰林人多，題爲間科一選之例，疏密適均，後先相濟，法至善也。今歲已未科正當開館年分，頃又奉有考選在即之旨，該臣於六月初具題，於時去吏部開選之期尚早，全⑦榜之人而甄收之，自足⑧大公之政。乃臣再次催請，未奉俞旨。該部不得已，照近年兩科之例，先行取選，今就選者已若干人矣。儻於七月舉行，猶不正⑨遲，

萬曆四十七年

三六五五

① 令 "令"當作"全"。

② 司 "司"當作"日"。

③ 勢 "勢"上當有脫字。

④ 聞 "聞"當作"閒"。

⑤ 朴 "朴"當作"仆"。

⑥ 追 "追"當作"迫"。

⑦ 全 "全"上當有"合"字。

⑧ 足 "足"當作"是"。

⑨ 正 "正"當作"甚"。

# 萬曆起居注

若再過八月一選，則就選者益多，候考者益少，偏枯之弊溢①，不均之歎起。又或觚延益久，遂致廢而不行，使國家儲養人才之舊制、舉於累朝者，隳於一旦，臣愚安得辭其罪耶？伏望皇上慨允，令誤②部照例題請，敕下臣等遵行。備一時庶常之選，儲他日公輔之資，臬③才得而大典光，亦微臣以人事君之一端也。"

二十二日癸卯，大學士方④謹題："臣今早入閣，見舉朝大小官員，約於思善門同上公疏，伏闕候旨。蓋因遼東虜勢縱橫，邊疆破壞，京師之危，衹在朝夕。當此之時，聖心宜何如警惕？用人行政，宜何如勵精？急急圖也，猶恐無及，乃朝廷之上，官僚不備，法令不行，景象蕭條，人心怨望。內閣政本之地，正⑤臣乙⑥人，部院堂官正⑦八、九⑧，科道止十數人，各處巡撫、巡按久缺不補，考選散館科道累年不下。平時不充任使，有事孰與勷勷？此皆用人之最急者。此外，若遣徐光啟監護朝鮮，以壯聲援，遣姚宗文閱視遼東，並宣慰北關，以挑虜勢，至於兵部凡有奏請、關繫邊事者，俱宜朝上夕下，無誤軍機，此又目前急務、安⑨攘外之要機也。伏望皇上念時勢之危急，察舉朝臣字⑩愛君憂國之苦誠，將公本即刻發臣票擬，或另傳一諭，將所請諸事盡賜允行，真宗社之憂⑪、臣民之福也。儻俞旨今日不得，明白必復來，明白不得，後日必復來，豈不益煩聖聽、益誤國家之事乎？臣謹扶病，隨諸臣後，恭詣宮門，叩請明古⑫，萬惟皇上留神。"

二十四日乙己⑬，大學士方從哲謹題："照得前日各衙門所上公本，率以用人為急，而其中第一緊要者，尤在欽點閣臣。其政本責任之重，時事擔當之難，與臣愚病憊不支之狀，臣言之已煩，茲不敢復贅。但念時當八月，聖節將臨，萬國冠裳於茲畢萃，此九重緝怨純嘏之期，正四海仰瞻新政之日也。皇上若於此時將會推閣員點用二、三人，與臣同入綸扉，共襄幾務，俾數年以來空虛廢弛之象，一旦改觀，一以重政本之司，一以

①溢 "溢"當作"滋"。
②誤 "誤"當作"該"。
③臬 "臬"當作"真"。
④方 "方"下當有"從哲"二字。
⑤正 "正"當作"止"。
⑥乙 "乙"當作"一"。
⑦正 "正"當作"止"。
⑧九 "九"下當有"人"字。
⑨安 "安"下當有"內"字。
⑩字 "字"當作"子"。
⑪憂 "憂"當為誤字。
⑫古 "古"當作"旨"。
⑬己 "己"當作"巳"。

從諸臣之請，一以救微臣之急，一以濟國事之危，此真目前第一要務，即九廟神靈必且顧皇上有此一舉，而萬年無疆之壽益默佑於冥冥之中矣。宗社臣民不勝幸正①。昨各衙門公本，已經臣票擬，計明旨旦夕即下，臣敢再以閣臣專請，萬惟皇上慨賜允行。"

二十五日丙午，大學士方從哲謹題："昨二十二日，舉朝大小臣工因東事危迫，將應行緊要諸務，合辭懇請，隨於思善門俯伏候旨，當蒙皇上將公本發臣票擬，一時衆口歡呼，羣情欣怍②，以爲皇上轉圜亡速若此，邊事尚可爲也。適奉聖旨，於內閣九卿等官俟即點用，於姚宗文准差查閱，而四處巡撫兩次但蒙欽點，是皇上於諸臣之請，業已慨然允行，所未即點者，獨內閣九卿科道耳。茲吏部尚書趙煥等，復將各官職名開列上請，伏望皇上念時勢之急，諒舉朝臣工仰望之殷，將所上推內閣、推大僚及科道等本，即刻欽點，發臣票擬，庶諸臣愛君憂國之誠，與皇上用人圖治之美，兩者相成，而於修內治、御外侮所利賴者多矣。儻聖心猶然遲疑不決，則閣員終於不補，九卿科道終於不用，朝宇③之空虛如故，百官之仰④闕徒勞，天下事將不如⑤所終矣。臣謹隨諸臣後於文華門叩首申請，佇⑥候俞旨。臣不勝激切皇忍⑦待命之至。"二十七日，奉旨："覽卿所奏請點用閣臣大僚等官，知道了，俟朕即檢查原疏點用。特諭卿知。"

二十七日戊申，大學士方⑧謹題："爲懇恩速補閣員事。頃該舉朝大小羣臣，將用人諸事伏闕懇請，皇上一日之間，點用四處巡撫，隨即批發，聖明乾斷一旦奮發若此，臣愚不勝欣仰。臣又惟閣臣仰贊萬幾，其責任之重，不減於撫臣也。臣獨身任事已逾二載，其懸缺之久，不止如四處巡撫也。皇上於撫臣則慨然用之，而於會推閣員則遲緩不補，豈輔理之司，獨輕於填撫？而臣愚螻蟻之誠，不若諸臣之真懇足以動天聽乎？此臣所爲自懇⑨自傷、不容一息靦顏於朝寧者也。臣病困之極，不能

萬曆四十七年

三六五七

① 正 "正"當作"甚"。

② 怍 "怍"當作"忭"。

③ 宇 "宇"當作"寧"。
④ 仰 "仰"當作"叩"。
⑤ 如 "如"當作"知"。
⑥ 佇 "佇"當作"佇"。
⑦ 忍 "忍"當作"恐"。
⑧ 方 "方"下當有"從哲"二字。
⑨ 懇 "懇"字當誤。

# 萬曆起居注

多言，但望皇上推點巡撫之心，並點閣臣，一舉筆而完故年求①了之局，資新臣光輔②之猷，且無便③天下後世謂皇上同一用人也，而有難、有易、有急、有緩，勇於廷臣之言，而獨未肯恤微臣之苦，則政本幸正④，臣愚幸正⑤。臣謹匍匐文華門，號泣哀祈，恭候俞旨。伏望皇上憐臣、允臣，將昨吏部開上職名，立賜欽點。臣不勝瀝血剖心戰兢待命之至。"二十八日，奉旨："覽卿屢奏詣⑥點閣臣，朕知道了。政本乏人，豈不體念？見今檢查吏部題推原疏，即點發行。不必候旨，卿宜入閣贊襄佐理，以慰眷懷。"

二十八日己酉，大學士方⑦謹題："適文書官沈應兆恭捧聖諭到閣：'諭內閣：罪⑧覽卿等所奏請點閣臣大僚科道等官揭疏，朕已悉知。各處缺官陸續點用檢發，豈有不補之理？見今檢閱原疏，即點發行。卿宜安心供職，不必疑慮，以副朕眷倚之意。特諭卿知。欽此。'臣捧讀再三，則⑨以喜，一則以懼，蓋諸臣前日所請，合大僚、科道俱在其中，而臣昨日所請，單是閣臣一節，聖諭謂：'豈有不補之理？見今檢閱原疏，即點發行。'且勉臣以'安心供職，不必疑慮'。是明示以閣臣之點，祇在旦夕矣。綸音顯著如此，寧有食言？臣安得不喜？但吏部初次會推，與昨日開列職名，二本俱在御前，皇上不即欽點發票，而又多此一番傳諭，是聖意猶然未決，點發猶若少遲，畢竟俞意⑩當在何日？又安得不懼？臣幾年愁苦，數月煎熬，一片血誠，毛⑪無不竭，恭誦昨日聖旨與今日聖諭，臣仰窺聖心似亦諒臣之深、憐臣之至矣。但得皇上開天地之量，施救濟之仁，將閣臣原疏多點三、四員，即刻發臣票擬，則臣願可遂，臣心獲安，臣與一家妻孥當朝夕焚香，祝萬萬壽於無疆矣。臣原擬八月朔日，恭赴宮門，俯伏候旨，儻蒙皇上即日允行，免使微臣又冒煩瀆之罪，不勝至幸。臣敢因回奏，附有所請，萬惟聖慈矜察。所奉聖諭，容臣尊藏閣中。謹題。"

二十九日庚戌，大學士方⑫謹題："今早聞左都御史李鋕於

① 故年求 "故年求"當作"數年未"。
② 光輔 "光輔"當有誤字。
③ 便 "便"當作"使"。
④ 正 "正"當作"甚"。
⑤ 正 "正"當作"甚"。
⑥ 詣 "詣"當作"請"。
⑦ 方 "方"下當有"從哲"二字。
⑧ 罪 《明神宗實錄》卷五八四"罪"作"昨"，是。
⑨ 則 "則"上當有"一"字。
⑩ 意 "意"字似誤。
⑪ 毛 "毛"字似誤。
⑫ 方 "方"下當有"從哲"二字。

萬曆四十七年

承天門叩辭，隨即出城，往通州候旨。臣不勝驚愕。照得本官，行年八十有五，哀①耄已極。兩年以來，屢次乞休未允，止有幼子一人，近又物故，嫠婦室女，煢然無依。如此光景，真人情所正②不埏③者。且三疏陳情，未奉俞旨，既懷性命之憂，又有家口流離之慮，拜疏徑行，良非得已。伏望皇上俯憐衰朽老臣，情勢迫切，特示寬仁，准其休致以去，不獨本官仰戴洪恩，將舉朝臣子無不誦皇上如天之慶矣。再照都察院堂上向來祇有李鋕一人，左石④兩堂懸缺數載，見今九卿缺乏，求一署印之人亦不可得，乞將見推刑部尚書張問達，先賜點用，令暫署都察院印務。其吏部會推左付⑤都御史劉日梧、左僉都御史郭實，亦求並賜點用，此目前用人之最急者，萬惟聖明留意。又兵部尚書黃嘉善近日辭任之疏，發票已久，更望皇上即刻批發，俾令速出料理部事，邊疆幸正⑥。"

　　是日，大學士方⑦謹題："昨日於文華門候旨，見戶部尚書李汝華接出聖諭：'這金花子粒銀兩，原係內供正額，屢已有旨明白。該部不候明旨，擅自借留，是何紀綱？今又久稽在部，不行速進。況今在內缺乏支用，無從措處，屢旨催促，漫不經心。堂上官職掌何在？該司官背違明旨，互相推諉，好生可惡，堂上官罰俸二個月，該司官降一級調外任用，不許朦朧推陞。銀兩作速解進，以濟急用。如仍前怠玩不遵，該司官都重治不饒。該部知道。欽此。'夫以內廷借⑧用之銀，該部未奉明旨，徑自借留，似不能無罪。但其留也，果以充無益之費乎？抑以濟緊急之需乎？遼左虜勢方張，禦敵防邊全藉三軍之力，餉糧餉不繼，欲使數萬之眾枵腹荷戈以格強虜，豈可得乎？頃接遼撫周永眷遼餉將絕一疏，在廷之臣相顧失色，恐該鎮之禍不在外侮而在內憂。且向乘⑨建議之臣，無不以留金花、留額稅為計臣望者。當此窘迫危急之際，適有三省解到之銀，不後不先，正當其會。該部若猶守拘攣之見，或照例解進，或請旨借留，輾轉稽遲，久而不發，豈不失邊臣之望、傷軍士之心、而坐誤國家之大事哉？故此一借也，在平時不可，而在今日似無不可，在平時宜罪，而在今日似不宜深罪也。況金花銀兩，在祖宗朝

① 哀 "哀"當作"衰"。
② 正 "正"當作"甚"。
③ 埏 "埏"當作"堪"。
④ 石 "石"當作"右"。
⑤ 付 "付"當作"副"。
⑥ 正 "正"當作"甚"。
⑦ 方 "方"下當有"從哲"二字。
⑧ 借 《明神宗實錄》卷五八四"借"作"供"，是。
⑨ 乘 "乘"當作"來"。

三六五九

或解南京，或貯太倉銀庫，除武臣俸祿外，悉備各邊緩急之用，見於科臣官應震之疏，歷歷可據。是聖諭所謂內供正額者，且不盡然。而乃以數萬之微細，一時之權宜，執以爲部臣罪，無乃非先王散材①得民之意乎？邇來遼餉浩繁，該部無從措處，中外諸臣方擬再懇皇上多發內帑，以濟然眉。況此數萬之銀，未經解進，未經查收，而於大內之積何損毫髮？聖心猶介介若是，他尚何望哉？今聞該部已將見在銀六萬銀②遵旨先③解，其已發去遼東銀五萬兩，尚在從容湊補。是堂屬諸臣在前日因④爲務⑤公之義，在今日尤爲奉命之恭。且聞山東司官雖管遼餉，於金花一事絕不相干，皇上似宜並免其降調，量加罰治，仍今昭一⑥舊供職，以責後敢⑦也。夫黜陟予奪，惟上所命，臣何敢妄有煩瀆？但先奉聖諭，諸臣已荷寬恩，今但以稽遲恭進之故，而罰及堂管，謫及司官，雷霆之威，堂朝⑧震慴。恐不知者謂皇上重財貨而輕臣子，於寬仁節儉之度不無少累。故臣之敢於喋喋者，非爲二、三小臣惜，爲國體惜，爲聖主之令名惜也。"

① 材 "材"當作"財"。

② 銀 "銀"當作"兩"。

③ 先 《明神宗實錄》卷五八四"先"作"完"。

④ 因 《明神宗實錄》卷五八四"因"作"固"，是。

⑤ 務 《明神宗實錄》卷五八四"務"作"急"，是。

⑥ 今昭一 "今昭一"當作"令照"。

⑦ 敢 "敢"當作"效"。

⑧ 堂朝 "堂朝"當作"朝堂"。

萬曆四十七年

八①月辛亥②，大學士方③謹題："照得桂王親迎醮戒制詞已經進呈，發下金箋一張，臣謹督中書官寫完。合行恭請用寶，御前面行醮戒。謹具題知。"

是日，大學士方④謹題："照得閣臣一事，昨屢奉諭旨，許即用發行，天語諄諄，可謂至親且切矣。乃靜聽兩日，尚無消息，臣盼望之極，夜不能寐。適又奉聖旨：'即當有旨。'戒臣不必躁急。夫當此國勢安危之際，臣愚病困之時，祇此一事萬分難緩，臣雖欲不急不可得也。臣謹趨赴仁德門，叩首懇請，立俟俞旨。伏望皇上將吏部原疏，即刻欽點。"

是日，大學士方從哲謹題："頃臣以點用閣臣事，於宮門外恭候俞旨。該文書官李希哲口傳聖諭：'覽卿所奏簡用閣臣，今早已有旨明白，朕必詳覽發行，何乃急迫如此、復行陳奏？卿可入閣辦事，即有旨下。特諭卿知。欽此。'臣不勝欣忭，如⑤聖意已決，點用只在頃刻間矣。謹題旨回閣辦事，靜聽德音。謹先具回奏以聞。"

二日壬子，大學士方⑥謹題："臣今早進閣，接得遼東巡撫謹周永春塘報及巡撫陳王庭揭帖，皆稱七月二十五日，奴賊約五六萬於寅時從三岔兒堡進入，辰時將鐵嶺城攻開，總兵李如楨、賀世賢領兵救援未到等情。又接得巡關御史董元儒揭帖，內稱八月初一日寅時，遼⑦賊萬餘，從石塘路各口衝入，先攻白馬關，又及⑧高家堡，又攻馮家堡，遊擊朱萬臣⑨馳救被圍，勢正危急等情。臣一見之，不勝驚懼，汗流浹背。竊意鐵嶺既陷，瀋陽、遼陽萬分難保，山海之危，萬分可慮。若石塘路則入⑩切近京師，相去纔兩日耳，虜患切膚如此，皇上尚可深居大內、晏然不以⑪慮乎？伏望皇上即於明日出御文華殿，召見文武羣臣，諭令亟圖戰守長策，以勵人心、鼓士氣。其吏部開上內關⑫、大僚、科道職名，即日點用，以備官僚，稱任使，庶幾宸衷兢惕，朝政改觀，邊事猶或可圖也。"

四日甲寅，大學士方從哲謹題："照得皇太子開講，先該臣

①八 "八"上當有"萬曆四十七年"六字。
②亥 "亥"下當加"朔"字。
③方 "方"下當有"從哲"二字。
④方 "方"下當有"從哲"二字。
⑤如 《明神宗實錄》卷五八五"如"作"知"，是。
⑥方 "方"下當有"從哲"二字。
⑦遼 "遼"當作"達"。
⑧及 《明神宗實錄》卷五八五"及"作"攻"。
⑨臣 《明神宗實錄》卷五八五"臣"作"良"。
⑩入 《明神宗實錄》卷五八五"入"作"又"，是。
⑪以 "以"下當有"爲"字。
⑫關 "關"當作"閣"。

於正、二、三等月累次具題，再奏①明旨，待天氣和煖舉行。後因邊報踵至，時事倥傯，臣遂不敢煩瀆。念儲學難以久停，良時豈容再失？即今清秋薦爽，寒暑適均，皇太子正宜乘時溫習間②徧，愈懋進修之益。臣謹擇得八月初九日、二十一日兩日皆吉，伏望皇上欽定一日，命皇太子照常出講。其講讀缺官，容臣於見在開③臣內列名上請，並祈即賜允用。臣不勝仰望之至。"九日奉旨："覽卿奏請皇太子講學，今朕壽節在邇，禮儀繁多，昨皇太子偶感時疾，綢④理稍愈，身體軟弱，尚在調攝，講學暫輟，着明春擇言⑤行。"

是日，大學士方從哲謹奏："爲萬壽屆期普天同慶懇乞聖明及時冊立元孫以慰人心以延國祚事。自昔國家綿有道之長者，率由祖孫父子前後重光，故昭⑥厥孫謀，式啟創垂之業，繩其祖武，聿昭繼述之休，成周之盛，真千載一時矣。其在今日，稱帝王之聖福，昭作述之芳視⑦，孰有如我皇上者乎？自萬曆四⑧十九年冊立皇太子，越五年而皇長孫生，維時祭吉⑨郊、廟，布告中外臣民，茲有十五矣。而薄海之人，傾心仰戴，既厚語⑩君之有子，又幸繼子之有孫，穆穆皇皇，瑞慶集一堂之上，繩繩繼繼，本支延百世之長，何其盛也？恭惟我成祖文皇帝，於永樂九年冊立太孫，時方十有三歲耳。皇長孫睿質天成，素具岐嶷之度，若於⑪日茂，適當志學之年，其視當時冊立之期，業已過之，而大典尚稽，非所以重國本迓天麻也。先是四十三年五月間，皇上召諭羣臣，有聖母稀齡即欲冊立皇長孫之旨。煌煌天語，中外誰不間⑫之？今將逾四年，而明綸未渙，非所以慰先靈、昭大信也。即今聖節屆期，萬國共球⑬之使，鱗集閣⑭下，羣情仰望，百倍尋常。及此時而早發德音，舉茲慶典，不獨宸衷燕喜，增邇福於九重，亦且衆志咸乎，萃驩心於萬國，將億萬載昌期之祚從此基之，而祖宗列聖及我聖母在天之靈無不欣慰矣。豈非熙朝之盛事，繼成周而娍⑮美者哉？項該部及科道諸臣俱有疏請，衆口一詞。伏望皇上仰遵祖制，俯順輿⑯情，爲宗社生靈長久之計，亟敕所司，先行冊立，其選婚、問⑰講諸事，次第舉行。"

萬曆起居注

三六六二

①奏　"奏"當作"奉"。
②間　"間"當作"簡"。
③開　"開"字當誤。
④綢　"綢"當作"調"。
⑤言　"言"當作"吉"。
⑥昭　"昭"當作"貽"。
⑦視　"視"當作"規"。
⑧四　"四"當作"二"。
⑨吉　"吉"當爲誤字。
⑩厚語　"厚語"當有誤字。
⑪若於　"若於"當有誤字。
⑫間　"間"當作"聞"。
⑬共球　"共球"當有誤字。
⑭閣　"閣"當作"闕"。
⑮娍　"娍"當作"媲"。
⑯輿　"輿"當作"輿"。
⑰問　"問"當作"開"。

萬曆四十七年

　　五日乙卯，大學士方從哲謹題："照得東宮講讀，舊例該用翰林官六員，近因輟講多年，原任講官張邦紀等俱以陞任、奉差而去，見在止薛三省一員。該臣屢次題稱①，未奉俞旨。今講延②將開，臣謹推得右春坊右諭德鄭以偉、錢象坤，左春坊石③中允汪輝，左贊善周炳謨，國子監司業張鼎④俱堪補用。其正字官亦缺一員。查有鴻臚寺主簿官⑤典籍事馬鍵堪補。再照薛三省等俱資俸最深，護⑥臣另有推陞年深翰林一本，伏望皇上留神與此本並賜批發，俾諸臣待⑦以新銜供事，不獨詞林之幸，實講席之光也。"

　　八日戊子⑧，大學士方從哲謹題："照得點用閣臣，該臣屢次催請，本月初二、三等日亦屢奉聖諭：'檢閱原疏點發'，'即有旨下'。臣意聖節在邇，朝政更新，計旦夕之間俞旨可待，以是屏息靜聽，不敢煩瀆。今又數日矣，而點用之信仍復杳然，所謂'即有旨下'者，恐又託之空言矣。臣因東事危急，憂心如割，食不下咽，臥不安枕，日望新臣命下，藉以分猷共念，協力匡扶。而心血嘔盡，望眼欲枯，終不能得之於皇上。天乎？天乎？何故臣所遇之窮，一至此極耶？伏望皇上念閣臣必不可不用，欽點萬不容再緩，乘此萬壽屆期、萬國嵩呼之日，將會推諸臣慨賜點用。則政本有類⑨，天語不虛，答衆望而濟時艱，終必由之，微獨衰憊具臣沐再造之恩而已。"

　　十日庚申，大學士方⑩謹奏："爲聖壽伊邇人心望治益殷懇乞聖明勵精勤政亟舉目前要務以濟時艱事。自遼左夜⑪師以來，虜患日迫，國勢日危，中外臣工咸凜凜焉抱主憂臣辱之慮，爲敢⑫焚極溺之圖。竊意聖明處此，不知當何如兢惕？何如憂勤？凡用人行政之間，可以修內治、禦外侮者，即亟圖之不逢⑬朝夕，猶恐天心難格，衆怨難平，而亂禍未易弭也。乃自四月迄今，宸衷益蔽，朝政益壅，明作之意全無，否隔之弊濕正⑭。頃者諸巨⑮計無所出，相率叩閣⑯，以用人諸事爲請。而點用四巡撫之外，寂然無聞爲⑰。見今大僚半缺，言路幾空。刑部、

①稱 "稱"當作"請"。
②延 "延"當作"筵"。
③石 "石"當作"左"。
④鼎 《明神宗實錄》卷五八五"鼎"作"鼐"，是。
⑤官 "官"當作"管"。
⑥護 "護"當作"該"。
⑦待 "待"當作"得"。
⑧子 "子"當作"午"。
⑨類 "類"當作"賴"。
⑩方 "方"下當有"從哲"二字。
⑪夜 "夜"當作"喪"。
⑫敢 "敢"當作"救"。
⑬逢 "逢"當爲誤字。
⑭濕正 "濕正"當爲誤字。
⑮巨 "巨"當作"臣"。
⑯閣 "閣"當作"闕"。
⑰爲 "爲"當作"焉"。

工部、都察院、大理寺，此何等衙門？而堂官竟無一人。職何國勢虜勢剝膚①，奸細偏於遠追②，此何等時節？而巡視五城九門御史堅執不允，甚至巡按各差已點數處，亦遲留不發。嗟乎，大僚誰之股肱？科道誰之耳目？平居所幹理者，誰之政事？遇有急難所捍衛者，誰之家國？所保護者誰之宗廟、神稷也？皇上萬幾之暇③，亦尝念及於此乎？又如遼餉將絕，數萬軍士旦暮有脫巾之虞，計臣當窘迫之時，枚④借金花銀數萬兩以濟急用，皇上正宜嘉其忠計，特加優獎，以勵士風、結人心，而罰俸、降調之旨相繼而下，重財貨而忽封疆，美小利而忘遠略，此何可使聞於邊方、且傳之天下後世也？至於中外章奏，如近日科道諸臣所條上者，率皆兵食大計、安内攘外之猷，而一概留中不報。即兵部議兵、戶部厝餉諸疏，關繫如何重大？如何急切？而上者未必下，下者未必速，視昔所謂司馬門三日不報者不啻過之。嗚呼，可勝歎哉？孟軻氏曰：'資者在位，能者在職'。'及是時，明其政刑，雖大國必畏之。'可見建威銷萌，由於仁賢之登進，除兇戡亂，惟在治理之修明。其在今日，謂剪滅奴酋，保全遼左，而不在於用人行政者，臣不信也。皇上奈何不銳然改圖，毅然勵精，而猶因循玩愒，置宗社安危於不顧耶？即今萬壽屆期，四方朝賀之使雲集闕下，稽首嵩呼，仰望聖政之維新，視平時奚啻百倍？臣愚謹將目前切要要⑤諸務，條列於左，以便聖明省覽施行。臣不勝惶悚待命之至。為此，謹具本奏聞。伏望敕旨。

計　開

一、點大僚。吏部向有會推尚書、侍郎及推陞卿寺各本，俱在御前，伏望皇上盡數點發。至於點刑部尚書，令署都察院印，點大理寺寺丞，令署本寺印，尤至要，至要，不容少緩者也。

一、允科道。近日吏部有推轉都給事中及催考選散館之本，都察院有題差巡視巡按各御史之本，伏望皇上盡數檢發，以完⑥言路。

一、發章奏。自吏兵二部推官外，凡中外諸臣條上封事，

① 職何國勢虜勢剝膚　"職何國勢虜勢剝膚"當有誤字。
② 偏於遠追　"偏於遠追"當作"偏於遠近"。
③ 暇　"暇"當作"暇"。
④ 枚　"枚"當作"权"。
⑤ 要　此"要"字為衍文。
⑥ 完　"完"似當作"充"。

及各部覆有關東事者，俱宜速行檢發，無誤軍機。

一、清刑獄。鎮撫司向缺刑部①，欽發人犯無人問理，以致無辜之衆，冤抑莫仰②。人命關天，恐累好生之德不淺。伏望皇上將兵部所推理刑官即賜點發。若御史劉光復，懲創既久，肆赦宜先，宜印行釋放，以矜戇直，慰羣情。

臣謂目前時務，惟此四事最爲喫緊，行之最有功效。此外若發內帑以佐軍餉，停徵稅以恤民窮，錄廢棄以惜人才，明賞罰以振綱紀，皆足以收拾人心，維持國脉，尚容臣等補牘奏請，求皇上次第允行，兹且未敢盡瀆也。"

十一日辛酉，大學士方從哲謹題："照得考選庶吉士，近該吏部將各衙門取到應考進士名數，於本月初六日具題，計俞旨當在旦夕矣。臣又查得，癸丑科考選，經今七年，散館已久，尚有擬授給事中韓繼思、暴謙貞二員，未曾授職。今歲册封各藩府，蒙皇上將候命科臣李若珪等盡賜允用，領差以去，一時諸臣莫不彈冠相慶，叩戴不測之恩。獨此兩人，以差數不敷，尚留滯都門，進退俱窮，資斧且罄，微但人情不便，亦且政體失平，揆之聖心一視之仁，恐亦有未安者。臣愚職在用人，旦庶常之選，又臣閣中專責，若簡拔作養於數年之前，而不得授一官、效一職於數年之後，無論二臣頻年株守，壯志將隳，而新館將開，舊局未了，臣之失職不已甚乎？伏望皇上乘此萬國呼嵩之日，羣情仰望之時，檢發吏部屢次催請之疏，將二臣允其授職，恤久淹之苦，鼓效用之心，所謂用一人而千萬人悅者，將在於斯，是亦皇上用人圖治之一端也。臣不勝激切懇祈之至。"

十三日癸亥，大學士方從哲謹題："照得點用閣臣一節，臣於八月初屢奉聖諭，令臣安心輔理，即檢原疏點發。臣欽遵明旨，不敢再瀆，從容靜聽，今又半月矣。恭惟萬壽聖節業已屆期，皇上所謂即有旨下者，正在此時矣。伏望聖慈將會推原疏，即賜欽點施行。臣不勝欣躍仰望之至。"

萬曆四十七年

三六六五

① 刑部 "刑部"二字當誤。

② 仰 "仰"當作"伸"。

十五日乙丑，大學士方從哲謹題："昨兵部接出聖諭，逮問遼東經略楊鎬。天威赫然，遠邇震警，臣愚竊意邊事之整頓，從此可期矣。繼接吏科及錦衣衛揭帖，皆言奉旨提官，其駕帖必由刑科給事中僉名，官校齎捧前去，然後地方官有所憑據，所以重明威也。今刑科缺官日久，見有候命曾汝召、韓繼思二員，伏望皇上乘此急切需人之際，將曾汝召即賜允用，俾令署印，以完奉旨逮問之事。其韓繼思、暴謙貞二員，祈准一並授職，使數年館選之局結於一朝，亦臣愚之幸也。項者冊封之後①，皇上不難一日之間用科臣八、九人，今所遺者三人耳。況當聖壽伊邇、四方入賀之時，皇上又何惜一舉筆之勞，而不使掖担②之間，有彈冠③之慶耶？伏望聖慈檢閱吏部題催各疏，即賜檢發，臣不勝激切仰望之至。"

① 後 "後"當作"役"。
② 担 "担"當作"垣"。
③ 冠 "冠"當作"冠"。

十六日丙寅，大學士方從哲謹題："恭遇萬壽聖節，臣謹偕在廷文武暨天下華夷齎捧朝貢官員人等，於五鳳樓前大班行禮，共伸祝頌外，伏念臣備員輔弼，受恩深厚，與在廷諸臣不同，擬是日恭詣仁德門，行五拜三叩頭禮，少伸忠愛無已之心，竊比三祝聖堯之意。謹具題知。"

大④學士方從哲謹題："昨十四日，該文書官李希哲，發下臣先日請點閣臣揭帖，奉聖旨：'朕知道了。點用閣員，即有旨下。欽此。'臣不勝欣躍。竊意天論⑤煌煌，明着親切若此，旦夕欽點，夫復何疑？臣敢不靜聽？但今又過二日，且明辰便是萬壽聖節，乘此不點，更俟何時？謹令中書官赴寶寧門，恭候明旨。伏望皇上檢閱吏部原疏，即刻點發。"

④ 大 "大"上應有"是日"二字。
⑤ 論 "論"當作"語"。

十八日戊辰，大學士方從哲謹題："近該吏部題有考選庶吉士之本，未蒙批發。照得今科原該選館年分，祇因奉旨稍遲，以致六月開選，去七八十人，且給假數多，昨經經⑥各衙門開送到部，與考者止九十四名耳。今八月大選在邇，若再過此一選，恐存留候考者愈少，欲照近列取盈二十三名之數，豈可得哉？伏望皇上留神，將吏部題本即刻檢發，容臣擇日恭請欽定，

⑥ 經 此"經"字當為衍文。

會同吏禮詹翰各官，公同考選，庶儲材大典不至終廢，詞林幸甚，臣愚幸甚。謹題。"

十九日巳巳①，大學士方從哲謹奏："爲時事需人甚急聖心轉動有機懇乞聖明亟下考選散館之命以濟時艱以光盛治事。邇年以來，在廷諸臣傾心而望、苦口而爭者，全在用人一事，而簡閣臣、補大僚、允科道，則又用人之最要者。昨皇上於萬壽之辰，點用閣臣二員，俞旨一宣，羣情歡然稱慶，政本之地，庶幾不至盡空矣。其南北部院卿寺各官，諒聖明亦將陸續推補，容臣補續②再請外，惟是臺省空匱之極，與考選散館諸臣候命之久，未有甚於今日者。諸臣於癸丑大計之後，以俸深留都，今七年往矣，彼一時也，原以才品之優，與清華之選，乃淹留數載，及③不得與當時共事之人，同授一官、效一職，毋乃非人情乎？況今時何時也？邊陲騷動，遠邇震驚，朝廷之上，任使欲充，耳目宜廣。乃見在科道各止八、九員，或一科無人，或幾科無印，其御史各差則缺者不肯補，滿者不得代，對駁激揚之任，盪然無存，毋乃非政體乎？當急切用人之際，置見在可用之人，事則任其廢弛而不修，政務日淪於叢胜④，人則任其困頓而不恤，賢才日就於凋零。祖宗設官分職之意，與上天生才侍⑤用之心，不幾於兩失之乎？頃者册封之役，皇上不難一日之間用科臣八⑥人，可謂甚盛舉矣。今候補者止三人耳，皇上一視之仁，原無軒輊，則何不推用衆人之意，並用此三人？又何不推用科臣之意，盡用各差之臺臣乎？而題者不點，票者不下，令同資一體之人，有遲速不均之歎，恐亦聖心所不安也。昨七月間，臣嘗隨諸臣後，伏闕懇祈，惓惓以用人三事爲請，皇上既許以檢閱原疏、即有旨下矣。今閣臣點，而大僚未補，科道未允。儻諸臣以此責臣，臣將何説之辭乎？夫留部諸臣，臣佐銓時所與聞也，散館二臣，亦臣與舊輔所同取也。臣待罪綸扉，叨濫已極，而諸臣猶棲遲困頓，未得效一日之用，沾一命之榮，以人事君，輔弼之誼謂何？縱諸臣不言，臣獨不愧於心乎？兹者時逢聖誕，率土呼嵩，萬方輯瑞之辰，正百僚彈冠

① 巳巳 "巳巳"當作"己巳"。

② 續 "續"當作"牘"。

③ 及 "及"當作"反"。

④ 胜 "胜"當作"脞"。

⑤ 侍 "侍"當作"待"。

⑥ 八 "八"下似脱一"九"字。

# 萬曆起居注

之會。伏望皇上將擬授給事中曾汝召、暴謙貞、韓繼思等，並擬擬及①題差御史左光斗等，盡賜允用，其辰②一資，亦望相繼續發。則明綸一布，言路漸充，鼓諸臣嚮用之忠，免微臣溺職之罪，是亦皇上用賢圖治、承庥介福之一端也。萬惟聖慈慨賜施行。

二十二日壬申，大學士方從哲謹題："該臣於聖節前後，每日在閣辦事，恭候新臣命下。偶於二十日感冒風寒，比至夜半，遂覺發熱頭眩，四肢軟痛。隨延醫服一和解之劑，至今未見清楚，而汗出過多，益覺委頓。疾勢若此，恐旦夕未能全愈。伏望聖慈容臣寬假三、四日，暫加調攝，少可即黽勉入直。其新點閣臣二員，今已數日，更祈皇上留③，即賜批發，臣不勝感激顒望之至。"

二十四日甲戌，大學士方從哲謹題："為作養人才事。頃該吏部具題，今科應考庶吉士，已將各衙門開送進士列④上請，業奉欽依。該臣看得，每科館選，俱在六月大選之前，今歲因奉旨稍遲，除六月已選外，即八月選期亦已迫近。昨該部將此月應選進士，暫留候考，然總之纔九十餘人耳。謹擇得九月初二日、初三日皆吉，伏望欽定一日，容臣遵照舊例，會同吏禮二部堂上⑤，及詹翰掌印官，公同閱卷。一應防範事宜，俱聽各衙門加意嚴肅，務得真才。其選取名數，應照節年題准事例，以二十三人為定。伏乞敕下臣遵奉施行。緣係作養人才事理，臣未敢擅便。謹題請旨。"

二十五日乙亥，大學士方從哲謹題："昨十七日恭遇萬壽聖節，伏蒙皇上欽點閣臣二員，發臣票擬，臣不勝喜躍，意綸音旦夕且下矣。乃靜聽至今，未蒙批發。竊謂枚卜一事，皇上慎之又慎，時逾兩年，真進賢不得已之心矣。點用之後，中外相慶，以為得人，而俞旨稽⑥，人心未免又生疑惑，非所以重輔弼之任，以示簡用之專也。伏望皇上乘半刻之暇⑦，將前疏即

① 擬擬及 "擬擬及" 當有誤文。
② 辰 "辰" 上似脫一"丙"字。
③ 留 "留" 下當有"神"字。
④ 列 "列" 下當有"名"字。
⑤ 上 "上" 下當有"官"字。
⑥ 稽 "稽" 上或下當有脫字。
⑦ 暇 "暇" 當作"暇"。

賜批發，庶政本之地共濟有人，慰四方仰望之心，完數年不①之局，微獨臣愚得免溺職之罪而已。臣不勝激切懇祈之至。"

二十八日戊寅，大學士方從哲謹題："頃者以感寒致疾，蒙恩給假調理，今雖小愈，而元氣未愈，步履尚艱。私念國家多事之時，聖心勤勞於上，臣乃私居偃臥，於心豈能自安？又新臣點用已久，或者待臣之出，方行批發。臣謹於今早力疾入閣辦事，仰慰聖懷。其欽點內閣二臣，伏望皇上留神，即賜檢發。"

①不 "不"下當有"完"字或"了"字。

# 萬曆起居注

①九 "九"上當有"萬曆四十七年"六字。
②選 "選"下似當有一"將"字。
③之 "之"下當脫一"日"或"時"字。

九①月庚辰，朔，大學士方從哲謹題："自建夷發難以來，皇上赫然震怒，俯從廷臣之請，議興問罪之師，選②調兵幾徧天下，卒伍疲於徵發，閭閻困於轉輸，海內元元苦軍興之擾極矣。所恃我皇上四十七年湛恩歲澤，浹洽民心，猶足以維其渙散之形，而不至有土崩瓦解之勢。當此之③，自非我皇上沛發明綸，顯示以朝廷德意，使知用兵非得已之役，而加賦有停減之時，慾海內安心樂業以供額外之徵，胡可得也？邇來建議之臣，咸謂皇上下寬卹之詔，以撫綏衆志，固結人心，似亦時務之不容緩者。至於遼左喪敗之餘，士氣不揚，人心不固，亦宜特頒明詔，以激發其忠義，鼓其敢戰之心，昔人所謂一紙賢於十萬之師者，端在此。臣謹擬上詔諭天下軍民並詔諭遼東將士軍民諭帖各一通，仰塵睿覽，伏祈皇上裁訓，發下謄寫施行。"

④已 "已"當作"巳"。

二日辛巳④，大學士方從哲謹題："惟八月二十七日，蒙發下兵部一本，內覆經略熊廷弼催總兵李懷信速往援遼。該臣隨即擬票，令星夜前去。至今未蒙批發。至二十九日，該巡關御史董元儒又以滿旦入犯聲息緊急，欲留李懷信而勿遣，此本已蒙皇上改批，令兵部便看了來說矣。初一日，又接熊廷弼揭帖，極言遼藩萬分危急，旦夕難支，其望懷信必不可不往，稍遲亦無所⑤於事。若待兵部覆本，恐又費時日，伏望皇上將二十七日已票之本，即刻批發，促令裏⑥懷信刻期前去，庶可救危遼於萬一。其薊鎮虜情，該部欲令山海關總兵何奮武代管，且朱萬良尚未離地方，似亦無足過慮也。萬惟聖明留意速發。此外尚有吏部推補遼東監軍一本、及覆薊遼總督汪可汪⑦、甘肅巡挡⑧杜承式回籍養病二本，俱經票擬，並祈速賜批發。"

⑤所 "所"下當有脫字。
⑥裏 "裏"當作"李"。
⑦汪 "汪"當作"受"。
⑧挡 "挡"當作"撫"。

三日壬午，大學士方從哲謹題："照得考選一事，頃該臣於聖節之次日具疏懇請，竊意皇上乘此萬方入賀之時，渙發綸音，完此數年不結之局，一以充言路，一以順輿情，甚盛舉、甚便事也。不得⑨靜聽至今，寂然如故，且並已點屯田、茶馬、山

⑨得 "得"字當誤。

西、四川等差，亦皆留中不發。於是諸臣嚮用之路益窮，而臣愚溺職之罪益所①逃矣。臣不敢遠引繁稱以煩聖聽，竊見近日册封之役，皇上一日之間用科臣八②員，豈非以掖垣乏人之極，諸臣守候之久，遂幡然有此轉圜之聽乎？科與道雖不同，而諸臣待用之其③與其效用之心同也。册封爲展親鉅典，按差爲巡方要務，其事體之重大同也。自癸丑迄今，諸臣留部同考，同其給假而去、假滿而來也，奔走之勞、守候之苦又無不同。乃已用者切④彈冠之慶，未用者起積薪之嗟，奉差者得抒效用之忠，未差者徒抱壯行之志，此無論政體失平，人情觖望，而於皇上大公無我之心，或亦有所未安乎？邇來都察院以按差缺人，從權題請，雖間蒙點用，已非考選舊制，然用者無幾，其未用者尚多也。頃自李鋕去而題差無人，其屢次題催者見在御前，皇上又概爲停閣，然則諸臣終於不用，而内外諸差將終於不補乎？今見在候命者，給事中止一人，御史正⑤十六七人，視考選之初已不及半，皇上但推允用科臣之意，將諸臣概允授職，一舉而復祖制，快輿情，耳目漸充，任使不乏，不獨朝廷收得人之效，而臣愚亦可少逭溺職之辜。不然，臣待罪數載，叨竊逾涯，而終不能爲皇上完此一事，妨賢竊位，貽誚無窮，獨臣清夜自思，漸悵欲死，皇上亦安用此尸素之臣爲哉？伏望皇上念各官需次之久，各差缺人之多，理勢已窮，萬難再緩，檢發吏部近日催本，將各官概賜允用，並將散館科臣暴謙貞、韓繼思二員一併授職，以完臣閣中前次館選之事，言路幸甚，臣愚幸甚。"

五日甲申，大學士方從哲謹題："頃蒙皇上點用閣臣二員，中外相慶，以爲得人，臣愚方冀旦夕命下，其在京一員便可入閣辦事，當此邊情危急、章奏紛紜之時，使臣得資其同心共濟之益，遇有大事彼此商確，庶幾不至錯誤，此不獨微臣之幸，亦政本之幸也。乃恭候再旬，未蒙批發，臣躬望之極，視日如年，不知聖心復何所疑而遲留不決如此？夫時逾兩年，不爲不久矣，臣懇請之章至數十止⑥，不爲不多矣，且既已欽點，而又留而不發，將更何待乎？目今大僚半缺，言路幾空，惟是一

萬曆四十七年

三六七一

①所 "所"上當有"無"字。
②八 "八"下似脱一"九"字。
③其 "其"當爲誤字。
④切 "切"似當作"叨"。

⑤正 "正"當作"止"。

⑥止 "止"當作"上"。

二密勿之臣，膺朝廷股肱心膂之寄，皇上又胥越之、厭棄之若此，則輔弼之任豈不益輕？而望其受事之後，安位行志，展佈四體，不益難乎？伏望皇上念内閣缺人之久，憫臣愚獨任之難，將點用二臣，即賜檢發，以免臣叫號之苦，省聖心激聒之煩。臣不勝翹首仰望之至。"

是日，大學士方從哲謹題："臣於前日接得奴酋攻陷北關之報，不勝駭懼。蓋北闕① 金白二酋兵力最強，素順中國，奴賊向來所以不敢放心深入内地者，恐北關之乘其後也。乃今一日之間，兩寨俱陷，百年強敵，摧若拉朽，彼復何所畏而不肆志以攻我遼瀋耶？臣故深爲遼瀋危，而又深爲京師危也。邇來承平日久，都城之中百無一備，萬一遼陽不守，虜騎突至關門，以京營幾萬脆危之卒，莫不聞②風股慄，望影思逃，皇上以爲能驅之戰乎？能使之守乎？念及於此，臣心膽俱寒，皇上奈何猶視若等閒而漫不動念也？伏望皇上將吏部所上徐光啓練兵之本、兵部所題姚宗文閱邊之本，速賜檢發，並將新賢御史先用五人，令巡視五城，以防奸細、備非常，雖邊塞之事尚不可知，而輦轂之下，人心不至動搖，亦目前安内之急務也。萬惟聖明留神毋忽。臣不勝。"

六日乙酉，大學士方從哲謹題："昨晚接得經略熊廷弼揭帖，極言遼左潰敗之形，人心離散之狀，法不能制，情不能聯，忠義不能感動，號泣勸諭不能使之聽從，一旦寇至，將立成土崩瓦解之勢。臣讀未竟，不覺心悸魂搖，汗淫然下也。夫國家所恃以捍禦寇賊、保守邊疆者，全在人心，人心不固，即金城湯池，甲士如林，芻粟如山，亦不能守。況該頓喪敗之後，以盔甲、器械、馬匹，件件不備，大器全無，雖有幾萬傷殘之卒、續到赴援之兵，然皆露頂赤身，以③空拳徒走，以此當天④敵、禦強虜，豈有幸乎？以是上自將領，下及軍民，無一人不爲逃走計，無一念無一刻不爲逃走計。目前若此，猝遇賊兵臨近，倉皇急迫之至，豈經略一人所能整齊而約束者哉？今日遼陽之勢，真疊卵⑤不足喻其危，山海、薊門之患，真剝膚不足喻其

① 闕　"闕"當作"關"。

② 聞　"聞"當作"聞"。

③ 以　"以"字當爲衍文。

④ 天　"天"當作"大"。

⑤ 卵　"卵"當作"卵"。

急。此非皇上與中外臣工安枕而臥之日也。廷弼自以勢不可爲，力不能支，請皇上早作區處，其情亦甚迫矣。臣以爲當事之臣，議兵議餉已無遺策，議戰議守已無剩詞，茲當救焚拯溺之時，爲披髮纓冠之計，將操何術哉？惟願皇上亟御文華殿，召見文武羣臣，共議守禦方略，此可以震疊人心者一。亟發帑金數百萬，爲戶部給餉、兵部招軍買馬之費，此可以振興士氣者二。亟下徐光啟練兵、姚宗文閱邊之疏，俾令及時料理，此可以克詰戎兵者三。亟敕京營總協，分佈營兵，各派信地，凡守城禦賊之具，如槍刀火器，擂木灰石之類，一一預備，毋至臨時無所措手，此可以護衛都城者四。亟下科道諸臣之命，五城各用一人巡視，俾令譏防奸細，彈壓紛囂，此可以防內潰固根本者五。亟敕薊遼總督、兩鎮巡挡①、及各處兵道，務切同仇之義，凡調兵轉餉、列屯置守、足以杆②外衛內者，莫不悉③規畫，併力經營，毋得袖手旁觀，互相推諉，此可以資掎④角、嚴保障者六。凡此皆目前要務，急圖之猶恐無濟緩急，而君臣上下之間尚可泄泄而莫爲之所助？總之，惟在皇上毅然奮發、幡然改圖，一切用人行政之事，無不朝上夕下，隨請隨應，以新臣民之耳目，以聳外夷之觀瞻，是又安內攘外之大原，臣愚所傾心拭目、切切爲皇上望者。昔人以燕省⑤處堂爲不知避禍之喻。臣以爲不知其危，而誤以爲安，猶可言也。今日之虜情邊患，人人皆知其危，而皇上若自以爲安，人人皆知其災，而皇上若自以爲利，明明知傾危之禍近在眉睫，而因循怠忽，徒徼目前之無事，倖一日之苟安。寧獨請臨朝不允，發帑不允？即如用人一事，於聖躬無一刻之勞，於財貨無一毫之損，有何妨礙、有何難處、而閣臣已點不發，大僚屢催不補，考選散館七年不下，法司三署一時盡空，舉在廷之臣齊心補牘，合詞叩閽，百請而百不聽？竊窺聖意，若謂天下無一人足信，無一事當行，無一言可聽，舉東夷西虜憑陵侵犯，無一處足爲吾難者。嗚呼，危哉。臣謂九重之上舉動若此，朝寧之間景象若此，甚非吉祥之兆、太平無事之徵也。無乃時值其厄、天實爲之，而聖心有不自覺者歟？何其宜悟而終不悟也？臣憤懣於中，久欲有言。

① 挡 "挡"當作"撫"。
② 杆 "杆"當作"扞"。
③ 悉 《明神宗實錄》卷五八六"悉"下有"心"字，是。
④ 掎 "掎"當作"犄"。
⑤ 省 "省"當作"雀"。

## 萬曆起居注

① 行 "行"字當 "衍"。

茲因東事危迫，敢略陳其概，以冀聖聽之轉圜。若當行①此危急存亡之秋，皇上猶聖執成心，毫無轉念，朝政之更新無日，羣情之仰望全狐，虜患日深，內憂日迫，即宗廟、社稷將有不忍言者，又何有於遼陽哉？萬惟聖明省察，并恕臣狂戇之罪。臣不勝激切懇祈之至。"

七日丙戌，大學士方從哲謹題："照得武闈取士，例用監試御史二員。茲初九日即為頭場校射之期，而監試未差，殊為缺典。昨都察院經歷司以堂上署印無人，不得已將御史俞誨、盧謙二員代為題請，誠見時日已迫，而舊制不可遽廢，故為此權宜之計。伏望皇上將原疏即賜檢發，無致臨期誤事，大典幸甚。

② 署 "署"下當 有 "印"字。

再照本院署②之官，勢難久缺，前蒙發票，該臣已將戶部尚書張問達擬上，更祈皇上即賜批行。至於張問達近該吏部推改刑部尚書，儻得俞旨，令其署管院務，尤為安便。統惟聖明裁酌。臣不勝仰望之至。"

八日丁亥，大學士方從哲謹題："今日五鼓，蒙發下吏部題覆薊遼總督汪可受養病本，奉上傳：'着照舊供職，作速催他即出任事。欽此。'該臣看得，自奴酋發難以來，可受移駐山海，拮据兵餉，督造戰船軍器，頗竭心力。乃議者謂其念佛好善，軍旅之事非其所長，故昨吏部覆本，擬令回籍調理，欲另推才望之臣，往代其任，所以為重鎮安危計，非有他也。茲蒙傳示，臣愚仰見皇上慎重封疆，不欲臨敵易將之意，不勝欽服。除臣即遵旨擬進外，謹述部覆及臣前日擬票之故，仰塵睿覽，伏惟聖明裁酌。或准其調理，或仍令供職，但祈皇上速賜批發，以決本官去留，毋再遲疑，使人心觀望，致誤邊事，中外幸甚。

③ 挡 "挡"當作 "撫"。

其吏部覆甘肅巡挡③杜承式養病，並祈速發，以便推補。"

④ 力 "力"當作 "曆"。

是日，大學士方從哲謹題："准兵部手本，開稱該本部題，萬力④四十七年九月十五日，考試天下武舉官生，例用考試官二員，合行翰林院題請簡用，奉聖旨：'是。欽此。'備行到院。臣推得堪任正考官二員，付⑤考官二員，列名上請。伏乞於內

⑤ 付 "付"當作 "副"。

各欽點一員，令於十三日早入場供事。臣未敢擅便，謹題請旨。

　　計　開

堪任正考官二員：右春坊右諭德兼翰林院侍講掌司經局事鄭以偉　右春坊右諭德兼翰林院侍講錢象坤

堪任付①考官二員：右春坊右贊善兼翰林院檢討周炳謨　左春坊左中允兼翰林院編修汪輝。"十五日，奉旨："是。着點了的去。"

是日，大學士方從哲謹題："前蒙發下吏部尚書趙煥考滿本，該臣隨擬票進呈訖。連日復查得近年之例，如孫丕揚、鄭繼之俱以六年考，除加宮保外，又有給與應得誥命之旨。臣一時失檢，致少此一局，似於皇上優禮銓臣之意有所未盡。臣疏略之罪，百口奚辭？茲謹另擬一票，上塵睿覽，伏望皇上照此批發。即前本已經批紅，亦可添此一句，庶王言不致有誤，而微臣錯謬之罪亦可少逭矣。萬惟聖慈務察。"

是日，大學士方從哲謹題："臣在閣辦事，聞大小衙門官員，於文華門同上公本，請皇上臨朝，用人行政，以救京師危急。該臣看得，北關已破，瀋陽一空，遼左之亡只在呼吸。儻奴賊乘勝長驅，旦夕當至都城之下矣。此時九卿科道皆寥寥數員，欲令分門坐守，往來巡察，盤詰奸細，鎮壓人心，禦外患而防內變，將屬之誰乎？為今之計，惟望皇上即日臨朝，與羣臣面議防守之策，速發內帑，以為户兵二部糧餉犒賞之資，將吏部推補卿貳各官，立賜點用，考選散館科道盡數允補，以實班行，充任使，并將已票徐光啓、姚宗文二本，即刻批發。庶乎羣策畢舉，大家齊心併力，而國家之事尚有可為，皇上萬毋視若等閒而置之不理也。臣又惟考選一事，該臣疏請揭催，不知凡幾十次，事勢窮極，即在平時亦無不下之理，況今虜在門庭，宗社存亡判於俄頃。當此急切用人之際，而皇上猶持一意，未有②肯慨然賜允，愛爵祿不如愛國家，棄賢才輕於棄財貨。祖宗櫛風沐雨之天下，將自今日失之，皇上漫然不顧，而徒介介然靳諸臣之一命，此臣所為痛哭流涕、欲剖心悟主而無從心③也。伏望皇上乘此諸臣叩闕之時，將癸丑考選一咨及散館

① 付　"付"當作"副"。

② 有　"有"字當為衍文。

③ 心　"心"字當為衍文。

二臣，先賜批發，俾令到任管事。總之不過二十人，足以完數年不了之局，備目前差遣之用，不惟時艱可濟，而臣愚以人事君之義，亦無①哉無愧矣。適聞諸臣以候命不下，題差不下，經年株守，茫無授職之期，擬拜疏辭朝飄然徑去。如此景象，恐非聖世所宜有，而微臣溺職之罪，其又何辭於天下後世哉？臣以禍患迫切，憂心如焚，敬隨諸臣後爲此瀝血之請，萬惟聖明省覽，立見施行。"

是日，大學士方從哲謹題：適九卿科道諸臣見臣於東閣，共言目今虜患迫切，宗社存亡判在俄頃，救急之着全在用人。該吏部具有南北大僚及科道職名三本，伏望皇上即刻發臣票擬，並賜允用，庶任事有人，禦侮有賴，猶又可救危亡於萬一也。儻今日不允，明日必且復來，明日不允，後日必且復來，期得旨而後已。此諸臣愛君憂國之誠，救焚拯溺之策，皇上所當急爲允從者。儻再遲留，天下大事去矣。"

九日戊子，大學士方從哲謹題："昨舉朝大小官員，以虜患迫切，伏闕具疏，請皇上臨朝，用人行政，以救目前之意，該吏部具有南北大僚及考選科道職名三本，求皇上即賜批發，臣與各官俱在思善門候旨。隨該文書官李希哲口傳：'萬歲爺昨偶感暴寒瀉痢②，服藥調攝，御殿未便。所請諸事，知道了。卿等各回衙門辦事，俟詳覽歷履，查檢發行。可出去朝房候旨。'時已薄暮，臣等即遵旨散出。諸臣相約於今日仍赴思善門恭候，如三本不蒙發票，將號泣以隨之，以求聖明之必允。伏望皇上將前本發臣票擬，以答舉朝之仰望。如一時不及徧覽，幸先發考選一本，餘俟午後再發，庶羣情可慰，而聖躬當調攝之時，亦不至過煩聖慮矣。時事急迫，禍在燃眉，惟望皇上俯察諸臣憂時體國不得已之心，慨賜允行，宗社幸甚，臣民幸甚。"

是日，大學士方從哲謹題："照得吏部題覆薊遼總督汪可受本，昨蒙上傳改票，擬令照舊供職，隨該臣遵旨擬上訖。及至午後，見吏兵工部堂上及科道各官，皆言可受當亟允其去，速推有才望者一員來代，庶幾不誤邊事。衆論僉同如此，伏望皇

① 無 "無"當作"庶"。

② 痢 "痢"當作"痢"。

上仍照先欠票擬，准其回籍調理，令候新臣交代，於人情事體極爲妥便。不然，部覆准去，而奉旨留之，外人不亮聖心，必又生出許多議論，徒煩聖聽，而可受亦終不然①留，朝端不免多事，臣愚益無所逃罪矣。伏惟聖斷，速賜批發。"

是日，大學士方從哲謹題："適九卿科道官又見臣於東閣，因昨日三本未蒙發票，今日仍赴思善門伏闕候旨，趨臣恭詣宮門，囑司禮監臣面奏皇上，極言時勢危急，用人等事萬難再緩，且謂臣必得前本發票，方可退出。臣謹於仁德門叩首跪請，立俟俞音。儻又如昨日空言傳諭，百官必不肯出，而臣亦無辭於衆人，臣之罪滋大矣。萬惟聖明立賜檢發。"

十一日庚寅，大學士方從哲謹題："適蒙皇上批發屯田、茶馬、山西、四川四差，其真定、蘇松、陝西、廣東四差又蒙欽點，一日之間允用御史八人，此外係癸丑考選者，不過八、九人矣，以後陸續再點，不日皆可授職，不獨諸臣之幸，實言路之幸，舉朝之幸也。惟是擬授給事中，尚有曾汝召及散館暴謙貞、韓繼思三人，數不多，用之甚易。伏望皇上推一視之仁，檢出吏部催請之疏，將三人併賜允用，尤爲至幸。至於大僚員缺甚多，推補宜亟，更望皇上擇其緊要，如左都御史、禮部、刑部尚書，户部、工部侍郎，先點數員，俾九列充盈，朝端生色，尤足以新一時之耳目，聳四夷之觀聽，此又臣愚所爲惓惓致望者。昨在廷之臣，因見虜患甚迫，國勢甚危，而股肱耳目之臣缺焉不備，故不得已爲叩閽②之請，事若過激，心實無他。惟望皇上諒甚誠，而俯賜允從，將宗社臣民共賴之矣。"

十二日辛卯，大學士方從哲謹題："該臣遵旨於本月初二日，會同吏禮詹翰各官，將吏部開送進士九十名，從公考選，取得正卷堪改庶吉士作養二十三卷、副卷八卷，進呈御覽訖，今經數日，未蒙檢發。照得諸臣守候既久，懸望甚殷，伏望皇上留神，將前卷即賜批發，庶大典早完，而外間免生疑議。"

是日，大學士方從哲謹題："頃於萬壽聖節，伏蒙皇上將吏

①然 "然"字當爲誤字。

②閽 "閽"當作"闕"。

部會推閣臣點用史繼階、沈㴠二員，發臣票擬。臣不勝慶幸，竊意明旨不日當下，二臣受事有期，臣以頻年困憊之軀，值此時事艱難之會，庶幾同心共濟，彼此相資，凡事得以從容商確，而票擬不至錯誤，尸素之罪或者可免萬一矣。不謂時逾再旬，未蒙批發，臣雖屢次催請，而俞旨杳然。業已簡在帝心，又復稽遲時日，恐非所以重贊襄之寄、示信任之專也。日者皇上加意用人，如卿寺科道諸臣，皆蒙陸續允用，況輔臣何職？此時何時？而二臣之命尚可遲遲不下乎？伏望皇上俯念國家多事日甚一日，政本重地斷非臣一人之力所能支持，比至誤事而後治罪也已無及矣。乞大奮乾斷，將點用二臣至①賜批發。"

十三日壬辰，大學士方從哲謹題："前蒙發下吏部尚書趙煥六年考滿本，隨即擬票進呈訖。又該臣查得近例，如係②丕揚、即③繼之六年考滿，除加陞太子太保，俱給與應得誥命，此係皇上優禮銓臣之意，不容有缺，業已另擬一票，祈皇上增入批發，今又數日矣。本官以待命不敢入部視事，諸務不無妨癈④，當此國家多事、切用人之際，而家⑤卿杜門不出，非所以重銓政也。伏望皇上將趙煥考滿本，照臣後次擬票，立賜批發。"

十五日甲午，大學士方從哲謹奏："爲虜患益迫國勢益危乞聖明大奮乾剛臨朝決策以勵人心以保宗杜事。頃自開鐵不守，北關再陷，遼陽孤城岌岌乎有不支之勢矣。遼陽不支，則禍立中於山海，山海不支，則禍立中於京師。此何時也？皇上猶深居高臥，晏然若無事之日乎？昨吏部請用大僚等官不報，戶部請發內帑不報，甚至臣請詔諭天下及遼左軍民，杜⑥敷宣德意收拾人心，亦留中不報，皇上豈以邊患雖殷而內地尚可無虞？又豈以陷城失堡止於遼東，而幾⑦輔之近、都城之中，尚可保全無恙乎？山海雖稱重鎮，非有金城湯池之險可資扞禦也，近雖議設一大將，而兵馬全無，誰爲防守？欲取之薊鎮，則屢調之後，營伍空虛，且大虜屯聚近邊，勢將復犯。欲取之山陝新募之兵，則烏合之徒，訓練無素，驟令乘陣對疊⑧以抗強寇，

①至 "至"當作"亟"。
②係 "係"當作"孫"。
③即 "即"當作"鄭"。
④癈 "癈"當作"廢"。
⑤家 "家"當作"冢"。
⑥杜 "杜"字當誤。
⑦幾 "幾"當作"畿"。
⑧疊 "疊"當作"壘"。

勢必不能。則另推山海總兵，配以應用兵馬，俾令及時操練，為扞外衛內之資，乃今日所當亟講者。近見御史王象恒疏，謂關之南北與一片石二處，舊有城垣，今皆圯①壞，當此之時，急宜修築，使守關之兵有所據以自固，似不可視為緩圖也。以京師言之，三大營之兵號稱十萬，非不多矣，然背②游手游食，與市井傭敗③之流，尺籍雖存，毫無實用，求其膂力方剛、能挽強超距者，十不得一也，膽氣過人，能衝鋒陷陣者，百不得一也。就中稱選鋒、食雙糧者，將近萬人，率多強律④，可以勝介胄⑤、任干戈，誠令將官知兵者，圍諫⑥而教習之，或可資一臂之用。其餘老弱瘦羸之衆，即令之守信他⑦、列營伍，一聞虜報，有股慄而走耳。則急急挑選，急急簡練，俾任⑧旗壁壘煥然一新，猝過⑨緩急，有所恃以無恐，此在總協二臣不可不加之意也。邇來承平日久，守⑩之具百無一備，即如大⑪器一項，乃禦寇長技，較之槍刀矢⑫石之利，不啻數倍，謂宜乘此閒暇之時，將兵仗局盔甲、王恭二廠所貯大將軍、及各樣銃砲，令巡視監督諸臣遂一檢驗，擇其可用者，如法修製，以濟急用，似亦不可不預為之備也。夫禦寇者當在藩籬之外，而臣獨為此守山海、守都城之說，非過計也。封疆之事，恃有經略遵⑬籌，督撫協力，一切制禦機宜，因時變化，必有萬全之⑭，惟是臣目繫⑮时⑯腋之地，輦轂之下，干陬不設，守備蕩然，輒不勝凜凜憂之，故不揣以芻蕘之說進。伏望皇上俯念虜患已迫，國勢甚危，宗社存之⑰，判在呼吸。從此奮發精神，一洗晏安之習，即日出御文華殿，召見文武羣臣，面議防禦方略，亟將吏部用人、戶部請帑、兵部募兵簡將有關東事之疏，慨然允發。庶幾人心震疊，朝政修明，仁賢抒效用之忠，卒⑱奮勤王之義，或者猶可救老⑲亡於萬一耳。事急矣，望皇上自為保身保國家之計。若猶深居如故，拒諫如故，有人不用，有政不行，苟且因循，徽⑳倖旦暮之無事，將令羣工解體，上下離心，萬一虜薄都城，人無效死之志，舉祖宗二百五十餘年相傳之天下，一旦淪於腥羶，豈不痛哉？臣等誤國之罪固無所逃，不知皇上他日何以見九廟神靈於天上也？臣言及此，不覺膽裂心摧，痛哭欲絕，

萬曆四十七年

三六七九

① 圯 "圯" 當作 "圮"。
② 背 "背" 當作 "皆"。
③ 敗 "敗" 當作 "販"。
④ 律 "律" 當作 "健"。
⑤ 胃 "胃" 當作 "胄"。
⑥ 諫 "諫" 當作 "練"。
⑦ 他 "他" 當作 "地"。
⑧ 任 "任" 當為誤字。
⑨ 過 "過" 當作 "遇"。
⑩ 守 "守" 之上或下當有脫字。
⑪ 大 "大" 當作 "火"。
⑫ 矣 "矣" 當作 "矢"。
⑬ 遵 "遵" 當作 "運"。
⑭ 之 "之" 下當有 "策" 字。
⑮ 繫 "繫" 當作 "擊"。
⑯ 时 "时" 當作 "肘"。
⑰ 之 "之" 當作 "亡"。
⑱ 卒 "卒" 上當有脫字。
⑲ 老 "老" 字當為衍文。
⑳ 徽 "徽" 當作 "徼"。

惟皇上猛省而亟圖之，宗社生靈幸甚。臣不勝瀝血嘔心迫切籲呼之至。爲此，謹具本親諸①文華門，叩頭上進以聞。伏候敕旨。"

十六日乙未，大學士方從哲謹題："照得都察院自李鋕去後，堂上並無一人，印務虛懸，百事寢閣。前八月十一日，蒙發下徑②歷司任光統題請署印之本，該臣擬票，令倉場尚書張問達暫署。往③今月餘，尚未批發。頃蒙皇上點用各差御史，四方郡國巡歷得人，固地方之至幸矣。然須有署印堂官，方得須④印前去。且近因五城巡視未有專差，凡御史授職者，俱令暫管一兩月。今堂上無人，誰爲劄委？有官而不得其用，與無官用⑤。皇上何惜一批發之勞，令堂堂風紀之司，空虛廢弛至放⑥此極也？伏望將臣擬票張問達署印本，立賜九⑦行，臺綱幸甚，臣愚幸甚。"

十七日，大學士方⑧丙申，大學士方從哲謹題："照得吏部會推閣員，蒙皇上點用，今已一月矣。缺兩年而復⑨允推，推三月而後欽點，慎之又慎，之⑩又遲，無論皇上御極以來無此異事，稽之故事，國朝二百餘年，從來⑪有推補閣臣如此之難者也，考之前代，自漢唐宋迄今，幾千百年，而未有簡任宰輔如此遲疑不決者也。聖意淵微，豈惟臣愚不能知，天下之人不能知，即聖心恐亦有莫知其所以然者。不然，何不明示臣以遲遲之故，而但日復一日，月復一月，輾轉遷延絡⑫無簡用之期耶？且政本何地？此時何時？皇上試察臣愚之才力，審今日之時勢，有極庸極省⑬之人，以一身任天下國家之重，而不至於顛仆者乎？有極衰極病垂死之夫，以一人支六、七年之久，而不至於狼狽者乎？又有極艱極危難處之日，以一庸病之臣，支持捶⑭救而終不至於誤國者乎？恤微臣之苦，濟時事之艱，重代言之司，收輔理之效，惟在明綸之速發而已。前八月初，臣恭詣宮門，長跽候旨，皇上戒臣以急迫，許臣以即下，臣敢不屏息靜聽？乃既點之後，又復留中，催請雖頻，堅持如故。是皇

①諸 "諸"當作"詣"。
②徑 "徑"當作"經"。
③往 "往"字當誤。
④須 "須"爲誤字。
⑤用 "用"當作"同"。
⑥放 "放"當作"於"。
⑦九 "九"當作"允"。
⑧大學士方 "大學士方"四字爲衍文。
⑨復 "復"當作"後"。
⑩之 "之"上當有"遲"。
⑪來 "來"當作"未"。
⑫絡 "絡"字當誤。
⑬省 "省"當作"劣"。
⑭捶 "捶"當作"拯"。

上初以允推塞臣之請，既又以點用安臣之心，步步延挨，徒稽歲月。然則二臣畢竟何時可以履任？臣愚畢竟何時得其共濟耶？臣不足言矣，二臣當簡在之初，皇上將付以股肱①心膂之寄，乃以信②忽疑之意，置之不進不退之間，傳之四方，書之史册，恐非所以隆輔臣之體，示聖眷之專也。伏望皇上將臣前日擬上部本，慨賜批發，免使宮門煩瀆聖聽。"

二十日己亥，大學士方從哲謹題："照得吏部尚書趙煥六年考滿，該侍郎史繼階③等於本月初一日具題，今半月餘矣。昨十六日蒙發下本部催疏，臣再擬票進呈訖。其加官誥命等項，俱係近年成例，想亦聖心所不靳者，但明旨未下，本官未敢進部。數日以來，文選司將推陞等事盡皆停止，即大同巡撫員缺十分緊要，亦未得會推。是本官候命一日，則銓務妨該④一日，皇上萬幾煩頤⑤，或未念及於此也。伏望留神，將此本即賜批發，無再遲留。"

是日，大學士方從哲謹題："自遼左殘破，虜勢縱橫，自山海、薊門以至京師，在在可虞。兵部為防禦都城計，先後議招各省民兵、各鎮邊兵，及差科道四員，召募畿輔之兵，所以為綢繆扞衛之備者無遺策矣。前項招兵，奉旨在先，咨行已久，今山、陝、何⑥南陸續解到者，已發通州等處操練，獨畿輔一疏，未奉俞旨。臣查該部題差者，在順、永、保、河四府為給事中祝耀祖、御史王象恒，真、順、廣、大四府為給事中曾汝召、御史周萬鎡。今祝耀祖、曾侮⑦召見在京師，象恒、萬鎡皆其按屬，地方既近而易到，勢又便而易行，一奉欽依，就可受事。竊意燕趙精銳之卒，旦暮可集都下，視彼省直邊鎮道路遼遠者，難易遲速相去何如？皇上奈何置之若遺，而不為擁護根本計也？頃少詹事徐光啟奉有練兵之命，條上方略，鑿鑿可行，皇上若以召募付之四臣，以訓練付之先⑧啟，將使都城之內軍容大振，神氣漸張，修內備而備外侮，恒必由之矣。伏望皇上將兵部八月初五日募兵近幾⑨之疏、徐光啟九月十五日條陳之疏，並賜檢發。"

① 肱 "肱"當作"肱"。
② 信 據《明神宗實錄》卷五八六"信"上當有"方"字。
③ 階 "階"當作"偕"。
④ 該 "該"字當誤。
⑤ 頤 "頤"當為誤字。
⑥ 何 "何"當作"河"。
⑦ 侮 "侮"當作"汝"。
⑧ 先 "先"當作"光"。
⑨ 幾 "幾"當作"畿"。

# 萬曆起居注

　　二十二日辛丑，大學士方從哲謹題："昨午後接得遼東總兵李光榮塘報，審得回鄉人竇承志等口稱，本月十三日，從奴寨起身逃回，聞奴賊於十二日喫酒，人馬俱已調在新城，要於十七、八、九日，從撫順進搶遼瀋地方等情。臣一見之，不勝惶懼。項自開鐵不守，北關又陷，中外凜凜，恐賊犯遼陽，勢必難支。萬一遼陽有失，所恃者祇有廣寧。雖有巡撫在彼駐劄，禦①少嚴，但屢敗之餘，人心不固，欲以抗強虜過、遏其深入，恐亦不能。自此而山海，而薊鎮，直抵京師，直無人之境矣。念及於此，能不寒心？今外而而②料理兵事，相機戰守，恃有徑③略、督撫，內而調兵措餉，防守都城，恃有戶兵總協諸臣，計當事各官，未有不殫心畢力，拯禍亂以報朝廷者。惟望皇上當此危急存亡之秋，盡去成心，俯從廷臣之請，一切用人行政章疏，莫不朝上夕下，此雖於邊事若無所與，而鼓舞人心，恢張神氣，其原實係此。即近日聖躬偶感服藥調攝，不耐煩勞，而此不過一啟口、一舉筆之間，便可完許多大事。臣愚伏望皇上，萬毋自謂我平日不輕用人，不輕聽言，若當此急迫之時，便急急用人，急急聽言，恐臣下窺其淺深，故寧堅持初意，延挨時日，僥倖禍患之不至。儻有此念，害事不小。萬一虜至城下，人心離散，當此之時，即欲用人、聽言，亦已無及，尚有工夫與臣下相較量耶？臣言及此，心裂膽寒，淚下如雨，惟皇上深思而慨允之。"

　　二十四日癸卯，大學士方從哲謹題："為恭候萬安事。昨文書官李希哲到閣口傳：'萬歲爺因落雨感冒，一日瀉痢數次，且聖目發暈，腹腰俱痛，不能屈伸。'臣聞之不勝孺慕。伏見連日雨雪交作，天氣乍寒，當宸衷焦勞之時，值此氣候不調，以致聖體暫邇違和，服藥調攝。臣愚伏望皇上慎起居，有④思慮，加意珍護，以保天和。計旦晚之間，自有勿藥之喜。臣不勝瞻戀懇祈之至。至於臣昨日所請趙煥考滿、都察院署印二本，求即刻批發，以完目前之事，亦皇上省心却病之一端也。臣從哲恭候萬安以聞。"

① 禦 "禦"上當脫"防"、"備"之類一字。
② 而 此"而"字當為衍文。
③ 徑 "徑"當作"經"。
④ 有 "有"字當誤。

二十五日甲辰，大學士方從哲謹奏："為國勢益危臣力已竭懇乞聖明速下閣臣之命以圖共濟事。自內閣缺人，逾二載而後允推，二、三月而後欽點，慎重之極，遲留之久，從古所無，臣前揭言之甚詳，不知曾經聖覽與否？今點後又月餘矣，催請雖頻，停閣如故，日復一日，中①無俞允之期，誠不知皇上之點用者何心？而遲疑不發者又何心也？二臣才品德望，百陪②於臣，業已簡在聖心，孚於眾志，並用之足以收同寅協恭之益，早困③之可以藉特勉危職亂之切④，此萬萬無有可擬可擬⑤、無可待者。而聖心顧猶豫不決，豈獨臣愚不知其故，即皇上於萬幾之暇試一沉思，恐亦有不能自解者矣。夫天下國家之事，原非一人之力所能擔當，況以衰庸病憊之夫，值茲醜虜狂⑥、封疆破壞之日，安危判放⑦呼吸，舉動係乎存亡，時勢若斯，欲以一人之精神、力量，維持而挳⑧救之，豈有幸乎？無論生⑨持國是、仰贊廟謨，萬萬非臣所能獨任，每日發下文書，內多軍情大事，票擬少錯，干係豈輕？緣是臣夙夜戰兢，寢食俱廢。然則臣之所值亦甚艱，而其所處亦甚危矣。皇上慈仁天覆，曲體人情，奈何不為臣一動念？即臣自去歲至今，憂愁病困，委實難支，積疢叢愆，日增月益。皇⑩若再不憐臣、救臣，亟用二臣以為臣助，必待十分狼狽而後治臣不效之罪，臣死不足惜，於國家亦何利之有哉？皇上試詢之在廷諸臣及閭巷小民，有一謂臣可以獨任，有一謂新臣可以不補者？奈何執一人之見，拂通國之情，立視臣之死而不顧也？臣力已窮，臣舌已敝，不能多言，但望皇上取吏部原疏經臣擬上者，即刻批發，俾二臣受事有期，臣愚得少追⑪妨賢誤國之戾，高厚鴻恩，臣與子子孫孫當世效衡⑫結之報矣。"

二十八日丁未，大學士方從哲謹題："臣昨日於文華門恭候閣臣命下，該文書官李希哲口傳：聖體尚未愈，令臣在閣候旨，俟詳覽檢發。竊惟內閣二臣，會推已過四月，點用又一月有半矣。但一批發，便可完朝廷一件大事，了臣愚數年心願，皇上諒不惜一舉筆之勞，使臣哀號泣訴無已時也。敢再此申請，立

萬曆四十七年

三六八三

①中 "中"當作"終"。
②陪 "陪"當作"倍"。
③困 "困"當作"用"。
④特勉危職亂之切 "特勉危職亂之切"當有誤字。其中"職"當作"載"，"切"當作"功"。
⑤擬可擬 "擬可擬"當作"疑"。
⑥狂 "狂"上當有"猖"字。
⑦放 "放"當作"於"。
⑧挳 "挳"當作"拯"。
⑨生 "生"當作"主"。
⑩皇 "皇"下當有"上"字。
⑪追 "追"當作"逭"。
⑫衡 "衡"當作"銜"。

候德音外，吏部尚書趙煥考滿本未下，詮①曾政務妨誤實多，昨見本官有患病請假之本，或者因候命日久，有不安其位之意。此於國體關繫尤重，臣愚溺職之罪亦無所辭。伏望皇上將煥考滿本，立賜批發，其給假本併兵部尚書黃加②善辭本，俱發臣票擬，令其速出視事。此皆目前急務，萬惟聖明留意，毋再遲疑，國事幸甚，臣愚幸甚。謹題。"

　　三十日己酉，大學士方從哲謹題："照得臣閣中題本，有推陞年深翰林官一本，係六月初八日具題，今已過四月，臣揭催比五次矣。又有考選庶吉士一本，係九月初四日具題，今將及一月，揭催亦二次矣。俱未蒙批發。竊惟詞林陞官，原係內閣職掌，資俸既深，自當量為序遷。今諸臣多者二十年，少亦十六七年，棟③守一官，曾不得與別衙門論資俸者挨次陞轉，非臣之責而誰責也？雖諸臣安於恬退，非有競進之心，而拔茅無期，積薪可念，臣獨何顏玄④於班行之上耶？至於考選庶吉士，向因候旨未下，已誤八月大選。今十月選期又在目前，若不奉有明旨，則應選之人豈堪再誤？人情、政體俱屬不便。臣謹將前項二本，再塵聖覽，伏望留神，立賜檢發，諸臣幸甚，臣愚幸甚。此外有吏部考取中書誠⑤卷，見在御前，祈並賜批發，臣不勝企仰之至。"

①詮　"詮"當作"銓"。
②加　"加"當作"嘉"。
③棟　"棟"當作"株"。
④玄　"玄"當作"立"。
⑤誠　"誠"當作"試"。

萬曆四十七年

三六八五

四①十七年十月庚戌，朔，大學士方從哲謹題："爲頒曆屆期人心望治益切懇乞聖明乘時勵精以迓天庥以救危亂事。兹十月初一日，恭遇皇上頒曆之期，是爲萬曆四十八年矣。百年之景運方中，萬歲之昌辰伊始，豈非古今最盛際哉？臣以爲上天之寵綏既篤，則昭事宜虔，國家之曆數縈隆，則凝承宜厚，此在太平無事之時且然，況當邊疆脆脆，朝寧空虛，海內繹騷，人日②渙散之日乎？則夫修德保命，任賢致治，答天心之仁，愛衍國祚於靈長者，何可不亟圖之也？今人情屬望於皇上，大小臣工合辭懇請於皇上者，不過數端，如臨軒召對以振明綱，發帑捐金以佐兵餉，簡任大僚以備股肱，允用科道以充耳目，速發章奏以無誤軍機，亟釋纍臣以作興士氣，早頒詔諭以收拾人心，此皆諸臣所屢言，非有非常可喜之談、甚高難行之事也，其實目前要務，足以戡亂保治，盡人事以承天意者，肯③不出此。皇上誠幡然悔悟，毅然改圖，奮發而力行之，不必別求安內攘外之策，而虜患可消，不必別求祈天永命之方，而帝眷可保，萬力④四十八年之盛，即傳之萬世無斁可矣。奈何耽於晏安，狃于玩愒，以天變爲不足畏，以人言爲不足恤？即今奴夷猖獗，乘勝長驅，都城之危祇在旦夕，而猶深居大內，寂然不聞聲，寢興失時，俾晝作夜。請發帑不報，請下章奏不報，舉兵部募兵、餉臣議餉、內外諸臣條上兵食戰守之疏，一切不報。即如會推閣臣，已冢欽點，時逾兩月，尚遲留中。甚至冢卿考滿、都堂署印二本，已經票擬，有何難事？任臣再四催請，而亦堅持不下，寧使銓政停閣，臺綱隳廢，而必不肯行臣之一言。竊謂九重之舉動若此，朝廷之光景若此，欲使堂陛之間精神流貫，海宇之內威德敷宣，兆姓傾心，四夷賓服，胡可得哉？自昔人君，無論智愚賢否，未有不愛其名，又未有不愛其身者。故語之以聖明則欣然喜，語之以昏闇則艴然怒，聞久安長治則有慕心，聞傾危顛覆則有懼心，此人情也。諸臣效忠於上，豈非欲堯舜吾君、享太平之盛治、垂令名於無窮哉？而皇上一概置之，以上聖之資，甘蹈庸愚之轍，當式微之運，罔虞傾覆之災，不惟不恤身後之名，亦且不顧見在之身，此臣所爲疾首痛

①四 "四"上當有"萬曆"二字。

②日 "日"當作"心"。

③肯 "肯"似當作"盡"或"皆"。

④力 "力"當作"曆"。

心,既爲皇上惜,又爲祖宗二百五十餘年之天下惜也。臣日侍直廬,鼓①望德音,直同饑渴,曰:庶幾一日之間皇上用一、二人,行一、二事,下一、二緊要章奏乎?乃九閽之內,消息茫然,雖疏請揭催,月無虛日,而千言萬語,無益分毫,穎禿唇焦,徒滋煩擾。深維古人積誠格心之誼,不知當日用等②心思,設何等方法,能使人主感悟信從,降心聽納而不倦也。臣清夜自思,慚恨欲死,圖③廻展轉,自怨自傷,徒懷致主之忱,莫效回天之力,亦且奈之何哉?茲者寶曆重頒,歲華載易,此朝廷更新之會,亦聖心久靜思動、轉怠荒爲勤勵之一機也。故臣不避忌諱,再以逆耳之言進,伏望皇上察臣言雖過激,而愛君憂國之念實出悃誠,將前所請數事,慨然允行,然後治臣之罪,以爲狂戇之戒,即放流褫奪,臣實甘之矣。"

三日壬子,大學士方從哲題:"照得吏部尚書趙煥六年考滿疏上已一月矣,該臣屢次催請,未蒙批發。本官杜門候旨,部務㽜④行停閣,除尋常推陞題覆外,如甘肅、山西、四川三處巡撫,何等緊要?皆不得會推。今邊方多事,急切用人之時,而銓政壅塞如此,豈皇上勵精圖治之夙心哉?臣謹令中書官,於寶寧門恭請明旨,伏望皇上將前疏即賜批發,並將趙煥請假本發臣票擬,促令速出視事。"

是日,大學士方從哲謹題:"昨日接得都察院司務黃爌等及御史房壯麗等揭帖,皆言本院署印無人,百務隳廢,向來五城巡視皆用別差御史帶管,自倪應眷出巡,而中城無人,自董元儒出巡而南城無人,自盧謙入署造冊而北城無人,皆半月餘矣。京師五方雜處,奸宄叢⑤,全賴巡城御史禁戢而彈壓之,況今奴酋奸細潛行中外,譏防盤詰,尤宜嚴密。昨候命御史,皇上幸已點用多員,而堂上無人,誰爲劄委?雖有十餘人,皆置之空閒無用之地。都城何地?此時何時?而可令空虛縱弛若此耶?萬一寇盜竊發,蕭牆禍起,震驚大內,恐皇上亦有不能安枕者。念及於此,臣不勝凛凛憂之。伏望留神,將臣擬票張問達署印之旨,即刻批發,中外幸甚,臣愚幸甚。"

①鼓 "鼓"當作"跂"。

②等 等上當脫"何"字。

③圖 "圖"當作"周"。

④㽜 "㽜"當作"尽"。

⑤叢 "叢"下當有脫字。

五日甲寅，大學士方從哲謹題："前九月初四日，該臣將考取庶吉士正副卷封進御覽，今過一月矣，屢經催請，未蒙批發。照得諸進士，有六月、八月該就大選者，以候考之故，遲留至今。十月選期又在目前，若明旨不下，去取未分，彼不與考取者，將並此選而又失之。當今天氣漸寒，米珠柴桂之時，令謁選多人，無故而困頓於此，豈所以明政體、順人情也？臣先後題催之本，俱在御前，伏望皇上檢發其一，並正付①考卷一齊發下，庶羣情愜而儲材之大典可完矣。"

①付 "付"當作"副"。

六日乙卯，大學士方從哲謹題："前吏部會推閣臣，內吏繼階②、沈㴶③二員已蒙皇上欽點，竊意旦夕命下，則政本得人，臣愚得資其協助，以紓獨任之苦，免誤國之罪，實平生之至幸也。乃時將兩月，尚爾留中，外廷之臣轉相猜疑，無所不至。昨御史薛敷政因禮部侍郎何宗彥前日不與會推，遂形之奏牘，而給事中張延登亦有辯疏，彼此互持。皇上若不於此時急下二臣之命，恐議論從此復生，將來激聒宸聰無已時矣。方今東事未寧，若使朝端再添一事，紛如聚訟，人情、國勢，益非臣一人之力，所能調劑，所能擔當，臣有冒罪出門，從先臣於丘隴而已。臣謹沐浴齋心，匍匐宮門，恭候明旨。事關國體，與尋常之事、尋常之時萬萬不同，仰惟聖慈慨賜施行。"

②階 "階"當作"偕"。
③㴶 "㴶"當作"㴶"。

七日丙辰，大學士方從哲謹題："臣以閣臣一事，昨日恭詣仁德門，專候俞旨。隨該文書官傳諭：聖體向因感寒，瀉痢眩暈，今調攝稍愈。令臣且在閣候旨，少俟詳覽發行。臣即遵命趨出。今日亦不敢再入，致煩聖慮。但祈皇上將前已票史繼階④、沈㴶二臣之本，即刻批發，不過一啟口之勢，而朝廷大事可完，皇上亦永無激聒之煩矣。若此旨一日不下，外廷論議必日多一日，皇上何苦不早爲裁斷，使朝端亦爲聚頌⑤之場耶？時勢窮迫，臣敢再瀝血上請，立俟德音。"

④階 "階"當作"偕"。
⑤頌 "頌"當作"訟"。

是日，大學士方從哲謹題："臣惟目前事務當行者甚多，而其中最要緊者，無如吏部尚書趙煥考滿之本。蓋本官候命不出，

# 萬曆起居注

① 僞 "僞"當作"爲"。
② 僞 "僞"當作"爲"。
③ 加 "加"當作"嘉"。
④ 加 "加"當作"嘉"。

則銓務都停，如邊方巡撫、司道俱不得推，本月大選、急選亦將妨誤，皇上以僞①便乎？不便乎？又無如都察院署印之本。蓋署院無人，則御史之差不得劄委，見今中城、南城、北城俱無巡視，盜賊奸宄深屬可虞。皇上以僞②便乎？不便乎？又無如兵部尚書黃加③善辭本。方今虜患迫切，邊務倥傯，本兵杜門待罪，一切募兵、遣將之事，誰爲料理？莞樞事務，關繫中外安危，豈可視爲尋常而度外置之也？伏望皇上，將前二本立賜批發，將黃加④善累次辭本，發臣票擬，以完目前要務。此外有臣考庶吉士一本，祈並賜檢發，以便諸進士本月大選，萬惟聖明留意無忽。謹題。"

⑤ 月 "月"當作"日"。
⑥ 巳 "巳"當作"巳"。
⑦ 階 "階"當作"偕"。
⑧ 確 "確"當作"淮"。
⑨ 加 "加"當作"嘉"。
⑩ 發臣 "發臣"二字爲衍文。

八月⑤丁巳⑥，大學士方從哲謹題："昨初六日，臣因簡任閣臣一事，恭詣仁德門懇請，傳諭令臣在閣候旨，臣不敢不遵。茲靜聽又兩日矣，杳無消息，臣今日進朝，擬仍赴宮門恭候。適文書官沈應兆口傳：聖體尚未全愈，各樣文書俱在檢查，稍俟不日發行。臣遂遵命中止。但望皇上俯察時事之艱，憐臣獨任之苦，將點用史繼階⑦、沈確⑧一本，立刻批發，以完朝廷第一大事。此外如趙煥考滿本、都察院署印本、考選庶吉士本，俱在御前，得蒙並賜施行，臣尤不勝至幸。如兵部尚書黃加⑨善杜門待罪，四疏乞休，未蒙發票，當此邊方多警、中外震驚之時，豈本兵束身謝事之日？祈發臣發臣⑩票擬，促令即出供職，尤保安封疆之至計也。再照臣一月以來，疏揭之上不下三十，日叩謁文華門，叩謁仁德門，僕僕趨蹌，冒煩瀆之大罪而不顧者，有一事不爲朝廷，有一語不爲朝廷者乎？皇上用臣，原以朝政見託，責臣盡力匡扶。乃任臣哀號苦訴，泣血嘔心，轉展無聊，憤懣欲死，而漠然略不動念，臣反覆思維，終不得其故。如以臣之不才，不稱任使，終日激聒，取厭聖心，正宜

⑪ 副 "副"當作"付"。

別簡忠賢，副⑪以贊襄之託，推心見任，言聽計從，既可以省宸衷之煩，又可以濟國家之事，豈不兩利？奈何靳二臣之命，日復一日，終無命允之期也？日來外間論議漸多，戈矛漸起，匪得皇上毅然乾斷，早用二臣，不知朝端又添何等光景，萬萬

萬曆四十七年

非臣一人之力所能調停而收拾者矣。萬惟皇上察臣之言而蚤計之。"

十日己未，大學士方從哲謹題："前初八日晚，該文書官沈應兆口傳聖旨：'請發閣臣本，因文書浩繁，尚在查檢，待尋着發行。欽此。'臣不勝慶幸。竊思各項本章，俱在御前，必無遺失之理。經今兩日，此本諒已查出。伏望皇上即刻①以完枚卜之事，若一日不發，臣必一日懇請，經年累月，煩瀆天聽，臣之罪可勝道哉？兹不得已，再詣仁德門號泣哀祈，以求聖明之必允。皇上若復以空言慰臣，令臣在閣候旨，則是此事終無俞允之期，惟望將臣立賜譴斥，免至誤國。其新臣簡任，一聽宸斷，非臣所敢知也。"

十四日癸亥，大學士方從哲謹題："昨日文書官沈應兆，兩次到閣口傳：聖體未妥，文書方在查檢，待檢出發行，令臣在閣候旨。臣竊窺聖意，惟恐臣再詣宮門，致有煩瀆，故諄諄諭臣正②臣若此。然臣之屢次叩閽仰塵天聽也，豈得已哉？不過以下閣臣之命，發庶吉士之卷，趙③尚書考滿、都察院署印數事爲請，皇上但俯聽臣言，行此數事，臣方慶幸不睱④，何敢輕入大內，自取煩瀆之罪？乃屢傳檢發，畢竟一事未行，終日候旨，畢竟一旨未下，臣計無所之，勢不得不叫⑤閽以請，皇上雖禁臣之入，臣又安能不入也？況前項本章，已經票擬，見在御前，皇上一舉手便可批，一啟口便可發，何俟再檢，何難允行，而徒以查檢、發行爲辭，日延一日耶？臣兩日間擬在閣中靜聽，不敢入內驚擾，儻聖意終不見允，仍復留中，臣於月半之後，當親負斧鑕，號哭宮門，以靜⑥皇上誅戮而已。新臣之用與不用，諸事之行與不行，一憑宸斷，臣何敢知焉？"

十八日丁卯，大學士方從哲謹題："該臣面⑦來懇請閣員諸事，俱未蒙⑧。"
題⑨。

---

① 刻　"刻"下似脫"發下"之類文字。
② 正　"正"字當誤。
③ 趙　據《明神宗實錄》卷五八七"趙"上當有"允"字。
④ 睱　"睱"當作"暇"。
⑤ 叫　"叫"當作"叩"。
⑥ 靜　據《明神宗實錄》卷五八七"靜"下當有"聽"字。
⑦ 面　"面"當作"向"。
⑧ 蒙　"蒙"下原有脫文。
⑨ 題　自"題"字起下至"回"字共九十八字爲衍文。

萬曆起居注

三六九〇

① 回　自"回"字起上至"題"字共九十八字爲衍文。
② 米　"米"上原有脱文。
③ 閣　"閣"當作"闕"。
④ 矢　"矢"當作"失"。
⑤ 付　"付"當作"副"。
⑥ 因　"因"當作"且"。
⑦ 臣　"臣"當作"泣"。
⑧ 叫　"叫"當作"叩"。
⑨ 眠　"眠"當作"暇"。
⑩ 加　"加"當作"嘉"。

是日，大學士方從哲謹題："臣竊見今日國勢益危，人情益鬱，而主心益蔽，朝政益壅。不惟用人發帑之事寂然無聞，即日逐本章，尋常事體，亦多寢而不下，格而不行。臣目擊否鬲之形，深切亂亡之懼。近因一、二緊要事務，不得已匍匐宮門，號泣懇請，冀回①。"

"米②珠薪桂，誰能堪之？亦非所以體人情也。臣以叩閣③煩瀆，取厭聖心，諸事停閣，皆臣自取，臣寧不知罪？若又因臣之故，累及衆人，使屢矢④謁選之期，並累及各處地方，使不得受新官之福，臣之罪益不可贖矣。臣謹將原本再錄呈覽，伏望皇上留神，連前正付⑤考卷一併批發，多士幸甚，臣愚幸甚。謹題。"

是日，大學士方從哲謹題："臣竊見今日國勢益危，人情益鬱，而主心益蔽，朝政益壅。不惟用人發帑之事寂然無聞，即日逐本章、尋常事體，亦多寢而不下，格而不行。臣因⑥擊否鬲之形，深切亂亡之懼。近因一、二緊要時務，不得已匍匐宮門，號臣⑦懇請，冀回天聽於萬一。乃中使口傳聖諭，不曰聖體感寒，服藥調攝，則曰在閣候旨，俟檢出發行。今日如此，明日復然，天語諄諄，不厭重復。且數日以來，每伺臣初到閣，即爲傳示。仰窺聖意，若惟恐臣之再入，致煩聖聽者。夫叩闕豈臣之得已哉？九重萬里，消息難通，臣揭請不得，疏請不得，計出無聊始爲叫⑧閣之舉。皇上誠厭臣之煩，何不從臣之請，將目前要務盡賜施行？臣方慶幸不眠⑨，何敢輕入大內，以冒唐突之罪耶？今冡卿趙煥，以考滿待命，銓政之停幾兩月矣。都察院自李鋕去後，署印無人，臺務之停幾三月矣。本兵黃加⑩善杜門請告，樞務之停，亦幾一月矣。此何等衙門？何等時節？可令空虛曠廢一至此哉？至於考選、散館見在候命者，人數不多，淹留最久，曾不得與册封按差諸臣一時並用，揆之政體，尤屬不平。又如中外諸臣議兵議餉關繫柬事者，雖有批發，尚多留中。如少詹事徐光啓，皇上徒用其人，而不行其言，練兵之疏屢上不報，欲使其乘時料理，從容展佈，以收防禦之功，胡可得哉？日來廷臣請皇上臨朝召對，與羣臣面商朝政，所以通官府之隔，聯上下之情，內肅人心，外褫虜醜，誠當今急務。乃不惟不出，而安居高枕，視疇昔且益甚焉。入宮惟恐不深，避人惟恐不遠，若欲朝中不用一人，耳中不聞一事，而後快者。臣雖叨列禁近，於皇上起居之節，杳不得聞。間嘗詢之中使，不過曰聖躬違和、眩暈瀉痢而已。嗟乎，此其語甚為不祥，其機會甚為不利，此臣之所深惜，亦臣之所大懼也。日者風變見於山東，冬雷見於遼左，咎徵疊至，適與人事相符，中外臣民咸凜凜焉，懼禍患之無日。而聖心蔽錮若非①，堅拒若此，安其危而利其菑，樂其所以亡，昔人所為致歎於不仁者，豈以聖明而甘蹈其覆轍耶？臣以不才，任贊襄之寄，天下事無一非臣之責，天下人亦無一事不責備於臣。臣下既無解於人言，上又不能得之於皇上，大聲疾呼而上不應，哀號苦訴而上不聞，徒以無用之身，日來人之指摘。臣不足惜也，其如誤天下國家之事何哉？伏望皇上當此天怒人怨之際，幡然猛省，毅然奮發，下枚卜之命，舉臣向來所請諸事慨賜施行，國之福也，臣之幸也。不然，亦乞乾斷，將臣速賜罷斥，毋以厭臣之故厭國家之事，並厭一切言事之臣，優游養亂，至於不可救藥。一旦災害並至，上下淪胥，彼時即褫臣、戮臣，亦何益於成敗之數哉？"

二十一日庚午，大學士方從哲謹奏："為微臣叩閽不效誤國益深懇恩速賜罷斥以通朝政以快人心事。自九月以來，臣因枚卜不下，諸務盡壅，疏揭徒煩，俞音終杳，不得已沐浴齋心，屢赴仁德門號泣籲請，妄意微誠可達，天聽可回，私衷不勝懸望。自是文書官時時口傳天諭，卒以聖體感寒致疾、服藥調理為辭，且云文書多，俟查檢發行，令臣在閣候旨。臣謹欽遵，於緊要諸事，但具揭題催，不敢復入。今既踰月矣，而一旨未下，一政未行，臣始悟皇上所為諭臣之切者，乃厭臣之深，而非真有意欲行臣之言也。臣以不才，謬膺輔理之任，天下之人望皇上而不得者，率多責望於臣，臣亦自謂誼切復②心，職存匡弼，既不能效格心之益，進造膝之諫，獨今地近宸居，聲聞易達，譬之孺子，號呼臥榻之側，為父母者必且憐而察之。而

①非 "非"當作"此"。

②復 "復"當作"腹"。

# 萬曆起居注

不意反以激聒之煩，取聖心之厭，概置臣言於不聽，概置國家之事於不理也。臣日日入直，日日候旨。方其入也，每有喜心，曰：庶幾得一旨，用一人，行一事乎？乃兀坐移時，絕無影響，迴腸百轉，望眼徒穿。此其歸也，終夜尋思，寢不能寐。姑待平且[①]，平旦復然。姑待明日，明日復然。欲坐守，則此心終不能安，欲催請，則空言竟歸無益，欲圖再入，又具[②]以唐突取罪，使機會愈塞，將來之事愈不可爲。憤懣無聊，有捫心自傷、仰屋長嘆而已。夫輔臣而無益於國，無濟於時，已不勝尸素之懼，乃至以冒昧之嫌，上干聖怒，致令宮府益隔，幾務益壅，誤國誤君，恐從來[③]有犯此罪狀者，臣尚可一日居於此地耶？夫國家大事，全屬六部、都察院，今刑、工、都三署並無一人，而吏、禮、兵三部堂官皆杜門請告，空虛之象，深可寒心。若又以叩閽之故，致皇上退處益深，朝政舉行無日，如一人之身，股肱既缺，咽喉又阻，其人未有不立斃者。連日發票，多至暮夜，臣恭訊皇上起居之節，毫不得聞。咫尺宮闈，邈焉萬里，此等光景，臣尤凜凜危之。伏望皇上大奮乾斷，將臣先賜罷斥，以免煩瀆。仍乞立簡新臣，早圖新政，人之當用者，亟爲允用，事之當行者，慨賜施行，使朝野臣民，復睹萬力[④]初年光明俊偉之業，臣雖列在編氓，有餘幸矣。時方多事，臣不敢杜門，有誤票擬。仍每日匍匐入直，以俟聖明嚴譴。臣不勝戰兢待命之至。"

二十五日甲戌，大學士方從哲謹題："自我皇上靜攝月餘，章奏不通，百務廢弛，否塞之象，中外咸以爲憂。而其大者無如兵部印信一節。尚書黃加[⑤]善杜門請告，已過一月，疏凡六、七上，一概留中。頃十五日，將堂印封送司務所，部事盡爲停寢。竊意皇上必且悚然動念，檢發原疏，或令即出視事，或別有處分。不謂經今旬日，尚寂然無聞也。昨接侍郎揚應聘揭帖，以大選期迫，請敕嘉善速出料理。臣謂大選猶常事耳稍遲數日，尚可補行，惟是邊務軍機，變在呼吸，運籌決策，頃刻難稽。今奴賊雖暫回巢，詐爲贅[⑥]伏，夷情最狡，必且養其全力以圖

[①] 且 "且"當作"旦"。
[②] 具 "具"當作"懼"。
[③] 來 "來"當作"未"。
[④] 力 "力"當作"曆"。
[⑤] 加 "加"當作"嘉"。
[⑥] 贅 "贅"當作"蟄"。

大逞，遼左安危之數，殆未可知。有如一旦虐焰再張，邊關告急，羽書突至，遠邇震驚。此時印已塵封，人已謝事，一切防禦之策，調度之權，皇上仍責之加①善乎？抑屬之他人乎？爲加②善者，將復開印以行事乎？彼此推諉，於誰責成？上下玩延，徒挨時日。迨明旨已下，事權有歸，而剝膚之災、燃眉之禍已不可救矣。念及於此，可不爲之寒心哉？日者皇上深居九重，一意靜攝，宮府隔絶，消息不聞。外廷無知，妄意皇上懼羣臣之請帑，故屢稱聖躬不安，以防叩閽之舉。臣竊謂不然矣。發帑止是一事，而朝廷日有萬幾，因一事之不行，致萬機之盡廢，且以滋壅蔽之患，速危亡之災，豈以聖明而慮不及此？故連日以來，諸臣有言及者，臣必力爲白之。但望皇上俯聽臣言，將臣向來所請，如簡任閣員、趙煥考滿、都察院署印數事，速賜允行。其黄加③善辭本及禮部侍郎何宗彥辭本，并發臣票擬，令其照舊供職，庶羣疑可釋，朝政不壅，亦聖治維新之一機也。臣日擊時事，不勝隱憂，輒敢披瀝以請。皇上若猶視若尋常，慢不徑④意，臣雖有犬馬之心，亦且奈之何哉？"

廿七日丙子，大學士方從哲謹題："前蒙皇上點用閣臣二員，今過二月矣。節該臣疏請揭⑤，又伏闕以請，極爲懇切，極爲煩瀆，私念微誠已竭，天聽可回，嗣蒙皇上累次傳諭，令臣在閣候旨。臣竊意聖心已動，命下當在旦夕。而不謂靜聽至今，猶寂然如故也。臣以孑然一身，支持六、七年之久，憂愁勞瘁，百苦備常⑥，臣雖不敢自言，計聖明之主未有不憐而察之者。況今夷氛益熾，邊境釋⑦騷，國勢益危，人情洶懼，時事艱難有百倍於尋常者。當此之時，皇上猶不早用新臣，助臣之不逮，譬之羸病之夫，勩力無餘，死期將至，而又付以千斤之重，使之竭蹶而前，其不顛仆以斃者幾何哉？臣之死不足惜，而於國家亦何利之有哉？總之，枚卜一事，臣嘗以國體論，而皇上不聽，以祖制論，而皇上不聽，以時勢論，而皇上終不聽。故今祇以臣一己之私情，乞哀於皇上，以求聖慈之矜憫而已。今二臣已蒙欽點，無終於不用之理，其原本見在御前，決無查

①加 "加"當作"嘉"。
②加 "加"當作"嘉"。

③加 "加"當作"嘉"。

④徑 "徑"當作"經"。

⑤揭 "揭"下當有"請"字。

⑥常 "常"當作"嘗"。
⑦釋 "釋"當作"繹"。

## 萬曆起居注

檢不着之理。伏望皇上即刻批發，完此數年不結之局。不然，臣且擇日再詣宮門，號泣跪請，皇上即罪耟瀆，立加斧鑕，臣亦不暇①顧矣。"

二十八日②，大學士方從哲謹奏："爲微臣自知誤國浼被人言懇乞聖明亟賜顯斥以清政本事。昨臣在閣辦事，見御史張新詔有疏論臣，大略指臣近日疏揭，爲委過卸罪，因備論前日叩閽候旨之事，及③覆千載百言④。臣閱之不勝慚悚。伏念臣尸素有年，匡維不效，上不能挽回天變，感格君心，不⑤能登進人才，疏通朝政，外不能消除虜患，綏靖封疆，誤國之罪，臣自知之，皇上知之，天下之人無不知之，非臣所敢諱也。新詔略其顯罪，祇以庸之一字概臣，臣能不感報⑥？惟是謂臣委過君父，爲不忠之甚，則臣萬萬不敢萌諸念者。臣向因枚卜不下，時政多壅，不得已叩謁宮門，冀回天聽於萬一。不意積誠未至，呼籲徒勤，章奏之停滯、幾務之叢脞殆益焉。臣憤懣於中，不得不引罪乞罷，以祈皇上早用新臣，早圖新政。詞之過激，或亦有之，若謂委罪皇上、且亦未尝呼訴而詭言以欺人，恐非臣之本心也。新詔謂臣平昔不見信於皇上，當叩閽候旨之時，不能積誠竭力、慷慨執争，以自取厭棄。以此責臣，臣不能辭。又慮不行叩請，恐聖心未必即悟，後來之事，終不可爲。是於責臣之中，猶有望臣之意，若謂臣心猶可盡而不肯盡，力猶可竭而未即竭者。臣雖不肖，致身事君之誼嘗聞之矣，苟有利於君國，其何惜乎捐糜？無奈蹇技已窮，難弛⑦鞭策，留一日祇誤一日之事、增一日之罪而已。新詔又謂祖宗二百五十餘年無缺之金甌，皇上四十七年培養無辜之士，庶一旦爲臣所誤，致令糜⑧卜死所。是臣不惟得罪於皇上，且得罪於祖宗，不惟在一時，亦且罪在萬册，即褫奪放流、立⑨斧鑕，猶不足以盡臣之辜，尚可一刻厠緗扉之地、辱輔理之任哉？伏望皇上將臣立賜罷免，並嚴加褫革，以爲輔臣誤國之戒，雖已往之罪不可贖，而將來之罪或可免，臣即退列編氓，爲幸多已。臣不勝戰兢待命之至。"

① 暇 "暇"當作"暇"。
② 二十八日 此月"二十八日"干支爲"丁丑"。但《明神宗實錄》卷五八七方從哲此疏係於"己卯"，則此"二十八日"似當改作"三十日丁卯"。
③ 及 "及"當作"反"。
④ 千載百言 "千載百言"當有誤字。
⑤ 不 "不"上當有"下"字。
⑥ 報 "報"似當作"服"。
⑦ 弛 "弛"當作"馳"。
⑧ 糜 "糜"當作"靡"。
⑨ 立 "立"下當有脱字。

萬曆四十七年

十①月二日辛巳②，大學士方從哲謹題："頃該臣具疏乞罷，連日杜門候旨，不敢別有瀆陳。惟是簡用閣員，乃朝廷第一急務，至於今日有萬萬不容再遲者。蓋臣待罪有年，向遇太平無事之時，尚可勉強支吾，苟延歲月，天下之人亦尚能諒臣、恕臣。自有東事以來，邊境騷騷③，向④餉缺乏，政事之煩冗，章奏之紛沓，十倍尋常。此時聖心何等焦勞？國勢何等阽陧？而密勿論思之地，周旋弼贊止臣一人。臣以積憂勞⑤，困憊日甚，眼昏神憒，遇事健忘，即每日發票本章，尚不能以一己之心思，決安危之大計，以一時之倉卒，籌戰守之機宜，況以譏彈叢集之身，當笑罵橫加之日，而欲主持國是，獨力擔當，胡可得哉？伏望皇上，念時事艱危，日甚一日，斷非臣一人之力所能支持，人情厭苦臣，亦日甚一日，斷不容以無用之身，久妨賢路，即日大發斷⑥，時已點史階⑦、沈㴩二員，速賜批發，以新聖政，以慰羣情。臣愚沐皇上再生之恩，當啣結於世世矣。臣愁困之極，憤悶欲死，萬惟聖慈俯賜哀憐。"

三日壬午，大學士方從哲謹題："連日接得兵部郎中解經傅、員外郎游伯槐等揭帖，皆言尚書王加⑧善封印候旨，部中諸事盡行停閣，樞務重大，妨誤滋多。該臣看得，該部所司，皆軍軍⑨要務，關係安危，文移之往來，本章之題覆，在平時不能一日無事，即亦不能一日不開，況當此慮⑩患憑陵、邁⑪情搶攘之際，而封印至半月之久，其誤事不已多乎？皇上若謂加⑫善當留，宜將其累次辭本檢出一、二，發臣票擬，敕令即出供職。不然，亦宜批發解經傅等本，令侍郎楊應聘暫行署掌，庶堂印有屬，樞政不壅。此乃目前最急之務，皇上不宜置之不理，以貽後日之悔者也。臣方杜門待罪，不當有言，又見時事急迫，不得不言。惟皇上留神省覽，速賜施行。"

是日，大學士方從哲謹題："該臣具揭請皇上委署兵部印信，適接禮部侍郎何彥宗⑬揭帖，以患病危篤，累次辭疏未蒙批發，於初三日早已封印出城矣。伏望皇上將宗彥此疏，發臣票擬。其或留或允，並乞傳示，以便遵行。又吏部尚書趙煥，

①十 "十"當作"萬曆四十七年十一"。
②巳 "巳"當作"巳"。
③騷 此"騷"當作"亂"、"然"等。
④向 "向"字當誤。
⑤勞 "勞"上當有脫字。
⑥斷 "斷"上當有"乾"字。
⑦階 "階"當作"偕"。
⑧王加 "王加"當作"黃嘉"。
⑨軍 此"軍"字當誤。
⑩慮 "慮"當作"虜"。
⑪邁 "邁"當作"邊"。
⑫加 "加"當作"嘉"。
⑬彥宗 "彥宗"當作"宗彥"。

久疾未愈，業於昨日戌時物故，臣敢附奏以聞。臣又竊思，見在九卿，僅僅十人，今一日之間遽失其二，老成凋謝，朝寧空虛，殊非太平景象。皇上向來不惟不肯推補，且併請告、署印之本，一概不下，以致諸臣進退狼狽，每每冒罪徑行，臣甚惜之。儻循此不已，必至九列寂無一人，聖主孤立於上，天下國家之事尚忍言哉？皇上萬勿視爲無傷而終度外置之也。"

五日甲申，大學士方從哲謹奏："爲人言再至臣罪益深懇乞乾斷立賜譴斥並祈亟簡新臣以資輔理事。頃該臣具疏乞罷，方杜門候旨，昨見銜①史蕭毅中一疏，請皇上批答章奏，因復論及於臣。謂遼左援兵新集，臣不當擬旨催戰於先，及出師前一日，天警示變，臣又不能急救於後。若謂該鎮喪②失事，其罪皆在於臣。臣何敢置辯？臣積誠未至，不能格君，叩閽閽③而無濟於事，杜門而未得所請，是誠有之。若以去就力爭，而遂可以格格④君心、盡臣職，此則臣之所不敢不勉者也。毅中又以認罪、考選等事，指臣爲奸。夫遼事之失，諸臣既盡歸罪於臣，臣何容更置一喙。若考選諸臣守候多年，臣不能力請，使一咨⑤通下，臣之責實無所逃。至其陸續點用也，在皇上又無揀擇是非由臣軟箝⑥，此自有天鑒在上，公論在旁，臣亦聽之而已。至於叩閽票擬一節，亦有可言。先是七月二十二日，舉朝合疏以用人諸事爲請，時諸臣候於思善門，臣力進一揭，候於仁德門。比公疏發下，臣與諸臣面議而退，隨擬票云：'內閣、九卿、科道官，俟即點用，着再開職名來。四處巡撫准將正將⑦推陞用，徐光啟、姚宗文俱准差用。兵部題知⑧事，知道了。'此即當時與衆面議者，迨二十五日奉有明旨，委與前擬不同。然係皇上自行改定，臣何能預？乃談者切齒痛恨於臣，不亦誤乎？毅中又欲臣竭力叩閽，必期皇上多簡閣員、補足卿貳、盡下考選，不得旨不休，此其責望之殷，無非相成之意，然非臣力之所能矣。臣不去則誤事益多，負罪益⑨去，則臣罪雖不可贖，而國尚猶可爲，此臣於待罪之中，猶有區區爲國之一念，敢言卸擔也？伏望皇上將欽點閣臣二員，亟賜簡用，以資輔理。

① 銜 "銜"當作"御"。
② 喪 "喪"下當有脫字。
③ 閽 此"閽"當爲衍字。
④ 格 此"格"當爲衍字。
⑤ 咨 "咨"似當作"資"。
⑥ 是非由臣軟箝 "是非由臣軟箝"當有誤字。
⑦ 將 此"將"字當爲衍文。
⑧ 知 "知"字當爲誤字。
⑨ 益 "益"似當作"而"。

仍祈大奮乾斷，即刻盡奪臣宦①，放歸田歸②，以爲輔臣誤國之戒，毋使罪臣日煩白簡，徒以③政本之羞，臣即溘然淪喪，亦得瞑目於地下矣。"奉聖旨："覽卿所奏，情詞迫切。卿輔贊有年，公請④直亮，朕素鑒知。屢次所請簡用閣臣及諸事，見⑤查檢。朕因連日動火，致患目疾，未睱⑥詳閱，朕知道了。且批發章疏，間有更改，皆朕親裁獨斷，於卿何預？蕭毅中這厮，不諳事⑦，誣詆輔臣，好生可惡。本當重治，姑且不究。今虜患方殷，孔⑧亟，卿運籌匡輔，安攘是賴，豈可以小臣浮言介意？何乃潔身求去？當以國事爲重，宜即遵旨入閣佐理，副朕眷倚至意。特諭卿知。"

是日，大學士方從哲謹題："昨接吏部司務錢養庶等揭帖，因尚書趙渙⑨病故，請命侍郎郎⑩史繼階⑪署掌信⑫。該臣看得，各部尚書有事即委侍郎署印，此舊例也。但史繼階⑬舊該本部會推閣員，已蒙皇上點用。竊意明綸旦夕下，恐無復署印之理。伏望皇上於別部尚書中另委一員署掌，或出欽定，或發發⑭臣票。其本部尚書員缺，敕令作速會推，庶銓政無誤，而政本不致久虛，一舉而閣部胥有賴矣。事關用人，不容遲緩，惟皇上即頃⑮檢發施行。"

七日⑯，大學士方從哲謹題："先是九月初三日，臣遵旨會同各衙門考選庶吉士，將擬定正卷、副卷進呈御覽，今逾兩月矣。頃因大選期迫，各官守候日久，不得已，請旨將落卷先拆，以便取選訖。其取中姓名，外間俱已明白，但未奉明旨，人心不無疑惑，以致口⑰紛紛，揆之體政，深爲不便。且舊例入館教習，卒⑱以三載爲期，今爲時已過半年，而俞旨猶然未下，有考選之名，無作養之實，祖宗儲材待用之意殆不若是。況我皇上自御極至今，舉行凡十二次矣，曾未有遲疑若此者，何至今日而養賢大典乃屑越視之耶？其原本原卷見在御前，伏望皇上留神，即刻批發，以慰多士仰望之心，免臣愚溺職之罪，實爲至幸。臣不勝。"

萬曆四十七年

三六九七

① 宦 "宦"當作"官"。
② 歸 "歸"當作"里"。
③ 以 "以"當作"貽"。
④ 請 "請"當作"清"。
⑤ 見 "見"下當有"在"字。
⑥ 睱 "睱"當作"暇"。
⑦ 事 "事"下當有"體"字。
⑧ 孔 《明神宗實錄》卷五八八"孔"上有"時事"二字，是。
⑨ 渙 "渙"當作"煥"。
⑩ 郎 此"郎"字當爲衍字。
⑪ 階 "階"當作"偕"。
⑫ 信 "信"上當有"印"字。
⑬ 階 "階"當作"偕"。
⑭ 發 此"發"字當爲衍文。
⑮ 頃 "頃"當作"刻"。
⑯ 日 "日"下當有"丙戌"二字。
⑰ 口 "口"上當有"衆"字。
⑱ 卒 "卒"當作"率"。

# 萬曆起居注

三六九八

① 輪　"輪"似當作"輪"。
② 開　"開"當作"關"。
③ 宗　"宗"下當有"彥"字。
④ 王加　"王加"當作"黃嘉"。
⑤ 但　"但"當作"俱"。
⑥ 訪　"訪"當作"誤"。
⑦ 會領批印　"會領批印"當有誤字。
⑧ 軍　"軍"字當爲誤字。
⑨ 勢傍　"勢傍"當作"事旁"。
⑩ 邊　"邊"當作"兵"。
⑪ 王加　"王加"當作"黃嘉"。
⑫ 候　"候"上或下當有脫文。
⑬ 起　"起"當作"越"。

九日戊子，大學士方從哲謹題："前十月三十日蒙發下太常寺二本，爲冬至祀天，請遣官分獻，並輪①流看牲大臣。該臣即擬應遣各官銜名進呈訖。後接禮部遣開②內侯梁世勳、伯劉天錫等，俱有服制，切恐臨期旨下，難以改遣，臣謹擬二票呈上，伏望皇上照此批發，庶於祀大禮不至有誤。謹題。"

是日，大學士方從哲謹題："竊見今日九卿，祗有戶部、通政司係正官掌印，若刑、工二部則別衙門官署印矣，都察院、大理寺則並官與印而俱無矣。自趙煥故而吏部之印懸矣，自何宗③出城而禮部之印懸矣，自王加④善杜門而兵部之印塵封且一月矣。此皆何等衙門？所司者何等事務？其在今日是何等時節？而皇上可漫然不加意耶？朝廷設官分職，各有所司，一署無人，則一署之政廢而不行，一日無印，則一日之事格而不行，即一時且不可，況於數月之久？即一處且不可，況至四、五之多？究使庶績日隳，人心日玩，紀綱法度蕩然無餘，而亂亡之至也無日矣。今吏部每日推陞官員已停兩月，又山西、四川、甘肅巡撫但⑤未會推，其餘妨訪⑥尚多，未能悉數，則吏部署印之官，皇上不可不速委也。各處巡按御史，近蒙皇上點用十餘人，祗因堂上無官，不得會領批印⑦。且巡漕一差，目下無人具題，事關軍軍⑧大計，又非渺小。則都察院署印之官，皇上不可不速委也。虜氛未靖，軍勢傍⑨午，調邊⑩遣將之事無日無之，少有稽遲，誤事匪細。則再催王加⑪善即出，或令楊應聘暫署，皇上不可不留意也。大理寺自韓濬陞任，已將十月，凡刑部送審犯人，無人評斷，一概候⑫，有罪者不得歸結，無罪者不得平反，刑獄大事，豈宜屑起⑬至此？則吏部原催寺丞房壯麗、唐世濟二員，皇上所當速賜點用者也。今朝政之壅塞，人心之鬱結，不止一端，而惟署印一事，更爲當今急務。故臣於待罪之時，不避煩瀆，再行懇請。伏望皇上乘片時之暇，俯思臣言，果時務之最要者否？果皇上所難行者否？不過一啟口、一舉筆之勞，而朝政漸覺疏通，人心自然稱快，真聖治維新之一念矣。萬毋視若尋常，而復置之高閣。臣不勝懇切之至。"

是日，方從哲謹題："照得閣題本見在御前者，有推陞年深翰林官一本，有推補編纂章奏官一本，屢經催請，未蒙批發。切惟詞林各官，咨①俸最深，較之別衙門循序陞遷者，頗稱淹滯。該臣酌其年勞久近，量轉一階，亦係尋常之事，非敢破格以市恩也。皇上乃一概留中，屢催不報，此明係臣之不肖，不能感聖心，以致濟濟多賢，共抱河清之歡②，揆之以人事君之誼，臣能無愧於心乎？伏望皇上俯察詞臣推陞，原係閣中職掌，且年深序轉，又有歷來故事可循，將臣此疏慨賜批發，俾諸臣有暈③徵之路，而臣少免溺職之愆，不勝至幸。至於編纂各官，每月每日俱有六曹章奏，刪定纂輯，難以缺人，亦祈併賜批發。"

十一日庚寅，大學士方從哲謹題："照得吏部以用人爲急。自趙煥杜門候旨，每日推陞題覆之事，已停兩月有餘。此時若再無署印之官，必致諸務盡壅，諸政盡廢，此從來未之④變也。伏望皇上將郎中陸卿榮等本，發臣票擬。其侍郎史繼階⑤不宜委署，臣前揭已明，在聖心或不以臣言爲謬也。至於應置⑥之官，則戶部尚書李汝華去年曾署數月，茲令舊署職掌⑦，最屬相宜。其汝華原署工部印信，合無改命戎政尚書王克纘暫署，亦爲妥便？若都察院印，向已擬張問達署掌，近因漕差無人具題，故臣於戶部本中再爲擬上，伏望皇上速賜批發。時事至此，調停破⑧難，以臣愚見，必須如此曲處，方於政體人情都無所礙。得皇上慨然乾斷，立賜允行，必乃國事之幸，亦臣愚之幸也。儻聖意遲疑不決，以至遷延時日，誤事之罪盡在於臣，雖欲求免人言不可得矣。萬惟聖慈矜察。"

是日，大學士方從哲謹題："適蒙發下何宗彥辭本，上傳出溫旨，不准辭。該臣看得，何宗彥出城候旨已經數日，因病不能支，已於初八日啟行，沿途候旨，今即有溫旨勉留，恐勢難復返。且長至在邇，部事甚繁，以臣愚意，不若准其調理，另委右侍郎署印，庶於皇上慎重大禮、體恤臣私之意兩得之矣。臣謹擬票呈上，伏乞聖裁。"

又題："適蒙發下順天巡撫劉曰梧辭本。該臣看得，曰梧請

萬曆四十七年

①咨 "咨"當作"資"。

②歡 "歡"當作"歎"。

③暈 "暈"當作"彙"。

④之 "之"上當脫"有"字。

⑤階 "階"當作"偕"。

⑥置 "置"當作"署"。

⑦舊署職掌 "舊署職掌"當作"仍舊署掌"。

⑧破 "破"似當作"頗"。

告之章已十一上，聞其年逾七十，邇來病體實委難支，且昨以移駐蘇①州，以示決去之意。外廷之論，亦謂皇上當准其速去，另推新臣，庶幾不誤邊事。臣又得②，曰梧辭本，臣曾兩次擬旨下部，俱未蒙批發。惟是輿論若此，臣不敢不遽③實上聞。謹擬票仰呈御覽，恭候聖裁。"

十三日④，大學士方從哲謹奏："爲微臣乞歸未允聞言增惕懇恩亟賜顯斥併乞查勘以明臣節事。臣以被論乞休，方席藁待罪，適閱恤⑤報，見山西冀北道參政徐如翰有夷禍未知所終一疏，中間備論遼事，而以總兵李如柏之用，專責於臣，且歷數臣罪，至欲迸諸四夷。臣不覺喟然嘆曰：'有是哉，如翰之誤聽而過求也。'臣初意欲付之公論，不必置辯。又念上關國體，下關微臣名節，不得不一言以明之。臣家出寒微，世守佔畢，雖生居輦下，素寡交遊。無論臣不知結內，不曾受李氏金珠重賄，即使平日曾識一中官，曾與如柏父子有一字之通，有一毫之餽，天地鬼神必至殛臣。其李如柏有無花園，坐落何處，臣何時游玩其中，必有人見。如柏何時具送於臣，必有人知。此在巡城及巡按御史，可一訪而可知也。熊廷弼之起用，與其改差經略也，明旨日久不下，中外咸以爲憂，臣催請之章，先後不下十次。今乃謂臣陰阻力撓，不知阻於何人？撓於何處？不要作對、同心幹事之語，不知有誰聞知？今廷弼見在遼東，其有其無，可一問而知也。臣諸子俱有婦家，並無張邦紀之婿，此安⑥縉紳士民人所共知，臣安能掩之？至謂枚卜之旨不下，推而不點，點而復閣，皆因邦紀之故，豈皇上用舍遲速之權，盡操於微臣之手耶？臣草茅寒賤，叨沐殊恩，尸素有年，贊襄無狀，擢臣之髮不足以數罪於臣。惟是硜硜之守，一旦加污辱之名，且謂以私意而阻經略之推，以親情而尼愛立之典，又謂臣臣⑦一語言、一舉動，皆欲歸德於己，歸怨於君，使以昏庸疑皇上。嗟乎，自非夷狄禽獸，豈應喪心至此？如翰之加罪於臣者，無乃已甚乎？伏望皇上將如翰之疏，敕下九卿科道公同勘議，如所言是實，臣甘受欺君辱國之罪，即從如翰所請，將臣肆諸市朝，

---

①蘇 "蘇"字疑誤。
②得 "得"上似應有"看"字。
③遽 "遽"當作"據"。
④日 "日"下當有"壬辰"二字。
⑤恤 "恤"字當誤。
⑥安 "安"字當誤。
⑦臣 此"臣"字當爲衍文。

全家竄逐，臣不敢辭。如或事出風聞，言無的據，亦祈爲臣昭雪，毋使密勿近臣含冤而死，國體幸甚，臣愚幸甚。然臣更有請焉。當此狡夷猖獗、封疆殘破之秋，臣受國厚恩，豈無犬馬報主之念？實以時事艱危，原非一人所能匡濟。況臣馳驅數載，精力已疲，且負罪之身，日經彈射，志意灰沮，鞭策不前，留之絲毫無益，徒足以妨賢誤國而已。惟望皇上速下二臣之命，責令同心輔理，即日盡褫臣職，俾就編泯之列，庶幾政本一清，贊襄有託，朝政有更新之會，而聖心亦可勉激耴之煩，臣即溘死牖下，有餘幸已。臣亦不勝泣血籲天戰兢待命之至。"

　　是日，大學士方從哲謹題："昭得吏部等衙門無人署印，事務廢已極，而吏部、都察院爲尤甚。蓋吏部每日俱有推陞官員，若山西等處撫巡①，又不容久缺，目今停閣已過兩月，人心皇皇，至於巡漕御史之差，關係數百萬軍糧，爲京師命脉，題差更不可緩。伏望皇上，將吏部署印本先賜檢發，其都察院已票之本，併祈即賜批行。庶幾人情少安，而國②不至於大壞矣。臣不敢煩詞以瀆聖德，萬惟留神速允，毋再遲疑。臣不勝激切懸望之至。"

　　十四日癸巳③，大學士方從哲謹題："照得吏部尚書趙煥，於本月初二日病故，該本部侍郎史繼階④隨即具題，嗣於初七日有懇乞聖旨優恤大臣一疏，爲煥請乞卹典，經今數日，未蒙檢發。該臣看得，本官三朝耆舊，一代典刑，歷官五十餘年，清慎忠勤，有如一日。頃緣六載考滿，謝事候命，皇上偶以幾務繁殷，未及檢發，而煥已淹然長逝，未能待矣。老成凋謝，朝野同悲，諒聖心亦必有深惻於中者。本官有子早喪，今祗煢然一孫，年才十六，荒涼旅舍，孤襯蕭然。身後若斯，尤爲可憫。查得大臣應得卹典，載在令甲。伏望皇上速發明綸，令該部照例題覆，以示優異。庶本官不及沐寵於生前者，猶得徼榮於身後，而於我皇上優禮老臣之意，爲克稱矣。"

　　十六日乙巳⑤，大學士方從哲謹奏："爲節界⑥履長普天同

萬曆四十七年

三七〇一

① 撫巡　"撫巡"當作"巡撫"。

② 國　"國"下當有脫字。

③ 巳　"巳"當作"巳"。

④ 階　"階"當作"偕"。

⑤ 巳　"巳"當作"未"。

⑥ 界　"界"當作"屆"。

慶懇乞聖明力行新收以慰人力以凝天眷事。仰惟我皇上，天縱聰明，留心化理。當臣通籍之初，正皇上勵精之日，每遇長至令節，躬親郊祀，御殿受賀，君臣胥豫，朝野騰欣，何其盛也？夷考其時，九卿大僚，師師在列，臺省庶職，濟濟盈朝，人輸獻替之忠，家效靖供①之節，我皇上宵衣勤政，昧旦臨朝，章奏之批答若疏②，宮府之精神如貫，用是人心震肅，朝政精明，元首明，股肱良，庶事康，真千載一時矣。自是厥後，漸不克終。始而朝講暫輟，既則以深居靜攝為常事矣。始而卿貳偶缺，行取偶遲，既則以會推不點、考選不下為固然矣。緊要章奏疏③，始而留中者不④才二、三，後之批發者，百無一、二矣。以致官聯日缺，幾務日壅，中外成否隔之形，上下狃因循之習，人心渙而無屬，法紀蕩而不存，回視三十年前光景，不替⑤陰陽晝夜之相反矣。於今日抑又甚焉。密勿乏人，數年不補，衰庸獨任，謀斷誰資？甚至已經會推，已蒙欽點，而俞旨遲留不下，非所以重政體⑥也。九列崇班，十缺六、七，人無專任，事多代庖，甚至三法司絕無一官，院寺並無署印，非所以備股肱也。六科、十三道，寥寥數人，本章之抄發無憑，郡國之巡方多缺，而見在候命八、九人，不得與同咨⑦同館者一時並用，非所以廣耳目也。目今虜患方殷，邊陲不靖，兵餉兩詘，調劑頗艱，當事者焦目而憂，嘔心而晝，補牘懇請，企望明旨，真若拯溺救焚，而皇上視之漠然，呼之不聞，叩之不應。如督餉侍郎李長庚條奏運糧諸疏，少詹事徐光啟練兵諸疏，何等關係？何等急切？而先後俱未得旨。至於光啟敕書，封進再旬，尚未發下。或者以聖意惟恐諸臣請及內帑，故凡輸用錢糧者，輒留中不報。臣以為如此舉動，尤非聖明所宜有也。且內帑當發，何必練兵遣餉為然哉？撫臣周永春曾以二百萬請矣，經略閱視督餉及臺省諸臣俱以數百萬⑧矣，尚書李汝華約廷臣率屬司叩閽力請，至於再、至於三矣。該鎮之請意在用夷以收來勦⑨之利，此中之請兼在助餉，以免庚癸之呼，是皆為國忠謀，不得已敕⑩時之至計，皇上乃一概高閣置之，漫不加省焉。軍士既不能枵腹以荷戈，邊臣又不能空言以誘虜，計部乏點金之術，

①供 "供"當作"恭"。
②疏 "疏"當作"流"。
③疏 "疏"字當為衍文。
④不 "不"當作"十"。
⑤替 "替"當作"啻"。
⑥體 "體"當作"本"。
⑦咨 "咨"當作"資"。
⑧萬 "萬"下似當有"請"字。
⑨用夷以收來勦 "用夷以收來勦"當有誤文。疑"來"當作"夾"。
⑩敕 "敕"當作"救"。

餉司又不能爲無米之炊，將來邊事可憂，豈盡在夷虜哉？自九月末旬以來奉傳宣，皆稱：聖躬偶爾違和，文書浩繁，待查出即發。今時將兩月，聖體已就萬安，御前文書不知幾經①番查檢，而沉閣如故，消息全無，即望如平時用一人、行一政，而不可得。古稱人主一日二日萬幾，寧有五十餘日，不推補一官，不裁斷一事，不下一緊要章②之理？九閽之内，冥然寂然，如陰噎之不開，如長夜之未旦，究使堂簾日益隔絶，朝政日益壅淤，人心日益鬱結如是，而庶事不墮，國家不亂，宗社不至於危亡者，此必無之事也。今大小臣工所爲竭誠以請、苦口而争者，非有甚高難行之事，不過欲皇上一返萬力③初年之治，於用人行政之間加之意而已。用人無他，下閣臣之命，補大小九卿之缺，委各衙門署印之官，先允癸丑考選及散館各官，其丙辰以後者相繼允用，不拘内外諸司，條陳題覆皆如期檢發，速見施行，並俯從諸臣之請，慨發内帑金數百萬，以助新餉之不給，應邊臣之急需。是不過一時之奮發，一念之轉移，而朝端有師濟之風，庶績奏其凝之效，紀綱可振，威武可張，内治可修，外侮可禦，何初政之難復而太平之不可幾耶？時下一陽來復，萬類昭蘇，正天道更新、人事改絃之一會，伏望皇上幡然悔悟，毅然改圖，洗晏安之積習，恢明作之治功，承天眷而慰人心，胥不出此。"

是日，大學士方從哲謹題："先是十一日，蒙發下順天巡撫劉曰梧辭本，該臣擬票：'劉曰梧屢疏懇辭，准回籍調理。該部知道。'當即具揭明言本官當去之故。及十四日又發下薊遼總督文球本，内請諭令劉曰梧即出視事。臣意曰梧之本先票三日，明旨必且先下，故擬票：'劉曰梧已有旨了。'蓋謂先擬允去之旨也。今曰梧之旨未下，而文球之本業已批發，外廷不知已有何旨，必且羣然生疑，即本管亦何所據以爲去留也？伏望皇上將曰梧辭本並賜檢發，允其回藉④調理，庶王言不致有誤，而愚⑤亦可勉⑥錯謬之罪矣。惟復別有聖裁，臣謹皇恐以⑦。"

十七日丙申，大學士方從哲謹奏："爲恭謝温綸再陳微悃

萬曆四十七年

三七〇三

①幾經 "幾經"當作"經幾"。

②章 "章"下當有"奏"字。

③力 "力"當作"曆"。

④藉 "藉"當作"籍"。

⑤愚 "愚"上當有"臣"字。

⑥勉 "勉"當作"免"。

⑦以 "以"下當有"聞"字。

事。該文書官王之心，恭捧聖諭到臣私寓：'諭元輔：朕以腹痛瀉痢，服溫燰之物過多，遂連日動火，致患目疾，頭目眩暈，足疾未愈，每入冬疼痛甚劇。各項本章見①檢，俟稍愈即詳閱發行。邊疆夷氛未靖，國家多事之際，賴卿宏猷匡贊，共濟時艱，卿豈可因疑妄之言今杜門不出？國事何賴？宜即遵旨速出，入閣務②理，慰朕延遲③至意。特諭卿知。欽此。'臣隨設香案，望闕叩頭謝恩訖。臣杜門待罪，奄及再旬，近日始知皇上以動火致患目疾，且足疾未愈，入冬益甚，未及恭候萬安，不勝惶恐。伏念臣曠④官溺職，負罪萬千，引分以避賢者之路，實出本懷，非盡因人言也。乃昨奉旨之後，復勤中使之傳宣，責臣以共濟時艱，勉臣以速出輔理，聖眷益篤，天語彌溫，臣非木石，能不知感？臣猥以庸劣之才，謬膺佐理之任，必上能感格宸聰，下能勩勤庶務，使人心暢快，時政疏通，庶幾少盡其職。乃今閣員未補，大僚未點，考選未下，甚至九卿衙門五處無署印之官，成何朝廷？成何出界？試問誰司政本，而令時事否塞，法守陵夷一至此極也？即斥臣、戮臣不足以盡臣之辜，尚能遵旨入閣，以副皇上延停⑤之至意乎？儻蒙聖慈不遽治臣之罪，但望少回天聽，俯察臣言，乘此履長胥慶之時，將已點閣臣史繼階⑥、沈確⑦二員，立賜批發，吏部、都察院等印，即委官署掌，其大僚、考選、散館等事，陸續施行。如是，則聖政日新，羣情稍慰，臣猶可靦顏出⑧，少伸犬馬圖報之私。此我皇上天高地厚之殊恩，一轉念、一啟口而可完者。臣愚不勝瀝血嘔心懇祈顒望之至。謹因臣⑨謝，附有所請。所奉聖諭，容臣什襲珍藏，以爲鎮家之寶。謹具回奏以聞。"

十八日丁酉，大學士方從哲謹題："竊惟今日朝廷第一要務，無如簡用閣臣，而吏部、兵部、都察院署印之官，亦難少緩。先蒙皇上於萬壽之辰，欽點史繼階⑩、沈確⑪二員，大小臣工不勝慶幸。今若乘此長至令節，將前疏慨賜批發，真聖明舉動，臣愚所爲傾心拭目踴躍以俟者也。各衙門署印雖多缺人，而吏、兵、都察院尤爲萬分喫緊。伏⑫皇上留神，將各官題請

---

① 見 《明神宗實錄》卷五八八"見"下有"查"字，是。

② 務 《明神宗實錄》卷五八八"務"作"輔"，是。

③ 遲 "遲"當作"佇"。

④ 曠 "曠"當作"曠"。

⑤ 停 "停"當作"佇"。

⑥ 階 "階"當作"偕"。

⑦ 確 "確"當作"㴶"。

⑧ 出 "出"上似當有"再"字。

⑨ 臣 《明神宗實錄》卷五八八"臣"作"陳"，是。

⑩ 階 "階"當作"偕"。

⑪ 確 "確"當作"㴶"。

⑫ 伏 "伏"下當有"望"字。

署印之本，未票者發臣票擬，已票者速賜批行，庶事權有屬，法守不隳，亦新聖政、慰人心之一會也。臣宮門叩賀之後，謹趨赴文華門，恭候明旨。萬惟聖慈慨賜允行。"

十九日戊戌，大學士方從哲謹題："今早吏部四司官見臣於私寓，言本部自尚書趙煥杜門候命，諸事停閣已久。今趙尚書物故又過半月，無人署印。三月以來，不推一官，乃從來未有之事。目下山西、四川巡撫十分緊要，無人會推。往前推陞、急選、大選相繼而至，俱無人主持。人心皇皇，莫知所措。欲臣單揭催請。該臣看得，吏部以用人爲職，凡官員之推陞，本章之題覆，不能一日無事，寧有懸印兩三月、而事體不至壅滯、人情不至鬱結者？比之各部，委屬萬分緊要。伏望皇上俯聽臣言，先行此一事，將郎中陸卿榮等本即刻發臣票擬，今①戶部尚書李汝華暫署，銓政幸甚，臣愚幸甚。臣從哲正叩謁文華門，恭候閣臣之命，敢再以此爲請，萬惟聖慈併賜施行。"

二十日己亥，大學士方從哲謹奏："爲新臣簡任無期微臣勢難復待懇乞聖明先賜賜②顯斥即下二臣之命以重政本事。照得枚卜一事，無論時逾兩年，請幾百疏，即會推已經六月，欽點又過三月矣，該臣揭請不下，疏請不下，號泣懇請於文華門、於仁德門，俱不下。任臣千言萬語、舌斷腸枯，而天德③愈高，俞音愈杳，間奉中旨傳宣，不過曰'在閣候旨'而已、'查檢發行'而已。煌煌天語，盡屬空言。臣將奈之何哉？臣虛縻數載，片善無聞，誤國誤君，千罪萬罪，有不止如近日諸臣所言者。祇因內閣無人，代言莫屬，臣子分誼，不敢以國家之事獨貽君父之勞，以是隱忍苟容，日復一日，即指摘叢加，而亦不睱④顧。豈真頑鈍無恥、一至此哉？惟俟新臣一至，便當束身歸罪，以聽皇上之處分。而今不能復待矣。臣留一日，則新臣之進遲一日，國家之事誤一日，是向來溺職之罪猶小，今日妨賢之罪更大，臣之去當有不俟終日者矣。伏望皇上大奮乾斷，將已點二臣立賜簡用，併乞治臣之罪，即日褫其衣冠，放歸田畝，庶

① 今 "今"當作"令"。

② 賜 此"賜"字爲衍文。

③ 德 "德"當作"聽"。

④ 睱 "睱"當作"暇"。

政本有託，臣分獲安，臣生有餘榮，死亦瞑目矣。如或用舍不決，宸斷猶稽，臣勢處其窮，義難反顧，不得已當徑出國門，屏伏於先人墓側，以聽皇上之誅戮而已。臣待罪之身，不敢入閣，又不敢偃臥私居，謹於文華門恭候明旨。"

二十一日庚子，大學士方從哲謹題："適文書官王體乾，恭捧聖諭到臣私寓：'聖旨傳與先生：萬壽聖節，文書繁多，原御點票本，不知包安①在那文書內，見各查檢，原無別意。先生少待待，豈可遽耳②躁急？見今朕患目疾，國事何賴？宜遵詣③入閣候旨。欽此。'臣隨恭設香案，望闕叩頭謝恩訖。先該臣以閣臣之命日久不下，又各部署印無人，不得已，日詣文華門恭候明旨。茲蒙傳諭，謂聖節時文書房④繁多，前御點史繼階⑤、沈㴉⑥之本，見在查檢，原無別意。又蒙將吏部署印一本發臣票擬，臣不勝慶幸。惟是枚卜一事，推過半年，點過三個月，時不爲不多矣，臣之待命不爲不久矣。滿擬冬至令節俞旨可下，今已數日，又復杳然。時勢至此，臣安得而不急也？聖諭戒臣躁急，令少待，臣敢不欽遵？又謂'朕患目疾'。命⑦者，正以時方多事，非臣一人所能獨支，必協恭有人，始能共濟，所以爲國事計，非爲臣一身計也。皇上慮及國事，而又不肯用同心幹事之人，乃徒諭臣、留臣，亦何益哉？臣方席藁待罪，不敢冒昧入閣，謹遵諭於私寓拱聽。但望皇上將已點二臣之本，速賜檢發，免臣再有煩黷。其都察院、兵部等署印本，並賜批發施行，以完目前急務，國事幸甚，臣愚幸甚。儻聖意仍復遲留，容臣二、三日後再詣宮門懇請，以祈聖明必允。見今天氣嚴寒，聖目未愈，尤望加意珍攝，以迓天庥。"

二十三日壬寅，大學士方從哲謹奏："爲君恩過重臣義難留懇祈立賜顯斥。臣以奉職無狀，累被人言，再疏乞休，未蒙矜允，頃奉聖旨，所爲慰臣勉臣者極其諄切。臣非木石，能不知感？儻所可竭蹶圖報，敢惜捐糜？無奈罪愆益積，指摘益煩，則臣之身有不容一日苟留，臣之去有不容一日再緩者。夫昨御

①安 "安"似爲衍文。
②耳 "耳"當作"爾"。
③詣 《明神宗實錄》卷五八八"詣"作"諭"，是。
④房 "房"字當爲衍文。
⑤階 "階"當作"偕"。
⑥㴉 "㴉"當作"漼"。
⑦命 "命"上當有脫文。

史左光斗因枚卜之事，復論及於臣，且舉近日時事，皆致疑於臣，欲臣守厅①之本體，臣甚愧之、服之。臣備員輔弼，原以進賢爲職，禮臣何宗彥雅負時望，輿論咸歸，臣不能力薦於會推之時，又不能挽留於將去之際，以此責臣，臣復何辭？若謂臣別有所爲，以奪之於先，逐之於後，此自有天日在上，公論在旁，臣無庸辯也。臣負罪當去，被言當去，皇上不即斥臣，而以溫旨留臣，殊爲非分。至以微臣之故，責及言官，臣實悚然懼、惕然不安於衷，乃又謂臣欲假此示盛②，使人迴避。臣日經彈射，身無完膚，方兢救過之不暇③，而顧以此起釁端，賈衆怒？無論非臣所能爲，亦非臣所敢爲矣。總之，臣叢垢之身，人所共棄，下流所④所在，衆惡皆歸，凡⑤言語、一舉動，盡是疑端，盡成罪案。甚至以臣意念不萌、夢想不到之事，亦且疑及於臣。臣惟有循分引咎，反躬自責求無愧於此⑥而已。尚何言哉？惟是臣一日不去，則臣之心一日不白，人疑臣罪臣者亦一日不止，毫無濟於國事，而徒增人心之厭若⑦，滋議論之繁多，皇上亦安用此臣爲哉？況臣尸位素餐，妨賢病國，其罪不止於人言，其當去之速，又有不待於人言者。伏望皇上大奮乾斷，將臣亟賜褫斥，庶幾政本一清，羣疑可釋，而朝端亦得享謐⑧之庥。萬無再煩溫旨，以重臣之罪，使人言之至無已時也。至於銓宰之推，上有聖明聖明⑨，下有舉朝公論，斷非臣愚所敢與聞，更無厅⑩過慮爲矣。"

是日，大學士方從哲謹題："適蒙發下南京工部尚書丁賓辭本。該臣看得，本官兩年之間，稱疾控辭凡六上，俱蒙皇上溫旨慰留，茲又第七疏矣。且貽書於臣，極言病勢沉篤，危在旦夕，儻皇上再不允放，必且冒罪徑行。該臣訪之南來各官，亦言本官年已七十有八，抱病果真，似難勉強供職。臣不敢不據實上聞。儻蒙聖慈憫其老病，允令回藉⑪調理，則始終曲全之恩，不獨賓一人知感，即大小臣工亦莫不戴皇上優禮老臣之至意矣。臣謹擬票進呈御覽。但大臣去留，應候宸斷，非臣所敢擅專。仰惟聖明裁奪。謹題。"

萬曆四十七年

三七〇七

① 厅 "厅"字似當作"庸"。

② 盛 "盛"似當作"威"。

③ 暇 "暇"當作"暇"。

④ 所 此"所"字當爲衍字。

⑤ 凡 "凡"下當有一"一"字。

⑥ 此 "此"下似有脱字。

⑦ 若 "若"當作"苦"。

⑧ 謐 "謐"似當作"寧謐"。

⑨ 聖明 此"聖明"二字當爲誤文。

⑩ 厅 "厅"當爲"庸"之誤。

⑪ 藉 "藉"當作"籍"。

二十八日丁未，大學士方從哲謹題："臣在閣候旨，適接遼東巡撫周永春塘報。擬回鄉劉七報稱，奴酋帶領達子六萬餘騎，自本月十六日寅時，分從開原所屬松山堡進墻，要犯瀋陽等處地方。先時又約西虜五萬，屯駐養膳水，助彼聲援等情。該臣看得，奴酋自八月回巢，三個月全無消息，蓋欲養威蓄銳，以圖再逞。識者已凛凛憂之，然猶謂或待明春二、三月方動，不謂當此苦寒之時，即以大衆八①犯。我兵糧餉不敷，率多饑餓而死，安能以枵腹之衆禦此强敵也？邊事至此，萬分可虞，此中外臣工卧薪嘗膽之時也。伏望皇上將兵部署印本立賜檢發，儻有緊急本章，便於題覆，邊事幸甚。臣謹將周永春塘報封進御覽。"

二十九日戊申，大學士方從哲謹奏："爲微臣負罪益深萬無苟留之理懇祈速賜罷斥以清政本以息人言事。臣之被論屢矣，求去亦頻矣，皇上未即顯斥，反以溫旨留臣，且再勤中使，慰臣勉臣，仰祈恩私，彌深感愧。方擬再疏控辭，以祈必允，又念新臣未補，撥②地豈虛？不得已叩謁文文③華門，守候明旨。乃兩日之間，臺臣之論臣者，又相繼而至矣。在王尊德謂臣：待罪多年，一事未濟，此時不宜杜門卸避，仍當竭誠盡力，求如所請。其望臣甚至，臣甚服之。在楊春茂則歷數臣庁④奸諸狀，並臣子堉之事，望皇上早賜罷斥。其詞尤爲直截，適合臣求去之夙心。臣俱不敢致辯，以拂言者之意，重臣愚之罪。爲今之計，祇有以一去，衷懇皇上而已。從來輔臣賢否不同，在位久近亦異，然未有終於不去者。如臣駑力⑤，叨濫逾時，即使有功無⑥，亦當早自引退，以避賢路。況於積愆叢咎，非止一端，負國負君之罪，出於諸臣所臚列者尚多也，安得一日居於此地，以貽國家無窮之害哉？臣不自揣量，連日叩閣祈懇，猶冀新臣之命旦夕可下，庶政本有人，臣罪得以少贖。而今不能待矣。伏望皇上察臣不容不去之勢，毋拘體貌，毋循近日羈留故事，即刻削奪臣職，勒令爲民歸里，俾臣得以正命斃於牖下，庶乎人言可息，臣分獲安，再造恩，臣當矢嚼結於來世矣。臣困極哀鳴，辭不達意，萬惟聖慈矜允。"

①八 "八"當作"入"。

②撥 "撥"當作"揆"。

③文 此"文"當爲衍字。

④庁 "庁"字似當作"庸"。

⑤力 "力"當作"劣"。

⑥無 "無"下當有"過"字。

萬曆四十七年

　　十①二月庚戌②，大學士方從哲謹題："爲作養人才事。九月初三日，該臣會同吏部右侍郎兼翰林院侍讀學士史繼偕、禮部署部事左侍郎兼翰林院侍讀學士何宗彥、翰林院兼③侍讀學士孫汝遊④、禮部右侍郎兼翰林院侍讀學士協理詹事府事韓爌、詹事府詹事兼翰林⑤侍讀學士掌院事劉一燝，將吏部開送進士施兆昂等九十名，遵奉聖旨考選，得文理平通、堪充正卷二十三卷，文理亦甚⑥、勘充副卷八卷，各擬名次，封進御覽。於十一月三十日，奉聖旨：'是。卷⑦准改庶吉士作養。'併發下正付⑧卷到閣。臣謹欽遵。會同禮、吏堂上堂⑨官，並翰林院官，將正卷二十三卷，照依名次開拆，填寫名次，上進聖鑒。伏乞敕下吏部，遵照欽依內事理，將倪啟祚等改授庶吉士，與同一甲進士孔貞運等，俱送翰林院進學。仍照例行工部，將本院房屋量行修理，並各該衙門合用桌凳、筆硯、紙墨、酒飯、皂隸等項，各照例辦送應用。其教書官，容臣另行推舉上請。緣係作養人才事理，未敢擅便，謹題請旨。

　　　計　開
　　倪啟祚　直隸江都縣人
　　丁　進　浙江上虞縣人
　　施兆昂　福建福清縣人
　　姚明恭　湖廣蘄水縣人
　　候　恪　河南商丘縣人
　　張　翀　直隸寧晉縣人
　　吳士元　江西進賢縣人
　　楊夢袞　山東青城縣人
　　魯時昇　浙江餘姚縣人
　　楊世芳　山西蒲州人
　　顧錫疇　直隸崑山縣人
　　劉宇亮　四川綿竹縣人
　　金秉乾　湖廣江陵縣人
　　朱繼祚　福建莆田縣人
　　何吾騶　廣東香山縣人

①十　"十"上當有"萬曆四十七年"六字。
②戌　"戌"下當有"朔"字。
③翰林院兼　"翰林院兼"似當作"禮部右侍郎兼翰林院"。
④汝遊　"汝遊"當作"如游"。
⑤林　"林"下當有"院"字。
⑥甚　"甚"當作"通"。
⑦卷　"卷"上當有"正"字。
⑧付　"付"當作"副"。
⑨堂　"堂"字當爲衍字。

姚希孟　直隸長洲縣人
許可徵　河南尉氏縣人
姜曰廣　江西新建縣人
楊維新　陝西高陵縣人
陳萬言　浙江秀水縣人
丁乾學　順天宛平縣人
雷躍龍　雲南新具縣①人
胡尚英　山東臨清洲②人。"

三日壬子，大學士方從哲謹題："昨蒙發下楊應聘題署印本，該臣擬票，令其遵旨署印，併允允③王加④善之去，以請聖裁。竊意加⑤善屢被人言，促其出城候命，以難苟留。且印已屬之應聘矣，加⑥善委不能再出供職。前日明旨一下，該給事中官應震有疏，謂既委署印，又留加⑦善，事屬兩可。以此責備於臣，其所言亦自有理。想皇上尚未及覽也。今蒙上傳，令臣改票，且謂東事緊急，不誼放加⑧善謝肩而去。聖明遠見，臣不勝欽服。但應聘奉旨之後，已即入部管事矣，若再申前旨，令其一力擔當，於東事亦自能辦。此時若再留加⑨善，恐加⑩善未必可留，而應聘任事之意不專，妨誤反爲不小。且恐外廷又生議論，謂皇上於加⑪善既奪其印，又止其行，於政體爲不便，於王言爲不信也。其加⑫善辭本，臣且未敢擬上，謹將昨日二票，仍進御覽，仰候聖明裁奪。夫大臣進退，應聽宸斷，臣豈敢謂加⑬善爲必當去？實以此時事體、人情祇合如此，故敢冒昧以請，皇上即次專擅罪臣、臣亦不敢辭矣。"

是日，大學士方從哲謹奏："爲臣罪萬不可留聖斷時不容緩懇恩亟斥以免誤國事。竊惟臣之當去久矣，臣必去之志亦甚決矣，皇上未即斥臣，豈以臣苟留一日，尚可效一日之用乎？而臣實不能。又豈以臣雖無用，掛名一日，且緩新臣一日之任乎？而不知新臣未任，正臣愚之所以不得不去者也。臣備員數載，毫髮無所建明，平居不能抒匡弼之忠，此時又不能畫安攘之策，愆尤日積，指摘叢生，彈射之章，殆無虛日。負罪若此，而猶

①縣　"縣"當作"州"。
②洲　"洲"當作"州"。
③允　此"允"字爲衍文。
④王加　"王加"當作"黃嘉"。
⑤加　"加"當作"嘉"。
⑥加　"加"當作"嘉"。
⑦加　"加"當作"嘉"。
⑧加　"加"當作"嘉"。
⑨加　"加"當作"嘉"。
⑩加　"加"當作"嘉"。
⑪加　"加"當作"嘉"。
⑫加　"加"當作"嘉"。
⑬加　"加"當作"嘉"。

遲回顧惜，旦夕姑容，少有愧恥之心者，當不至是矣。今自朝紳以及市井小民，無不謂臣當去，其知臣愛臣者，亦無不謂臣當速去。無論臣不宜濡滯片時，即皇上為微臣計，兼為國體計，亦宜速允臣歸，無俟臣之再瀆矣。臣蒙恩深厚，豈不知致身之義？又豈無戀主之心，第駑駘之力，罄竭無餘，即欲勉效馳驅，終難鞭策，惟有早自引退，以己之所不能者付之後人，是則犬馬微誠，所期圖報於將來者耳。況臣數月以來，積憂熏心，神形交瘁，昏憒之極，遇事輒忘。邇又加以手足拘攣之證，即每日票擬之役，亦不能勉強支吾，多致錯誤，況能奮發精神、為皇上理軍國大事耶？臣詞已窮，臣計已決，惟皇上憐臣允臣，即賜褫革，俾竄歸田里，臣感皇上再生之恩，當與子子孫孫世效啣結之報。不然，惟有冒罪出城，以生死聽之皇上而已。"

　　五日甲寅，大學士方從哲謹奏："遼事為①萬分危急聖心轉悟無機懇乞大奮乾斷用人圖治以固封疆以保宗社事。連日遼左警報疊至，夷虜交訌，東西結連，聲勢惡②，我兵以饑疲之眾，當苦寒之時，強弱既殊，眾寡不敵，遼瀋之間蓋岌岌乎殆哉。當此之時，自非我皇③悚然知懼，銳然有為，亟允經略、督撫之請，敕下當事諸臣，急急催調援兵，措處糧餉，為拯溺救焚之計，遼事將不知所終，而國家之禍有不忍言者矣。邇來皇上深居靜攝，置萬機於度外，一人不用，一事不行，凡緊要章奏，多留中不發，宮府隔絕，聲息不通，以致朝政日壅，人心益鬱，從古未有人君舉動若此、時事光景若此、而國家不亂、宗社不危者。臣目擊心心④痛，不勝憤悶於中。向以束身待罪，不敢有言，今事急矣，不得不言。臣言之，而皇上聽之，朝廷之福也，天下國家之幸也。若猶視泛常，漫不加省，狃因循之習，圖旦夕之安，苟且延捱，日復⑤。萬一遼陽不守，禍立至於京師。彼時伏節之臣，何難以死報皇上？但不知皇上將何以自存？而宗廟、社稷、祖宗陵寢，將付之誰乎？具言及此，臣不覺痛哭流涕，恨不即剖心碎首，以冀天聽，以資贊襄。速補大僚乏缺，以端表率，盡授考選、散館之職，以充任使，亟委各衙門

①遼事為　"遼事為"當作"為遼事"。

②惡　《明神宗實錄》卷五八九"惡"上有"甚"字，是。

③皇　"皇"下當有"上"字。

④心　此"心"當為衍字。

⑤復　"復"下當有"一日"二字。

① 空 "空"當作"虛"。

② 主 "主"似當作"皇"。

③ 危 "危"上當有"轉"字。

④ 慮 "慮"當作"虜"。

⑤ 已 "已"當作"巳"。

⑥ 在 "在"當作"至"。

⑦ 入 此"入"為衍字。

署印之官，以藉勷勳，而又躬親臨御，以肅朝端，多出內帑，以助軍餉，速發章奏，以無誤軍機，亟釋纍臣，以作興士氣，如是，則仁賢布列，國勢不患於空空①，朝政精明，人心自爾其震肅。修內治以禦外侮，或者猶可救危遼於萬一乎？夫國家多難，主上焦勞，正臣子臥薪嘗膽之時，臣何敢以萬幾之煩，獨貽君父？惟是戰守機宜在閫外，而主張在朝廷，拮据奔走在羣臣，而倡率在主②上。皇上以為可憂，則臣下無有不急者矣。至於視朝、發帑二事，臣非不知上意所厭聞。然振主威，宣德意，維人心於既渙，挽國勢於垂危，此二事尤為喫緊。皇上又何惜一舉趾之勞，吝此朽蠹無用之物，而不為重鎮存亡計、為宗社安危計也？惟皇上猛省而力行之，轉禍為福，危③為安，祗在今日。失今不圖，直待賊至城下，而後議用人、議散財。嗟何及矣？臣方杜門，席藁恭候嚴譴，何敢復談天下事？但一日未去，不能一日忘君國之憂。切見慮④患剝膚，禍至無日，誠不忍見祖宗二百五十餘年基業，一旦沒於腥羶，故不揣以憂危之詞進，萬惟聖明省察。至若臣罪愆叢積，頃刻難留，容即具疏再申前請，以求必允。"

八日丁巳⑤，大學士方從哲謹奏："為閣員不補臣計益窮哀懇聖慈立賜宸斷事。臣為閣員一事，兩年以來日日懇祈，時時哀訴，一念苦衷，天地鬼神必且諒之。頃蒙皇上俯鑒議誠，始而九推，既而點用。臣私心慶幸，以為綸命一頒，不獨政地得人，時艱可濟，而臣愚亦可少逭蔽賢竊位之罪。不意時逾四月，催請之章又經十數，而俞旨猶然未下也。昨奉聖諭，戒臣躁急，令臣靜俟。臣何敢不遵？但此一事也，經年累月，遲而又遲，臣安心忍耐已到萬分無可奈何之處，此事猶欲臣靜俟，畢竟俟至何時何日、而後可得耶？連日遼左虜報疊在⑥，中外震恐，加以天變示警，人情愈益洶洶。此國家何等時也？安攘調燮、消外侮而定人心，惟新臣是望，皇上奈何猶靳二臣之命，而未肯發耶？臣負罪之身，去不足以逃責，死不足以盡辜。惟願及今一息尚存之時，得見新臣早入入⑦綸扉，俾代言有人，政權不至旁落，臣即溘然長逝，無復遺憾。惟在皇上之哀憐而已。臣揭請之後，屏息靜聽，又將十①月，翹首盼望，以日爲年，而檢閱發行全無消息，此臣所爲疾首腐心，不能不躑躅徬徨，再一哀鳴於君父之前也。皇上至仁天覆，不忍一物失所，寧有見臣狼狽至此，窮困至此，而不一開天地之心，爲臣行此一事者乎？臣勢急情迫，語不擇音，仰惟聖慈矜察。"

九日戊午，大學士方從哲謹題："照得吏部印信，頃奉明旨，命戶部尚書李汝華署掌。該汝華有循例具辭之疏，隨蒙發臣票擬，今已十日矣，未蒙批發。竊意該部以用人爲職，推陞、銓選，一日有一日之事。自趙煥考滿候命，經今三月有餘，諸務停閣，人心惶惑。目前緊要之官，如順天、山西、四川巡撫，俱不得會推，本月大選、急選之期又已迫近，其餘諸事不可枚舉。此何等衙門？何等時節？皇上可置之度外、漫不加省耶？伏望留神，將汝華辭疏即刻檢發，銓政幸甚，臣愚幸甚。謹題。"

十日乙巳②，大學士方從哲謹奏："爲臣罪日重臣病日深萬無再留之理懇乞天恩早賜裁斷事。臣自十月以來，乞休之疏凡六上矣。未蒙譴斥，反荷慰留。皇上豈以臣因言求去，其情尤③未真、其志猶未決乎？臣尸素有年，曠④瘝萬狀，縱無人言，而誤國之罪，已昭然不可掩矣。儻臣才力尚可馳驅，精神尚可奮發，即彈射之後，摧折之餘，猶當勉圖策勵，以收桑榆之效，而臣萬萬不能也。臣才質駑下，百不如人，兼以數載奔馳，觔⑤力以竭，伴食莫展寸籌。自有東事以來，曾未能抒一謀、畫一策，以分主上霄旰之憂。當此天怒人怨之秋，夷虜訌於外，兵食詘於內，大小臣工方竭蹷經營，爲拯溺救焚之計，而密勿重地，徒令一衰庸病憊之夫，擁虛名而貽實害，臣之心能自安乎？兩月以來，臣乞歸未遂，進退俱窮，日夜憂惶，寢食都廢，神思昏憒，手足拘攣，日甚一日，病勢若此，決非久於人世者。一身無足惜，如政本之中絕何哉？邇年以來，閣臣

① 十 "十"當作"一"。

② 乙巳 "乙巳"當作"己未"。

③ 尤 "尤"當作"猶"。

④ 曠 "曠"當作"曠"。

⑤ 觔 "觔"當作"筋"。

① 巳　"巳"當作"已"。

② 癈　"癈"當作"廢"。

③ 貼　"貼"當作"帖"。

④ 各　"各"當作"閣"。

求去者，皇上概不輕允，卒至困頓無聊，斃而後已。其一、二允放者，必待事勢窮極，萬不容巳①之時，而後得請。此雖皇上眷顧親臣，不忍遽棄之意，而於諸臣勇退之心，亦甚拂矣。況臣負罪當斥，與諸臣求去不同，而今日時勢又非往時可比者。往時閣臣多至三、四員，代言有人，政幾不癈②，猶可遷延待命。今臣孑然一身，別無倚藉，杜門日久，閣務盡隳，留一日則誤一日之事，且添一日之罪。臣之罪，自甘之，而所誤者，則天下國家之事，皆皇上之事也。皇上不為臣計，獨不為天下國家計乎？奈何循勉留故事，而姑容此有罪之臣為也？竊謂今日朝政多端，而惟亟簡新臣、早斥罪臣為第一義。蓋罪臣去，則揆地可清，新臣進，則政幾有託，回天變以慰人心，修內治以攘外患，端不出此。伏望皇上憐臣萬苦之情，察臣一日難容之勢，削臣之職，並放臣之生，臣不勝慶幸。萬不敢再煩溫旨，益重臣之罪也。"

十二日辛酉，大學士方從哲謹題："適蒙發下臣閣中所題年深翰林院並六曹編纂官二本，隨該當直官王昇，口傳聖旨：'傳與先生，朕腹瀉未痊，目疾未愈，又足痛，動履不便。這揭貼③尋着了，別的文書查檢着裡，查檢出來，就發。欽此。'竊惟當此嚴寒之時，聖體尚未萬安，臣不勝懸念。又蒙聖諭文書查檢出來即發，臣又不勝喜躍。目前臣所懸望懇請者，惟各④臣第一緊要，而吏部、都察院署印亦萬分難緩。伏望皇上先檢發此二、三本，其餘俟陸續再發，實為至幸。臣以憂鬱之極，心火攻，感一異常之疾，纔看一、二本揭，便覺心思煩亂，昏憒不支。今已五日矣，而日甚一日。儻再加沉篤，恐票本亦不能矣。容臣再疏懇辭，以祈聖慈憐允。謹先附回奏以聞。"

十三日壬戌，大學士方從哲謹奏："為聖心慚悟朝政可通懇乞乘機擴充以新聖治事。邇蒙皇上點浙江按差，併發年深翰林等本，即此二事，可見皇上靜攝之中，未嘗不留心幾務。使由此擴而充之，用人、行政便可次第修舉，有何難事？蓋目前朝政雖曰多端，而重大緊要，如閣臣、大僚、考選、散館、轉科、題差，與各衙門署印諸事，皆可指數。皇上若肯留神，隨檢隨發，不過一啟口、一舉筆間，而人之當事①者無不用，政之當行者無不行，仁賢布列，庶績咸熙，衆口歡呼，羣情暢快，皇上一日便可爲堯舜之主，天下一日便可臻太平之治。此何等盛事？何等顯名？不知皇上何所憚而不爲也？今遼左之危已岌岌矣，皇上既吝帑不發，致用夷之機已失，佐餉之策已窮，所恃者祇有朝廷之上，盡補缺官，亟修庶政，速發章奏，使天下曉然知宸衷惷②念遼事、未嘗一刻不以安邊滅虜爲心。庶幾人心不至渙散，國勢不至傾頹，定亂圖存，或尤③可僥幸於萬一。若復晏然深居，置萬幾於不理，如近來數月光景，譬如人身，諸邪觸於外，元④耗於內，精神不屬，榮衛皆枯，軀殼雖在，生理都盡，有奄奄待斃而已，天下事尚可言哉？且人主一身，上天之子，而祖宗所賴以世守成業者也。故必畏天之威，凜凜然無敢戲豫，而後天心眷之，保前人之基業，兢兢然惟恐失墜，而後祖宗佑之。若自謂威福在我，生殺予奪在我，天與祖宗俱無如我何，而肆然恣睢，於上⑤災異示警，若罔聞知，宗社將危，恬不爲慮，忽人言而不恤，以咈諫爲無傷，如是而天心不怒，神明不怨不恫者，恐必無之事也。今虜勢猖獗若此，邊情危急若此，中外人心震懼而不寧、鬱結而不伸若此，皇上猶視若等閒，略不介意，任臣下呼號控訴，一切付之不聞。寧獨大小臣工智盡能索，無力回天？竊恐天與祖宗即欲眷佑皇上，亦無所施其仁愛矣。嗚呼，危哉。當此之時，自非皇上惕然猛省，毅然改圖，舉臣前日所請臨朝、發帑與用人、行政諸事，亟亟圖之，恐覆亡之禍將不旋踵，後雖悔之，亦無及矣。臣積誠未至，深愧古人格心之義，極知微言不足以動天聽。然臣心雖苦，臣計已窮，舍此數行疏揭，更無可以抒下悃、達宸聽者。茲因近日一、二事，竊幸聖心感悟有機，故不揣再申前請，惟望皇上萬幾之暇⑥，少垂聽納，立見施行，宗社幸甚，天下臣民幸甚。"

萬曆四十七年

① 事 "事"當作"用"。

② 惷 "惷"當作"惓"。

③ 尤 "尤"當作"猶"。

④ 元 "元"下當有"氣"字。

⑤ 上 "上"下當有"天"字。

⑥ 睱 "睱"當作"暇"。

# 萬曆起居注

十四日癸亥，大學士方從哲謹題："昨蒙皇上發下年深翰林並編纂章奏官二本，臣不勝慶幸。惟是庶吉士一節，該臣會同吏禮詹翰堂官，將正卷二十三卷開拆，填寫名藉①，上進聖覽，今已半月矣，明旨猶然未下。諸士既已列名庶常，而久稽廷謝，殊非事體。伏望皇上留神，將此本即賜批發，行令報名謝恩，以完今歲考館之事，多士幸甚，臣愚幸甚。謹題。"

十九日戊辰，大學士方從哲謹奏："為微臣心疾增劇票擬不可無人懇乞聖明軫念政本早賜區處事。臣數月以來，外被彈射之叢加，內憂職業之曠②廢，求去不得，去③補新臣不得，進退狼狽踽踽，以④自客⑤。邇又聞夷虜合謀，久據開原，轉眼春初，勢不⑥長驅內犯，都城之禍將在目前。臣日夜憂惶，食不下咽，寢不帖席，久之遂成鬱結之証。始而心神恍惚，漸而怔忡，漸而驚悸。今則益昏晦不能自持矣。每日各處送揭帖，纔看數行，便覺心下煩懣，勉強再看，則益加憒亂，字句不辨。欲作一本一揭，纔纔一舉筆屬思，則煩懣憒亂，亦復如前，往往中止。當其煩憒之時，神魂飛越，五內怦怦，眩瞀之狀，有口不可得而言者。詢之諸醫，皆謂從來無此怪証。總由思慮太多，憂勞過度，以致心血枯乾，且病根已深，難以猝拔，自非謝事靜攝，決無生理。竊思臣所居何官？所司何事？今國家多難，宸衷焦勞，臣不能殫精佐理，為皇上分憂，乃又遘此異常之疾，並票擬之役亦不能供，臣之罪安所逃乎？展轉躊躇，愈愁愈病。昨日發下兵部反⑦遼撫二本，中間事體一時不能理會，延遲許久，方能擬上。此內使及中書官所共見者。竊恐自此以後，病勢益加，必至以昏憒之識，累王言而誤國事。故臣不敢不據實直陳。伏望皇上俯念代言之職，關繫匪輕，及今早作區處，亟點新臣，俾司票擬，毋令大權旁落，使臣負萬世之罪。臣朝聞命而夕就木，所甘心矣。至於憐臣、放臣，總恃皇上再生之恩，乃臣所昕夕翹首而望者也。"

二十日已巳⑧，大學士方從哲謹題："昨日起鼓後，該文書

① 藉 "藉"當作"籍"。
② 曠 "曠"當作"曠"。
③ 去 "去"當作"求"。
④ 以 "以"上當有"難"或"無"。
⑤ 客 "客"當作"容"。
⑥ 不 "不"當作"必"。
⑦ 反 "反"當作"及"。
⑧ 已巳 "已巳"當作"己巳"。

官王體乾到臣寓所，口傳聖旨：'傳與先生，雪氣天寒，聖腹作痛不調，聖足疼，聖目未安，文書查檢着里，查檢出發行。欽此。'暮夜傳宣，臣初不勝驚駭。既聞聖體不安，臣又不勝戀慕。竊思今日時政最急、與中外人情所仰望者，無如閣臣一事。皇上但一動念、一啟口，將此本發下，則臣病可愈，臣心可安，聖心省多少煩聒？朝廷生多少光彩？外間免多少議論？此乃至易至簡、極無難處、極有利益之事，不知皇上獨何所見，而經年累月遲留不斷如此也？先是皇上戒臣躁急，令臣靜俟。臣仰遵聖諭，屏息拱聽者半月矣，皇上又不肯概發，而但時時傳諭曰'查檢'，曰'發行'，日復一日，展轉遷延，畢竟何時而後查看？何時而後得行耶？是臣急不可，緩又不可，知①更有何術，纔可以動皇上之聽、徹二臣之命耶？臣以憂愁鬱悶，致成心疾，日甚一日，決無痊可之期。誠恐一旦困頓不支，有誤票擬，故於昨日具疏奏聞，字字皆真，毫無虛假。皇上既不放臣之生，又不從臣之請，臣求退無門，望生無路，命窮至此，豈天實為之、而皇上亦無如之何耶？臣兩年以來，千祈萬懇，祇此閣臣一事，千言萬語，祇此求補各②臣之一言也。時已迫矣，去履端之期祇十日矣。惟望皇上開天地之心，救臣於垂危之際，將史繼偕、沈㴶之旨，即刻發下。在臣為回生之妙訣，在皇上為再造之殊恩，臣當與子子孫孫，生生世世、永圖啣結之報矣。至於屢煩中使，再四傳宣，外廷不知，皆謂皇上眷臣若是之篤，臣蒙恩若是之深，其責臣望臣，必且益甚。而皇上實未嘗為臣行此一事，臣將何詞於眾人耶？於臣為逾分，於朝廷為褻體，此又臣萬萬不敢當者。敢併以為諸③請。臣不勝。"

二十一日庚午，大學士方從哲謹題："竊惟今日時政莫急於用人，而允補科道尤用人之最急者。癸丑考選各官，守候多年，往返數次，淹留之久，困頓之極，從來所無。在諸臣言之已詳，臣不敢復贅。獨念國家多事之際，內而糾繩巡察，外而彈壓澄清，惟賴此耳目之臣，濟濟在列，庶幾人心震肅，奸宄不生，保元氣而消亂萌，宜何如重且急者？頃歲，皇上於冊封用科臣

① 知 "知"當為衍字。

② 各 "各"當作"閣"。

③ 諸 "諸"當為衍字。

七、八人，於按差用臺臣十餘人，假權宜之計，爲疏通之機，言者猶謂非祖宗行取舊制，乃同咨之中有用有不用，同題之中有點有不點，此則臣愚所不解也。今見在候命者，給事中祇一人，御史祇六、七人，散館者祇二、三人，人數之少，較前時允用者不及一半。皇上乃用其多而靳其少，易於先而難於後，此又臣愚所不解也。且桐封之使，竣事報命尚在明歲，新點各差，會領批印之後，皆將陸續辭朝，當此之①匱乏之秋，即使盡補待命諸臣，猶未足以實班行而充任使，乃猶遲疑吝惜，日復一日，豈諸臣可終於不用？而內外各差之闕可終於不用而內外各差之缺可終於不②補乎？揆之政體，質之人情，稽之祖制，無一可者。不知皇上當日留部考選者何心，而今日之棄置不用者又何心耶？儻於萬幾之暇③試一深思，未有不悚然動念者。今歲序將新，人情仰望更切。頃見銓部啟事，亦首以考選候命爲諭④，此真目⑤第一急務。伏望皇上大奮乾斷，將考選及散館各官，盡賜允用，不過一舉筆間，而今歲之事可完，數年不了之局可結，庶幾人心少慰，少慰⑥言路少充，臣愚亦可免賢⑦溺職之罪於萬一矣。臣力疾懇恩，不勝迫切翹跂之至。"

二十二日辛未，大學士方從哲謹題："照得今去歲暮，爲時抑又迫矣，而閣臣之命未蒙檢發。臣朝夕盼望，以日爲年，五內煎熬，夜不能寢，煩悶之極，真如烈火燒身。千思萬想，無計可施，祇得將迫切苦情，再干天聽。惟望皇上於清暇⑧之時，爲臣一思：當此虜患剝膚、邊情緊急之時，安危大計，果臣一人之力量，所能擔當否？中外題奏本章，奏⑨至沓來，千頭萬緒，果臣一人之心思，所能酬應否？儻至票擬有差，處置不當，妨誤國家之事，臣即粉骨碎身，不敢逃罪。惟是二百五十餘年基業，壞於今日，皇上其何詞於祖宗耶？臣求去不能，求死不得，萬苦之衷，九廟神靈必且鑒之，未有仁聖之主終不爲臣一動念者。但望皇上乘此歲暮之時，將點用二臣之本，立賜批發，使臣共事有人，猶得苟延旦夕，圖報高厚之恩，臣生當隕首，死當結草。"

①之 "之"當爲衍文。

②用而內外各差之缺可終於不 "用而內外各差之缺可終於不"爲衍文。

③暇 "暇"當作"暇"。

④諭 "諭"當作"請"。

⑤目 "目"下當有"前"字。

⑥少慰 "少慰"爲衍文。

⑦賢 "賢"上當有"妨"字。

⑧暇 "暇"當作"暇"。

⑨奏 "奏"字當誤。

萬曆四十七年

二十三日壬申，大學士方從哲謹奏："爲人言波及心迹宜明謹據實剖白以祈聖鑒事。臣屢疏乞休，方席藁候命，近見臺省諸臣因枚卜一事，争論不已，疏揭紛然，私心欲調劑之，而未能也。昨臺臣李徵儀復有科臣搆争不息一疏，其所指者非一人，所論者非一事，中間一段謂致鄒之麟咆哮者，以方世鴻之獄。此其說臣不能深知，不敢置辯。至以熊化之外補，疑及於臣，則關臣人品心術，不得不一言剖白者。去歲臣子世鴻，初以人命被參，臣疏請下法司問理，已而奉旨會問。御史李徵儀等據法審斷，雖擬臣子一罪，而原參事情盡爲昭雪，臣極服其持法之平，用心之怒①，未嘗有不愜之意也。比事完之後，臣即日之兩忘。雖薛貞以風聞之誤首發難端，臣亦諒其無他，毫無芥蒂。况熊化乎？此臣之心事，可以對天知，可以與人言者。臣自歲裏至春初，杜門兩月，二月間始奉宣諭入諭②，其熊化始而入簾，既而例傳③，於臣有何干涉？而謂臣入閣之後，化遂不免。籲亦異矣。無論臣上凜明威，下畏清議，不敢以私意逐一言官，即使臣有此機權，有此力量，彼銓臣秉公持正，人所共知，亦豈肯因臣之故，而漫爲黜陟耶？總之，皆由臣才劣望輕，不能取信於人所致，何敢尤人？惟是以樸質淺衷之夫，而疑其有挾私報怨之事，則臣所爲捫心自訟、無地自容者耳。爲此，聊布赤衷，仰祈天鑒。臣區區之心，惟願一時諸臣各捐成心，共扶公道，就事論事，毋因一事而蔓引多端，因人論人，毋爲一人而株連無已。當此國家多難之日，惟務勤修職業，體國奉公，使朝端享寧謐之休，言路有和衷之美，豈不甚美？更望皇上將前後奏辨之事，敕下部院，虛心詳看，分別是非。其求去者，諭令照舊供職，毋致言路空虛，貽國家無窮之禍。庶幾國是可定，人心可安，臣即負罪而去，爲幸大矣。"

是日，大學士方從哲謹題："先該臣以制剌④房中書員缺，撰文無人，請命吏部於下第舉人內考取。隨該吏部遵旨，取得正卷二卷、付⑤卷二卷，於八月初五日進呈訖。經今五月，未蒙批發，以致臣閣中一應敕書贈誥祭文等項，皆臣親自辦理。臣以諸務繁冗，就誤實多。近日吏部又有本催請，伏望皇上將

①怒 "怒"當作"恕"。

②諭 "諭"似當作"閣"。

③傳 "傳"當作"轉"。

④剌 "剌"當作"敕"。

⑤付 "付"當作"副"。

此本併原卷立賜批發，以完今歲之事。其庶吉士列名本，亦求一併發行。"

二十四日①，大學士方從哲謹題："臣爲閣員一事，昨二十二日再具揭懇請，計已徹聖鑒矣，臣萬難萬苦分②迫切之情，諒亦聖明所洞鑒矣。今去元旦只有六日，皇上不於此時檢發，更將何待？向來外人之議，皆謂皇上惟恐新臣一補，臣便欲求去，以此遲疑不決，日延一日。不知臣之所以求去者，正以新臣不補，臣獨力難支，時事艱難，斷非臣衰庁之病憊身③所能擔任，故不能不早自引退，以求免誤國之罪。若皇上肯憐臣之苦，將二臣即賜簡用，方幸共事有人，得以同心共濟，敢不矢竭犬馬，少酬高厚之恩？斯時而無故言去，豈復有人心者哉？此臣一念赤衷，可以對天地鬼神者，皇上萬萬不必疑慮及此也。皇上若猶不察臣之心，從臣之請，乘此歲暮之時，即下二臣之命，改歲在邇，臣只得力疾、匍匐宮門，涕泣懇請。當履端大慶、宸衷燕喜之時，而令輔弼近臣展轉哀號於闕下，臣之罪固無所逃，不知皇上之心能自安否乎？臣力竭矣，詞盡矣，計畫已窮，無所之矣。惟望聖慈爲臣行此一事，救臣一死，無量功德猶勝於修齋設醮、作許多好事也。"

二十五日甲戌，大學士方從哲謹題："該文書官王體乾，恭捧聖諭到臣私寓：'諭元輔、卿所請簡用閣臣及諸事，朕因前中暑傷脾，不時腹痛，瀉未止，又目疾未愈，見服藥調攝。俟朕查檢即發行。卿贊襄政機，公忠廉慎，朕所鑒知。今時事孔棘，邊事正殷，東事未寧，望卿分猷佐理，弘濟時艱，何乃恝然求去？卿心安乎？否乎？卿當以國事爲重，宜遵屢旨，即出入閣辦事，慎勿再陳。特諭卿知。欽此。'臣隨設香案，望闕叩頭謝恩訖。詢知聖體未安，且目疾未愈，私衷不勝瞻戀。伏念臣奉職無伏④，屢被人言。又因憂勞之過，致成心疾。以病則當去，以罪則不容不去。皇上不即譴斥，再令中使傳宣，'公忠廉慎'之褒，萬非衰庸病憊之臣所能當者。今國難方殷，正主憂臣辱

① 日 "日"下當有"癸酉"二字。
② 分 "分"上當有"萬"字。
③ 衰庁之病憊身 "衰庁之病憊身"似當作"衰庸病憊之身"。
④ 伏 "伏"當作"狀"。

之日，此時求去，臣心實有不安。但臣誠微力薄，上①能感格君心，下不能匡維庶事，致令朝政壅塞，人情抑鬱，罪皆在臣。況臣一日不去，則新臣一日不補，留之何益？徒妨賢路而已。聖諭爲②簡用閣臣及諸事，俟查檢即發行。臣不勝慶幸。但顧皇上將欽點二臣之疏，於歲裏先賜檢發，使之重擔得以少分，則憂心漸釋，前疾或可漸減，臣與新臣協恭佐理，當有日也。目前病勢支離，尚不能遵旨入閣，容臣再調理數日。其近日請補閣臣二揭，更望皇上留神，少加省覽，早賜允行，不勝至幸。所奉聖諭，臣謹珍藏，以爲世寶。茲因回奏，附有所懇。"

是日，大學士方從哲謹題："適蒙發下禮部一本，請遣司禮監官同禮工二部、欽天監堂上官，爲皇太子才人王氏相擇吉地。此非臣所敢擅擬。謹將原本封進，伏乞皇上欽遣批發，俾大典早完，不勝至幸。謹題。"

二十六日③，大學士方從哲謹奏："爲歲華將陽④，朝政宜更懇乞聖明乘時勵精以慰人心以維國運事。頃自九月末旬以來，皇上深居靜攝，與外廷聲息不通，內外章奏率留中不下。雖遼東經略督撫餉臣之疏及户兵二部覆本，間有批發，而其已題未票、已票復留者尚多也。邊情緊急，不啻燃眉，人情仰望，有如極⑤溺，皇上一概視若等閒。呼之不應，催之不理，下愈急，上愈緩，下之情益力，而上之拒彌堅。即臣時時揭催，極其頻頻，又不知俱徹聖覽與否？九閽淵寂，真如天之不可問，如神明之不可測也。皇上誠⑥思，自古迄今，有主心怠荒、萬幾叢挫若此，而國尤⑦能治安乎？有朝政壅塞、人情憤鬱若此，而宗社尤⑧不危亡者乎？此即太寧⑨無事之時，必釀意外不測之禍，況當此夷虜交侵，封疆毙脆，兵食交訌，中外震駭之秋，欲以維既渙之人心，挽將傾之國運，胡可得也？近日署銓有人，啟事之牘相繼而上，除一、二郎署司府外，其大小九卿俱未欽點，科道各官俱未允用。目前最急者，無如順天、大同等處巡撫，俱未發票。此國家何等時也，而用人一事，聖心猶泄泄若此耶？今歲序將⑩，年內祇有數日。伏望皇上大奮乾斷，銳然

①上 "上"下當有"不"字。
②爲 "爲"當作"謂"。
③日 "日"下當有"乙亥"二字。
④陽 《明神宗實錄》卷五八九"陽"作"易"，是。
⑤極 "極"當作"拯"。
⑥誠 "誠"似當作"試"。
⑦尤 "尤"當作"猶"。
⑧尤 "尤"當作"猶"。
⑨寧 "寧"當作"平"。
⑩將 "將"下當有"暮"。

更始，先下禮部、都察院、大理寺署印之旨，多補大僚之缺，亟點四處巡撫，盡允考選、散館各官，檢查諸司條陳題覆之本，併賜批發，庶朝廷之上氣象改觀，正體①漸覺疏通，人心稍爲舒暢，固元氣以震威靈，未必不由於此。若猶晏安如故，怠玩如故，狃目前之無事，遂謂虜情、邊備一無可憂，用人、行政一切置之度外，竊恐狡夷蓄謀益深，俟隙而動，一旦狂逞，勢必不支，京師之禍將不旋踵。此時股肱不備，耳目不充，寥寥數人，誰爲皇上守都城？誰爲皇上衛宗廟、社稷者？籲亦危哉。具言及此，臣心膽俱裂，不知皇上獨何所恃而不恐也？今爲時無幾而機務甚繁，人之當用、敢②之當行、與本章之當發者，臣不能一一枚舉，敢並以爲請，惟皇上猛省而亟圖之。萬毋耽逸樂而忘近憂，無待冠③至城下，追悔無及，則至幸矣。"

二十八日丁丑，大學士方從哲謹題："臣爲閣臣一事，年來竭誠懇請，心血已枯，卒未蒙簡用。自聖節欽點之後，竊意綸音旦夕可下。乃初望於頒曆之時，而不可得也。繼望於冬至之時，而又不可得也。今歲且暮矣，去元旦祇三日矣，此時尚無消息，畢竟何時而聖意姑④回、明旨始下耶？臣以憂勞致疾，憒悶怔忡，日甚一日。發下文書委實不能票擬，每欲封進，又恐聖躬靜攝，不得親自裁斷，致誤萬幾。躊躇良久，心火益熾，遂益昏憒不支。此送本內使及中書官所共知共見者。皇上奈何不爲一⑤臣一動念也？臣盼望新臣之助，如倒⑥望解、溺水求援，萬愁萬苦之中，祇有此一條生路。伏望皇上大發慈悲，爲臣行此一事，早晚歲暮元旦之時，以此祭告聖母，我聖母在天之靈，必且幸輔弼之得人，喜皇上納言從諫之美，而默佑於冥冥之中矣。萬一歲裏又不可得，臣計無所施，少俟元日後，當力疾趨赴宮門，日日祈請，必得旨而後已。皇上即罪臣戮臣，臣不敢辭也。"

三十日⑦，大學士方從哲謹題："臣自十一月以來，始因人言，繼因身病，乞休之疏先後八上，自謂決無再出之理矣。皇

① 正體 "正體"當有誤字。

② 敢 "敢"爲誤字。

③ 冠 "冠"當作"寇"。

④ 姑 "姑"當作"始"。

⑤ 一 此"一"當爲衍字。

⑥ 倒 "倒"下當有"懸"字。

⑦ 日 "日"下當有"己卯"二字。

上未即斥臣，且屢旨留臣，兼以新臣之命迄今未下，臣既不能脫然徑去，又豈能晏然苟安？雖痰疾纏綿，委頓特甚，而私居偃臥，實非臣分所宜。茲節庙①履端，臣謹力疾於宮門叩賀，自後仍日赴文華門，恭候票擬，並候簡用閣臣之旨。其應補各官，應行諸事，應發章奏，容臣陸續催請。儻得天牖宸衷，從此微有轉移，俾時②漸通，人心稍邑，自今四十八年，一返萬力③初年之盛治，此實宗社臣民之福、臣愚莫天之幸也。如或微誠終難上達，天聽終難挽回，朝政之否塞如故，羣情之鬱結如故，則天下之事終不可知，臣之強顏而出也，益重曠④瘝之罪，徒貽頑鈍之譏，誤身誤國，兩無所當。彼時臣即冒罪而去，辜負恩慈，亦得有詞於皇上矣。"

①庙 "庙"當作"屆"。

②時 "時"字似誤，或其前後有脫文。

③力 "力"當作"曆"。

④曠 "曠"當作"曠"。

# 萬曆
## 四十八年

萬曆四十八年正月庚辰，朔，大學士方從哲謹題："今日五鼓，該文書官王體乾，恭捧聖諭到臣私寓：'諭元輔：朕以御史劉光復在於聖母几筵前，高聲狂吠，震驚聖母靈位，大不敬，無人臣禮，故置之於法。前聖母祔廟之後，朕欲赦此畜，因各官黨救瀆擾，以致監禁有年。朕追思聖母御世好生慈仁之德澤，劉光復姑饒死，發去本家爲民當差，永不敘用，不許朦朧推陞。卿可傳示該部遵行。特諭卿知。欽此。'臣跽誦恩綸，不勝慶幸，不勝感激。隨設香案、叩頭恭謝訖。竊惟光復以狂戇獲罪，幽繫多年，海內人心望聖明有此舉久矣。皇上一旦施不測之恩，出之囹圄，俾令生還故里，赦音一布，中外歡呼，古稱大禹泣車、成湯解網，當不過是。在皇上固推聖母好生之德澤，以宥此纍臣，在光復遂得徼皇上再造之恩慈，以慰其耄母。皇仁曲被，聖孝彌光，書之史冊，真足以侈千古之美談，擅一時之盛事。寧獨光復一家母子，世世頂戴洪庥？將薄海臣民，莫不踴躍謳歌，祝聖天子之壽於萬萬年矣。臣於履端之初，恭逢①皇上有此非常盛舉，私衷不勝歡忭。更望皇上推廣此心，速簡閣臣，亟補大僚、言官，盡發章奏，以成今日維新之治，將聖母在天之靈，寔式臨之。是又犬馬微誠所爲惓惓祝願者，敬因回奏，附有所請。臣無任激切懇祈之至。"

四日癸未，大學士方從哲謹題："照得左右春坊掌印缺人，該臣將新陞左庶子趙秉忠、右庶子鄭以偉題補，候旨未下。近該御史馮英疏論秉忠不宜起用，並論臣推舉之非。臣方病困杜門，不暇置辯。爲照趙秉忠先年以匿盜事情，被言官論劾，去年該山東撫按遵旨會勘明白，隨經吏部題覆，奉聖旨：'趙秉忠既經勘明，着遇缺推用。欽此。'近日臣有推陞年深翰林一疏，業奉欽依，將秉忠量陞左庶子、兼翰林院侍讀，乃臣遵奉明旨，循序推遷，非有私也。今御史馮英再爲糾駁，似宜聽之公論。惟是臣昨所題印信之本，復推及秉忠，儻此旨一下，外廷必且又生議論，紛紜不已，臣罪滋甚。臣謹另具一本，內左坊印信改推左庶子公鼐掌管，皇上但將此本批發，庶乎人言可息，不

①逢 "逄"當作"逢"。

獨全詞林之體，而臣罪亦可少逭矣。臣不勝惶悚待命之至。"

是日，大學士方從哲謹題："爲印信事。照得左右春坊左庶子等官趙師聖等，丁憂、陞任去訖，前項印信無人掌管。臣謹推得新陞左春坊左庶子兼翰林院侍讀公鼐，堪掌左春坊印信，新陞右春坊右庶子兼翰林院侍讀鄭以偉，堪掌右春坊印信。再照南京國子監司業施鳳來，翰林院編修成基命、李光元，資俸俱深，合無將施鳳來、成基命量陞左春坊左中允，李光元量陞右春坊右中允，俱兼翰林院編修？伏乞敕下吏部，查照施行。臣未敢擅便，謹題請旨。"

五日甲申，大學士方從哲謹題："昨歲暮之時，該臣將時政緊要者臚列上請，不啻再三，皇上止下一吏部署印，其餘俱未省發。今過元旦已五日矣。仰惟聖躬萬福，康預倍常，臣不勝慶幸。伏望皇上靜攝之餘，留神幾務，將禮部署印本先賜批發，將尚書張問達辭署都察院本發臣票擬，其吏部會推順天、大同等處巡撫，先賜點用。即此一、二事，亦足以光新政、而慰人心。其餘諸事，容臣漸次催請，以俟皇上陸續檢發，茲未敢一時概瀆也。臣不勝激切仰望之至。"

六日乙酉，大學士方從哲謹奏："爲國勢愈危朝政愈塞懇乞聖明亟圖改絃以慰人心以救禍亂事。竊見近日外患方殷，內治益弛，天變日甚，人事日疎。臣目擊心憂，皇皇莫知爲計。昨歲裏將目前緊要時政臚列上請，不啻再三，乃皇上視若等閒，自署銓而外，寂然無聞焉。豈以今日爲太平無事之時乎？年來災變頻仍，民窮財盡，徵發旁午，海內騷然，醜虜在在生心，邊軍人人枵腹，危亂之勢，種種可虞。即今奴酋久據開原，結連西虜，旦夕狂逞，勢必難支，較之去歲三路未敗、開鐵未失之先，又萬分不同矣。當此之時，防禦機宜雖在閫外，而培養元氣，整肅朝綱，施德意以繫人心，振威靈以作士氣，則有不在外而在內、不在下而在上者。即使諸臣戮力同心，主上宵衣旰食，共圖拯溺救焚之計，如請臨朝，請發帑，請用人，請徵兵、措餉，無不朝上夕下，有呼即應，猶恐臨渴掘井，緩不及事。而皇上一切置之不聞。大僚一人不補，考選、散館屢催不下。順天、大同何等重地？而會推巡撫久不點用。戶部覆加派、覆車牛船隻等疏，關遼餉何等緊切？而再請不報。即已票者，新兵防禦都城，何等要務？而敕書久留，令練臣束手，無所展佈。諸如此類，不可悉數。當此虜患剝膚、國家危急存亡之際，而聖心猶玩忽若此，堅拒若此，天下事尚可言哉？臣每一念及，不覺心悸魂搖，肝膽俱裂，不知皇上獨何所恃而不恐也？天下之人望皇上而不可得，其勢不得不責備於臣，臣既不能感格於平時，又不能挽回於此日，所恃以抒悃誠達天聽者，祇此數行疏揭。而一入之後，消息茫然，雖瀝血嘔心，百請而百不應。事勢至此，臣欲以了然無用之身，塞四海九州之望，胡可得哉？近有教臣者，謂臣既不能去，則當出而任事，務期上悟主心，下集羣策，必得勝算而後已，不宜諉之無可奈何。此其責臣甚正，臣竊服之，敢不奉以從事？惟是才識有限，伎倆已窮，且時事益艱，邊情孔棘，斷非獨力所能支持。自非皇上亟簡新臣，俾協助有人，同心共濟，而又曲垂聽納，凡有奏請，悉與施行，恐臣之力終無所施，而誤國之罪終於不免耳。今時當改歲，聖心悔悟，聖政轉移，惟此一時，臣敢不避煩瀆，竭誠申懇。惟望皇上身處深宮，慮周中外，日日以東事爲念，時時以寇至爲憂，刻刻以滅虜存遼爲想。毋謂奴酋數月不來，便可晏然無事。急修內治以禦外侮。速點大僚，盡補科道，慨發章奏，悉委各衙門署印之官，是不過尋常易簡之事，而皇上肯毅然行之，則朝廷氣象自然改觀，羣賢進而庶務修，紀綱振而人心肅，即外聞夷①之，亦且畏皇上大有作爲，而不敢肆其桀驁之志矣。斯朝政通塞之機，國勢安危所繫，慰人心、彌禍亂，端不出此。孟軻氏之言曰：'國家閒暇，及是時，般樂怠敖，是自求禍也。'夫閒暇之時，尚不可般樂怠敖，今何時也？若猶狃於宴安，恬然不知戒懼，其禍可勝道哉？臣念切憂時，義難緘默，心神煩懣，語多不倫，惟聖慈憐而察之。臣不勝迫切懇祈戰兢俟命之至。"

① 聞夷 "聞夷"當作"夷聞"。

十一日庚寅，大學士方從哲謹奏："爲聖政宜新用人最急敬述舉朝仰望之情懇祈聖鑒事。昨九卿科道諸臣，見臣於朝房，談及虜患，莫不以邊事爲憂，談及時政，又莫不以國事爲憂。蓋見近日朝廷之上，章奏不下，幾務盡壅，大僚懸缺甚多，言官久候不補，主勢孤於上，人情鬱於下，以爲自古國家未有如此景象，而不至於亂亡者。況今夷氛益熾，遠邇震驚，人心皇皇，朝不保夕。邊疆脆危之形既如彼，朝寧空虛之象又如此，自非皇上幡然悔悟，加意用人，一旦變生不測，可以充任使、備緩急者誰乎？諸臣攢眉蹙額，相顧歎息，且諄諄責臣以轉移之術、委曲感格之方。臣不勝赧然愧悚，然無以自容也。臣計無所之，不得不以用人一事，再爲申懇。向見皇上雖不輕用人，比至事勢窮迫，無可奈何，卒亦未嘗不用。如去歲三路喪師之後，開鐵繼陷之時，不嘗點戶兵侍郎乎？點各處巡撫乎？點按差十餘人乎？今樞臣典兵，計臣督餉，撫臣綏靖封疆，臺臣肅清輦轂，無一人不爲皇上出股肱之力，效勵勤之用者。獨一經略用之稍遲，遂致有開原之失，然卒能外禦強寇，內保孤城，半年之間，使奴酋有所畏而不敢動。則人之當用，與用人之不可緩也，其效亦既章章矣。見今大僚員缺，視往歲更多，巡撫地方，視他處更要，考選散館各官，其人數視去歲則甚少，用之甚易。皇上奈何不及今推補，必待勢窮時迫、不得已而後用之耶？臣以國家多事，需人甚殷，催請之章，無時不上。皇上若謂臣但爲諸臣求官，以是未肯輕聽。不思朝廷倚藉全在人才，天下有事，捨此輩誰可用者？舉朝臣工，目擊時艱，共抱憂危之慮，企望之切，如焦如焚，特以不能徑達宸聰，故其責望於臣者如此。皇上如以臣言爲無當，爲煩瀆，豈諸臣之憂皆過計，而其言俱不足信耶？任人保治，惟此一時，失今不圖，後將無及。伏望皇上鑒臣一片苦心，早賜乾斷，使臣得有詞於諸臣。臣不勝皇恐迫切之至。"

是日，大學士方從哲謹題："昨禮部郎中等官須之彥等同來見臣，言本部印信無人署事①，諸務廢弛。先因年節迫近，遠方朝貢人員勢難久候，其元旦一切禮儀俱准停寢，故不得已暫

① 事 "事"當作"掌"。

用白頭本題請,乃一時權宜之計,終非事體。況各處咨文批回,應用堂印者甚多,國體所關,豈容屑越?先蒙發下司官請印之本,該臣將右侍郎孫如游擬上,此係從來舊例,絕無可疑。不知皇上何所見而遲留若此也?今改歲之初,朝政更新,該部印務萬萬不容再緩。伏望皇上立賜批發,該部幸甚,臣愚幸甚。謹題。"

是日,題①:"竊惟今日時政最多,而都察院署印乃萬不容緩之事。皇上於去歲九月間,點用按差十餘人,祇因堂官無人,至今未領批印,不得出巡。其巡漕一差,舊例俱於冬初命下,前去料理償運事務,今遲三月矣。不惟數百萬軍糧不得依期赴京,近因缺餉議截留,頭運三十萬,非得御史催督分派,臨期必至有誤,此尤關係軍機,非尋常可比。頃尚書張問達奉署印之旨,不得不循例具辭,皇上但將其疏發臣票擬,促令到任管事,則諸務俱可就緒,此目前第一急務,不容時刻再緩者也。臣不勝仰望之至。"

十二日辛卯,大學士方從哲謹題:"適蒙發下黃嘉善辭本,奉有上傳:'遼左虜患方殷,用兵之際,本兵職在封疆,豈可因人言推避、堅欲求去?大義何在?着遵屢旨即出任事,不准辭。欽此。'該臣看得,嘉善職掌戎樞,膺軍國重任,茲當夷虜縱橫之時,調兵遣將乃其專責。若東事未定,自宜一力擔當,不可因人言推諉,卸肩而去。前屢蒙聖諭,臣謹遵奉擬旨勉留。在嘉善亦知義無所逃,頃擬於初九日見朝房見②。九卿科道諸臣皆言,嘉善當此之時,義雖不容徑去,而勢則難以復留,留之於事反以誤事,皇上似宜早聽其去,不必再留者也。此前日舉朝公議,令臣明告皇上,亟賜裁斷,但將本兵之事,專責楊應聘暫管,仍敕該部速推尚書,以代其任,庶嘉善不至以不進不退之身玷誤國事,而通國人心,無不帖服矣。伏惟聖明裁酌。如或別有處分,並乞明白傳示,令臣遵奉施行。其原本未敢擬票,謹一併封進。臣不勝戰兢待命之至。"

①題 "題"上當有"大學士方從哲謹"七字。

②頃擬於初九日見朝房見 "頃擬於初九日見朝房見"當有脫文或誤字。

**萬曆起居注**

十三日壬辰，大學士方從哲謹題："照得都察院署印無人，百務俱廢，其巡漕一差視往歲已遲三個月，尚未注題，儹運後期，數百萬軍糧何由得達京師？此國家根本至計，皇上萬萬不可視爲緩圖也。該臣於十一日具揭專請，未蒙檢發，人情洶洶不能頃刻少待，咸以懇求不力，歸咎於臣，臣寔無所逃罪。茲值節日，臣不敢親叩宮門，致煩聖聽，謹令中書官於寶寧門恭候。伏望皇上將尚書張問達辭本，即刻發臣票擬，促令到任管事，速題漕差，國計幸甚，臣愚幸甚。其禮部署印本，已經擬上，久在御前，望併賜批發。臣不勝迫切仰望之至。"

十五日甲午，大學士方從哲謹奏："爲候補諸臣萬無再遲之理懇乞聖明立賜允用事。照得癸丑考選各官，守候八年，催請之章累至千百，此國朝二百五十餘年絕無之事，不意於今日見之。昨歲册封巡按等差，蒙皇上陸續點用，是聖意亦明知言路不可盡空，臺才不容終棄，不得不假權宜之術，爲嚮用之階，雖於行取舊例不無少遲，然能使臺諫得人，任使不乏，亦救時之便計也。此外同咨①者不過十餘人，散館者不過二、三人，皇上若肯盡數允用，有何難事？乃數月以來竟爾中止。具都察院題差之本見在御前者尚多，俱未檢發，近日銓部催請之疏至再至三，俱未得旨。致使諸臣人懷效用之思，而不得遂其同升之顧，其何以平政體、服人心也？臣極知請者益頻，則聖心益厭，惟從容靜俟，自有沛發之時。但以事務窮極，萬難再遲，不於此時亟爲疏通，完從前不結之局，繼此丙辰以後者，且源源而來，愈積愈壅，將何區處？其於我皇上培養人才、作興吏治之盛心，胥失之矣。況臣忝居輔弼，職在近②賢，今當臨去之時，尚不能爲國家完此一事，以人事君，其誼謂何？阻多士彙徵之途，瘝累朝行取之製③，臣之罪安可逃也？至於散館諸臣，坐守多年，未授一職，尤臣閣中專責，臣所爲拳拳於衷不能釋然者，故敢不避煩瀆，並以爲請。仰惟聖慈俯垂鑒察，慨賜施行，紓久鬱之人心，光維新之聖治，端不出此。臣不勝迫切懇祈之至。"

①咨 "咨"當作"資"。

②近 "近"當作"進"。

③製 "製"當作"制"。

萬曆四十八年

十七日丙申，大學士方從哲謹題："爲懇恩亟補閣臣事。臣於歲裏，以閣臣一事連章祈請，煩瀆之罪，臣自知之。伏蒙聖諭，令臣靜俟，許以查檢發行。臣仰遵明命，不敢再瀆，自元旦慶賀之後，入閣候旨。今逾年①月矣，盼望之殷，眞是以日爲歲，而俞旨杳然。不知皇上果忘之耶？抑以事屬可緩，而始置之耶？從來閣臣未有一人獨任，尤未有獨任至六七年之久者。此即賢者且不可，而況不肖如臣。即太平無事之時且不可，而況多事如今日乎？邇來朝政不行，官僚多缺，民窮財盡，夷虜憑陵，危亂之形，識者咸爲凜凜。臣以孑然一身，當此天怒人怨之際，殫精竭力，支吾不前。皇上又不速簡忠賢，俾之協力匡扶，以助臣之不逮，任其顛危狼狽，而不爲之所。臣不足惜也，且②誤天下國家之事，不已多乎？況臣憂勞益久，前疾日增，今雖勉強入直，而神思昏憒，常若夢中，言語支離，聞者莫不驚訝。臣病勢若此，旦夕將有性命之憂，尚欲勉策罷駑，爲朝廷擔當大事，豈可得哉？伏望皇上憐臣困苦迫切之情至危至急，亟下二臣之命，以救一時之厄，以慰天下仰望之心。且票擬有人，將來政本不至中絕，寔宗社臣民之福，微獨臣一人之私幸而已。臣不勝涕泣哀懇之至。"

①年 "年"當作"半"。

②且 "且"當作"其"。

十八日丁酉，大學士方從哲謹題："適禮部四司官又有題請署印之疏，且同至閣門，告臣以衙門無人、諸務廢弛之狀，極其懇切，屬臣代爲催請。該臣看得，本部事體繁重，與吏、兵二部無異。今二部俱已有人，獨禮部尚未得旨，豈輕重緩急之間，皇上果有成心耶？或者萬幾頗煩，偶未點撿到此？況此本已經發票，該臣將右侍郎孫如游擬上，此亦向來舊例，絕無可疑。伏望留神，即賜批發，庶典禮不廢，而聖心可免激瀆之擾矣。其都察院署印，亦屬萬分緊要，更望將張問達辭本，並賜檢發，尤爲至幸。臣不勝迫切仰望之至。"

是日，大學士方從哲謹題："爲作養人才事。去歲九月初三日，該臣會同吏部右侍郎兼翰林院侍讀學士史繼偕、禮部署部事左侍郎兼翰林院侍讀學士何宗彥、右侍郎兼翰林院侍讀學士孫如游、禮部右侍郎兼翰林院侍讀學士協理詹事府事韓爌、詹事府詹事兼翰林院侍讀學士掌院事劉一燝，將吏部開送進士施兆昂等九十名，遵奉聖旨，考選得文理平通、堪充正卷二十三卷，文理亦通、堪充副卷八卷，各擬名次，封進御覽。十一月三十日，奉聖旨：'是。正卷准改庶吉士作養。'並發下正副卷到閣。臣謹欽遵，會同吏禮二部堂上官，並翰林院掌院官，將正卷二十三卷照依名次，開折①、填寫名藉②，上進聖覽。伏乞敕下吏部，遵欽依內事理，將倪啟祚等改授庶吉士，與同一甲進士孔貞運等，俱送翰林院進學。臣仍照例行工部，將本院房屋量行修理，並各該衙門合用卓凳、筆硯、紙墨、酒飣、皂隸等項，各照例辦送應用。其教書官，容臣另行推舉上請。緣係作養人才事理，臣未敢擅便。謹題請旨。

　　　計　開
　　倪啟祚　直隸江都縣人
　　丁　進　浙江上虞縣人
　　施兆昂　福建福清縣人
　　姚明恭　湖廣蘄水縣人
　　侯　恪　河南商丘縣人
　　張　翀　直隸寧晉縣人
　　吳士元　江西進賢縣人
　　楊夢袞　山東青城縣人
　　魯時升　浙江餘姚縣人
　　楊世芳　山西蒲州人
　　顧錫疇　直隸崑山縣人
　　劉宇亮　四川綿竹縣人
　　金秉乾　湖廣江陵縣人
　　朱繼祚　福建莆田縣人
　　何如驥　廣東香山縣人
　　姚希孟　直隸長洲縣人
　　許可徵　河南尉氏縣人
　　姜曰廣　江西新建縣人

①折　"折"當作"拆"。
②藉　"藉"當作"籍"。

楊維新　陝西高陵縣人
陳萬言　浙江秀水縣人
丁乾學　順天宛平縣人
雷躍龍　雲南新興州人
胡尚英　山東臨清州人。"二月初三日，奉旨："是。吏部知道。"

二十一日庚子，大學士方從哲謹奏："爲朝政不行人心益鬱謹竭誠申懇仰祈聖斷事。臣於歲裏累疏乞休，已無復出之理。伏蒙皇上有簡用閣臣悉已鑒知、各項文書俟查檢發行之諭，臣不勝慶幸，謹於元旦稱賀之後，暫時入閣，以候新臣之命。私念皇上乘此改歲，必有一番新政，以慰人心，臣亦庶幾得少免溺職之罪。不意再旬以來，一人未用，一政未行，呼籲徒勤，寂然如故。即如禮部、都察院署印，雖關繫緊要，而自皇上視之，殊無難事，乃任臣再四催請，竟爾留中。辭者不票，票者不下，一事若此，何況其他？臣始信螻蟻之誠，果不足以動天，而向來日日懇祈、時時盼望者，總屬空言，終歸妄想，而於國家大計毫無所補也。臣以不才，叨居政地，天下事無一非臣之責，天下之人亦無一事不責望於臣。顧臣所可自盡者止此一心，所憑者止此幾行疏揭。若心已盡矣，詞已窮矣，而皇上終不允聽，不知此外更有何神術、足以悟主心而回天聽耶？今國勢傾危，人心怨憤，夷虜之禍，近在目前，中外皇皇，朝不保夕。皇上方且宴然深居，務與臣下相隔絕，若謂天下無一人足信，無一事可憂，舉天災時變、夷狄盜賊無一足爲吾難者，豈不危哉？昔人以安危利災爲不仁之惜，其在今日，若惟恐不危、惟恐不災、惟恐不速其亂亡者，此臣所爲痛哭流涕、恨不能剖心劙面、以冀皇上之一悟也。連日中使口傳聖諭，謂文書檢出即行。臣愚不知聖慈①所在。如果留神幾務，如意②用人，則閣臣之本已蒙欽點，必無查檢不出之理。而近日會推大僚、巡撫，及催請科道諸疏，俱在御前，又何俟於查檢耶？奮乾斷以慰人心，惟在今日。臣敢不厭煩瀆，再以爲請，萬惟聖明留心省察。

①慈　"慈"似當作"意"。
②意　"意"當作"果"。

臣目擊時事，不勝憤懣於衷，每一念及，輒心悸汗流，惶懼欲死，以致前疾日增，昏憒益甚。連日雖黽勉入直，而狼狽之狀，見者無不驚駭。容臣另疏備陳，懇求罷斥外，臣不勝瀝血哀祈戰兢待命之至。"二十九日，奉旨："朕覽卿奏。所請簡任閣臣及大僚等官，並署印諸事，朕未嘗不軫念於衷。屢諭明白，候朕查檢，陸續發行。卿宜靜俟，勿得過爲躁急。今夷虜合謀，東事孔棘，賴卿居中運籌，弘猷匡贊，豈可自生疑畏，以萌去念？宜安心輔理。"

二十三日壬寅，大學士方從哲謹題："昨接經略熊廷弼揭帖，據朝鮮國王諮報，奴酋早晚將犯遼陽及寬奠、鎮江等處，又欲分兵先攻朝鮮，以絶我聲援。其情形甚真，聲勢甚急，臣不勝驚懼。又揭稱劉國縉所募新兵分防清河者，一時逃散將二千人，臣尤不勝駭異。看得奴賊休兵蓄銳將及半年，乘此春和，必且傾巢而來，以圖大逞。遼陽孤城，雖有三總兵設防於外，恐衆寡強弱未必相當。河東地方，岌岌乎不可保矣。又加以新兵逃亡一事，我之軍聲益損，賊之氣焰益張，儻乘勢長驅，將何抵敵？念之殊可寒心。臣愚敢乞皇上，降一敕諭，將熊廷弼特加慰勞，令其獎率諸將，激勵軍心，賊兵一至，務要竭力死守，相機堵截。又須於額餉之外，發銀一二十萬，爲犒賞之用，使人心鼓舞，願抒效死之忠，庶幾殘破之遼，猶可保全於萬一也。其敕稿容臣擬上，以候聖裁。向來在廷諸臣，惓惓以用人爲請，無非謂遼事然眉，匪得人無以共濟。昨見東方警報疊至，莫不相顧失色，皇皇莫知爲計。今早九卿同來見臣，謂虜患危迫如此，而皇上宴然深居，全無戒懼之意，今日之事萬分可憂。擬約舉朝臣工，赴宮門跪請，凡臨朝、發帑、用人諸事，必求得旨，不則號哭隨之。臣諭以兩日之間，皇上將經略、監軍各本，盡數發票，可見聖心未嘗不留神東事，容即具揭懇請，儻請而不得，叩閽未晚，諸臣唯唯而退。伏望皇上擇日一御文華殿，延見文武羣臣，問以戰守方略，庶幾人心震肅，朝廷之上氣象改觀。其犒軍銀兩，或發內帑，或令户、兵二部湊出，亦無不可。然終不若出自尚方，足以昭特恩，而使人心知感也。至於吏部會推各官，即不能一時盡用，乞將十分緊要，如吏部尚書，工部侍郎，左副都御史，順天、大同巡撫，先賜點用。其戶部右侍郎張鶴鳴征苗有功，威名素著，乃廷臣共推以備東方緩急者，點用尤不可緩。此外若禮部、都察院署印，亦係目前急務，並乞速賜檢發，無再遲留，尤爲至幸。臣見遼左虜報若此，又舉朝人情若此，不敢不以上聞。萬望聖明留神省覽，儻仍視若等閒，蔽塞如故，致使諸臣伏闕力爭，紛紜不已，煩瀆聖心，臣益無所逃罪矣。臣不勝迫切懇祈之至。"

　　二十四日癸卯，大學士方從哲謹題："爲日講事。照得日講官之設，原該六員。邇年或補四員，或補二、三員，已非舊制。乃自四十二年翁正春去後，一員不補，今七年矣。遂使祖制廢而不存，聖學輟而不續，臣愚溺職之罪，即百口無以自解。先是，臣等將禮部左侍郎何宗彥、右侍郎孫如游、原任右侍郎顧秉謙三員推補，屢經催請，未奉俞旨。目今二月初吉，又當經筵開講、恭進講章之期，日講各官豈容久缺？除何宗彥已將① 容臣另爲題補外，伏望皇上將孫如游、顧秉謙先允補。其顧秉謙服闋在藉②，合無行文催取來京，與同孫如游輪辦講章，每日進呈御覽？光新政以慰羣情，亦一時之盛事也。再照正字官舊設二員，今缺一員。查有制敕房辦事通政使司經歷司經歷單禮堪補，敢乞並賜允用。伏祈敕下吏部，查照施行。臣未敢擅便，謹題請旨。"

　　二十七日丙午，大學士方從哲謹題："爲懇恩亟補閣員事。臣以待罪之身，黽勉入直，極知無益國事，日望新臣之至，期與同心協力，共濟時艱。乃催請既不可得，靜以俟之又不可得，日復一日，杳無俞允之期。於是臣之力益窮，臣之心益苦，而計畫終無復之矣。近接遼東經略、監軍揭帖、及朝鮮國王疏，奴酋入犯情形萬分緊急，京師之禍已在目前。大小臣工莫不相顧駭嘆，即閭巷小民，亦皆汲汲皇皇，朝不保夕。皇上不於此

① 將 "將"下當有脫文。
② 藉 "藉"當作"籍"。

① 非 "非"當作"扉"。

② 衹 "衹"下當有脫字。

時立簡新臣，與臣共事綸非①，相與集思廣益，講求備禦長策，直待寇逼郊關，震驚廟社，而欲臣以一手一足之力，彌內憂而禦外患，必無幸矣。時勢至此，皇上以爲閣臣之補可已乎？不可已乎？可遲乎？不可遲乎？臣揭請之後，又將十日，翹首盼望，不啻倒懸求解、溺水望援。若猶但以檢發爲辭，未肯即允，是皇上終不爲臣行此一事，臣計出無聊，衹②親負斧鑕，號哭宮門，以聽皇上之誅戮而已。事急時迫，臣不得不言，又不敢多言，且病憊之極，亦不能盡言。困苦迫切之衷，惟聖慈憐而允之。臣不勝瀝血籲天戰兢待命之至。"

二十八日丁未，大學士方從哲謹奏："爲病勢益深不能票擬謹據寔奏聞仰乞聖鑒事。臣自去冬，因積憂積勞，致有鬱結之證，眩暈怔忡，日甚一日。至於今，則益困憊不可支矣。終日昏憒，常若夢中，對人言語，支離殊不自覺。每一舉筆構思，則心煩意亂，良久不成一字，以是應上本章，往往中止。蓋形體雖存，而心之生機閉塞盡矣。昨日在閣辦事，忽然昏暈，不省人事，移時方醒。發下文書中，有一、二出旨者，閱之茫然，改竄再三，躊躇不能自決。此兩房官及閣中人役所共見者。臣迷謬若此，尚能居代言之任、爲皇上處分軍國大事耶？臣久欲有言，特以國家多事，非臣子稱病之時，緣是逡巡未敢輕瀆。今已十分狼狽，若猶隱忍含糊，不明言於君父，皇上不知，必且謂閣中尚有臣一人，尚可支吾了事，以致新臣不補，政本全虛，無論票擬有差，爲王言之纇，將朝廷幾務，誰爲贊襄？時事紛紜，誰爲匡濟？萬一東事不支，變起倉卒，安危重任，必非一病憊之夫所能擔當。誤國之罪，即萬死何足贖哉？臣於此時，且未敢言去，以煩聖德，但祈皇上察臣病勢果真，委難票擬，速下二臣之命，俾代言有託，將來輔理不患無人。至於臣之生死進退，惟上所命，臣有席藁以待而已。臣不勝惶悚戰慄之至。"

二①月己酉，朔，大學士方從哲謹題："恭照皇太子講學，去歲八月間奉有明旨：着明春擇吉行。臣謹欽遵，不敢煩瀆。即今青陽布令，天氣融和，皇太子正宜乘此良時，親近儒臣，溫習經史，懋進修之益，終蒙養之功，信明詔而慰羣情，真目前第一急務也。臣謹擇得二月十一日、十七日兩日皆吉，伏望皇上欽定一日，命皇太子出閣講學。其應補講讀等官，臣謹另疏列名上請。統祈皇上並賜允行。臣不勝仰望之至。"

四日壬子，大學士方從哲謹奏："爲臣病益篤時事益危懇祈亟簡新臣以免誤國事。臣以不才，獨身任事，業逾六載。向藉皇上寵靈，未至十分狼狽，苟且支吾，可幸無罪。然此在太平無事之時耳。自有東事以來，邊境繹騷，軍機旁午，徵兵轉餉，百務繁興，外而經略督撫按之奏報，內而各部之題覆，臺省諸司之條陳，章滿公車，無一非軍國大計。即使精神練達之人，以一身酬庶務，猶恐心思有限，耳目易窮，議擬處分未必悉當。況臣識短才疎，見聞又寡，每值艱難困苦之際，左右前後並無一人可以商確，可以諮詢，往往躊躕四顧，不能自決，以是近來票擬，時有差錯。萬一事體重大，關係安危，而以臣迷謬之見，一發而不可復收，其誤天下國家之事，不已多乎？況入春以來，前疾增劇，神思憒亂，寢食都忘。連日雖勉強入直，每至午後，輒昏暈移時，至晚扶掖而出，則氣息僅存，幾無生理。病困若此，尚能居代言之任，爲皇上擔當大事耶？今夷情緊急，遼左岾危，人心皇皇，慮禍至之無日。儻一旦決裂，變起不虞，扶危定傾，豈一病憊垂絕之夫能有濟？此尤宗社存亡之機，不止一票擬之誤而已。皇上試念及此，則新臣之用，尚可一日緩乎？況二臣會推已久，簡在聖心，綸命一頒，便可先後任事，臣旦夕未死，猶當竭犬馬之力，協恭共濟，圖效涓埃。皇上萬毋以微臣尚掛虛名，不即推補，使臣之哀懇悲號無已時也。臣詞已窮，臣心極苦，惟聖慈憐而允之。臣不勝瀝血祈禱之至。"

五日癸丑，大學士方從哲謹題："臣以病勢委頓，兩日不能

①二 "二"上當有"萬曆四十八年"六字。

進閣，擬稍可即入，未敢仰瀆天聽。連接揭帖，提學御史李徵儀、吏科給事中張延登，俱以求去不得，先後出城，沿途候旨。臣不勝驚異。夫二臣以枚卜之故，與諸臣彼此互爭，疏揭紛然，有同聚訟，其勢不得不去。然明旨未下，自宜杜門靜聽，況一司文衡，一掌吏垣，責任何等重大？而可徑情若此？皇上若聽其自去，不行裁斷，將來效尤，何可①底止？謂宜敕下該部，速爲處分，使二臣去就既明，則吏科與提學之缺亦可照例推補，其於朝廷紀綱、人臣職守兩無失矣。再照，今日朝端不靜，祇因枚卜之旨日久不下，以致人情觀望，議論橫生，淆國是而瀆聖聽，其原皆在於此。皇上若猶遲疑不決，速下二臣之命，恐後來紛爭煩擾，亦不可知，而國體滋傷，時事大壞，雖有善者，亦無如之何矣。臣既爲一時法紀惜，又爲他日禍本慮，輒敢冒昧一言，伏望皇上將張延登、李徵儀本，發下吏部，俾令議覆上請，並將會推閣臣之本，立刻批發，庶爰立既定，羣疑自消，法守明而臣工咸凜凜然知所遵守矣。臣不勝仰望之至。"

六日甲寅，大學士方從哲謹題："爲作養人才事。四十七年十二月初一日，該臣會同吏禮二部並詹翰掌印官，將原發考選進士二十三卷，照依名次，開寫上進，至四十八年二月初三日，奉聖旨：'是。吏部知道。欽此。'查得節年事例，庶吉士教習官合用二員，臣推得見任禮部右侍郎兼翰林院侍讀學士協理詹事府事韓爌、詹事府詹事兼翰林院侍讀學士掌院事劉一燝，俱堪教習。合候命下，將韓爌量陞本部左侍郎，劉一燝量陞禮部右侍郎，兼官各照舊，行令專管教習庶吉士與同一甲進士孔貞運等，於翰林院讀書進學。每月終，將批改各文課原本，類送內閣看驗。臣仍照舊例，每月二次出題考試，以觀進益。其有怠肆不率教者，聽教習官開送臣參奏處治。伏乞敕下該部，覆奉施行。緣係作養人才事理，臣未敢擅便，謹題請旨。"

八日丙辰，大學士方從哲謹題："爲恭謝宣諭事。該文書官王體乾，捧出聖諭到臣私寓：'諭元輔：朕自入春以來，時常動

① 可 "可"當作"所"。

火，頭目眩暈復發。且目疾未愈發花，服藥調攝。肚腹自脾胃受傷至今，不時還瀉痢，身體軟弱。又足疼，動履不便。卿所奏各項章疏，見今查檢，俟朕即詳覽發行。特諭卿知。欽此。'臣謹設香案，叩頭祗領訖。恭聞聖體違和，自頭目、肚腹、以致身體、動履，俱有未安，臣不勝戀慕。至謂各項章疏，見今查檢，俟詳覽發行，臣又不勝慶幸。已復思之，各衙門本章，凡經進覽，無一不在御前，皇上一啟口則查檢可完，一舉筆則發行甚易，初無俟於詳覽也。況查檢發行與聖躬靜攝，原不相妨。若因此而使幾務日壅，外廷不免時時催請，其煩勞聖心且將益甚，皇上亦何樂有此耶？伏望留神，先下閣臣之命，其大僚巡撫科道等官，併祈陸續檢發。更望皇上加意珍護，以迓天庥。臣無任激切懇祈之至。所奉聖諭，臣謹珍藏，以爲世寶。謹具奏以聞。"

是日，大學士方從哲謹題："臣因遼左危急，請皇上敕諭熊廷弼盡心任事，並頒稿①賞銀兩，以鼓軍心，其敕稿擬上，數日未蒙檢發。竊思奴酋蓄謀既久，勢必狂逞，我兵逃亡相繼，軍聲益以不振。當此之時，恩威並用，以鼓其銳氣，結其歡心，惟經略一人是賴。自非仰藉天語，曲爲慰勞，廷弼亦何所藉、以施其招徠駕馭之術也？儻聖意以爲可行，乞將臣原擬敕稿，發下膳寫，並乞欽定銀兩數目，使兩部通融湊處，作速齎解，是急救危遼之一着也。若少詹事徐光啟，皇上既付以練兵之任，使得展其所長，必能乘時簡閱，爲京師保障。乃敕書未發，光啟受事無期。今山陝民兵已到者，見在通州、昌平等處，不惟虛糜糧餉，而約束無人，不免散處爲地方擾，未得其力，先受其害，豈計之得者？伏望皇上將光啟敕書，速爲頒給，俾其訓練新兵，以資防禦，亦固本鎖萌之要務也。臣原擬明日到閣恭請，但念事係安危，早行一日，則早濟一日之用，輒敢冒昧塵瀆，仰惟皇上省覽施行。臣不勝仰望之至。"

十日戊午，大學士方從哲謹題："頃該臣備陳遼左危急情形，併以臨朝、發帑、用人諸事爲請，計徹聖覽久矣。中外臣

① 稿 "稿"當作"犒"。

民翹跂新政，不啻大旱之望雨，饑渴之望飲食，不能頃刻少待。而九閽淵邃，聲息茫然，大僚不補，考選、散館不下，順天等處巡撫屢催未點，各處按差自巡漕外俱未允用。當四方多故，急切用人之時，而股肱不備，耳目不充，封疆無填撫之臣，郡國乏巡方之使，恐自古極衰極亂之世，其人才寥落、朝守空虛、未有如是之甚者也。昨初五日，日生交暈，背氣戟氣一時並見。占者以爲背叛乖離、戈戟相傷之象，人心皇皇，咸以東事爲憂。皇上於此，宜何如恐懼？如①如修省，盡人事以答天心？宜何如兢惕？而猶深居大內，恬然不以爲意，舉用人、行政一切度外置之。上天之警戒若彼，君心之急忽若此，欲以消災變而圖治安，寧可得哉？昨奉聖諭，謂入春以來聖體違和，各項文書俟詳覽檢發。臣益不勝憂懼。竊謂今日時勢艱危、人情仰望迫切，即使皇上勵精勤政，日與羣臣竭蹷交修，以爲拯溺救焚之計，猶恐緩不濟事，乃屢蒙傳示，皆云：聖躬不安，見在調攝。若惟恐臣下有所祈請，故先爲是以阻止之。不思臣下之奏請，即可少緩，而朝廷之幾務豈容久停？邊方之警報豈容暫止？萬一遼左有事，虜騎長驅，奴酋之衆奄至闕下，彼時皇上亦將稱疾以拒之乎？狃因循之習，徼旦夕之安，而不虞亂亡之禍，臣之所以深爲聖明惜也。皇上一身，天地祖宗所默佑，計早晚即當勿藥。惟望擇日出禦文華殿，召見文武羣臣，令各據所見，詳陳禦虜方略。檢發吏部推官各本，將大僚、巡撫、科道各官，及都察院題差，盡賜允用。庶幾人心可慰，天變可回，修內治以禦外侮，或者猶可補救於萬一耳。臣目擊時事，不得不言，而病劇心憒，詞不達意，又不能盡吐所欲言。統惟聖慈鑒察。臣不勝激切懇祈之至。"

十三日辛酉，大學士方從哲謹題："今日各衙門大小官員，於文華門同上公疏，以臨朝、用人二事爲請，隨請②思善門恭候明旨。竊惟自有遼難以來，在廷諸臣請視朝者屢矣，而皇上卒靳於一出。以致人心怠玩，全無警戒之意，苟且因循，祇幸旦夕無事。國威不振，邊患日深，其原寔在於此。即今夷情變

① 如 "如" 當作 "何"。

② 請 "請" 當作 "詣"。

動，疆事愈益難支，匪藉聖天子威靈赫然奮發，必無以皷積衰之氣，聳中外之心。則臨朝召對，使諸臣面陳方略，以制勝於廟堂，乃今日最不容緩者。國家多難，所恃以分猷宣力者，惟是股肱耳目之臣。今大小九卿，或止七、八人，或止十數人，六科止五、六人，御史除奉差外，不過十人，而考選、散館見在候命者，又未得一時併用。猝有緩急，所爲備任使、資折衝者誰乎？嘉靖庚戌，虜薄都城，遣大臣坐門防守，臺臣分布巡察。今寥寥幾人，可備此數否乎？則亟點大僚、科道及各處巡撫，又今日最不容緩者。諸臣目擊時事，憂切於中，跂望已久，未見聖明有何作用，故不得已爲此叩閽之請。伏望皇上察其愛君憂國之誠，俯垂聽納，將吏部開具職名本，發臣票擬，立賜允用。更望擇日出御文華殿，以慰臣民仰望之心，宗社幸甚，臣愚幸甚。臣疾勢甚篤，步履甚艱，謹扶掖赴宮門，叩首懇請。臣不勝戰慄祈禱之至。"

十四日壬戌，大學士方從哲謹題："昨日舉朝官員以臨朝、用人二事懇請皇上，臣隨具揭從諸臣後，扶病於宮門候旨。該司禮監太監盧受，口傳聖旨：'傳與先生。覽卿等所請諸事，具見忠愛。朕前因中暑傷脾，不時腹痛、瀉痢。又患目疾，用藥點洗，昏花未愈。足疼，動履不便。昨入春以來，又發眩暈。其各項文書繁多，日每查檢，俟查檢出甚麼文書，就發甚麼文書。卿且回內閣候旨，仍傳與大小九卿各官，俱着回原衙門辦事，毋得再有瀆擾。欽此。'臣謹欽遵傳示訖。諸臣之意，以爲聖諭但許查檢，而吏部所具職名本，末①蒙發票，擬今日仍伏闕申懇。聖躬方在靜攝，不敢過爲煩瀆，相約於文華門恭候。伏望皇上俯念國家多故，邊患方殷，用人一事時刻不容少緩，將吏部開具職名本，發臣票擬，或將向來會推大僚、巡撫及題授科道各本，盡賜檢②，使中外曉然知聖意已動，前項缺官皆將陸續允補，庶幾羣情可慰，不至再有瀆擾，過煩聖慮也。臣病憒之極，不能多言，萬惟聖明留意。臣不勝迫切仰望之至。"

①末 "末"當作"未"。

②檢 "檢"下當脫"發"字。

## 萬曆起居注

①瀉 "瀉"下當有"痢"字。

②閣 《明神宗實錄》卷五九一"閣"作"閽",是。

③煩 "煩"下當有脫文。

④職 "職"似爲誤字。

⑤已巳 "已巳"當作"己巳"。

十六日甲子,大學士方從哲謹題:"今早文書官王體乾,捧出聖諭,到臣私寓:'諭内閣:朕覽卿奏,知各官因上公本,於文華門候旨,朕知道了。朕因去歲中暑傷脾,腹痛瀉①,尚未止。自入春以來,時常動火,頭目眩暈,目疾昏花,見今點洗未愈。又足疼,動履不便。候朕目疾稍愈,即查檢原疏,次第發行。卿可傳示各官,俱着回原衙門辦事、靜俟,不得屢進叩閣②瀆擾,有失國體。特諭卿知。欽此。'臣恭設香案,叩首祗領,隨即傳示各官訖。竊思用人爲今日第一急務。邇來吏部催請之章,無日不上,而大僚、巡撫及考選、散館科道官,皇上概未允用。甚至禮部、大理寺經年累月並無署印之官。成何朝廷?成何世界?舉朝臣工跂望迫切,計無所之,不得不爲叩閣之舉,以冀聖心之感動。此其一念愛君憂國之誠,皇上所宜深亮而曲體者。昨吏部有開具職名二十餘本,見在御前,皇上但一欽點,發臣票擬,舉筆即是。何須查檢?又何須次第發行耶?若使今日傳諭之後,又復寂然,羣情皇皇,勢必不能久待,行且號哭宮門,以祈聖明之必允,其傷國體而煩③又有不止於今日者矣。彼時皇上即加罪於臣,臣即甘受瀆擾之罪,亦何益哉?至於簡任閣臣,尤用人最要最急、萬萬不容再緩者。仰惟聖明留意。臣敬因回奏,附有所請。所奉聖諭,謹尊藏閣中。臣不勝激切仰望之至。"

十九日丁卯,大學士方從哲謹題:"臣自去冬患有怔忡之證,入春加以痰暈,每一舉發,則昏眩不省人事。昨十八日早,將欲進閣,忽然頭暈心亂,不省身世所在,僵臥良久,始覺漸醒,而汗流如注,四肢酸痛,不能動履。中使送到文書,幸皆尋常無甚關係者,臣勉令中書官於榻前詳閱封進。此後若有緊要重大事情,臣必不能以昏憒之職④,主張票擬。容臣封進,恭候聖裁外,伏乞賜臣寬假調理。儻病勢益深,當另疏再請也。臣不勝皇悚之至。"

二十一日己巳⑤,大學士方從哲謹奏:"爲臣病萬分難支懇祈速斥以免誤國事。臣因憂勞,致成心疾,自冬徂春,日就沉篤。所以未敢言去者，祇爲國家多難，非臣子釋負之時。且票擬無人，不敢以幾務之煩，獨貽君父。只得忍死須臾，俟新臣之至，而不虞明旨至今未下也。日者朝政不行，官僚不補，羣情抑鬱，萬口沸騰。臣上不能效悟主之誠，下無以副衆人之望，五內焚灼，前疾益增。昨十八日早，一暈仆地，昏悶幾絕，氣急汗流，良久方醒。醫人診視，咸謂心血枯乾，痰火熾盛所致，久之且有厥逆之證，自非謝事靜攝，必無生理。臣竊自思，臣所居何官？所司何事？今困憊若此，若不急急明言於皇上，求皇上速簡新臣，付以贊襄之任，直待政本中絕，致明主孤立於上，臣之罪即萬死何足贖哉？況臣尸素有年，寸長莫效，當茲病勢垂危，命懸旦夕，猶然掛名內閣，日縻大官之俸，少知愧恥者當不至是。此臣所以既爲國事慮，又爲一身慮，展轉思維，愈愁愈苦，而不能頃刻自容者也。伏望皇上，大奮乾斷，將臣先賜罷斥，無令垂死病臣，玷誤國事。更祈速下二臣之命，無再遲留，庶幾輔理得人，代言有託，重政本而濟時艱，胥係於此。至若臣曠官溺職，負國負君，非一去所能塞責，惟有席藁束身，聽皇上之誅戮而已。臣不勝戰慄皇悚之至。"

二十七日乙亥，大學士方從哲謹奏："爲閣臣不補時事愈危懇乞聖明早賜乾斷事。臣以病勢沉篤，具疏乞罷，方伏枕候旨，私心懸懸，日望新臣命下，俾代言有託，政本不虛，則臣之生死去就俱可置之不問矣。乃自歲首至今，又逾兩月，而明旨尚稽，臣日夜憂思徬徨，莫知所措。欲其①揭催請，恐皇上以爲躁急而故緩之，欲遵旨靜俟，又恐皇上以爲可緩而益忘之。展轉遷延，日復一日。是臣向者所言，必臣去而後新任可補，而臣未能徑去也。亦必臣死而後新臣可補，而臣又未能遽死也。然則臣之計不已窮，而臣之心不滋戚乎？況今夷虜縱橫，邊情緊急，國家危亂之勢，真如大廈將傾，匪藉名流碩彥，協力匡維，豈能有濟？皇上猶不早渙綸音，亟行簡任，徒令臣以若有若無之身，居不進不退之地，擁虛名而釀寔害。直待傾危顛仆、盡壞國家之事，而後治臣之罪，不已晚乎？臣勢急情迫不擇音，

① 其 "其" 當作 "具"。

涕泣呼天，一字一血，惟聖慈憐而允之。臣不勝戰兢待命之至。"

是日，大學士方從哲謹題："照得禮部印信，自何宗彥去後，無人署掌，今四個月矣。百凡事務，廢弛不知多少，而其大者，如各王府名封、請婚，見在候題將三千位，節孝候題者百四十人，此皆皇上展親之典，不容一日少遲者。此外若朝鮮請曆陪臣，以候咨之故，留滯半年，各處進貢夷人，皆不得如期打發，外夷觀望所係，尤爲不輕。諸如此類，尚難枚舉。不知皇上何故靳此署印一事，而誤國家之典禮、隳祖宗之舊制、一至於此也？侍郎孫如游，自以職業曠廢，不安於心，請告之疏，業已至再，聞其候旨不得，亦欲冒罪出城。若是，則損國體而煩聖心，又不止於今日矣。伏望皇上留神，將本官辭本發臣票擬，令其即出署印管事，部務幸甚，臣愚幸甚。臣因事體關係重大，力疾瀆陳，不勝迫切仰望之至。"

二十八日丙子，大學士方從哲謹題："竊惟今日朝政壅塞，不止一端，而最急、最要、爲人情所仰望者，無如考選一事。去歲皇上於冊封用科臣七、八人，於按差用臺臣十餘人，蓋亦明知言路不可盡空，人才不宜終棄，故不得已爲此權宜之計。然而拔茅之途漸啓，積薪之歎少紓，於人情固甚快也。惟是癸丑一咨，尚有數人，併散館二、三人，節經吏部題催，未蒙一概允補。近該都察院謹題各差，日日補牘，亦未蒙欽點。同一候命之官，而有用有不用，同一題差之疏，而有點有不點，遂使諸臣留部同、考選同、給假往返無不同，而獨於授職之時，先後遲速，大相懸絕，非所以平體①體、而服人心也。今科臣見在止四、五人，吏禮二科並無一人，成何景象？各處按臣差滿者或過一年，或過二、三年，候代無日，往往抱病而歸，成何法紀？此又國體攸關，地方安危所係，微獨恤臣下之私而已。伏望皇上俯念國家多事，需人正殷，各官守候多年，必無終於不用之理，將考選科道惠世揚等、散館暴謙貞等，盡賜推補，並將都察院題差之本，隨上隨下。使諸臣待②乘時效用，不但

① 體 "體"當作"政"。

② 待 "待"當作"得"。

烏臺、青瑣之間藉以生色，而任使不乏，耳目漸充，慰一時跂望之心，完數年不結之局，臣下免多少聒瀆，聖心省多少煩勞，計無便於此者。臣病困不能有言，又見時事緊急、人情迫切，不得不言。惟聖明省覽，慨賜施行。臣不勝懇切祈禱之至。"

三①月己卯，朔。

二日庚辰，大學士方從哲謹奏："爲病臣不去誤國益深再懇天恩早賜裁斷事。臣患病乞罷，恭候旬餘，未奉俞旨。所以未敢再瀆者，猶冀早晚漸愈，或可苟且支吾，以待新臣命下。而今則萬萬不能待矣。邇來眩暈怔忡，日甚一日，神無時不昏憒，心無時不震恐，偶聞人語，輒爾驚悸，少有思慮，愈覺迷罔，軀殼雖存，儼然一行尸耳。無論閣中諸事，多至廢弛，凡目前要務，如東宮講期尚未改定，皇孫册立尚未奏請，其餘用人、行政最重最急之事，俱未及題催。日日耽延，件件停閣，每一念及，五内如焚。雖時切憂惶，而終不能以瞀亂之心思，強爲料理。蓋天寔厭臣，使遘此奇疾，臣亦無如命何矣。當今虜患迫於外，朝政壅於內，天變人怒，遠邇怨咨。大小臣工咸惴惴憂危，以爲傾覆之禍將在旦夕，而密勿贊襄之地，只此病憒之一夫，擔虛名而無寔用，其貽害可勝道哉？臣求去已遲，皇上斥臣已晚，若再延捱，亦妨賢路，使新臣不得推補，國勢日就陵夷，誤身以誤朝廷，臣不病死，亦懼死矣。近有教臣者，謂閣臣不補，便當冒罪出城，以冀聖心之感悟。揆之臣子分誼，雖非所誼，然欲爲政本計，爲時艱計，其勢似不得不出於此。蓋觸禁之罪猶可言，誤國之罪不可言，此臣所爲展轉躊躇，意念已決，而又未便遽決者也。伏望皇上，大奮乾斷，立賜褫奪，使微臣得逃扞罔之誅，國家早收用賢之效，臣即溘然長逝，亦得瞑目於地下矣。臣病劇思澀，詞不達意，惟聖慈憐而察之。臣不勝泣血哀祈戰兢待命之至。"

十日戊子，大學士方從哲謹題："照得目前時政，惟用人爲第一義，而吏部尚書則用人之人也，表率百僚，甄敘流品，所係極爲重大。往時有缺即補，並不令人代署，今則連代署之人亦無有矣。李汝華以本部事煩，封印懇辭，必難其再管，而所推尚書周嘉謨、黃克纘，俱見在班行，才品聞望一時推服，皇上但一點用，便可朝受命而夕任事，所宜速賜裁決，無煩再計

---

① 三 "三" 上當有 "萬曆四十八年" 六字。

者。連接遼東經撫揭帖，言夷情甚緊，而一時三道並缺，分理無人，盼望推補，不啻星火。皇上軫念危邊，於諸臣章疏，無不隨上隨下，當此急迫需人之際，可不速補以慰其望乎？又聽選教職數百餘人，守候於此，日暮途窮，惟望早選以圖升斗，想亦宸衷所矜憫者。伏望留神，將會推吏部尚書，即賜欽點，不獨銓政賴之，而邊道得人，遼左亦可恃以無恐矣。臣不勝迫切仰望之至。"

十一日己丑，大學士方從哲謹奏："爲再懇天恩亟斥病臣以免妨誤事。臣抱病再旬，屢疏乞休，未蒙矜允。使犬馬之力，尚有一毫可以自效，何敢頻煩取厭君父？無奈臣精力已竭，智慮益昏，疢疾纏綿，生趣都盡，雖一息僅存，而此心已如槁木死灰矣。內閣何地？可容此無用之人，浮沉尸素於其間哉？況今天變人怒，夷虜交訌，宗社安危，判在呼吸，茲何等時節？而密勿贊襄之任，祇付之奄奄垂斃之一夫，無乃以天下國家爲戲乎？臣病憒之中，每一念及，不勝心悸汗流，惶懼欲死。蓋不但臣自以爲危，即舉朝臣工，及臣鄉里親戚，無不爲臣危之。皇上奈何坐視其顛仆，而不早爲之計也？況臣一日不去，則新臣一日不補，以一身之忝竊，妨衆正之登庸，即此一端也，得罪於祖宗，得罪於天下後世，是又臣所爲踢天蹐地、不能頃刻自容者。臣抱病當去，妨賢當去，若猶濡忍苟容，不即引決，昧止足之義，重頑鈍之羞，辱身辱國，無一可者。皇上亦安用此臣爲哉？伏乞皇上俯念政本重地，非庸劣所宜久居，時事艱危，非名賢無與共濟。早賜褫革，亟簡忠良，俾輔理有資，無復以匪人備員，貽國家無窮之禍。臣旦夕就死，誓當效銜結於世世矣。臣不勝瀝血哀祈惶悚待命之至。"

十八日丙申，大學士方從哲謹題："爲恭候萬安事。前日文書官王體乾，捧出聖諭到臣私寓，隨又口傳：'聖駕自入春以來，不時動火，頭目眩暈，神思恍惚。又目疾未愈。每日勉強進粥膳半盞，若進麥乾膳，心內就作戚疼發嘔。因瀉久不止，下部腫硬，坐不的。況足痛，動履不便。見今服藥燙洗調攝。其各項文書，日每查檢原疏，補閣員、點大僚等官本，俟少安歩檢出，即當發行。'臣始知聖體以動火違和，進膳減少，不勝孺慕，不勝懸念。恭惟皇上一身乃宗社臣民之主，關係最重，邇因狡夷肆逆，邊事貼危，宸衷軫念封疆，不無憂慮，以是起居飲食或至失常。況兹春夏之交，寒燠不時，調攝尤爲不易。惟望皇上順時節宣，多方珍護，計旦晚間必且臻勿藥之喜，迓無疆之庥。臣犬馬下情，無任惓惓祝願之至。"

十九日丁酉，大學士方從哲謹題："爲懇補閣臣事。臣臥病月餘，至今日而困頓極矣。心不能思，口不能言，公私諸務廢弛殆盡。昏憒之中，惟日望新臣命下，代言有人，則臣心少安，國事庶幾有託，而無奈明旨終不可得也。昨十五日早，痰暈忽作，人事不省，有如此時奄然長逝，皇上能終於不補乎？與其臣歿而後補，何如及今補之，使臣一見之爲快也？連日雖遵諭勉强供票，而前證時作時止，昨日午後又昏暈一番，比前更甚，恐票擬之事終非臣所能任矣。前文書官送宣諭時，目所親見，不知曾奏聞皇上否？今舉朝臣工，亦知臣病勢危篤，而無肯爲臣代言、以達聖聽者，控訴①無門。坐而待斃，臣則已矣，如誤國家之事、負皇上之託何哉？昨遼東塘報，謂奴酋犯搶遼陽、海州，祇在三月半後。臣一聞之，神魂飛越，不但爲一身危，又凜凜乎爲封疆危，爲社稷危矣。時勢至此，新臣之命豈容再遲？況昨奉聖諭，其閣員俟即檢發行，仰見聖心業已轉移，臣不得不忍死一言，再爲哀懇。惟皇上急圖之。臣不勝戰慄祈祝之至。"

二十日戊戌，大學士方從哲謹題："照得吏部印信，自李汝華辭後，將及一月，諸事停閣。近日遼東監軍兵道缺官，需人甚急，尚未推補。本月推陞教職業已過期，而四月急、大二選又在目前，尤難遲誤。伏望皇上將會推尚書周嘉謨，即賜點用，乃今日第一急務也。至於禮部印信，封已半年，凡王府婚封、夷人進貢各項事務，妨誤不知多少。該部見有侍郎孫如游一人，

①訢 "訢"當作"訴"。

定無別委署印之理，伏望皇上將本官辭本，即賜檢發，令其速出視事，亦時政之不容緩者。夫六部九卿，朝廷所藉以分理庶政，不可一日缺人廢事，今見在尚書、侍郎寥寥數人，三法司全無一官，已甚非太平景象。乃至吏、禮二部，何等衙門？而堂印虛懸，多者半年，少者浹月，空虛寥落之狀，識者寒心。彼狡夷聞之，寧不益輕中國、而長其桀驁之志耶？二事關繫國體甚大，而在皇上行之甚易，萬惟留神省察。臣不勝仰望之至。"

二十三日辛丑，大學士方從哲謹題："適接遼東巡撫周永春塘報，見今達賊無數，屯聚撫順關口，聲勢重大，旦夕犯搶遼陽。臣一見之，驚懼欲絕。夫此賊蓄謀已久，向來結連西虜，歃血同盟。今果一旦狂逞，而粆花等酋，沿邊窺伺，勢將同時入犯。遼陽此時蓋岌岌乎殆矣。遼陽不守，京師何以能安？臣目擊貼危，憂心如焚，莫知爲計。其臨朝、發帑二事，臣且未敢瀆請，但望皇上多補官僚，速下章奏，使中外臣民知聖心留神邊事，惕然警懼，庶幾人心不至渙散，國勢猶可支持。若仍狃於因循，恬不爲意，是皇上自棄其宗社而不顧，誰復有殫心竭力爲皇上死守者？籲亦危哉。向來會推大僚，如吏部尚書等官，大同、四川巡撫，都察院題差各巡按御史，其本俱在御前，望皇上盡數點用，並將各衙門題覆本章關係遼事者，盡數檢發。若再遲數日，警報一至，彼時人情震駭，中外分崩，雖欲圖之已無及矣。萬惟聖明留意。臣謹將原來塘報封進御覽。臣不勝惶悚恐懼之至。"

二十五日癸卯，大學士方從哲謹題："昨該臣以遼左夷情緊急，具揭奏聞，伏蒙皇上將經略熊廷弼本隨票隨發，仰見聖明留神邊事如此其切也。惟是請簡閣臣一事而無消息，臣敢再爲申懇。臣病臥月餘，諸事不能料理，從來輔臣曠職未有若是之甚者。日望新臣命下，不啻眼穿腸斷，而疏揭屢上，皇上概置不理。臣憂愁困鬱，度日如歲，正恐遼事一旦決裂，臣誤國之罪死不足贖。今據塘報，賊兵已到撫順關口，糾合西虜，犯搶遼陽，又城中火藥一時盡燬。天意人事，適相湊合，深可寒心。竊意此時，宸衷如何焦勞？羣臣如何竭蹙？臣即欲强起入直，而困頓之極，跬步不前，中心惶懼，不知所措。萬一遼陽不支，虜騎深入，京師之禍將不忍言。於時臣安能以病憊之身、一手一足之力、爲皇上當禦侮之任耶？言念及此，臣心膽俱裂。皇上若猶不動念，是真棄祖宗之基業於不顧矣。伏望大奮乾斷，將欽點二臣立賜簡用，以助臣愚之不逮，救國勢於垂危。更望皇上出御文華殿，召見文武羣臣，共圖備禦方略。容臣一、二日間病勢稍可，即匍匐勉出，冀分皇上霄旰之憂也。臣神昏氣竭，語無倫次，伏惟聖慈鑒宥。臣不勝迫切懇祈之至。"

二十八日丙午，大學士方從哲謹題："頃因遼左警報疊至，人情皇皇，在廷諸臣連章叩閣，以皇上視朝爲請。竊意當此危急之時，聖心必且悚然戒懼，不惜一臨御之勞，以諏諮羣策，震肅人心，庶幾猶可救危遼於萬一也。乃經今數日，寂然無聞，臣愚不知聖意所在。豈以奴酋犯搶爲不足慮，而諸臣迫切之辭爲不足信乎？遼當屢衂之後，人無固志，芻糧不給，士馬饑疲，且敵方壓境，而火藥被焚，賊勢愈張，我軍之氣愈沮，遼陽此時蓋岌岌矣。遼陽危而廣寧、山海有一之足恃者乎？有如虜騎長驅，直抵都門，即宗廟、社稷且有不忍言者。皇上奈何猶深居高卧，漠然不一動念也？昨兵部等衙門條上防禦機宜，其於固門庭、衛根本之計，可謂周悉。及今料理，猶恐後時，猶恐無裨寔用，而尚可泄泄視之乎？至於皇城四門及內外城門，各用大臣、勳臣分守，科道巡視，此嘉靖庚戌已行之故事。皇上試思，見在各官能備此數否乎？則亟點大僚，亟補臺省，又救焚拯溺之急務，不容時刻緩者。總之，今日之事，全在人心，而鼓舞人心，必自廟堂始。伏望皇上即日御文華殿，召見羣臣，俾人抒所見，各陳備禦方略，且面加戒諭，令其寔心任事，共濟時艱。則天語一宣，皇威丕振，人心兢奮，氣象改觀。重鎮存亡、宗社安危之機，胥於此，惟皇上亟圖之。臣謹於文華門恭候明旨。不勝戰慄惶恐之至。"

四①月戊申，朔，大學士方從哲謹題："昨該臣以遼事岴危，請皇上臨朝召封，隨於文華門候旨至晚。文書官口傳聖諭，但言聖體違和，並未言及視朝之事。皇上得無以奴酋未必深入，遼左尚可支持，而臣等所言未足深信乎？適又接總兵李光榮塘報，三月二十三日，東夷達賊二千餘騎，從撫順關口進境，到周號林地方下營，見有設防兵馬，即從原路出去。臣憶去歲賊陷開原時，先有遊兵窺探兩次，而後大舉，今看此情形，其犯搶遼陽決在旦夕無疑矣。皇上即於此時，召見羣臣而相商確，尚恐緩不濟事，乃猶狃於晏安，未肯速出，直待遼陽不守、寇至都門，而後倉皇急遽圖備禦之策，豈有及乎？夫人雖至微，語之以身家性命，未有不悚然知懼、思所以保全之者。若遼陽一失，則廣寧以西處處皆危，而京師隨之。彼時宗廟、社稷及祖宗陵寢，不知皇上將如何安置、而使其晏然無恙也？興言及此，臣不覺心膽碎裂，血淚迸流。皇上奈何不一動念耶？大小臣工自上疏後，已六、七日，企望之切，如在湯火，不能頃刻少待。皇上若不早渙綸音，刻期臨御，諸臣必且同詣宮門，號哭籲呼，以求聖明之見允。蓋事關宗社，義在必爭，臣等寧得罪於皇上，不敢得罪於祖宗、得罪於天下後世也。臣不勝戰慄惶恐待命之至。"初三日，奉旨："覽卿所奏，具見忠悃，深軫朕衷。方今遼事孔棘，夷氛益熾，正望卿運籌匡贊，弘濟時艱。昨已有諭旨，朕因動火，頭目眩暈，身體軟弱，又足痛，動履不便，瀉多，以致下部腫痛，見今服藥燙洗未愈。且疾病痛楚，是人所樂受否？真疾非假，所請臨朝未便。其請諸事，卿可傳示該部，馬上差人傳諭經略、督撫等官，務要齊心，併力防勤，共圖滅賊，如有仍前逗遛的，以軍法從事。特諭卿知。"

三日辛亥②，大學士方從哲謹題："竊見今日夷情益棘，遼左益危，國家傾覆之禍近在旦夕。皇上深居大內，與外廷聲息不聞，其於邊方觤脆之形，中外人情震駭不安之狀，豈能一一周知？以是在廷之臣，惟願皇上一出視朝，得以面陳禍福，庶乎宸衷悚然知懼，幡然改圖，集羣策以佐廟謨，振人心而鼓士

萬曆四十八年

三七五三

①四 "四"上當有"萬曆四十八年"六字。

②三日辛亥 本月"三日"干支當為"庚戌"，而本月"辛亥"當為四日。此處"三日辛亥"中當有誤字。

氣，誠易危爲安一大機括也。乃諸臣之疏既留中不報，即臣累次揭請，亦未知盡徹聖覽與否。當此危急存亡之秋，而內外上下之間隔絕若此，以後儻有緊急邊情什百於此者，而九閽萬里，一時不得上聞，剝膚之災恬不知避，其禍可勝道哉？羣臣望臨御不得，望俞旨又不得，憤鬱之極，如焦如焚，咸責臣不能竭誠力請，臣叫閽無路，面聖未由，惟恃此幾行疏揭，可以抒下悃、達宸聰，乃一經奏聞，無從質問，雖憂國有心，而回天無術，亦且奈之何哉？九卿諸臣以前公疏未發，今日同赴文華門催請。伏望皇上立示出朝之期，並將九卿本發臣票擬。至於目前要務，如簡閣臣，補大僚，下科道，與部院所推巡撫、巡按等官，盡數允用。庶幾人心震肅，政事疎通，朝寧不致空虛，有事可紓緩急，振國威而讋虜魄恒必由之矣。宗社安危在此一舉，失今不圖，後悔無及，皇上萬勿視若等閒而姑置之也。臣不勝戰兢待命之至。”

五日壬子，大學士方從哲謹題：“竊惟朝廷設臺諫之官以爲耳目，即平居無事亦當備員，況值中外多故、干戈擾攘之秋，而言路寥寥，無以廣聰明而充任使，恐非國家之福也。癸丑留部各官，向蒙皇上陸續允用，其未補者給事中只有惠世揚一員，御史只有鄭宗周等六員，並散館暴謙貞等總之不過十員，即使盡數推補，猶不及舊額之一、二。乃吏部催請不報，都察院題差不報，該臣屢次揭催亦不報。近日止下淮揚一差，其餘俱未得旨。守候八年，猶不得以一官自效，拂人情、乖政體，寧有甚於此者乎？近來外廷之議，有因御史資序在前而題差不下、疑臣爲有意者，不知點用各差，總出聖明獨斷，其先後遲速，即皇上未必有成心，臣有何術，能使皇上之不點也？此在聖心自明，臣不敢置辯。惟是諸臣之命一日不下，則考選之局一日不完，臣愚蔽賢之罪一日無以自解。況各處按差缺人最久，而福建、湖廣尤甚，巡方之遣委難再遲。伏望皇上念見在人數不多，將惠世揚、鄭宗周等概允授職，並將都察院所題各差盡賜點用，其散館暴謙貞、韓繼思、申廷選三員，一併允補，既可以備目前之差遣，又可以慰久鬱之人心，不獨言路之幸，亦臣愚之幸矣。臣以事勢窮迫，不得不言，又病憊不能盡言，萬惟聖慈鑒察。臣不勝激切懇祈之至。"

六日癸丑，大學士方從哲謹題："爲恭候萬安事。前初三日伏奉聖旨，謂聖體違和，其疾非假。臣殊切懸念。適見太醫院判陳璽等言，今早診視聖脉，大概心血虛少，水不能制火，又脾胃甚弱，元氣久虛，飲膳不能尅化，致有眩暈、膨悶、咳嗽、痰涎、腹痛諸證。臣益知前日聖諭字字皆真，臣不勝瞻戀。恭惟皇上一身，乃天地、祖宗之所眷佑，今雖暫時違豫，計旦夕即有勿藥之喜。惟是數日以來，寒暖不常，聖躬調攝尤宜萬分加謹。所望省思慮，慎起居，以葆天和，以慰中外臣民之望。臣無任懇切祝願之至。"

七日甲寅，大學士方從哲謹題："該文書官王體乾，恭捧聖諭：'朕中宮皇后，侍奉敬慎，輔朕有年。不意得虛勞之疾，醫藥罔效，茲於本年四月初六日午時崩逝，朕心深痛切。卿可傳示該部，將一應合行喪禮事宜，查優厚例來行。特諭卿知。欽此。'臣不勝驚駭，不勝痛悼。仰惟中宮皇后，以柔順之資，被皇上肅雝之化，母儀天下四十餘年。自聖躬靜攝以來，贊襄內治，敬共匪懈。謂宜多膺福祉，永正宮闈，而大數莫移，遽罹兇閔，喪妣之戚，朝野同情，其在聖衷，能無傷悼？伏願皇上，深惟宗社重寄，節哀順變，以葆天和，仰體九廟之靈，俯慰四海臣民之望。其合行喪禮事宜，臣即傳示該部外，所奉聖諭，謹尊藏閣中。臣不勝惓惓懇切之至。"

十日丁己①，大學士方從哲謹奏："爲恭慰聖懷事。本月初六日，恭遇大行皇后崩逝，初九日，皇上禮服具成，臣等恭詣思善門外哭臨，拊心流涕，不任悼傷。欽惟我皇上仁覃海宇，沘②洽宮闈，我大行皇后，懿德夙成，徽音早播。方賴永襄乎內治，何期遽至於上賓？驚仙馭之乍升，宜聖懷之深惻。顧宗

① 己 "己"當作"巳"。

② 沘 "沘"當作"化"。

社憑依綦重，而人生修短莫移，儻宸衷稍過於哀傷，恐玉體或妨於調攝，臣備員輔弼，心切瞻依。伏願順變節哀，抑情導豫，鑒羣臣寬釋之請，慰四海繫望之心。臣不勝翹仰懇祈之至。"

是日，大學士方從哲謹題："恭遇大行皇后喪禮，一切典儀多係臣閣中職掌，臣一人在事，又病憊特甚，數日以來，雖勉強料理，而昏憒之中，能無錯誤？倉卒之際，每至遺忘。今哭臨之禮未完，臣之身已狼狽不能自持矣。此後如冊謚，如山陵，尚有許多大事，雖聖明主持於上，禮官詳議於下，而稽查舊例，商確時宜，臣皆當與聞末議。臣病困若此，精神恍惚，筋力衰頹，安能竭蹷從事，爲朝廷襄此鉅典耶？昨奉明旨，命侍郎孫如游署掌部印，仰見皇上慎重之意。臣閣中諸務，不減於部，而乃令一極庸極病之人獨自支吾，而不亟簡新臣，以助其不逮，想亦聖心所不安也。臣欲諉則義無可辭，欲任則不能副，踽踽徬徨，愁懼欲死。伏望皇上速下史繼偕、沈㴶二臣之命，與臣協同供事，庶典禮不至失誤，臣身不至顛隕。是真目前急務，萬萬不容再緩者，仰惟聖明留意。臣不勝迫切懇祈之至。"

十一日①，午後，思善門哭臨畢，閣臣方從哲具揭詣仁德門問安，請親至御前恭候。少頃，內使召入，見於弘德殿。御榻東向，上側身臥。從哲西向，行四拜禮，跪致詞云："聖體違和，外間不能盡知。昨聞御醫傳示，臣不勝驚懼。又值中宮皇后崩逝，聖心哀悼。伏望皇上寬慰聖懷，善加調攝，以慰中外臣民之望。"因叩頭。上云："朕知道了。國家多事，先生可盡心輔理。"從哲對曰："臣蒙皇上厚恩，儻可圖報，敢不盡力？"上云："朕自昨歲三月以來，時常動火，頭目眩暈。五月後又中暑濕，肚腹不調，嘔吐幾次，脾胃受傷，至今不時瀉痢，身體軟弱。因瀉多，下部腫痛難坐，時常燙洗。又濕痰流注，右足疼，動履不便。每日文書俱朕親覽，但神思恍惚，眼目昏花，難以細閱。"因目司禮內臣云："都說與先生。"又昂首目從哲云："先生試看朕容。"且出手腕令看。從哲跪稍前，仰視聖顏，果然清減。因奏云："皇上一身，百神呵護，但加意調理，自然

① 日 "日"下當有"戊午"二字。

萬安。"又云："如今遼東虜情緊急,又值皇后大禮,閣中祇有臣一人,且十分病困,寔難支持。望皇上將已點二臣,即賜簡用。"上云："遼東的事,祇因文武不和,以致如此。閣臣本已批了,因朕壽節,文書多,不知安在何處,待查出即發。"從哲又奏云："簡用閣臣,乃今日第一要務,望皇上早賜查發。"上云："待朕體稍安即行。"從哲叩頭謝,又云："見今大僚、科道缺乏至極,當此多事之時,望皇上盡賜補用。"上云："知道了。待朕稍愈即為檢發。先生可回閣辦事,盡心輔理,不要推諉。"從哲復申前請,上即閉目就枕,猶微云："知道了。"從哲叩頭而出。時上自病狀甚悉,語多不能盡憶,又上患耳痛日久,聞從哲對語,每回顧左右,令其覆奏云。

　　十二日己未,大學士方從哲謹題："昨蒙皇上召見弘德殿,躬睹天顏,面承聖諭,臣不勝感戴,謹具揭恭謝天恩訖。適文書官王體乾,恭捧聖諭到閣:'諭元輔:朕覽卿奏慰抑情節哀,具見忠愛。朕思中宮皇后,侍奉勤敏,與朕同食息起居,不意因虛勞年久,服藥不效,遽爾崩逝,朕心傷悼深切。前疾未愈,所有各項文書尚未詳覽。所奏知道了。特諭卿知。欽此。'又該體乾口傳聖旨:'朕覽先生具揭恭慰兩次,昨日進內面朕,具見為朕忠誠至意。朕知道了。聖諭一封,諭卿知。欽此。'仰見皇上篤念中宮,深切傷悼,天性至戚,倍出恒情,臣不勝瞻戀。又念皇上一身,宗社憑依最重,茲當聖躬久羔服藥調理之時,豈宜過哀,以妨靜攝?臣備員輔弼,休戚與同,屢具疏揭恭慰,實犬馬私衷不能自已。乃蒙皇上以'忠愛'、'忠誠'曲加獎勞,溫綸稠疊,萬非微臣所敢當。臣仰戴恩慈,惟有涕泣。聖諭又謂:'前疾未愈,所有各項文書尚未詳覽。'竊謂閣臣已蒙欽點,見在御前,新推吏部尚書周嘉謨人望允孚,簡用尤不可緩,儻蒙皇上將此二事先賜允行,庶不虛召臣一番,而中外人心可以少慰,臣愚曠瘝之罪亦得以少逭矣。敬因陳謝,附有所懇,萬惟聖明省覽。臣不勝感激皇恐之至。"

　　是日,大學士方從哲謹題："昨該臣於仁德門恭候萬安,隨

① 計 "計"當作"詳"。

② 方 "方"當作"多"。

③ 虜 "虜"當作"慮"。

蒙皇上召至弘德殿御榻前，面諭臣以向來致疾之由，及見今不安之狀，至爲計①悉。既令司禮傳語，又令臣近前諦視。臣仰窺聖容，比前委是清減，然玉音宏亮，語意周詳，且因國家多事，勉臣以用心，戒臣以推諉，訓諭再三，臣不勝悚仄，不勝感激。比臣奏及遼東虜情，皇上謂其文武不和，言之至再，仰見宸衷軫念邊方，於彼中人情事體無不洞察。容臣密示在事諸臣，令其協心併力，仰紓皇上東顧之憂。至於臣所請閣臣及大僚、科道，業蒙皇上許以聖躬少安，即爲檢發，此尤今日疏通朝政、皷舞人心之一大機，臣愚所爲翹首跂足而望者。先該廷臣以東事危急，請皇上躬親臨御，延見羣臣，及蒙傳免，羣情不無失望。昨臣一出宮門，九卿、科道、勳戚諸臣，相率見臣，恭訊皇上起居。及聞臣言，無不舉手加額，喜聖躬之康豫，祝聖壽於無疆。人情若此，計皇上聞之，亦必少寬聖懷，而勿藥之喜，當在旦夕也。臣蒙恩拔擢，待罪有年，徒懷戀主之心，未遂瞻天之願。今一旦俯從臣請，進臣於秘殿，誨臣以溫詞，訓戒丁寧，責其後效，諄諄天語，宛然家人父子之情。何意糞土微臣，得蒙此破格之恩，邁此非常之遇也？臣非木石，情同犬馬，敢不殫心竭力，盡忠補過，以少酬高厚於萬一？若當四方方②故、主上焦勞之時，而敢萌一推諉之念，真木石犬馬之不若矣，何能靦顏立於班行之上乎？惟望皇上，深惟宗社重寄，寧神省虜③，加意珍攝，以頤養天和。臣不勝惓惓祝願之至。"

十四日辛酉，大學士方從哲謹題："前蒙皇上召臣入見於弘德殿，該臣以簡任閣臣再三懇請，皇上面許臣：此本已批，待檢出即發。臣不勝欣忭，隨叩頭稱謝。今已數日，尚無消息。臣以病憊之軀，每日勉強入直，精神昏憒，諸事不能料理。見今皇后喪禮，極其重大，極其煩劇，此何等事體？只靠臣一病困之人左支右吾，寧無錯誤？即此一節，而新臣不容不補已彰彰矣。向來皇上靜攝深宮，臣工無由一見顏色。臣昨蒙宣召，親覯天顏，面承天語，私心慶幸，以爲千載一時，即在廷之臣，亦莫不羨臣之榮遇。乃臣所謂簡任閣臣第一大事，又蒙皇上親自俞允，而尚未肯即行，又安望其他哉？自臣蒙恩召對之後，人心望臣愈至，責臣益深，咸謂既有如此遭逢①，豈宜徒然虛過？儻皇上但容臣之一見，而不行臣之一言，臣不出②上負主恩，亦且無辭於天下矣。伏望皇上將欽點二臣，立賜檢發，並將會推吏部尚書即刻點用，發臣票擬，庶目前大事得完一、二，可以省催請激聒之煩，亦皇上節勞卻病之一助也。臣不勝激切仰望之至。"

十八日乙丑，大學士方從哲謹題："茲者大行皇后崩逝，山陵之事極其重大。昨該禮部具題，以孝烈皇后近例爲請。該臣查《世廟實錄》，嘉靖七年，孝潔皇后崩，於時山陵未建，故另擇陵地於天壽山襖兒峪。至嘉靖二十六年，孝烈皇后崩，時預造陵工已完，遂安葬玄宮，定名永陵，不復另擇。此雖皇祖親出宸斷，實與洪武十五年孝慈皇后先葬孝陵、永樂十一年仁孝皇后先葬長陵之例，先後脗合。今我皇上篤念中宮，禮從優厚，於該部所請孝烈皇后之例似當允行。惟是事關大典，非臣下所敢輕議，伏乞聖明裁定，傳示臣等遵奉施行。臣不勝皇恐之至。"

二十日丁卯，大學士方從哲謹題："臣自十一日伏蒙皇上宣召、躬覲天顏，嗣是雖一再具揭恭候，而九閽邃密，不獲時奉起居，私衷不勝瞻戀。至於簡閣臣、點冢卿諸揭，不知曾經御覽與否？竊思今日朝廷③之大，無踰此二事。其閣臣本，已蒙皇上面許檢發，臣謹靜俟，不敢頻瀆。惟是吏部尚書會推已久，未蒙欽點，該部自李汝華辭印，諸務盡皆停閣。今遼左三道並缺，亟宜推補，三月陞選教職，亟宜補行，而四月急、大選又已屆期，豈容遲誤？當此邊疆多事、中外詭脆之時，乃舉二百餘年銓選之法，一朝而盡廢之，無論上隳祖制，下失人心，儻醜虜聞之，豈不益輕朝廷而長其潛逆之志耶？皇上試一念及，當亦悚然其不寧矣。夫聖體違和，方服藥調攝，臣何敢屢煩天聽？但念此事萬分緊要，皇上但一啟口、一舉筆，便自可完斷，

①逢 "逢"當作"逢"。
②出 "出"當作"獨"或"但"。
③廷 "廷"似當作"政"。

不宜視爲泛常、而置之不理也。如謂選期已迫，推陞難緩，權命侍郎史繼偕暫攝，以了目前急務，此於枚卜之命、冢卿之點，固亦無妨，是在聖明裁酌，非臣愚所敢必矣。臣不勝激切仰望之至。"

二十一日戊辰，大學士方從哲謹題："昨該文書官王體乾，恭捧聖諭到閣：'諭元輔：朕中宮皇后，配朕有年，芳聲令德，中外仰聞，方膺遐算，倏爾仙逝。朕追思勤敏賢淑，慟悼無已。昨日二七，朕思所有安厝梓宮，着安葬於壽宮玄宮。所有合行禮儀，卿可傳示禮部具儀來看。且先年該部具題，香殿金柱稍有朽蠹，便着工部作速換安修理，毋得遲延。故諭。欽此。'仰惟中宮皇后，躬膺令德，儷體至尊，勤儉孝慈，徽音夙著。薄海臣民，仰母儀而頌女中堯舜者，非一日矣。謂永享遐齡，弼我皇上久道之化，詎期大命既定，遽爾仙昇。訃音一聞，悲同朝野。況我皇上篤伉儷之義，追輔贊之勞，慟悼之懷，何能自已？茲蒙聖諭，皇后梓宮即於壽宮玄宮安葬，揆之典禮爲甚正，稽之祖制爲允符，臣不勝欽服。已即傳示禮部，將合行禮儀開列具奏，傳示工部，將香殿金柱朽蠹者作速換安修理外，尤望皇上抑情順變，軫重玉體，以迓天庥。臣無任惓惓祝願之至。所奉聖諭，尊藏閣中。臣謹具回奏以聞。"

二十三日庚午，大學士方從哲謹題："臣今早進閣，見吏部四司官於文華門上本，隨投揭於臣，極言銓印久封，諸務停閣，求皇上立賜裁決。該臣看得，吏部職在用人，推陞銓選，無日無之，從來未有封印至兩月之久者。今李汝華既辭，而新推尚書未蒙欽點，以致應推者不得推，應選者不得選，內而多官有守候之苦，外而地方有曠缺之虞，選法壅淤，人情鬱結，至今日而極矣。伏望皇上將尚書周嘉謨速賜點用，俾令刻期任事。所謂用一人，而千萬人悅，事無便於此者。萬惟聖明留意。至於命侍郎史繼偕暫攝數日，以完目前之事，是亦一時權宜之計，非臣愚所敢必也。統俟宸衷裁斷。臣不勝皇恐待命之至。"

二十四日辛未，大學士方從哲謹題："適蒙發下工部一本，內稱壽宮香殿換安金柱，事體重大，若另換新柱，恐工程甚煩，致稽時日，欲比照南京孝陵享殿之制，將原柱朽蠹處填補堅寔，四面用木枋環抱，並將西邊相對一柱，照樣幫修，既省工費，亦便觀瞻。此該部慎重節省之意，似宜允從。但事關陵寢，非臣所敢擅專，謹將原本封上，如聖意允其所請，乞傳示臣擬票施行。謹題。"

是日，又題："恭照大行皇后崩逝，例該差官往各省直訃告。先經禮部具題，已奉欽依。昨二十一日，開具應差各官職名上請，至今未蒙發票。竊謂報訃，係朝廷大典。今皇后升遐已二十日，而差官尚未奉旨，揆之舊制，不無愆期。若謂工科給事中惠世揚係候命之官，不應題差，則昨歲册封，已奉明旨，一時差去者八人。近例在前，知聖衷必不以此介意也。伏望皇上將該部題本，即賜檢發，大禮幸甚。適禮部堂屬官同來見臣，欲臣代爲催請，伏惟聖明留意。臣不勝懇切待命之至。"

二十五日壬申，大學士方從哲謹題："臣連日在閣辦事，恭聞聖體日就康泰，且御膳漸增，私衷不勝欣慰。因思皇上一身，萬畿①攸萃，起居未適，固宜多方珍攝，以葆養天和，然章奏甚多，亦宜隨時省覽，以疏通政脉。邇來每日雖有發票文書，然皆尋常無甚關係之事，其緊要者率多留中不發，以致人之當用者不得用，事之當行者不得行，朝政益壅，人情益鬱。大小臣工既以勿藥爲幸，又以時事扼塞爲憂。臣謬居輔理之司，目擊時艱，五內如焚，罔知所措。夫當九重靜攝之日，而臣時時煩瀆，於心誠有不安。若坐視章奏之停留，幾務之阻滯，官僚之曠缺，而緘默不言，俾天下國家之事，日趨於廢壞而不可收拾，臣之心能晏然而已乎？臣自蒙恩召見之後，所幾望於皇上者愈切，而人之責望於臣者亦愈殷，臣即當困憊之餘，不敢不勉策罷駑，期報稱於萬一。然而微誠未達，天聽彌高，呼籲雖勤，終不能動皇上之一顧。即如銓印一事，幾經催請，尚自杳然，使兩月以來，一人不陞，一人不選，羣情怨憤，萬口沸騰。

① 畿　"畿"當作"幾"。

① 聞 "聞" 上似脫 "皇上" 二字。

時事至此，臣之罪固無所逃，竊恐聞①之，亦必有惕然不安於衷者矣。今臣亦不敢過望於皇上，但求宸衷清暇之際，將簡閣臣、點冢卿、下考選散館一、二大事，先賜允行，各衙門緊要本章，盡數檢發。則用一人，便可省許多催請，行一政，便可少幾番瀆奏。久之，事日簡而心日閒，卻病之方不在藥餌，而在皇上轉移之一念矣。即今虜情正急，遼事甚危，臣且不敢多言以煩清聽，直以時事通塞、人才用捨、國勢安危胥係於章奏之一脉，不得不披瀝上陳，萬惟聖明留神省察。臣不勝迫切祈禱之至。"

二十六日癸酉，大學士方從哲謹題："照得戶部尚書李汝華，近被人言，兩疏乞休，未蒙發票。看得該部職司錢穀，事務極繁。頃自遼左軍興，一歲錢糧加至七八百萬，汝華百方措處，心力俱殫，且其計慮精詳，綜覈嚴密，奉公執法，勞怨不辭。今東事未平，正賴本官竭蹷經營，以濟邊塞之急。近聞該鎮差官催取，絡繹不絕，時刻難遲。若汝華杜門不出，諸事不免停閣，軍國大計，妨誤必多。伏望皇上將汝華辭本，發臣票擬，敕令速出任事，國計幸甚，邊事幸甚。謹題。"

二十七日甲戌，大學士方從哲謹題：昨蒙發下戶部尚書李汝華辭本，奉上傳：'遼餉緊急，不許卸肩推諉。不准辭。欽此。'該臣看得，汝華在部一年，一意奉公，勤勞匪懈，自有東事以來，措處新餉，心力俱竭，勞怨不辭，可謂公忠任事之臣矣。頃因人言，再疏乞罷，似亦勢之不得不然，原非自便身圖、置國事於不恤也。皇上似宜溫旨慰留，一以示眷注之篤，一以見責成之專，汝華自當感激圖報，仰副聖明委任，其於大臣體國之誠，主上優禮之意，庶兩得之。臣於昨晚已照常擬票進覽，仰候皇上裁酌。謹具題以聞。"

二十九日丙子，大學士方從哲謹題："照得吏部自李汝華辭印之後，新推尚書既未蒙欽簡，見任侍郎又未蒙委署，以致印封日久，銓務都停。國家二百五十餘年，從來無此異事，不意聖明在御，而一旦隳祖制、壞官常、拂人情乖政體，一至此極也。該臣屢次揭催，不知畫①經聖覽與否？誠一覽之，豈有漠然不爲動念者？蓋始猶日②聖體違和，方在調攝。而今已漸愈矣。始猶曰聖衷哀悼，未暇他及。而今已漸平矣。乘片刻之清閒，完此一事，不過一啟口、一舉筆之勞，而顧遲疑不決，日延一日，真臣愚所不解矣。今兩月之間，外而應陞者不知幾千百人，內而應選者不知幾千百人，衆口怨咨，羣情鼎沸，咸歸咎於臣，謂臣不能力請。臣濫叨輔理之司，以人事君，寔其專責，乃坐視仕路壅淤，人才厄塞，而不能竭力挽回，以動轉圜之聽，臣之罪安所逃哉？清夜自思，惶懼欲死。伏望皇上俯念國事多艱，用人最急，理窮勢極，萬難再遲，將會推尚書立賜點用，俾令刻期到任。不然，乞命侍郎暫署印務，以完目前推陞、大選之事，飭吏治、安人心，全在於此，萬惟聖明留意。臣不勝懇切俟命之至。"

是日，又題："恭照大行皇后崩逝，一應喪禮皆宜及時舉行。今三七已過，而禮部差官報訃之本，尚未奉旨，天下宗藩臣民將何據以成服盡哀？大典攸關，似不宜遲誤至此。伏望皇上將原本即賜批發，其進謚議文及易服二本，更祈一併檢發施行，典禮幸甚。臣連日病憊之極，有失催請，念之悚然，仰惟聖慈寬宥。臣不勝皇恐俟命之至。"

① 畫 "畫" 當作 "盡"。
② 日 "日" 當作 "曰"。

# 萬曆起居注

① 五 "五"前當有"萬曆四十八年"六字。

② 上 "上"當作"后"。

③ 觔 "觔"當作"筋"。

④ 天 "天"下當有"恩"字。

　　五①月戊寅，朔，大學士方從哲謹題："照得簡用閣臣，自皇上面允之後，今二十日矣。聖躬尚在靜攝，臣不敢屢有煩瀆，又臣病久思澀，不能措辭，往往欲言中止，惟日夜祝天，願皇上早下新臣之命，以救微臣之急，濟時事之艱，不意至今尚無消息。臣自去冬感患心疾，入春益甚，昏憒之極，一事不能幹理。適值大行皇上②仙逝，又非臣子稱病之時，忍死拮据，勉完目前諸務。以致心血耗盡，精神益耄，觔③力益頹，潦倒尪羸，僅存一息。昨三十日早，纔擬出門，突然昏暈欲絕。今早復勉強入直，而步履艱窘，扶掖不前，此滿朝行人所共見者。臣病勢若此，若猶避推諉之嫌，不明白盡言於皇上，求皇上早為政本計，一旦溘然長逝，誤國家之事，貽君父之憂，臣之罪可勝誅耶？惟望皇上察臣病寔阽危，決無久生之理，中外多事，決非病憊垂斃之人所能贊襄，將新點閣臣立賜允用，並將臣連日所請點用冢卿及喪禮諸疏，速賜檢發，臣雖旦夕就木，亦瞑目而無憾矣。不勝皇悚激切之至。"

　　是日，大學士方從哲謹題："伏蒙皇上以臣恭視寫題大行皇后銘旌，頒賜臣銀五十兩、紵絲二表裏、新鈔三千貫，臣頓首祗領，及中書官汪民敬銀五十兩、紵絲二表裏、新鈔三千貫，鄭崇光、單禮每員銀二十兩、紵絲一表裏，俱各分給訖。臣不勝感戴天④之至。謹具題謝恩。"

　　七日甲申，大學士方從哲謹題："先是户部尚書李汝華以人言乞休，業蒙皇上溫旨勉留，且因遼餉緊急，敕令即出供職。聖恩眷顧，汝華寧不知感？嗣後乃復有老病難痊一疏，是亦大臣止足之誼，不得不爾，非有卸肩推諉之念也。況今遼東警報疊至，需餉益殷，若本官仍復杜門，妨誤不小。伏望皇上將汝華辭本發臣票擬，催其速出，國計幸甚。謹題。"

　　八日乙酉，大學士方從哲謹題："頃自聖體違和，兩月以來，未嘗用一人、行一事，蓋國政之壅，人情之鬱，極矣。邇復傳聞，皇上專意靜攝，諸司章奏一到御前，便封束高閣，概不省覽。臣亦不勝憂懼。儻此說果真，天下國家之事，有不知所終者。蓋朝廷之上，祇有用人、行政二端。今冢卿不點，銓印久懸，推陞、大選停至三月，用人之途已塞矣。至於各衙門題覆本章，皆每日當行事務，皇上若厭其煩瀆，一概置之不省，即有重大緊要機宜，悉皆停閣。譬如人身，咽喉既阻，血脉不通，其人有不立斃者乎？目今大行皇后喪禮，如儀①謚、報訃等疏，尚未允行。此外户兵二部兵餉之疏，都察院按差之疏，皆係軍國大計、地方安危，而俞旨率不可得，其誤事可勝道哉？伏望皇上靜攝之中，不忘勵精之念，將已點閣臣先賜簡用，會推吏部尚書即賜欽點，其餘章疏關係切要者，盡發臣票擬，陸續施行。庶朝政疏通，人情歡暢，是亦皇上願神保和之一助矣。臣目擊時事，私衷惶懼，不得不言，而心悸神昏，語不達意，又不能盡言。仰惟聖明矜察。臣不勝激切懇祈之至。"

　　十日乙巳②，大學士方從哲謹題："頃四月初六日大行皇后崩逝，恭奉聖諭，命臣傳示該部，查優厚例行，臣隨即遵諭傳示訖。及查《大明會典》，有禮部請敕差官訃告之例，臣編③閱閣中舊敕，並無此稿。比詢之該部，亦以無所稽考為對。適見禮臣檢舉一疏，謂孝潔皇后、孝烈皇后時俱有敕諭，載在《皇明詔令》，臣不勝駭騍。夫請敕，禮臣之事，而撰擬則閣臣之事也。臣聞見寡陋，不習舊章，止據見在册藉④，未及檢閱詔令，昧蒙之罪，何以自解？今該部以差官將行，請皇上照例賜敕，時不容緩，臣謹將敕稿擬上御覽，伏乞即刻發下謄寫，速發該部，俾諸臣兼程遄往，大典幸甚。至若臣病憒之中，迷謬特甚，誤事失禮，非止一端。並祈即賜罷斥，以為輔臣不職之戒。臣不勝惶悚俟命之至。"

　　擬敕諭一道："皇帝敕諭禮部：朕中宮皇后於萬曆四十八年四月初六日崩逝，朕遵奉祖宗舊制，一切喪祭禮儀，爾部裏開具明白，在京文武衙門各遵行外，便行與各王府及在外文武衙門，以聞喪之日為始，哭臨三日，成服二十七日而而⑤除，俱免進香。故諭。"

①儀　"儀"當作"議"。

②乙巳　"乙巳"當作"丁亥"。

③編　"編"當作"徧"。

④藉　"藉"當作"籍"。

⑤而　此"而"字為衍文。

## 萬曆起居注

① 日　"日"下當有"戊子"二字。

② 册　《明神宗實錄》卷五九四"册"下有"封"字。

③ 日　"日"下當有"己丑"二字。

④ 未　"未"當作"末"。

⑤ 日　"日"下當有"辛卯"二字。

⑥ 筯　"筯"當作"筋"。

⑦ 日　此"日"當爲衍字。

十一日①，大學士方從哲謹題："適蒙發下禮部差官報訃本，奉上傳：'這報訃遣官，另擬別衙門官去。科臣著册封差用。'該臣看得，本内差有給事中二員，一爲李奇珍，一爲惠世揚。近該禮部因候旨未下，恐誤訃告大典，故於本月初四具本題知，令諸臣刻期前往。聞李奇珍即於次日辭朝啓行矣，惟惠世揚因聽補之官，尚在候旨。令若概留科臣於册封差用，則奇珍已行數日，豈有令其復回改差別官之理？伏望皇上俯允部題，令一同奉命而去，事體極爲妥便。如謂惠世揚未奉明旨，不宜遽差，則但當留惠世揚一員册②，其餘張鼐、李奇珍等俱照部擬差用，亦無不可。臣謹擬兩票呈上，仰惟聖明裁奪，速賜批發。臣不勝惶悚之至。"

十二日③，大學士方從哲謹題："照得各省直歲貢，每年廷試兩次，俱有定期。先該臣於四月十六日，將初廷試卷封進御覽，今將一月矣，未蒙發下。兹去十五日未④廷祇隔兩日，若過今日，必致有誤。諸生待試者千有餘人，日暮途窮，深爲可憫。伏望皇上留神，將臣前次題本並試卷立刻批發，多士幸甚，臣愚幸甚。謹題。"

十四日⑤，大學士方從哲謹奏："爲微臣病困且死萬不能支懇乞亟簡閣臣以免誤國事。臣爲枚卜一事，三年以來催請之章無慮百數，即皇上静俟檢發之旨，亦不知幾十次矣，而迄今杳然。頃四月間，恭承皇上面諭，又已逾月。使臣病未篤，精力稍可馳驅，敢不静聽以待聖心之自轉？無奈自冬徂春，心疾日甚，昏憒之極，一毫不能思慮，一事不能幹理。方擬請假暫攝，適值大行皇后喪禮，又非臣子稱病之時，忍死拮据，勉完目前大事，以致心血盡耗，精神益憊，筯⑥力益疲，雖具人形，所餘者僅奄奄之一息耳。方今朝政不行，章奏不下，官僚之曠缺日甚，人情之怨憤愈深，加以夷虜縱横，警報疊至，内憂外患，輻輳一時，國事艱危未有甚於今日日⑦者。即使密勿之地羣賢並列，協心匡替，謀斷相資，猶恐不足以宏濟時艱，挽式微之運，而但令一衰厅①老憊之夫，掛名內閣，任其傾頽顛仆而不爲之所，皇上得毋以天下國家爲戲耶？臣每一念及，五內如焚，轉展憂思，愁懼欲死。若猶避推諉之嫌，不據寔明言於皇上，求早爲政本計，一旦溘然長逝，誤朝廷之事，貽君父之憂，臣之罪即萬死何足續②哉？見今庶吉士進館，春秋朔望例當考試，臣病憊若此，欲一一品題，定諸士之優劣，勢必不能。即此一事，而新臣之不可不補，亦既章章矣。自四月以來，臣屢次揭催，不知盡經聖覽與否？憂心如結，望眼徒穿。不得已，再爲此請，伏望皇上察臣病勢沉綿，決難全愈，國家多事，決非久病垂斃之人所能賛襄，大奮乾剛，將已點二臣立賜簡用。庶政幾有託，國勢無虞，臣之生死進退臣可置之不問矣。不勝迫切懇祈皇恐待命之至。"

　　十六日③，大學士方從哲謹題："照得吏部正卿未點，署印無人，陞選俱停將三月矣。人心洶洶，有同鼎沸，咸謂祖宗二百餘年相沿之制，一旦廢壞至此，真古今未有之大變也。向因聖躬靜攝，諸臣不敢屢瀆。近日章奏漸通，羣情胥悅，乃目前十分重大、十分緊要，孰有過於銓務者？而聖④尤⑤遲疑不決，豈中外多官可終於不陞不選？而本部尚書可終於不用耶？非⑥經略熊廷弼疏謂，三三⑦道不補，遼左之事將不可爲。廷臣聞之，莫不相顧失色。且皇上軫念危遼，向於廷弼諸疏多隨上隨下，而獨此缺官一事，置而不顧，是又臣愚所不解矣。臣連連⑧日入朝，有貢生數十百人羣聚哭訢⑨，謂候選日久，盤費俱空，餬口計窮，死亡將至。困苦憔悴之狀，有不忍聞且見者。即此一節，而冢卿之不容不點，銓印之不容久虛，亦可見矣。況今處處缺官，豈止遼東一鎮？人人守候，豈止教職一行？而各省⑩俱有當行之事，又不止文選一司者。皇上奈何猶泄泄視之也？理極勢窮，萬難再緩。伏惟宸斷，立賜施行。臣不勝迫切懇祈之至。"

　　二十二日⑪，大學士方從哲謹題："頃該臣以吏部無人，

①厅　"厅"字疑當作"庸"。

②續　"續"當作"贖"。

③日　"日"下當有"癸巳"二字。

④聖　"聖"上或下當有脱字。

⑤尤　"尤"當作"猶"。

⑥非　《明神宗實錄》卷五九四"非"作"罪"，是。

⑦三　此"三"字爲衍文。

⑧連　此"連"字爲衍文。

⑨訢　"訢"當作"訴"。

⑩省　《明神宗實錄》卷五九四"省"作"司"，是。

⑪日　"日"下當有"己亥"二字。

## 萬曆起居注

① 銓　"銓"下當有脫字。

② 國朝　此"國朝"二字爲衍文。

③ 宄　"究"當作"宄"。

④ 羣倡　"羣倡"當作"倡羣"。

⑤ 日　"日"下當有"庚子"二字。

⑥ 佇　"佇"似當作"傭"。

銓①久廢，屢請皇上簡用尚書，或命侍郎暫攝。力已竭，詞已窮矣，煩瀆之罪臣自知之，惟是俞旨一日不下，則人心一日不安，人心不安，則臣之祈請必不容已。蓋自該部封印以來，三月教職停矣，四月推陞、急大選誤矣。內而卿寺部屬，外而巡撫司道等官，當推當補者不知几十百人，一概寢閣。皇上試思，國朝國朝②二百餘年有此事否？即皇上臨御五十年來，有此事否？靳一人之用，而隳祖宗之制，拂中外之心，紊官常，垂政體，無一可者。皇上奈何漠然不一動念也？諸臣望皇上而不得，勢不得不責備於臣，而臣愚所謂披瀝籲呼、仰瀆天聽者，惟此疏揭之一路。乃疏揭上矣，皇上或置而不覽，或覽而不行，即日進一通何益？晝夜思維，不知更有何術，可以冀宸衷之悟、而副天下之望也。適接侍郎史繼偕、郎中陸卿榮等揭帖，備言各省直處處凶荒，人人思亂，斬木揭竿之形屢見，土崩瓦解之勢將成。當此之時，非得守土之官拊循而彈壓之，萬一奸宄③一羣倡④聚響應，地方之禍，將有不知所終者。臣不勝凜凜於衷，輒敢隨諸臣之後，再爲此請。伏望皇上大奮乾斷，立簡冢卿，或暫委署印，庶銓務有歸，缺官盡補，不惟仕路可通，而弭亂安民恒必由之矣。臣不勝迫切懇祈之至。"

二十三日⑤，大學士方從哲謹題："臣今早進朝，有歲貢生員數百人聚集長安門，遮道器訴，求臣催請初廷試卷，以便再試。臣當即面許，諸生復隨至閣門，哀泣呼號，諭之不去，即欲齊赴文華門長跪候旨。洶洶景象，殊駭觀聽。切惟諸生以衰暮之年，希升斗之祿，其裹糧而來也，皆算定月日，原無贏餘。今守候過期，資斧都盡，饔飱不給，借貸無門，鬻子典衣、佇⑥書抄報、無所不有。哀此貧生，固皇上所嘗廩之學宮、培養五十年、以至今日者，何爲使之窮困無聊、至此極也？其前次試卷，見在御前，臣謹將原本再呈聖覽。伏乞皇上立賜批發。將一舉筆而千人之困頓可以立甦，數月之羈維因之盡解，通朝政而收人心，此亦其一端矣。此外有聽選教職，亦投揭於臣，求欽定銓部印，以便補選，此又臣連日與部司諸臣屢請於皇上者，並祈聖明留意。臣不勝迫切跂望之至。"

二十四日①，大學士方從哲謹題："先該臣於本月初四日，詣仁德門恭候萬安，今再旬矣。竊思皇上一身，天地百神默相顯助，計此時必且日就康和，臣犬馬私衷，不勝欣慰。惟是時當盛夏，而寒熱不常，調理為不易。惟望皇上加意珍攝，順時節宣，省思慮，慎起居，以葆太和、膺遐祉。臣無任惓惓祝願之至。謹具題恭候萬安以聞。"

二十六日②，大學士方從哲謹題："為再陳進卷失詳之罪仰祈聖鑒是③。去歲三月，殿試天下貢士，臣以職掌叨讀卷之役，其進呈首卷，乃原任吏部尚書趙煥取以送臣者，卷中錯寫一字，及刮補數字，臣一時不及致詳，疏略之罪，誠難自解。隨於傳臚後，具疏忍④罪。茲戶科給事中楊漣，疏論吏部侍郎史繼偕，復舉此事，臣不勝慚悚。夫殿試係掄材大典，臣以一時昏昧，致有差誤，實⑤在臣。雖科臣不深責臣，然臣之心豈能自安乎？為此，謹將進卷失詳之罪，再為申請，仰祈聖明鑒察。臣不勝惶悚待罪之至。"

二十八日⑥，大學士方從哲謹奏："為時事孔艱用人最急懇乞立簡冢卿以補缺官以圖治理事。自皇上靜攝以來，堂簾日隔，幾⑦日壅，諸司緊要章奏，率留中不發，以致缺官不補，請事不行，題差不允，從來朝政阻塞未有甚於此時者。中外臣工，咸翹首跂足，望冢卿之命旦夕且下，而廷推既久，簡用尚稽，一切陞選之事盡皆停止，人心皇皇，且疑且懼，以為此國家二百五十餘年絕無之事，不虞聖明在上，而一旦廢壞至此。該臣與本部堂屬疏請揭催，唇焦穎禿，而俞旨杳然。不知皇上以靜攝而忘之耶？抑因催請之頻，而故遲留不發耶？銓曹職在用人，凡人材進退，仕路通塞，恆必由之。今內外缺官極矣，九卿長貳寥寥數人，缺者未推，推者末⑧用，甚至法司三署，一時盡空，考選散館累年未結。股肱耳目之司，曠⑨缺若是，尚成其

萬曆四十八年

三七六九

① 日 "日"下當有"辛丑"二字。

② 日 "日"下當有"癸卯"二字。
③ 是 "是"當作"事"。
④ 忍 "忍"當作"認"。
⑤ 實 "實"上當有脫字。

⑥ 日 "日"下當有"乙巳"二字。
⑦ 幾 "幾"上或下當有脫字。

⑧ 末 "末"當作"未"。
⑨ 曠 "曠"當作"曠"。

爲朝廷乎？巡撫係一方安危，而邊方尤重。甘肅缺已逾歲，未得另推，大同、四川推已半年，未蒙欽點。又如遼東虜患方殷，而監軍各道至今未補。直隸、河南、山陝等處，飢民礦徒所在蜂起，而監局守令强半乏人。諸如此類，未可悉數，欲以靖邊徼、安地方，胡可得也？總由銓席久虛，選法都廢，缺人誤事，處處皆然。釀禍養亂，念之深爲凜凜。此國家何等時也？而用人一事，尚可泄泄視之耶？新推尚書周嘉謨，敭歷最久，輿望允孚，且見①班行，可可②以朝聞命命③而夕受事，皇上奈何惜一舉筆之勞，不亟为點用，以重銓衡之任，慰中外仰望之心也？臣目擊時事艱危，私和④不勝憤懣。第念聖躬方在調養，目前切要諸務，且未敢一一瀆陳。但望皇上分靜攝之片時，將吏部尚書立賜簡任，前項缺官令其陸續推補，並將各衙門奏章盡數檢發，都察院題差御史概賜點用，庶幾朝政稍通，人情胥悅，不獨朝廷收得人之效，而聖心亦可免激聒之煩，真宗社臣民之至幸矣。臣不勝激切懇祈、皇恐待命之至。爲此，謹具本親赴文華門，叩首上進以聞。"

①見 "見"下當有"在"字。
②可 此"可"字當爲衍文。
③命 此"命"字當爲衍文。
④和 "和"當作"心"。

六①月丁未，朔，大學士方從哲謹題："今日九卿科道官於文華門同上公疏，惓惓以用人、行政爲請。蓋因皇上靜攝以來，章奏不下，朝政益壅，且銓席久虛，百務廢弛，內變外患，種種可虞，諸臣目擊心憂，計無出②，不得已合詞懇請，期皇上之必行，其憂時體國之誠，計聖明所深亮也。而其中惟點用冢卿一事，尤爲喫緊。蓋自銓印塵封，已經百日，無論三月教職不得選，四月急、大選不得行，內外缺官不得補，遼左用兵之際，所需道臣共事，何③急切？而分守開原及監軍三道，至今未推，經略熊廷弼屢次急催，在廷諸臣亦連章懇請，而皇上俱置之不顧。昨經臣鈔送奴酋招降榜文，中間悖逆之詞，讀之令人眥④烈髮指。且謂：爾等縱入關，我兵不勉⑤隨到。狂逞之勢，聞者警心。此何等時節？而三道可終於不補乎？今早蒙發下經略二本，仰見皇上留心遼事，不欲頃刻稽遲。乃獨靳冢卿之點，不急補道臣之缺，致令廷弼以一身獨居遼陽，竭力支撐，形影相弔。皇上縱不爲廷弼危？獨不爲遼左危、爲關西危乎？郎中陸卿榮，恐前事會推原本御前難以檢查，謹再具疏列名上請，伏望皇上立賜欽點，敕令即日到任管事，即日速補遼東各道，其餘推陞銓選等事，陸續舉行。不過一舉念、一舉筆間，而銓政可通，危遼可救，疏積滯而慰羣情，但係於此。萬惟聖明留神速允。不然，數日之後，諸臣必且伏闕力爭，必得請而後已。煩瀆聖聽，臣之罪益無所逃矣。臣不勝迫切籲祈皇悚待命之至。

二日戊申，大學士方從哲謹題："先是二月間，臣因遼左貽危，請皇⑥敕諭熊廷弼盡心任事，並令戶、兵二部湊銀二三十萬兩頒賞，以鼓軍心。催請至再，未奉俞旨。昨見廷弼有官軍勞苦真堪痛哭一疏，備述援遼軍士辛苦勞瘁之狀，讀之令人賞⑦心酸鼻。且先聞朝廷朝廷⑧有犒賞之意，莫不踴躍歡呼，謂旦夕可至，及兩月以後，寂無消息，則又莫不憤恙⑨觖望，口出怨言，即此景象可見賞之有無，乃人心向皆⑩之端，邊塞安危所係，皇上未可視爲未務也。況近日逆賊出榜招降，巧言誑

萬曆四十八年

三七七一

①六 "六"上當有"萬曆四十八年"六字。

②出 "出"上當有"所"字。

③何 "何"下當有"等"字。

④眥 "眥"當作"眥"。

⑤勉 "勉"當作"免"。

⑥皇 "皇"下當有"上"字。

⑦賞 "賞"當爲誤字。

⑧朝廷 此"朝廷"二字爲衍文。

⑨恙 "恙"當作"恚"。

⑩皆 "皆"當作"背"。

惑，安知羣情不有因而攜貳者？若於此時，皇上出一明旨，以慰勞於先，隨即頒給賞銀，以大賚於後，計三軍之士無不感激思奮，出死力以圖報效，及時之惠，救急之着，無踰於此。伏望皇上留神，將廷弼本發臣票擬，其兩部湊發銀數，仍取自上裁。臣不勝望①之至。"

三日己酉，大學士方從哲謹題："臣於前月具揭恭候萬安，今又旬日矣。宮闈咫尺，阻奉天顏，其聖恙漸平與否，御膳漸增與否，臣皆不及知。連日問之醫官，詢之內使，亦無有知者。臣不勝憂懼。竊惟皇上一身，宗社之憑依甚重，臣民之愛戴甚殷。當茲靜攝之時，凡飲食、起居，宜曉然昭示於中外，而臣叨居禁近，杳不與聞，犬馬私衷，能無瞻戀？能無疑慮？如此而欲宮府之間精神流貫，章奏疏通，胡可得也？臣謹齋沐具揭，於文華門叩頭上進，恭訊聖躬萬福。伏望皇上親賜御覽，仍傳一旨，以慰臣愚懸念之意，以安外中②之心，實為至幸。臣無任孺慕瞻依之至。"

四日庚戌，大學士方從哲謹題："前日蒙發經略熊廷弼一本《為奴酋招降送榜等事》，業已當日批發。昨日又發廷弼犒賞官兵一本。可見皇上留神遼事，凡廷弼所請，無不允行。惟是遼陽、開原及監軍三道缺官，因吏部無人，至今未推補。該廷弼屢次急催，不啻星火，而皇上一概置之不理。連日朝臣公疏，及臣從哲揭請，無不已③此事為急，乃新推吏部尚書，皇上未肯即點。於該鎮缺官不令即推推④，是皇上於廷弼既付以安危重擔，到此時節，乃任其孤危狼狽、迫切號呼，而不一顧。皇上豈真不要遼東、不救廷弼也？適又接廷弼揭帖，言見在同事只有監軍刑⑤慎言、高出兩人，皆以防守之事，一往瀋陽，一往奉集堡，此時遼陽城中，祇有廷弼一人。又新有衂血之病，臥牀料理，凡事無一人商量，所需三處道臣萬分緊急。適又貽書於臣，謂臣坐視遼鎮將亡，不力請皇上亟點冢宰，亟補道臣。其言尤為急迫。臣見之，真欲愧死。伏望皇上檢會推吏部尚書

① 望 "望"上當有脫字。

② 外中 "外中"當作"中外"。

③ 已 "已"當作"以"。
④ 推 "推"當作"補"。
⑤ 刑 "刑"當作"邢"。

原本，或昨日郎中陸卿榮補上列名之本，將周嘉謨立賜點用，立賜批發，今①將三道即刻推補，則救廷弼、並救遼東，一舉而兩得之矣。臣病憒之中，語言無次。不勝泣血哀懇之至。"

　　五日辛亥，大學士方從哲謹題："數日以來，皇上於經略熊廷弼本，無不隨上隨下，仰見聖心軫念遼事如此之切也。至其所請遼陽、開原及監軍道臣，十分緊要，必得吏部尚書方可推補。近日抄傳奴酋招降榜文，內有'徽宗、欽宗受些若②難'等語，蓋明以宋家亡國家語③辱之事侮我君父，凡爲臣子，孰不痛心切齒、思食其肉而寢其皮？竊思皇上必且赫焉震怒，但可爲勦滅奴酋計者，不知何如急切，何如奮迅。乃經今數日，冢宰猶然未點，三道猶然未推，以致人心皇皇，不能頃刻少待。前晚經略續到一疏，極言分理無人、孤危狼狽之狀，廷臣見之，咸凜凜憂惶，恐遼東旦夕難保。皇上奈何猶漠然略不動念也？昨九卿科道諸臣，上疏後見臣於東閣，咸以此事咎臣，責臣不能叩閽刀④請，臣真無所逃罪。伏望皇上將會推尚書周嘉謨立賜點用，所缺道臣敕令即刻推補，勒限前去，庶危鎮可安，羣情可慰，而銓政亦不至於久停矣。夫當聖躬靜攝之時，臣豈宜輕有煩瀆？但事勢甚迫，難以久待，人情甚急，不容暫止。輒敢冒昧一言，唐突之罪，自知不免，萬望聖明留神省覽，慨賜施行。臣不勝迫切懇祈之至。"
　　是日，又題："臣連日恭詢皇上起居，未得其詳，不勝憂懼。昨太醫院院判陳璽、御醫何其高等請視聖脈，臣細詢之，始知聖躬尚未平復，尚須調理。臣又不勝懸念。當此炎暑熏蒸之時，萬望皇上擇飲食，平喜怒，十分珍護，以保天和。臣不勝惓惓祝願之至。謹請⑤仁德門叩首，恭候萬安以聞。"

　　六日壬子，大學士方從哲謹題："昨日於仁德門恭候萬安，並請皇上點用吏部尚書，立俟俞旨。比至日暮，該文書官王體乾口傳聖旨：'傳與先生：萬歲爺聖駕因虛疾調攝未愈，昨日宣御醫診視，脾胃受傷，不奈煩勞，服藥調理。所請事情，知道

①今 "今"當作"令"。

②若 "若"當作"苦"。

③語 《明神宗實錄》卷五九五"語"當作"詬"，是。

④刀 "刀"當作"力"。

⑤請 "請"當作"詣"。

① 諉陳 "諉陳"當有誤字。
② 動 "動"字當誤。

了。待朕稍瘥，即查檢發行。先生遵諭且出去，內閣候旨。欽此。'切惟銓部塵封已逾三月，人情仰望之急，不啻水火。臣與該部堂司時時揭摧，茫無消息。昨不得已趨赴宮門，竭誠申請，且備述近日酉奴狂悖之狀，經略痛苦之情，諉陳①天聽。切意皇上必且赫然震怒，幡然改動②，立簡冢卿，立補各道之缺，協助經臣，大張撻伐，雪國家之恥，雪神人之憤。豈非聖明舉動、今日一大快事哉？奈何視若等閒，恬不為意，而所為諭臣者猶然泛常之語也？聖躬未愈，不奈煩勞，誠不宜以幾務之多，一一仰干宸慮。至於點用冢卿，則至易至簡之事，皇上但令左右檢出會推原本，發票批行，此於聖體又何煩勞？於靜攝又何妨礙？乃必待稍瘳而後檢發耶？原擬日日叩閽，期於得請而後已，既蒙傳諭，且遵旨於閣中暫候。聖意久而不決，俞旨仍復稽遲，尚當匍匐宮門，號泣哀祈，以求必允，皇上即罪臣煩瀆，立付斧鑕，所不敢辭，斷不敢以病困垂危之身，苟且幸生，擔誤國之罪也。臣謹因回奏，再有所懇。神昏氣竭，語不宣心，萬惟聖明鑒察。臣不勝激切仰望之至。"

③ 發 "發"當作"癸"。

七日發③丑，大學士方從哲謹題："前蒙發票經略熊廷弼二本，一為犒賞援遼軍士，二為推補各道缺官。此二事者，所以鼓舞人心，贊襄軍務，乃今日救遼第一要著，羣情仰望，急於水火。我皇上軫念邊情，其間緩急之機，自能洞見，無俟臣之喋喋也。適接監軍御史陳王庭揭帖，亦以此為請。伏望皇上將臣擬上二票，立賜批行，封疆幸甚，臣愚幸甚。不勝迫切仰望之至。"

④ 階 "階"當作"偕"。

⑤ 朴 "朴"當作"枚"。

八日甲寅，大學士方從哲謹題："照得吏部侍郎史繼階④自被論之後，再疏請告，今半年矣。本官佐銓以來，素稱清謹，興望所歸，且該吏部首推閣員，蒙欽點。今辭疏不下，致令進退無據，殊非事體。伏望皇上留神，將繼偕二本，發臣票擬，令其照舊供職。更望皇上朴⑤卜之疏，立賜檢發，尤為至幸。臣不勝仰望之至。"

九日乙卯，大學士方從哲謹題："連日九卿科道再上公疏，請皇上點用冢卿，亟補邊臣，早雪國恥。羣情仰望，急如水火，不能少待。乃經今數日，未蒙省發。諸臣每相率見臣，責臣不能積誠感動，極力挽回，以致時事日非，之①甚一日。臣不覺茫然自失，悚然無以自容也。皇上向來不輕用人，往往求之愈急，持之愈急，然至十分窮迫之時，率亦未嘗不用。今吏部封印四月，一人不選，一人不陞，人情洶洶，有同鼎沸，可謂窮矣、迫矣，無以復加矣。而冢卿之點，皇上猶遲疑不決。豈遼左各道而可終於不補？而三韓地方可棄而不顧耶？又豈内外應陞應選之官可終於不陞，終於不選，而併此吏②衙門可廢而不設耶？不然，皇上五十年來，本部尚書不知經幾番員缺，幾番推補，何至今日而印祁不予，一至此極也？連接總兵李光榮塘報，怒③賊約同西虜，處處犯搶，時時侵掠，大舉之勢，將在目前。此時皇上晏處深宮，於重鎮安危恬然略不介意，甚至舉朝大小臣工合辭叩閽請用一銓臣，而亦不可得，朝廷之上舉動若此，天下事尚可言哉？此臣所④泣血嘔心，恨不能碎首玉堦，以冀宸衷之一悟也。臣心無盡，臣辭已窮，但望皇上少分静攝之片時，檢吏部會推原疏，或取近日郎中陸榮卿列名之疏，將尚書立賜欽點，敕令即刻任事，將開原監軍道臣先行推補，不獨分理得人，危疆可保，將見選法疏通，人心欣暢，亦朝政更新之一端也。臣不勝激切待命之至。"

①之 "之"當作"日"。

②吏 "吏"下當有"部"字。

③怒 "怒"當作"奴"。

④所 "所"下似應有"以"字。

十二日成⑤午，大學士方從哲謹題："昨蒙皇上允經略熊廷弼之請，補用薛國用、胡嘉棟二臣，勒⑥刻期赴任，其開原監軍二道並令該部速推，仰見皇上留心邊事如此其切也。惟是吏部無人，誰爲推補？若明知有當補之官，而不先用補官之人，與欲其入而閉之門者何異？且廷弼一身，皇上既付以安危重擔，到此緊急用人之際，乃任其孤危病困，迫切呼號，而不盡數推補，以應其求而資其用，豈真欲棄遼東而不顧耶？今時勢迫矣，人情之憤悶極矣，羣臣既以聖躬在闕⑦，不敢爲伏闕之爭，皇上又以聖疾未瘳，不肯動轉圜之聽，日復一日，將何底止？直

⑤成 "成"當作"戊"。

⑥勒 "勒"當作"敕"。

⑦闕 "闕"字當誤。

待遼陽不守，虜勢益張，冦至都門，震驚宗社，而後點冢卿、補道臣，不已晚乎？或者謂皇上慎重爵位，從來不輕用人，故冢卿之推，未肯遽允，各道之缺，未肯盡推。臣切謂不然。今兩京見在有幾部尚書？何故獨靳一吏部？天下有多少司道官，何獨靳一遼東？況周嘉謨由工改吏，仍是舊秩，非係陞官，不過一轉移間而主爵得人，銓政可舉，在今日爲極重極要之事，在皇上則爲至易至簡之事，奈何惜一舉筆之勞，而不以通仕路、慰人心也？昨九卿科道上公疏之後，屬臣再爲催請，其望臣甚切，責臣甚深，翹仰德音，勢同饑渴。儻聖意猶然未決，俞旨又或少稽，一、二日間，舉朝臣工相率叩閽，期於得請而後已。誠以事理窮迫，計無所之，不得不出於此，即煩瀆聖聽，所不敢辭矣。臣不勝激切皇悚俟命之至。"

十四日庚申，大學士方從哲謹題："適蒙發下吏部郎中陸卿榮等本，該文書官李希哲口傳聖旨：'見今喪禮大典未完，工部事體繁多，又無左右侍郎，就是點下，旦夕難至。吏部印信故耳①斟酌且着別部大臣暫署。欽此。'臣愚仰見皇上慎重大體至意，不勝欽服。查各部尚書，除周加②嘉謨外，共有四人，戶部尚書李汝華以本部事務繁多，新辭署印，倉場尚書張問達，見署刑部、都察院，兵③尚書黃加④善，邊情緊急，亦難兼攝，只有戎政尚書黃克纘，營務稍簡，堪以暫署。臣未敢擅定。但望皇上仍如臣今早所請，將正推周嘉謨即賜點用，其工部事體暫令黃克纘署掌，極爲妥便。臣謹擬兩票，進呈御覽，伏惟聖明裁酌，立賜批發施行。臣不勝仰望之至。"

十七日癸已⑤，大學士方從哲謹題："照得點用吏部尚書，頃蒙皇上批發，臣獨欲揀一票，批在吏部原推本上，臣不勝慶幸，知皇上必點正推無疑，計冢卿之命，旦晚可下矣。乃經今兩日，仍復寂然，臣又不勝疑疑⑥慮。竊思銓務繁重，向來統軍⑦之任，不容一日缺人，今封印四月，百事俱停，政體之乖，人情之鬱，極矣。此時亟簡尚書，俾令力爲整頓，將推補道臣、

① 耳 《明神宗實錄》卷五九五"耳"作"爾"，是。
② 加 "加"字爲衍文。
③ 兵 "兵"下當有"部"字。
④ 加 "加"當作"嘉"。
⑤ 已 "已"當作"亥"。
⑥ 疑 此"疑"字爲衍文。
⑦ 軍 "軍"字當誤。

陞選教職、並大選急選、日行諸事，書①數補行，猶恐無及，乃聖意已定，又復滯留，明旨已宣，猶然濡滯，畢竟冢卿之點何日、而銓政之舉何時乎？在廷之臣見在晚②檢查原疏即批發行之諭，以爲俞旨當在旦夕，咸相戒靜聽。儻一、二日再無消息，必且相率爲補牘之請，請而不得，又將相率爲伏闕之爭，煩瀆宸聰，臣益無所逃罪矣。臣之罪何足惜，惟是聖躬當靜攝之時，不求省事省心之法，靳徒③一人之任用，而不顧羣臣之觖望，不惜衆論之沸騰，不不④知皇上果何利於此耶？臣力竭矣，不能多言。但望皇上檢出吏部原疏，將正推尚書立賜欽點，照所擬即刻批發，則選法立見疏通，人情自然帖服，不惟皇上得享安靜之福，而病臣亦得少安⑤誤國之誅。臣不勝迫切懇祈之至。"

　　是日，又題："適接遼東巡撫周永春塘報《爲緊急夷情事》，據各夜報稱：十二日寅時，東夷達賊一萬餘騎，從撫順關進入，搶至王大人屯，又一萬餘騎，從東沙地衝進入，往南搶，勢甚兇惡，且離瀋陽祇二十餘里，深爲可慮。臣閱之，不覺心戰魂飛，汗流沾背。看得此賦⑥，久以大衆屯聚關上，時出一二千騎掠我邊堡，窺探虛實，今見經略熊廷弼南去清、靉等處安設兵馬，不在遼陽，遂以二萬餘衆乘虛深入。雖有本鎮李光榮及援將賀世賢、柴國柱等相機防禦，但恐衆寡不敵，難以取勝。此時遼、瀋之間不知作何光景。緣係緊急邊情，臣不敢不奏聞於上。伏望皇上將熊廷熊⑦請賞之疏，立賜批發，俾運⑧士聞之，莫不感激思奮，拼命殺賊，實今日禦虜安邊之急務也。臣正擬具揭催請，適得此報，敢一併仰塵天聽，萬惟聖明留意。臣不勝企望之至。"

　　二十一日丁卯，大學士方從哲謹題："日者在廷諸臣，求皇上點用冢卿，合詞懇請，半月之間，疏凡三、四上。非敢爲是瀆也，誠以銓印不可久虛，銓政不容終廢。今時逾四月，而一人不陞，一人不選，撥⑨之政體，萬非所宜。若再遲延，復將何極？昨科道諸臣各具公疏，俱請皇上亟簡正推，立趨任事，

萬曆四十八年

三七七七

①書　"書"當作"盡"。
②在晚　"在晚"似爲"見在"之誤。
③靳徒　"靳徒"當作"徒靳"。
④不　此"不"字爲衍文。
⑤安　"安"當作"逭"。
⑥賦　"賦"當作"賊"。
⑦熊　"熊"當作"弼"。
⑧運　"運"當作"軍"。
⑨撥　"撥"當作"獘"。

而其所最急者，尤在遼左道臣，跂望之殷，真同水火。前兩承聖諭，許臣以檢查原疏即批發行，竊意聖心已定，俞旨只在旦夕。而經今數日，又復查①然。是天語傳宣，衹欲杜諸臣之奏請，免一時之煩眛②，而非真有意於冢卿之用也。不知冢卿之命一日不一③，則諸臣之請一日不已，究且號泣伏闕，以期聖聽之必回。必時皇上恐無終於不用之理，而其煩聖心、損國體，不已多乎？今六月大選爲時已迫，貢生千餘人，候選者無授職之日，就④者無廷試之期，羣情洶洶，勢同鼎沸，怨聲載道，耳不忍聞。此等景象，計皇上知之未有不悚然動念者。臣謬居輔理之司，愧無感孚之素。即此一事，關係吏治人才何等重大？何等急切？而終不能得之皇上，致使銓政日懷⑤，仕路日壅，隳祖制而拂人情，貽聖明之纍不小，臣之罪安可贖哉？清夜自思，漸⑥俱欲死，私衷憤懣，無計可思。不得已，瀝血再申前請，萬惟聖慈矜察，將部推原疏，立賜批發施行。臣不勝迫切懇祈之至。"

是日，又題："適接吏部侍郎史繼階⑦揭帖，知本官於今早出城候旨。不勝驚訝。爲照繼偕佐銓二載，清謹素聞，去歲首被廷推，旋蒙欽點，臣方望旦夕命下，得與協恭任事，庶幾匡臣愚之不逮，濟事時⑧之多艱。不意綸命久稽，未遂同升之願，而人言忽已至矣。繼偕被論之後，三疏乞歸，俱未蒙發票。且見部印塵封，銓政久廢，不勝曠⑨職之憂，故不得已，疏而行，甘蹈今日徑行之轍。此臣所以既爲繼偕惜，而又深爲時事慮也。大臣去留，上關國體，皇上似不宜度外置之。伏望將繼偕辭疏，仍發臣票擬，以全終始。若夫朴⑩卜之旨既不得下，繼偕之去又不可留，時勢兩難，未有甚於此日者。見今揆地空乏，更無一人，臣病憊尫羸，命在呼吸，政本中絶，萬分可虞。皇上若不及今早作區處，必待置⑪死而後倉卒用人，嗟何及矣？容臣力疾再爲專請。臣不勝戰兢惶悚之至。"

三日⑫己巳，大學士方從哲謹題："臣惟大理寺堂上缺官一年又五月矣，吏部推推⑬補卿丞等官及本寺屬官，催請署印諸疏，凡數十上，皆未蒙允發。頃者刑部署印①事尚書張問達，以欽恤屆期，因棘②寺缺官，不便題差，屢疏懇請。復向臣言，自寺印塵封，事無一歸結，目今各省直恤刑之差，踰期已久，若復不點一官令署寺事，使祖宗成憲癈③於一終④，輕民命而墜法紀，政體之傷，莫此爲甚。屬臣代爲申請。臣謂皇上天植慈仁，同符堯舜，豈其吝一官而自廢平刑之大典？靜攝之餘，自當檢發，何敢再爲陳瀆？但念部寺相關，一切大小訟獄，非大理評定，則刑部終無結局之期。今棘⑤門晝⑥局，案牘山積，在屬官則終日兀守而無所事，在獄情則經年停滯，而不得完。有罪者長觀望倖免之心，無罪者有拘緊纏綿之苦，廢法生奸，委非政體。至於恤差職名，原係堂官定擬，今堂官既缺，誰爲開送？該部亦何從具題？展轉遷延，稽遲時日，使普天含冤抱鬱之衆，望時雨而不至，度長日以如年。總因大理無官，而部事擔閣，遂致各省直刑獄之時⑦悉爲耽閣也。民命所關，屑越至是，而其損皇上好生之德不已多乎？伏望皇上將吏部原推寺丞房壯麗、唐世濟，立賜點用，即委一人署印，以濟目前之急。若夫熱審過期，該臣已屢次題請，時下三伏蒸勢⑧，疾疫盛行，哀哀纍囚，從萬死中盼此一綫生路，皇上定不忍恝然置之度外。但得早一刻，則圜土之民早受一刻之恩膏，而祝頌聖壽者，將萬萬年無疆矣。伏惟聖明垂慈詳諭。臣不勝懇切祈望之至。"

是日，頒賜輔臣鰣魚二尾。

二十五日辛未，頒賜輔臣鮮鰣五尾。

二十六日壬午⑨，大學士方從哲謹題："恭照大行皇后崩逝將三月矣。舊例梓宮發引，祇在百日內外。今時已迫而冊諡未定，神主牌位未寫，發引之期將在何日？稽誤大典，臣等安所逃罪？伏望皇上將禮部議諡之本，已經票擬者先賜批發，使臣得擬撰冊文進覽，不至臨期無措。至於應用錢糧，戶部屢奉嚴旨，自當陸續辦進。其欽天監改擇七月初三日冊寶吉期，及禮部發引擇吉之請，祈並賜允俞，俾各衙門皆得預爲料理，竭蹶

萬曆四十八年

三七七九

① "印"當作"部"。
② "棘"當作"棘"。
③ "癈"當作"廢"。
④ "終"當作"旦"。
⑤ "棘"當作"棘"。
⑥ "晝"當作"畫"。
⑦ "時"當作"事"。
⑧ "勢"字當誤。
⑨ "午"當作"申"。

襄事，庶皇上①在天之靈可慰，而皇上優厚之意不虛，實中外臣民之至願也。臣病困日久，諸事隳廢，目擊大禮遲誤，不能時時催請，溺職實多。兹敢垂禮部之後，一爲申懇，昏憒之極，語不能詳，萬惟聖慈鑒宥。臣不勝皇恐懇祈之至。"

①上 "上"當作"后"。

萬曆四十八年

七①月丙子，朔，大學士方從哲謹題："欽蒙皇上命臣撰大行皇后尊謚册文，臣謹撰成上進，伏乞聖明裁訓。謹具題以聞。"

二日丁丑，大學士方從哲謹奏："爲臣病益篤誤國益深懇乞聖明亟賜罷斥以重政本事。臣自去冬感患心疾，入春增劇，心不能運思，口不能措辭②，半載於茲矣。一病纏綿，百事隳廢，曠官之罪，臣自知之。前二、三月間，屢疏乞休，未蒙矜允。適遇遼左警報疊至，又值聖躬違和，未幾復有大行皇后喪禮，國家多故，豈臣子言去之時？臣不得已，力疾奔趨，黽勉從事。然於時事，實是分毫無補，至今則病盜③不支，而罪益不可贖矣。蓋臣之病，始於憂勞，成於鬱結。今則憂勞日甚，鬱結日深，神識全昏，心忘④愈惑，終日憒憒，常若夢中，至於舉動周章，語言舛錯，此在朝諸臣所共見者。每遇事幾緊要，典禮重大，雖心知其當言，而轉眼便忘，旋致廢閣。甚至舉筆屬思，竟日不成一字，往往因而中止。總之，臣福盡命窮，故天實厭之，使遘此奇疾。即居一官、修一職，已萬萬不能，而欲仰佐萬幾，贊襄庶政，豈可得乎？方今虜患迫於外，朝政壅於內，國勢之危，真同累卵。臣求去則迹涉推諉，不去則終成貽誤。誤尋常之事，已不可言，究且誤封疆、誤社稷，彼時即磔臣之身，食臣之肉，亦何益乎？言及於此，雖欲一日苟留，不可得已矣。伏望皇上將臣亟行罷斥，輕則褫革，重則竄逐，臣不敢辭。若臣所言病困之狀，一字涉虛，天地鬼神必立殛臣，並臣子孫俾無噍類。皇上亦可以憐臣而允臣矣。至於亟簡忠賢，共圖化理，早下枚卜之命，無貽政本之憂，是尤臣愚所爲惓惓致望者。萬惟聖明留意。臣不勝惶悚待命之至。"

是日，又題："頃見兵部尚書黃嘉善復有請告之疏，今已數日，未蒙檢發。方今遼左夷情正急，催兵遣將，不容一日少遲。若本兵杜門不出，部事寧無妨誤？伏望皇上將嘉善辭⑤本，發臣票擬，促其即出任事，樞務幸甚。再照經略熊廷弼請賞之本，該臣擬上已久，且犒賞銀兩，戶兵二部俱已措處完備，差官齎解，更望皇上將前本立賜批行，此鼓舞人心之大機，實重鎮安

①七 "七"上當有"萬曆四十八年"六字。

②辝 "辝"當作"辭"。

③盜 "盜"當作"益"。

④忘 "忘"當作"志"。

⑤辝 "辝"當作"辭"。

危之所係也。萬惟聖明留意。臣不勝仰望之至。"

五日庚辰，大學士方從哲謹題："先該吏部題萬曆四十八年分應貢、及四十七等年病痊等項願就教職歲貢生員，開送翰林院考試，臣會同禮部右侍郎兼翰林院侍讀學士教習庶吉士掌院事劉一燝，出題彌封，嚴加考試，取中文理平通上卷六卷、文理亦通中卷八百六十一卷，俱堪授教職。謹將各試卷封進，伏乞聖裁發下，開送該部，查照前後題准事理，欽遵施行。謹題請旨。"

八日癸未，大學士方從哲謹題："適文書官王體乾，恭捧聖諭到閣：'諭內閣：前皇太子來大行皇后几筵前行祭禮，因朝見朕、問安。朕面諭皇太子：才人王氏薨逝已久，墳園未建，我心未嘗頃刻忘之，欲行另擇，恐遷延歲月，可就祔葬於郭妃墳園之側，汝意何如？皇太子回奏：才人誕育元孫，父皇所諭祔葬妃墳之側，極為便益。朕見皇太子純誠孝敬，朕心嘉悅。卿可傳示該部遵行。特諭卿知。欽此。'照得皇太子才人王氏，誕育元孫，送終之禮，極宜隆重。而墳園未建，典制久稽，宜厪聖心之軫念也。茲者皇上面諭皇太子，以另行擇地，恐遷延歲月，欲就祔葬於郭妃墳園之側。其於事為甚便，於禮為最宜。皇太子即能仰體宸衷，極稱便益，於此固見皇太子之誠孝，將順無違，我皇上之慈仁、斟酌曲當，一舉而大事克襄，羣情胥慰，真大聖人之作為，非臣下所能仰贊萬一者也。臣愚可勝欽服？除即傳示禮、工二部遵行外，所奉聖諭，謹尊藏閣中。臣謹具回奏以聞。"

是日，又題："昨蒙皇上允經略熊廷弼之請，發銀三十萬兩，犒賞援遼軍士。明旨一下，在廷之臣咸手額稱慶，以為皇上留神邊事，軫念窮軍若此，彼中將士，誰不躍踴感奮、願出死力以圖報效？此在皇上，為非常之恩，在軍士為及時之惠，乃滅賊存遼之急務也。近該諸臣建議，請皇上頒賜敕諭，以示慰勞德意，此尤鼓舞人心之機，誠不可少。臣謹撰上敕犒①二

①犒 "犒"當作"稿"。

道，諭①經略，一諭援遼軍士，伏乞聖明裁訓，發下臣謄寫。臣不勝仰望之至。"

九日甲申，大學士方從哲謹題："頃該臣進上敕諭經略熊廷弼及援遼軍士二犒②，方候聖裁批發。適兵部差官來言，兩部犒賞銀兩俱已兌完，擬一、二日間起解前去，欲領敕諭同行，到彼宣讀。該臣看得，皇上此舉原係非常之恩，必藉綸綍傳宣，明示朝廷優恤德音，庶幾人心感奮，滅賊有期，敕諭之頒，委不容緩。伏望皇上將二犒③即賜御覽。如謂可用，求早賜批發，以便謄寫用寶，即付差官同賞銀一併齎去，真激勵官軍一大機也。臣不勝仰望之至。"

十日乙酉，大學士方從哲謹題："照得大同、四川兩處巡撫，該吏部會批已久，屢經催請，未蒙簡用。該臣看得，四川爲西南重地，茲當大木開採、水藺交爭之時，急需重臣彈壓，巡撫之點，委難再遲。若大同則內近京師，外逼虜穴。聞素囊手下有精兵二十餘萬，因與順義王不和，不俟表文，獨自貢馬求賞。我中國許之，則恐無名，不許則恐挑釁。非得撫臣早到地方，多方講折，一面修整邊備，以防不虞，雲中重鎮，懼無安枕之日也。方今東陲多事，中外震驚，萬一此中虜情再有變動，當調發空虛之後，胡以應之？況該鎮去京六七百里而近，尤非遼東之比。念及於此，能不寒心？伏望皇上將吏部會推二臣，即賜欽點，敕令星夜赴任，料理貢市之事。其四川係坐召④專請，更祈一併簡用，封疆幸甚，臣愚幸甚。臣不勝激切仰望之至。"

十一日丙戌，大學士方從哲謹題："臣於本月初一日恭進手揭，請皇上點用各差御史，且言福建、湖廣兩省缺人最久，題差在前，求皇上先賜點用，計已仰塵聖覽矣。靜聽旬日，未蒙檢發。竊思癸丑考選御史，皇上允用已多，如去歲九月間，先後共下十餘差，一時人情無不稱快。今見在候命者止七、八人

萬曆四十八年

三七八三

①諭 "諭"上當脫"一"字。

②犒 "犒"當作"稿"。

③犒 "犒"當作"稿"。

④召 "召"當作"名"。

耳，即盡數點用，亦無難事。乃半年以來，祇下淮陽一處，其餘皆屢催未點，守候八年，往回數次，而終不得以一官自效，隳累朝行取之制，阻仁賢嚮用之心，廢郡國巡方之典，無一可者也。適聞諸臣之議，皆謂聖壽在邇，萬方來賀，獨此數人者困守多年，見在京邸，顧不得與入賀之臣同仕嵩呼之列，何以爲心？何以爲顏？有相率挂冠而去耳。萬一至此，臣之罪固無所逃，而出之史册，無乃爲聖明之纍乎？臣謹將癸丑考選及散館各官已經題差者，開列於後，惟望皇上留神，或一次，或二次，但求於萬壽之前盡賜點用，不獨諸臣之幸，亦言路之光也。臣不勝激切皇恐待命之至

　　　計　開
　　鄭宗周　差福建巡按
　　舒榮都　差湖廣巡按
　　聶紹昌　差甘肅巡按
　　劉有源　差廣西巡按
　　郭如楚　差長蘆巡鹽
　　申廷讚　差巡視兩關
　　張　潑　差河東巡鹽
　　王槐秀　差山東巡按
　　張師孟　差兩浙巡鹽

十二日丁亥，大學士方從哲謹題："前蒙發下史繼偕辝①本，臣時已聞其將從城外起行，故擬票准其回籍調理。既而繼偕果於初九日長發，蓋浩然不可挽矣。本官以人言屢至，義難苟容，不得已出城候命，以示必去之意，後明旨勉留，而既以出城，豈容復入？至於今則行以數日，益無復還之理矣。皇上不如暫准其去，於後來起用，亦是無妨，是乃終始曲成之大造也。臣向來望繼偕之簡用，今日豈不願繼偕之再留？但事勢至此，無可奈何，不得不據實告之皇上，仰惟聖明裁察。臣謹將前日擬票再錄呈上，如聖意仍欲挽留，更祈傳示，以便另擬。臣不勝皇恐之至。"

① 辝 "辝"當作"辤"。

萬曆四十八年

　　十三日戊子，大學士方從哲謹題："蒙皇上獨斷，簡用吏部尚書周嘉謨，凡銓政之久廢者，一旦修舉。旬日以來，啟事之章相繼而上，如部屬、司道、郡守等官，無不如期得旨，人心愉快，仕路疏通，真一時之盛際矣。惟是卿貳、科道、巡撫概未點用，在廷之臣相顧駭愕，以爲同是朝廷之官，同是吏部所推，而有用有不用，聖意何以過爲分別若此？豈庶官當補，而大僚可不補？郎署當充，而臺省可不充？監司、守令當備，而封疆大吏乃可缺而不備乎？昨見周嘉謨錄用舊臣一疏，請皇上破格用人，修復萬曆初年新正，中間臚列十餘款，自枚卜以至起廢，皆目前用人要務，言之至爲詳悉，至爲痛切，老成謀國，用心良苦。皇上但將嘉謨此疏置之座右，朝夕省覽，於每日推陞各官，質之疏中有相合者，立賜愈允。不出一、兩月間，將缺官盡補，百僚咸備，師師濟濟之風，無難至矣。冢臣受事方新，以人事君之念，極其諄懇。大小臣工，亦皆謂皇上特簡舊臣，付以銓政，任之既專，信之宜篤，必能聽其言、行其志，俾仁賢彙進，朝寧改觀，斷不宜堅執成心，因循故轍，有人不用，自致空虛如邇年之景象也。昨見該部推陞二十餘人，皆一時急缺之官，而其中如點大理寺丞以題恤差，元①吏科署印以發文憑，下考選散館科道以完多年不結之局，又目前萬分緊要、不容頃刻少緩者。仰惟聖明留意。至若都察院題着②諸臣，該臣列召③專請，期便皇上點用，計亦仰塵聖覽矣，更祈速賜檢發。臣不勝迫切懇祈懸望之至。"

　　十六日辛卯，大學士方從哲謹題："頃自七月以來，見皇上每日發票本章，未嘗少間，且斟酌大行皇后喪禮極其精詳。竊意玉體康強，砍④精神周到如此，臣私衷不勝欣慰。昨十五日，聞院判陳璽、御醫何其高等恭視聖脉，知聖躬尚未全愈，飲膳懶進，臣又不勝戀慕。仰惟皇上一身，天神眷佑，行當勿藥。但目前炎蒸熏灼，調攝實難，湯藥恐亦不宜多服。惟望節煩勞，省思慮，萬分珍護，以迓洪庥。臣無任贍⑤依祝願之至。謹恭候萬安以聞。"

①元　"元"當作"允"。
②着　"着"當作"差"。
③召　"召"當作"名"。
④砍　"砍"當作"故"。
⑤贍　"贍"當作"瞻"。

① 楊 "楊"當作"揚"。
② 畢 "畢"當作"筆"。
③ 五 "五"當作"丑"。
④ 邯 "邯"當作"耶"。
⑤ 胃 "胃"當作"胃"。

是日，又題："照得癸丑留部各官，除皇上陸續補用外，見在候命者科臣只有惠世楊①一人，臺臣只有鄭宗周等七人，連散館暴謙貞等纔十餘人耳。皇上若肯盡數允用，不過一舉畢②間，可以存考選之制，可以充臺諫之班，可以恤諸臣困頓之私，可以備朝廷差遣之用，計無便於此者。乃吏部總催不報，都察院題差不報，日復一日，茫無授職之期。光差者已事峻而還，而未差者尚守株而待，被命者有彈冠之慶，而待命者不免向隅之悲。政體人情，不平殊甚。頃臣于都察院題差疏中，將癸五③各官開列姓名，以便皇上點用。今數日矣，未蒙檢發。豈靜攝之中，尚未覽及耶？抑因考選題差之事概置之不覽耶？如此則臣雖千言萬語，一日一催，安望有分毫之益？而此數人者，又安得有點用之時邯④？近日諸臣以萬壽屆期，無顏再候闕下，皆欲挂冠長往，昨置院尚書張問達亦對臣言。臣不覺咋舌赧顏，慚愧欲死。以人事君，臣職謂何？乃令濟濟多賢，甘自棄於聖明之世？臣之罪尚可贖耶？臣欲免蔽賢竊位之罪，故不得不瀝血剖心，哀懇於皇上。皇上若少為國體計，為人才惜，亦當不靳此數人之命，使八年不結之局得苟完於今日也。適聞聖體違和，臣方具揭恭候，而乃復有此請，極知煩瀆多罪。但以事勢窮極，萬難再遲。儻得宸衷稍一轉圜，將各官盡賜允用，不使微臣再有激聒，是亦區區愛君之一念也。萬惟聖明留意。臣不勝惶恐候命之至。"

十七日壬辰，大學士方從哲謹題："適文書官李希哲到閣，口傳聖諭：'朕覽卿奏慰，具見忠愛之意。知道了。朕因脾胃⑤受傷，尚未全愈。昨稍爾勞煩，近又中暑濕蒸，前疾復作。見今服藥調攝，神思不爽。其緊要各項文書，候朕疾稍瘳，即檢發行。特諭卿知。欽此。'臣昨因御醫診視聖脈，聞聖躬尚未大安，謹具揭恭候。茲蒙傳諭，知近日以勞煩中暑，前疾復作，臣益不勝瞻戀。當此炎熟濕蒸之時，惟望皇上安心省慮，加意崇護，以保天和，此臣愚惓惓之至願也。聖諭謂緊要各項文書，候疾少瘳，即檢發行，仰見皇上勵精之念，頃刻不忘。乃目前緊要，無如候補科道一事。皇上但將都察院題差御史七、八人，如臣連日所請者，立賜檢發，以完數年之局，則朝政疏通，人情歡暢，亦皇上怡神導豫之一助也。臣敬因回奏，附有所請，不勝翹跂顒望之至。"

　　十八日癸已①，大學士方從哲謹題："頃臣以癸丑考選候命各官人數不多，求皇上盡賜補用，半月以來，揭請者三次矣。而吏部總催之疏，與都察院題差之疏，俱未蒙檢發。適又接署院張問達揭帖，極言各處按察缺人，巡歷久廢。見今遼左多故，人心震搖，儻四方再有意外之事，而無按臣以彈壓之，其禍有不止於今日者。是為諸臣計，固宜盡為允用，以恤其困頓之私，為地方計，尤當早為差遣，以藉其澄清之力。一舉而完八年考選之局，補各處久缺之差，省聖心激聒之煩，免臣等再三之瀆，皇上試一深思，當以臣言為不謬也。臣力竭詞窮，不能多言，惟望皇上察臣苦心，為國體計，兼為人才惜，非從為諸臣乞此一官，以掠美市恩，將都察院題差之本立賜檢發，臺務幸甚。臣不勝激切仰望之至。"

　　十九日甲午，大學士方從哲謹題："恭照孝端皇后冊諡大典，業已奉行，玄宮開挖隧道，亦將就緒，計梓宮發引當在旦夕矣。至於山陵召②號，亦當豫③定，以昭示中外。皇上留心典禮，斟酌古今，自當欽立佳名，垂庥萬世，非臣下所敢擅擬。惟是該部再次催請，尚未批發，臣謹稽諸舊制，參之字義，擬為四名，恭進御覽，以備皇上採擇。如聖意以為可用，乞欽點其一，令臣傳示禮部，以便遵行。臣不勝皇悚待命之至。"

　　二十日乙未，大學士方從哲謹題："前文書官口傳聖體尚未大安，經今數日，想漸臻康豫。臣犬馬私衷，日夕懸念，不能頃刻置懷。謹趨赴仁德門，恭候聖躬萬福。臣不勝懇切瞻戀之至。"

萬曆四十八年

三七八七

① 已 "已"當作"巳"。

② 召 "召"當作"名"。
③ 豫 "豫"當作"預"。

## 萬曆起居注

① 眩 "眩"當作"眩"。
② 斎 "斎"字當誤。
③ 加 "加"當作"嘉"。
④ 誦 "誦"當作"踴"。

　　二十一日丙申，大學士方從哲謹題："昨日聖躬不安，臣於仁德門恭候。抵暮奉傳諭始出。夜間因宿直朝房，以伸擁扈之私。今早趨入候問，知皇上昨晚眩①暈已消，旋即寧帖，臣不勝喜慰。伏望皇上容臣躬叩榻前，一瞻天表，以慰惓惓。今九卿等官亦斎②赴宮門問安，皆以得睹天顏爲幸。至於東宮殿下，天性至親，疴癢相關，視臣子之情尤爲懇惻，皇上宜令時時在側，親奉起居，似不必拘尋常問安視膳之規也。臣狗馬微誠，不勝依戀。皇悚俟命之至。"

　　是日，又題："適蒙皇上召臣至弘德殿，並班首及六部尚書等官，而覿聖容，且親承天語，勉以用心辦事。臣等不勝慶幸，不勝感激。除臣與諸臣致詞、恭候萬安外，該吏部尚書周加③謨以用人爲請，臣從哲亦請皇上點用大僚、科道及巡撫、巡按等官，俱蒙皇上許以知道。緣一時不敢瑣瀆天聽，謹另具簡明一揭，將目前緊要當用之人，列爲三款，仰塵睿覽。儻蒙皇上慨然賜允，但望將臣此揭批一是字，則缺官可補，庶位可充，中外臣工誰不歡呼誦④躍、祝聖壽萬萬年無疆也？萬惟聖明留神省察。

　　計　開

　　一、點用南北大僚。今大僚之缺多矣，如刑、工二部尚書，各部左、右侍郎，左都、左付都御史，卿等，及南京部院各官，皆當盡數推補，而大理寺署印無人，恤差久待，則部推寺丞房壯麗、唐世濟，尤不可不速點也。

　　一、允用候補科道。今科道之缺極矣，癸丑考選及散館諸臣，守候八年，尚有數人未蒙差用，茲丙辰一資又相繼而至矣，前者既壅，後者益滯，事勢窮極，萬難再遲，則速下吏部催本，及都察院總題十五差、或單題五差、九差之本，皆不可不速發也。

　　一、點用三處巡撫。大同逼近虜穴，素號衝邊，目下素囊擁兵，爲謀叵測，而四川爲夷猓雜居之地，浙江乃東南財賦之區，多事之時，急須重臣彈壓，則新推巡撫胡來朝、徐可求、蘇茂相等，皆不可不速點也。

以上三款，皆十分緊要之官，一刻不容緩之事，其餘臣不敢一一悉數。皇上但取周加①謨一疏，書之座右，時時省覽，將其近日會推及陞補各官盡賜俞允，則百僚俱備，庶績咸熙，真聖政維新之一會矣。臣不勝近切懇祈之至。"

二十二日丁酉，大學士方從哲謹啟："適蒙發下票本七十餘本，該臣俱擬票進呈訖。內有臣從哲昨日所聞簡明一揭，中間皆係用人之事。今大小各官及巡撫、巡按已蒙殿下慨賜允行，視臣揭中所請者已過其半，則此揭似不必再有批發。又御史房壯麗、唐世濟二員推陞大理寺，已於吏部本內出旨，則尚書張問達代催之本不必再批也。御史易應昌條陳一本，所言皆規切大行皇帝之意，今日殿下出旨，頗難措詞，似亦不必批發者。臣謹將二本一揭照舊封進，仰便殿下裁斷。臣不勝戰兢惶悚之至。"

是日，又啟："該文書官沈應兆，捧出皇太子令旨，傳：'昨日恭慰父皇萬安，言及先生等亦進內行問安禮，具奏用人發帑諸事。今特憫念遼東等鎮九邊文武將士勞苦，今發內帑銀一百萬兩，給與戶部，酌量緩急，作速差官，星夜解赴各鎮，以作犒賞，以稱憫恤至意。特諭卿知。'大行皇帝勵精萬幾，留神邊計，昨聞臣等用人發帑之請，聖心業已感動，故於殿下問安之時，即為言及。幸遇殿下善承先志，憫念諸邊將士勞苦，慨發帑金一百萬兩，為犒賞之需，將見大賚一頒，歡聲雷動。三軍之士聞之，誰不欣忭鼓舞、願出死力以扞疆圉者？一舉而憫恤之恩、繼述之孝，兩者具備，大聖人舉動，真超出尋常萬萬矣。臣不勝欽服。除即傳示該部，令其作速差官，星夜解赴各鎮外，所奉令諭，尊藏閣中。臣具回啟以聞。"

①加　"加"當作"嘉"。

# 萬曆起居注

八①月②。

二日丁未，大學士方③奏："爲懇乞天恩亟補閣員事。竊惟國家設內閣之臣，匪徒備顧問、供代言之役而已，凡軍國大事，咸得與聞，故密勿之司，號稱政本。祖宗朝多至五、六員，少亦三、四員，使之謀斷相資，協恭共濟，從來未有以一人獨任且至數年之久者。臣一介草茅，誤蒙先帝拔擢，濫竽揆地已逾七年。自同官吳道南去後，臣只身在直又三年矣。以極庸極劣之資，膺至艱至重之任，素餐尸位，積灰④如山，然而伎倆已窮，筋力都楬⑤。邇復以憂勞致疾，委頓不支。日奮屢疏乞休，未蒙矜允。茲遇我皇上受天明命，光挡⑥鴻圖，方將勵精萬幾，維新庶政，輔理之職，斷非佺⑦一人所能獨居。則簡任名貴，共圖匡濟，乃今日不容少緩者。伏望皇上俯令⑧閣務至煩，需人最急，將先帝欽點二臣，即賜允用。仍敕吏部，將一時才望請臣，會官推舉，與去歲已推未點者，一併列名上請。更乞乾斷，多簡數員，同臣入閣辦事。庶幾羣賢並進，政本不孤。臣共事有人，或可少免曠瘝之罪矣。臣不勝激切皇恐待命之玉⑨。"初三日，奉旨："朕覽卿奏，具見忠悃。況今邊方多事之時，正賴卿運籌惟愷⑩，主挡⑪匡襄。所請補閣員，准將先點閣臣二員允用，還着吏部再推見任、在籍、素有才望的七、八員來蕳⑫用。該部知道。"

是日，又題："適蒙發下禮部二本，請皇上御文華門視事。該臣查得舊制，新主臨朝，須諏吉日。適詢之欽天監官，以本月十二日大吉，臣董⑬擬票進呈御覽。伏乞皇上裁的⑭，批發施行。"

四日己酉，大學士方從哲題："頃該臣具奏，爲懇乞天恩亟補閣員事，奉聖旨：'覽卿奏，具見忠悃。況今邊方多事之時，正賴卿運籌惟⑮愕，主持匡襄。所請補閣員，准將先點閣臣二員允用，還着吏部再推見任、在竊⑯、素有才望的七、八員來蕳⑰用。該部知道。欽此。'臣不勝欣忭，不勝感謝。惟是二臣

①八 "八"上當有"萬曆四十八年"六字。
②月 "月"下當有"丙午朔"三字。
③方 "方"下當有"從哲"二字。
④灰 "灰"當爲誤字。
⑤筋力都楬 "筋力都楬"當作"筋力都竭"。
⑥挡 "挡"似當作"撫"。
⑦佺 "佺"當作"僅"。
⑧令 "令"當作"憐"。
⑨玉 "玉"當作"至"。
⑩惟愷 "惟愷"當作"帷幄"。
⑪挡 "挡"似當作"持"。
⑫蕳 "蕳"當作"簡"。
⑬董 "董"當作"謹"。
⑭的 "的"當作"酌"。
⑮惟 "惟"當作"帷"。
⑯竊 "竊"當作"籍"。
⑰蕳 "蕳"當作"簡"。

應陞職銜，未奉明旨，不便遵行。臣董①擬諭怗②一道，進呈御覽，伏乞聖明裁酌，發下吏部，令其遵奉施行。

諭吏部：吏部右侍郎兼翰林院侍讀學士史繼偕，南京禮部右侍郎沈㴶，俱陞禮部尚書、兼東閣大學士，差官行取來京，同從哲在閣辦事。故諭。"

十七日③，禮部等衙門署部事右侍郎兼翰林院侍讀學士等官孫如游等奏："爲制諭令文武羣臣議上大行皇帝尊謚恭議呈進④。伏以峻德昭升⑤，配乾坤之廣大，鴻稱顯錫，揭日月之光華。維易名永萬世之辭，宜盡制，隆一人之孝，稱天而薦，率土斯孚⑥。恭惟大行皇帝，秉神聖之資，履昌隆之祚，體乾行健，瑩精收明作之功，保泰持盈，端拱斂和平⑦之福。奉天祇若，而裁成屬諸⑧範圍，法道自然，而張施⑨於焉合契。即基命宥密，未易以窺，而成功文章，可得而仰。若乃幾神內蘊，智臨無方，發言盈廷，臧否靡⑩逃於鑒別，明見萬里，乖和畢燭其情形，哲莫逾焉。寵不爾徇⑪，柄無旁路⑫，獨裁之斷，杜竄聊以靖紛囂，于⑬紀之誅，有重持而無錯貨⑭，肅莫凜焉。藏納閎沈，不以攖鱗而動聲色，踐修繩⑮密，不以清燕而輟箴規。大以成裕敦之至也，豐裕自如，無宮室遊畋之好，綱維在握，兼⑯科條文綱⑰之苛。敬以居先簡之精也，憲章則標高皇之宸藻，表文祖之駿圖，誦法則繙《戴禮》於經幃，罷貞觀之《政要》，以致⑱銘齋顏而省己，弘制額以作人，經天幃⑲地之文，

萬曆四十八年

三七九一

① 董 "董"當作"謹"。
② 怗 "怗"當作"帖"。
③ 日 "日"下當有"壬戌"二字。
④ 進 "進"下當有"事"字。
⑤ 升 《明光宗實錄》卷六"升"作"申"。
⑥ 孚 《明光宗實錄》卷六"孚"作"敷"。
⑦ 和平 《明光宗實錄》卷六"和平"作"太和"。
⑧ 諸 《明光宗實錄》卷六"諸"作"之"。
⑨ 施 《明光宗實錄》卷六"施"作"弛"。
⑩ 靡 《明光宗實錄》卷六"靡"作"無"。
⑪ 爾徇 《明光宗實錄》卷六"爾徇"作"遍徇"。
⑫ 路 《明光宗實錄》卷六"路"作"落"。
⑬ 于 "于"當作"干"。
⑭ 貨 "貨"當作"貸"。
⑮ 繩 《明光宗實錄》卷六"繩"作"純"。
⑯ 兼 "兼"當作"無"。
⑰ 綱 "綱"當作"網"。
⑱ 致 《明光宗實錄》卷六"致"作"至"。
⑲ 幃 "幃"當作"緯"。

不在兹乎？安攘則堅保塞之款封，遏作①藩之侵軼，戡定則翦鴟張於川播，殄豨突於朔方，用能威四裔而我武維揚，蠢②一隅而厥問不隉，保大定功之武，不謂是乎？緩刑宥過，圜扉無冤溢③之嗟。發賑蠲租，浸歲拯流亡之厄，湛恩時需，浹於寰區，即虞舜好生之仁，蔑以加矣。崇號鼎居，極兩宮之備奉，徹懸心服④，展三載之通喪，至性所鐘⑤，終焉孺慕，即周文敬止之孝，無與埒矣。維茲功德之崇隆，總屬輝光之著見。蓋惟昭明厥德⑥，繄中積而外揚，以故章變有成，用安人而立政。洵哉，優躋聖域，而克闡王猷者也。臣等歷覽前徽，參稽令辟⑦，堯舜⑧運乃神之德，爰號神宗，成王贊惟顯之天，尤期⑨顯行，簡編具載，軌⑩迹可遵。有如我大行皇帝運際啓承，道兼作述，粵自冲齡嗣服，迨⑪夫大化觀成，襲德澤於累朝，而以久道滋培，元氣爲之愈浹，法精明於世祖⑫，而以深仁固護，洪圖用以彌昌，詎惟揚烈觀光，臻四紀垂裳之治，抑且裕昆彰范⑬詒⑭萬年盤石之安，夫非邁百王而獨超，稱昭昭⑮最盛者哉？臣等謹協會⑯同之議，式符節惠之稱，大行皇帝尊諡，宜天錫之日⑰：範天合道哲肅敦簡光文章武安仁止孝顯皇帝，廟號神宗。祇協彝章，永光宗社。"奉旨依議。

"欽⑱賞銀幣叩領恭謝外，伏念臣患病已踰三年之久，陳乞已積六十餘疏，一息遊氣，與死爲憐，乃尚徼皇上之寵靈，加官蔭子，詰⑲贈先世。臣已昏慣⑳，無所知識，不敢爲浮詞以瀆聖聽。然臣一日未死，一日而知有皇上之政體，敢不哀鳴於君父之前？往年府江之役，臣方偃卧牀褥，尸曠已久。有何籌畫？而乃與在事諸臣同敍邪？皇上祇以臣位叨首臣，覃㉑恩濫及。然敍功，鉅典也，加官蔭子，特恩也。以鉅典而及無功之臣，以

①作 《明光宗實錄》卷六"作"作"屏"。
②蠢 《明光宗實錄》卷六"蠢"作"復"。
③溢 "溢"當作"濫"。
④徹懸心服 《明光宗實錄》卷六"徹懸心服"作"撤懸嬰服"。
⑤鐘 "鐘"當作"鍾"。
⑥德 《明光宗實錄》卷六"德"作"行"。
⑦辟 《明光宗實錄》卷六"辟"作"典"。
⑧堯舜 《明光宗實錄》卷六"堯舜"作"帝堯"。
⑨期 《明光宗實錄》卷六"期"作"稱"。
⑩軌 "軌"當作"軌"。
⑪迨 "迨"當作"迄"。
⑫祖 《明光宗實錄》"祖"作"廟"。
⑬范 "范"當作"範"。
⑭詒 《明光宗實錄》卷六"詒"作"置"。
⑮昭 《明光宗實錄》卷六"昭"作"代之"。
⑯會 《明光宗實錄》卷六"會"作"僉"。
⑰日 "日"當作"曰"。
⑱欽 "欽"上有脱文。
⑲詰 "詰"當作"誥"。
⑳慣 "慣"當作"憒"。
㉑覃 "覃"當作"覃"。

特恩而加垂死之失①，如政體何？且邊功之敍，不及閣臣，見②臥疾杜門久不出閣者乎？臣自忝竊以來，屢叨恩命，捫心有愧，又可冒之於待斃之時乎？伏望皇上上惜國體，下察臣情，牧③回非常恩命，即賜罷免，則臣一日未死之身，猶可以靦顏視恩④於世矣。臣無任迫切籲天待命之至。"

① 失 "失"當作"夫"。
② 見 "見"當作"況"。
③ 牧 "牧"當作"收"。
④ 恩 "恩"當作"息"。